रामधारी सिंह 'दिनकर' रचनावली-13

[सृजनात्मक गद्य : तीन]

रामधारी सिंह 'दिनकर' रचनावली

13

संपादक
नंदकिशोर नवल
तरुण कुमार

लोकभारती प्रकाशन

लोकभारती प्रकाशन
पहली मंजिल, दरबारी बिल्डिंग, महात्मा गांधी मार्ग
प्रयागराज-211 001
वेबसाइट : www.lokbhartiprakashan.com
ईमेल : info@lokbhartiprakashan.com

शाखाएँ : 1-बी, नेताजी सुभाष मार्ग, दरियागंज
नई दिल्ली-110 002
अशोक राजपथ, साइंस कॉलेज के सामने
पटना-800 006
36 ए, शेक्सपियर सरणी, कोलकाता-700 017

पहला संस्करण : 2011
दूसरा संस्करण : 2021

बी.के. ऑफसेट
नवीन शाहदरा, दिल्ली-110 032 द्वारा मुद्रित

RAMDHARI SINGH DINKAR
RACHNAWALI-13
Edited by Nandkishor Nawal, Tarun Kumar

ISBN : 978-81-8031-590-9

मूल्य : ₹5000
(14 खंडों का पूरा सेट)

रामधारी सिंह 'दिनकर'

हरिवंश राय बच्चन और सुमित्रानंदन पंत के साथ

ज्ञानपीठ पुरस्कार के बाद पटना में प्रो. केशरी कुमार एवं दामाद ब्रजभूषण शर्मा के साथ

जो कुछ देखा, उससे लगता है, यह अंतिम का दर्शन है। हड्डियां बांस की कमची के समान हो गयी हैं। अंगुलियों पर केवल मात्र खाल है। पेट की जगह खाई दिखायी देती है। गर्दन से ऊपर जीवन का आभास है। दो बार उन्होंने आंखें खोलीं — पहले तब जब मैंने प्रणाम किया और दूसरी बार तब जब मैं चलने लगा। आंखों से पता चला कि पहचान रहे हैं, लेकिन कुछ भी बोलने की शक्ति नहीं है। सामने मेज पर उनके इष्टों के फोटो रखे थे। इस जर्जर शरीर में जान कहां छिपी है? तिल तिल करके मृत्यु से जूझ रहे हैं। मन ने कहा, अब इस तपस्वी के दर्शन नहीं होंगे।

जब महादेवी जी ने स्वयं ही अपना आरंभिक, साहित्य इकट्ठा शुरू किया था। उनके वक्तव्य को मोटी कापी में दर्ज कर लिया है।

इस भयानक गर्मी में महादेवीजी आज खुद मेरे लिए भोजन बनाती रहीं, पकौड़ियां छानती रहीं। जामुन का रस बोतल में भर कर दिया कि इसे पीने से मधुमेह ठीक रहेगा। जब रवाना होने लगा, वे हस्बमामूल रो पड़ीं। लीला [illegible] से कहा कि मेरे भाई को स्टेशन पहुंचा दो।

२ जुलाई, १९६२

दिल्ली से पटना आया। इलाहाबाद में महादेवीजी ने लीला [illegible] के मार्फत पूड़ियां भिजवायी थीं।

रामधारी सिंह दिनकर

भूमिका

प्रस्तुत खंड दिनकर के सृजनात्मक गद्य से सम्बन्धित तीसरा खंड है। पंडित जवाहरलाल नेहरू एक विलक्षण व्यक्तित्व के धनी राजनेता थे। आजादी की लड़ाई के दरम्यान और स्वतन्त्र भारत के प्रारम्भिक प्रायः दो दशकों में उनके जादुई व्यक्तित्व का प्रभाव राष्ट्रीय-अन्तर्राष्ट्रीय स्तर पर महसूस किया जाता था। लोकप्रियता में गुलाम भारत में गांधी के बाद उनका ही स्थान था। आजाद भारत में उनकी लोकप्रियता के क्या कहने। दिनकर जी द्वारा पंडित जी को 'लोकदेव' कहा जाना इसी का निदर्शन है। लेकिन इस लोकप्रियता के दोनों तरफ धार है। जिस लोक से ऐसे व्यक्तित्व को अकूत प्रतिष्ठा मिलती है, उसी लोक को अपने इशारे पर नचाने की महात्त्वाकांक्षा का शिकार भी ऐसा व्यक्ति हो सकता है। और तो और, स्वयं नेहरू भी अपने तानाशाह कहे जाने पर छद्म नाम से विचार किया करते थे। 'लोकदेव नेहरू' दिनकर जी की एक अनूठी पुस्तक है। इसमें नेहरू से सम्बन्धित संस्मरणों के अलावा उनके व्यक्तित्व और चिन्तन के महत्त्वपूर्ण आयामों को उद्घाटित करनेवाले लेख हैं जो पाठकों को अत्यन्त रोचक और प्रीतिकर लगते रहे हैं। गांधी और नेहरू की क्रमशः रामकृष्ण और विवेकानन्द से तुलना अत्यन्त रोचक और सटीक है। ऐसी ही तुलना एक जगह राजेन्द्र बाबू और नेहरू जी की की गई है। एक को अतीत के मूल्यों का संरक्षक तो दूसरे को भविष्य का द्रष्टा बताया गया है। नेहरू के तानाशाह होने को लेकर भी अत्यन्त रोचक तरीके से दिनकर ने अपने विचार व्यक्त किये हैं।

डायरी पश्चिम में एक महत्त्वपूर्ण साहित्यिक विधा का रूप ले चुकी है। अपने यहाँ अभी इसे ऐसी स्थिति प्राप्त नहीं है। संस्मरण की तरह वस्तुतः यह भी एक अन्तरंग और प्रगाढ़ निजत्व से जुड़ी विधा है। दिनकर की डायरी उनके निजी, पारिवारिक, सामाजिक, साहित्यिक, राजनीतिक रूपकों, संघर्षों और द्वन्द्वों के स्वरूप को बड़ी बेबाकी से हमारे सामने खोलकर रखती है। डायरी में दिनकर की छवि एक खुले हृदय वाले उदार, भावुक, चिन्तनशील व्यक्ति के साथ अनेक प्रकार की

कटुताओं से घिरे इनसान की दिखायी पड़ती है। यह डायरी उनके रचनात्मक व्यक्तित्व को समझने में काफी सहायक है क्योंकि यह ढँकने-छिपाने की कोशिश की जगह अपने को खोलकर रखने के प्रयास की अभिव्यक्ति ही ज्यादा है। उम्मीद है कि दिनकर के सृजनात्मक साहित्य का यह खंड भी पाठकों को एक साथ अत्यन्त प्रीतिकर और विचारोत्तेजक लगेगा।

न्यू प्रोफेसर्स क्वार्टर, रानीघाट, पटना **—तरुण कुमार**
23-11-2008

अनुक्रम

पंडितजी के बारे में इतिहास और चाहे जी बातें लिखे या न लिखे; किन्तु यह बात वह अवश्य लिखेगा कि भारत के मन को आधुनिक बनाने की दिशा में जवाहरलाल ने जो अथक प्रयत्न किया, वह विस्मयकारी था। किन्तु आधुनिकता के इतने बड़े ध्वजधारी होने पर भी प्राचीन भारत के प्रति उनमें एक प्रकार की ममता थी, जो कभी-कभी ही प्रत्यक्ष होती थी।

लोकदेव नेहरू

पंडितजी के संस्मरण

1

पूज्यवर पंडित जवाहरलाल नेहरू को दूर से देखने के अवसर तो मुझे भी कई बार मिले थे, किन्तु नजदीक से पहले-पहल उन्हें मैंने सन् 1948 ई. में देखा, जब वे किसी राजनैतिक सम्मेलन का उद्घाटन करने को मुजफ्फरपुर आए थे। उस दिन सभा में मुझे एक कविता पढ़नी थी, अतएव लोगों ने मुझे भी मंच पर ही बिठा दिया था। जिस मसनद के सहारे पंडितजी बैठे थे, मैं उसके पीछे था और मेरे ही करीब बिहार के मुख्यमन्त्री डॉक्टर श्रीकृष्ण सिंह तथा एक अन्य कांग्रेस नेता श्री नन्दकुमार सिंह भी बैठे थे। उससे थोड़े ही दिन पूर्व मुँगेर में श्रीबाबू को राजर्षि टंडनजी ने एक अभिनन्दन-ग्रन्थ भेंट किया था। इस अभिनन्दन-ग्रन्थ के आयोजक श्री नन्दकुमार सिंह थे तथा उसके सम्पादकों में मुख्य नाम मेरा ही था। सुयोग देखकर नन्दकुमार बाबू ने ग्रन्थ की एक प्रति जवाहरलालजी के सामने बढ़ा दी। पंडितजी ने उसे कुछ उलटा-पलटा और देखते-देखते उनके चेहरे पर क्रोध की लाली फैल गई। फिर वे हाथ हिलाकर बुदबुदाने लगे, "ये गलत बातें हैं। लोग ऐसे काम को बढ़ावा क्यों देते हैं? मैं कानून बनाकर ऐसी बातों को रोक दूँगा।" आवाज़ श्रीबाबू के कान में पड़ी, तो उनका चेहरा फक हो गया। नन्दकुमार बाबू की ओर घूमकर वे सिर्फ़ इतना बोले, "आपने मुझे कहीं का नहीं रखा।"

अजब संयोग कि उन्हीं दिनों अज्ञेयजी और लंकासुन्दरम् नेहरू-अभिनन्दन-ग्रन्थ का सम्पादन कर रहे थे। यह ग्रन्थ सन् 1950 ई. में तैयार हुआ और उसी वर्ष 26 जनवरी के दिन पंडितजी को अर्पित भी किया गया। उस समय तमाशा देखने को मैं भी दिल्ली गया हुआ था। जब राजेन्द्र बाबू ने राष्ट्रपति-भवन में प्रवेश किया, उसके एक दिन पूर्व मैं उनसे मिलने गया था। बातों के सिलसिले में मैंने राजेन्द्र बाबू से जानना चाहा कि पंडितजी को अभिनन्दन-ग्रन्थ कौन भेंट करेगा। राजेन्द्र बाबू ने कहा, "लोगों की इच्छा है कि ग्रन्थ मेरे ही हाथों दिया जाना चाहिए, मगर पंडितजी इस विचार को पसन्द नहीं करते। वे मेरे पास आए थे और कह रहे थे कि कल से आप राष्ट्रपति हो जाएँगे। मैं नहीं चाहता कि अभिनन्दन-ग्रन्थ जैसे फालतू काम के लिए राष्ट्रपति इम्पीरियल होटल में कदम रखें, न मैं यही चाहता हूँ कि यह समारोह राष्ट्रपति-भवन में मनाया

जाए। जिन लोगों ने यह तमाशा खड़ा किया है, उन्हें भुगतने दीजिए।" ज़रा चुप रहकर राजेन्द्र बाबू बोले, "समारोह, शायद, इम्पीरियल होटल में ही होगा और ग्रन्थ भेंट करने को टंडनजी जाएँगे। और तो कोई रास्ता दिखाई नहीं देता है।"

और, सचमुच, समारोह का आयोजन होटल में ही हुआ तथा ग्रन्थ टंडनजी ने ही भेंट किया। पंडितजी की मुद्रा समारोह में आकर कड़ी नहीं रही। उस दिन वे काफी खुश नज़र आए और जब बोलने लगे, तब उन्होंने कहीं से भी कंजूसी नहीं दिखाई। दक्षिणी अमेरिका की किसी कवयित्री ने उन्हीं दिनों उन्हें एक कविता भेजी थी, जिसके एक भाव का जिक्र पंडितजी ने अपने भाषण में किया था : "ओ जेल के पंछी, जब तुम जेल में थे, तब चहारदीवारी के बाहर तुम्हें केवल तारे दिखाई देते थे। उन सितारों की याद अब तुम्हें आती है या नहीं?"

लालकिले का कवि-सम्मेलन उस वर्ष 26 जनवरी को हुआ था या 25 जनवरी को, यह बात मुझे ठीक-ठीक याद नहीं है। किन्तु उस सम्मेलन में पंडितजी भी आए थे और, शायद, उन्हीं को मौजूद देखकर मैंने 'जनता और जवाहर' कविता उस दिन पढ़ी थी। श्रोताओं ने तो तालियाँ खूब बजाईं, मगर पंडितजी को कविता पसन्द आई या नहीं, उनके चेहरे से इसका कोई सबूत नहीं मिला।

पंडितजी कवियों का आदर करते थे, किन्तु कविताओं से वे बहुत उद्वेलित कभी भी नहीं होते थे। संसत्सदस्य होने के बाद मैं बहुत शीघ्र पंडितजी के करीब हो गया था। उनकी आँखों से मुझे बराबर प्रेम और प्रोत्साहन प्राप्त होता था और मेरा खयाल है, वे मुझे कुछ थोड़ा चाहने भी लगे थे। मित्रवर फीरोज गांधी मुझे मजाक में महाकवि कहकर पुकारा करते थे। सम्भव है, पंडितजी ने कभी यह बात सुन ली हो, क्योंकि दो-एक बार उन्होंने भी मुझे इसी नाम से पुकारा था। किन्तु 'आओ महाकवि, कोई कविता सुनाओ', ऐसा उनके मुख से सुनने का सौभाग्य कभी नहीं मिला।

कविताएँ सुनकर उनकी प्रतिक्रिया क्या होती है, यह जानने को मैं बराबर उत्सुक रहता था, किन्तु उनकी प्रतिक्रिया पकड़ में बहुत कम आती थी। एक बार होली के अवसर पर प्रधानमन्त्री के घर पर जो जलसा हुआ, उसमें 'जोश मलीहाबादी' भी आए थे और उन्होंने 'उठो कि नौबहार है' नामक अपनी नज़्म पढ़ी थी। इस कविता को पंडितजी ने बड़े ध्यान से सुना था और एक बार बेताब होकर कुछ बोल भी पड़े थे। फिर मैंने भी एक कविता पढ़ी, मगर पंडितजी का चेहरा मैं देख नहीं सका। जब मैं बैठ गया, पंडितजी उठ खड़े हुए और उन्होंने ऐलान किया, "जाहिर है कि अब कविता का सिलसिला बन्द कर देना चाहिए।" मुझे ठीक-ठीक पता नहीं चला कि ऐसा उन्होंने खुश होकर कहा या इस आशंका से कि दो कवियों के बीच कहीं कोई स्पर्धा न आरम्भ हो जाए।

सन् 1958 ई. में लालकिले में जो कवि-सम्मेलन हुआ, उसका अध्यक्ष मैं ही था और मुझे ही लोग पंडितजी को आमन्त्रित करने को उनके घर पर लिवा गए थे।

पंडितजी आध घंटे के लिए कवि-सम्मेलन में आए तो ज़रूर, मगर खुश नहीं रहे। एक बार तो धीमी आवाज़ में बुदबुदाकर उन्होंने यह भी कह दिया कि "यही सब सुनने को बुला लाए थे?"

एक बार साहित्य अकादमी के वार्षिक अधिवेशन के अवसर पर पंडितजी ने सभी साहित्यिकों को अपने घर पर सान्ध्य-पार्टी दी। उस भीड़ में फैज़ भी मौजूद थे। उस दिन भी पंडितजी को घेरकर काव्य-पाठ का कार्यक्रम, आप-से-आप आरम्भ हो गया। फैज़ ने अपनी कई गजलें पढ़ीं, और कवियों ने भी अपनी कविताएँ सुनाईं, मगर पंडितजी के चेहरे पर कोई भी भाव नहीं आया। वे आँखें नीचे किए सभी कविताएँ सुनते रहे।

मेरी कविता पर वाहवाही उन्होंने सिर्फ़ एक बार दी थी। टंडनजी जब पचहत्तर वर्ष के हुए, तब संसत्सदस्यों ने उनका अभिनन्दन किया। उस समारोह में पंडितजी प्रसन्नता के उभार पर थे। राजर्षि की सहधर्मिणी को उन्होंने बड़े ही सम्मान के साथ राजर्षि की बगलवाली कुर्सी पर आसीन किया, उनके गले में खुद ही फूलों की माला डाली और टंडनजी की अभ्यर्थना में उन्होंने जो भाषण दिया, उससे सभी श्रोता बाग-बाग हो उठे। उसी समारोह में मैंने 'राजर्षि-अभिनन्दन' नामक कविता पढ़ी थी, जिसके अन्त में ये पंक्तियाँ आती हैं :

एक हाथ में कमल,
एक में धर्मदीप्त विज्ञान
लेकर उठनेवाला है
धरती पर हिन्दुस्तान।

ये पंक्तियाँ सुनते ही पंडितजी 'वाह! वाह!' बोले उठे।

पता नहीं, यह वाहवाही कवित्व के लिए थी या भारत के भविष्य की उस कल्पना के लिए जो उनके समान मुझे भी आलोड़ित करती रही है!

2

संसत्सदस्य होने के बाद जब मैं पहले-पहल पंडितजी से मिलने गया, मैं उनके लिए थोड़ी-सी पुस्तकें साथ ले गया था। पंडितजी ने पुस्तकों को इस भाव से ग्रहण किया, मानो इतना कीमती उपहार उन्हें पहले कभी और न मिला हो। फिर बड़े प्यार से बोले, "आप मेरे लिए कविताएँ ले आए हैं। अच्छा, मैं इन्हें देखूँगा।"

मैंने कहा, "पंडितजी, देखने का समय आपको कहाँ से मिलेगा? मैं तो सिर्फ़ इसलिए ले आया हूँ कि आपके पुस्तकालय में ये भी पड़ी रहें।"

वे बोले, "नहीं, इन्हें मैं अपने सोने के कमरे में रखूँगा। सोने के पहले थोड़ा-बहुत पढ़ लेता हूँ।"

पहली ही मुलाकात में मैंने एक ढिठाई की थी। बातों के सिलसिले में मैंने उनसे पूछ लिया था, "पंडितजी, आपने क्या-क्या पढ़ा है?" प्रश्न का आशय मुझे समझाना नहीं पड़ा।

वे खुद ही बोले, "फ़ारसी का ज्ञान मुझे नहीं है। अंग्रेज़ी और फ्रेंच के सिवा मैंने हिन्दी पढ़ी थी। थोड़ी-सी संस्कृत भी पढ़ने का मौका मिला था, किन्तु संस्कृत में जो कुछ पढ़ा था, वह सब-का-सब मुझे याद है।"

गीता वे जब-तब पढ़ा करते थे, यह खबर उनके मरने के बाद छपी है; किन्तु फीरोज से एक बार सुना था कि गीता का द्वितीय अध्याय पंडितजी बार-बार पढ़ते हैं और वह अध्याय उन्हें लगभग कंठस्थ है।

पंडित मोतीलालजी के विषय में श्री प्यारेलालजी ने जो लेख लिखा है, उससे एक और बात प्रकाश में आती है। मोतीलालजी का स्वर्गवास प्रातः छह बजे के आसपास हुआ था। जवाहरलालजी रात में उनके पास रहे थे। सुबह को जवाहरलालजी ने गांधीजी से कहा कि "रात पिताजी ने मुझसे यह कहा था कि गायत्री-मन्त्र बचपन में तुम्हें सिखाया गया था, किन्तु तुम उसका जाप नहीं करते हो। मैं यह मन्त्र सचमुच ही भूल गया था। किन्तु विचित्र बात, कल रात खाट पर पड़े-पड़े मन्त्र याद हो आया।"

स्वर्गीय पंडित रामनरेश त्रिपाठी संसद में आना चाहते थे। उनकी इच्छा थी कि इस विषय की चर्चा पंडितजी से मैं ही करूँ। इसी सिलसिले में त्रिपाठीजी ने मुझे बताया था कि एक समय, मोतीलालजी के कहने से वे जवाहरलालजी को तुलसीकृत 'रामायण' पढ़ाया करते थे।

हिन्दी और संस्कृत का महत्त्व पंडितजी खूब समझते थे। जब चीन का सांस्कृतिक शिष्टमंडल दिल्ली आया, तब एक दिन प्रधानमन्त्री-निवास में काफी धूमधाम रही। ठीक उसी दिन शाम को चीनी दूतावास ने एक विशाल पार्टी दी। उसमें मैं भी गया था। अचानक बारी-बारी से दो-तीन आदमियों ने आकर कहा, "पंडितजी आपको खोज रहे हैं।"

मैं दौड़ा-दौड़ा उनके सामने हाजिर हुआ तो वे बोले पड़े, "दिनकर, अपने देश में यह सब कब तक होगा?" उनका आशय, सामूहिक नृत्य, सामूहिक गान और कला-विषयक सामूहिक उत्साह से था।

मैंने कहा, "धीरे-धीरे यहाँ भी सब कुछ हो जाएगा।"

वे बोले, "हाँ, शायद, छह-सात सौ वर्ष के बाद।"

मैंने उनके कान में कहा, "नहीं, आपके जाने के पहले ही।"

बात सिर्फ़ भरोसे और सौजन्य की थी, मगर वे खुश हो गए। बोले, "इन्दिरा को हिन्दी क्यों नहीं पढ़ा देते हो?"

इन्दुजी पास ही खड़ी थीं। मैंने कहा, "पंडितजी, हिन्दी का काम आपके घर में

चल रहा है। इन्दिराजी ने मुझसे कहा था कि बच्चों को हिन्दी पढ़ानी है, सो कोई शिक्षक ठीक कर दीजिए। मैंने एक तेजस्वी विद्वान को इस काम पर लगा रखा है। मेरा खयाल है, इन्दुजी भी अपनी हिन्दी ठीक कर रही हैं।''

पंडितजी ने इन्दुजी की ओर इस भाव से देखा, मानो एक बड़े भारी कौतुक का उन्हें पता नहीं रहा हो। फिर इन्दिरा देवी हँसने लगीं और पंडितजी टहलकर एक ओर को निकल गए।

राजनीति में सर्वत्र पंडितजी का यह भाव था कि पूर्व और उत्तर, दोनों ही पक्ष अपनी-अपनी बातें खुलकर बोलें। फिर कट-छँटकर जो बात बचेगी, वही राष्ट्र की नीति होगी। हिन्दी के बारे में भी उनकी यही नीति थी। एक बार यह प्रबन्ध किया गया कि डॉक्टर रघुवीर अपनी भाषा सम्बन्धी नीति का स्पष्टीकरण पूरे कांग्रेस दल के समक्ष करें और हमें यह समझने दें कि संस्कृतीकरण साध्य है या नहीं। उस सभा में, सदा की भाँति, उस दिन भी पंडितजी मौजूद थे। डॉक्टर रघुवीर ने कोई डेढ़ घंटे तक बड़ी ही प्रखरता से भाषण दिया और यह प्रमाणित कर दिया कि संस्कृतीकरण दुःसाध्य भले ही हो; किन्तु उसे छोड़कर देश के सामने और कोई मार्ग नहीं है। उस दिन डॉक्टर रघुवीर अंग्रेज़ी में बोले थे, इसलिए अहिन्दीभाषी सदस्यों की समझ में भी उनके तर्क भली-भाँति आ गए थे। हिन्दी-प्रेमी सदस्य उस भाषण से फूले नहीं समाए, किन्तु हिन्दी विरोधी सदस्यों को भी डॉक्टर रघुवीर के तर्कों की काट नहीं सूझी। सभा एक प्रकार से सन्न थी और उस पर डॉक्टर रघुवीर का रंग छाया हुआ था। किन्तु पंडितजी जब बोलने को खड़े हुए, उन्होंने कहा, ''डॉक्टर रघुवीर की विद्वता का हमें पूरा लाभ उठाना है, मगर उनकी जो बातें मुश्किल हैं, उनका हम विरोध करेंगे।''

पिछले साल जब अंग्रेज़ी समर्थक विधेयक संसद के समक्ष आया, उस समय संसद में हिन्दी का समर्थन करनेवाले कांग्रेसी सदस्य कठिनाई में पड़ गए और समझौते की कोई राह निकालने को मुझे कई बार पंडितजी के पास जाना पड़ा; किन्तु अपनी नीति पर वे चट्टान के समान अडिग खड़े रहे। जिसे पूरा देश चलाना है, वह उस व्यक्ति के साथ बहुत दूर तक नहीं जा सकता, जो हिन्दी चलाने के कार्य को सबसे प्रमुख मानता है। इस संघर्ष की झाँस हमें कई बार महसूस हुई थी; किन्तु अंग्रेज़ी समर्थक विधेयक से जो निराशा फैली, उसका पंडितजी पर कुछ थोड़ा प्रभाव अवश्य पड़ा था। इसका प्रमाण यह था कि इस विधेयक के बाद अक्सर वे यह कह देते थे कि ''बिना शोर मचाए हिन्दी का काम करो।''

संसद में जाने के थोड़े ही दिनों बाद हिन्दी के प्रश्न पर मौलाना साहब के साथ मेरी थोड़ी खटपट हो गई। संसद में या संसद के बाहर मैंने कभी भी कोई ऐसी बात नहीं कही थी, जो मौलाना साहब की शान के खिलाफ हो, मगर मुझे जिन थोड़ी-सी बातों का पता चला था, उन्हें जनता में प्रकट कर देने के कारण मौलाना के पास मेरी

शिकायतें पहुँचने लगीं। बिहार प्रादेशिक हिन्दी साहित्य सम्मेलन के रजत जयन्ती समारोह के अध्यक्ष पद से मैंने जो भाषण दिया, उसमें शिक्षा-मन्त्रालय पर मैंने दो-एक आरोप लगाए थे। इसके लिए मौलाना ने मुझे अपने घर पर बुलाकर कहा कि ''आप हमारी नीयत पर शुब्हा करते हैं।'' पीछे इस बात को लेकर हम दोनों के बीच कुछ लिखा-पढ़ी भी हुई। इस क्रम में एक दौर यह भी आया कि पत्रों की कॉपियाँ मुझे प्रधानमन्त्री के पास भेजनी पड़ीं। पंडितजी ने इस पर मुझे कोई भी जवाब नहीं दिया; किन्तु जब भेंट हुई, तब बोले, ''मैं मौलाना साहब से बातें करूँगा।''

मैंने निवेदन किया, ''पत्रों की कॉपियाँ मैंने आपको इसलिए नहीं भेजी हैं कि आप मेरी ओर से हस्तक्षेप करें। मेरा उद्देश्य आपको केवल यह बताना है कि शिक्षा मन्त्रालय में धाँधली चल रही है। सारा देश हिन्दी चाह रहा है; शिक्षा मन्त्रालय चुन-चुनकर उन लोगों को बढ़ावा देता है, जो हिन्दुस्तानी के बहाने हिन्दी को बर्बाद करना चाहते हैं। मैं मौलाना साहब से सिर्फ़ यह चाहता हूँ कि वे हिन्दुस्तानी लादने की कोशिश न करें। यदि हिन्दी थोपी नहीं जा सकती, तो हिन्दुस्तानी थोपना तो और भी मुश्किल काम है।''

पता नहीं, पंडितजी ने मौलाना साहब से क्या बात की, मगर हुआ यह कि मौलाना साहब ने मुझे दुबारा याद किया और कहा कि ''अपनी बातें ठीक से समझा दीजिए।''

पंडितजी हिन्दुस्तानी के बहुत बड़े हामी थे, यह बात सारे देश को मालूम है; किन्तु श्रोताओं के स्वभाव के अनुसार उनकी शैली बदल जाती थी। बिहार और मध्य प्रदेश में बोलते समय वे संस्कृत शब्दों का कुछ अधिक प्रयोग करते थे; किन्तु दिल्ली और पंजाब में वे ज्यादातर उर्दू बोला करते थे। मगर नाम उन्हें संस्कृत के ही पसन्द आते थे। एक बार मध्य प्रदेश से वे बाघों के दो बच्चे ले आए थे, जिनमें से एक नर था और दूसरी मादा थी। मुझसे उन्होंने पूछा कि इनके नाम क्या होने चाहिए। मैंने कहा, ''भीम और हिडिम्बा।''

पंडितजी नाम सुनकर बड़े ही प्रसन्न हुए और बाघों के ये ही नाम उन्होंने रख भी दिए।

दिल्ल में बच्चों के लिए एक पार्क बन रहा था, जिसके लिए एक नाम की खोज की जा रही थी। इन्दिराजी ने मुझसे पूछा, ''आनन्द ग्राम कहें तो आपको कैसा लगेगा?''

मैंने पूछा, ''पंडितजी को नाम पसन्द आया है या नहीं?''

इन्दिराजी ने कहा, ''अभी उनसे नहीं पूछा है।''

मैंने सुझाव दिया, ''आनन्द ग्राम से तो मुझे खेलगाँव ज्यादा जँचता है।''

इन्दिराजी इस नाम से बहुत खुश हुई और पंडितजी ने भी उसे पसन्द किया।

चाणक्य पुरी में सड़कों के जो संस्कृत नाम रखे गए हैं, वे पंडितजी को कुछ खास

पसन्द नहीं थे और कभी-कभी वे इन नामों का मजाक भी उड़ाया करते थे; किन्तु ऐसी बातों को लेकर बहस में उतरना उन्हें अच्छा नहीं लगता था।

संस्कृत भाषा पर पंडितजी को बहुत अधिक श्रद्धा थी, किन्तु न जाने क्यों हिन्दी में संस्कृत शब्दों का आधिक्य उन्हें पसन्द नहीं आता था। एक बार बम्बई में या कहीं और रवीन्द्रनाथ पर बोलते हुए उन्होंने यह कह दिया कि रवीन्द्रनाथ ने जैसी बंगला लिखी है, वैसी हिन्दी हिन्दीवाले क्यों नहीं लिखते हैं?

पीछे, जब उनसे मुलाकात हुई, मैंने उन्हें उस भाषण की याद दिलाई और निवेदन किया, "रवीन्द्रनाथ के प्रसिद्ध होने के पूर्व हिन्दी में सस्कृत शब्दों का उतना बाहुल्य नहीं था, जितना रवीन्द्रनाथ के बाद हुआ है। तब भी रवीन्द्रनाथ आपको पसन्द आते हैं, मगर हिन्दी बहुत कठिन मालूम होती है।

पंडितजी ने कहा, "संस्कृत शब्दों के कम या ज्यादा होने से भाषा बनती-बिगड़ती नहीं है। सवाल भाषा की शक्ति (जीनियस) का है। मुझे लगता है, तुम लोग हिन्दी को उसकी अपनी जीनियस से अलग लिए जा रहे हो।"

सन् 1960 ई. में राष्ट्रपति के आदेशानुसार जब सरकार के कानून और विज्ञान विषयक शब्दों के लिए दो आयोग कायम किए, तब बाकी शब्दों को अन्तिम रूप देने के लिए उसने एक 'निरीक्षण और समन्वय समिति' की स्थापना की जिसका अध्यक्ष मैं बनाया गया। कोई छह मास तक काम करने के बाद मुझे ऐसा भासित हुआ कि जो काम समिति को सौंपे गए हैं, वे समय पर पूरें नहीं होंगे तथा सरकार के लिए यह दावा करना मुश्किल होगा कि ये शब्द सारे देश ने मिलकर बनाए हैं। अतएव अपने विचार मैंने अपने मन्त्रियों और अफसरों को समझाए और अन्त में प्रधानमन्त्री से भी भेंट की। मैंने पंडितजी से निवेदन किया, "समिति को लगभग डेढ़ लाख शब्दों को अन्तिम रूप देना है; किन्तु हर महीने केवल दो सौ शब्द निपटा रहे हैं। अगर कार्य की गति यही रही तो काम सौ साल में खत्म होगा। यह पहली कठिनाई है। दूसरी कठिनाई यह है कि भाषा आयोग, संसदीय समिति और राष्ट्रपति—सबने इस मत पर काफी जोर दिया है कि जहाँ तक सम्भव हो, पारिभाषिक शब्द सभी भाषाओं में एक ही रखे जाएँ। यह कार्य तभी सम्भव होगा, यदि समिति में सभी भाषाओं के विद्वान नियुक्त किए जाएँ और शब्दों को अन्तिम रूप देते समय सभी भाषाओं के कोशों को छान लिया जाए।"

पंडितजी बोले, "इसके मानी ये हुए कि हिन्दी की जीनियस को आप खराब करना चाहते हैं। हर भाषा से शब्द लेकर आप जो हिन्दी तैयार करेंगे, वह अस्वाभाविक होगी। और, शब्द क्या हर भाषा में आपको मिल ही जाएँगे?"

मैंने कहा, "अन्य भाषाओं में जो शब्द प्रचलित हैं और वे यदि हिन्दी की जीनियस के अनुरूप पड़ते हैं, तो उन्हें हम अवश्य ले लेंगे। और दिन भर कोश उलटने के बाद अगर शब्द नहीं मिले, तब भी हमारा काम पूरा हो गया। यही एक रास्ता है

जिस पर चलकर देश से हम यह कह सकते हैं कि हमने जो शब्द बनाए हैं, वे सारे देश के मत से तैयार हुए हैं।''

बात पंडितजी को थोड़ी दूर तक पसन्द आ गई थी, मगर सचिवालय ने उसे चलने नहीं दिया और अन्त में हार मानकर मैंने इस समिति से इस्तीफा दे दिया और वह समिति विघटित कर दी गई।

पंडितजी के बारे में इतिहास और चाहे जो बातें लिखे या न लिखे; किन्तु यह बात वह अवश्य लिखेगा कि भारत के मन को आधुनिक बनाने की दिशा में जवाहरलाल ने जो अथक प्रयत्न किया, वह विस्मयकारी था। किन्तु आधुनिकता के इतने बड़े ध्वजधारी होने पर भी प्राचीन भारत के प्रति उनमें एक प्रकार की ममता थी, जो कभी-कभी ही प्रत्यक्ष होती थी। एक बार मिलने को उन्होंने मुझे विदेश मन्त्रालय में बुलाया और बात खत्म होने के बाद अपने साथ मुझे वे एक छोटी-सी गोष्ठी में ले गए, जहाँ अफ्रीका के छात्रों का दल उनकी इन्तज़ारी कर रहा था। उन्हें सम्बोधित करते हुए पंडितजी ने कहा, ''आप जिस देश में आए हैं, वह बड़ा ही पुराना देश है। इसकी सभ्यता की कई परतें हैं और देश में घूमने पर इनमें से हर परत आपको कहीं-न-कहीं देखने को मिल जाएगी। यहाँ कुछ चीज़ें आप ऐसी देखेंगे जो यूरोप और अमेरिका में भी हैं और कुछ बातें ऐसी मिलेंगी, जिन्हें समझने में आपको परेशानी होगी। मगर यहाँ की हर चीज़ अहमियत रखती है, क्योंकि हिन्दुस्तान जैसा भी है, वह इन सभी चीज़ों के मेल से बना है। सभ्यता की जो परतें आपको खोखली मालूम हों, उनके बारे में यह समझिए कि किसी समय वे भी सारपूर्ण थीं।''

एक बार संसदीय हिन्दी परिषद की गोष्ठी पंडितजी के घर पर हो रही थी। पंडितजी उस समय घर पर नहीं थे, भाषण देने को शहर में कहीं बाहर गए हुए थे। जब वे आए, गोष्ठी में मेरा व्याख्यान चल रहा था और मैं लोगों को यह बात रहा था कि भारतीय जनता के पूर्ण रूप से एक होने में बाधाएँ कहाँ-कहाँ पर हैं। जब पंडितजी के बोलने की बारी आई, उन्होंने कहा, ''अभी मैं उड़ीसा गया हुआ था। सुना, वहाँ के आदिवासी भाई आर्य रक्तवालों से नाराज़ हैं। वे कहते हैं कि एकलव्य अनार्य था और द्रोणाचार्य आर्य थे। इसी कारण द्रोणाचार्य ने उस अनार्य नौजवान का अँगूठा कटवा लिया।'' यह बात सुनकर सभी श्रोता हँसने लगे; किन्तु पंडितजी को हँसी नहीं आई; बल्कि विचलित होकर उन्होंने कहा, ''और अपनी बात मैं आपको बताऊँ? यह सब सुनकर द्रोणाचार्य पर मुझे गुस्सा हो आया।''

द्वापर से कलियुग बहुत दूर पड़ता है। लेकिन सच्ची मानवता इस दूरी को नहीं मानती। किन्तु कितनी सजीव थी उस पुरुष की मानवता, जो कलियुग में खड़ा होकर द्वापर के अन्याय से तिलमिला उठता था!

3

पंडितजी की कार्य-क्षमता अपार थी। उन्हें देखकर यह अनुमान आसान मालूम होता था कि ईश्वर एक ही है और वह सारे जगत की सुधि लेता है। उनका शरीर हलका, किन्तु स्फूर्ति से पूर्ण था। लॉबी में मैं अक्सर कहा करता था कि खाट से उठकर तैयार होने में जिसे देर लगे, उसे भारत के प्रधानमन्त्री की गद्दी की ओर बढ़ने की ख्वाहिश छोड़ देनी चाहिए। भारत का प्रधानमन्त्री अमेरिका के राष्ट्रपतित्व और रूस के प्रधानमन्त्रित्व से कहीं मुश्किल काम है। पंडितजी मेधावी मनुष्य थे, किन्तु केवल मेधा के बूते वे उतने काम नहीं कर सकते थे। उनकी कर्मठता का रहस्य उनके ठोस स्वास्थ्य में था। मेरा खयाल है, प्रधानमन्त्रित्व का दायित्व निभाने के लिए पहला और आखिरी गुण यह है कि आदमी की तन्दुरुस्ती खूब मजबूत हो।

पंडितजी अपेक्षाकृत नाटे मनुष्य थे और उनकी गरदन लम्बी नहीं थी। संसार में जिन लोगों ने बहुत अधिक काम किया है, उनमें से अधिकांश लोग लगभग इसी कद और काठी के आदमी थे। लम्बे लोगों का प्रभाव संसार की संस्कृति पर पड़ा है, किन्तु सभ्यता के कार्य में नाटे कद के लोग बहुत आगे रहे हैं।

पंडितजी काम के लिए आठ-साढ़े आठ बजे भोर ही तैयार हो जाते थे। ऊपर की मंज़िल से उतरते ही उन्हें दो प्रकार के लोगों से मिलना पड़ता था। एक तो वे लोग, जो समय लिए बिना ही सीढ़ी के नीचेवाले ड्राइंग हॉल में जमा हो जाते थे; और दूसरे वे लोग, जो गाँवों से आते थे और अहाते में खड़े या बैठे रहते थे। इनसे निबटकर पंडितजी दफ्तर चले जाते थे, फिर वहीं से संसद पहुँचते थे, अगर संसद का सत्र चल रहा हो। दोपहर के भोजन के बाद वे तीन से पहले ही फिर दफ्तर या संसद पहुँच जाते थे। शाम को भोजन वे आठ बजे करते थे और नौ से फिर काम पर बैठ जाते थे। सोने का समय उनका एक बजे रात से छह बजे भोर तक का था।

संसद के दोनों सदनों पर उनकी भक्ति एक समान थी। आवश्यकतानुसार वे बारी-बारी से दोनों सदनों में आते-जाते रहते थे और दिन भर में उन्हें बोलना भी कई बार पड़ता था। इतनी मेहनत वे कैसे कर पाते थे, इस पर आश्चर्य हमें पहले भी होता था और अब भी होता है।

वे संचिकाओं पर केवल 'यथा प्रस्तावित' लिखनेवाले मन्त्री नहीं थे। जो संचिकाएँ उनकी मेज से निकलती थीं, उनमें से अधिकांश पर अच्छी अंग्रेज़ी को दो-चार सतरें अवश्य रहती थीं। उनका सचिवालय इतना चुस्त और दुरुस्त था कि टेलीफोन से भी समय माँगने पर हमें कोई-न-कोई जवाब ठीक समय पर अवश्य मिल जाता था। संसत्सदस्यों के पत्रों का वे अत्यन्त सम्मान करते थे। ऐसा शायद ही कोई संसत्सदस्य होगा, जिसके पत्र का उत्तर पंडितजी ने अपने हस्ताक्षर से नहीं दिया हो। अक्सर तो यह होता था कि आज आपने पत्र लिखा और कल नौ बजे भोर में ही

प्रधानमन्त्री का चपरासी उत्तर लिए आपके घर पर मौजूद है। और इतना अधिक काम करते हुए भी वे जितने लोगों से मुलाकात करते थे, उतने लोगों से कोई और नेता नहीं मिल सकता था। इतना ही नहीं, अक्सर सन्ध्या समय वे सभा, सम्मेलन या सांस्कृतिक महफिल में भी जाते ही रहते थे और तब भी उनके चेहरे पर झुंझलाहट, परेशानी या असन्तोष के भाव हमें कम ही दिखाई पड़ते थे।

आश्चर्य की बात है कि इतना व्यस्त रहने पर उन्हें इस काम के लिए भी समय मिल जाता था कि रूस में अगर किसी ने अपनी बेटी का नाम इन्दिरा रखा है और पंडितजी को 'गॉड-फादर' बनाया है, तो उस बच्ची के लिए वे उपहार भेजें, उसके माँ-बाप को पत्र लिखें, राजेन्द्र बाबू का स्वागत करने को पालम पहुँचे, विनोबाजी से मिलने को किसी गाँव में जाएँ, हमेशा झगड़नेवाले हम कांग्रेसियों की तम्बीह करें और हठयोगी के साथ बैटकर शरीर-बुद्धि की भी शिक्षा लें।

निर्धारित समय पर अगर वे दफ्तर या सभा में नहीं पहुँच पाते, तो इसके लिए उन्हें खेद होता था। एक बार विदेश मन्त्रालय में मुझे उन्होंने नौ बजे सुबह का वक्त दिया था, मगर खुद वे कोई चालीस मिनट देर से पहुँचे। आते ही बोले, "माफ करना महाकवि! मैं भी लालकिले और कुतुबमीनार की तरह दिल्ली का एक्जिविट (तमाशे की चीज़) हो गया हूँ। रोज ही सैकड़ों लोग गोल बाँधकर मिलने आते हैं। आज कुछ ज्यादा लोग आ गए थे, सो थोड़ी देर हो गई।"

एक दिन कांग्रेस-दल की सभा में भी वे कुछ देर से आए थे। जब वे बोलने को खड़े हुए, तब लगा, जैसे देर से आने के कारण शरमा रहे हों। विलम्ब के लिए माफी माँगते हुए पंडितजी ने कहा, "माफ कीजिएगा। मैं ज़रा सो गया था।" उन दिनों वे किडनी की बीमारी से उठे थे और हम सब लोग चाहते थे कि पंडितजी काफी आराम किया करें। उनकी बात सुनकर सभा में कई तरफ से आवाज़ आने लगी, "पंडितजी, यह तो बड़ी ही खुशी की वात है कि आप ज़रा सोकर आए हैं। इसमें माफी माँगने की क्या बात है?"

इस मामले में पंडित गोविन्दवल्लभ पन्त पंडित जवाहरलाल नेहरू के बिलकुल भिन्न थे। समय पर न तो वे सभाओं में आते थे, न समितियों में, न खाने-पीने की पार्टियों में। और मजे की बात यह है कि विलम्ब से आने के कारण वे कभी क्षमा भी नहीं माँगते थे। यह बात दूसरी है कि समिति के अन्य सदस्यों का समय पर हाजिर हो जाना कोई मानी नहीं रखता था, क्योंकि फैसले तभी होते थे, जब पंडित गोविन्दवल्लभ पन्त का पदार्पण होता था।

चीनी आक्रमण के आरम्भ में मैं बीमार था और पटना में पड़ा हुआ था। जब मैं दिल्ली पहुँचा, मेनन साहब मन्त्रिमंडल छोड़ चुके थे और जनरल कौल के हटाए जाने की चर्चा लॉबी में रोज ही चला करती थी। इसी बीच सेला और वामदिला के पतन का दुःसंवाद आया। पंडितजी संसद को यह दुःसंवाद देने को जब खड़े हुए, तब उनकी

आवाज़ पस्त थी और उनका चेहरा देखकर हृदय सहम जाता था। उतना बड़ा नेता, उतना बड़ा आदमी और वैसा सधा हुआ कूटनीतिज्ञ; किन्तु आज वह बेपनाह हो रहा था।

पंडितजी गए तो अपने समय पर ही, जैसे एक दिन हममें से हर एक को जाना है, मगर मेरा खयाल है, उनकी असली बीमारी का नाम फालिज या रक्तचाप नहीं, चीन का विश्वासघात था। चीनी आक्रमण का सदमा उन्हें बहुत जोर से लगा था। मगर एक चतुर पिता के समान वे इस व्यथा को अपने देश से छिपाते रहे। कहने को तो संसद में यह बात वे काफी जोर से कहते रहे कि चीनी आक्रमण से हमारा तनिक भी अपमान नहीं हुआ है, मगर इस अपमान के कड़वेपन को भीतर ही भीतर उन्होंने जितना महसूस किया, उतना महसूस उसे और किसी ने नहीं किया था। यह उनकी अग्नि परीक्षा का समय था। अपमान और तत्क्षण प्रतिकार शस्त्रबल से सम्भव था। किन्तु भारत का शस्त्रबल क्षीण था। शस्त्रों के लिए वे अमेरिका और इंग्लैंड की शरण ज़रूर गए, किन्तु यह चिन्ता उन्हें बराबर सताती रही कि कहीं ऐसा न हो कि जिस स्वाधीनता की रक्षा के लिए हम अमेरिका और इंग्लैंड की सहायता ले रहे हैं, वह स्वाधीनता इसी सहायता से कमज़ोर हो जाए। चिन्ता उन्हें इस बात की भी थी कि बात बढ़ते-बढ़ते कहीं बड़े युद्ध तक न पहुँचे और जिस भारत को हम बचाना चाहते हैं, वह कलंकित भी बने और विनाश के भी सुपुर्द हो जाए।

ऊँचा आदमी! जो अपने देश को ऊँचाई से उतरने देना नहीं चाहता था। मगर दुखान्त नाटक के असली पात्र पुण्यवान ही होते हैं। पाप की पराजय पर जो नाटक लिखा जाता है, वह सुखान्त होता है। सच्चे दुखान्त नाटकों के पात्र वे हैं, जो पराजित इसलिए होते हैं कि वे पाप की राह से चलना नहीं चाहते।

चीनी आक्रमण के बाद देश में जो हिंसात्मक नारे लगाए जाने लगे, उनसे पंडितजी अत्यन्त दुखी हो गए थे। अपना दर्द उन्होंने कई रूपों में व्यक्त किया था, जिनमें से एक रूप यह था कि "अभी भी मैं अपने देश के पाशवीकरण को पसन्द नहीं कर सकता।" जब उन्होंने संसद में इस आशय की घोषणा की, मैंने उसके जवाब में एक कविता लिखी थी जो 'परशुराम की प्रतीक्षा' में संकलित है। पंडितजी जिस ऊँचाई से अपनी वेदना का बखान कर रहे थे, उस ऊँचाई की मैंने दाद दी है, मगर निष्कर्ष मेरा यह था कि पशुओं को उत्तर पशुबल से ही दिया सकता है।

मैं जिस धर्म का प्रतिपादन कर रहा था, वह आपद्धर्म था। पंडितजी घोर संकट में भी परम धर्म पर आसीन थे। पंडितजी उस हारी हुई ज्योति के प्रतीक थे, जो पराजित होकर भी अन्धकार को ललकार रही थी :

अन्धकार को दबी रौशनी की धीमी ललकार,
कठिन घड़ी में भी भारत के मन की घोर पुकार।
सुनती हो नागिनी! समझती हो इस स्वर को?

देखा है क्या कहीं और भू पर उस नर को—
जिसे न चढ़ता ज़हर, न तो उन्माद कभी आता है,
समर-भूमि में भी जो पशु होने से घबराता है?

—परशुराम की प्रतीक्षा

अक्टूबर, 1962 से लेकर मार्च, 1963 तक पंडितजी ने एक तरह से पंचधुनी तापकर तपस्या की थी। उनके चारों ओर क्रोध उबल रहा था, कटूक्तियों के बाण बरस रहे थे, क्षोभ की ज्वालामुखियाँ भड़क रही थीं, मगर तब भी वे अविचलित और शान्त थे। उन दिनों कानाफूसी चला करती थी कि पंडितजी का नेतृत्व समाप्त हो गया। किन्तु, अब लगता है, उनके नेतृत्व की जैसी परीक्षा उन छह महीनों में हुई, वैसी परीक्षा और कभी नहीं हुई थी और अविचल रहकर अपने अत्यन्त ऊँचे नेतृत्व का जैसा परिचय उन्होंने उन दिनों दिया, वैसा परिचय और कभी नहीं दिया था। जीत हमेशा सीमित होती है। उससे इतिहास को प्रकाश नहीं पहुँचता। इतिहास को रोशनी अक्सर उस आदमी से मिलती है, जो पुण्य की राह पर हार गया हो। कृष्ण और अशोक, कबीर और अकबर, गांधी और जवाहरलाल—ये पराजित पुण्य के प्रतीक हैं।

उन दिनों मैं खुद क्रोध से बावला हो रहा था और अक्सर कविता लिखते-लिखते मुझे रक्तचाप बढ़ आता था। उस पर तकलीफदेह बात यह कि दोस्त मेरे कानों में आकर कह जाते थे कि पंडितजी तुमसे रंज हैं और पार्टी तुम्हारे खिलाफ कार्रवाई करेगी। मेरी बेचैनी की बात राष्ट्रपति और लालबहादुरजी को मालूम थी। इन दोनों ही शुभैषियों ने मुझे सलाह दी थी कि अपनी भावनाओं पर नियन्त्रण करो। रक्तचापी को ऐसे क्रोध में नहीं आना चाहिए।

ठीक इसी मुद्रा में 14 दिसम्बर, 1962 ई. को मैं पंडितजी से मिला। अपना दर्द मैंने उस दिन काफी जोर से कहा और पंडितजी भी एक बार जोश में आकर मेज पर मुक्के मारने लगे। मगर उनकी नीतिमत्ता को देखकर मन-ही-मन मैं पराजित हो गया। मेरी कविताएँ उन्होंने देखी ही नहीं थीं, न मेरे भावों के प्रति उनमें लेशमात्र भी क्षोभ था। उलटे उन्हें शिकायत थी कि रेडियो पर मैं खूब गरजता क्यों नहीं हूँ।

उस दिन पंडितजी की कई बातों का मुझ पर बड़ा ही अनुकूल प्रभाव पड़ा। जोश की बातें तो एक-डेढ़ मिनट की चलीं। बाकी बातें मैं उसी शील और विनय से करता रहा, जिस शील और विनय के साथ मैं उनसे बराबर बातें करता था। विनयपूर्वक ही मैंने उनसे सवाल किया, "एक बात बताइएगा पंडितजी? चीनी आक्रमण के बाद ऐसी कितनी रातें आईं, जब आप सो नहीं सके?"

पंडितजी बोले, "यकीर करोगे? मैं किसी रात भी नहीं जगा हूँ। चिन्ता अपनी जगह पर है, नींद अपने समय पर आती है। मैं ठीक सोता हूँ।"

मेरे मुँह से अनायास निकल गया, "तब आप योगी हैं पंडितजी! हमारा सौभाग्य है कि हम आपके समकालीन हैं।"

देश के एक परम वरिष्ठ नेता उन्हीं दिनों पंडितजी से मिले थे और उन्होंने राय दी थी कि अमेरिका और ब्रिटेन के सुपुर्द हो जाओ और कहो कि चीन से वे हमारी रक्षा करें। पंडितजी उनकी इस सलाह से चकित रह गए थे। पंडितजी ने बताया, "उन्होंने यह भी पूछा कि इतनी बड़ी विपत्ति में तुम घबराते क्यों नहीं हो?"

मैंने कहा, "आपने क्या जवाब दिया।"

बोले, "जवाब क्या देता? घबराने से लाभ क्या होगा? मैं होश-हवास के साथ इस मुसीबत का सामना कर रहा हूँ।"

और बातें करने पर यह भी दिखाई दिया कि होश के नीचे जोश का उबाल भी कम नहीं है। पंडितजी की मुद्रा कठोर मौन की मुद्रा थी, जिसे अंग्रेज़ी में 'ग्रिम' कहते हैं। उनका हाथ चट्टान के नीचे दबा हुआ था। वे उतने समय की तलाश में थे, जितने में हाथ बाहर खींच सकें। लड़ाई से वे नहीं डरते थे। उस दिन की मुलाकात की जो डायरी मैंने लिखी है, उसमें ये वाक्य भी दर्ज हैं : "हम हर मुसीबत से लड़ेंगे। चीन और पाकिस्तान अगर साथ हमले करेंगे, तो हम दोनों से एक साथ लड़ेंगे। हम हारने पर भी लड़ना नहीं छोड़ेंगे। हथियार तो पाकिस्तान के पास भी काफी हैं। मगर आन पड़ी तो लड़ने के सिवा हम और कर क्या सकते हैं? मैं लड़ूँगा, हर मुसीबत से लड़ूँगा।"

आम राय यह है कि चीन ने पंडितजी को दोस्ती के जाल में फँसाकर परेशान किया अथवा यह कि सीधे होने के कारण पंडितजी चीन की असली चाल को पहचानने में गलती कर गए। मगर गलती पहचानने में नहीं हुई। सन् 1959 ई. में संसद में विरोधियों ने सवाल किया था कि चीन के विरुद्ध जो कदम आप आज उठा रहे हैं, वह कदम आपने सन् 1954 ई. में क्यों नहीं उठाया? पंडितजी ने उत्तर दिया, "अगर यह कदम हमने सन् 1954 में उठाया होता, तो जो काम चीन ने आज किया है, वह काम व सन् 1954 में ही कर गुजरता।"

चीन के बारे में पंडितजी किसी मुगालते में नहीं थे, इसका एक प्रमाण मुझे और मिला है। सन् 1954 ई. में जब पंडितजी चीन गए, तब ब्रिटिश पार्लियामेंट के लेबर सदस्य श्री डेसमंड डोनेली भी चीन गए हुए थे। एक दिन श्री डोनेली पंडितजी के साथ चाय पीने को उनके निवास स्थान पर आए। श्री डोनेली ने लिखा है कि चाय की मेज पर पंडितजी कुछ भी बोलने की मुद्रा में नहीं थे। जब डोनेली ने उन्हें ज्यादा खोदा, तो उन्होंने हाथों को दीवार की ओर फैलाकर यह इशारा किया कि सम्भव है, इन दीवारों के भीतर माइक्रोफोन लगे हों। मगर चाय पीने के बाद जब वे बाग में निकल आए, तब उन्होंने डोनेली के साथ काफी बातें कीं और बताया कि "इस देश की विचित्रता यह है कि यहाँ आकर आदमी बाकी दुनिया से कट जाता है। कई दिनों से मुझे तो दुनिया की कोई खबर ही नहीं लगी।"

डोनेली के यह पूछने पर कि माओ से आपकी मुलाकात कैसी रही, पंडितजी ने

कहा, "माओ ने बार-बार मुझे इस प्रकार सम्बोधित करने की कोशिश की, मानो मैं उनका मन्त्री होऊँ, इसलिए मेरा कर्तव्य हो गया कि मैं उनके भ्रम को दूर कर दूँ।"

पंडितजी चीन को पहचानते थे, आरम्भ से ही पहचानते थे; किन्तु रास्ता उन्होंने दोस्ती का पकड़ा। अगर चीन के साथ मैत्री रखते हुए भारत ने अपने सामरिक बल में वृद्धि की होती, तो चीन धोखा नहीं देता। नेहरू-नीति गलत नहीं है। उसका आधार ऊँची नैतिकता और विश्व-कल्याण है। किन्तु धर्म के भी ऊँचे कार्य पुष्ट शरीर के बिना नहीं किए जा सकते। 'मारो मत, मगर अपनी रक्षा के लिए तैयार रहो', धर्म भी इसी नीति पर टिक सकता है। यज्ञ करनेवाले ऋषि का भी कर्तव्य है कि वह हवनकुंड के पास भरी बन्दूक तैयार रखे। नेहरू-नीति पर भारत को कायम रहना चाहिए, मगर यह नीति कामयाब तभी होगी, जब भारत का बाहुबल अपार हो। पंडितजी इस तथ्य को स्वीकार कर चुके थे और भारत को एक वीर संन्यासी बनाने की अनिवार्यता उनके सामने प्रत्यक्ष हो चुकी थी। चीनी आक्रमण के बाद देश के बाहुबल के विकास का कार्य उन्हें प्रमुख दीखने लगा था। अगर भारत का बाहुबल सम्यक् रूप से बढ़ गया, तो निश्चय ही यह देश वीर संन्यासी का आसन सुशोभित कर सकता है।

4

पंडितजी जब दौरे पर निकलते, उनके साथ ज़िन्दगी की एक लहर-सी दौड़ पड़ती। उनके आते ही सभाएँ तरंगित हो उठतीं, जनता जयकार पुकारने लगती और चिन्तक ओठ पर अँगुली रखकर यह सोचने लगते कि ऐसा लोकप्रिय पुरुष भारत में पहले भी कभी जनमा था या नहीं। भीड़ अगर विशृंखल हो उठती, तो पंडितजी मोटर या मंच से कूदकर खुद ही उसे शान्त करने लगते और शान्ति की इस सेवा में जब-तब उन्हें हाथ भी छोड़ना पड़ता था। मुजफ्फरपुर में सन् 1948 ई. में जब उन्हें भीड़ को शान्त करने में शारीरिक बल का प्रयोग करना पड़ा, तब भीड़ के बाहर मैंने एक आदमी को कहते सुना, "चलो, पंडितजी की धौल तो मुझ पर पड़ी, मगर अब मेरी दरिद्रता दूर हो जाएगी।"

सन् 1946 ई. में जब बिहार में साम्प्रदायिक दंगे शुरू हुए, पंडितजी पटना आए थे और प्रायः अपनी ही देखरेख में वे फौजियों से काम ले रहे थे। एक दिन नगरनौसा नामक ग्राम में फौजियों ने सैकड़ों हिन्दुओं को गोली के घाट उतार दिया। इस समाचार से पटना में बड़ा क्षोभ फैला और शाम को पंडितजी जब नौजवानों के बीच भाषण देने को सिनेट हॉल पहुँचे, तब लड़कों ने उनका कुरता फाड़ डाला और उनकी टोपी उड़ा ली। उस दिन भीड़ को काबू में लाने का चमत्कार जयप्रकाशजी ने दिखाया। जब भीड़ काबू में आ गई, जयप्रकाशजी लोगों की तम्बीह करने लगे। जब जयप्रकाशजी लोगों से यह कह रहे थे कि "आपने पंडितजी का अपमान करके

अपने-आपको अपमानित किया है'', तभी पंडितजी जयप्रकाशजी को पीछे खींचकर खुद आगे आ गए और कहने लगे, ''नहीं साहब! मैं बड़ा ही बेहया आदमी हूँ। मेरी हतक-इज्जती ज़रा भी नहीं हुई है। उलटे, मैं आपसे खुश हूँ कि आपने बड़े ही जोश के साथ मेरा स्वागत किया है।''

इतना ही नहीं, दूसरे दिन सुबह ही वे नगरनौसा चले गए और वहाँ बड़ी भारी भीड़ के सामने पूरे घंटे भर भाषण दिया। जब पंडितजी नगरनौसा से चले, गाँव के लोग आपस में इस बात पर खुशी मना रहे थे कि चलो, लोग चाहे जितने भी मरे हों, मगर हमारे गाँव का पुण्य था कि पंडितजी हमारे बीच आ गए।

जिस इलाके के बहुत-से लोग एक दिन में मारे गए, उसी इलाके में पहुँचकर पंडितजी ने पूजा, अभिनन्दन और जय-जयकार की लहर उठा दी, यह बिलकुल आश्चर्यजनक घटना है। विनोबाजी ने जो उन्हें लोकदेव की उपाधि से विभूषित किया है, उसे मैं सर्वथा सार्थक मानता हूँ। भारत के वे नेता नहीं, सचमुच ही लोकदेव थे।

इधर कई वर्षों से तो पंडितजी की सभा इलाके में मेले का रूप ले लेती थी। पंडितजी के दर्शन को लोग दूर-दूर से आते थे, ग्रामीण औरतें अपने धराऊ कपड़े और जेवर पहनकर सभा में आती थीं। वे अपने छोटे-से-छोटे बच्चों को भी गोद में साथ लिए आतीं। पंडितजी क्या बोल रहे हैं, इसे समझने की बात तो दूर रही, पीछे के लोग ठीक से उनका भाषण भी नहीं सुनते थे। मगर यह उल्लास सभी के भीतर तरंगित रहता था कि चलो, पंडितजी को मैंने एक बार और देख लिया।

और पंडितजी जनता का कितना विश्वास करते थे, यह सोचकर भी अचम्भा होता है। एक बार भीड़ में से आगे बढ़कर एक औरत ने कहा, ''पंडितजी, मैं घर से आपके लिए एक गिलास दूध ले आई हूँ।'' पंडितजी ने अपनी तन्दुरुस्ती पर पहरा देनेवाले लोगों की बात नहीं मानी। वे उस बहन के हाथ से गिलास लेकर सारा दूध गटाक से पी गए।

इस दृश्य को देखकर संसार के बड़े-बड़े राजे परलोक में अचम्भे से एक-दूसरे का मुँह देखते रह गए होंगे।

सन् 1950 ई. में जब राजर्षि श्री पुरुषोत्तमदास टंडन पंडितजी को अभिनन्दन-ग्रन्थ भेंट कर रहे थे, तब उन्होंने एक बड़ा ही मनोरंजक संस्मरण सुनाया था। एक बार पंडितजी की सभा में होहल्ला मच गया और भीड़ को शान्त करने के लिए पंडितजी खुद ही मंच से नीचे कूद गए। भीड़ भयानक थी, इसलिए पंडितजी का अंगरक्षक भी भीड़ में साथ ही कूद गया और पंडितजी को अपने अंकवार में भरकर उन्हें आगे बढ़ने से रोकने लगा। फिर क्या था, पंडितजी अपने अंगरक्षक को ही पटककर उसे कूटने लगे। और जब वे मंच पर वापस आए, उन्होंने टंडनजी से कहा, ''कहिए, यह कुश्ती कैसी रही?''

एक बार पंडितजी छोटा नागपुर का दौरा कर रहे थे। उन दिनों जंगल-कानून को लेकर बिहार सरकार के साथ जनता का मतभेद हो गया था। नतीजा यह हुआ कि लोग जंगल को काटकर तहस-नहस करने लगे। अक्सर वे आग लगाकर जंगल को जला भी डालते थे। पंडितजी ने रास्ते में खुद भी दो-तीन जगहों पर जंगल को जलते देखा था। और कुछ दूर आगे जाने पर सड़क के किनारे उन्हें कुछ लोग मिले, जो झंडे लिए हुए पंडितजी के जयकार के नारे लगा रहे थे। पंडितजी ने मोटर रुकवाई और वे लोगों से बातें करने लगे।

पंडितजी ने पूछा कि जंगल-कानून से आप नाराज़ क्यों हैं? लोगों ने अपनी नाराज़गी के कारण उन्हें बताए। फिर पंडितजी ने पूछा, ''क्या जंगल में आग आप ही लोग लगाते हैं?'' एक साहसी ने भीड़ में से आगे बढ़कर स्वीकार किया, ''हाँ, पंडितजी, आग भी हमीं लोग लगाते हैं।''

इतना सुनना था कि पंडितजी मोटर से निकलकर अपना छोटा-सा डंडा लिए भीड़ पर टूट पड़े। भीड़ तो भाग खड़ी हुई, मगर पंडितजी उसे खदेड़ते हुए सौ-दो सौ गज तक दौड़ते चले गए। जब वे मोटर में वापस हुए, श्री रमण ने, जो मोटर हाँक रहे थे, कहा, ''हुजूर, इस छोटे-से डंडे में तो बड़ी करामात है।''

पंडितजी बोले, ''यह छोटा होने पर भी करामाती है।'' और यह कहते हुए उन्होंने डंडे की मूठ को घुमाकर उसमें से छोटी-सी गुप्ती निकाल दी।

रमण साहब ने कहा, ''तब तो डंडा अहिंसक नहीं है श्रीमन्!''

पंडितजी ने कहा, ''घबराओ नहीं, इस डंडे ने बड़ी-से-बड़ी हिंसा यही की है कि उससे एकाध बार मैंने सेब छीला है।''

यह बात तो तभी लोग जानते हैं कि सन् 1946 ई. में दिल्ली में जब साम्प्रदायिक मार-काट चल रही थी, तब पंडितजी मोटर से उतरकर सरदारों के हाथों से तलवारें छीन लेते थे। क्रूध से क्रूध भीड़ के भीतर वे इस विश्वास के साथ पिल पड़ते थे, मानो उन्हें छूने का साहस कोई नहीं कर सकता था। और यह विश्वास सही था। वे देश के आत्मबल के प्रतीक थे, समझदारी और होश-हवास की जीती-जागती प्रतिमा थे। वे देश के स्वाभिमान के भी प्रतीक थे और अपने स्वाभिमान की अभिव्यक्ति की शैली भी उन्हें तुरन्त सूझ जाती थी। इस प्रसंग में सरकार की रोक के विरुद्ध त्रिवेणी में उनके कूदने की बात सभी लोगों को मालूम है।

उनकी वीरता और सूझ की बड़ाई खुद राजेन्द्र बाबू किया करते थे। सन् 1930 ई. में जब नमक-सत्याग्रह आरम्भ हुआ, राजेन्द्र बाबू और श्री गंगाशरण सिंह दमे से बीमार थे और सदाकत-आश्रम में ठहरे हुए थे। पुलिस ने उनकी मौजूदगी में ही सदाकत-आश्रम का झंडा उतार लिया और दोनों टुकुर-टुकुर ताकते रहे गए। पुलिस के चले जाने के बाद राजेन्द्र बाबू ने गंगा बाबू से कहा, ''देखिए गंगा बाबू! मुझमें और जवाहरलालजी में यही फ़र्क है। वे अगर अभी यहाँ हुए होते, तो कुछ-न-कुछ अवश्य

कर डालते। मैं भी सोच रहा था कि मुझे कुछ करना चाहिए, किन्तु यह सूझा ही नहीं कि किया क्या जाए।''

पंडितजी घनघोर रूप से साहसी पुरुष थे। राजनीति के कामों में तो वे उबलकर भी शान्त हो जाते थे, किन्तु जहाँ आस्था और वैयक्तिक पसन्द-नापसन्द का सवाल ज़रा तेज होता, उनके आचरण अत्यन्त निर्भीक होते थे। 1935 ई. के आसपास जब पंडितजी रोम होकर भारत लौट रहे थे, मुसोलिनी ने हवाई अड्डे पर अपना दूत भेजा था कि पंडितजी मुझसे मिलने को क्षण भर को शहर में आ जाएँ; किन्तु पंडितजी ने मुसोलिनी से मिलना कबूल नहीं किया।

स्वेज संकट के समय राजनीति की सहूलियत तो इस बात में थी कि भारत के प्रधानमन्त्री खुली जबान से कोई बात न कहें। किन्तु पंडितजी अपने को रोक नहीं सके। काश कि यही साहस उन्होंने हंगरी कांड के समय भी दिखाया होता!

टंडनजी के सभापतित्व के समय, प्रायः पूरी-की-पूरी कांग्रेस पंडितजी के विरुद्ध हो रही थी। पन्तजी के समान प्रगाढ़ हितैषी ने पंडितजी को सलाह दी थी कि टंडनजी से समझौता कर लेने में ही आपका और कांग्रेस का कल्याण है। किन्तु पंडितजी टस-से-मस नहीं हुए और आखिरकार राजर्षि को ही कांग्रेस के अध्यक्ष पद से इस्तीफा देना पड़ा।

मेरे एक मित्र कहते हैं कि वे भी पंडितजी को यही राय देने गए थे कि टंडनजी से समझौता कर लेना ही समय की सही राजनीति है। इस पर पंडितजी ने आवेश में आकर कहा था, ''तुम मुझे यह कहने आए हो कि मैं अपने आदर्श को झुका दूँ? अपने विश्वास को तोड़कर समझौता करूँ? अगर बात बहुत आगे बढ़ी तो बहत्तर घंटों में मैं पूरे मुल्क में इन्किलाब ला दूँगा।''

मगर इन्किलाब लाने का मौका नहीं आया, क्योंकि पंडितजी के विरोधी यह सोचकर सहम गए कि वोट तभी मिल सकते हैं, जब कांग्रेस जवाहरलाल के हाथ में हो। अतएव टंडनजी ने जवाहरलाल की कांग्रेस जवाहरलाल को सौंप दी और खुद अध्यक्ष पद से अलग हो गए।

मुसीबतों के समय पंडितजी का दिमाग सही और दुरुस्त रहता था। दर्द और बेचैनी तो भीतर छिपी रहती, मगर बाहर वे ऐसा व्यवहार करते, मानो कहीं भी उन्हें चोट नहीं लगी हो। जिन दिनों गुजरात और महाराष्ट्र का आन्दोलन चल रहा था, पंडितजी युवक-कांग्रेस में भाषण देने को बड़ौदा गए। उस दिन मैं भी उनके साथ, उन्हीं के हवाई जहाज से बड़ौदा गया था। हवाई अड्डे से वास-स्थान तक पहुँचने में हमें गुस्से से चीखती हुई भीड़ का मुकाबला कई जगहों पर करना पड़ा। पंडितजी की गाड़ी तो निकल गई, लेकिन मेरी गाड़ी को भीड़ ने घेर लिया। जब लोग काफी नारे लगा चुके, मैंने गाड़ी से उतरकर कहा, ''मूर्खो! ज़रा पहचानकर देख लो। मैं न तो ढेबर भाई हूँ, न मोरारजी देसाई। मैं तो युवक-कांग्रेस में कविता पढ़ने को बिहार से

आया हूँ। तुम मुझे क्यों तबाह करते हो?" भीड़ में मुझे किसी ने पहचाना तो नहीं, मगर नुस्खा काम कर गया और मेरी गाड़ी निर्विघ्न आगे बढ़ गई।

शाम को जिस वक्त पंडितजी की सभा होनेवाली थी, उसी वक्त श्री याज्ञिक और श्री डांगे ने भी एक अलग सभा का आयोजन कर रखा था। सोनपुर के मेले और पंडितजी की सभा से मैं बराबर परहेज करता आया था। किन्तु उस दिन पंडितजी के मंच पर मैं भी जा बैठा। भीड़ कोई दो लाख की रही होगी। किन्तु पंडितजी माइक पर ऐसी आसानी से बोल रहे थे, मानो वे दस-बीस दोस्तों से बातें कर रहे हों। वे कोई दो घंटे बोले और अनुद्विग्न ढंग से ही उन्होंने अपनी सारी बातें लोगों को समझा दीं और लोग बिलकुल शान्त होकर उनकी बातें सुनते रहे।

चरित्र की असली जाँच संकटों में ही होती है। एक बार गांधीजी जब ध्यान कर रहे थे, तभी एक साँप उनकी गोद में चढ़ गया। संयोग से किसी लड़की का ध्यान नहीं जमा था। वह शायद कनखियों से देख रही थी कि किसका ध्यान कितना गम्भीर है। सहसा उसकी दृष्टि उस साँप पर पड़ गई और उसने धीरे से बापू के पास जाकर उनके कान में कह दिया कि जाँघों पर साँप चढ़ आया है। स्वाभाविक है कि ऐसे में आदमी कपड़े झाड़कर खड़ा हो जाए। मगर गांधीजी के भीतर भय का लेश भी नहीं था। उन्होंने आँखें खोलकर साँप को देख तो लिया, लेकिन हिले-डुले नहीं। साँप उन्हें सूँघ-साँघकर उतर गया—शायद यह सोचकर कि यहाँ ज़हर का लेश भी नहीं है, फिर मैं ही इसे क्यों काटूँ?

एक बार पंडितजी के भी हवाई जहाज में आग लग गई। चालक बड़े परेशान हुए और अपनी घबराहट की बात उन्होंने पंडितजी को बताई भी। मगर पंडितजी तनिक भी नहीं घबराए। उन्होंने, "जो कर सकते हो, करो" कहकर चालकों को आश्वस्त कर दिया और खुद वे किताब पढ़ने लगे। सौभाग्य से चालकों ने एक चरागाह में जहाज उतार लिया और सभी लोग बेदाग बच गए।

पंडितजी के भीतर मृत्यु का भय नहीं था। इधर हाल से तो मरने को वे तैयार बैठे थे। जिस दिन संसद के केन्द्रीय हॉल में राजेन्द्र बाबू के चित्र का उद्घाटन हुआ, उस दिन मेरे एक मित्र ने पंडितजी को यह बुदबुदाते सुना, "अब हॉल में चित्र की एक ही जगह बाकी रह गई है। वह भी अब ज्यादा दिन खाली नहीं रहेगी।"

5

जब मैं रूस घूम रहा था, एक दिन ऐसा हुआ कि डिनर की मेज पर कुक्कुट महाराज छुरी और काँटे से मेरे बस में नहीं आए। निदान मैंने हिचक छोड़कर छुरी और काँटे के स्थान पर अपने सु-अभ्यस्त हाथ को बेखटके नियुक्त कर दिया। इस पर मेरी दुभाषिया मरियम ने कहा, "दिनकर जी, आपके प्रधानमन्त्री के मेज-आचार

(टेबुल-मैनर्स) बहुत अच्छे हैं। मगर यहाँ रूस में एक मजाक पहुँचा है, वह आपको सुना देती हूँ।'' हुआ यह कि एक रोज पंडितजी इंग्लैंड के प्रधानमन्त्री के यहाँ खाना खाने गए, तो मुर्गी का गोश्त खाने में छुरी और काँटे से उन्हें थोड़ी दिक्कत होने लगी। इस पर पंडितजी ने मजाक में कहा, ''मिस्टर मैकमिलन! छुरी और काँटे से चिकन खाना वैसा ही बेढब काम है, जैसे दुभाषिए के जरिए कोई किसी से प्रेम का प्रस्ताव करे।''

पंडितजी मजाक बहुत कम करते थे, मगर जब भी कोई मजाक करते, वह नफीस और महीन होता था। फूहड़ मजाक उन्हें पसन्द नहीं आते थे। एक बार लोकसभा में स्वर्गीया सरोजिनी नायडू के पुत्र स्वर्गीय डॉक्टर जयसूर्य ने रामपुर-टेलिग्राम को लेकर कोई बेहूदा-सा मजाक कर दिया, जिस पर पंडितजी बहुत ही नाराज़ हो गए थे। एक बार बहन तारकेश्वरी ने पाकिस्तान के प्रसंग में कोई फूहड़-सी बात कह दी। वह बात पंडितजी को बहुत बुरी लगी और खुली सभा में उन्होंने उसकी भर्त्सना की थी।

जब भाषावार प्रान्तों का संगठन हो रहा था, हम बिहारी इस बात से बहुत नाराज़ थे कि बंगाल के लोग बिहार का काफी रकबा अपने प्रान्त में मिला लेना चाहते हैं। एक दिन कोई पचास बिहारियों का एक जत्था पंडितजी से मिलने गया। उस जत्थे का एक सदस्य मैं भी था बिहारियों ने पंडितजी के आगे अपना रोना रोया, मिन्नतें कीं, कुछ गुस्से का इजहार किया; मगर पंडितजी नहीं पसीजे। उन्होंने केवल यह कहा कि ''आपका मुकदमा अच्छा है। मगर अभी शोर मत मचाइए। सारे देश को भूत लग गया है। पहले इस भूत को मुझे भगाने दीजिए।''

वातावरण ज़रा गम्भीर हो गया था, इसलिए, मैंने मजाक किया, ''पंडितजी, भूत तो भागेगा ही। हम बिहारी तो सिर्फ़ भागते भूत की लंगोटी चाहते हैं।'' मजाक मेरा सटीक था क्योंकि हम लोग जिस भूखंड को बचाना चाहते थे, वह लंगोटी की ही तरह लम्बा अधिक, चौड़ा बहुत कम था। कभी लोग मेरे मजाक से ठठाकर हँस पड़े, मगर पंडितजी के मुख पर हँसी नहीं आई। मुझे तुरन्त भासित हुआ कि लंगोटीविहीन भूत के नंगेपन की तसवीर उन्हें अच्छी नहीं लगी है। पंडितजी की पूरी सांस्कृतिक चेतना हर समय जागरूक रहती थी और भूल से भी वे कुरूप मजाक पर नहीं हँसते थे। उनकी रुचि इतनी सुरम्य थी, उनका रांस्कार इतना महीन था।

उनकी रुचि बिलकुल क्लासिक थी। सस्तापन न तो उन्हें चित्रों में पसन्द आता था, न संगीत, नृत्य और काव्य में। लेखन और मंच अभिनय को छोड़कर कला के किसी भी क्षेत्र के वे आचार्य नहीं थे, किन्तु कला के किसी भी क्षेत्र में वे धोखा नहीं खा सकते थे। मनुष्य के व्यक्तित्व की अतल गहराई में कहीं कोई मूल छन्द है, कहीं कोई आदि व्याकरण है, जिसके ठीक हो जाने पर सभी छन्द आप-से-आप ठीक हो जाते हैं, सभी व्याकरण आप-से-आप शुद्ध हो जाते हैं।

एक दिन मैं पंडितजी के साथ संसद के केन्द्रीय हॉल में बैठा था। शायद हम

किसी सभा या अतिथि की इन्तज़ारी में थे। मैंने, योंही, पंडितजी का जी बहलाने को कहा, "पंडितजी, इस हॉल में जितने भी चित्र हैं, उनमें से पंडित मोतीलालजी और लोकमान्य तिलक के चित्र सबसे अच्छे हैं। बाकी चित्र मुझे अच्छे नहीं दिखाई देते। खासकर लाला लाजपत राय का चित्र मुझे काला-ही-काला लगता है।"

इतना सुनना था कि पंडितजी का ब्रह्म उबल पड़ा। वे बोले, "आप उस कौम के मालूम होते हैं, जो चित्रों को कम, फोटो को ज्यादा पसन्द करती है। मोतीलालजी और तिलकजी के चित्र चित्र नहीं, फोटो मालूम होते हैं। चित्र तो इस हॉल में एक ही है और वह लालाजी का है। ज़रा गौर से देखिए। मालूम होता है, लालाजी अन्धकार के भीतर से उभरते चले आ रहे हैं। यह बात दूसरी है कि लालाजी ठीक ऐसे थे नहीं। और सबसे खराब तसवीर तो इस हॉल में दादाभाई नौरोजी की है। वह बदल दी जाए तो बहुत अच्छा हो।"

उस दिन से मेरा भी भाव यही हो गया है कि केन्द्रीय हॉल में सबसे जोरदार तसवीर लालाजी की ही है।

एक बार लालकिले के गणतन्त्रीय कवि-सम्मेलन का उद्‌घाटन करते हुए उन्होंने यह बात भी कही थी कि कवियों का जनता के समीप जाना अच्छा काम है। मगर कवि-सम्मेलनों में वे कितनी बार जाएँ और कितनी बार नहीं जाएँ, यह प्रश्न भी विचारणीय है।

एक साल राज्यसभा से जानेवाले सदस्यों के सम्मान में एक छोटे-से जलसे का इन्तज़ाम किया गया था। उस जलसे में पृथ्वीराजजी ने 'शायलाक द जू' का अभिनय किया था और एक लड़की ने भरतनाट्यम के कुछ नृत्य प्रस्तुत किए थे। नृत्य का, मेरे जानते, श्रोताओं पर अच्छा रौब जमा था। मगर जब मैंने पंडितजी से पूछा कि "नृत्य कैसा रहा पंडितजी?" तो वे थोड़ी पस्ती से बोले, "है, मगर क्या है? बचकाना समझो।"

शास्त्रीय संगीत के वे भक्त थे। सभी राग-रागिनियों के पहचानने की लियाकत उनमें भले ही न रही हो, मगर वर्ण-संकरता को वे तुरन्त भाँप लेते थे। हारमोनियम के खिलाफ इस देश में जो थोड़ा-बहुत मत है, वह जवाहरलालजी और रवीन्द्रनाथ ठाकुर का ही जगाया हुआ है। मगर अक्सर वे इस बात का भी विलाप करते थे कि "अपने देश में बस दो ही ढंग के संगीत हैं। एक तो 'सोलो', जिसका विकास दरबारों के कारण हुआ और दूसरा लोक-संगीत, जिसे जनता ने बढ़ाया। लेकिन समूह-संगीत का विकास इस देश में नहीं हो सका, यह काफी दुख की बात है। पढ़े-लिखे लोग जब दस-बीस की संख्या में जमा हो जाएँ, तो कभी-कभी उन्हें सम्मिलित गान गाना चाहिए।"

पंडितजी इस बात पर भी अचरज करते थे कि भारतवर्ष में इतने कवियों के होते हुए भी ऐसे गीत क्यों नहीं बनते, जिन्हें शिष्ट लोग समवेत होकर गा सकें! इस

अभाव को दूर करने के उद्‌देश्य से इन्दिरा देवी ने एक छोटा-मोटा आन्दोलन भी चलाया था, मगर वह बच्चनजी के ढोलक-गीत से अभी आगे नहीं बढ़ा है। क्या ही अच्छा हो कि हमारे प्रवीण नवयुवक गीतकार कुछ ऐसे गीतों की रचना कर दें जो छोटे, सरल और चुस्त हों तथा जो शिष्ट समाज को अपनी ओर खींच सकें।

एक बार ऐसा हुआ कि पं. केशवदेव मालवीय के बेटे के विवाह के अवसर पर पंडितजी पार्टी में खूब नफीस शेरवानी पहनकर आए। उस समय पं. बनारसीदास चतुर्वेदी, पं. मथुराप्रसाद मिश्र और मैं एक जगह पर खड़े थे। पंडितजी ने आते ही टोका, "तुम हिन्दीवाले जब देखो, तभी एक साथ गुँथे रहते हो। कहो, हिन्दी चलती है या नहीं?" प्रश्न मुझे किंचित् विषैला मालूम हुआ, मगर मेरे मुँह से कोई बात नहीं निकली। मेरे बदले, मथुरा बाबू बोल उठे, "पंडितजी, गांधीजी चलाते थे, तब हिन्दी मजे में चलती थी। अगर आप चलाइएगा, तो हिन्दी ज़रूर चलेगी।"

मथुरा बाबू ने नहले पर दहला दाग दिया, इसलिस हवा ज़रा भारी हो गई। अतएव वातावरण को पिघलाने के लिए मैंने मजाक किया, "वाह, पंडितजी! यह शेरवानी तो ऐसी फबती है कि क्या कहना? आज तो आपने सत्यनारायण बाबू को बिलकुल मात दे दी।"

पंडितजी पास आकर बोले, "एक खुफिया बात बताऊँ? यह शेरवानी कोलम्बो के लिए बनी थी।" पंडितजी तुरन्त ही कोलम्बो से वापस आए थे।

थोड़ी ही देर बाद सत्यनारायण बाबू भीड़ में मेरी खोज करते हुए मेरे पास पहुँचे और कहने लगे, "पंडितजी को आपने क्या कह दिया कि वे ढिंढोरा पीटते चल रहे हैं कि आज मैंने सत्यनारायण को मात दे दी? मेरे यह पूछने पर कि किस बात में मात खाई है मैंने, पंडितजी ने कहा, "यह राज की बात है। जाकर दिनकर से खुद पूछ लो।"

सत्यनारायण बाबू उस दिन धोती में आए थे। सो जवाब में मैंने अपना सिर पीट लिया और कहा, "हा, महाराज! आज ही आपको धोती में आना था? पंडितजी की शेरवानी देखी है आज आपने? अगर सदा की भाँति आज भी आप शेरवानी-पाजामे में होते तो आप दोनों का फोटो सारे संसार में छप जाता और इस शीर्षक के साथ कि जवाहरलालजी ने पोशाक में सत्यनारायण सिंह को मात दे दी।"

सेठ गोविन्ददासजी को जिस साल डॉक्टरेट मिला, उसी वर्ष उन्हें पद्‌मभूषण की उपाधि भी प्राप्त हुई थी। जिस दिन राष्ट्रपति अलंकरण देते हैं, उस दिन राष्ट्रपति भवन में एक पार्टी का आयोजन होता है। सो पार्टी में सेठजी और पंडितजी को अपने समीप देखकर मैंने कहा, "पंडितजी! सेठ साहब आज पद्‌मभूषण हुए हैं। उचित है कि आप उन्हें बधाई दें।"

पूर्व इसके कि पंडितजी सेठ साहब से कुछ कहें, सेठजी के मुँह से निकल गया, "मैं तो डॉक्टरेट पा चुका हूँ। इस पद्‌मभूषण से क्या होता है?"

पंडितजी बोले, ''आपको फ़र्क मालूम नहीं है। डॉक्टरेट लियाकत है, पद्मभूषण इज्जत है। दोनों का बोझ ठीक से ढोना चाहिए।''

मजाक की एक बात और याद आती है। राजेन्द्र बाबू का कार्यकाल जब शेष हुआ, हम लोगों ने दिल्ली से उनकी विदाई के लिए एक बहुत बड़ी सभा का आयोजन किया था, जिसमें डॉक्टर राधाकृष्णन, डॉक्टर ज़ाकिर हुसैन और पंडित जवारहलाल—सभी लोग आए थे। सभा आरम्भ होने के पूर्व वर्षा काफी हो गई और प्रायः अधिकांश लोग भीग गए। हम लोगों ने भीगे कपड़ों में ही सभा की कार्यवाही पूरी की और लगभग वैसे ही सभा से वापस भी हुए।

जब हम लोग मंच से उतर रहे थे, मैंने गंगा बाबू से कहा, ''गंगा! मैं तो बिलकुल भीग गया। घर जाकर कपड़े तुरन्त बदलने होंगे।''

गंगा बाबू अपना कुरता तानते हुए बोले, ''मेरा कुरता तो सूख गया। मुझे कपड़े बदलने की ज़रूरत नहीं होगी।''

पंडितजी हमारी पीठ पर ही आ रहे थे। उन्होंने हमारी बातचीत सुन ली थी। जब उन पर हमारी नज़र पड़ी, हम उन्हें रास्ता देने को रुक गए। मगर पंडितजी उस दिन मौज में थे। जाते-जाते बोले, ''मोटी और पतली चमड़ी का फ़र्क समझते हो दिनकर? जिसकी चमड़ी मोटी होती है, उसका कपड़ा जल्दी सूख जाता है।''

गंगा बाबू ठहाका मारकर हँसने लगे, ''वाह-वाह! वाह-वाह!! क्या महीन तीर मारा है? जवाब नहीं है पंडितजी! आपका।''

उर्दू के शायर सागर निजामी और मैं जब पोलेंड से लौटे, तब पोलेंड का संस्मरण सुनाते हुए मैंने पंडितजी से कहा, ''वारसा के अन्तर्राष्ट्रीय कवि-सम्मेलन में भारत की जैसी धूम रही, वैसी धूम किसी अन्य देश के कवि नहीं मचा सकें। खासकर सागर के तरन्नुम ने पूरी महफिल को कौतुक में डाल दिया। नतीजा यह हुआ कि फिनलैंड का एक कवि सागर से द्वेष करने लगा। एक शाम खाने-पीने के बाद हम लोग सिगरेट पी रहे थे, फिनलैंड का वह कवि भी पास ही शराब से धुत ऊँघ रहा था। सागर की ओर इशारा करके उसने मुझसे कहा, ''अगली बार जब मैं कवि-सम्मेलन में आऊँगा, तो ज़रूर अपनी वायलिन साथ लेता आऊँगा।''

यह बात जब मैंने सागर साहब को हिन्दी में समझाई, तो वे काफी बिगड़ उठे। पंडितजी बोले, ''इसमें बिगड़ने की क्या बात थी? सागर को कहना चाहिए था कि तुम अगर वायलिन लाओगे, तो अगली बार मैं तबला ज़रूर लेता आऊँगा।''

एक सुना-सुनाया किस्सा और बताने को जी चाहता है, मगर पूर्व इसके कि मैं इस किस्से को दर्ज़ करूँ, वाजिब यह है कि अपने मान्य मित्र पंडित महावीर त्यागी से माफी माँग लूँ, क्योंकि यह उन्हीं का भंडाफोड़ है।

बात उस समय की है जब भुवनेश्वर कांग्रेस के बाद पंडितजी ने त्यागीजी को मन्त्रिमंडल में शामिल होने का ऑफर दिया था। त्यागीजी का कौल था कि अब वे

'मिनिस्टर आव् स्टेट' बनने को कतई तैयार नहीं हैं। विचार वे तभी करेंगे, जब ऑफर मन्त्रिमंडल की पूरी सदस्यता का होगा। इसी खटपट के कारण त्यागीजी 1962 में मन्त्रिमंडल में नहीं लिए गए थे;

इस बार जब पंडितजी ने पूरे मन्त्रित्व का ऑफर दिया, तो त्यागीजी दुविधा में पड़ गए। विद्रोही का पद कुछ कम सुयश या अधिकार का पद नहीं है। इधर वर्षों से त्यागीजी पार्टी के 'डार्लिंग' रहे थे। यह सुयश वे खोना नहीं चाहते थे। साथ ही, मन्त्रिमंडल की सदस्यता भी उन्हें आकर्षक दिखाई दे रही थी। इसलिए ऑफर कई दिनों तक अधर में झूलता रहा और त्यागीजी पंडितजी के सामने अपना दुलार छितराते रहे।

इसी दौर में त्यागीजी ने पंडितजी से एक दिन कहा, "अब इस वजारत में मजा नहीं रहा जवाहरलाल। याद हैं वे दिन, जब बरेली जेल में तुम मुझे फ्रेंच पढ़ाते थे और जब मैं सही उच्चारण नहीं कर पाता था, तुम मुझे उल्लू, गधा, बेवकूफ, नालायक, सब कुछ कह डालते थे? बाद को जब मैं तुम्हारा मन्त्री बना, तब भी तुमने मुझे नालायक और बेवकूफ कहना बन्द नहीं किया। वे मजे के दिन थे, वे मजे की बातें थीं। मगर अब तुम मुझे 'आप' और 'जनाब' कहकर सम्बोधन करते हो। इसलिए भीतर जोश नहीं रह गया है कि मैं तुम्हारा वजीर बनूँ।"

पंडितजी बीमार तो थे ही, मसनद के सहारे एक ओर को झुके लेटे थे। जब त्यागीजी ने अपनी रामायण बन्द की, पंडितजी बोले, "भाई महावीर! अंग्रेज़ी में एक कहावत है कि जो बात सच हो, उसका मजाक नहीं बनाना चाहिए। इसीलिए अब मैंने तुम्हें उल्लू और गधा कहना छोड़ दिया है।"

फिर तो वह कहकहा लगा कि त्यागीजी की दुविधा काफूर हो गई और वे मन्त्रिमंडल में शामिल हो गए।

6

पंडितजी अत्यन्त सभ्य मनुष्य थे। जो शिष्टता उनके पहनावे-ओढ़ावे और वार्तालाप में थी, वही शिष्टता उनके व्यवहार में भी दिखाई देती थी। मुलाकाती जब उनके कमरे में प्रवेश करते, वे कुर्सी से खड़े हो पाते थे और जब वे जाने लगते, पंडितजी उन्हें छोड़ने को दरवाजे तक अवश्य आते थे। बातें करते-करते जोश में आ जाना शायद उनके स्वभाव में था। कहते हैं, पहले गुस्से और जोश में वे ज्यादा आते थे, किन्तु प्रधानमन्त्रित्व ने उन्हें पहले की अपेक्षा बहुत अधिक धीर बना दिया था। शिष्ट वे इतने थे कि अपने अनुगामियों के सारे कुचक्र को जानते हुए भी वे अपनी जानकारी उनसे छिपाए रहते थे। संसद में उन पर हमले काफी हुआ करते थे और जवाब में वे जब-तब बिगड़ते भी खूब थे, मगर बिगड़ने पर भी भाषा उनकी अहिंसक और शिष्ट

ही रहती थी। अपनी झुंझलाहट वे गर्जन-तर्जन और भाव-भंगिमा में प्रकट करते थे, किन्तु उनके मुँह से निकलनेवाले शब्द कड़वे नहीं होते थे। अपना क्रोध जब वे मरियल-से मामूली शब्दों में व्यक्त करते, तब भी उनके गर्जन-तर्जन से प्रभावित होकर कांग्रेस-दल के लोग उनके समर्थन में तालियाँ बजाने लगते और इतने से ही विरोधी की प्रभा क्षीण हो जाती थी। जो बात अहिंसक होने के कारण जोर से बोलने लायक नहीं होती, उसे भी वे जोर से बोलकर अपना काम निकाल लेते थे।

शिष्टता, स्वच्छता और शान्ति उनकी वाणी और आचार तक ही सीमित नहीं थी। जहाँ वे काम करते थे, वहाँ का वातावरण भी हमेशा ही शीतल और शान्त रहता था। उनकी मेज मैंने कभी भी फाइलों से लदी नहीं देखी, न उस पर कभी मैंने कागज़ों का अम्बार देखा था। उनके सम्पर्क में काम करनेवाले अफसर भी शिष्ट और शान्त रहते थे। मैं उनसे पहले श्रीनिवास और बाद को श्री खन्ना के जरिए मिला करता था। किन्तु इन अफसरों के चेहरों पर भी मैंने कभी भी हैरानी, उजलत या घबराहट का भाव नहीं देखा। जिस वातावरण में जवाहरलाल काम करते थे, उसमें घबराहट, अधीरता, जल्दबाजी और अहंकार की बू भी नहीं थी। स्निग्ध, शीतल, सततप्रवाहिनी नदी के समान उस वातावरण की कर्मधारा अबाध गति से चलती रहती थी। जैसे पंडितजी के इर्द-गिर्द अधीरता नहीं रहती, वैसे ही उनके अफसरों के आसपास भी अधीरता और परेशानी का चिह्न नहीं था। प्रधानमन्त्री से आपका मिलना कब होगा अथवा आप उनसे मिल पाएँगे या नहीं, इसकी सूचना अफसर मुलाकातियों को खोज कर देते थे।

मैं बराबर सोचता था कि जैसी मुस्तैदी प्रधानमन्त्री के सचिवालय में है, वैसी ही मुस्तैदी अगर देश के सभी सचिवालयों में आ जाए, तो भारत स्वर्ग बन जाए और तब वह युद्धक्षेत्र में भी पराजित नहीं हो। देश की सारी समस्याएँ प्रधानमन्त्री की समस्याएँ थीं। सरकार पर बरसनेवाला सारा आक्रोश जवाहरलाल पर आक्रोश था। निराशा, कटुता और अशान्ति की खबरें उन्हें आहत करती ही रहती थीं। तब भी उनका कार्यालय शान्त रहता था, मानो तूफान के हृदय में वह शान्ति का कोई नीड़ हो।

पंडितजी का अन्तर्मन पारद से बना हुआ था। उनकी आँखें पनीली-सी दिखाई देती थीं और उनके चेहरे का रंग बराबर बदलता रहता था। बातें करते समय कई बार मुझे महसूस हुआ था कि जिस जवाहरलाल से मैं मिलने आया हूँ, वह मेरे सामने मौजूद नहीं है। और तब भी पंडितजी मेरे सामने मौजूद होते और मेरी बातों का जवाब भी देते जाते थे। कई बार की चर्चाओं से मेरा मत बन गया था कि पंडितजी प्रस्तावों के विचार-पक्ष को तो बहुत जल्दी समझ जाते हैं, किन्तु उसके क्रियापक्ष अथवा तफ़सील में जाने की धीरता उनमें नहीं है। किन्तु संसद में सभी मन्त्रियों की ओर से वे जिस तत्परता से उत्तर देते थे, उसे देखकर मैं चकित रह जाता था।

मेरा खयाल है, उन्हें देखकर कोई अजनबी पत्रकार भी यह बात आसानी से भाँप

सकता था कि सारे कोलाहल के बीच जवाहरलाल पूर्ण रूप से एकाकी और निःसंग हैं। पता नहीं, यह गुण व्यक्ति का था या उस आसन का, जिस पर वे आसीन थे। घर पर या दफ्तर के कमरे में जिस आदमी से वे काफी घुल-मिलकर बातें करते, सभाओं और पार्टियों में उसे वे इस प्रकार देखते, मानो उससे उनकी कोई जान-पहचान नहीं हो! अवश्य ही, ऐसा उस पद के कारण होता था जिस पर वे बैठे हुए थे। कहावत है कि एक व्यक्ति ने एक नवाब की नौकरी सिर्फ़ इस शर्त पर कबूल की थी कि वह वेतन नहीं लेगा, केवल दरबार में जब-तब नवाब के कानों में कुछ कह आएगा। जवाहरलाल सचेत शासक थे। जनता के समक्ष वे किसी भी व्यक्ति को अपने इतना समीप आने नहीं देते थे कि जनता उसे प्रधानमन्त्री का खास दोस्त समझने लगे।

पंडितजी इतने कीर्तिमान हो गए थे कि उनके साथ फोटो खिंचवाने का लोभ योगियों को भी होता था, कवियों, लेखकों और सिनेमा के सितारों को भी होता था, और ये लोग जब ऐसा अनुरोध करते, तब पंडितजी यह मानकर फोटो के लिए तैयार हो जाते थे कि चलो, इनका अधिकार इन्हें दे दो। किन्तु इस प्रकार के फोटो नहीं खिंचवाने की उनके भीतर जो इच्छा थी, वह इस रूप में प्रकट होती थी कि ठीक समय पर वे अपना चेहरा झुका लेते थे, मानो वे यह दिखला रहे हों कि मैं फोटो में हूँ भी और नहीं भी हूँ। एक बार लोकनृत्य करनेवाले एक देहाती-दल के साथ वे अपना फोटो खिंचवाने लगे। मंच पर और भी लोग थे, मगर वे पंडितजी के साथ नर्तकों की भीड़ में नहीं घुसे थे। फिर भी, ऐन मौके पर पंडितजी ने ऐलान किया, इस फोटो में और कोई आदमी शरीक नहीं होगा।

उनके एकाकीपन का कुछ कारण यह भी था कि उनके दोस्त एक-एक कर विदा हो गए थे और प्रधानमन्त्री के पद से आदमी गवर्नरी, वजीरगीरी और एम्बेसेडरी भले बाँट ले, मगर नए लोगों के साथ दोस्ती वह कायम नहीं कर सकता। उनके सामने दोस्त बनकर जानेवाले लोग कम थे। ज्यादा लोग प्रार्थी होकर ही जाते थे। इसीलिए जो व्यक्ति उनके साथ बराबरी का भाव लेकर उनसे मिलता, अपनी गरज की बात न करके सार्वजनिक कार्यों के प्रसंग में उन्हें खरी-खोटी सुनाता अथवा उनका जी बहलाने को गुदगुदानेवाली बातें कहता, उससे वे खुश रहा करते थे और जनता के समक्ष भी ऐसे लोगों से दो बातें कर लेने में उन्हें उज्र नहीं होता था। मगर जिसके सामने वे अपना हृदय खोल सकें, ऐसा व्यक्ति दिल्ली में शायद नहीं था। प्रधानमन्त्री होने के बाद जवाहरलाल पूर्ण रूप से मित्रहीन हो गए थे, ऐसा मेरा विश्वास है।

सरदार पटेल से जवाहरलालजी की मित्रता नहीं थी, केवल साथी का सम्बन्ध था। मौलाना से दोस्ती ज़रूर थी, मगर बीच में सरकारी तन्त्र के आ पड़ने से इस दोस्ती की धारा दिनोंदिन सूखती गई। जहाँ तक स्वर्गीय गोविन्दवल्लभ पन्त का प्रश्न है, यह बात एक कहानी से प्रत्यक्ष हो जाती है कि उनका पंडितजी के साथ किस प्रकार का सम्बन्ध था।

बात यह हुई कि जब कृष्णमाचारी साहब पहली बार भारत के वित्तमन्त्री हुए, उन्होंने फालतू खर्च को बन्द करने की एक योजना बनाई। इस योजना में जितने संगठनों के नाम थे, उनमें एक ऐसा विभाग भी था, जिसे कृष्णमाचारी जी तो फालतू समझते थे, किन्तु अफवाह थी कि प्रधानमन्त्री उसे उपयोगी समझते हैं। अतएव कृष्णमाचारी ने अपनी कठिनाई पन्तजी को समझाई और उन्हें इस बात पर राजी कर लिया कि प्रधानमन्त्री के सामने वे वित्तमन्त्री की योजना का पूरा समर्थन करेंगे।

निदान, दोनों मन्त्री प्रधानमन्त्री की सेवा में उपस्थित हुए। पंडितजी ने वित्तमन्त्री की सारी बातें तो मान लीं; किन्तु जिस विभाग के बारे में शंका थी, उस पर पेंसिल रखते हुए उन्होंने पूछा, "यह संस्था तो अच्छा काम कर रही है। इसे क्यों काटते हैं?"

पन्तजी ने कहा, "हाँ, मैंने भी सुना है कि यह संस्था अच्छा काम कर रही है। टी.टी. चाहें तो इसे चलने दें।"

बेचारे कृष्णमाचारीजी अवाक् रह गए। जब वे प्रधानमन्त्री के दफ्तर से पन्तजी के साथ विदा हुए, उन्होंने कहा, "पन्तजी! आपने तो आज मुझे बिलकुल निराश कर दिया।"

पन्तजी मूँछों में मुसकराते हुए बोले, "अरे भाई, बात तो तुम्हारी ही ठीक थी। मगर सब जवाहरलालजी कोई बात पकड़ लें, तो क्या किया जाए? चालीस वर्षों के भीतर उन्हें कभी नाहीं कही है कि आज कहूँ?"

शासन चलाने का काम कठोरता का काम है। शरीफ आदमी किसी को भी 'नहीं' नहीं कहना चाहता। कोमल प्रकृति का मनुष्य सबको खुश रखना चाहता है। किन्तु ज्यादा शराफत और नर्मी, ये शासक के दोष होते हैं। यही कारण है कि जजों के हृदय में कविता नहीं जीती और शासकों का ध्यान ऊँची मानवंता के ध्येयों से हट जाता है। सम्राट होने पर भी अशोक और अकबर मानवीय गुणों से युक्त थे। इसका एक कारण तो यह था कि जन्मना ये लोग बहुत बड़े आदमी थे। दूसरा यह कि उन दिनों शासन के कामों में उतनी गुत्थियाँ नहीं थीं, जितनी आज हैं।

यह शासकीय कठोरता पंडितजी के भीतर भी आ गई थी। अगर बात अव्यावहारिक अथवा उन्हें नापसन्द हो, तो बड़े-से-बड़े लोगों को, अपने नजदीकी-से-नजदीकी आदमियों को भी वे नाहीं कह सकते थे। कभी-कभी ऐसा भी होता था कि कहनेवाला अपनी बातें कह रहा है, मगर पंडितजी खिड़की की ओर देख रहे हैं अथवा मन से किसी अन्य धरातल पर विचरण कर रहे हैं अथवा विदाई का इशारा करने को अपनी घड़ी की ओर नज़र डाल रहे हैं।

जिसके हाथ में देने लायक वस्तु केवल गवर्नरी, मिनिस्ट्री और एम्बेसेडरी हो, जिसके मिलनेवाले अधिकांश लोग प्रार्थना-पत्र लेकर आते हो, जिसके भ्रू-संचालन मात्र से लोगों की किस्मतें बन और बिगड़ सकती हो, भूखे छोकरे जिस पर फूल बरसाते हों और नंगी-भूखी जनता जिसका जयकार करती हो, ऐसा आदमी अगर

ऊँची मानवता के गुणों को न भूले, तो इसे ईश्वर की अपार कृपा ही समझनी चाहिए। इतनी भीषण सिद्धियों के बीच रहकर भी पंडितजी का विचारक रूप मूर्च्छित नहीं हुआ, उनका कवि रूप सही-सलामत जीता रहा और उनके भीतर जीवन के अन्तिम ध्येय की खोज चलती रही, ये बातें बतलाती हैं कि यह मनुष्य सचमुच ही महान था।

जनता ने पंडितजी को सभी अधिकार दे दिए थे, अपनी किस्मत उनके हाथ में सौंप दी थी; किन्तु उन्होंने अधिकारों का दुरुपयोग नहीं किया। इससे उनके प्रति जनता का विश्वास और भी गहरा हो गया।

दार्शनिक जवाहरलाल और शासक जवाहरलाल एक-दूसरे से परिचित होने पर भी परस्पर मित्र नहीं थे। पंडितजी की क्षण-क्षण बदलती हुई मुद्राएँ, लोगों से मिलते समय अनेक धरातलों पर उनका आना-जाना और अपनी सरकार के विरुद्ध आप ही उबल पड़ने की उनकी बान, ये और कुछ नहीं, चिन्तक और शासक के बीच के निरन्तर द्वन्द्व के चिह्न थे।

किन्तु अत्यन्त सज्जन और शिष्ट होते हुए भी पंडितजी विनम्र नहीं थे। उनके भीतर के हिंसक तेज को गांधीजी ने कम कर दिया था, बहुत ही कम कर दिया था। किन्तु विनम्रता गांधी-धर्म नहीं है। विनम्र न तो गांधीजी थे, न विनोबाजी हैं। तेजस्विता के साथ कदाचित् विनम्रता का कोई खास मेल नहीं है। अहिंसा केवल दूध और बताशा नहीं है। वह इस्पात के समान कड़ी भी हो सकती है।

पंडितजी प्रकृति-प्रदत्त दुर्लभ गुणों को लेकर राजा के घर में जनमे थे। उनका हर ध्येय उन्हें प्राप्त होता गया, उनकी प्रत्येक इच्छा पूरी होती गई। वे अपने गुणों को पहचानते थे। किन्तु वे इतने जागरूक थे कि अपनी सीमाओं का भी वे पता लगाते रहते थे और हद से बाहर जाने की गलती नहीं करते थे। अपनी सीमाओं का ज्ञान भी मनुष्य को थोड़ा झुका देता है। बस, इतनी ही विनम्रता पंडितजी में थी। महात्मा गांधी को छोड़कर अपने से श्रेष्ठ उन्होंने किसी को भी नहीं समझा और विचारों में भी गांधी के ही विचार थे, जिनके सामने पंडितजी झुक जाते थे।

दुनिया में शान्ति का पक्ष लेकर उन्होंने बड़े-बड़े काम किए। किन्तु जब संसार उन्हें और भारत को इस भाव से देखने को उद्यत हुआ कि शायद यह आदमी कोई सन्देश लेकर आया है अथवा इस देश के आगे कोई मिशन है, जिसे चरितार्थ करने को यह काम कर रहा है, तब पंडितजी अपनी सीमाओं से अवगत हो गए और अनेक विदेशी पत्रकारों से उन्होंने कहा, "नहीं, मेरे आगे कोई ध्येय नहीं है, न भारत किसी मिशन को लेकर परेशान है। हमें हक क्या है कि किसी मिशन की ओर सारी दुनिया को हाँकने का प्रयत्न करें? हम सोच-समझकर एक क़दम उठाते हैं और खयाल रखते हैं कि हमारा कदम सही हो। इससे आगे हमारा कोई ध्येय नहीं है।"

यह विनम्रता स्वभाव से नहीं, स्पष्ट ही सीमा-ज्ञान से उत्पन्न हुई थी।

7

मोनिका फेल्टन ने लिखा है कि एक दिन उन्होंने राजाजी से कहा, ''यदि मैं आपकी और जवाहरलालजी की माँ हुई होती, तो दोनों के माथों को एक-दूसरे से टकरा देती और कहती कि तुम दोनों बहस करना छोड़कर आपस में गले मिलो और साथ मिलकर काम करो। क्योंकि तुममें से एक के पास जो गुण है, वह दूसरे के पास नहीं है और तुम दोनों मिल जाओ तो इससे अच्छी और कोई बात नहीं हो सकती।''

राजाजी ने उत्तर दिया, ''इससे मिलती-जुलती सलाह कई लोगों ने भेजी है। मगर अब तो बहुत देर हो गई। हमारे प्रधानमन्त्री एक ऐसी जगह पर पहुँच गए हैं, जहाँ वे अपना विचार नहीं बदल सकते। उन्हें यह सोचने की आदत पड़ गई है कि जो कुछ हमें करना है, जल्दी कर डालना चाहिए। और मेरा हाल यह है कि मैं सार्वजनिक जीवन में अब वापस नहीं होना चाहता।''

राजाजी ने यह भी कहा कि ''अब मैं दिल्ली लौटने को तैयार नहीं हूँ। जब मैंने दिल्ली छोड़ी, उस समय झगड़ा नहीं था। मैंने इस्तीफा इसलिए दिया था कि मैं बीमार था। अगर मैं नेहरूजी को यह लिखूँ कि दिल्ली के बिना मेरा जी नहीं लगता है, तो वे मुझे अवश्य बुला लेंगे, मगर मैं जाना नहीं चाहता।''

यह कथा 56 या 57 की होगी। सन् 1953 में मैं एक बार मद्रास गया और कई स्थानों पर घूमा तथा कई तरह के लोगों से मैंने बातचीत की। कड़गम आन्दोलन उस समय उतने जोर पर नहीं था। राजाजी मद्रास के मुख्यमन्त्री और श्री श्रीप्रकाश राज्यपाल थे। तब भी मुझे लगा, चीज़ें गलत रास्ते जा सकती हैं। अतएव दिल्ली लौटने पर मैंने प्रधानमन्त्री से भेंट की और अपना अनुभव उन्हें बताया। देश की एकता के जो खतरे मुझे दिखाई पड़े थे, उनकी ओर पंडितजी का भी ध्यान था। मगर मैंने जब यह कहा कि राजाजी इस युग के प्रखर चिन्तकों में से हैं; वे मद्रास रहें और दिल्ली से उनका सम्बन्ध कट जाए, इसमें मुझे हानि की आशंका दिखाई देती है, तब वे बोले, ''मगर, राजाजी मुझसे तो नाराज़ नहीं है। वे तो मुझे प्यार करते हैं।''

इतना कहकर पंडितजी उठे ओर एक फाइल में से एक अन्तर्देशीय पत्र लाकर उन्होंने मेरे हाथ में रख दिया। उससे कुछ दिन पूर्व पंडितजी मद्रास गए हुए थे और चिदम्बरम में भाषण करते हुए उन्होंने कहा था, ''राजाजी देश के श्रेष्ठतम पुरुष हैं। सौभाग्य की बात है कि मद्रास पर हुकूमत आज उस आदमी की है, जो हममें से सबसे अधिक बुद्धिमान है।''

राजाजी को जब अखबार में यह खबर पढ़ने को मिली, वे प्रसन्न हो गए। उसी प्रसन्नता में भरकर उन्होंने पंडितजी को यह प्यारा पत्र लिखा था : ''तुमने हमेशा ही मुझे पिता तुल्य समझा है और तुम मेरे कितने अच्छे पुत्र हो!

पीछे जब राजाजी ने स्वतन्त्र दल की स्थापना करके कांग्रेस के खिलाफ युद्ध की

घोषणा कर दी, मैं पंडितजी के पास फिर गया और बोला, "सन् 1953 में मैंने राजाजी को दिल्ली रखने की जो प्रार्थना की थी, वह याद है पंडितजी? आपने एक अन्तर्देशीय पत्र दिखाकर यह कहा था कि राजाजी और चाहे जिससे भी नाराज़ हों, आपको वे प्यार करते हैं, मगर आज तकलीफ वे किसे दे रहे हैं?"

पंडितजी मुसकरा पड़े, बोले, "तकलीफ तो मुझे और कामराज को ही दे रहे हैं, बल्कि यह समझो कि मुझसे भी ज्यादा कामराज को।"

मोनिका की किताब में राजाजी ने एकाधिक बार स्वीकार किया है कि "नेहरू और मैं दोस्त हैं, बहुत गहरे दोस्त हैं। मगर इसके मानी ये नहीं हैं कि नेहरू गलती करें और मैं उन्हें टोकूँ भी नहीं।"

मोनिका की किताब में एक फोटो भी है, जिसमें राजाजी पंडितजी के गालों को थपथपा रहे हैं और इसे नज़ारे का लुत्फ लेते हुए डॉक्टर राधाकृष्णन आनन्द की मुद्रा में खड़े हैं।

सन् 1956 ई. में जब राजभाषा-आयोग मद्रास पहुँचा, तब उसके समक्ष अपना बयान देने को राजाजी भी पधारे थे। पीछे नवीनजी का और मेरा यह विचार हुआ कि मद्रास छोड़ने के पूर्व हमें राजाजी का चरण-स्पर्श अवश्य कर लेना चाहिए। हम दोनों उनकी सेवा में जब उपस्थित हुए, राजाजी वाल्मीकीय रामायण खोले हुए बैठे थे।

मैंने प्रश्न किया, "कौन पुस्तक है श्रीमन्?"

राजाजी बोले, "रामायण है, रामायण! यह संसार की सबसे अच्छी पुस्तक है। तो फिर और कोई पुस्तक मैं क्यों पढ़ूँ?"

शीघ्र ही वार्तालाप का विषय भाषावार प्रान्तों के संगठन की ओर मुड़ गया। राजाजी का विचार था कि प्रान्तों का पुनः संगठन भाषाओं के आधार पर नहीं होना चाहिए। इससे देश में विच्छिन्नता को उत्तेजना मिलेगी। उन्होंने यह भी कहा कि आप लोग जब दिल्ली जाएँ, प्रधानमन्त्री को समझाने की कोशिश करें कि यह काम गलत हो रहा है।

मैंने निवेदन किया कि "यह काम हम लोगों के लिए बहुत भारी है। आप खुद दिल्ली चलें, तो पंडितजी समझ सकते हैं।"

राजाजी बोले, "मेरा तो स्वास्थ्य अच्छा नहीं है। मैं अभी दिल्ली जाने का समय नहीं निकाल सकता।"

मैंने कहा, "तो कोई पत्र ही दे दीजिए। हम प्रधानमन्त्री को दे देंगे।"

राजाजी इससे भी कटकर निकल गए। बोले, "ऐसे सवाल पत्रों से हल नहीं होते। इस विषय में दूसरा प्रश्न हो सकता है, तीसरा प्रश्न हो सकता है, चौथा प्रश्न हो सकता है। मैं इतने प्रश्नों का समाधान करने को कितनी चिट्ठियाँ लिखता रहूँगा?"

निदान, मैंने निवेदन किया, "तो श्रीमन्! उचित यह होगा कि हम दिल्ली पहुँचकर

पंडितजी से कहें कि राजाजी ने आपको बुलाया है। मेरा खयाल है, वे जल्दी ही हवाई जहाज से मद्रास आ जाएँगे।''

सुनते ही राजाजी त्राहि-त्राहि की मुद्रा में आ गए और दोनों हाथों को उठाकर उन्होंने कहा, ''न, न, ऐसा काम हरगिज नहीं करना। वहाँ तुम लोग जी-हुजूरी करनेवालों (यस-मैन) की खोज में रहते हो और अब तो सबसे वजनदार यस-मैन दिल्ली आ गया है (यू हैव गाट द हेवियेस्ट यस-मैन इन डेलही।)''

राजाजी का स्पष्ट संकेत पंडित गोविन्दवल्लभ पन्त की ओर था, अतएव हम दोनों ठठाकर हँस पड़े। इस पर राजाजी ने हमें और भी सावधान करते हुए कहा, ''खबरदार, इस मजाक को दिल्ली मत ले जाना।'' और, इस तम्बीह ने हमारी हँसी को कुछ और तेज कर दिया।

अब नवीनजी जीवित नहीं हैं। पन्तजी और पंडितजी भी धरा-धाम से कूच कर चुके हैं। मेरा खयाल है, इतने दिनों तक इस मजाक को पचाकर मैंने राजाजी के प्रति अपने दायित्व का पालन कर दिया है।

राजाजी का दिल्ली से हट जाना देश के लिए कठिनाई की बात हो गई। तब भी राजाजी के प्रति पंडितजी के प्रेम-भाव में कोई फ़र्क नहीं पड़ा। जब राजाजी स्वतन्त्र-दल का जलसा करने को दिल्ली पधारे, तब प्रधानमन्त्री के घर राजाजी को जाना नहीं पड़ा, पंडितजी ही राजाजी से मिलने को उनके वास-स्थान पर गए थे। राजाजी ने शील का निर्वाह करते हुए कहा, ''आपने तकलीफ क्यों की? मैं खुद आपके घर आनेवाला था।''

पंडितजी, ''मैं तो राजाजी, सिर्फ़ यह देखने को आया हूँ कि आप कितने नौजवान हो गए हैं!'' व्यंग्य शायद यह था कि इस उम्र में आपने यह तूफान क्या खड़ा कर रखा है!

दिल्ली में जो अणुबम विरोधी सम्मेलन हुआ, उसमें तीनों दिन राजाजी और जवाहरलाल अगल-बगल मंच पर शोभायमान रहे। उन दिनों यही दिखाई पड़ता था, मानो दोनों के बीच तनिक भी मनोमालिन्य नहीं हो। ऐसा हुआ कि इस सम्मेलन में मेरा भाषण राजाजी के तनिक खिलाफ हुआ। जब मैं बोलने लगा, राजाजी पंडितजी से कुछ पूछने की मुद्रा में दिखाई पड़े। पीछे पंडितजी ने मुझे बताया, ''वे पूछ रहे थे कि यह नौजवान कौन है?''

मैंने पूछा, ''आपने क्या कहा?''

बोले, ''कहता क्या, तुम्हारी भरपूर शिकायत कर दी।''

अणुबम विरोधी सम्मेलन का सन्देश लेकर राजाजी ने यूरोप और अमेरिका की शान्ति-यात्रा की और उन महादेशों से लौटने के बाद उन्होंने प्रधानमन्त्री से मिलकर उन्हें यह बताया कि किस देश की हवा कैसी है। जब चीन ने भारत पर आक्रमण किया, तब भी राजाजी प्रधानमन्त्री से मिलने को दिल्ली आए थे। उन्होंने ही पंडितजी

को यह सलाह दी थी कि अमेरिका की पूरी मदद के बिना इस संकट से निस्तार पाना मुश्किल है। और उन्हीं से पंडितजी ने कहा था : "इस हमले का मुकाबला मैं पूरे होश-हवास से कर रहा हूँ। हमें चीन का सामना भी करना है और अपनी आज़ादी को रेहन होने से भी बचाना है।"

मैं पहले भी सोचता था और आज भी सोचता हूँ कि राजाजी के विरुद्ध हो जाने से कांग्रेस सरकार की कठिनाइयों में वृद्धि हो गई। राजाजी अकेले एक राष्ट्र के समान हैं। आज शाम को वे जो कुछ लिखते हैं, परसों शाम तक उसका विश्वव्यापी प्रचार हो जाता है। कम्युनिस्टों के वे विरोधी हैं, किन्तु एक समय अपनी इज्जत बढ़ाने के लिए कम्युनिस्ट उनके तलुवे चाटने को बेकरार थे। स्वतन्त्र-दल कांग्रेस के भी दाएँ रहने को जनमा था, मगर उसके जन्मोत्सव के जलसे में शिरकत जयप्रकाशजी ने भी दी थी। यह सब राजाजी के व्यक्तित्व का चमत्कार है। और लोग धन और प्रभुता के कारण पूजे जाते हैं। राजाजी की सार्वभौम पूजा का कारण उनकी अद्भुत मेधा है।

नवीनजी से मैं अक्सर पूछता था, "क्या आपको यह बात नहीं अखरती है कि राजाजी अभी जीवित हैं, मगर दिल्ली उनके बिना ही चल रही है? क्या कारण है कि राजाजी को लेकर जो बेचैनी मेरे हृदय में उठती है, वह और किसी के भीतर नहीं दिखाई देती?"

नवीनजी ने कहा, "यह रहस्य तुम तब समझते, अगर तुम उस समय संसद में आए होते, जब राजाजी यहाँ मन्त्री थे। जब वे राजनीतिज्ञों के बीच प्रवेश करते थे, तब ऐसा दिखाई देता था, मानो कोई महामहोपाध्याय भंगी-कॉलोनी में आ गया हो!"

8

पंडित जवाहरलाल नेहरू धर्म के आदमी हैं या नहीं, वे ईश्वर में विश्वास करते हैं या नहीं—इस विषय की जिज्ञासा लोगों के भीतर बराबर चला करती थी। और जीवन-भर में जवाहरलालजी ने एक बार भी नहीं कहा कि मैं धर्म का आदमी हूँ। आश्चर्य की बात यह है कि तब भी वे भारतीय जनता के बीच उस प्रकार पूजित हुए, जिस प्रकार और कोई भी व्यक्ति पूजित नहीं हुआ था। बुद्ध, अशोक, शंकराचार्य, सन्त चिश्ती, कबीर, तुलसी, शिवाजी, गुरु गोविन्द, परमहंस रामकृष्ण, स्वामी विवेकानन्द, श्री अरविन्द, रमण महर्षि और गांधी—इन महापुरुषों को भारतीय जनता ने जो सम्मान दिया, वह सम्मान उसने किसी भारतीय को नहीं दिया। किन्तु इन सभी महापुरुषों को जनता का प्रेम उनके धर्म-प्रेम के कारण प्राप्त हुआ था। भारत के इतिहास में जवाहरलाल पहले व्यक्ति हैं, जिन्हें जनता का प्यार धर्म के लिए नहीं, धर्मनिरपेक्ष यान 'सेक्युलर' गुणों के कारण प्राप्त हुआ।

धर्म और संस्कृति सर्वत्र एक-दूसरे से भिन्न नहीं हैं। कितने ही क्षेत्रों में धर्म और

संस्कृति के बीच विभाजन की रेखा स्पष्ट खींची जा सकती है, किन्तु कुछ क्षेत्र ऐसे भी हैं जहाँ धर्म और संस्कृति एक हैं। संस्कृति के बहुत-से कार्य ऐसे हैं, जो किसी भी तरह धर्म के कृत्य नहीं कहे जा सकते। बहुत-से सांस्कृतिक कार्यक्रम तो धर्म के विरुद्ध पड़ते हैं। किन्तु धर्म का कोई भी काम ऐसा नहीं है, जो सांस्कृतिक कर्म नहीं हो।

जब से भारतवर्ष ने अपने-आपको धर्मनिरपेक्ष घोषित किया है, वह इस कठिनाई में फँस गया है कि कौन कार्य धर्म का है और कौन निरी संस्कृति का। बुद्ध की दो हज़ार पाँच सौवीं जयन्ती मनाने की योजना इसलिए निरापद समझी गई कि वह सांस्कृतिक कार्य था अथवा यह कि इस देश में बौद्धों की संख्या इतनी भी नहीं है कि वे एक अच्छे अल्पसंख्यक का पद पा सकें। किन्तु साहित्य अकादमी में मैंने जब यह प्रस्ताव रखा कि विवेकानन्द की शतवार्षिकी के समय अकादमी को भी कुछ काम करना चाहिए, तब भारतीय साहित्यकारों की सभा धर्मसंकट में पड़ गई और संस्कृति मन्त्रालय की यह मन्त्रणा कारगर हो गई कि धर्म के नेताओं की जयन्तियाँ मनाना धर्मनिरपेक्ष राष्ट्र की नीति के प्रतिकूल है।

साल-दो साल पहले जवाहरलालजी लखनऊ में स्वामी दयानन्द से सम्बन्धित किसी उत्सव में सम्मिलित हुए थे। अवश्य ही वहाँ उन्होंने धर्म और संस्कृति का विभाजन करनेवाली रेखा का ध्यान रखा होगा। किन्तु एक बार जैन लोग दिल्ली में अपना सम्मेलन करने लगे, तब उनका ध्यान पंडितजी की ओर गया और उन्होंने चाहा कि पंडितजी उनकी सभा का उद्‌घाटन कर दें। मैंने सेठ अचलसिंह से कहा कि पंडितजी इस सम्मेलन में नहीं जाएँगे, ऐसा मुझे मालूम होता है। फिर भी उन्होंने माना नहीं और अपने शिष्टमंडल के साथ पंडितजी के पास वे मुझे भी खींच ले गए। पंडितजी ने साफ-साफ कह दिया, "मैं राजनीतिज्ञ हूँ। धर्म को मैं तभी पास आने दूँगा, जब वह राजनीति की पोशाक में हो। मैं आपके सम्मेलन में नहीं जाऊँगा।"

यह संस्कार उन्हें अपने पिता से मिला था। श्रीयुत प्यारेलालजी ने लिखा है कि एक बार गांधीजी जब जुहू पर विश्राम कर रहे थे, पंडित मोतीलाल उनसे मिलने को आए। एक दिन मोतीलालजी समुद्र के किनारे हवाखोरी को निकले, तो श्री प्यारेलाल भी उनके साथ थे। चलते-चलते मोतीलालजी अचानक रुक गए और दूर पर खड़े एक लम्बे ताड़-वृक्ष को देखकर बोले, "बस, पेड़ों में यह पेड़ महात्मा है। सभी पेड़ों से ऊपर गरदन उठाए यह किस शान से खड़ा है! महात्माजी से मैंने कह दिया है कि मैं उनके ईश्वर में विश्वास नहीं करता और कम-से-कम इस जीवन में तो नहीं ही करूँगा। मैं राजनीतिज्ञ हूँ। मगर कठिनाई यह है कि हमारे अखाड़े में ही गांधीजी हमें पछाड़ देते हैं।"

तब भी लोग पंडितजी को धार्मिक समझते थे, क्योंकि वे लोभी नहीं थे, अपना धन जोड़ने की गरज उनमें नहीं थी, दूसरों के दुख में शामिल होने को उन्होंने अपना

सुख छोड़ दिया था और गांधजी की दृष्टि में वे 'स्फटिक के समान स्वच्छ' थे। गांधीजी की मान्यता थी कि "गरचे जवाहरलाल हमेशा यही कहता है कि ईश्वर में उसका विश्वास नहीं है, मगर मेरे जानते बहुत-से पुजारियों की अपेक्षा वह ईश्वर के अधिक समीप है।"

मौलाना मोहम्मद अली की आदत थी कि कांग्रेस की बहसों में और यदा-कदा उसके प्रस्तावों में भी वे ईश्वर का नाम अवश्य घुसेड़ देते थे। उन्होंने भी एक बार कहा था, "जवाहरलाल खुदा की चाहे जितनी भी मुखासफत करे, मगर मैं जानता हूँ कि दिल से वह मजहब-परस्त है।"

पंडितजी ने मौलाना मोहम्मद अली की इस उक्ति पर टिप्पणी करते हुए लिखा है, "मैं नहीं जानता कि मौलाना के इस कथन में सच्चाई का कितना अंश था। यह शायद इस बात पर निर्भर करता है कि धर्म से हमारा अभिप्राय क्या होता है।"

इस अभिप्राय का स्पष्टीकरण एक स्थल पर श्री श्रीप्रकाशजी ने किया है। "जवाहरलालजी धार्मिक भले नहीं हों, किन्तु कर्तव्य के प्रति वे निष्ठावान हैं और संस्कृत में धर्म शब्द धर्म और कर्तव्य, दोनों का वाचक है।"

बचपन में पंडितजी के शिक्षक मिस्टर ब्रुक्स थे, जो थियोसाफिस्ट थे। थियोसाफी आन्दोलन के साथ उन दिनों पंडित मोतीलालजी भी थे। अतएव स्वाभाविक था कि जवाहरलालजी भी उसकी ओर झुकें। लगभग 13 साल की उम्र में पंडितजी ने थियोसाफी आन्दोलन में सम्मिलित होने की इच्छा प्रकट की थी, मगर उस समय तक मोतीलालजी का थियोसाफी विषयक उत्साह शिथिल हो चुका था। फिर भी उन्होंने अपने बच्चे को थियोसाफी में जाने की आज्ञा दे दी। यह बात और है कि पंडितजी का भी थियोसाफी विषयक उत्साह टिकाऊ साबित नहीं हुआ।

श्री फ्रैंक मोरास की किताब में इस बात का दो-एक स्थानों पर उल्लेख है कि पंडितजी अनेक बार आकाश में उड़ने का स्वप्न देखा करते थे। भारतीय स्वप्न-विचार के अनुसार आकाश में उड़ने का स्वप्न वही व्यक्ति देखता है, जिसका आध्यात्मिक उत्थान समीप हो। किन्तु पाश्चात्य स्वप्न-गणना के अनुसार आकाश-उड्डयन उच्चाभिलाषा का प्रतीक है। ऐसे स्वप्न चढ़ती जवानी में अनेक लोग देखा करते हैं।

गांधीजी के सम्पर्क में आने के बाद पंडितजी ने आमिष खाना छोड़ दिया था। किन्तु कई लेखकों ने जो यह लिखा है कि जवाहरलाल तब से निरामिषभोजी हो गए थे, वह बात ठीक नहीं है। प्रधानमन्त्रित्व के समय मैंने उन्हें कई बार अंडे और मुर्गी खाते देखा था। मगर बात ठीक है कि मांस वे बहुत ही थोड़ा खाते थे। वैसे उनकी भोजन की मात्रा भी अत्यन्त न्यून थी। जब वे निरामिषभोजी हो गए, तब भी वे यह स्वीकार नहीं करते थे कि मांस उन्होंने धार्मिक भावों के कारण छोड़ा है, बल्कि इसलिए कि सुरुचि और सौन्दर्यबोध की दृष्टि से आमिष भोजन थोड़ा भद्दा-सा काम है।

असहयोग आन्दोलन के आरम्भ होने पर मोतीलालजी की इच्छा थ कि जवाहर सिगरेट पीना छोड़ दें, तो इससे जेल-जीवन की कठोरता झेलने में उसे सहूलियत होगी। गांधीजी के सम्पर्क में आने के बाद जवाहरलालजी ने कुछ दिनों के लिए सिगरेट पीना छोड़ भी दिया था; किन्तु सिगरेट पर वे फिर आ गए थे।

सिगरेट एक ऐसी चीज़ है, जो मनुष्य के संकल्प को कमज़ोर कर देती है। पंडितजी भी सिगरेट छोड़ देना चाहते थे; किन्तु वह उनसे छूटती नहीं थी। इधर कई वर्षों से सिगरेट के साथ वे एक छोटी-सी कैंची रखा करते थे और सिगरेट को काटकर उसका आधा भाग होल्डर में लगाकर पीते थे। एक बार मैंने उनसे पूछा था कि "पंडितजी, यह क्या कौतुक है?"

वे बोले, "जितनी ही कम हो जाए।"

मैंने मन-ही-मन अधर पर सुलगनेवाली देवी के प्रति सिर झुकाया, "हे महामाये! आपके सामने नेहरू जैसे प्रतापी पुरुष का संकल्प भी व्यर्थ है। आपको नमस्कार करता हूँ।"

गांधीजी जो बार-बार ईश्वर की दुहाई देते थे, यह बात पंडितजी की समझ में नहीं आती थी, न वे यही समझते थे कि गांधीजी जिसे आत्मा की आवाज़ (इनर वोआयस) कहते हैं, वह क्या चीज़ है। रैमजे मैकडोनाल्ड के साम्प्रदायिक एवार्ड के खिलाफ गांधीजी ने जो आमरण उपवास आरम्भ किया था, उसकी सूचना जवाहरलालजी को जेल में मिली थी। उन्हें लगा, "अंग्रेज़ झुकनेवाले नहीं हैं, इसलिए गांधीजी इस उपवास से नहीं उबरेंगे। फिर भी हमें हर मृत्यु के लिए तैयार रहना चाहिए और गांधीजी की मृत्यु इसका अपवाद नहीं है।"

फिर वे गांधीजी की आन्तरिक आवाज़ पर सोचने लगे : "शॉक देने की कला में गांधीजी बेजोड़ हैं। मगर कैसी विचित्र बात है कि उपवास किस तारीख से आरम्भ किया जाए, यह बात भी उन्हें ईश्वर ही बता देते हैं!"

सन् 1940 ई. में जब देश में काफी निराशा और बेचैनी छाई हुई थी, जवाहरलालजी गांधीजी से मिलने को वर्धा गए थे। जब वे आश्रम से विदा होने लगे, उन्होंने माता कस्तूरबा को प्रणाम किया। बा ने आशीर्वाद दिया, "भगवान तुम्हारा कल्याण करें।"

पंडितजी बोले, "भगवान हैं कहाँ बा? अगर हैं तो नींद में सोए हुए हैं।"

बा बेचारी यह बात सुनकर दंग रह गईं।

बिहार के भीषण भूकम्प के समय (सन् 1934 ई.) गांधीजी ने कहा, "यह भूकम्प इसलिए आया है कि भगवान हमें छुआछूत के पास का दंड देना चाहते हैं।"

रवीन्द्रनाथ ठाकुर ने गांधीजी की इस उक्ति का जोरों से खंडन किया और यह कहा कि विज्ञान के नियमों से चलनेवाले पार्थिव उत्पात को पाप का दंड बनाना जनता में अन्धविश्वास फैलाना है, संसार के सामने अपने-आपको हास्यास्पद बताना है।

जवाहरलालजी ने इस विवाद में साथ गांधीजी का नहीं, रवीन्द्रनाथ का दिया था।

गांधीजी ने 'हरिजन' में उत्तर दिया, "बड़े-से-बड़े वैज्ञानिक भी ईश्वर के सामने धूलिकण के समान हैं।"

बिहार में भूकम्प 15 जनवरी को आया था। उसी साल एक जून को क्वेटा में भयानक भूकम्प आया, जिसमें कोई पच्चीस हज़ार आदमी मर गए। गांधीजी को रवीन्द्र और नेहरू से अपने मतभेद की बात याद थी। अतएव इस बार उन्होंने यह कहा कि "यह भूकम्प हमें प्रार्थना में झुकाने को आया है। सब लोग भगवान के समक्ष प्रार्थना में मस्तक नवाएँ।"

पंडितजी ईश्वर में विश्वास करते थे या नहीं, यह समझने का अवसर मुझे कभी नहीं मिला। फ्रैंक मोरास का अनुमान है कि पंडितजी का धर्म शायद लाओत्से के ताओ-धर्म के समान था। किन्तु ताओ-धर्म क्या है? लाओत्से रहस्यवादी थे। अपने एकमात्र ग्रन्थ ताओ-ते-किङ में उन्होंने लिखा है, "जो ताओ (यानी पन्थ) भाषा में कहा जा सकता है, वह असली ताओ नहीं है। ताओ वह है, जो पहले निराकार था और जिससे सभी आकार प्रकट हुए हैं। संसार की सारी वस्तुएँ अस्तित्व में से निकली हैं; किन्तु अस्तित्व का विकास अनस्तित्व के भीतर से हुआ है।"

पंडितजी रहस्यवादी नहीं थे; किन्तु धर्म के प्रति विरोध का भाव उनमें न्यून पड़ता जा रहा था। कारण यह था कि वे ईमानदार आदमी थे और दुनिया को विज्ञान की राह से समझना चाहते थे। जैसे-जैसे मार्क्स के सिद्धान्त काल के 'गियर' से छूटते गए, वैसे-वैसे ही पंडितजी की आस्था मार्क्स पर कम होती गई। जैसे-जैसे नवीन भौतिकी अथाह होती गई, वैसे-वैसे ही पंडितजी के भीतर यह भाव बढ़ता गया कि विज्ञान जहाँ तक देख सकता है, जागतिक वास्तविकता उतनी ही नहीं है। कुछ और बातें हैं, जिन्हें विज्ञान भी नहीं समझ सकता है।

उन्नीसवीं सदी की भौतिकी अहंकार से भरी थी, क्योंकि उस समय तक उसने बहुत अधिक नहीं जाना था। बीसवीं सदी की भौतिकी बहुत अधिक जानने के कारण विनम्र हो गई है। आज भौतिकी ज्ञान के उस शिखर पर खड़ी है, जहाँ से उसे दर्शन का समुद्र साफ नज़र आता है। पंडितजी इसी शिखर पर खड़े थे और दर्शन का समुद्र उन्हें भी दृष्टिगत होने लगा था। दिल्ली विश्वविद्यालय के दीक्षान्त समारोह में उन्होंने जो भाषण दिया था, उससे स्पष्ट पता चलता है कि पंडितजी धर्म के प्रति विनम्र हो गए थे और भौतिकोत्तर सत्यों के प्रति उनकी दुराग्रहपूर्ण अनास्था बहुत ढीली हो गई थी।

राष्ट्रपति डॉक्टर राधाकृष्णन मुझसे कहते थे कि मैं प्रधानमन्त्री को भागवत के चुने हुए श्लोकों की व्याख्या सुनाता हूँ और वे जिस मुद्रा में इस आख्यान को सुनते हैं, वह मुद्रा भक्तों की मुद्रा से मिलती-जुलती है। राष्ट्रपति ने ही मुझे बताया था कि टंडनजी से मिलने को जब राष्ट्रपति इलाहाबाद गए, तब टंडनजी ने उनसे कहा, "जवाहरलाल पर आपकी संगति का अच्छा प्रभाव पड़ा है। पिछली बार जब वह

प्रयाग आया था, वह आनन्दमयी माँ के कीर्तन में गया और वहाँ डेढ़ घंटे बैठा रहा।''

पंडितजी के मरने के बाद 'कल्याण' का जो भक्ति-अंक प्रकाशित हुआ हैं, उसमें माँ आनन्दमयी के साथ पंडितजी के दो फोटो छपे हैं। एक में माँ आनन्दमयी भी बैठी हैं और पंडितजी ध्यान में हैं, मानो माँ उन्हें ध्यान करवा रही हों। दूसरे में वे हाथ में माला धारण किए माताजी के पास खड़े हैं।

ज्योतिष में पंडितजी का विश्वास नहीं था। अष्टग्रह के समय सम्पूर्णानन्दजी ने उन्हें हवाई यात्रा करने से मना किया था, किन्तु पंडितजी ने उनकी चेतावनी को हँसकर उड़ा दिया।

अष्टग्रह से जनता इतनी भयभीत हो गई थी कि गाँव-गाँव में अनिष्ट निवारण के लिए हवन-पूजन और नाम-कीर्तन का एक आन्दोलन ही फैल गया था। उस समय समग्र देश में निर्भयता की वाणी केवल जवाहरलाल के मुख से निकली थी—''ऐसी भी क्या बात है कि सितारों से डरने लगें? और मान लो कि कोई अनिष्ट आ ही गया, तो हम हिम्मत से उसका मुकाबला करेंगे।''

गीता वे जब-तब पढ़ा करते थे और हठयोग के प्रति भी वे आस्थावान थे। शीर्षासन तो उन्होंने जेल में ही आरम्भ किया था। इधर श्री धीरेन्द्र ब्रह्मचारी से उन्होंने शंख-प्रक्षालन आदि कुछ यौगिक क्रियाएँ भी सीख ली थीं। मैंने एक दिन धीरेन्द्रजी से पूछा, ''पंडितजी को योग सिखाने में आपको भय नहीं लगता है?''

धीरेन्द्रजी ने कहा, ''पहले के छह-सात दिन तो मुश्किल के रहे। पंडितजी पर क्रियाओं का कोई फल ही नहीं होता था। मैं मन-ही-मन थोड़ा सहमने भी लगा था; किन्तु पंडितजी ने ही मुझे यह कहकर आश्वस्त कर दिया कि घबराने की क्या बात है, जब तक कहिएगा, कोशिश करता रहूँगा। पीछे क्रिया सफल हो गई और पंडितजी बहुत प्रसन्न हो गए।''

कमलजी का स्वर्गवास स्विट्जरलैंड के एक सैनिटोरियम में हुआ था। जब उनका शरीर छूट रहा था, पंडितजी उनके पास ही बैठे थे। कमलाजी रह-रहकर कहती थीं, ''वह कौन है, जो मुझे बुला रहा है? दरवाज़े के पास वह कौन खड़ा है? तुम देखते नहीं, वह कौन छाय़ा कोने में खड़ी है?'' मगर पंडितजी को कुछ भी दिखाई नहीं देता था।

क्या इस घटना की याद जवाहरलालजी को परलोक की ओर उन्मुख नहीं करती होगी?

अन्धविश्वास अथवा पौराणिक संस्कार की बातें पंडितजी के भी परिवार में थीं। पंडितजी की माताजी उसी अर्थ में धार्मिक थीं, जिस अर्थ में हमारी माताएँ हुआ करती थीं। श्रीमती कृष्णा हठी सिंह ने लिखा है कि सन् 1919-20 के करीब नेहरू परिवार जिस महल में रहा करता था, उसके जलावनवाले घर में एक साँप रहता था। पंडितजी

की माताजी का विश्वास था कि यह साँप खानदान की किस्मत का पहरेदार है। इसलिए उसे डराना नहीं चाहिए। किन्तु दुर्भाग्यवश एक नए नौकर को परिवार के इस विश्वास का पता नहीं था। इसलिए एक दिन जब साँप उसके सामने पड़ा, नौकर ने उसे मार दिया। इससे परिवार आशंकाओं से सन्न रह गया। पीछे जब बाप-बेटे जेल चले गए, नौकरों ने इस बात का बड़ा विलाप किया कि साँप इस परिवार के सौभाग्य का सचमुच ही रक्षक था।

आदरणीय श्री प्रकाश नारायण सप्रू ने एक दिन मुझे बताया, "अभी कई वर्ष पूर्व पंडितजी एक दिन इलाहाबाद में बैठकर अपने पुरखों के बारे में यह हिसाब लगाने लगे कि कौन कितनी उम्र में मरे थे। फिर आप-ही-आप बोल उठे, मैं चौहत्तर और पचहत्तर के बीच मरूँगा। इसके बाद उन्होंने ज्योंही विजयाजी की ओर अँगुली उठाई, विजयाजी ने यह कहते हुए पंडितजी को रोक दिया कि 'भैया, अब बस करो'।"

और यह क्या विस्मय की बात नहीं है कि जबकि तय यह हुआ था कि संसद 29 मई से आरम्भ होगी, पंडितजी ने ही इस निश्चय को बदलकर संसद के आरम्भ की तारीख 27 मई कर दी थी?

9

'परशुराम की प्रतीक्षा' की रचना के बाद देश में जो कानाफूसी चली कि मैं पंडितजी के विरुद्ध हो गया हूँ, वह सही बात नहीं थी। जो लोग राजनीति का काम करते हैं, उनके प्रति अन्धभक्ति रखना खतरनाक काम है। इतनी-सी सतर्कता को बाद दे दें, तो पंडितजी का मुझसे बड़ा प्रशंसक और कोई नहीं था। उनमें अभाव किस गुण का था, जिससे मैं उनकी प्रशंसा करने से बाज आता? अगर आगे का इतिहास पंडितजी की असफलताओं को रेखांकित करनेवाला है, तो भी मैं उनकी प्रशंसा करके उनकी सम्भावित लघुता का भागीदार बनने को तैयार हूँ।

'परशुराम की प्रतीक्षा' से तीन प्रकार के लोग नाराज़ हुए थे। एक तो वे, जो गांधीवाद का अर्थ यह समझते हैं कि दुश्मन जब धावा करे, तब उसे रोकने के लिए निहत्थे आदमियों को सरहद पर लेट जाना चाहिए। दूसरे वे लोग, जो यह समझते थे कि चूँकि चीन कम्युनिस्ट है, इसलिए उसके विरुद्ध उत्पन्न क्रोध की लपट प्रगतिशील भावनाओं को भी आँच पहुँचा सकती है। और तीसरे वे लोग, जो समझते थे कि सरकार अकर्मण्य रहना चाहती है, अतएव इस कविता के विरोध से सरकार के नेता खुश हो जाएँगे। जब आपत्कालीन स्थिति की घोषणा होती है, सबसे अधिक सावधान अखबार को होना पड़ता है। मेरी नज़र में वे सम्पादक साहसी थे, जिन्होंने 'परशुराम की प्रतीक्षा' की अनुकूल समीक्षाएँ प्रकाशित कीं।

कम्युनिस्टों ने खुली आलोचनाएँ तो बहुत कम लिखीं; किन्तु कानाफूसी के जरिए

उन्होंने अपनी नाराज़गी का समाचार सरहद के पार तक पहुँचा दिया। इसलिए मुझे आश्चर्य हुआ, जब पिछले आठ अक्टूबर, 1964 ई. को साहित्य अकादमी द्वारा आयोजित अपने स्वागत समारोह में श्री चेलीशेव ने यह कहा कि "चीनी आक्रमण के समय आप लोगों ने क्या लिखा, यह रूस में हम नहीं जान सकें। हमने तो केवल 'परशुराम की प्रतीक्षा' को पढ़ा है और उसी काव्य की चर्चा हमारे देश में फैली है।" आश्चर्य, सम्भव है, कुछ साम्यवादी पंडितों को भी हुआ हो।

गांधीवादियों की आलोचना इतनी बात से ही काफूर हो गई कि विनोबा ने बन्दूक पकड़कर उसका अभ्यास करने का विचार किया। रह गए वे लोग, जो पंडितजी की पारदीय मुद्राओं के अनुसार अपनी भंगिमा बदलने की कोशिश में रहते थे, सो मेरा विश्वास है, वे पंडितजी को उतना भी नहीं समझते थे, जितना मैं समझ सका था।

नाराज़ तो कुछ ऐसे बड़े साहित्यकार भी हुए थे, जिन्होंने गांधीवाद के नाम पर हिन्दी में सूखी पुआल का अम्बार लगा रखा है। मगर सूखी पुआल का रखवाला अंगार देखकर घबराए, तो इसमें आश्चर्य क्या है?

हिंसा-अहिंसा के बारे में पंडितजी के लगभग वे ही विचार थे, जिनका प्रतिपादन मैंने 'कुरुक्षेत्र' काव्य में किया है :

व्यक्ति का है धर्म तप, करुणा, क्षमा,
व्यक्ति की शोभा विनय भी, त्याग भी;
प्रश्न जब उठता, मगर, समुदाय का,
भूलना पड़ता हमें तप-त्याग को।
कौन केवल आत्मबल से जूझकर
जीत सकता देह का संग्राम है?
पाशविकता खड्ग जब लेती उठा,
आत्मबल का एक बस चलता नहीं।

गांधी स्मारक निधि की ओर से दिल्ली में जो अणुबम विरोधी अन्तर्राष्ट्रीय सम्मेलन हुआ, उसमें जयप्रकाशजी ने छिपे-छिपे इस बात पर दुख प्रकट किया कि भारत सरकार ने गोआ पर फौजी पद्धति से अधिकार कर लिया है। आचार्य कृपलानी ने कहा कि गांधीजी चाहते थे कि अन्तर्राष्ट्रीय शान्ति के लिए राष्ट्र अपने-आपका बलिदान करे। और इसी बात को ढेबर भाई ने बड़े ही विस्तार से रखा : "जैसे परिवार चलाने के लिए व्यक्ति को बलिदान करना पड़ता है और देश के लिए प्रान्तों को बलिदान करना पड़ता है, वैसे ही समग्र विश्व की शान्ति के लिए राष्ट्रों को अपना बलिदान करना चाहिए। अगर विश्व के हित में भारत को अपनी कुर्बानी देनी पड़े, तो वह कुर्बानी हमें खुशी-खुशी देनी चाहिए। संसार के कल्याण के लिए अगर हमें मिट जाना पड़े, तो हम मिट जाएँगे।" शब्द तो शायद ये नहीं थे, मगर भाव कुछ इसी प्रकार के थे। जब मैं भाषण सुन रहा था, मुझे ऐसा भासित हुआ, मानो ये लोग

मन-ही-मन यह मानकर बैठ गए हैं कि देश चलाने का दायित्व इनके कन्धों पर कभी भी पड़नेवाला नहीं है।

मगर तीसरे दिन (18 जून, 1962 ई.) जब पंडितजी बोलने को उठे, तब यह स्पष्ट हो गया कि वक्ता केवल चिन्तक और शान्ति-सेवक ही नहीं है, वह एक विशाल देश का प्रधानमन्त्री भी है। अहिंसा, विश्व-शान्ति और विश्वैक्य के प्रति श्रद्धा उन्होंने भी व्यक्त की; किन्तु व्यवहार पक्ष पर आते ही उन्होंने काफी जिम्मेदारी से काम लिया। "कुछ बातें ऐसी हैं, जो व्यक्ति के लिए शक्य और समूह के लिए अवश्य होती हैं। अहिंसा को लेकर मेरे सामने यही कठिनाई है। अगर समूह को अहिंसा के लिए लाचार किया जाए, तो समूह असफल हो जाएगा। और मुश्किल यह है कि जनता जब असफल होती है, तब वह बिलकुल ही असफल हो जाती है।"

जिस दिन प्रधानमन्त्री ने गोआ पर आक्रमण का आदेश दिया, उसी दिन जयप्रकाशजी और श्री रामचन्द्रन ने दिल्ली में शान्ति-सेना का एक समारोह आयोजित किया था। समारोह शाम को कंस्टीट्यूशन क्लब में था। उससे पूर्व राष्ट्रपति राजेन्द्र प्रसाद ने अपराह्न में शान्ति सैनिकों को राष्ट्रपति भवन बुलाकर उनका स्वागत किया था। शाम की सभा में बोलते हुए श्री रामचन्द्रन ने कहा, "यह भी अजीब मुल्क है। इस देश के राष्ट्रपति शान्ति-सैनिकों को राष्ट्रपति भवन बुलाकर उनका अभिनन्दन करते हैं और उसी दिन प्रधानमन्त्री फौजी कूच का आदेश लिखते हैं।"

पंडितजी सभा में मौजूद थे; किन्तु वे श्री रामचन्द्रन के भाषण से तनिक भी विचलित नहीं हुए। जब वे बोलने को उठे, हस्ब-मामूल वे हैमलेट की शैली में बोलने लगे, "शान्ति-सेना का आयोजन ठीक है। इससे अहिंसा का प्रचार होता है और अहिंसा का प्रचार जितना ही अधिक होता है, समाज उतना ही अधिक शिष्ट और सभ्य बनता है। किन्तु दुश्मन का मुकाबला करने को हम शान्ति-सैनिकों को पहाड़ों पर कैसे भेजें? और भेजें, तो उनके पीछे-पीछे हमें फौज की टुकड़ियाँ भी भेजनी होंगी।"

शान्ति-सेना के आयोजक इस भाषण से नाराज़ हुए थे। मगर मुझे लगा, एक अप्रिय बात इससे अधिक प्रियता के साथ नहीं कही जा सकती थी।

लोग कहते हैं, जवाहरलालजी को अपना उत्तराधिकारी तैयार करने की चिन्ता नहीं थी। मेरा खयाल है, ऐसा समझना भी भ्रम से खाली नहीं है। यह चिन्ता उन्हें सता रही थी और सन् 1953-54 से ही सता रही थी। संसत्सदस्य होने के साथ ही, पहली या दूसरी मुलाकात में मैंने पंडितजी से कहा था, "पंडितजी! यह कितनी दर्दनाक बात है कि आप समाजवाद की चिन्ता में गर्क रहें और समाजवादी लोग आपके विरोध में बकते फिरें!"

उन्होंने पूछा, "तुम्हारा मतलब किस आदमी से है?"

मैंने कहा, "जयप्रकाशजी से। आपने उन्हें छोड़ क्यों रखा है?"

वे बोले, "भाई, कोशिश तो थोड़ी-बहुत बराबर होती रही है। मगर बराबर कोई-न-कोई बात आड़े आ जाती है।"

स्मरणीय है कि जयप्रकाशजी जब सन् 1948 ई. में कांग्रेस छोड़ रहे थे, तब मैंने उन्हें काफी समझाया था कि यह कदम वे न उठाएँ, इसी में कल्याण है, मगर उन्होंने माना नहीं। लाचार होकर स्वराज्य की पहली वर्षगाँठ के अवसर पर मैंने 'वर्षगाँठ' शीर्षक जो कविता लिखी, उसमें थोड़ी-सी तेजाब मैंने जयप्रकाशजी पर भी छिड़क दी :

है कौन ठीक, गांधीवादी या कमूनिस्ट?
या सोशलिस्ट जो कांग्रेस से अलग कूद
कुछ नए ढंग के शस्त्र बनानेवाले हैं?

कविता जब मैंने जयप्रकाशजी को सुनाई, वे कुछ हतप्रभ से हो गए और मुझे साथ लिए दोपहर रात तक जहाँ-तहाँ घूमते रहे। मैंने बेनीपुरी से कहा, "कविता बेकार ही सुनाई यार!"

बेनीपुरी बोला, "बेकार क्यों है? प्रशंसकों की आलोचना से भी तो उन्हें परिचित होना चाहिए।"

अधिक खोदने पर जयप्रकाशजी ने कहा, "जो बात मुझसे कहते हैं, वह सरदार से जाकर क्यों नहीं कह आते?"

मैंने निवेदन किया, "मैं तो सरकारी नौकरी की जहमत झेलकर रोटी कमाता हूँ। नेरी क्या मजाल कि सरदार पटेल से भेंट करूँ? आप पास बैठने देते हैं, इसलिए कहता हूँ।"

मेरा खयाल है, सन् 1953 या '54 में रफी साहब की कोशिश से यह कार्यक्रम बना कि समाजवादी दल के कुछ लोग पंडितजी से मिलेंगे और तब सहयोग की सम्भावनाओं की छानबीन की जाएगी। इस कार्यक्रम के अनुसार आचार्य नरेन्द्रदेव, आचार्य कृपलानी, श्री जयप्रकाशजी, श्री अशोक मेहता आदि नेता पंडितजी से मिले भी थे। लेकिन पंडितजी की खास नज़र श्री जयप्रकाश नारायण पर थी। जिस दिन बाजाप्ता मिलने की बात थी, उससे एक दिन पूर्व पंडितजी ने जयप्रकाशजी को अकेले भोजन पर बुलाया और अपनी सारी बातें खोलकर उनके सामने रख दीं।

वे बातें कुछ इस प्रकार की थीं :

पंडितजी ने कहा, "भारत का प्रधानमन्त्रित्व वही व्यक्ति सँभाल सकता है, जो सेक्रेटेरियट को ग्राह्य हो, फौज को कबूल हो और वह अगर उत्तर का है, तो दक्षिण के लोग उसे मानें और अगर दक्षिण का है, तो उत्तर के लोग उसे स्वीकार करें। मैंने जहाँ तक समझा है, तुम इस कसौटी पर कुछ दूर तक खरे उतरते हो। मगर यह मत समझो कि चाहे जब भी आकर इस पद को आसानी से सँभाल लोगे। हम लोगों से बड़ी-बड़ी गलतियाँ हुई हैं, बहुत-बहुत अपव्यय हुआ है। मगर इसका कारण यह नहीं है कि हम सब-के-सब बेवकूफ या बेईमान हैं। असली कारण यह था कि हमें इस काम

का तजुर्बा नहीं था। इस वास्ते गलतियाँ होती चली गईं। लेकिन तुम यदि अभी आ जाते हो, तो ऐसी गलतियों की भी सम्भावना बहुत कम हो जाएगी।''

मगर ईश्वर को कुछ और ही मंजूर था। जब वास्तविक वार्तालाप आरम्भ हुआ, समाजवादियों पर यह शंका सवार हो गई कि समाजवादी दल को दूध-बतासे के साथ घोलकर जवाहरलाल पी जाना चाहता है। और कांग्रेस के प्रादेशिक क्षत्रप इस चिन्ता से घबराने लगे कि अगर समाजवादी आ गए, तो बने-बनाए घरौंदे टूट जाएँगे और नाना प्रकार के लोगों का भविष्य खतरे में पड़ जाएगा।

सन् 1961 के अक्टूबर मास में दिल्ली में जो एकता-सम्मेलन हुआ था, उसमें जयप्रकाशजी भी आए थे और आदि से अन्त तक उनकी भूमिका अद्‌भुत सदाशयता से पूर्ण रही थी। उसी समय मैं रूस जा रहा था। जाने के पहले जब मैं पंडितजी से मिलने गया, मैंने उनसे कहा कि ''जयप्रकाशजी अद्‌भुत विचारों से भरे देश में कम्बल-कमंडल लिए बेकार भटक रहे हैं। बहुत अच्छा हो, अगर अगले चुनाव के समय आप उनके संसद-प्रवेश का प्रबन्ध कर दें। संसद में देश के चुने हुए लोग हैं। इन लोगों के बीच जयप्रकाशजी अपने विचारों का प्रचार करें, तो उन्हें भी पता चल जाएगा कि उनके विचार कहाँ तक व्यवहार में लाए जा सकते हैं। ऐसा मैं इसलिए कहता हूँ कि एकता-सम्मेलन में जयप्रकाशजी मुझे काफी प्रसन्न दिखाई पड़े और दिल्ली उन्हें नापसन्द नहीं आएगी।''

पंडितजी बोले, ''हाँ, दिल्ली से तो इस बार वे काफी खुश गए हैं। उन्होंने मुझे एक प्यारा पत्र भी लिखा है। मगर संसद में वे आएँगे नहीं। इधर उन्होंने कई जगहों से अपने को बाँध लिया है (कंडीशन कर लिया है)।''

मैंने कहा, ''तो फिर वे इसी तरह कमंडल ढोते-ढोते गुजर जाएँगे।''

वे बोले, ''अरे, मरना तो हर एक हो है। एक दिन मैं भी मरूँगा, तुम भी मरोगे, सभी लोग मरेंगे।''

अपने दस-बारह साल के साहचर्य में पंडितजी के मुख से मरने-मराने की बात मैंने यह दूसरी बार सुनी थी। एक बार और जब मैं केन्द्रीय हॉल में तिलकजी के चित्र के पास पंडितजी के साथ खड़ा था, पंडितजी अचानक बोल उठे, ''तिलकजी तो चौंसठ साल की उम्र में मरे थे दिनकर! देखो, मैं अभी ही अड़सठ साल का हो गया हूँ।''

मैंने निवेदन किया, ''ऐसी बात क्यों बोलते हैं पंडितजी? आपको तो अभी बहुत दिन जीना है। तिलकजी को डायबीटीज थी और उस समय इन्स्यूलीन की ईजाद नहीं हुई थी; किन्तु ईश्वर की कृपा से आप तो नीरोग हैं।''

जब समाजवादियों की ओर से पंडितजी निराश हो गए, उत्तराधिकारी चुनने का प्रश्न उनके सामने जटिल हो गया। जवाहरलाल के प्रेम के लिए उनके सहयोगियों के बीच ईर्ष्या की आग धधकती रहती थी। इससे उत्तराधिकारी चुनने का सवाल और भी

मुश्किल हो गया था। वे कहते भी थे, "मैं तो महात्मा गांधी नहीं हूँ। अगर मैं किसी का नाम मुख से निकाल दूँ, तो उस बेचारे की राह और भी मुश्किल हो जाएगी।"

10

पंडितजी की छोटी-छोटी बातें भी याद आती हैं और ट्रेन में चलता हूँ, तो सोते-सोते उन्हें बिसूरता रहता हूँ। वे मुझे प्यार और प्रशंसा की दृष्टि से देखते थे। कवि आदमी को और चाहिए भी क्या? जब एंथोनी ईडन संसत्सदस्यों के बीच भाषण देने जा रहे थे, मैं पंडितजी को दरवाजे के पास मिल गया। उन्होंने ईडन से मेरा परिचय कराते हुए कहा, "ये हमारे कवि हैं" (ही इज आवर पोयत)। पंडितजी ने 'पोयट' न कहकर उस दिन 'पोयत' कहा था। यह 'टकार' का 'तकार' उच्चारण एक अमिट स्मृति बन गया है।

सन् 1955 ई. के नवम्बर महीने में जब मैं पोलैंड जा रहा था, ठीक उसी सप्ताह, खुशोव और बुलगानिन दिल्ली आ धमके। राष्ट्रपति भवन में उन्हें जो पार्टी दी गई थी, उसमें मैं भी सम्मिलित हुआ था। उस वक्त भी खुशोव से पंडितजी ने मुझे कवि कहकर परिचित कराया और उन्हें यह सूचना दी कि "ये पोलैंड जा रहे हैं।" दुभाषिए के जरिए खुशोव साहब ने कहा, "जाड़े से होशियार रहना, नहीं तो नाक गल जाएगी।" पोलैंड में उनका मजाक मुझे सही मालूम हुआ, क्योंकि खुली जगहों पर जाते ही मुझे रह-रहकर नाक को टटोलना पड़ता था कि वह साबुत है या जमकर पत्थर हो गई।

जाड़े के दिनों में अक्सर मैं गुलूबन्द लपेटे रहता हूँ। गुलूबन्द बिहारविभूति अनुग्रह नारायण सिंह भी लगाते थे। ऐसी आदत बहुत-से बिहारियों को है। एक दिन किसी सान्ध्य पार्टी में पंडितजी ने मेरा गुलूबन्द हिलाकर कहा, "तुम बिहारियों को जाड़ा कुछ ज्यादा लगता है क्या? तुम्हारे अनुग्रह बाबू भी लम्बा-सा मफलर लपेटे रहते हैं।"

मैंने कहा, "जाड़ा तो लगता है पंडितजी! मगर नोट करता हूँ कि मफलर लपेटना आपको पसन्द नहीं है।"

जब मार्शल टीटो पहले-पहल दिल्ली आए थे, पंडितजी समेत दिल्ली की सारी जनता में उनके लिए बड़ा उत्साह था। उनके स्वागत में जो पार्टी दी गई थी, उसमें पंडितजी से मेरी भेंट हुई, तो मैंने पूछ दिया, "पंडितजी, उम्र में टीटो साहब बड़े हैं या आप?"

वे बोले, "मैं ही बड़ा हूँ। और जानते हो, परसों उन्होंने मुझसे कहा, आपके साथ मैं घुड़सवारी के मजे लेना चाहता हूँ। सो कल भोर मैं घोड़े पर चढ़कर उनके पास पहुँच गया, मगर बात उन्होंने आज पर टाल दी। निदान, मैंने आज फिर पुछवाया, तो वे आज भी मुकर गए।"

मैंने पूछा, "ऐसा क्यों हुआ पंडितजी?"

कहने लगे, "अरे, आदमी उम्र में बड़ा हो या छोटा, "वह हर रोज ताजा नहीं रहता है; कभी-कभी थक ही जाता है।"

सुबह को जब कभी पंडितजी से मिलने जाता, वे ऊपर से उतरते ही अपने दोनों पेंडों के पास ज़रूर जाते। पंडितजी दस्ताना पहने रहते, अर्दली एक तश्तरी में बिस्कुट लिए रहता और पंडितजी पेंडों को बड़े प्रेम से बिस्कुट खिलाते। कोई पेंडा अगर उनकी ओर मुखातिब नहीं होता, तो वे उसे बेटा, बच्चा, मुन्ना कहकर प्यार से बुलाते और पुचकारते थे।

एक बार उनके पास शेर के दो बच्चे पल रहे थे–वे ही जिनके नाम मैंने भीम और हिडिम्बा रखे थे। पंडितजी ने एक को उठाना चाहा। मैंने कहा, "पंडितजी, यह काम मत कीजिए। हंगेरियन आर्टिस्ट एलिजबेथ ब्रूनर मुझसे कह रही थी कि इन बच्चों ने उसके पाँव को नछोर डाला है।"

पंडितजी ने बघेले को ज़मीन पर ही छोड़ दिया और बुदबुदाए, "अजीब बात। और किसी को तो इन बच्चों ने नहीं नछोरा है!"

गुर्दे की बीमारी के बाद उनके खान-पान में काफी परहेज आ गया था। विधान बाबू ने उन्हें नारियल-जल का सेवन करने को कहा था। विधान बाबू जब भी कलकत्ते से दिल्ली आते, नारियल का एक गट्ठर पंडितजी के लिए अवश्य लिए आते थे।

ऐसे ही में एक दिन जब मैं उनसे मिलने को संसद भवनवाले कमरे में गया, तब साढ़े चार बज रहे थे। पंडितजी के अर्दली ने मेरे सामने चाय के साथ बिस्कुट और केक रखा, मगर उनके सामने केवल चाय ही रखी गई। फिर थोड़ी देर में पंडितजी के आगे केवल नारंगी के गूदे रखे गए। मैं सहम गया। पंडितजी बोले, "कुछ खाओ। मुझे इन दिनों यही सब खिलाते हैं।"

लंच और डिनर की मेज पर अगर औरतें पाँती लगाकर एक ओर और मर्द दूसरी ओर बैठते, तो यह इन्तज़ाम पंडितजी को पसन्द नहीं आता था। अवश्य ही वे गोल तोड़कर हर दो मर्दों के बीच एक औरत को या हर दो औरतों के बीच एक मर्द को बिठा देते थे।

एक बार प्रेसिडेंट नसर ने ईजिप्ट से उन्हें कुछ आम भेजे थे। आम इतने बड़े थे कि एक-एक आम हमारे चार फजली आमों के बराबर रहा होगा। पंडितजी ने दो आम खुद अपने हाथ से तराशे और एक-एक फाँक सबकी ओर बड़े प्रेम से बढ़ाई। आम बड़े होने पर भी मीठे हैं, यह बात सबने कही।

चीन में लोग लीची सुखाकर रख लेते हैं और फिर उसे साल भर खाते रहते हैं। सुखौती लीची में गुठली और छिलके के बीच गूदा सूखकर बहुत ही खफीक रह जाता है, मगर फिर भी चीन के लोग लीची का सुखौता बनाने के आदी हैं।

एक बार चू-एन-लाइ साहब ने पंडितजी को ऐसी ही सुखौती लीची का तोहफा

भेजा और उसे पंडितजी ने डिनर की मेज पर बड़े शौक से परोसा। लोग बड़ाई करके उस लीची का रस लेने लगे। इतने में पंडितजी ने मुझे सम्बोधित करके कहा, "तुम्हारी तरफ तो लीची बहुत होती है और सुना है, वह बर्बाद हो जाती है। तुम लोग भी लीची का सुखौता बनाकर क्यों नहीं रखते?"

मैंने कहा, "बर्बाद होने से सुखौता बनाकर रख लेना ज़रूर अच्छा होगा। मगर आपको किसने बताया है कि बिहार में लीची बर्बाद होती है? हमारे यहाँ तो लीची इतने भी नहीं होती कि हर खासो-आम उसे चख सके।"

पंडितजी का चेहरा थोड़ा उतर गया। बोले, "मैं क्या जानूँ? मुझे तो बिहार के ही एक दोस्त ने कहा था।"

जब श्रीमान दलाइलामा तिब्बत से भागकर भारत आए, उनके दिल्ली पहुँचने पर अच्छे-खासे अरसे के बाद पंडितजी ने उन्हें एक लंच दिया। इस लंच की विशेषता यह थी कि उसमें गैर-सरकारी मेहमान केवल तीन ही बुलाए गए थे–एक श्रीमती सुचेता कृपलानी, एक स्वामी रंगनाथानन्द और एक मैं।

मैंने स्वामीजी से कहा, "मजाक कुछ समझ में आता है स्वामीजी? सुचेताजी तो आजकल कांग्रेस की महामन्त्रिणी हैं। असल में हिज होलीनेस के लिए उपहार विशेष हमीं दो व्यक्ति हैं।" स्वामीजी ने हँसकर मुझे आगे मजाक करने से मना कर दिया।

उस दिन पंडितजी दफ्तर से कुछ देर में लौटे थे, इसलिए हम लोग काफी देर तक उनकी प्रतीक्षा में बैठे रहें। जब पंडितजी आए, उस दिन वे एक अजीब गम्भीरता से भरे रहे। खरबूजा या कोई और फल तो उस दिन भी उन्होंने तराशकर परोसा, मगर लंच की मेज पर किसी भी तरह की चहक या गूँज उस दिन नहीं उठी। लंच के बाद जब हम लोग लाउंज में बैठे, तब दलाइलामाजी ने ही चुप्पी तोड़ने की थोड़ी कोशिश की। उनके दुभाषिए ने अंग्रेज़ी में पंडितजी को बताया कि हिज होलीनेस कह रहे थे कि "आप एक साथ राजनीतिज्ञ भी हैं और दार्शनिक भी।"

मगर पंडितजी ने फीकी मुसकान के साथ कहा, "न तो मैं दार्शनिक हूँ, न राजनीतिज्ञ। मैं तो एक मामूली-सा इंसान हूँ, जो अपने मुल्क की थोड़ी खिदमत करता है।"

स्पष्ट ही, पंडितजी दलाइलामा से बातों में उलझना नहीं चाहते थे।

उस दिन का लंच सिर्फ़ लंच ही रहा। लंचों के साथ जिस खुशबू और खिलखिलाहट का सम्बन्ध होता है, वह उस दिन बिलकुल गायब रही।

लंच और डिनर तो मैंने पंडितजी के साथ कई बार खाए थे, मगर सुबह का नाश्ता करने का अवसर मुझे एक ही बार मिला था। उस समय श्री कृष्ण मेनन लन्दन में हमारे राजदूत थे और भारत आए हुए थे। उस दिन मेज पर पंडितजी, इन्दिराजी, फीरोज और मेनन–ये चार ही व्यक्ति थे। बाहरी आदमी केवल मैं ही था। पंडितजी ने थोड़ी-सी पोरिज ली, फिर रोटी के एक छोटे-से गोल टुकड़े पर भुना हुआ एक अंडा

लिया और बाद को काली रोटी का एक टुकड़ा। साथ-साथ उन्होंने चाय की दो प्यालियाँ भी लीं। मगर मेनन साहब की साधुता देखकर मैं दंग रह गया। उन्होंने दो प्याली चाय के सिवा और कोई चीज़ छुई भी नहीं।

मैंने सुना था कि इंग्लैंड में लोग मेनन साहब को परहेजगार फकीर समझते हैं। वह बात उस दिन मैंने स्पष्ट देखी। बाद को जब भी कोई बात चली है, मैंने यही सुना है कि मेनन साहब सिगरेट और शराब भी नहीं छूते हैं। अन्न उनके आहार में नगण्य स्थान रखता है। उनके जीवन का आधार केवल कॉफी और चाय है।

इन्दिराजी की कृपा से एक बार मुझे पंडितजी के साथ उनके अपने वायुयान में दिल्ली से भोपाल और फिर भोपाल से बड़ौदा तक उड़ने का मौका मिला था। इस जहाज में नौकरों और अमलों के बैठने की जगह अलग है, जो पंडितजी की जगह से दिखाई नहीं देती थी। जहाँ पंडितजी बैठते थे, वहाँ एक मेज और आर-पार केवल दो कुर्सियाँ हैं तथा आराम करने को एक पलंगनुमा काउच भी है।

जहाज जब उड़ा, हम लोग दोनों कुर्सियों पर आमने-सामने बैठ गए। फिर पंडितजी ने अपना अटैची केस खोला। लेखक जब उन्हें कोई किताब देते थे और पंडितजी उसे देखना चाहते थे, तो ऐसी किताबें वे यात्रा में साथ ले चलते थे। उस दिन जो-जो किताबें पंडितजी ने उलटीं, उनमें एक किताब डोम मोरास की भी थी। पंडितजी ने वह किताब उलट-पलटकर मेरी ओर बढ़ा दी। मैंने भी उसे उलट-पलटकर पंडितजी को यह कहते हुए लौटा दिया कि "ऐसी कविताओं के लिए मैं निरक्षर हूँ पंडितजी!"

फिर पंडितजी टोपी उतारकर जूते पहने ही काउच पर सो गए और उन्हें तुरन्त नींद आ गई। मैं उनकी खोली हुई किताबें उलटता रहा। इतने में पंडितजी के अंग-सेवक श्री हरिजी शेरवानी, पाजामा और टोपी पहने क्रू की ओर वाले कमरे से निकले और मेरे आगे उन्होंने कॉफी का एक प्याला और कुछ बिस्कुट परोस दिए। मैंने पंडितजी की ओर इशारा किया, तो हरिजी ने भी इशारे से ही मुझे कहा कि उन्हें सोने दीजिए।

जहाज जब भोपाल के हवाई अड्डे पर पहुँचा, पंडितजी बिना जगाए ही जग पड़े और तुरन्त टोपी पहनते हुए उन्होंने मुझसे पूछा, "ज़रा देखो तो, ढेबर भाई आए हैं या नहीं?"

मैंने खिड़की से देखा तो ढेबर भाई और काटजू साहब दिख गए। मैं पंडितजी के मिजाज को जानता था, इसलिए मैं उनके साथ नहीं उतरा। भीड़ उनके लिए आई थी, मैं उस लुत्फ का हिस्सेदार क्यों बनता? जब फूल बरस चुके, जय-जयकार हो चुका, तब मैं जहाज से नीचे उतरा और काटजू साहब से मिला।

काटजू साहब की मुद्रा अजब तरह की होती है। आदमी वे बहुत अच्छे हैं और मुझ पर सदैव कृपालु भी रहे हैं। मगर उस वक्त उनके मुँह से निकल गया, "आप

कैसे आ गए? आपकी तो उम्मीद नहीं की जा रही थी?'' इस उक्ति में हार्दिकता की मुझे थोड़ी कमी दिखाई पड़ी। फिर पंडितजी राज्यपाल श्री पाटस्कर के साथ राजभवन चले गए और मैं शिक्षामन्त्री श्री शंकरदयाल शर्मा के साथ ठहरने को उनके घर चला गया।

भोपाल से जब हम बड़ौदा चले, उस दिन पंडितजी सोने को नहीं लेटे। रास्ते भर पाकिस्तान में ऐयूब के सत्तासीन होने की चर्चा चलती रही। हाल ही में दिल्ली में उनसे मेरी बातचीत हुई थी, जिसके दरम्यान मैंने उनसे निवेदन किया था कि "और कोई बात नहीं है। पंडितजी! हम लोगों की सारी चिन्ता यह है कि जब तक आप जीवित हैं, सेना भी आपको ही अपना नेता मानती रहे।'' मेरी इसी शंका का निराकरण करने को वे मुझे भारतीय फौज के साथ सेक्रेटेरिएट के सम्बन्धों का ब्यौरा समझा रहे थे।

बड़ौदा से दिल्ली लौटने का अवसर मुझे पंडितजी के साथ नहीं मिला। युवक-कांग्रेस का उद्‌घाटन करके वे फौरन दिल्ली वापस हो गए। मगर मुझे उस कांग्रेस के सांस्कृतिक समारोह का उद्‌घाटन दूसरे दिन करना था। अतएव मैं दूसरे दिन ट्रेन से वापस हुआ।

पंडितजी के साथ मेरा सामीप्य देखकर कई बार लोगों को यह भ्रम हो जाता था कि मैं तुरन्त मन्त्री या अम्बेडकर बननेवाला हूँ। कुछ लोग कानाफूसी में यह भी कहा करते थे कि इसी लोभ में मैं पंडितजी की खुशामद करता हूँ। मगर मेरी खुशामद भी बेदाग नहीं रही। हिन्दी के प्रश्न पर दुःशील होकर मुझे उनसे झगड़ना पड़ा और चीनी आक्रमण के समय मैं उनकी सरकार पर इस तरह टूटा, जैसे कोई भी मन्युवान कवि टूट सकता था।

मैं पंडितजी का खुशामदी टट्टू नहीं, उनका भक्त था। जब-जब पंडितजी को लेकर कानाफूसी में मेरी आलोचना होती थी, तब-तब मैं अपने-आपसे पूछता था, क्या मैं सचमुच खुशामदी हो गया हूँ? और पंडितजी के गुजर जाने के बाद भी मैंने अपने मन को काफी टटोला है। मगर आत्मा जो जवाब पहले देती थी, वही आज भी देती है। मुसलमानों को आश्वस्त रखने के लिए हिन्दू साम्प्रदायिकता पर अंकुश लगाने के पक्ष में मैं आज भी हूँ। आज भी मेरा विचार है कि सेठवाद के मुँह में कड़ी लगाम लगाई जानी चाहिए। और गरचे हिन्दी के मामले में पंडितजी से मेरी दो बार ठन गई थी, मगर आज भी मेरा विचार है कि अन्तर्राष्ट्रीय आँकड़ों को लेकर हिन्दीवालों को अप्रियता नहीं लानी चाहिए, हिन्दी भाषा को अधिक-से-अधिक सरल और सुबोध बनाने में अगर अरबी और फ़ारसी के शब्द सहायक होते हैं, तो उनका बहिष्कार नहीं किया जाना चाहिए और आँख मूँदकर यह नहीं मानना चाहिए कि राजाजी बिलकुल गलत और सेठ गोविन्ददास बिलकुल ठीक हैं। पंडितजी के जाने से मेरा राज-भय नहीं घटा, प्रजा-भय कम हुआ है।

पंडितजी से मैंने कभी भी कोई चीज़ अपने लिए नहीं माँगी सिवाय इसके कि

'संस्कृति के चार अध्याय' की भूमिका लिखने को मैंने उन्हें लाचार किया था। और पंडितजी ने भी मुझे मन्त्रित्व आदि का कभी कोई लोभ नहीं दिखाया। मेरे कानों में अनेक सूत्रों से जो खबरें बराबर आती रहीं, उनका निचोड़ यह था कि सन् 1953 ई. से ही उनकी इच्छा थी कि मैं मन्त्री बना दिया जाऊँ। चूँकि मैंने उनके किसी भी दोस्त के सामने कभी मुँह नहीं खोला, इसलिए सूची में मेरा नाम पंडितजी खुद रखते थे और खुद ही अन्त में उसे काट डालते थे। नाम कटवाने में प्रच्छन्न हितैषियों का हाथ रहता होगा या नहीं, इसे तो अन्तर्यामी जानते होंगे, किन्तु मेरे अपने स्वभाव का जो दोष है, वह पंडितजी से छिपा नहीं था अर्थात् ऐसे आदमी टिकाऊ नहीं होते। सैद्धान्तिक मतभेद होने पर वे कहीं से भी भाग सकते हैं। कुछ कठिनाई इस सीमा के कारण भी थी कि एक-दो मन्त्रालयों को छोड़कर मैं कहीं भी काम करने के लायक नहीं था।

जब मैं पहले-पहल विदेश गया था, वहाँ से लौटकर पंडितजी को मैंने अपनी यात्रा का ब्यौरा काफी तफसील में सुनाया था। उस दिन वे मेरी रिपोर्ट से बड़े ही खुश हुए और अचानक पूछ बैठे, "विदेश में तुम्हारा जी लगता है दिनकर?"

मैं कुछ भाँपने को थोड़ी देर चुप हो गया। फिर सोचा, इन्हें भ्रम में रखना ठीक नहीं है। अतएव मैंने निवेदन किया, "विदेशों में मेरा जी नहीं लगेगा। अधिक-से-अधिक चार-छह महीने वहाँ ठहर सकता हूँ।"

'संस्कृति के चार अध्याय' की भूमिका मैंने उनसे जबर्दस्ती लिखवाई थी। इस बात के लिए मुझे उन्हें कई बार टोकना पड़ा। एक बार तो जब मैंने उन्हें टोका, तो इन्दिराजी पास ही खड़ी थीं। सो इन्दुजी की ओर मुखातिब होकर रुँआसी आवाज़ में बोले, "देखो इन्दिरा, दिनकर भी कितनी ज्यादती पर उतर आया है! भला मेरे पास इतना वक्त कहाँ है कि उतनी मोटी किताब को देखूँ और उसकी भूमिका लिखूँ!"

उस दिन तो मैंने उन्हें मुआफ कर दिया। लेकिन शीघ्र ही एक दिन वे मुझे संसद की गैलरी में मिल गए। प्रसन्न मुद्रा देखकर मैंने कहा, "पंडितजी! भूमिका आपको लिखनी ही पड़ेगी। मैं आपके काम को आसान बनाए देता हूँ।"

वे बोले, "आसान कैसे बना सकते हो?"

मैंने कहा, "भूमिका लिखने से भागने का असली कारण समयाभाव नहीं है, गरचे कौन कह सकता है कि आपको दम मारने की भी फुरसत मिल सकती है? असली बात यह है कि संस्कृति के विषय में आपके घोषित मत हैं और आपको भय होता है कि मैं आपको किसी विवाद में न फँसा दूँ। अतएव जहाँ-जहाँ मेरे मत आपके मतों से भिन्न हैं, वहाँ मैं ध्वज लगा देता हूँ। आप उन अंशों को खुद पढ़ जाइए। बाकी पुस्तक भर में ऐसी कोई बात नहीं है, जिसके कारण भूमिका लिखकर आपको पछताना पड़े।"

निदान, मैंने पुस्तक की कापी ध्वज लगाकर पंडितजी के आदमी को दे दी और उसे समझा दिया कि यह किताब वह पंडितजी के सिरहाने की मेज पर अवश्य पहुँचा

दे। चार ही दिनों के बाद पंडितजी ने मुझे लम्बी-सी भूमिका अंग्रेज़ी में भेज दी, जो भूमिका तो क्या, भारतीय संस्कृति पर उनका अपना निबन्ध था। साथ में उन्होंने एक प्यारा पत्र भी भेजा : 'तुम छोटी-सी भूमिका चाहते थे। मैंने एक लम्बा-सा निबन्ध ही भेज दिया है। इसका जो भी उपयोग करना चाहो, कर सकते हो।'

पुस्तक के प्रकाशित होते ही सारे संसार में उस भूमिका का डंका बज गया। साथ में सारी दुनिया ने 'संस्कृति के चार अध्याय' का भी नाम सुन लिया। विदेशों से तार-पर-तार आने लगे, ''इस किताब के इस देश में छापने का अधिकार हमें दीजिए। जो भी अग्रिम मानदेय कहें, भेज दिया जाए।''

मैंने हर एक के तार का जवाब दिया, ''पुस्तक हिन्दी में है। अगर आप अनुवाद करवा सकें तो छापने का अधिकार आपको ही दूँगा।''

मगर यह सुनकर सारे प्रकाशक सर्द हो गए। आज तक इस किताब का अंग्रेज़ी अनुवाद प्रस्तुत नहीं हो सका है।

पंडितजी ने अपनी भूमिका के इस व्यापक प्रचार को पसन्द नहीं किया। जब मैं प्रकाशित पुस्तक की प्रति उन्हें भेंट करने गया, वे झुंझलाकर बोले, ''तुमने तो पूरा इश्तेहार कर दिया।''

मैं हतप्रभ होकर बोला, ''इसका सही उपयोग तो इश्तेहार में ही था।''

11

एक बार राज्यसभा में पंडितजी खाद्य-बहस में भाग ले रहे थे। भारत सरकार अन्न के मामले में आत्मनिर्भरता लाने के लिए जो योजना चला रही थी, उसका विश्लेषण उन्होंने काफी सफाई से किया था कि अचानक उनका ध्यान क्षितिज के पार चला गया और वे कहने लगे, ''मगर योजनाएँ क्या हमेशा साथ दे सकती हैं? और क्या आज हम जो इन्तज़ाम कर रहे हैं, वह कल पर भी लागू होनेवाला है? मसलन विज्ञान इस कोशिश में है कि समुद्र का उपयोग खाद्य-समस्या के निपटारे के लिए किया जाए, केवल समुद्र के जीवों को ही पकड़ा नहीं जाए, समुद्र को रोककर आबादी के लिए ज़मीन निकाली जाए और जल के भीतर से खाने की चीज़ें पैदा की जाएँ। अब अगर विज्ञान को कामयाबी हासिल हो गई, तो हमारी आज की योजनाओं की अहमियत क्या रह जाती है?''

इसी प्रकार, जब आणविक शक्ति का उपयोग शान्ति के लिए किए जाने की चर्चा पहले-पहल छिड़ी, तब पंडितजी ने एक दिन पार्टी के समक्ष बोलते हुए कहा, ''कैसे समझाऊँ कि आणविक शक्ति की महिमा कितनी बड़ी है? बस, यह समझिए कि यह वैसी ही बात है, जैसे कोई शक्ति को एक छोटी-सी पेटी में बन्द करके राजस्थान चला जाए और वहाँ के सारे रेगिस्तान को हरियाली से पाट दे।''

पंडितजी कल्पनाचारी मनुष्य थे। हैमलेट के समान कर्म और चिन्तन में से उनका ज्यादा झुकाव चिन्तन की ओर था। चिन्तन के धरातल पर सत्य के प्रति वे बहुत ही ईमानदार थे। बड़ी-बड़ी सभाओं में भी वे, शुरू से आखिर तक, एक ही धारा में नहीं बोलते थे। कुछ बोलते, कुछ सोचते और सोचकर फिर बोली हुई बातों को काट देते थे। सीधे और एकार्थक वाक्य उनके भाषणों में कम होते थे। आदमी को निर्णय पर पहुँचने में जिन दुविधाओं से होकर गुजरना पड़ता है, उन दुविधाओं को भी आप उनके भाषण में देख सकते थे।

सच पूछिए तो वे चिन्तक भी कम, कवि अधिक थे और एक विचार की छाँह जहाँ दूसरे विचार की छाँह से अलग होती है, उस संगम अथवा विभाजक रेखा पर ठहरने में उन्हें अधिक सन्तोष होता था।

जैसे राजनीति में तृतीय मार्ग उनका प्यारा मार्ग था, उसी प्रकार सोचने में भी वे अतिवादों के छोर पर कभी नहीं जाते थे। काला और सफेद, इतने स्पष्ट रंग उन्हें अच्छे नहीं लगते थे। वे भूरे रंग के प्रेमी थे, जो काले और सफेद के मिश्रण से उत्पन्न होता है। दुनिया के प्रसिद्ध राजनीतिज्ञों में से शायद पंडितजी ही ऐसे राजनीतिज्ञ थे, जिसने चौराहे पर खड़ा होकर अपनी जाँच की और लोगों को यह समझने दिया कि मेरे विचार कहाँ से आते हैं तथा मेरे कर्मों का मूल स्रोत कहाँ है।

बहुसंख्यक लोग जिसे अव्यावहारिक समझें, जवाहरलाल ऐसी बात भी बड़े साहस से बोल जाते थे।

संसद में और संसद से बाहर, लोगों के सामने विशाल क्षितिजों का नक्शा पेश करने में बड़ी-बड़ी उमंगों का खाका खींचने में उन्हें वही आनन्द आता था, जो आनन्द कवि को काव्य-रचना में आता है। इतिहास लिखते समय भी वे विश्लेषण नहीं, चिन्तन ही करते थे। तफसील को वे बराबर नज़रअन्दाज़ कर देते थे। उनकी दिलचस्पी का असली विषय मूल सिद्धान्त था।

लॉर्ड लिनलिथगो ने एक बार पचास-साठ भारतीय नेताओं को खाने पर बुलाया था। उनकी मंशा यह भाँपने की थी कि देखें, भारत-ब्रिटेन सम्बन्धों पर इनके क्या विचार हैं। किन्तु पार्टी के बाद पंडित जवाहरलाल नेहरू से अपनी बातचीत का जिक्र करते हुए वायसराय ने अपने विधि-सदस्य सर नीलरतन सरकार से कहा, "जब पंडित नेहरू बोल रहे थे, मुझे ऐसा लगा, मैं धरती पर नहीं हूँ, किसी और धरातल पर चला गया हूँ।"

वायसराय पंडितजी के विचार भारत और इंग्लैंड के सम्बन्ध में सुनना चाहते थे। किन्तु पंडितजी उन्हें यह समझाने लगे कि कौमें साम्राज्य कैसे बनाती हैं, इंग्लैंड साम्राज्यवादी क्यों हो उठा और भारतवासियों की परम्परा क्या रही है और इतिहास में हिचकोले वे किन कारणों से खाते रहे हैं; और कैसे इंग्लैंड और भारत दो देश होते हुए भी एक ही विश्व के अंग हैं और विश्व-मानवता के एक होने की सम्भावनाएँ क्या-क्या दिखाई देती हैं।

उनकी आँखों में एक स्वप्न चमकता था, जिसका मूल किसी दूर भविष्य में था। केवल आँखों में ही नहीं, उनके मुख, उनके अधर, उनकी नासिका, यहाँ तक कि उनकी अँगुलियों पर भी कल्पना-सी कोई चीज़ खेलती रहती थी। उन्हें देखकर यह स्पष्ट भासित होता था कि यह आदमी स्वप्न का बोझ उठाए चल रहा है। विज्ञान के आविष्कारों से उनके भीतर आनन्द की गुदगुदी पैदा होती थी और विज्ञान को ही वे शायद मनुष्य-जाति का सबसे बड़ा काव्य मानते थे।

1963 ई. में संसदीय हिन्दी परिषद् का जो वार्षिक अधिवेशन हुआ, उसमें पंडितजी भी पधारे थे। मैं उनके स्वागत के लिए मुख्य द्वार पर खड़ा था। उन्हें लिवाकर जब मैं केन्द्रीय हॉल की ओर चला, तो रास्ते में हिन्दी की उन्होंने कोई बात नहीं की। उस समय उनके घर पर अमेरिका के कुछ वैज्ञानिक आए हुए थे, जो नई वैज्ञानिक प्रतिभा की तलाश में थे और मैसूर में उन्होंने दस-बारह लड़कियों को चुना था और उन्हें ऊँची शिक्षा के लिए वे अमेरिका भेज रहे थे। इस संवाद से पंडितजी की आत्मा में आनन्द की गुदगुदी का एहसास हो रहा था और रास्ते में उतनी देर वे इसी शुभ संवाद की चर्चा करते रहे।

शान्ति, जवानी, प्रगति और विज्ञान—ये कुछ प्रतीक शब्द थे, जो उनके डैनों में उड़ान भर देते थे। एक बार शाम को मैं इन्दिराजी से मिलने को प्रधानमन्त्री निवास गया हुआ था। पंडितजी उस दिन किसी जलसे में गए हुए थे, इसलिए ज़रा देर से वापस हुए। मगर आए तो दोनों हाथ पीछे की ओर छिपाए हुए थे। फिर उन्होंने पूछा, "बोलो, मेरे हाथ में क्या है?"

मैंने कहा, "सिगरेट तो नहीं होनी चाहिए, क्योंकि आप सभा से आ रहे हैं।"

पंडितजी ने जो हाथ सामने किया, तो क्या देखता हूँ कि उनके हाथ में शीशे का एक पक्षी है, जो एक पाँव आगे की ओर बढ़ाए हुए है। कहने लगे, "जहाँ गया था, वहाँ शीशे का एक छोटा-सा कारखाना है। कारीगर ने मेरे देखते-देखते यह चिड़िया बना दी। और देखो, इसका एक पाँव आगे की ओर बढ़ने के क्रम में है। यह प्रगति का प्रतीक है।"

पंडितजी अपने समय के अत्यन्त पूजित राजनीतिज्ञ थे। दुनिया भर में वे राजनीति की जिस महफिल में भी गए, वहीं उनका अप्रतिम सम्मान हुआ। अपने देश में भी संसार के जो नामी से नामी राजपुरुष आते थे, उनकी तुलना में पंडितजी हम लोगों को बराबर, और नहीं तो, चार अँगुल ऊँचे अवश्य दिखाई देते थे। किन्तु राजनीति के यन्त्र-संचालन का काम उन्हें पसन्द नहीं आता था। आज़ादी की लड़ाई के जमाने में सहकर्मियों के साथ काम करने में उन्हें कठिनाई होती थीं। तब भी, गांधीजी उन्हीं को चाहते थे, क्योंकि उनके भीतर आध्यात्मिक सौन्दर्य था, निःस्वार्थता थी, चरित्र में नैतिक आलोक था और बुद्धि में ईमानदारी थी।

दलील के लिए कहें तो कह सकते हैं कि विरोधी बातें गांधीजी भी बोलते थे।

इसका कारण यह था कि वे सहज प्रज्ञा अथवा संबुद्धि वाले (इनटुइटिव) मनुष्य थे। प्रज्ञा की आकस्मिक कौंध में निर्णय उन्हें पहले दिखाई देता था, उसके समर्थन के लिए तर्कों की खोज वे बाद में करते थे और पहले एकाध तर्क को वे बाद में काट भी देते थे। किन्तु निर्णय उनका नहीं बदलता था।

किन्तु पंडितजी कितने ही विरोधी गुणों के समवाय थे और विरोधी बातों का यही सम्मिश्रण उन्हें खूबसूरत बना देता था। उनमें विश्वास भी था और संशय भी; संकल्प भी था और दुविधा भी थी; वे समझौतों के खिलाफ भी रहते थे और समझौतों के प्रेमी भी थे। उनमें विनम्रता भी थी और अहंकार भी था। वे मूलतः मनीषी थे; किन्तु हृदय क्रान्तिकारी का रखते थे। वे कल्पक थे, सौन्दर्य-सेवी और अत्यन्त ऊँचे अर्थ में रुचिवान थे। किन्तु राजनीति की धूर्तता का भी उन्हें अच्छा ज्ञान था। विचार और कर्म से वे सांसारिकता में गर्क थे; किन्तु उनका आध्यात्मिक लंगर कल्पना की भूमि में गड़ा था।

किन्तु कितने आश्चर्य की बात है कि जिस व्यक्ति के भीतर प्रकृति ने इतने विविध गुणों को एकत्र किया था, उसकी ठोस उपलब्धियाँ बहुत थोड़ी रहीं। यह ठीक है कि पंडितजी के व्यक्तित्व में जो सौरभ था, वह इस देश की हवा में आ गया है और अभी वह बहुत दिनों तक बना रहेगा। किन्तु ठोस उपलब्धियाँ तो उनकी उतनी बड़ी नहीं हो सकीं, जितने बड़े खुद पंडित जवाहरलाल थे। भारत को उन्होंने समस्याओं से आक्रान्त छोड़ा है। असल में पंडितजी की शक्तियों का मूल्यांकन इस दृष्टि से सही नहीं पड़ता कि भारत को वे क्या बनाकर गए हैं। मूल्यांकन की सही कसौटी यही हो सकती है कि भारत को वे क्या बनाना चाहते थे।

प्रश्न उठता है, तो क्या इतने बड़े आदमियों को राजनीति में नहीं आना चाहिए? किन्तु ऐसे विराट पुरुषों की जितनी आवश्यकता राजनीति को है, उतनी आवश्यकता और किस क्षेत्र को हो सकती है?

सन् 1951 ई. में राष्ट्रसंघ के किसी जलसे में बोलते हुए उन्होंने कहा था, "मैं केवल प्रधानमन्त्री नहीं हूँ, उससे कुछ ज्यादा हूँ। मैं आदमी हूँ, इंसान हूँ। अक्सर मैं थोड़ी-सी रोशनी पाने के लिए मन-ही-मन संघर्ष किया करता हूँ। मेरी बेचैनी का सबब यह है कि मैं समझना चाहता हूँ कि इंसान को, दरअसल, होना कैसा चाहिए। मेरी बेचैनी का सबब यह है कि मैं सत्य की एक झलक पाना चाहता हूँ। उस सत्य तक पहुँचने का रास्ता पाना चाहता हूँ।"

क्या ये उद्‌गार राजनीतिज्ञ के हो सकते हैं?

प्रधानमन्त्रित्व की कुल लक्ष्मण रेखाएँ हैं, जिन्हें पार करना जोखिम का काम है। किन्तु पंडितजी बहुत सतर्क रहते हुए भी इन रेखाओं के अतिक्रमण का लोभ नहीं रोक सकते थे। असल में प्रधानमन्त्रित्व का जो पुरस्कार है, उसे वे अपने लिए काफी नहीं समझते थे। दुनिया का इतिहास प्रधानमन्त्रियों का इतिहास नहीं है। वह सन्तों

का इतिहास है, नबियों, दार्शनिकों, कवियों और पैगम्बरों का इतिहास है। इतिहास की जिस चोटी पर कवि, दार्शनिक और पैगम्बर बसते हैं, जवाहरलाल चाहते थे कि इतिहास उन्हें भी उसी चोटी पर स्थान दे।

और संसार ने भी उनकी वास्तविक प्रशंसा प्रधानमन्त्रित्व से इतर गुणों के ही कारण की थी। वे प्रधानमन्त्री कम, मसीहा कुछ ज्यादा थे। मगर प्रधानमन्त्री और मसीहा के बीच अगर खटपट हो तो घाव या तो प्रधानमन्त्री के देश को लगेंगे अथवा मसीहा चोट से कराहेगा। आदर्शों के लिए जेल जाने से मसीहा की इज्जत बढ़ती है। मगर आदर्शों के लिए दूसरों को जेल भेजने से मसीहा की शान नहीं बढ़ती। चूँकि राजनीति में पंडितजी सफल हो गए थे, इसलिए उनके भीतर के मसीहा को कुछ नीचे झुकना पड़ा था।

विज्ञान ने संसार को छोटा बना दिया है; किन्तु लन्दन और दिल्ली की पारस्परिक दूरी भले ही कम हुई हो, आदमी से आदमी की दूरी कम नहीं हुई है। रेडियो के प्रताप से लन्दन के घंटे की आवाज़ हम रोज ही सुनते हैं; किन्तु अपने पड़ोसी की कराह हमारे कानों में नहीं पड़ती है। धरती छोटी हो गई; किन्तु सभ्यताओं की दूरी बनी हुई है। संसार के सामने यदि सबसे बड़ा लक्ष्य यह है कि हम सारी मानवता को एक करें, तो इस युग का श्रेष्ठतम कर्तव्य भी यही हो सकता है कि हम देशों को ही नहीं, सभ्यताओं को भी एक-दूसरे के समीप लाएँ, विचारधाराओं को एक-दूसरे से परिचित कराएँ और मतवादों को आपस में दोस्त बना दें। किन्तु यह काम राजनीति के हवाले नहीं किया जा सकता। यह कार्य, मुख्यतः, उनका है जो दार्शनिक हैं, कवि हैं, सन्त, पैगम्बर, लेखक, वक्ता और कलाकार हैं। राजनीति के माध्यम से किए जाने पर वह काम और भी मुश्किल हो जाता है।

जवाहरलालजी की विशेषता यह थी कि राजनीति के स्तर से वे इसी काम को अंजाम दे रहे थे। उनका सुयश राजनीतिज्ञ का कम, उनके भीतर छिपे सन्त, कवि और द्रष्टा का अधिक था। वे सभ्यताओं के बीच दुभाषिए का काम कर रहे थे, जो लेखकों का काम है। इसीलिए विश्व के चिन्तकों को उनके मरने से जैसा दुख हुआ, वैसा किसी और राजनीतिज्ञ के मरने से नहीं हुआ था।

क्या वे तानाशाह थे?

1

काफी बुद्धिवादी नहीं होने के कारण थोड़ी झेंप तो है, मगर बात सच्ची कहूँगा। सन् 1941 से लेकर सन् '43 ई. तक हम लोग एक प्रेतात्मा के सम्पर्क में थे। वे मनुष्य योनि में जर्मन-वंश में जनमी थीं और अपना नाम रोजा लक्जमबर्ग (सोशलिस्ट रोजा नहीं) बतलाती थीं। हिटलर पर उनकी प्रगाढ़ भक्ति थी और अहिंसा से वे लगभग घृणा करती थीं। कौतूहलवश हम लोग उनसे तरह-तरह के सवाल करते ही रहते थे। एक दिन हमने उनसे पूछा, "अच्छा, जवाहरलालजी को आप क्या समझती हैं?"

वे बोलीं, "ही इज हिटलर, गांधी एंड स्तालिन कम्बाइंड (वह तो हिटलर, गांधी और स्टालिन का समन्वित रूप है)।"

पंडितजी हिटलर और मुसोलिनी से घृणा करते थे और इतनी घृणा करते थे कि उन दोनों के साथ मिलने से उन्होंने एक ऐसे समय इनकार कर दिया था, जब जवाहरलाल गुलाम देश के नेता थे तथा हिटलर और मुसोलिनी अपने प्रताप से दुनिया को दहला रहे थे। स्पेन में जो गृहयुद्ध मचा, उसमें भी पंडितजी की सारी सहानुभूति फासिस्टों के खिलाफ थी और वे हृदय से फासिस्टों की पराजय चाहते थे। उससे भी बड़ी बात यह हुई कि सन् 1942 ई. में जब गांधीजी स्वतन्त्रता का संग्राम छेड़ने को तैयार होने लगे, तब पंडितजी इस दुविधा में पड़ गए कि युद्धोद्योग में किसी प्रकार की बाधा डालना उचित है या नहीं। कहीं ऐसा तो नहीं होगा कि भारत में विद्रोह मचने से मित्र-राष्ट्रों की ताकत को धक्का लगे और फासिस्ट शक्तियों की विजय हो जाए?

तब भी पंडितजी के मिजाज में तानाशाही की छौंक काफी थी। वे अपनी तानाशाही प्रवृत्ति का विरोध करनेवालों को बर्दाश्त नहीं करते थे, मगर चाहते थे कि दूसरे लोग उनकी ऐसी प्रवृत्ति को भी दुलराएँ और उनका साथ दें।

2

नमक-सत्याग्रह के विफल हो जाने पर गांधीजी ने कांग्रेस के निर्णयों की प्रतीक्षा नहीं की और लोगों से राय-मशविरा किए बिना ही उन्होंने अपने खास आदमियों को लेकर

हरिजन-आन्दोलन आरम्भ कर दिया। पीछे सन् 1934 ई. में जब अखिल भारतीय कांग्रेस कमेटी का जलसा पटना में हुआ, गांधीजी ने उसमें इस प्रस्ताव का समर्थन किया कि सत्याग्रह आन्दोलन विधिवत् बन्द किया जाए और स्वराजी लोग विधानसभाओं में प्रवेश करने की तैयारी करें। सत्याग्रह करने का अधिकार केवल गांधीजी के पास रहेगा।

इस प्रस्ताव का विरोध समाजवादी दल के नेतृत्व में आचार्य नरेन्द्रदेव और श्री जयप्रकाश नारायण ने किया था। किन्तु समाजवादी लोग हार गए और जीत गांधीजी तथा उनके खास अनुयायियों की हुई। यह खबर जब पंडितजी को मिली, वे जेल में थे। उन्हें गांधीजी पर तानाशाही प्रवृत्ति की शंका हुई, क्योंकि गांधीजी, व्याजान्तर से यही तो कह रहे थे कि अगर नेता मुझे मानते हो, तो शर्तें भी मेरी ही कबूल करनी होंगी।

लेकिन ऐसा ही सलूक अपने अनुयायियों के साथ वे खुद भी करते थे। हिन्दू कोड बिल इसलिए पास नहीं हुआ कि कांग्रेसी सदस्य उससे पूरी तरह सन्तुष्ट थे, बल्कि इसलिए कि पंडितजी उस विधेयक को पास करवाना चाहते थे। थिमैया और मेनोन वाले विवाद में भी थोड़े ही कांग्रेसी थे, जो मेनोन साहब का पक्ष ले सकते थे, किन्तु पंडितजी ने जब यह हवा बहा दी कि प्रगतिशील वह है, जो मेनोन साहब के साथ है, तब दल के मुँह पर लगाम लग गई और नेफा-युद्ध के समय तो पंडितजी ऐसे जिद्दी हो उठे कि उन्होंने सारी पार्टी को औंटकर रख दिया।

पंडितजी का विरोध करना कोई आसान बात नहीं थी। जो भी कांग्रेसी उनकी आलोचना करने की हिम्मत करता, वह अपनी पीठ आप ठोंकता था। हाँ, और लोग यदि उसकी पीठ ठोंकने को आते, तो छिपकर आते थे। पंडित महावीर त्यागी की सारी कीर्ति ही इस बात पर टिकी थी कि वे पंडितजी को खरी-खोटी सुना सकते थे।

पंडितजी में अधीरता थी, अपनी बात को आगे बढ़ाने की जिद थी। उनमें अहंकार भी था और जनता के बीच गरचे वे बहुत जाते थे, मगर अपने को जनसमूह का सदस्य वे नहीं समझते थे। खैरियत की बात यह थी कि वे आदमी ईमानदार थे और बराबर अपना मनोविश्लेषण आप ही करते रहते थे। 'सत्ता पाकर मैं कहीं तानाशाह न हो उठूँ', ऐसे सवाल भी उनके भीतर बराबर उठते रहते थे और सच्चाई की इसी प्रवृत्ति ने उन्हें तानाशाह बनने से बचा लिया।

सन् 1937 ई. के आसपास 'मॉडर्न रिव्यू' में उन्होंने अपनी आलोचना, चाणक्य के छद्म नाम से, आप ही लिखी थी। उस लेख में उन्होंने जनता को जवाहरलाल से सावधान रहने की चेतावनी दी थी, क्योंकि "जवाहरलाल के सारे ढब-ढाँचे तानाशाह के हैं। वह भयानक रूप से लोकप्रिय है, उसका संकल्प कठोर है, उसमें ताकत और गुरूर है, भीड़ का वह प्रेमी और साथियों के प्रति असहनशील है तथा ऐसे आदमियों से वह घृणा करता है, जिनमें किस भी तरह की कमज़ोरी हो या जो अपनी जवाबदेही

को मुस्तैदी से अंजाम नहीं दे सकें। सारी दुनिया जानती है कि वह क्रोधी स्वभाव का है। काम करवाने की उसकी आतुरता इतनी प्रखर है कि थोड़ी-सी भी देर उसे गवारा नहीं होती। नए अभियानों के लिए उसके भीतर ऐसी बेचैनी है कि जो भी चीज़ उसे पसन्द नहीं है, उसे वह तोड़-मरोड़कर फेंक देगा। जवाहरलाल ऐसा आदमी है, जो प्रजातन्त्र की प्रक्रिया को ज्यादा दिनों तक बर्दाश्त नहीं कर सकता।''

मगर यह आत्मविश्लेषण ही बतलाता है कि यह आदमी तानाशाह नहीं होगा। जिन्हें तानाशाह बनना होता है, वे ऐसी निश्छलता से नहीं बोलते। प्रधानमन्त्री होने पर भी पंडितजी अपने स्वभाव पर, अपने भीतर के छिपे चोर पर बराबर पहरा देते रहे। खासकर, संसद में वे अत्यन्त सावधान रहते थे और जो मत अधिकांश लोगों का होता था, उसे देर-अबेर अवश्य मान लेते थे। पंडितजी के जीवन से यह सबक लिया जा सकता है कि तानाशाह हमेशा कुदरती तौर पर बने-बनाए ही पैदा नहीं होते, उन्हें आगे-पीछे के लोग भी बिगाड़ देते हैं।

कुछ तो दीवाने में होता है जुनूँ का भी असर,
और कुछ लोग भी दीवाना बना देते हैं।

3

गांधीजी को जनता पैगम्बर समझती थी, अतएव गांधीजी की हर बात वह आँख मूँदकर मानती थी। गांधीजी की बहुत-सी बातें जवाहरलालजी की समझ में नहीं आती थीं, फिर भी वे गांधीजी से लड़ने को तैयार नहीं थे, क्योंकि वे जानते थे कि मतभेद प्रकट होने पर मैं पीछे छूट जाऊँगा और सारा देश गांधीजी के पीछे-पीछे आगे निकल जाएगा।

गांधीजी जवाहरलाल पर अंकुश थे। जब वे मरे, इस अंकुश का थोड़ा-बहुत आभास सरदार पटेल में मिलता रहा, क्योंकि पार्टी के असली मालिक सरदार थे। सरदार के मरने पर भी जवाहरलाल बहुत निरंकुश नहीं हो सके। निरंकुशता की वृद्धि तब हुई, जब कांग्रेस उनका मुँह पकड़ने में लाचार हो गई। जब पार्टी खुशामदी हो जाए, तो नेता को तानाशाह बनने से कौन रोक सकता है?

रेडियो में हिन्दी के सरलीकरण का जो कार्यक्रम आरम्भ हुआ था, उसके पीछे, दूर पर, प्रधानमन्त्री की कहीं कोई प्रेरणा अवश्य रही होगी। मैंने यह बात कही भी थी कि विवाद हमारा श्री गोपाल रेड्डी से नहीं, पंडित नेहरू के साथ है। किन्तु जब पंडितजी ने देखा कि जनमत उस तथाकथित सरलीकरण के खिलाफ है, उन्होंने अपने कदम पीछे हटा लिए।

अनिवार्य बचत-योजना के समय वित्तमन्त्री श्री मोरारजी देसाई और संसद के बीच जो मतभेद हुआ, उसमें मोरारजी भाई का मत यह था कि संसद में एटार्नी जेनरल

नहीं बुलाए जाएँ। संसद में कई लोगों ने एक स्वर से माँग की थी कि एटार्नी जेनरल को संसद में अवश्य बुलाया जाना चाहिए। लेकिन जब मत-विभाजन हुआ, तब जीत वित्तमन्त्री की ही हुई। किन्तु यह सब नाटक हो जाने के बाद पंडितजी ने वित्तमन्त्री को सलाह दी कि अब वही कीजिए, जो विरोधी दल चाहता है।

लेकिन यह ठीक है कि पार्टी के भीतर भी उनकी तानाशाही में हिंसा के लिए कहीं कोई स्थान नहीं था। गांधीजी जब-तब अपनी इच्छा दूसरों पर लादने के अभ्यासी रहे। गांधीजी की इस तकनीक का प्रयोग भी जवाहरलालजी ने एक-दो बार अपनी पार्टी पर किया था। उदाहरणार्थ, सन् 1958 ई. के अप्रैल महीने में पंडितजी ने यह जिद पकड़ ली कि मैं गद्दी छोड़ दूँगा, पार्टी अपना कोई अन्य नेता चुन ले। इससे सारे दल में बेचैनी छा गई और पंडितजी को अपने बीच बिठाकर नेताओं ने काफी तैयार भाषण दिए, जिनका अभिप्राय यह था कि "पंडितजी! अगर आपने हमें छोड़ दिया, तो यह देश किसी के भी बचाए नहीं बचेगा।"

एक मन्त्री ने तो इतनी दूर की मन्तिख खोज निकाली कि "जनता ने वोट कांग्रेस को नहीं, आपको दिया है। अगर आप जाना चाहते हैं, तो तुरन्त नया चुनाव करवाकर जाइए, अन्यथा यह काम जनता के प्रति विश्वासघात का काम होगा।"

और पंडितजी इन खुशामदियों की बातें बड़े ध्यान से, शायद प्रेम से भी, सुनते रहे। मैं चाहता था कि पंडितजी कम-से-कम एक बार यही कह दें कि "ऐसी खुशामदों से आजिज आकर ही थोड़े दिनों तक मैं वहाँ रहना चाहता हूँ, जहाँ कोई खुशामदी नहीं पहुँच सके।" मगर यह बात उनके मुँह से नहीं निकली। आखिर को वे गए भी नहीं और उनकी वैराग्य की धमकी से जो एक हवा बँधनी थी, वह भी नहीं बँध सकी। उलटे उसकी फसल उन चाटुकारों ने काटी जिन्होंने घड़ी को परम अनुकूल जानकर अपनी सिद्ध सरस्वती का आह्वान किया था।

एक दूसरे नेता ने आजिजी से प्रार्थना की थी, "पंडितजी! अगर आपको जाना ही है, तो ऐसे मत जाइए; कोई योजना बनाकर जाइए, जिससे देश का काम सुचारु रूप से चलता रहे।"

इस पर एक मित्र ने मेरे कान में कहा, "जानते हो, ऐसा क्यों कह रहा है? आदमी काफी सीनियर है। सोचता है, योजना बनाई गई तो इसका भी उद्धार हो सकता है।"

यह सब खेल देखकर टंडनजी काफी गमगीन थे। मुझसे उन्होंने पूछा, "क्या सोचते हो? जाएँगे?"

मैंने कहा, "मेरी तो समझ में कुछ नहीं आता है।"

वे बोले, "आराम की जवाहरलाल को ज़रूरत है। तीन महीने छुट्टी पर चला जाए तो काफी है और, अन्त में, जवाहरलाल करेगा भी यही। थक गया है।"

तीन महीनों की छुट्टी का प्रस्ताव श्री सत्यनारायण सिंह ने भी रखा था और

कहा था, "आप तीन महीनों के लिए छुट्टी पर जाएँ। बाकी आपको सज़ा यह दी जाती है कि आप ज़िन्दगी भर खटते रहे।"

पंडितजी छुट्टी पर भी नहीं गए। मगर सत्यनारायण बाबू के हुक्मनामे के बाकी अंश पर उन्होंने ज़िन्दगी पर अमल किया।

4

उस दिन (1-5-58) की घटना को मैंने डायरी में दर्ज किया था। "गोपियाँ कृष्ण को छोड़ना नहीं चाहतीं। कोई कृष्ण बनने को तैयार भी नहीं है। कौन पहाड़ उठाए? पहाड़ उठानेवाले की छत्रच्छाया में आराम करना सबसे अच्छा काम है।

"पहाड़ तो, कभी-न-कभी, किसी-न-किसी को उठाना ही पड़ेगा। कृष्ण चाहता है कि कोई अभी ही आजमाइश करे। गोपियाँ कहती हैं, तब का तब देखा जाएगा। अभी तो गिरिधारी की ही छाया में आनन्द है।

"पंडितजी कांग्रेस के भीतर और सारे देश में वह बेचैनी उत्पन्न करना चाहते हैं, जो बेचैनी बापू अपने उपवासों की घोषणा से जगाया करते थे। इतने बड़े काम गोपियाँ विफल कर देना चाहती हैं, केवल यह कहकर कि कृष्ण! तुम महान हो, प्रतिपालक हो, रक्षक हो; जब तक तुम हो, हममें से कोई भी पहाड़ उठाना कबूल नहीं करेगी।

"लेकिन, पंडितजी क्या करें? क्या वे पार्टी की बात मान लें? यदि हाँ, तो वे कैसे नेता हैं और यह कैसी पार्टी है?"

केन्द्रीय हॉल में यह भी कानाफूसी चलती थी कि पंडितजी उस आदमी का पता लगाना चाहते हैं, जो उनके जाने से खुश होगा। कुछ लोग यह भी कहते थे कि विरासत के उम्मीदवार तो कई हैं, मगर वे इस इन्तज़ार में हैं कि छींका पहले और लोग तोड़ें, दही खाने के समय हम आगे पहुँच जाएँगे।

पीछे यह भी सुना था कि पंडितजी के अधिकार-त्याग से आइसनहावर और खुशोव घबरा गए थे और उन्हीं के हस्तक्षेप करने पर पंडितजी ने अपना विचार बदल दिया।

ऐसी ही अधिकार-त्याग की धमकी पंडितजी ने एक बार और दी थी, जब रफी साहब जीवित थे। उस समय रफी साहब ने किसी दोस्त से कहा था, "जवाहरलाल से कहो कि कार्य-भार मुझे सौंपकर छुट्टी पर चला जाए। मगर छह महीनों में लोग अगर उसे भूल जाएँ, तो इसका गिला न करे।"

5

डिक्टेटरी की प्रवृत्ति पंडितजी के मिजाज में थी, किन्तु इस प्रवृत्ति की व्यंजना वे अहिंसक ढंग से करते थे। नापसन्द आदमियों को मन्त्रिमंडल से निकाल देना या उन्हें चुनाव का टिकट नहीं देना, ऐसी बातों में जब-तब प्रतिशोध की कुछ गन्ध भले ही हो, किन्तु तरीके ये भी अहिंसा के ही हैं। कठिनाई यह है कि राजनीति का नेता ऐसे लाँछनों से बच नहीं सकता। पंडितजी इन लाँछनों से बहुत ही बचकर निकलना चाहते थे। किन्तु काजल की कोठरी में रहनेवाला आदमी कहीं-न-कहीं दाग लगा ही लेता है।

राजनीति की परिभाषा आसान नहीं है। राजनीति युद्ध भी है और शान्ति भी, हिंसा भी है और अहिंसा भी, सिधाई भी है और छल-प्रपंच भी। युद्ध राजनीति की उस अवस्था को कहते हैं, जब वह लोहू से लाल हो उठती है। और शान्ति राजनीति का वह रूप है, जब वह कंठी-माला और चन्दन से विभूषित रहती है।

इसी प्रकार तानाशाही और प्रजातन्त्र भी राजनीति के ही रूप हैं। राजनीति जहाँ कोमल होती है, वहाँ उसे प्रजातन्त्र कहते हैं। जहाँ वह कठोर होती है, वहाँ वह तानाशाही समझी जाती है। मगर ऐसा नहीं है कि जहाँ प्रजातन्त्र है, वहाँ तानाशाही की कोई भी प्रवृत्ति नहीं चलती हो। इंग्लैंड और अमेरिका की राजनीति भी वोट तो सबसे लेती है, मगर अपने असली रहस्य का सूत्र कुछ चुने हुए लोगों के ही हाथों में रखती है। और रूस तथा चीन की निन्दा हम चाहे जितनी भी कर लें, मगर वहाँ की राजनीति भी जनता का मुँह जोहे बिना नहीं चल सकती।

प्रजातन्त्र और तानाशाही के बीच एक विभाजक रेखा ज़रूर है। मगर उस रेखा पर पाँव रखने की विवशता या लोभ सभी राजनीतिज्ञों को होता है। तानाशाह इस रेखा को इसलिए लाँघता है कि जिस आदमी की वह गरदन पकड़े हुए है, उसके हृदय को भी वह ज़रा गुदगुदाना चाहता है। और प्रजातन्त्री नेता इस रेखा पर इसलिए पाँव धरता है कि जिनके वोटों के बल पर वह राजा बना है, उन्हें अपनी इच्छित दिशा की ओर थोड़ा मोड़ सके।

राजनैतिक नेताओं की यह आदत होती है कि सभा के मंचों से वे चाणक्य और मैकियावेली की निन्दा करते हैं। मगर जब वे दफ्तर की मेज पर होते हैं, चाणक्य और मैकियावेली का थोड़ा अभ्यास किए बिना उनका काम नहीं चलता। पंडितजी इस नियम के अपवाद थे।

6

पंडितजी ने हिटलर और मुसोलिनी से मिलना नामंजूर कर दिया था, "किन्तु जब स्तालिन मरा, संसद में उसकी बड़ाई करते हुए पंडितजी ने उसे शान्ति-कामी मनुष्य

कहा था। अवश्य ही स्तालिन के प्रति जवाहरलाल के भीतर कहीं कोई भक्ति-भाव रहा होगा। लेकिन जवाहरलाल और स्तालिन की अगर परस्पर तुलना की जाए, तो हमारे सामने नक्शा क्या उभरता है?

स्तालिन हिंसा में विश्वास करता था, सभी साम्यवादी हिंसा में विश्वास करते हैं। मेरा खयाल है, जवाहरलाल अगर गांधीजी के प्रभाव में नहीं आए होते, तो हिंसक क्रान्ति का समर्थन वे निःसंकोच होकर करते।

स्वतन्त्रता-संग्राम के सेनापति तो महात्मा गांधी थे, किन्तु कठोर-से-कठोर बातें भी उनके मुख से कोमल होकर निकलती थीं। 'भारत छोड़ो', इस नारे के भीतर अर्थ चाहे जितना भी दुर्धर्ष रहा हो, मगर भाषा यह अहिंसा की है। कठोर बात गांधीजी के मुख से एक ही बार निकली थी और वह तब, जब वे भारत वे राजनैतिक क्षितिज पर पहले-पहल आए थे और जनता को यह जताना चाहते थे कि मैं प्रस्ताव नहीं, कुछ करने का संकल्प लेकर आया हूँ। "यह सरकार शैतानियत से भरी है। या तो मैं इसका सुधार करूँगा अथवा संहार कर दूँगा।"

किन्तु, युद्धारूढ़ जाति की जो कटुता, अधीरता, अविनय या अहंकार गांधीजी अथवा अन्य किसी नेता के मुख से उद्गीर्ण नहीं होता था, उसे जवाहरलाल जोरों से अभिव्यक्ति देते थे। गांधीजी बमबाज बहादुरों की प्रशंसा कभी नहीं करते थे। किन्तु जवाहरलाल ने सन् 1929 के आसपास किसी भाषण में कह दिया था कि "बम के एक धड़ाके से देश में जो जागृति फैल जाती है, वह सौ प्रस्तावों से भी नहीं फैलती।"

सन् 1945 ई. में जब नेतागण जेल से बाहर आए, तब उन्हें सन् '42 की क्रान्ति का खुलकर समर्थन करने में संकोच होने लगा, क्योंकि उस क्रान्ति में हिंसा भी हुई थी। मगर जवाहरलालजी में दुविधा और संकोच का लेश भी नहीं था। उन्होंने कई भाषणों में कहा था कि "अगर यह क्रान्ति हिंसक थी, तो उसकी सारी जिम्मेवारी मैं ओढ़ने को तैयार हूँ।"

जब गांधीजी गोलमेज सम्मेलन में जाने लगे, सारे देश ने मिलकर यह पुकार की कि भगतसिंह को फाँसी से बचाने का आश्वासन लिए बिना गांधीजी सम्मेलन में शरीक नहीं हों। किन्तु गांधीजी ने वायसराय से अनुनय-विनय तो बहुत की, किन्तु यह शर्त नहीं बदी कि भगत सिंह फाँसी पर चढ़ाया गया, तो कांग्रेस गोलमेज सम्मेलन में भाग नहीं लेगी। मगर जवाहरलाल ने उस समय भी गरजकर कहा था, "मैं नहीं समझता कि हिन्दुस्तान का हाथ इंग्लैंड के उन हाथों से कैसे मिलेगा, जिनमें भगत सिंह का खून लगा हुआ है। गोलमेज सम्मेलन में एक ओर हिन्दुस्तान होगा, एक ओर इंग्लैंड होगा और दोनों के बीच भगत सिंह की लाश पड़ी होगी।"

जब माता स्वरूपरानी पर बेंत पड़ी, उस समय जवाहरलालजी जेल में थे। इस घटना का वर्णन करते हुए उन्होंने लिखा है, "अगर मैं उस समय वहाँ मौजूद होता,

तो क्या कर डालता, यह बताना मुश्किल है। शायद, हिंसा-अहिंसा की विचिकित्सा भी मुझे रोक नहीं पाती।''

7

जवाहरलालजी के मिजाज की तेजी को प्रकृति ने कम नहीं किया; कमी उसमें गांधीजी के प्रभाव से आई थी। मगर गांधीजी के सम्पर्क में नहीं आने पर भी वे हिटलर और मुसोलिनी नहीं बन सकते थे।

घर हमारा जो न रोते भी तो वीराँ होता,
बह्र गर बह्र न होता तो बयाबाँ होता।

उन्नीसवीं सदी के उदारतावादी विचार उनके भीतर कूट-कूटकर भरे थे। साथ ही, राष्ट्रीय भावों का उनके भीतर प्राबल्य था। इंग्लैंड में अध्ययन करते समय उन्होंने इटली के प्रतापी वीर गेरीबाल्डी की जीवनी बड़े ही उत्साह से पढ़ी थी और गेरीबाल्डी के जीवन का उनके मन पर बहुत अच्छा प्रभाव भी पड़ा था। इसी प्रकार, भक्ति उनकी आयरलैंड के वीर नेता मैक्स्विनी पर भी थी, जिन्होंने अंग्रेज़ों की जेल में तिहत्तर दिनों तक अनशन करके शहादत पाई थी।

जवाहरलालजी तीन महापुरुषों का प्रभाव अपने ऊपर स्वीकार करते थे। मेरा खयाल है, अपने पिता से उन्होंने शान और ठाट ग्रहण किया था, गांधीजी से यथासम्भव अहिंसक बनने की शिक्षा स्वीकार की थी और अन्तर्राष्ट्रीय दृष्टि उन्हे रवीन्द्रनाथ से प्राप्त हुई थी।

मनुष्य हमेशा वही नहीं बनता, जो वह बनना चाहता है। अक्सर वह वैसा बन जाता है, जैसा परिस्थितियाँ उसे बनाना चाहती हैं। जवाहरलालजी जो कुछ थे, उन परिस्थितियों के बनाए हुए थे, जिनमें रहकर गांधीजी के साथ उन्होंने काम किया था। परिस्थितियाँ अगर भिन्न भी होतीं और गांधीजी के सम्पर्क में वे न भी आए होते, तो भी हिटलर और मुसोलिनी वे नहीं हो सकते थे। साम्यवादी शायद वे अवश्य हुए होते, किन्तु तब भी वे स्तालिन हुए होते या नहीं, इसमें मुझे सन्देह है। और तानाशाह होने पर भी तानाशाही का वही नमूना वे पेश नहीं करते, जिसे स्तालिन और माओ ने पेश किया है।

8

स्तालिन केवल ज़िन्दादिल ही नहीं, लगभग बेचैन मिजाज का इंसान था। वह बराबर सवाल और बहसें करता रहता था। और बहस वह हमेशा दूसरों के ही साथ नहीं, अपने साथ भी करता था। बातें करते-करते उसकी आँखों से आँसू छलक पड़ते थे और वह रोने लगता था।

पंडितजी दूसरों से सवाल बहुत कम पूछते थे, गरचे अपने-आपके खिलाफ बहस करना उनका स्वभाव था और ऐसी बहस वे सभाओं में बोलते समय कुछ ज्यादा ही करते थे। बातें करते-करते वे उबल पड़ते थे, यह ठीक है, लेकिन उन्हें मैंने रोते कभी भी नहीं देखा। जब फीरोज का देहान्त हुआ, श्री मैथिलीशरण जी और मैं मातमपुरसी के लिए पंडितजी के पास साथ ही गए थे। किन्तु उस समय भी पंडितजी की आँखों में आँसू नहीं थे। नहा-धोकर वे तैयार हो चुके थे और पजामा, कुर्ता, बंडी और टोपी पहने खड़े लोगों का स्वागत कर रहे थे।

मिलोवन जिलास ने लिखा है कि गोर्की की मृत्यु के पीछे स्तालिन का हाथ था। इतिहास यह भी शंका करने लगा है कि लेनिन की मृत्यु के पीछे भी कहीं दूर पर स्तालिन खड़ा था। मगर ऐसी निष्ठुरता जवाहरलाल स्वप्न में भी नहीं कर सकते थे। जिलास का मत है कि ऐसा कोई भी जुर्म नहीं है, जिसे स्तालिन नहीं कर सकता था अथवा जो जुर्म उसने नहीं किया था। मानवता के सम्पूर्ण इतिहास में जिलास स्तालिन को सबसे बड़ा अपराधी मानता है।

राजमद में स्तालिन इतना मतवाला हो गया था कि वह उन लोगों की भी बात नहीं सुनता था, जिन्होंने उसकी तरक्की में सीढ़ियों की भूमिका अदा की थी। धीरे-धीरे वह इतना अभिमानी हो उठा था कि बदलती हुई हालतों को वह कोई भी अहमियत नहीं देता था, न जनमत उसके सामने कोई चीज़ थी।

मार्शल टीटो जब पहले-पहल मास्को गए, क्रेमलिन में उन्हें एक भारी दावत दी गई। उस दावत में तत्कालीन राष्ट्रपति कालीनिन भी मौजूद थे, मगर स्तालिन के प्रताप के मारे वे दुबके हुए थे। थोड़ी देर में कालीनिन ने टीटो से एक सिगरेट माँगी। इतने में स्तालिन बोल उठा, "नहीं, नहीं, यह सिगरेट आप मत पिएँ, यह पूँजीवादी सिगरेट है।" स्तालिन का इतना कहना था कि कालीनिन की काँपती अँगुलियों से सिगरेट नीचे गिर गई और वे हतप्रभ-से हो गए। विचित्र बात यह है कि कालीनिन की बदहालत देखकर स्तालिन हँसने लगा। फिर उसने राष्ट्रपति के नाम पर एक जाम उठाया। शायद यह क्षतिपूर्ति का प्रयास था। मगर इस अभिनय से मजाक और भी तीखा हो गया।

ऐसी शान कोई डिक्टेटर ही दिखा सकता है। पंडितजी डिक्टेटर नहीं, पंचायती राज्य के प्रधान थे। न तो स्तालिन की तरह उनकी दावत 10 बजे रात से लेकर 4 बजे भोर तक चलती थी, न उन दावतों में किसी भी आदमी का मजाक उड़ाया जाता था। राष्ट्रपति ही नहीं, राष्ट्रपतियों के प्रति पंडितजी की शालीनता उदाहरणीय थी। एक बार संसद के सम्मिलित सत्र में भाषण देने को जब राष्ट्रपति डॉक्टर राजेन्द्र प्रसाद की संवारी आ रही थी, पंडितजी केन्द्रीय हॉल में घूम रहे थे। जैसे ही उनकी दृष्टि जुलूस पर पड़ी, वे बच्चों की तरह यह कहते हुए अपनी सीट की ओर भागे कि "अरे, पहुँच ही गया!" मुझे लगा, यह व्यक्ति प्रजातन्त्र का सच्चा अलमबरदार है।

9

कहने को तो पंडितजी के बारे में भी लोग यह कह देते थे कि पंडितजी अपने मित्रों का उपयोग छुरी और काँटों के रूप में करते हैं। मगर मित्रों के साथ जितना निर्वाह जवाहरलाल करते थे, उतना निर्वाह और कोई प्रभुता-सम्पन्न व्यक्ति नहीं कर सकता। वे हैमलेट कम, अनेकान्तवादी अधिक थे। वे बहुत-से ऐसे लोगों से भी काम लेते थे, जिनके विचारों के साथ उनके अपने विचारों का पूरा साम्य नहीं था। यह स्तालिन ही था जिसने अपन पोलित ब्यूरो में अपने से अधिक लम्बाईवाले किसी भी आदमी को नहीं रखा था। जवाहरलालजी के मन्त्रिमंडल में लालबहादुर जी भी थे और श्री मोरारजी देसाई भी।

साहित्य और समाचार-पत्रों ने अभिव्यक्ति की जिस स्वाधीनता का उपभोग जवाहरलाल के राज्य में किया, उससे अधिक स्वाधीनता की कल्पना नहीं की जा सकती। इस मामले में स्तालिन के वे बिलकुल विपरीत थे। सन् 1948 ई. में स्तालिन के दरबार में सबसे ज्यादा चलती झैडोनोव की थी। यह वह समय था, जब क्रेमलिन के हुक्मनामों से साहित्यकारों के बचे-खुचे अधिकार भी छीने जा रहे थे। उन दिनों लेनिनग्राद में एक व्यंग्य-लेखक थे, जिनका नाम जोश्चेंको था। मास्को में किसी दिन झैडोनोव ने जोश्चेंको के बारे में कोई कड़ा मजाक कर दिया। इस मजाक के लेनिनग्राद पहुँचते ही पहली घटना यह घटी कि बिना किसी शानोगुमान के जोश्चेंको का राशन-कार्ड खारिज हो गया और वह जारी फिर से तब हुआ, जब मास्को ने जोश्चेंको के पक्ष में हस्तक्षेप किया। यह कहानी खुद झैडोनोव ने जिलास से कही थी।

जवाहरलाल के राज्य में अभिव्यक्ति की स्वाधीनता पर आघात के दो-एक उदाहरण तब दिखाई पड़े, जब चीनी आक्रमण के कारण सरकार ने आपद्धर्म की घोषणा की। अन्यथा आलोचनाओं अथवा टीका-टिप्पणियों से घबराबर पंडितजी ने किसी भी साहित्यिक का अहित किया हो, ऐसी बात मुझे बिलकुल याद नहीं आती है।

कानों में बात तो यहाँ तक पड़ी थी कि रूस में जब पास्तरनेक पर मुसीबत आई और संसार भर के लेखक उसके भविष्य को लेकर चिन्तित हो उठे, उस समय पंडितजी ने खुशोव साहब को एक पत्र लिखा था कि पास्तरनेक के साथ सख्ती का बर्ताव होने से बाहर रूस का अयश बढ़ेगा, इसलिए जहाँ तक सम्भव हो, उनके साथ बर्ताव नर्मी का ही किया जाना चाहिए। कहते हैं, पंडितजी के इस बीच-बचाव से ही पास्तरनेक पर मँडलाती हुई कुछ भारी विपत्तियाँ टल गईं।

जिलास ने इस बात का भी उल्लेख किया है कि जिन दिनों वे मास्को गए थे, उन्हीं दिनों सिमोनोव नामक किसी कवि का एक प्रेमकाव्य निकला था, जो चर्चा का

विषय बना हुआ था। झैडोनोव ने स्तालिन की मौजूदगी में फब्ती कसी कि इस काव्य की केवल दो ही प्रतियाँ छपनी चाहिए थीं, एक मर्द के लिए और दूसरी औरत के लिए। यह मजाक सुनकर स्तालिन को खुशी हुई और वह मुसकराने लगा। मेरा खयाल है, जवाहरलाल की मौजूदगी में किसी भी कवि के बारे में ऐसा मजाक कोई नहीं कर सकता था।

10

स्तालिन के साथ पंडितजी की तुलना में कोई तुक नहीं बैठती है। पंडितजी व्यवहार में चाहे, कभी-कभार, फिसल भी गए हों, मगर गांधीजी की यह शिक्षा उनके चरित्र में जमी हुई थी कि अपवित्र साधनों से पवित्र साध्य का सन्धान नहीं किया जा सकता। वैसे राजनीति पर नैतिकता की दृष्टि से विचार किया जा सकता है या नहीं, यह विषय ही सन्दिग्ध माना जाना चाहिए। राजनीति का ध्येय खास देश या जनसमूह की रक्षा और विकास है। इस कार्य में शुद्ध नैतिकता पर सदैव और सर्वत्र अविचल रहना कठिन पाया गया है। फिर भी राजनीतिज्ञों और राजपुरुषों में महिमा उन्हीं की मानी जानी चाहिए, जिनमें नैतिकता को व्यवहार से और आदर्श को सत्य से जोड़ने की शक्ति हो तथा जो अपने लक्ष्य की ओर दृढ़ता और तेजी से चलते हुए भी अपने नैतिक विश्वासों से विचलित नहीं होते हों।

इस दृष्टि से देखने पर स्तालिन और जवाहरलाल एक-दूसरे से भिन्न ही नहीं, परस्पर विरोधी दिखाई देते हैं। स्तालिन की महिमा यह थी कि वह साध्य का स्वामी था। जवाहरलाल की विशेषता यह थी कि वे साधन के आराधक थे। स्तालिन की विहार-स्थली भूगोल थी। जवाहरलाल इतिहास में बसते थे।

जवाहरलाल कल्पक अधिक, व्यावहारिक कम थे। स्तालिन का कल्पना और वास्तविकता, दोनों पर समान अधिकार था। गरीबों के नेतृत्व में सारे संसार के मनुष्यों को विश्व-बन्धुत्व के धागे में बाँधने की कल्पना उसके सामने बराबर साकार रही। स्तालिन जानता था कि वह क्रूरकर्मा है, हज़ारों-हज़ार लोगों का वह विनाश कर रहा है और एक बड़ी मानवता उसके बूटों के नीचे अशब्द रहकर भी चीत्कार कर रही है। किन्तु वह समझता था कि यही मार्ग है, जिस पर चलकर वह अपने मिशन को पूरा कर सकता है। निर्दयता की उसके मन पर जो भी प्रतिक्रिया होती थी, उसे वह इस विश्वास के कारण भूल जाता था कि अपने कर्मों में वह स्वाधीन नहीं है। इतिहास ने उसे एक खास मिशन पर नियुक्त किया है और वह इतिहास के आदेश का पालन कर रहा है।

जवाहरलालजी में यह शक्ति नहीं थी कि ठंडे हाथों वे अपनी कल्पना को साकारता का जामा पहना सकें। विभागीय सचिव उनके स्वभाव को जानते थे। एक

बार दिल्ली के सचिवालय में मैं एक संयुक्त सचिव की मेज पर बैठा था कि इतने में कोई संचिका प्रधानमन्त्री के दफ्तर से वापस आई। प्रधानमन्त्री ने विभाग के प्रस्ताव को नामंजूर कर दिया था। डिपुटी ने संयुक्त सचिव से पूछा, "अब क्या होगा?"

संयुक्त सचिव ने बड़े ही भरोसे के स्वर में कहा, "पंडितजी का मूड आने दो। छह महीने बाद यह प्रस्ताव मंजूर हो जाएगा।"

11

भारत से बाहर जहाँ-तहाँ यह शिकायत चलती थी कि भारत के लोगों में अपने अतीत के लिए बड़ा अहंकार है। इससे चौंककर ही पंडितजी विदेशवालों से बराबर कहा करते थे कि हम किसी मिशन को लेकर नहीं चल रहे हैं। किन्तु मिशन उनके सामने था। देश के भीतर वे प्रजातन्त्रीय मार्ग से समाजवाद लाना चाहते थे और देश के बाहर वे शान्ति की स्थापना के लिए बेचैन थे। लेकिन दो ध्येयों में से एक भी ध्येय उनका पूरा नहीं हुआ। समाजवाद की दिशा में उन्होंने दो सुस्पष्ट कदम उठाए थे। एक तो कृषि-सहयोग का आन्दोलन और दूसरा कर-नीति या टैक्सेसन का विस्तार। किन्तु दो में से एक का भी इच्छित परिणाम नहीं निकला। कृषि-सहयोग का आन्दोलन इसलिए धीमा पड़ गया कि राजाजी ने यह कहकर इस आन्दोलन के खिलाफ अपनी छाती रोप दी कि दो सौ सहयोग समितियों का उद्घाटन करके मैंने देख लिया है, यह तरीका काम नहीं करता है। और कर-नीति के विस्तार से समाजवाद जितना समीप आया है, उससे अधिक भ्रष्टाचार की बाढ़ उठी है। जहाँ तक विश्व-शान्ति का प्रश्न है, चीन ने भारत को पराजित करके उसकी आवाज़ का वह रौब छीन लिया, जिसके कारण संसार उसकी ओर सम्मान से देखने लगा था।

मार्शल टीटो के यह कहने पर कि "समाजवाद लाने के लिए अब पुराने तरीके अनिवार्य नहीं रहे, समाजवाद अब नए तरीकों से भी लाया जा सकता है", स्तालिन ने कहा था, "हाँ, समाजवाद अब इंग्लैंड के राजा के अधीन भी पैदा हो सकता है। अब क्रान्ति के पुराने तरीके अनिवार्य नहीं रहें।" मगर यह राय उसने सार्वजनिक रूप से नहीं बताई। यह उसका वैयक्तिक मत था।

चूँकि इंग्लैंड की लेबर पार्टी की वैदेशिक नीति रूस की वैदेशिक नीति से भिन्न थी, इसलिए स्तालिन लेबर पार्टी को समाजवादी नहीं समझता था। किन्तु इस सम्भावना में वह भी विश्वास करता था कि समाजवाद प्रजातन्त्रीय पद्धति से भी लाया जा सकता है। समाजवाद की स्थापना के प्रसंग में पंडितजी और मार्शल टीटो की रायें मिलती-जुलती थीं। किन्तु पंडितजी की सफलता मार्शल टीटो और प्रेसिडेंट नसर, दोनों की सफलताओं से न्यून रही। पता नहीं, इसके कारण की खोज हमें पंडितजी की नीति और कार्य-क्षमता में करनी चाहिए अथवा जनसंख्या की विपुलता, आलस्य,

अकर्मण्यता, पवित्रता और लद्धड़पन से पीड़ित इस देश में, जो अधचेत हाथी के समान अब भी लेटा हुआ है!

बाहर से आनेवाले नेता पंडितजी से अक्सर यह कहकर वापस जाते थे कि आप अपने देश का बहुत अच्छा विकास कर रहे हैं, किन्तु यह प्रशंसा उन्हें अपने देशवासियों के मुख से सुनने को नहीं मिलती थी। इस बात का विलाप पंडितजी यह कहकर करते थे कि "अजीब बात है! बाहरवाले हमारे जिन कामों से इतने खुश लौटते हैं, हमाने अपने देश पर उन कामों का भी कोई प्रभाव नहीं पड़ता है।"

12

तमाम निर्दयताओं के बावजूद स्तालिन ने एक पिछड़े हुए देश को शक्तिशाली और औद्योगिक राष्ट्र, बल्कि एक साम्राज्य बना दिया, जो सम्पूर्ण विश्व का नेतृत्व करने की अवस्था में आ गया है।

किन्तु सच्चाई, उदारता, कल्पनाशीलता और अध्यवसाय—इन सारे सद्गुणों के होते हुए भी जवाहरलालजी की ठोस उपलब्धियाँ केवल चार ही रहीं। उनकी पहली उपलब्धि यह रही कि जब यह देश स्वाधीन हुआ, उस समय साम्प्रदायिक कलह और गृहयुद्ध के कारण ऐसा भासित होने लगा था, मानो स्वतन्त्रता और कुछ नहीं, इस देश को जड़-मूल से समाप्त कर देने का बहाना मात्र है। किन्तु जवाहरलाल ने हिंसा के उस आवर्त से इस देश को बचा लिया। उनकी दूसरी उपलब्धि यह है कि अपने जीवन-काल में तीन महाचुनाव करवाकर उन्होंने प्रजातन्त्र की जड़ों को इस देश में मजबूत बना दिया। उनकी तीसरी उपलब्धि योजना आयोग की स्थापना और उसका विकास है, तथा उनकी चौथी उपलब्धि यह है कि देश के मन पर वे इस भाव का सिक्का बिठाकर गए हैं कि एकता और स्वाधीनता—ये एक ही सिक्के के दो पहलू हैं। अगर एकता को हमने खिड़की की राह से जाने दिया, तो हमारी स्वाधीनता सदर दरवाज़ा खोलकर निकल जाएगी।

स्तालिन के मरने के बाद खुशोव साहब ने इस बात के लिए कुछ थोड़ा प्रयास अवश्य किया कि रूस स्तालिन के प्रभावों से मुक्त हो जाए। किन्तु स्तालिन को गालियाँ देकर भी रूस उन प्रभावों से मुक्त नहीं हो पाया है। इन प्रभावों से, पूर्ण रूप से, मुक्त कभी वह होगा भी नहीं, क्योंकि वर्तमान रूस स्तालिन की लौहकल्पना के साँचे में ढलकर तैयार हुआ है। चाहे जितने भी सुधार किए जाएँ, किन्तु गर्भ के संस्कार उसके बने ही रहेंगे।

लगातार सत्रह साल तक शासन करके पंडितजी भी भारत के मन पर कुछ ऐसी निशानियाँ छोड़ गए हैं, जो मिटाए नहीं मिटेंगी। मसलन यह किसी भी शासक के लिए आसान नहीं होगा कि वह भारतवासियों से चिन्तन और अभिव्यक्ति की स्वाधीनता

का अपहरण करे। इसी प्रकार, इस देश का अवचेतन कुछ-कुछ अन्तर्राष्ट्रीय हो गया है। खाँटी राष्ट्रीयता की पूछ यहाँ कभी भी ज्यादा नहीं होगी। बली और शक्तिशाली होना जैसे अन्य देशों के लिए सम्भव है, वैसे ही वह भारत के लिए भी सम्भाव्य है। किन्मु उस ओर इस देश की प्रवृत्ति नहीं है। यह देश नैतिक गुणों का विकास करके मानवता का पैरोहित्य करनेवाला देश है और पंडितजी भी भारत के इसी भाव को उत्तेजित करके गए हैं।

गांधी और जवाहरलाल

1

जब पंडितजी जवाहरलाल नेहरू गांधीजी की शरण गए, तब यह बहुत कुछ वैसा ही दृश्य था, जैसे विवेकानन्द परमहंस रामकृष्ण की शरण में गए थे। दोनों ही मामलों में गुरु सत्य के द्रष्टा और शिष्य उसके अन्वेषी थे; दोनों ही मामलों में गुरुओं के चरण अडिग और शिष्यों की गति चंचल तथा उत्तेजनापूर्ण थी; और दोनों ही मामलों में गुरु श्रद्धा और विश्वास की प्रतिमा तथा शिष्य शंकालु थे।

पहली ही मुलाकात में परमहंस रामकृष्ण ने नरेन्द्रनाथ दत्त की छाती में अपना पाँव छुलाकर उन्हें समाधिस्थ कर दिया था, किन्तु नरेन्द्रनाथ इतने से ही पराजित नहीं हुए। वे बुद्धिवादी युवक थे और लोकोत्तर शक्तियों में उनका विश्वास नहीं था।

परमहंस रामकृष्ण ने साधनापूर्वक अपने स्वभाव का रूपान्तरण कर डाला था। यदि काँसे या पीतल के बरतन से उनका स्पर्श हो जाता, तो उनके हाथ-पाँव ऐंठने लगते थे। नरेन्द्रनाथ के भीतर कहीं यह शंका समाई हुई थी कि सम्भव है, यह सब ढोंग हो। अतएव एक दिन एकान्त पाकर उन्होंने परमहंस के बिछावन के नीचे चाँदी का एक सिक्का छिपा दिया। परमहंस जैसे ही आए और बिछावन पर बैठने लगे, वे चौंककर चौकी से अलग हो गए और बोले, "अरे, बिच्छू ने डंक मार दिया।" लोग बिछावन को झाड़ने-बुहारने लगे, मगर कहीं भी बिच्छू या किसी और कीड़े का पता नहीं चला। निदान, लोगों ने बिछावन को उठाया तो उसके भीतर से एक रुपया टन से गच पर जा गिरा। नरेन्द्रनाथ इस दृश्य से अवाक् रह गए और शर्म से गड़कर उन्होंने गुरु को प्रणाम किया।

किन्तु गुरु के मुख पर रोष नहीं आया। वे सिर्फ़ इतना ही बोले कि हाँ, जिसे गुरु बनाना, उसकी जाँच अवश्य कर लेना।

किन्तु विवेकानन्द की शंकालिप्त बुद्धि इतने से पराजय मानने को तैयार नहीं हुई। अन्त समय में, परमहंस देव के गले में कैंसर हो गया था, जिसे शिष्यगण रोज धोकर साफ करते थे। उन दिनों यह अफवाह चलती थी कि कैंसर संक्रामक रोग है। अतएव शिष्यों में से कइयों के चेहरों पर जब-तब शंका और भय के भाव दिखाई पड़ने लगे। विवेकानन्द अपने गुरु-भाइयों के भीतर से इस भय को निर्मूल करना चाहते थे।

अतएव एक दिन उन्होंने अघोर कर्म कर डाला। जब कैंसर का मवाद एक बरतन में जमा था, विवेकानन्द सबके सामने उसे उठाकर पी गए।

जिस दिन यह घटना घटी, उसके कई दिन पूर्व परमहंस देव विवेकानन्द को समाधि में ले जाकर अपनी सारी सिद्धियाँ उन्हें प्रदान कर चुके थे और जब विवेकानन्द प्रकृतिस्थ हुए, तब परमहंस ने उनसे रोकर कहा था, "नरेन, आज मैं तुम्हें सब कुछ देकर कंगाल हो गया, किन्तु ये सिद्धियाँ तुममें बन्द कर दी गई हैं और उनकी कुंजी माँ ने अपने पास रख ली है। समय-समय पर ये सिद्धियाँ तुम्हारे काम आएँगी।"

समझना चाहिए कि इसके बाद विवेकानन्द के भीतर शंका नहीं उठी होगी। किन्तु नहीं, विवेकानन्द का बुद्धि-प्रेमी मन कभी भी हार माननेवाला नहीं था। परमहंस देव के शरीर छोड़ने के दो-चार दिन पूर्व एक और घटना घटी। परमहंस अपने आसन पर विराजमान थे। विवेकानन्द चुपचाप नीचे बैठे हुए थे। इतने में विवेकानन्द के भीतर शंका एक बार फिर जाग्रत हुई, "नहीं, ऐसे नहीं मानूँगा। अगर आज कहेंगे तभी स्वीकार करूँगा।"

अन्तर्यामी रामकृष्ण को विवेकानन्द का भाव तुरन्त ज्ञात हो गया। वे शान्त स्वर से बोले, "अरे, अब भी शंका? कह तो दिया, जो राम, जो कृष्ण, वही यह शरीर।"

विवेकानन्द हतप्रभ होकर प्रणिपात में जा गिरे।

और रामकृष्ण के स्वर्गारोहण के बाद भी विवेकानन्द की शंका ठीक से मरी नहीं। जब वे काशी में साधना कर रहे थे, उन दिनों गाजीपुर के एक सन्त पौहारी बाबा के प्रति उनमें गम्भीर आकर्षण उत्पन्न हुआ। विवेकानन्द ने चाहा कि पौहारी बाबा उन्हें अपना शिष्य बना लें और इसके लिए दो-एक बार उन्होंने प्रयत्न भी किए। निदान, परमहंस देव को प्रकट होकर शिष्य को समझाना पड़ा कि अब तुम्हें गुरु की आवश्यकता नहीं है।

2

जवाहरलालजी ने गांधीजी को पहले-पहल सन् 1916 ई. में लखनऊ कांग्रेस में देखा था, जिसमें प्रताप लोकमान्य तिलक का चमक रहा था और गांधीजी, गोखले के परामर्शानुसार, लगभग मूक भाव से, देश की परिस्थिति का अध्ययन कर रहे थे। उस समय गांधीजी की उम्र 49 और जवाहरलालजी की आयु 27 साल की थी।

किन्तु गांधीजी से पहले-पहले मिलनेवाला यह युवक किस मिजाज का था और उस पर गांधीजी के व्यक्तित्व का क्या प्रभाव पड़ा होगा?

गांधीजी उस समय तैयार आदमी थे। जवाहरलालजी तैयार के क्रम में थे। गांधीजी को जो कुछ बनना था, वे बन चुके थे। टालस्टॉय की शिक्षा उनके भीतर

खुशबू बनकर समा चुकी थी; सत्य, अस्तेय, अहिंसा और ब्रह्मचर्य का व्रत वे ले चुके थे और सत्याग्रही नेता के रूप में भी सन् 1913 ई. में ही उनकी कीर्ति का आरम्भ हो चुका था, जब उन्होंने 2500 भारतीय मजदूरों का नेतृत्व करते हुए नेटाल की सीमा पार करके ट्रांसवाल में जबर्दस्ती प्रवेश किया था। शक्ति, साधना और संकल्प से भरा-पूरा एक कर्मठ मनुष्य, जो भारत को आज़ाद कराने आया था, किन्तु परिस्थिति का अध्ययन करने को, बिना मुँह खोले, सारे देश में घूम रहा था। आत्मविश्वासी, सर्वस्वत्यागी, एक लक्ष्य का व्रती, संयमी, सदाचारी और विराट! जो अपनी विराटता को अभी देहाती पगड़ी और अंगरखे में छिपाए हुए था।

जवाहरलाल की कोटि दूसरी थी। वे अमीर के बेटे थे, अमीरी में पले थे, इंग्लैंड से पढ़कर वापस आए थे और किताबों ने जो कुछ उन्हें सिखाया था, उससे प्रेरित होक किसी बड़े काम में अपनी ज़िन्दगी लगाना चाहते थे। पंडितजी शुरू से ही ऐसे आदमी थे, जिसकी दृष्टि ज़मीन पर कम, क्षितिजों पर ज्यादा रहती है। किताब पढ़कर वे अहले-किताब बनना चाहते थे, इतिहास को मोड़कर वे इतिहास के पात्र बनना चाहते थे।

अमीरी में पलने पर भी (अथवा उसी कारण) जवाहरलाल के भीतर अकेलेपन का भाव था। मध्यवर्गीय परिवार के बच्चे शुरू से ही ज़िन्दगी की ठोकरों से परिचित होते हैं। धनियों के बच्चों को ठोकरों का ज्ञान नहीं होता। उनकी हर इच्छा पूरी होती चलती है, यहाँ तक कि अन्त में, अगर उनकी कोई इच्छा पूरी नहीं हुई, तो वे ठुनुक जाते हैं। जवाहरलालजी के भीतर जो तुनुकमिजाजी थी, वह इसी परिस्थिति की देन थी।

10 या 11 साल की उम्र में जवाहरलालजी को जो ट्यूटर पढ़ाते थे, उनका नाम ब्रुक्स था। ब्रुक्स साहब थियोसाफिस्ट थे और खुद उनके भीतर पस्ती और अकेलापन कितना गम्भीर था, इसका अनुमान इस बात से लगाया जा सकता है कि उन्होंने घबराकर आत्महत्या कर ली थी और उनकी लाश नदी में पाई गई थी।

16 वर्ष की आयु में पंडितजी इंग्लैंड के हैरो स्कूल में दाखिल हुए थे। वहाँ के छात्रावास के सुपरिंटेंडेंट की राय में जवाहरलाल 'शान्त, सुसंस्कृत और अच्छे लड़के थे'। अपने छात्र-जीवन में जवाहरलाल ने यूरोप के क्रान्तिकारी नेताओं की जीवनियाँ बड़े चाव से पढ़ी थीं और पश्चिमी जगत की राजनैतिक उथल-पुथल को ठीक से समझने का प्रयास किया था।

उनके भीतर राजनीति की प्रेरणा गांधीजी ने नहीं भरी थी, वह पहले से ही मौजूद थी। जिस साल जवाहरलाल विदेश से वापस आए, उसी साल (1912 ई.) उन्होंने प्रतिनिधि की हैसियत से कांग्रेस के पटना अधिवेशन में भाग लिया था। 'ए बंच आव् ओल्ड लेटर्स' की पहली चिट्ठी से यह स्पष्ट हो जाता है कि सन् 1917 ई. में पंडितजी भारतीय युवकों की राजनीति में गर्क हो चुके थे और नज़रबन्द कार्यकर्ताओं को छुड़ाने के लिए किसी किस्म के आन्दोलन में भी शामिल थे।

उस समय देश में नरम और गरम—इन दो दलों की राजनीति चलती थी।

जवाहरलालजी गरमदलीय थे और अपना नेता लोकमान्य तिलक को मानते थे। नरम दल के नेता गोखले थे; किन्तु उनकी मृत्यु सन् 1915 ई. में हो गई और उनकी मृत्यु के साथ नरमदलीय राजनीति की सन्ध्या आ गई।

यह ध्यान देने की बात है कि गांधीजी अपना गुरु गोखले को मानते थे, जिससे अनुमान होता है कि आरम्भ से ही गांधी और जवाहरलाल के बीच दृष्टिकोण का कुछ थोड़ा भेद था। प्रथम विश्वयुद्ध के प्रति भी गांधीजी का भाव सहयोग का रहा था; किन्तु जवाहरलाल के भीतर दुविधा मौजूद थी। किन्तु गोखले के मरते ही भारतीय राजनीति पर तिलक जी का अकंटक राज्य हो गया। और सन् 1920 ई. में जब तिलक जी का देहावसान हुआ, तब उनकी चिता के पास गांधीजी और जवाहरलाल, दोनों के दोनों खड़े थे और दोनों के दोनों जार-जार हो रहे थे।

3

किन्तु क्या कारण हुआ कि जवाहरलाल गांधीजी के पीछे-पीछे चलने लगे और एक तिलकपन्थी ने एक गोखलेपन्थी के पाँव छू लिए?

जवाहरलाल शिक्षा, संस्कार और देशभक्ति से भरे एक भावुक युवक थे। वे कुछ कर गुजरने को बेचैन थे; किन्तु क्या करें, इसका निर्णय खुद नहीं कर सकते थे। उनमें एक विशेषता थी, जो अन्त तक बनी रही; और वह यह कि दूसरों की बातें अगर उन्हें पसन्द आ जाएँ, तो उन्हीं बातों को वे अपनी बनाकर बोल सकते थे और दूसरे का निकाला हुआ मार्ग अगर उन्हें पसन्द आ जाए, तो उस पर वे अपने नाम की मुहर आसानी से बिठा सकते थे।

गांधीजी ने अपने ऊपर जो देहाती पोशाकें लाद रखी थीं, वे गांधीजी की विद्रोह-वीरता को देर तक नहीं छिपा सकीं। सन् 1919 ई. में जब अमृतसर में जलियाँवाला बाग का दुष्कांड घटित हुआ, तब लोगों ने देखा कि भारत को जो कुछ बोलना है, उसकी भाषा और किसी के नहीं, गांधीजी के पास है और अंग्रेज़ों के अहंकार को जिस टक्कर की ज़रूरत है, वह टक्कर भी गांधीजी ही दे सकते हैं।

जलियाँवाला बाग की घटना से और उसके तुरन्त बाद किए गए अत्याचारों से सारे देश की छाती अपमान से खौल उठी। किन्तु इस आग की अभिव्यक्ति कैसे हो? गांधीजी ने ऐलान किया, "6 अप्रैल को सारे देश में सत्याग्रह-दिवस मनाया जाए; लोग चाहें तो उस दिन उपवास भी रख सकते हैं।" इस एक मन्त्र ने सारे देश को जगा दिया और शहरों से लेकर गाँवों तक सारा भारत देश निद्रा से जागकर एक दिन में खड़ा हो गया। राष्ट्रीय अपमान के प्रश्न पर जैसी एकता उस दिन दिखाई पड़ी, उसके पहले और कभी देखी नहीं गई थी। तिलकजी उस समय जीवित थे। उन्होंने समझा, मेरा उत्तराधिकारी आ गया है।

नेतागण आशा करते थे कि इस भारतव्यापी विरोध का ब्रिटिश सरकार पर कोई अनुकूल प्रभाव पड़ेगा; किन्तु उसका अंग्रेज़ों पर कोई भी प्रभाव नहीं पड़ा। जनरल डायर भारत में क्रूरकर्मा दस्यु समझा जा रहा था, लेकिन इंग्लैंड के लोग उसे 'हीरो' समझ रहे थे, राष्ट्रवीर समझ रहे थे। उसके इंग्लैंड लौटने पर अंग्रेज़ों ने उसका स्वागत उत्साह के साथ किया; बल्कि इंग्लैंड के 'नारी-समाज' की ओर से जेनरल डायर को एक सोने की तलवार भेंट की गई। बात स्पष्ट हो गई कि गोरा गोरा है और काला काला तथा गोरा अगर काले पर अत्याचार करे, तो गोरे लोग उसकी निन्दा नहीं करेंगे, फूल और सोने की तलवार भेंट करेंगे।

इंग्लैंड के भारतीय साम्राज्य के मूल पर पहला कुठाराघात जेनरल डायर ने किया। उसी घटना ने भारतीय क्रान्ति का मार्ग प्रशस्त किया। उसी घटना ने भारत के नेतृत्व का सूत्र गांधीजी के हाथ में थमा दिया और उसी घटना ने जवाहरलाल को गांधीजी का शिष्य बना दिया। और उसी समय से नरम-गरम के द्वन्द्व में पड़े हुए वे भारतीय राजपुरुष अपना हृदय टटोलने लगे, जिनके भीतर कोई स्फुलिंग शेष था।

6 अप्रैल को संयुक्त प्रान्त में सत्याग्रह-दिवस को सफल बनाने का बड़ा श्रेय जवाहरलालजी को मिला और पुत्र को आगे बढ़ते देखकर पिता से भी नहीं रहा गया। उन्होंने भी अपनी किस्मत गांधीजी के साथ बाँध दी। कहावत मशहूर है कि जवाहरलाल के आधिभौतिक पिता मोतीलाल थे; किन्तु मोतीलालजी का राजनैतिक पिता उनका पुत्र था।

4

जवाहरलाल भावनाओं के आगार थे, कल्पना और खाँटी देशभक्ति के मतवाले थे। नरमदलीय लोगों में केवल ज्ञान था, जवाहरलाल कर्म का भी नक्शा चाहते थे। इसीलिए नरमदलीय राजनीति की प्रमुखता के समय वे तिलक जी को अपना नेता मानते थे। जब गांधीजी ने सन् 1919 ई. में विद्रोह की वाणी ध्वनित की, जवाहरलाल को लगा, यही व्यक्ति मेरा गुरु हो सकता है।

गांधीजी का ऐलान था, "यह सरकार शैतानियत से भरी है। मैं या तो इसे सुधार दूँगा अथवा इसका संहार कर दूँगा।"

सन् 1920 ई. के 16 जून के 'यंग इंडिया' में गांधीजी ने लिखा, "कष्टों की ज्वाला में पड़कर पवित्र हुए बिना अब तक किसी भी देश ने उन्नति नहीं की है।" और उसी वर्ष फिर सितम्बर में उन्होंने लिखा, "हिन्दुस्तान अपनी बेइज्जती को असहाय होकर देखता रहे या कायर बनकर सहता रहे, इससे अच्छा यह है कि अपने गौरव की रक्षा के लिए वह तलवार उठाए, शस्त्रबल का प्रयोग करे।"

संयमी और विनयी मनुष्य यदि क्रोध की वाणी बोले, तो वह ज्यादातर सच

समझी जाती है। गांधीजी के आक्रोश को भी भारतवासियों ने सत्य माना और सबने भीतर-ही-भीतर समझ लिया कि बहसों का जमाना लदा, अब यह कर्म की घड़ी आई हुई है।

गांधीजी की शीतल शान्ति के नीचे जो ज्वालामुखी धुँधुआ रही थी, उसे सारे देश के साथ जवाहरलाल ने भी पहचाना और वे गांधीजी की शरण चले गए।

गांधीजी के भीतर जो आग थी, उसने जवाहरलाल की आग को पकड़ लिया। और गांधीजी में जो दृढ़ता थी, अडिग रहने और नहीं झुकने का जो भाव था, उसने मोतीलाल को आकृष्ट किया, क्योंकि ये गुण उनके अपने स्वभाव में भी थे। पीछे चलकर जवाहरलालजी ने लिखा, ''गांधीजी ने मुझे तो एक झटके में सीधे ही खींच लिया; किन्तु पिताजी के साथ बात दूसरी थी। मेरी तरह पिताजी छलाँग नहीं मार सकते थे। उनकी प्रक्रिया लम्बी और ज़रा तकलीफदेह भी रही। पिताजी ऐसे आदमी नहीं थे, जो दूसरों के आगे आसानी से झुक जाएँ। मगर वे जब सोच-समझकर कोई निर्णय कर लेते थे, तब उस निर्णय से नहीं हिलते थे।''

प्रोफेसर स्वामीनाथन ने मुझे बताया है कि एक दिन उन्होंने रमण महर्षि के साथ गांधीजी की चर्चा छेड़ दी और पूछा कि आप गांधीजी को क्या समझते हैं। महर्षि बोले, ''अहिंसा की शान्ति तुम कहीं भी देख सकते हो (यानी मुझमें भी) किन्तु उसकी शक्ति केवल गांधीजी में दिखाई देती है।''

जवाहरलाल पर अहिंसा की इसी शक्ति का प्रभाव पड़ा। गांधीजी कितनी ही बार रहस्यात्मक बातें बोलते थे और रहस्यात्मक बातों से जवाहरलालजी को चिढ़ थी। किन्तु गांधीजी को उन्होंने अनुद्विग्न भाव से संग्राम का संचालन करते देखा था, सारी निराशा, सारे क्षोभ और सारी हलचल के बीच उन्हें अनासक्त भाव से जीते देखा था। वे गांधीजी की शक्ति प्राप्त करने को गांधीजी का अनुकरण करने लगे।

मेरा खयाल है, गीता का पाठ जवाहरलालजी ने धर्म के भाव से आरम्भ नहीं किया था, बल्कि स्थितप्रज्ञता के गुण सीखने को जो अन्ततोगत्वा धर्म की ही बात है। गुरु की स्थितप्रज्ञता शिष्य में भी आए, यही वह प्रेरणा रही होगी, जिसने जवाहरलालजी को गीता की ओर अग्रसर किया होगा। गांधीजी में संकल्प भी था, अनासक्ति भी थी, कर्म भी था, वैराग्य भी था। गांधीजी की प्रज्ञा सन्तुलित थी। इस सन्तुलित प्रज्ञा का अपने भीतर विकास करने को जवाहरलालजी गीता की ओर गए।

जेल में जब मोतीलाल और जवाहरलाल साथ थे, तब पिता के कपड़े भी जवाहरलालजी अपने हाथ से धोते थे। यह गांधीजी का प्रभाव था।

गांधीजी के प्रभाव में आकर एक समय उन्होंने आमिष भोजन का भी त्याग कर दिया था और सिगरेट पीना भी छोड़ दिया था।

राष्ट्रपति राजेन्द्र प्रसाद ने एक संस्मरण में लिखा है कि एक बार वे कांग्रेस अधिवेशन में सम्मिलित होने को पटना से बम्बई जा रहे थे कि छेउंकी स्टेशन पर

मोतीलालजी और जवाहरलालजी उसी ट्रेन में सवार होने को आए। राजेन्द्र बाबू तीसरी श्रेणी में थे। मोतीलालजी ने रिजर्व फर्स्ट क्लास में चलना छोड़ दिया था; किन्तु वे द्वितीय श्रेणी का टिकट लिए हुए थे। मोतीलालजी ने राजेन्द्र बाबू से कहा, "चलो, एक समझौता ही कर डालो। मैं तो फर्स्ट क्लास से उतरकर सेकेंड क्लास में आ गया हूँ। अब तुम भी थर्ड से तरक्की करके सेकेंड में आ जाओ। फिर दोनों जने साथ ही सफर करेंगे।"

राजेन्द्र बाबू ने अपना टिकट बदलवा लिया और वे द्वितीय श्रेणी में आ गए। इतने में दिखाई पड़ा कि जवाहरलालजी प्लेटफॉर्म पर घूम रहे हैं। मोतीलालजी ने राजेन्द्र बाबू से कहा, "ज़रा इस लड़के को देखो। यह भी तुम्हारी तरह थर्ड क्लास में सफर कर रहा है। अभी इसके मौज-मजे के दिन थे। मगर यह तो साधु हो रहा है।" राजेन्द्र बाबू ने देखा, मोतीलालजी की आँखों में आँसू छलक आए हैं।

गांधीजी में जो यतीवृत्ति थी, जवाहरलाल उस वृत्ति को भी अपने भीतर लाना चाहते थे। एक बार मोतीलालजी ने गांधीजी से कहा था, "जवाहर को बन्दरपने से बचाइए। आजकल वह 'चने-मुरमुरे' चबाता है।"

किन्तु इतनी भक्ति के बाद भी जवाहरलाल का व्यक्तित्व अलग और गांधीजी का व्यक्तित्व अलग था। जब फरवरी, 1922 में गोरखपुर जिले के चौरी चौरा थाने में हिंसा की घटनाएँ घटीं, गांधीजी ने आन्दोलन को सहसा बन्द कर दिया। उन दिनों जवाहरलाल और मोतीलाल, दोनों के दोनों जेल में थे। जब उन्होंने सुना, गांधीजी ने आन्दोलन रोक दिया है, गांधीजी पर उन्हें गुस्सा आया और अपना विरोध उन्होंने पत्र लिखकर प्रकट किया। और गांधीजी ने उनके और लाजपत राय के पत्र कांग्रेस कमेटी के सामने पढ़ दिए और कहा, "जो लोग जेल में हैं, कानून की दृष्टि में वे ज़िन्दा नहीं हैं। इसलिए उनकी राय उन लोगों के लिए नहीं है, जो जेल से बाहर हैं और वस्तुस्थिति की सच्ची जानकारी रखते हैं।"

उसी वर्ष गांधीजी जब गिरफ्तार हुए, तब तक जवाहरलाल जेल से रिहा हो चुके थे। जिस मुकद्दमे में गांधीजी को छह साल की कैद की सज़ा हुई थी, उस मुकद्दमे के समय जवाहरलालजी अदालत में मौजूद थे। उन्होंने उस जज की सौम्यता देखी थी, जिसने अपने निर्णय में कहा था, "अपने देश के लाखों-करोड़ों लोग आपको प्रकांड देशभक्त और महान नेता समझते हैं। जिन लोगों का आपसे मतभेद है, वे भी मानते हैं कि आपका विचार ऊँचा, आदर्श उज्ज्वल और चरित्र सन्त का है।" और उन्होंने गांधीजी की वह अहिंसक वाणी भी सुनी थी जिसका प्रत्येक शब्द इस्पात का था। "मेरा विश्वास है कि जिस अप्राकृतिक अवस्था में आज इंग्लैंड और हिन्दुस्तान खड़े हैं, असहयोग के द्वारा उस अवस्था से निकलने का मार्ग बताकर मैंने दोनों देशों का उपकार किया है। मेरा खयाल है, पुण्य से सहयोग करना जितना बड़ा काम है, पाप से असहयोग भी वैसा ही महत् कर्तव्य है।"

असहयोग आन्दोलन के रोकने से गांधीजी पर पिता-पुत्र को जो रोष हुआ था, वह रोष टिका नहीं। क्योंकि ऐसा आन्दोलन जिसके चलाए चल सकता था, उसे आन्दोलन रोकने का भी अधिकार था। और लोग न तो ऐसा आन्दोलन छेड़ सकते थे, न उसे रोकने की बात पर सकते थे। गांधीजी की महिमा असीम थी। सच्चे अर्थों में वे नेता थे और सारा देश उनका अनुयायी मात्र था।

चौरी चौरा कांड के बाद आन्दोलन के सहसा रुक जाने से घबराहट मोतीलालजी को ही नहीं, कुछ और लोगों को भी हुई थी। आन्दोलन रुकने पर जब कांग्रेस 'चैंजर्स' और 'नो-चैंजर्स' में बँट गई, उस समय जेल से रिहा होने पर एक बहुत बड़े नेता ने (जो अपने सूबे के बेताज बादशाह थे) मोतीलाल जी से कहा, "कब तक हम लोग इस आदमी (गांधीजी) के पीछे-पीछे चलते रहेंगे?" किन्तु मोतीलालजी के हृदय में ईर्ष्या नहीं, भक्ति का भाव था। उन्होंने अपने साथी से कहा, "प्यारे भाई, भगवान को धन्यवाद दो कि उसने एक ऐसा आदमी भेज दिया है, जिसके पीछे-पीछे चलने में हमें फख्र होना चाहिए।"

मोतीलालजी और चितरंजनदास ने चैंजर्स (परिवर्तनवादी) को लेकर अपनी स्वराज्य पार्टी गठित की। किन्तु जवाहरलालजी ने अपने पिता का साथ नहीं दिया। वे अपरिवर्तनवादियों के गिरोह में शामिल होकर गुरु की शरण में रह गए।

5

मार्च, 1926 से नवम्बर, 1927 तक पंडितजी यूरोप में थे। सितम्बर, 1927 में वे पहली बार रूस गए और वहाँ चार-पाँच दिन रहे। इस मौके पर मोतीलालजी तथा सारा परिवार उनके साथ था। इस यात्रा की याद करते हुए बाद में जाकर उन्होंने लिखा, "सोवियत रूस के कुछ अप्रिय पहलू ज़रूर हैं, मगर सब मिलाकर रूस मुझे अच्छा लगा। मुझे लगा, इस देश के पास सारे संसार के लिए आशा का कोई सन्देश है।" भारत के सामने जो समस्याएँ थीं, जो उलझनें और कठिनाइयाँ थीं, उनसे निकलने में यूरोप से क्या सबक लिया जा सकता है, इस दृष्टि से उन्होंने तत्कालीन यूरोपीय राजनीति का तथा अन्य विचारधाराओं का अध्ययन किया। "यूरोप और अमेरिका में जो विशाल राजनैतिक, आर्थिक एवं सांस्कृतिक परिवर्तन घटित हो रहे थे, उनका अध्ययन मुझे अत्यन्त मोहक प्रतीत हुआ।"

श्रीमती कृष्णा हठी सिंह की पुस्तक के अनुसार इस यात्रा में पंडितजी की मुलाकात कई विशिष्ट व्यक्तियों से हुई, जिनमें से रोम्याँ रोलाँ, धनगोपाल मुखर्जी, वीरेन्द्र चट्टोपाध्याय तथा एक जर्मन कवि अर्नेस्ट टोलर के नाम प्रसिद्ध हैं। टोलर स्वतन्त्रता के हामी और दृढ़ संकल्प के पुरुष थे। जर्मनी में जब नात्सीवाद आ गया, टोलर ने सन् 1929 ई. में आत्महत्या कर ली।

टोलर से पंडितजी की भेंट ब्रुसल्स में हुई थी, जहाँ वे दलित राष्ट्रों की कांग्रेस में भाग लेने को गए हुए थे। इस कांग्रेस में स्वभावतः ही पंडितजी की जान-पहचान कुछ ऐसे व्यक्तियों से हुई, जो एशिया के अनेक देशों में आज़ादी के लिए संघर्ष कर रहे थे। इन लोगों में से एक अन्यतम व्यक्ति चीन के सनयात सेन की सहधर्मिणी भी थीं। यहाँ समितियों में और कांग्रेस में पंडितजी को साम्यवादियों और इंग्लैंड के समाजवादियों के साथ काम करने का मौका मिला। इंग्लैंड के समाजवादी भारतीय स्वाधीनता के पक्ष में खुलकर नहीं बोलते थे। पंडितजी को स्वभावतः ही इस बात से निराशा हुई। इसके विपरीत रूस के साम्यवादियों से रूसी क्रान्ति का उन्होंने जो ब्योरा सुना, उससे रूस पर उनकी श्रद्धा बढ़ गई। "उस समय तक मार्क्सवाद के विषय में मैंने कुछ खास नहीं पढ़ा था, लेकिन मेरी हमदर्दी लेनिन के साथ थी।"

ब्रुसल्स सम्मेलन में साम्राज्यवाद के विरुद्ध एक लीग की स्थापना की और भारत के प्रतिनिधि उसमें पंडित जवाहरलाल नेहरू रखे गए। इस लीग के प्रवर्तकों में से आइंस्टीन, रोम्याँ रोलाँ, मादाम सनयात सेन आदि कई विश्व-ख्याति के लोग थे। पीछे चलाकर यह संस्था खाँटी साम्यवादी हो गई और भारत में जब गांधी-इरविन समझौता हुआ, तब साम्यवादियों ने जवाहरलालजी को यह कहकर लीग से निष्कासित कर दिया कि यह एक ऐसे राजनैतिक दल का नेता है, जो साम्राज्यवाद के साथ समझौता करता है।

पंडितजी तब तक भारतीय क्रान्ति के नेता के रूप में विश्व-भर में विख्यात हो चुके थे। यूरोप में भारतीय क्रान्तिकारियों में से उनकी मुलाकात श्यामजी कृष्ण वर्मा, राजा महेन्द्र प्रताप मौलवी ओबेदुल्ला तथा मादाम कामा से हुई। ये लोग भारत छोड़कर भारत से बाहर भारत का प्रचार कर रहे थे। किन्तु केवल भारतीय क्रान्तिकारी ही नहीं, अन्य देशों के क्रान्तिकारी भी उनसे मिलने लगे और इस बात की खबर ब्रिटिश गुप्तचरों को हो गई, जो सारे यूरोप में छाए हुए थे। लगता है, इसकी भनक मोतीलालजी को इलाहाबाद में लगी। अतएव वे 1927 ई. के सितम्बर मास में 'भद्र पुरुष को सही-सलामत वापस लाने के लिए' यूरोप चले गए और नवम्बर में उन्हें वापस ले आए।

जवाहरलालजी की यह यूरोप यात्रा कई दृष्टियों से महत्त्वपूर्ण थी। खालिस राष्ट्रीयता बर्फ और खालिस अन्तर्राष्ट्रीयता भाप है। पंडितजी के मन की स्वाभाविक गति वायवीयता की ओर रही थी। इस बार वह मन और भी अधिक वायवीय यानी अन्तर्राष्ट्रीय हो गया। गुण-पक्ष में इस यात्रा का परिणाम यह हुआ कि पंडितजी मानने लगे कि केवल राजनीति से बड़ी चीज़ें हासिल नहीं की जा सकतीं। बड़े उद्देश्य सिद्ध करने के लिए राजनीति को सामाजिक परिवर्तनों से एकाकार होना चाहिए।

एक परिणाम यह भी निकला कि चिन्तन के धरातल पर वे गांधीजी से कुछ दूर

हो गए। गांधीजी की सारी शक्ति एक देश की स्वाधीनता के प्रश्न पर केन्द्रित थी। वे उसे विश्व में चलनेवाले नाना आन्दोलनों के साथ बाँधना नहीं चाहते थे; किन्तु जवाहरलाल यूरोप से यह विचार लेकर वापस आए कि भारत का भक्ति-संग्राम समस्त विश्व के मुक्ति-संग्राम का एक हिस्सा है और भारत को सारी दुनिया के साथ कमद-से-कदम मिलाकर चलना चाहिए।

इसी प्रकार, गांधीजी का ध्येय राजनैतिक स्वतन्त्रता थी और वे वर्ग-संघर्ष की बात चलाए बिना सभी वर्गों के हिन्दुस्तानियों को एक मोर्चे पर जमा करने में लगे हुए थे। जवाहरलाल यह भाव लेकर लौटे कि अमीरों की किस्मत अलग और गरीबों की किस्मत अलग है और जब हम स्वतन्त्रता की लड़ाई लड़ रहे हैं, उस समय भी हमें इस बिलगाव का ध्यान रखना चाहिए।

6

1927 के नवम्बर में पंडितजी यूरोप से भारत लौटे और दिसम्बर में कांग्रेस का जलसा मद्रास में हुआ, जिसके सभापति डॉक्टर अंसारी थे। इस कांग्रेस में जवाहरलालजी ने ऐसे कितने ही प्रस्ताव पेश किए, जिन पर उनकी यूरोप यात्रा की छाप थी। इन्हीं में से एक प्रस्ताव पूर्ण स्वाधीनता के बारे में था। गांधीजी अब तक स्वराज्य या सेल्फ गवर्नमेंट शब्द से कांग्रेस को बाँधे हुए थे, जिसका अर्थ औपनिवेशिक स्वराज्य और पूर्ण स्वाधीनता—दोनों हो सकते थे। वे नहीं चाहते थे कि पूर्ण स्वाधीनता को ध्येय घोषित करके कांग्रेस एक ऐसी जगह बँध जाए, जहाँ औपनिवेशिक स्वराज्य के आधार पर समझौता करना उसके लिए दुष्कर हो जाए। अतएव जवाहरलालजी का स्वाधीनता विषयक प्रस्ताव गांधीजी को पसन्द नहीं आया। गांधीजी सभा में आए तो, पर बहस में उन्होंने भाग नहीं लिया।

जवाहरलालजी के बहुत-से प्रस्ताव लोगों ने बिना सोचे-समझे इसलिए पास कर दिए थे कि वे उनका मन रखना चाहते थे। यह स्थिति गांधीजी को और भी असह्य लगी। उन्होंने लिखा, "लगता है, कांग्रेस को अपनी जिम्मेवारी का खयाल नहीं है। वह स्कूली बच्चों की डिबेटिंग सोसायटी जैसा प्रस्ताव पास करती है।"

उसी वर्ष जवाहरलालजी रिपब्लिकन कॉन्फ्रेंस के भी सभापति बनाए गए और उस आसन से उन्होंने गर्जन-तर्जन से भरा भाषण भी किया। उन्होंने यह याद नहीं रखा कि वे कांग्रेस के महामन्त्री भी हैं।

ये दोनों बातें गांधीजी को अप्रिय लगीं। उन्होंने भाँपा, जवाहरलाल मुझसे दूर जा रहा है।

मद्रास कांग्रेस के बाद 4 जनवरी, 1928 को गांधीजी ने जवाहरलालजी को एक पत्र लिखा, "मैं मानता हूँ कि तुम मुझे बहुत प्यार करते हो और जो कुछ मैं लिखने

जा रहा हूँ, उससे तुम नाराज़ नहीं होओगे। और मैं भी तुम्हें इतना प्यार करता हूँ कि जो बात मैं लिखना चाहता हूँ, उसे रोक नहीं सकता।

"तुम बहुत तेज जा रहे हो। तुम्हें अपने-आपको समय देना था कि तुम अभी कुछ और सोच सको तथा जो विचार तुम्हारे भीतर जनमे हैं, उन्हें परिपक्व होने दो। बहुत-से प्रस्ताव जो तुमने तैयार करके पास करवा लिए, अभी साल भर रोके जा सकते थे। तुम्हारा रिपब्लिकन फौज में कूद पड़ना बेहद जल्दबाजी का काम था। मगर तुम्हारी इन बातों पर मुझे उतनी खीज नहीं है, जितनी इस बात पर कि तुम उपद्रवियों और शोर मचानेवालों को प्रोत्साहन देते हो। खाँटी अहिंसा में तुम्हारा विश्वास कायम है या नहीं, यह मैं नहीं जानता। लेकिन अगर तुम्हारे विचार बदल गए हों, तब भी यह तो तुम्हें मानना ही पड़ेगा कि निरंकुश हिंसा से इस देश का उद्धार होनेवाला नहीं है। यूरोप के अनुभव अगर तुम्हें यह बताते हैं कि हम लोग गलती कर रहे हैं, तो अपना विचार तुम किसी अनुशासनपूर्ण दल के द्वारा चलाओ। प्रत्येक संघर्ष में ज़रूरत उन्हीं लोगों की पड़ती है, जो अनुशासन के सामने माथा टेक सकें।"

लगता है, इस पत्र का वह प्रभाव नहीं हुआ, जो गांधीजी का काम्य था। अतएव 17 जनवरी, 1968 ई. को पंडितजी को गांधीजी ने दूसरा पत्र लिखा, जिसमें बातें कुछ और कड़े ढंग से कही गई थीं : "मेरे और तुम्हारे बीच के मतभेद इतने विशाल और मौलिक हैं कि लगता है, समान भूमि है ही नहीं, जिस पर हम दोनों मिल सकें. तुम्हारे समान वीर और निर्भीक, विश्वासी, सच्चे और सुयोग्य साथी से सम्बन्ध-विच्छेद की बात मेरे लिए घोर वेदना का विषय होगी, मगर लक्ष्य की सेवा के लिए साथियों की दोस्ती की कुर्बानी चढ़ानी पड़े, तो वह कुर्बानी भी चढ़ाई जानी चाहिए। लक्ष्य ही प्रमुख है, साथियों के साथ सम्बन्ध-निर्वाह की बातें गौण हैं।...तुम्हारे पहले पत्र को पढ़कर पढ़कर मैंने नष्ट कर दिया। तुम्हारा दूसरा पत्र मेरे पास है। अगर तुम्हारा यह विचार हो कि अब तुम मुझे पत्र नहीं लिखोगे, तो इस पत्र को मैं प्रकाशित कर दूँगा।"

कांग्रेस के भीतर धींगामुश्ती का जो चलन आज है, वह स्वतन्त्रता संग्राम के समय भी था। किन्तु जब गांधीजी कोई आन्दोलन छेड़ देते थे, बैर-फूट आप-से-आप खत्म हो जाती थी। मगर आन्दोलन जब नहीं रहता, लोग दाव-पेंच और बहस-मुबाहसों में फँस जाते थे। सन् 1927-28 का अथवा उससे ठीक पहले का समय शैथिल्य का था। इस वातावरण में कर्म गौण और चिन्तन प्रधान हो उठा था। कुछ इस कारण भी जवाहरलाल और गांधीजी के बीच मतभेद बढ़ गया। तब भी गांधीजी तो रचनात्मक कार्यक्रम को लेकर मस्त थे, किन्तु कई अन्य नेतागण ध्येय की सफाई अथवा उखाड़-पछाड़ में लगे हुए थे।

ऐसे समय में साइमन कमीशन के बहिष्कार का कार्यक्रम देश के समक्ष आया और आपनी मतभेद जहाँ-के-तहाँ छूट गए। देश तन्द्रा में ऊँघने लगा था। 'साइमन लौट जाओ' का गगनभेदी नारा सुनते ही उसकी तन्द्रा छूट गई। इसी आन्दोलन में

लालाजी पर लाठी चली और वे शहीद हो गए। इसी आन्दोलन में पुलिस की लाठी खाकर जवाहरलालजी बेहोश हुए। इसी आन्दोलन के सिलसिले में भगत सिंह ने एसेम्बली में बम फेंका। जब भगत सिंह का बम एसेम्बली की गच पर गिरा था, सर साइमन अध्यक्ष की दर्शक-दीर्घा में विराजमान थे। घटनाएँ इतने जोर से घटीं कि सारे देश में ज़िन्दगी की लहर दौड़ गई और गांधी-नेहरू विवाद जहाँ तक पहुँचा था, वहीं खत्म हो गया।

साइमन कमीशन के बहिष्कार मात्र से देश ने अपने कर्तव्य की इतिश्री नहीं समझी। नेताओं ने यह भी निश्चय किया कि हम सभी दलों की रज़ामन्दी से एक संविधान तैयार करें और अंग्रेज़ों को बाध्य करें कि वे इस संविधान को मान लें। यह संविधान पं. मोतीलालजी नेहरू की अध्यक्षता में तैयार किया गया और वह नेहरू-रिपोर्ट के नाम से विख्यात है। इस संविधान का आधार पूर्ण स्वाधीनता नहीं, बल्कि औपनिवेशिक स्वराज्य था।

यह रिपोर्ट सन् 1928 ई. में कलकत्ता-कांग्रेस के अवसर पर होनेवाले सर्वदल-सम्मेलन में पेश की गई, किन्तु जवाहरलालजी तन गए कि मैं इस रिपोर्ट को स्वीकृत नहीं होने दूँगा। कांग्रेस ने पूर्ण स्वाधीनता के पक्ष में प्रस्ताव स्वीकृत किया है। और दलों के लोग इस रिपोर्ट को भले ही कबूल कर लें, किन्तु कांग्रेस को तो यह रिपोर्ट हरगिज स्वीकार नहीं करनी चाहिए।

श्री सुभाषचन्द्र बोस पंडित जवाहरलाल के साथ थे और विरोधी मोर्चे पर खुद पं. मोतीलाल नेहरू खड़े थे। बाप-बेटे का राजनैतिक द्वन्द्व खुलकर सामने आ गया था। गांधीजी बड़ी ही पशोपेश में थे। किन्तु जवाहरलाल की बात नहीं चली और रिपोर्ट को कांग्रेस समेत सभी दलों ने स्वीकार कर लिया। समझौते के रूप में कांग्रेस ने यह बात मान ली कि अगर एक वर्ष के भीतर ब्रिटिश सरकार इस रिपोर्ट को स्वीकार नहीं करेगी, तो अगले वर्ष हम पूर्ण स्वाधीनता को अपना ध्येय घोषित कर देंगे।

पंडित जवाहरलालजी कांग्रेस से गुस्से में भरे निकले और नौजवानों को लेकर उन्होंने भारत स्वाधीनता लीग की स्थापना कर दी और खुद ही उसके सभापति बन गए।

नेहरू-रिपोर्ट में ताल्लुकेदारों और ज़मींदारों के पक्ष में कुछ नरमी की बातें थीं। इनसे पंडितजी और भी बिदक उठे। उन्होंने कहा, मैं भारत स्वाधीनता लीग का अध्यक्ष हूँ। मैं किसी भी तरह सामन्तशाही से समझौता नहीं कर सकता। मेरा निवेदन है कि कांग्रेस के महासचिवत्व से मेरा इस्तीफा मंजूर किया जाए। किन्तु कार्यसमिति ने इस्तीफे को मंजूर नहीं किया। पंडितजी ने लिखा है, "हम एक-दूसरे से झगड़कर भी टूटते क्यों नहीं थे, यह सोचकर आश्चर्य होता है। असल में, विच्छेद तक कोई भी जाने को तैयार नहीं था, अतएव समझौता सबको कबूल हो जाता था।"

7

27, 28 और 29 ई. में गांधीजी तो रचनात्मक कार्यक्रम को लेकर देश का दौरा कर रहे थे, किन्तु जवाहरलाल समाजवाद के प्रचार में लगे थे। खाँटी गांधीवादी लोग गांधीजी के काम में लगे हुए थे, किन्तु अल्हड़, आवेशी और उत्तेजित नौजवान जवाहरलाल और सुभाषचन्द्र के इर्द-गिर्द मँडला रहे थे। सन् 1928 ई. में कलकत्ता कांग्रेस के अवसर पर भारत स्वाधीनता लीग की जो सभा हुई, उसमें सुभाष बाबू ने खुले कंठ से घोषणा की थी, "युवको! साबरमती और पांडिचेरी के खिलाफ विद्रोह करो।" स्वभावतः ही युवकों का दल गांधीजी, मोतीलालजी, राजेन्द्र बाबू, सरदार पटेल आदि नेताओं को नरम समझने लगा तथा इस बात के लक्षण प्रकट होने लगे कि देश की युवक-शक्ति उन लोगों के साथ होगी, जो हिंसा के मार्ग से भारत का उद्धार खोज रहे थे।

कांग्रेस को दुशवस्था के दलदल से निकालने के लिए मोतीलालजी ने गांधीजी को लिखा था कि ऐसे वक्त उचित है कि कलकत्ता कांग्रेस के सभापति जवाहरलाल बना दिए जाएँ। किन्तु गांधीजी ने उनकी सलाह को यह कहकर टाल दिया था कि "जवाहरलाल का सारा समय कांग्रेस के महल को शुद्ध रखने में नष्ट हो जाएगा। जवाहरलाल की आत्मा इतनी ऊँची है कि वह कांग्रेस के भीतर बढ़ती हुई अराजकता और शोरगुल को बर्दाश्त नहीं करेगी। लेकिन मेरा खयाल है, कांग्रेस की भीतरी अराजकता शीघ्र ही, आप-से-आप खत्म हो जाएगी और जो लोग आज शोर मचा रहे हैं, उन्हें खुद एक अनुशासक की ज़रूरत महसूस होगी। वही मौका जवाहरलाल के आने का होगा।"

सन् 1928 का वर्ष महत्त्वपूर्ण था। उस वर्ष सरदार वल्लभभाई पटेल ने बारदोली सत्याग्रह में अभूतपूर्व विजय प्राप्त की थी। उस वर्ष सर्वदल सम्मेलन नेहरू-रिपोर्ट पर एकमत हुआ था। और सबसे बड़ी बात यह कि साइमन कमीश्न के बहिष्कार के बहाने सारा देश जगकर खड़ा हो गया था। खुद पंडितजी मोतीलाल उस वर्ष बड़ी ही कीर्ति में थे। किन्तु बेटे को कांग्रेस की गद्दी पर आसीन देखने की लालसा उन्हें तड़पा रही थी। अतएव 1928 के जुलाई महीने में उन्होंने गांधीजी को दूसरा पत्र लिखा कि "आज वे वीर सरदार पटेल हैं। अगर वे सभापति नहीं बनाए जा सकते, तो मेरा अब भी यही खयाल है कि सभापतित्व का सेहरा जवाहरलाल के सिर पर बाँधा जाए।" किन्तु कलकत्ता कांग्रेस तूफानी कांग्रेस होनेवाली थी। 1927 के मद्रास अधिवेशन में कांग्रेस ने जवाहरलाल का यह प्रस्ताव मान लिया था कि कांग्रेस का ध्येय औपनिवेशिक स्वराज्य नहीं, पूर्ण स्वराज्य होना चाहिए। किन्तु नेहरू-रिपोर्ट औपनिवेशिक स्वराज्य के आधार पर तैयार हुई थी। अतएव, गांधीजी ने पंडित मोतीलालजी को ही कांग्रेस का सभापति बना दिया, क्योंकि जिस समिति ने नेहरू-रिपोर्ट तैयार की थी, उसके अध्यक्ष मोतीलाल ही थे।

सन् 1929 की कांग्रेस सभा लाहौर में होनेवाली थी। कलकत्ता कांग्रेस ने फैसला किया था कि 31 दिसम्बर, 1929 ई. की दोपहर रात तक अगर नेहरू-रिपोर्ट को अंग्रेज़ों ने कबूल नहीं किया, तो लाहौर कांग्रेस पूर्ण स्वाधीनता को अपना लक्ष्य घोषित करेगी। हर आदमी जानता था कि अंग्रेज़ नेहरू-रिपोर्ट को नहीं मानेंगे, अतएव लाहौर कांग्रेस को नया ध्येय घोषित करना ही पड़ेगा। इस दृष्टि से लाहौर कांग्रेस की अहमियत बहुत अधिक हो गई थी। प्रत्येक कांग्रेसी चाहता था कि लाहौर कांग्रेस का सभापतित्व स्वयं महात्मा जी करें, किन्तु मोतीलालजी की लालसा उन्हें कुरेद रही थी। उन्होंने गांधीजी को फिर से एक पत्र लिखकर बताया कि "इसमें कोई शुभा नहीं कि आपके सभापति होने से गद्दी का गौरव बढ़ेगा, लेकिन जवाहर या वल्लभभाई अगर सभापति बना दिए जाएँ, तब भी कोई फ़र्क नहीं पड़ेगा। असली ताकत तो आप है, चाहे आप पर्दे के भीतर हों या बाहर।" मोतीलालजी का विचार था कि 'गांधी का दिमाग और जवाहर की भाषा' के एक होने से परिस्थिति का सामना मजे में किया जा सकेगा।

जब गांधीजी इस पत्र से भी नहीं हिले, तब मोतीलालजी ने उन्हें दूसरा पत्र लिखा, जिसमें उनके मतों का और भी अधिक स्पष्टीकरण मिलता है :

> मैं निर्भीक नीति का पक्षपाती हूँ और चाहता हूँ कि उसका कार्यान्वयन भी निर्भीकता से किया जाए। अब भरोसा हमें नौजवानों का करना है और नौजवान हमारी नीति से सन्तुष्ट नहीं है। सवाल यह है कि हमारी नीति को नई दिशा कैसे प्रदान की जाए? इस नई नीति का निर्धारण कौन करता है, यह विषय गौण है। असली बात तो यह है कि अगर हम नौजवानों को अपने प्रभाव में रखना चाहते हैं, तो अपनी नीति को हमें नई दिशा देनी ही पड़ेगी। अगर कोई यह कहे कि कमान तो किसी नौजवान के सुपुर्द कर दी जाए; किन्तु वह 'ऋषि-परामर्श' से बँधा रहे, तो मेरा खयाल है, यह बात भी चलनेवाली नहीं है। साथ ही खतरा इसका भी है कि नौजवान बहुत आगे बढ़ जाएँगे। मगर काफी आगे बढ़े बिना हम एक ऐसी सरकार से मोर्चा भी नहीं ले सकते, जिसकी ताकत बेशुमार है।
>
> "...सच तो यह है कि नौजवानों की बगावत हकीकत हो गई है और हर सूबे में वह तेजी से फैल रही है। सरकार अन्धी है। वह जो कुछ करती है, वह आग में आहुति का काम दे रहा है। यह सिर्फ़ खुशामद की बात होगी, अगर कोई आपसे यह कहे कि युवकों पर आपका प्रभाव आज भी वैसा ही है, जैसा कुछ साल पूर्व था और नौजवान अपने इस भाव को छिपाना भी नहीं चाहते। इन सारी बातों से एक ही निष्कर्ष निकलता है कि गांधी के दिमाग और जवाहर की भाषा को एक किए बिना आज की परिस्थिति का मुकाबला नहीं किया जा सकता है..."

"ये जोरदार तर्क हैं, जो वह बताते हैं कि ताज आपको या जवाहरलाल को पहनना चाहिए। आप और जवाहरलाल यदि मिलकर एक साथ खड़े हो जाएँ (जिसमें मुझे तनिक भी सन्देह नहीं है) तो हमें इस बात की कोई चिन्ता नहीं कि कौन हमारे सामने और कौन हमारे पीछे खड़ा है।"

इस चिट्ठी के बाद गांधीजी निरुत्तर रह गए हों, तो कोई आश्चर्य नहीं। मोतीलालजी की आरजू पूरी हुई और जवाहरलालजी लाहौर कांग्रेस के सभापति बना दिए गए। जिस नेता ने मद्रास में पूर्ण स्वाधीनता का प्रस्ताव जबर्दस्ती पास करवाया था, लाहौर में उसी के सभापतित्व में कांग्रेस ने आधी रात को यह घोषणा की कि हमारा ध्येय पूर्ण स्वाधीनता की प्राप्ति है।

कहते हैं, जब जुलूस में जवाहरलाल की सवारी निकली, मोतीलालजी अपनी जेब से मुट्ठी-की-मुट्ठी पैसे और रुपये निकालकर उन पर न्योछावर करने लगे। और जब पूर्ण स्वाधीनता का प्रस्ताव पास हो गया, पंडितजी दौड़कर झंडे के पास गए और उसके चारों ओर घूमकर नाचने लगे।

8

मोतीलालजी के समान पिता और गांधीजी के समान गुरु को पाकर जवाहरलालजी निहाल हो गए। उनकी बहुत-सी मुश्किलें इन्हीं दो बुजुर्गों ने आसान कर दीं। सरदार पटेल और सुभाषचन्द्र बोस से आगे निकलने में जितन सहायता उन्हें अपनी योग्यता, अपने चरित्र और सौभाग्य से मिली, उतनी ही सहायता इन दो बुजुर्गों के आशीर्वाद से भी प्राप्त हुई।

मोतीलालजी कहा करते थे कि मुझे केवल इस बात का गर्व है कि मैं जवाहरलाल का पिता हूँ। मोतीलालजी का जब देहान्त हुआ, तब आनन्द भवन में गांधीजी और डॉक्टर विधानचन्द्र राय के बीच एक छोटा-सा वार्तालाप हुआ था, जो बड़ा ही मार्मिक है।

विधान बाबू ने गांधीजी से पूछा, "मोतीलालजी में अलौकिक गुण क्या था?"

गांधीजी ने जवाब दिया, "जवाहरलाल के लिए असीम प्यार।"

"क्या भारत को वे प्यार नहीं करते थे?"

"नहीं। उनका देशप्रेम उनके पुत्र-प्रेम से उत्पन्न हुआ था। भारत के लिए अभिमान उनमें इस कारण था कि भारत ने जवाहरलाल को जन्म दिया है।"

जब चैंजर्स और नो-चैंजर्स का झगड़ा चल रहा था, उस समय मोतीलालजी ने गांधीजी को एक पत्र में लिखा था, "आप महान हैं। भारत के हक में आपकी उपलब्धियाँ भी बहुत बड़ी हैं। किन्तु मेरा खयाल है, आगे चलकर जवाहरलाल आपसे भी बड़ी उपलब्धियाँ प्राप्त करेगा।"

जवाहरलालजी के पिता जवाहरलाल को एक ऐसा व्यक्ति मानते थे, जिसकी देशभक्ति अदमनीय थी और जो प्रचंड रूप से निर्भीक था। उन्हें बराबर यह आशंका लगी रहती थी कि जवाहरलाल कभी भी गिरफ्तार हो सकता है। एक बार गांधीजी को एक पत्र में उन्होंने लिखा था :

> ''हेली अब इंग्लैंड से वापस आ रहा है। हेली को आप ओ' डायरा की ही दूसरा नाम समझिए। वह मार्शल लॉ और दमन का विश्वासी है। और उसके लिए जवाहर जैसे निर्भीक देशभक्त को गिरफ्तार कर लेना ज़रा भी मुश्किल काम नहीं है। करना हेली को सिर्फ़ यह होगा कि वह किसी ज़मींदार या ताल्लुकेदार को अपनी प्रजा पर जुल्म ढाने को उकसा दे। फिर तो डरे हुए मजलूम किसान और किसी को नहीं, जवाहरलाल को पुकारेंगे और दुनिया में ऐसी कोई ताकत नहीं है, जो चुनौती का जवाब देने से जवाहरलाल को रोक सके।''

जब गांधी ने यह निश्चय किया कि लाहौर कांग्रेस के सभापति जवाहरलाल बनाए जाएँ, उन्होंने पंडितजी से एक सवाल किया था :

''जो बोझ तुम पर रखने जा रहा हूँ, उसे ढोने की सामर्थ्य है?''

पंडितजी ने कहा था, ''अगर बोझ जबर्दस्ती लाद ही दिया गया, तो विचलित नहीं होऊँगा।''

फिर 'यंग इंडिया' में गांधीजी ने राष्ट्र के नाम अपनी सिफारिश लिखी :

> ''चिन्तन में जवाहरलाल अतिवादी है और सोचते-सोचते वह परिवेश के बाहर चला जाता है। मगर उसमें विनम्रता और व्यावहारिकता भी इतनी काफी है कि वह रस्सी को दूर तक नहीं खींचता कि वह टूट जाए। वह हीरे के समान स्वच्छ है। वह इतना सत्यवादी है कि उस पर कभी शंका ही नहीं हो सकती। राष्ट्र का सौभाग्य उसके हाथ में सुरक्षित है।''

9

लाहौर कांग्रेस के पूर्व एक और घटना घटी, जिससे इस बात पर प्रकाश पड़ता है कि कैसे जवाहरलाल गांधीजी से अलग भागते थे और कैसे वे हारकर फिर गांधीजी के साथ हो जाते थे। गांधीजी के लिए मोतीलालजी को समझाना आसान; किन्तु जवाहरलाल को समझाना मुश्किल होता था।

बात यह हुई कि लाहौर कांग्रेस से दो महीने पूर्व वायसराय इरविन ने यह घोषणा की कि ब्रिटिश सरकार यह चाहती है कि भारतीय नेतागण ब्रिटिश सरकार के प्रतिनिधियों के साथ एक गोलमेज सम्मेलन में भाग लेने को लन्दन पधारें। वायसराय की इस घोषणा पर विचार करने को स्वर्गीय विट्ठलभाई पटेल के घर पर भारतीय नेताओं का एक सम्मेलन हुआ, जिसमें कांग्रेस के प्रतिनिधि गांधीजी और मोतीलालजी

थे। इस सम्मेलन ने एकमत होकर एक घोषणा-पत्र तैयार किया, जिसमें कई शर्तों के साथ एक शर्त यह भी थी कि बात अगर औपनिवेशिक स्वराज्य के आधार पर शुरू की जाए, तो भारतीय नेता विचार कर सकते हैं।

पं. जवाहरलाल को यह घोषणा-पत्र संसद नहीं आया। कांग्रेस पूर्ण स्वाधीनता के बारे में एक प्रस्ताव मद्रास में मान चुकी थी। अतएव, वे नहीं चाहते थे कि थोड़ी देर के लिए भी पूर्ण स्वाधीनता को अलग रखकर औपनिवेशिक स्वराज्य के आधार पर समझौते की बातें शुरू की जाएँ। पहले तो उन्होंने यह कहा कि मैं इस घोषणा-पत्र पर सही नहीं करूँगा; किन्तु पीछे उन्होंने गांधीजी के कहने से अपना हस्ताक्षर बना दिया। लेकिन सुभाष बाबू और डॉक्टर किचलू ने घोषणा-पत्र पर दस्तखत करने से कतई इनकार कर दिया था। इससे जवाहरलालजी की मानसिक पीड़ा दुगुनी हो गई। इस कलंक को धोने के लिए गांधीजी से उन्होंने यह कहा कि मैं अपना दस्तखत वापस लेना चाहता हूँ और यह भी चाहता हूँ कि लाहौर कांग्रेस के सभापतित्व से मुझे छुटकारा दे दिया जाए। इस पर गांधीजी ने उन्हें मनाने को जो पत्र लिखा, उसमें उस तकनीक का खुलासा मिलता है, जिसका प्रयोग गांधीजी जवाहरलालजी के प्रबोध के लिए किया करते थे :

> "मैं किस विधि तुम्हारा प्रबोध करूँ? कइयों ने मुझसे कहा है कि तुम बहुत ही दुखी हो गए हो। इस पर मैंने अपने-आपसे सवाल किया—'क्या मैंने तुम पर अनुचित दबाव डालने का अपराध किया है?' मैं अनुचित दबाव से तुम्हें बराबर ऊपर मानता आया हूँ। मैं तुम्हारे विरोध का आदर करता रहा हूँ। अगर मेरी बात तुम्हारे दिल या दिमाग को पसन्द नहीं आए, तो हमेश तुम्हें मेरा विरोध करना चाहिए। तुम्हारे विरोध करने से तुम पर मेरा प्रेम कुछ कम नहीं हो जाएगा। मुझे उम्मीद है कि तुम जनमत के भय से नहीं घबरा रहे हो। अगर तुमने कोई गलती नहीं की है, तो फिर विलाप करने की क्या बात है? आज तुम कांग्रेस के सचिव हो, कल तुम उसके सभापति होने पर रहे हो। ऐसी हालत में अपने बहुसंख्यक साथियों की सम्मिलित राय से तुम अलग नहीं जा सकते। मुझे उम्मीद है कि पस्ती को छोड़कर तुम फिर से प्रसन्न हो जाओगे, जैसा तुम हमेशा ही रहते हो।"

पंडितजी गांधीजी की मोहक बातें मान गए और उन्होंने यह सोचना छोड़ दिया कि उन्होंने कोई गलती की है।

जवाहरलालजी का गांधीजी से मतभेद अहिंसा पर भी था और समाजवाद पर भी। गांधीजी अहिंसा को अपना धर्म मानते थे; किन्तु जवाहरलाल उसे नीति समझते थे। लाहौर कांग्रेस के मंच से अपना मत घोषित करते हुए उन्होंने कहा था :

> "यह सच है कि संसार आज सुसंगठित हिंसा के बल पर चल रहा है। किन्तु हमारे पास ऐसे साधन नहीं हैं कि हम हिंसा-बल का संगठन कर सकें। और

लुक-छिपकर हिंसा का काम करना वीरता नहीं, कायरता का काम है। मेरा खयाल है, हममें से अधिकांश लोग इस विषय पर नैतिक नहीं, व्यावहारिक दृष्टि से विचार करते हैं। हम हिंसा के मार्ग का तिरस्कार इसलिए कर रहे हैं कि उस मार्ग से हमें कोई खास लाभ नहीं पहुँचनेवाला है।"

इसी प्रकार, आर्थिक नीतियों को लेकर भी जवाहरलालजी और गांधीजी के बीच मतैक्य नहीं था। पंडितजी ने लाहौर कांग्रेस के ही मंच से अपने एतत्सम्बन्धी मत की भी घोषणा की थी।

"मैं साफ-साफ कह देना चाहता हूँ कि मैं समाजवादी हूँ और प्रजातन्त्र का हामी हूँ। राजाओं और महाराजाओं में मेरा विश्वास नहीं है, न मैं उस पद्धति में विश्वास करता हूँ, जो उद्योगों के राजाओं को जन्म देती है। कहा जाता है कि कांग्रेस को चाहिए कि वह पूँजीपति और मजदूर तथा जमींदार और किसान के बीच तराजू के पलड़ों को सन्तुलित रखे। मगर तराजू तो एक तरफ को पहले से ही बेतरह झुकी हुई है। अगर हम इस स्थिति को कायम रखते हैं, तो यह स्पष्ट ही अन्याय और शोषण को कायम रखना है।"

पंडितजी को आशा थी कि वे गांधीजी को प्रभावित करके उन्हें अपने विचारों का समर्थक बना सकेंगे। किन्तु गांधीजी समाजवाद का समर्थन करने को तैयार नहीं हुए। समाज से गरीबी और शोषण को दूर करने के प्रश्न पर गांधीजी जिस व्याकुलता से सोचते थे, उस व्याकुलता से सोचनेवाला और कोई नेता नहीं था। गरीबों के प्रति जो ममता और सहानुभूति गांधीजी में थी, वह ममता और सहानुभूति और किसी में नहीं थी। और लोग गरीबों के पक्ष में बोलने के अभ्यासी थे, गांधीजी खुद गरीब बन गए थे। अतएव, उनके भीतर जो नैतिक बल था, उसके समक्ष किताबी दलीलें टिक नहीं सकती थीं। गांधीजी को भारी उद्योगें से वितृष्णा थी। उनका खयाल था कि अर्थव्यवस्था पर अगर समूह का यान्त्रिक अधिकार हो गया, तो आदमी का वैयक्तिक रूप ठिठुरकर रह जाएगा। अतएव, जीवन-दर्शन को वे समाजवाद से एकाकार नहीं करना चाहते थे। पंडितजी उन्हें समझाना चाहते थे कि ऐसा भी उपाय किया जा सकता है कि नियोजित अर्थव्यवस्था के साथ व्यक्ति की स्वतन्त्रता की टक्कर नहीं हो। किन्तु व्यक्ति गांधीजी की दृष्टि में सबसे ऊपर था।

सभ्यता के सामने सनातन द्वन्द्व रहा है कि सारी धरती को चमड़े से मढ़ देना ठीक है या सही काम यह है कि हर व्यक्ति के पाँव में जूते पहना दिए जाएँ। जवाहरलाल पृथ्वी को चमड़े से मढ़ने का स्वप्न देखते थे। गांधीजी हर व्यक्ति को जूते पहनाने के पक्ष में थे। यह मतभेद गुरु और शिष्य के बीच अन्त तक बना रहा।

10

लाहौर कांग्रेस के बाद गांधीजी युद्ध की मुद्रा में आ गए। 31 जनवरी, 1930 को उन्होंने अपनी विख्यात ग्यारह-सूत्री माँग की घोषणा कर दी। जवाहरलाल उन माँगों को देखकर फिर चकित रह गए, क्योंकि उनमें पूर्ण स्वाधीनता का कहीं भी जिक्र नहीं था। नमक-कर की बात पर गांधीजी ने जो खास जोर दिया था, वह भी जवाहरलालजी की समझ में नहीं आया।

2 मार्च, 1930 को गांधीजी ने वायसराय को पत्र लिखा और अगर ये माँगें सरकार स्वीकार नहीं करती, तो सत्याग्रह छेड़ने के सिवा हमारे सामने और कोई रास्ता नहीं रह जाएगा। वायसराय ने विनयपूर्ण भाषा में गांधीजी की माँगों को ठुकरा दिया। अतएव 12 मार्च, 1930 के प्रातःकाल गांधीजी अपने 78 शिष्यों के साथ दांडी-यात्रा पर निकल पड़े। मोतीलाल और जवाहरलाल अहमदाबाद से लौटते समय रास्ते में उतरे और उन्होंने यात्रा पर निकले हुए वीर सेनापति से रास्ते में मुलाकात की। गांधीजी की समर-यात्रा से सारा देश उत्तेजित हो उठा और सारे देश के लोग नमक बनाने की तैयारी करने लगे।

जवाहरलालजी पर नमक-सत्याग्रह का रहस्य अब खुला। अहमदाबाद से लौटकर उन्होंने वक्तव्य दिया :

> "तीर्थयात्री अपने मार्ग पर आगे जा रहा है। युद्ध का क्षेत्र सारे देश के सामने खुल गया। भारत की राष्ट्रीय पताका सभी भारतवासियों का आह्वान कर रही है। आज़ादी हमारी राह देखती खड़ी है। क्या अब भी तुम हिचकिचाओगे; तुम जो कल तक कुछ करने को बेताब हो रहे थे? अगर हिन्दुस्तान मरा, तो ज़िन्दा कौन है? अगर हिन्दुस्तान ज़िन्दा है, तो फिर मृत्यु का भय कैसा?"

अंग्रेज़ों ने समझा था, गांधी खिलवाड़ को निकला है। मगर जब सारा देश आन्दोलन में कूद पड़ा, अंग्रेज़ घबरा गए और उन्होंने लाठियाँ चलानी शुरू कीं, नेताओं को वे जेलों में बन्द करने लगे, कई जगहों पर गोलियाँ भी चलाई गईं। साथ ही, वे इसके लिए भी चिन्तित हो उठे कि कांग्रेस के सम्मिलित हुए बिना गोलमेज सम्मेलन में वास्तविकता नहीं आएगी।

गांधीजी यरवदा जेल में थे और मोतीलाल तथा जवाहरलाल इलाहाबाद के पास नैनी जेल में। ऐसे समय 9 जुलाई, 1930 ई. को इरविन की दूसरी घोषणा आई कि दोनों देशों के बीच समझौते के लिए प्रयास किया जाना चाहिए। बीच-बचाव करने का बीड़ा सप्रू और जयकर ने उठाया और वे गांधीजी से मिलने को यरवदा जेल में गए।

गांधीजी ने कहा, अब पूर्ण स्वाधीनता को आधार बनाए बिना बात की जानी चाहिए या नहीं, यह विषय सन्दिग्ध हो गया है। जब तक मैं मोतीलाल और जवाहरलाल से बात नहीं कर लेता, तब तक कुछ भी कहना सम्भव नहीं होगा। सप्रू

और जयकर को गांधीजी ने मोतीलालजी के नाम एक पत्र किया, जिसमें लिखा कि इस मामले में आखिरी राय जवाहरलाल की ही होनी चाहिए।

सप्रू और जयकर यरवदा से इलाहाबाद गए और नैनी जेल में उन्होंने दोनों नेताओं से मुलाकात की। मोतीलालजी और जवाहरलालजी ने कहा, कार्यकारिणी समिति के सभी सदस्यों से बात किए बिना कोई भी निश्चय करना कठिन है। अतएव नैनी जेल से पिता-पुत्र यरवदा पहुँचाए गए और वहाँ उन्होंने गांधीजी, सरदार पटेल तथा जयराम दास दौलत राम से विचार-विनिमय किया। उन लोगों ने शर्त रखी कि साम्राज्य से भारत के अलग होने का अधिकार स्वीकृत किया जाना चाहिए, राष्ट्रीय सरकार अभी ही कायम की जानी चाहिए तथा गांधीजी की ग्यारह-सूत्री माँग मान ली जानी चाहिए। इतनी बातें कबूल हों, तभी कांग्रेस समझौता-वार्ता में भाग ले सकती है। वायसराय को ये शर्तें मंजूर नहीं हुईं और समझौते की बात खत्म हो गई।

11

प्रथम गोलमेज सम्मेलन 12 नवम्बर, 1930 को लन्दन में आरम्भ हुआ और जनवरी, 1931 में समाप्त हो गया। इस सम्मेलन में एकता और आशा की जो हवा बँधी, उससे प्रोत्साहित होकर अंग्रेज़ यह सोचने लगे कि कांग्रेस अब शायद गोलमेज में आ सकती है। अतएव 26 जनवरी, 1931 को सरकार ने गांधीजी समेत कार्यकारिणी समिति के सभी सदस्यों को बिना शर्त रिहा कर दिया।

दुर्भाग्यवश, 6 फरवरी को पंडित मोतीलाल नेहरू का स्वर्गवास हो गया। बीमारी के अन्तिम दिनों में गांधीजी उनके पास थे। उन्होंने मोतीलालजी को आश्वासन देते हुए कहा था, "इस संकट से आप उबर जाइए, तो स्वराज्य देख लीजिएगा।"

मोतीलालजी का जवाब था, "नहीं महात्माजी, मैं तो जा रहा हूँ। किन्तु आप स्वराज्य हासिल कर चुके हैं।"

जवाहरलालजी दो अभिभावकों के अधीन निश्चिन्त रहते आए थे। पिता की मृत्यु के बाद उनके एक ही अभिभावक गांधीजी बच गए। तब से पितावाली श्रद्धा भी जवाहरलालजी ने गांधीजी को ही अर्पित कर दी।

मोतीलालजी की मृत्यु के दो दिन बाद सप्रू, जयकर और श्रीनिवास शास्त्री गांधीजी और उनके साथियों से बात करने को इलाहाबाद पहुँचे। कोई नई बात तो नहीं निकली, फिर भी यह कहा जाता रहा कि गांधीजी को वायसराय से ज़रूर मिलना चाहिए, जिससे कांग्रेस के गोलमेज सम्मेलन में भाग लेने का रास्ता खोजा जा सके। अतएव, गांधीजी ने 17 फरवरी, 1931 से वायसराय के साथ अपनी वार्ता आरम्भ कर दी।

गांधीजी की शर्तें ये थीं :

1. सभी सत्याग्रही कैदियों की रिहाई,
2. दमन को तुरन्त बन्द करना,
3. जब्त जायदादों की वापसी,
4. नौकरियों से बर्खास्त लोगों को फिर से नौकरी देना,
5. बिना कर चुकाए नमक बनाने की छूट,
6. शराब और विदेशी कपड़ों की दुकानों पर धरना देने की आज़ादी,
7. पुलिस की ज्यादतियों की जाँच।

इन शर्तों का विवरण सुनकर जवाहरलालजी घबरा गए। यह कैसा आदमी है, जो आन्दोलन तो इतना विशाल छेड़ता है और माँग स्वाधीनता की भी नहीं करता? इन शर्तों में कौन-सी ऐसी चीज़ है, जिसके हासिल होने से देश स्वतन्त्रता के समीप पहुँच सकेगा? क्या इन्हीं पिद्दी बातों के लिए हमने इतनी कुर्बानियाँ दी हैं, इतने कष्ट सहे हैं, मद्रास और शोलापुर में गोलियाँ खाई हैं और पठान होकर भी लाठियों के वार अहिंसक रहकर सहे हैं?

गांधीजी रोज वायसराय से मिलते थे और रोज अपने साथियों से सलाह-मशविरा करते थे। गांधीजी ने तय कर लिया था कि वे गोलमेज सम्मेलन में जाएँगे; किन्तु उनके साथी राजी नहीं होते थे और स्वभावतः ही, सबसे कड़ा विरोध जवाहरलालजी की ओर से था। अन्त में, गांधीजी ने सेल्फ गवर्नमेंट अथवा स्वायत्त शासन के आधार पर इरविन से समझौता कर लिया।

जवाहरलाल बहुत बिगड़े, बेतरह घबराए और कहा जाता है कि रात भर रोते रहे। भारत विजय के समीप-समीप पहुँच रहा था। गांधीजी ने यह क्या कर दिया? क्या पूर्ण स्वाधीनता का हमारा कठोर संकल्प केवल सौदेबाजी का बहाना था?

गांधीजी स्वयं अत्यधिक चिन्तित हो उठे। एक दिन टहलने के बहाने वे जवाहरलाल को अपने साथ ले गए और उन्होंने कहा, "इतना घबराते क्यों हो? देश का मैंने कोई भी अहित नहीं किया है, न सिद्धान्तों के साथ कोई समझौता करने का मेरा खयाल है। देखते चलो कि आगे क्या होता है।"

जवाहरलाल गांधीजी की अथाह गहराई के सामने मूक रह गए। वे बोले, "आप रह-रहकर हमें विस्मित करते रहते हैं। चौदह वर्षों से आपके साथ हूँ, मगर लगता है, अभी भी आपको समझ नहीं पाया हूँ।"

जब समझौते की वार्ता चल रही थी, गांधीजी को मालूम हो गया था कि चर्चिल इस वार्ता के खिलाफ है और इरविन को भी यह ज्ञान था कि जवाहरलाल समझौते का विरोध कर रहे हैं। इरविन चिन्तित थे कि जवाहरलाल के विरोध के कारण वार्ता कहीं टूट न जाए। वे प्रायः रोज ही गांधीजी से जवाहरलालजी के बारे में पूछ लिया करते थे।

जवाहरलालजी विचारों में कट्टर होते हुए भी व्यवहार में काफी लचीले थे, इसीलिए जब उनके अन्य समानधर्मा कांग्रेस को छोड़कर चले गए, जवाहरलालजी कांग्रेस में बने रहे और 17 साल तक उन्होंने स्वतन्त्र भारत का प्रधानमन्त्रित्व भी किया।

और उनके लचीलेपन का सबसे बड़ा सबूत यह है कि जिस समझौते को लेकर वे रोए थे, खीजे थे और नाराज़ हुए थे, उसके समर्थन का प्रस्ताव कराँची कांग्रेस में उन्हीं ने उपस्थित किया।

प्रस्ताव पेश करते हुए जवाहरलालजी ने कहा, "एक बात निश्चित है कि दो तरह के काम हर एक साथ नहीं कर सकते। इसलिए मेरी प्रार्थना है कि आप सोच-समझकर कोई निर्णय कर डालें। अब तक हमारा निर्णय यह रहा है कि गांधीजी जो चाहेंगे, हम वही करेंगे और तब तक करते रहेंगे, जब तक गांधी-मार्ग से हमारी प्रगति अवरुद्ध न हो जाए।"

12

गांधीजी 29 अगस्त, 1931 को गोलमेज सम्मेलन के लिए रवाना हुआ। जवाहरलालजी उन्हें विदाई देने को बम्बई बन्दरगाह तक गए थे। किन्तु गोलमेज सम्मेलन से लौटते ही गांधीजी गिरफ्तार हो गए, जवाहरलाल पहले ही गिरफ्तार हो चुके थे।

इस कैद से गांधीजी 23 अगस्त, 1933 को रिहा हुए। और जवाहरलालजी सितम्बर, 1933 में छूटे। इस बीच गांधीजी ने साम्प्रदायिक एवार्ड के खिलाफ जान की बाजी लगाकर सारे देश में जागृति पैदा कर दी थी और एक तरह से अपने अगले कार्यक्रम, हरिजनोद्धार की पुष्ट भूमिका भी तैयार कर दी थी। गांधीजी ने रिहा होते ही सत्याग्रह के स्थगन की घोषणा कर दी।

जवाहरलाल दोनों ही बातों से चकित हुए। जब गांधीजी ने साम्प्रदायिक एवार्ड के खिलाफ आमरण अनशन की घोषणा की, पंडितजी को लगा, गांधीज फिर विचित्र काम कर रहे हैं। अगर जान की बाज़ी लगानी है, तो वह स्वतन्त्रता के प्रश्न पर लगाई जानी चाहिए। क्या समाज-सुधार के काम के लिए गांधीजी के समान अमूल्य जीवन को संकट में डालना ठीक है? और सत्याग्रह के स्थगन का निर्णय भी उन्हें ठीक नहीं लगा।

जेल से छूटने पर पंडितजी गांधीजी से मिलने को पूना गए और गांधीजी से अपने मतभेद की बात उन्होंने खुलकर की। पंडितजी चाहते थे कि पूर्ण स्वाधीनता और समाजवाद—इन दो आदर्शों को जोर से उछालना चाहिए, जिससे जनता अपने ध्येय को पहचान सके और उसके लिए संघर्ष कर सके। किन्तु गांधीजी दोनों ही ध्येयों को गोलमटोल रखना चाहते थे। उनका खयाल था कि जब तक भारत को स्वराज्य के

अधिकार प्राप्त नहीं हा जाते, वह समाजवादी आदर्श की ओर तेजी से नहीं बढ़ सकता है।

पूना में विश्राम लेने के बाद गांधीजी अपने हरिजन कार्यक्रम के साथ देश का दौरा करने लगे। जवाहरलालजी ने इस अवसर का उपयोग साम्प्रदायिकता पर लेखों से प्रहार करने में किया। किन्तु साम्प्रदायिक एकता से भी उनका ज्यादा जोर समाजवाद पर था। उनका कहना था कि साम्प्रदायिकता का गठबन्धन निहित स्वार्थों के साथ है। अतएव दोनों के दोनों प्रतिक्रियागामी हैं। जवाहरलाल समाजवाद के पक्ष में इस जोर से बोलने लगे कि कार्यकारिणी के सदस्य भीतर-ही-भीतर अप्रसन्न हो गए और अपने बहुसंख्यक अनुयायियों का मन रखने को गांधीजी को जवाहरलाल को, अखबार के माध्यम से, हलकी डाँट सुनानी पड़ी। इससे पंडितजी भी रंज हो गए और उन्होंने इच्छा प्रकट की कि कार्यकारिणी से उनका इस्तीफा स्वीकार कर लिया जाए। किन्तु इसकी नौबत नहीं आई। 12 फरवरी, 1934 को सरकार ने उन्हें गिरफ्तार कर लिया। असल में, 26 दिसम्बर, 1931 से लेकर 4 सितम्बर, 1935 तक पंडितजी जेल से बाहर केवल 9 महीने रहे थे।

मगर उनके जेल जाने के पूर्व 15 जनवरी, 1934 को बिहार में भूकम्प आया। गांधीजी ने कहा, यह भूकम्प इसलिए आया है कि भगवान हमें हरिजनों के प्रति हमारे दुर्व्यवहार के लिए दंड देना चाहते हैं। रवीन्द्रनाथ बोले, ऐसी बातें बोलकर गांधीजी सभ्य संसार की दृष्टि में हमें हास्यास्पद बना रहे हैं। पंडितजी इस विवाद में रवीन्द्रनाथ के साथ थे। किन्तु परिणाम से देखा जाए तो भूकम्प इसलिए आया था कि भगवान कांग्रेस को निष्क्रियता और जिच से निकालना चाहते थे।

13

जब गांधीजी भूकम्प पीड़ित बिहार का दौरा कर रहे थे, उस समय कांग्रेसजनों ने दिल्ली में डॉक्टर अंसारी के सभापतित्व में एक सम्मेलन किया और यह निर्णय किया कि स्वराज्य पार्टी को पुनरुज्जीवित करने का वक्त आ गया है; कांग्रेस को केन्द्रीय असेम्बली के लिए चुनाव लड़ने की तैयारी आरम्भ कर देनी चाहिए और यदि गांधीजी तथा कार्यकारिणी समिति को प्रस्ताव मंजूर हो, तो सत्याग्रह आन्दोलन को वापस ले लेना चाहिए।

इस सम्मेलन के बाद डॉक्टर अंसारी और डॉक्टर विधानचन्द्र राय गांधीजी से राय करने को पटना गए। उन्हें यह जानकर आश्चर्य हुआ कि उनके आगमन के पूर्व ही, गांधीजी खुद इस बात का निश्चय कर चुके थे कि आन्दोलन का अधिकार अपने तक सीमित रखते हुए वे उसे वापस ले लेंगे। जहाँ तक असेम्बली-प्रवेश का प्रश्न था, गांधीजी ने कहा, "इस मामले के प्रति मेरा वही रुख है, जो सन् 1924 में था।" किन्तु

चुनाव लड़ने की उन्होंने कांग्रेसियों को छूट दे दी। उन्होंने सत्याग्रह आन्दोलन को वापस लेने का ऐलान पटना से ही कर दिया।

जवाहरलालजी उन दिनों देहरादून जेल में थे। गांधीजी ने जिस आसानी से आन्दोलन को वापस ले लिया था, उससे पंडितजी को दुख भी हुआ और गांधीजी पर खीज भी हुई। सारी चीज़ें उन्हें इतनी उलझी हुई दीखीं कि गांधीजी के साथ अपने-आपको बाँध देने पर उन्हें पश्चात्ताप होने लगा। "मैंने ज़िन्दगी में जो कठोर शिक्षाएँ प्राप्त की थीं, उनमें से कठोरतम शिक्षा आज मेरे समक्ष थी। वह शिक्षा यह थी कि मौलिक मामलों में किसी भी व्यक्ति पर अवलम्बित होना ठीक नहीं है। ज़िन्दगी के मैदान में अकेला चलना ठीक है। दूसरों पर निर्भर होने से निराशा होती है।"

पटना में होनेवाली अखिल भारतीय कांग्रेस की सभा में अंसारी आदि का विरोध समाजवादियों की ओर से हुआ; किन्तु गांधीजी के भाषण के बाद विरोध ढह पड़ा। पंडितजी ने जब पटना की रिपोर्ट पढ़ी, उनकी छाती दो टूक हो गई। हाय, हम किसके साथ बँधे हैं? यह आदमी तो वर्किंग कमेटी से राय-मशविरा किए बिना ही आन्दोलन छेड़ता है और उसे रोक भी देता है। गांधीजी ने हरिजन आन्दोलन के बारे में भी किसी से राय नहीं ली थी। पंडितजी इस बात से भी अपने-आपको उपेक्षित अनुभव करने लगे।

पटना कांग्रेस ने एक ओर प्रस्ताव पास किया था, जिसमें उन नवयुवकों की आलोचना की गई थी, जो वर्ग-संघर्ष तथा वैयक्तिक जायदाद की जब्ती की भावना का प्रचार कर रहे थे। पंडितजी को लगा, यह चोट भी मुझी पर है। किन्तु वे जेल में थे।

इस बीच कमलाजी जोर से बीमार हो गईं। अतएव सरकार ने जवाहरलालजी को 11 अगस्त, 1934 को देहरादून से इलाहाबाद पहुँचाकर ग्यारह दिनों के लिए छोड़ दिया। पंडितजी के पास आ जाने से कमलाजी को बड़ा भरोसा हुआ, वे कुछ प्रसन्न भी रहने लगीं; किन्तु 23 अगस्त को फिर पुलिस की गाड़ी आनन्द भवन के दरवाज़े पर पहुँची और पंडितजी गिरफ्तार कर लिए गए।

यह ग्यारह दिनों की अवधि इसलिए महत्त्वपूर्ण है कि उस बीच जवाहरलालजी ने गांधीजी को एक काफी लम्बा पत्र लिखा, जिसमें अपना विरोध, अपना दर्द, अपनी बेचैनी उन्होंने स्पष्ट शब्दों में व्यक्त की और गांधीजी ने उन्हें एक प्यारा-सा जवाब भी दिया। पुराने पत्रों के गुच्छे में ये दोनों पत्र छपे हैं।

जवाहरलालजी ने अपने 13 अगस्त, 1934 के पत्र में गांधीजी को लिखा :

"जब मैंने सुना, आपने सत्याग्रह आन्दोलन को वापस ले लिया है, मुझे रंज हुआ। पहले मैंने केवल समाचार मात्र सुना था। पीछे जब मैंने आपका बयान पढ़ा, मुझे उससे एक ऐसा धक्का लगा, जैसा और कभी नहीं लगा था। सत्याग्रह

आन्दोलन की वापसी के लिए मैं लगभग तैयार था। किन्तु उसके लिए आपने जो दलीलें दीं, उनसे मैं स्तम्भित रह गया हूँ। मुझे लगा, मेरे भीतर जो एक कीमती धागा था, वह टूट गया है। मैं महसूस करने लगा कि दुनिया में मैं अकेला रह गया हूँ। अकेलेपन का एहसास मुझे बचपन से रहा है। मगर तब भी कुछ धागे थे, जो मुझे बाँधे हुए थे; कुछ सहारा था, जो मुझे टिकाए हुए था। अब लगता है, वह सहारा भी जाता रहा।

"...मेरा खयाल है, यह समय है, जब कांग्रेस को अपने सामाजिक और आर्थिक ध्येयों पर स्पष्टता से विचार करना चाहिए। लेकिन वस्तुस्थिति यह है कि कार्यकारिणी समिति इन विषयों को समझे या न समझे; किन्तु वह उन लोगों की निन्दा करने को, उन्हें जाति से अलग करने को तैयार है, जिन्होंने इन विषयों का अध्ययन किया है और जो उन पर अपने कुछ विचार रखते हैं। उन बदनाम विचारों को कोई भी समझने को तैयार नहीं है, जो विचार संसार के कुछ योग्यतम व्यक्तियों के हैं और जिनके लिए उन्होंने आजीवन बलिदान किया है।

"...समाजवाद का अंग्रेज़ी भाषा में कोई निश्चित अर्थ है। उससे भिन्न अर्थ में इस शब्द का प्रयोग करना अजीब बात है। कोई व्यक्ति यदि अपने को इंजिन-ड्राइवर कहे और तब यह बताए कि उसकी इंजिन लकड़ी की है और वह बैलों से चलती है, तो स्पष्ट ही इंजिन-ड्राइवर शब्द का वह दुरुपयोग करता है।

"...यह कहना भी तर्क का दुरुपयोग है कि भारत की परिस्थितियाँ भिन्न हैं और जो आर्थिक कानून सारे संसार में चलते हैं, वे भारत में लागू नहीं किए जा सकते..."

इस पत्र का जवाब गांधीजी ने 17 अगस्त को दिया, जिसमें उन्होंने लिखा :

"मैं तुम्हारे दर्द को समझता हूँ। अपनी भावनाओं को खुली अभिव्यक्ति देकर तुमने ठीक ही किया है। लेकिन लिखित शब्दों को अगर तुम ठीक से पढ़ो, तो तुम्हें पता चलेगा कि इतना दुखी होने की कोई बात नहीं है। मैं तुम्हें आश्वासन देना चाहता हूँ कि साथी की हैसियत से तुमने मुझे खो नहीं दिया है। मैं वही हूँ, जिसे तुम 1917 ई. से जानते रहे हो। जनसाधारण के हितों के लिए मुझमें वही प्रेम और उत्साह आज भी है, जो इतने दिनों से रहता आया है। पूर्ण स्वाधीनता का अंग्रेज़ी भाषा में जो अर्थ है, वही स्वाधीनता मैं अपने देश के लिए चाहता हूँ। और हर प्रस्ताव, जिससे तुम्हें ठेस पहुँची है, उसी उद्देश्य को ध्यान में रखकर बनाया गया है। जो भी प्रस्ताव पास हुए हैं, उनकी जिम्मेवारी मुझ पर है और उनके साथ जिस परिवेश की कल्पना है, वह कल्पना भी मेरी ही कल्पना है। मगर मेरा खयाल है, मैं समय की नब्ज़ पहचानता हूँ और सारे प्रस्ताव उसी के जवाब हैं।

"...समाजवादियों का खयाल काफी किया गया है। क्या मैं उन्हें या उनके

द्वारा की गई कुर्बानियों को नहीं जानता हूँ? लेकिन समाजवादी लोग ज़रा जल्दी में हैं। मगर जल्दी में वे हों क्यों नहीं? मैं केवल यह चाहता हूँ कि जब मैं पिछड़ जाऊँ, वे ज़रा ठहर जाएँ और मुझे भी अपने साथ लिए चलें। मेरा हू-ब-हू यही रुख है। मैंने कोष में समाजवाद का अर्थ देखा है। यह अर्थ मेरी स्थिति में कोई भी परिवर्तन नहीं करता। समाजवाद की पूरी व्याप्तियाँ समझने को मुझे तुम क्या पढ़ाना चाहते हो?"

"...विस्फोट के बाद रचना की बारी आनी चाहिए। सम्भव है, हमारी मुलाकात न हो सके। तो बताओ, मैं क्या करूँ, किससे बातें करूँ, तो तुम्हारे विचारों का सही प्रतिनिधित्व करता हो?"

आगे चलकर समाजवादी होने का दावा गांधीजी ने भी किया था। किन्तु कांग्रेस में वे बराबर समाजवादियों और गांधीवादियों के बीच सन्तुलन ठीक रखने को चिन्तित रहते थे। गांधीजी समाजवादी टालस्टॉय के अर्थ में थे; किन्तु नेहरू और उनके समाजवादी मित्र मशीनों के भक्त थे। मगर गांधीजी एक छटाँक कर्म को एक टन कल्पना या ज्ञान से अधिक मानते थे। इसलिए ज्यों-ज्यों समय बीतता गया, नवयुवक भी यह मानते गए कि समाजवादी दृष्टिकोण से भी गांधीजी ही सबसे बड़े क्रान्तिकारी हैं।

14

कमला जी यक्ष्मा से पीड़ित थीं। इलाज करवाने को वे जर्मनी चली गई थीं। वहाँ से अच्छी खबर नहीं आ रही थी। अतएव सरकार ने जवाहरलालजी को 4 सितम्बर, 1935 को रिहा कर दिया और वे सीधे यूरोप चले गए। किन्तु कमलाजी अच्छी नहीं हो सकीं। 28 फरवरी, 1936 को उनका देहान्त हो गया और जवाहरलालजी भारत लौट आए।

यूरोप-प्रवास में पंडितजी ने विचारों और आदर्शों की उस टकराहट को समीप से देखा, जो प्रजातन्त्रवाद और नात्सीवाद के बीच चल रही थी। इस बार समाजवाद में उनका विश्वास और भी दृढ़ हो गया और अप्रैल, 1936 में जब वे दुबारा कांग्रेस के सभापति बनाए गए, उन्होंने अपने विचारों को फिर बड़े जोर से रखा :

"समाजवाद केवल आर्थिक विचारधारा नहीं है, जिसे मैं पसन्द करता हूँ। वह एक शक्तिशाली विश्वास है, एक धर्म है, जिसमें मैं दिल और दिमाग, दोनों से यकीन करता हूँ। भारतीय स्वाधीनता की उपासना मैं इसलिए कर रहा हूँ कि मेरे भीतर का राष्ट्रवादी गुलामी सहने को तैयार नहीं है। स्वाधीनता के लिए और भी जोश के साथ मैं इसलिए काम करता हूँ कि सामाजिक और आर्थिक परिवर्तनों के लिए वह ज़रूरी कदम है। मैं चाहता हूँ कि कांग्रेस समाजवादी संस्था बन जाए

और उन सभी शक्तियों से सम्मिलित होकर आगे बढ़े, जो नई सभ्यता की रचना के लिए सारे संसार में क्रियाशील हैं। मगर मैं यह भी महसूस करता हूँ कि आज की कांग्रेस का बहुमत इतनी दूर जाने को तैयार नहीं होगा।''

जवाहरलालजी सभापति तो बना दिए गए थे; किन्तु कांग्रेस के बड़े नेता उनके साथ नहीं थे। बड़े नेताओं का सामीप्य गांधी-विचारधारा से था और वे समझते थे कि जवाहरलालजी गांधीजी के विचारों के विरुद्ध जा हे हैं। कार्यकारिणी समिति में जवाहरलाल वरिष्ठ नेताओं की कैद में थे। बड़ी मुश्किल से वे नरेन्द्रदेव, जयप्रकाश नारायण और अच्युत पटवर्धन को समिति में ला सके थे; किन्तु बहुमत उनके विरुद्ध था।

खटपट इतनी बढ़ी कि 29 जून, 1936 को राजेन्द्र बाबू, राजाजी और वल्लभभाई समेट सात सदस्यों ने पंडितजी को एक पत्र लिखकर कहा कि जो स्थिति है, उसमें हम लोग आगामी चुनाव-संग्राम का संचालन करने में असमर्थ हैं।

पत्र में लिखा गया :

''हम लोगों का खयाल है कि आज की स्थिति में कांग्रेस के सभापति और कार्यकारिणी समिति के सदस्यों द्वारा समाजवाद का प्रचार किया जाना अच्छा नहीं है। कांग्रेस ने इस ध्येय को अभी स्वीकार नहीं किया है। इस प्रकार से देश का हित नहीं सधेगा और इससे स्वाधीनता-संग्राम में बाधा भी पड़ सकती है। हम लोगों का विचार है कि हमारा तात्कालिक उद्‌देश्य स्वाधीनता की प्राप्ति है और वह उद्‌देश्य सभी उद्‌देश्यों से बड़ा है।

आप यह भी समझते हैं, और आपने यह कहा भी है कि वर्तमान कार्यकारिणी समिति आपकी चुनी हुई नहीं है, वह आप पर लादी गई है। मगर हमारा लखनऊ का संस्मरण इससे भिन्न है। लखनऊ में हममें से किसी ने भी आप पर थोड़ा भी दबाव डड़ाला हो, ऐसा हमें याद नहीं आता है।

हमारा खयाल है, आपकी वक्तृताओं और समाजवादियों के प्रचार से सारे देश में कांग्रेस कमज़ोर हुई है और बदले में कांग्रेस को कोई लाभ भी नहीं पहुँचा है।

ऐसी अवस्था में अगले चुनाव का बोझ उठाने में हम लोग असमर्थ हैं।''

पीछे राजेन्द्र बाबू आदि नेताओं ने इस पत्र को वापस ले लिया; किन्तु इससे जवाहरलालजी को शान्ति नहीं मिली। उन्होंने बातचीत के दौरान राजेन्द्र बाबू से कहा था कि ''खंजर तो कलेजे से आपने निकाल लिया, लेकिन उसके निशान नहीं मिटे हैं।'' और 5 जुलाई, 1936 को जवाहरलालजी ने एक पत्र में फिर अपना रोना गांधीजी के पास रोया :

''प्रिय बापू, मैं शरीर से कमज़ोर और मन से अशान्त हूँ।...मुख्य बात यह है कि मेरी सरगर्मी कांग्रेस के हित में बाधक समझी जा रही है।...बात पर जितनी भी

गर्मी से विचार कीजिए, निष्कर्ष यही निकलता है कि मैं इतना खुराफाती हूँ कि मुझे बर्दाश्त नहीं किया जा सकता। मुझमें कुछ थोड़ी योग्यता है, शक्ति है, आतुरता है और एक व्यक्तित्व है, जो आकर्षक है। ये मेरे गुण हैं, मगर ये गुण ही खतरनाक समझे जा रहे हैं, क्योंकि उनका उपयोग गलत उद्‌देश्य के लिए किया जा रहा है। इन सारी बातों से जो निष्कर्ष निकलना चाहिए, वह स्पष्ट है।''

गांधीजी ने जवाहरलालजी को समझाते हुए उत्तर दिया :

''जो पत्र तुम्हें भेजा गया था, उसे मैंने देख लिया था। यह मेरा ही सुझाव था कि इस्तीफा न भेजकर पहले यह पत्र ही भेजा जाना चाहिए। मेरी इच्छा थी कि तुम इस पत्र के साथ अधिक न्यायशील होते। मेरा खयाल है, अब आगे इस्तीफे की बात नहीं उठनी चाहिए और आपसी संघर्ष शान्त हो जाना चाहिए। अगर तुमने कुछ किया, तो अखिल भारतीय कांग्रेस को लकवा मार जाएगा और वह संकट का समाधान नहीं निकाल सकेगी। तब कांग्रेस दो विरोधी भाव-धाराओं में बँट जाएगी। ऐसा संकट उत्पन्न करना गलत काम होगा। पत्र की व्याप्तियों का तुम अतिरंजन कर रहे हो। मैं तुम्हारे साथ बहस नहीं करूँगा। जिन साथियों के साथ तुमने इतने दिनों तक बिना किसी खटपट के काम किया है, उनके साथ आगे काम करने में तुम्हें कठिनाई नहीं होनी चाहिए। अगर तुम्हारे साथी असहनशील हैं, तो तुम्हारी असहनशीलता कुछ कम नहीं है।''

लेकिन साथियों के साथ बिना खटपट के काम करना पंडितजी कम जानते थे। सन् 1924 ई. में जब मौलाना मोहम्मद अली कांग्रेस के सभापति और जवाहरलाल उसके महामन्त्री थे, तब भी साथियों से खटपट होने की शिकायत उन्होंने मौलाना से की थी और मौलाना ने धीरज बँधाते हुए उन्हें लिखा था, ''चूँकि कार्यकारिणी के सदस्य तुम पर विश्वास नहीं करते, तुम्हारे सचिवत्व से अपनी नाराज़गी जाहिर करते हैं, इसीलिए तो सचिव के रूप में मैं तुम्हें चाहता हूँ।''

15

'द लास्ट डेज आव् ब्रिटिश राज' के लेखक लियोनार्ड मोसले ने जवाहरलालजी के बारे में लिखा है कि ''सर्वोच्च सत्ता की चोटी तथा भारतीय जनता के हृदय पर प्रेमपूर्ण एकाधिपत्य पर नेहरू के पहुँचने का मार्ग तीर्थयात्री का मार्ग अवश्य था; किन्तु उस रास्ते में इतने खन्दक थे, इतनी खाइयाँ थीं कि अगर भाग्य और संयोग ने नेहरू का साथ नहीं दिया होता, तो रास्ते से वे विचलित भी हो सकते थे।''

सुभाषचन्द्र बोस को कांग्रेस ने बर्दाश्त नहीं किया, यह पहला संयोग था। सरदार पटेल ने नम्बर एक बनने की जिद नहीं की, यह दूसरा संयोग था। और जब

समाजवादी लोग कांग्रेस छोड़ रहे थे, तब पंडितजी ने कांग्रेस नहीं छोड़ी, यह तीसरा संयोग था।

किन्तु संयोग भी अकारण उत्पन्न नहीं होता। उसके भी कारण होते हैं। वह कारण जवाहरलालजी की विद्वत्ता में था, चरित्र में था, निश्छल देशभक्ति में था और एक अत्यन्त सजीव व्यक्तित्व में था। उनके भीतर कोई बात थी, जो और किसी नेता में नहीं थी। संविधान सभा की कल्पना उन्होंने निकाली थी। योजनाबद्ध विकास का स्वप्न सबसे पहले उन्होंने ही देखा था और समस्त संसार में भारत की भूमिका क्या होनी चाहिए, इसकी झाँकी भी देश के सामने उन्होंने ही प्रस्तुत की थी। हलके ढंग से यह कहकर छुट्टी पा लेना हलका काम है कि जवाहरलालजी इसलिए बढ़े कि वे अमीर खानदान में पैदा हुए थे। जो नेता गरीब खानदानों में जनमे थे, उनमें से कौन था जो जवाहरलाल की-सी भाषा लिखता था, उनके समान हर विषय पर ऊँचाई से बोल सकता था अथवा जिसकी कल्पना सार्वभौम थी? कांग्रेस ने जवाहरलाल को बर्दाश्त करके अपनी आयु बढ़ा ली, अपना बल बढ़ा लिया, अपनी शोहरत और प्रतिष्ठा में वृद्धि की और अपने को इस योग्य बना लिया कि वह समाजवाद का भी प्रचार कर सके। और जवाहरलाल ने चुभन और काँटे बर्दाश्त करके कांग्रेस में रहकर उस सीढ़ी पर अख्तियार कर लिया, जो उन्हें सर्वोच्च शिखर तक ले जानेवाली थी।

पंडितजी वह क्रान्तिकारी थे, जिसका विश्वास सुधार और विकास में रहता है। वे आदमी शान्तिप्रिय थे और उनमें वैराग्य की भी छौंक थी; किन्तु सत्ता पर आरूढ़ होने के प्रति उनमें वैराग्य नहीं था। वे ऐसे राष्ट्रवादी थे, जिसके भाव-तन्तु अन्तर्राष्ट्रीयता से बँधे हुए थे। वे एकाकी थे, निःसंग थे, अगाध शान्ति की खोज में थे; किन्तु ज़िन्दगी की हलचलों से खेलने में उन्हें आनन्द आता था। उनमें दृढ़ता भी थी और लचीलापन भी था, इसीलिए, कोई भी झकोरा उन्हें अपने स्थान से हिला नहीं सका।

अपने-आपके प्रति उनमें अदम्य विश्वास था। वे मानते थे कि मैं किसी भी विषय पर बोल सकता हूँ, कितना भी कठिन काम हो, कर सकता हूँ। 1937 के चुनाव में करिश्मा दिखाने को उन्होंने कांग्रेस के सभापतित्व की दुबारा कामना की और इस विषय का सुझाव गांधीजी को खुद ही दिया। और जब वे चुनावों के दौरे पर निकले, तब लगा, मानो कोई तूफान स्वतन्त्रता का सन्देश लेकर सारे देश में दौड़ रहा हो।

पराधीनता के समय भी जवाहरलाल भारत के भावी निर्माण की बातें बहुत बड़े पैमाने पर सोचते थे। मगर उनकी बातें उनके वरिष्ठ साथियों को पसन्द नहीं आती थीं। वे उन बातों को हवाई समझते थे। और गांधीजी की कठिनाई यह थी कि उन्हें गांधीवादियों के साथ जवाहरलाल को लेकर चलना पड़ता था। उस समय अपने किसी अनुयायी को पत्र लिखते हुए गांधीजी ने लिखा था, "योजना के बारे में जवाहरलाल की सारी कोशिशें बेकार हैं, मगर वह ऐसी किसी चीज़ से खुश ही नहीं होता, जो बड़ी नहीं हो।"

भारत के आर्थिक विकास के मामले में जवाहरलाल गांधीजी के बहुत-से विचारों को पिछड़ा समझते थे। और गांधीजी भी जवाहरलाल की बहुत-सी बातों को फालतू और भारत के लिए अनुपयुक्त मानते थे। गांधीजी का विचार था कि आदमी की आवश्यकताएँ जितनी कम हों, उतना ही अच्छा है। जवाहरलाल मानते थे कि आदमी की ज़रूरतें उतनी कम नहीं हैं, जितनी गांधीजी समझते हैं।

जब तक स्वराज्य नहीं हुआ था, बातें सैद्धान्तिक धरातल पर रहीं। किन्तु पंडितजी जब प्रधानमन्त्री हो गए, उन पर यह बोझ आ पड़ा कि वे जो कुछ बोलते थे, उसे कार्य का रूप देकर दिखाएँ।

मन से समाजवादी और हृदय से गांधीवादी होने का परिणाम यह हुआ कि जवाहरलाल ने प्रजातन्त्र के मार्ग से समाजवाद लाने का संकल्प किया। यह संकल्प अभी तक चरितार्थ नहीं हुआ है। आगे चलकर भी वह चरितार्थ होगा या नहीं, इसे काल बताएगा।

16

1936-37 तक जवाहरलालजी का गांधीजी से मतभेद आर्थिक कार्यक्रम को लेकर चलता था; किन्तु जब सन् 1939 ई. में महायुद्ध का आरम्भ हुआ, यह मतभेद एक अन्य धरातल पर पहुँच गया।

युद्ध में भारत का रुख क्या हो, इस पर जब विचार किया जाने लगा, पंडितजी के सामने निखिल मानवता का सवाल आ गया। हिटलर और मुसोलिनी के प्रति यूरोप के प्रगतिशील लोगों का जो भाव था, उसे पंडितजी यूरोप जाकर अपनी आँखों से देख आए थे। अतएव उनका मत बना कि युद्धोद्योग में बाधा देना ठीक नहीं है। उससे मित्र-राष्ट्रों की कमज़ोरी और हिटलर की शक्ति बढ़ेगी। फासिस्ट विरोधी विचार पंडितजी के पहले से ही रहे थे। युद्ध के ठीक पूर्व, यूरोप घूमने के कारण वे और भी तीव्र हो उठे थे। 1938 ई. में श्रीकृष्ण मेनन के साथ उन्होंने स्पेन के गृहयुद्ध को स्पेन जाकर देखा था। पंडितजी की आशा थी कि इस गृहयुद्ध में विजय प्रजातन्त्रवादियों को मिलेगी; किन्तु जीत फ्रैंकों की हो गई। इससे उनके हृदय पर साँप लोट गया था और वे कोई भी ऐसा काम नहीं करना चाहते थे, जिससे हिटलर और मुसोलिनी को बाल बराबर भी लाभ हो।

कांग्रेस ने युद्ध के बारे में जो पहला प्रस्ताव स्वीकृत किया, उसी में यह बात स्पष्ट हो गई थी कि यदि भारत स्वतन्त्र घोषित नहीं किया गया, तो युद्ध में वह कोई सहायता नहीं देगा। उसके बाद एक महीने के लिए पंडितजी चीन चले गए। वहाँ से लौटने के बाद कार्य-समिति का एक प्रस्ताव उन्होंने और लिखा जो 14 सितम्बर, 1939 को पारित हुआ। इस प्रस्ताव में खास जोर उन्होंने इस बात पर दिया कि यह

युद्ध दो शिविरों की सेनाओं की मुठभेड़ नहीं है। यह सभ्यता का संकट है और इसका प्रभाव सम्पूर्ण मानव-जाति पर पड़ेगा। किन्तु निष्कर्ष इसका भी वही था, जो पहले प्रस्ताव का, अर्थात् स्वराज्य मिल गया, तो हम सभी साधनों से मित्र-राष्ट्रों की मदद करेंगे, किन्तु स्वराज्य नहीं मिलने से हम कुछ भी करने की स्थिति में नहीं हैं।

यहीं गांधीजी से मतभेद उत्पन्न हुआ। गांधीजी का कहना था कि भारत को अगर मित्र-राष्ट्रों की मदद करनी है, तो वह मदद बिना किसी शर्त के की जानी चाहिए और वह सहायता हर हालत में अहिंसक ही हो सकती है।

जवाहरलाल गांधीजी के इस विचार से सहमत थे कि मित्र-राष्ट्रों के युद्धोद्योग में किसी भी बड़े पैमाने पर बाधा डालना अनुचित होगा। किन्तु गांधीजी की यह बात उन्हें पसन्द नहीं थी कि हम मित्र-राष्ट्रों की सहायता बिना किसी शर्त के करें अथवा हम जो सहायता दें, वह अहिंसक हो। और संयोगवश, कार्य-समिति के अधिकांश सदस्य इस मामले में गांधीजी नहीं, जवाहरलाल के साथ थे।

अब तक आर्थिक प्रश्नों पर कार्य-समिति में जवाहरलाल ही अकेले रहते आए थे। मगर अब जब हिंसा-अहिंसा का प्रश्न उठा, कार्य-समिति में अकेले गांधीजी रह गए।

लेकिन कांग्रेस की इस माँग को वायसराय लिनलिथगो ने स्वीकार नहीं किया। उलटे, चर्चिल इससे चिढ़ गए और लन्दन में उन्होंने ऐलान किया, "देर-सबेर हमें गांधीजी और कांग्रेस को कुचलना ही पड़ेगा।"

इस स्थिति से क्षुब्ध होकर कांग्रेस फिर गांधीजी के करीब आ गई और बम्बई में उसने प्रस्ताव पास किया कि हम अहिंसक पद्धति से युद्धोद्योग का बहिष्कार करेंगे।

अक्टूबर, 1940 में पंडितजी फिर गिरफ्तार हो गए और गोरखपुर जेल के भीतर एक अंग्रेज़ मैजिस्ट्रेट ने उनके मुकदमे की जाँच की। इस बार अदालत के सामने जवाहरलालजी ने जो बयान दिया, वह बड़ा ही ओजस्वी और महत्त्वपूर्ण था। अदालत को सम्बोधित करके उन्होंने कहा :

"श्रीमन्! मैं आपके सामने एक व्यक्ति के रूप में पेश किया गया हूँ, जिसने राज्य के खिलाफ जुर्म किया है। जिस सरकार के खिलाफ मैंने जुर्म किया है, आप उसके प्रतीक हैं। किन्तु मैं भी केवल व्यक्ति नहीं हूँ, व्यक्ति से कुछ बड़ी चीज़ हूँ। मैं आज के युग का प्रतीक हूँ, भारत की राष्ट्रीयता का प्रतीक हूँ, मैं उस देश का प्रतीक हूँ, जो गुलामी की जंजीर तोड़कर ब्रिटिश साम्राज्य से अलग होना चाहता है। आप इस मुगालते में न रहें कि आप मेरा मुकदमा देख रहे हैं या मुझे सज़ा देने जा रहे हैं। आप मुकदमा भारत के करोड़ों निवासियों का देख रहे हैं और सज़ा भी आप उन्हें ही देंगे। मेरा खयाल है, यह जिम्मेदारी किसी अहंकारी साम्राज्य के लिए भी भारी पड़ेगी।"

मैजिस्ट्रेट ने जवाहरलालजी पर चार साल कैद की सज़ा ठोंक दी।

17

जब पर्ल बन्दरगाह पर जापान ने अख्तियार कर लिया, अंग्रेज़ों के कान फिर से खड़े हो गए। इस घटना का अर्थ यह था कि अमेरिका और जापान युद्ध में प्रवेश कर रहे हैं। इसलिए दिसम्बर, 1941 में जवाहरलाल रिहा कर दिए गए।

इस बीच हिंसा-अहिंसा को लेकर फिर से मतभेद बढ़ने लगा। कांग्रेस के नेता बम्बई प्रस्ताव का अर्थ यह लगाते थे कि अहिंसा का प्रयोग हम देश की भीतरी समस्याओं के लिए कर सकते हैं। अगर आक्रमण बाहर से हो, तो वैसी हालत में हम हिंसा का भी सहारा ले सकते हैं। किन्तु गांधीजी हर हालत में हिंसा को त्याज्य समझते थे। उन्होंने लिखा, "मेरा दृढ़ विश्वास है कि भारत और समग्र विश्व की ध्वंस से रक्षा केवल अहिंसा कर सकती है।" और इस घोषणा के साथ वे कांग्रेस से फिर अलग हो गए।

इस बीच चियाङ्-काइ-शेक ने भारत की यात्रा की और गांधीजी को उन्होंने सलाह दी कि अभी आप आन्दोलन नहीं छेड़ें, तो अच्छा रहेगा। फिर सर स्टेफोर्ड क्रिप्स आए। जवाहरलालजी की इच्छा थी कि क्रिप्स-योजना संशोधनपूर्वक मान ली जाए, तो भारत को इस विश्वयुद्ध में हिस्सा लेने का सुयोग मिले। किन्तु क्रिप्स मिशन असफल हो गया। अतएव संसार को यह जताने को कि हम अभी भी मित्र-राष्ट्रों को कमज़ोर बनाने के पक्ष में नहीं हैं, पंडितजी ने बयान दिया कि "अगर कोई हमलावर भारत पर हमला करेगा, तो हम उसके सामने घुटने नहीं टेकेंगे, बल्कि गुरिल्ला पद्धति से उसके खिलाफ युद्ध करेंगे। अभी भी हम यही चाहते हैं कि भारत में अंग्रेज़ों के युद्धोद्योग में कहीं कोई बाधा नहीं दी जाए।"

एक ओर तो देश में यह हिंसा-अहिंसा का द्वन्द्व चल रहा था, दूसरी ओर जनवरी, 1941 ई. में सुभाषचन्द्र बोस पुलिस को चकमा देकर भारत से बाहर भाग गए। देश में इस बात की चर्चा चलने लगी कि अब सुभाष बाबू बाहर से भारत पर चढ़ाई करवाएँगे। यह देश के लिए भावनात्मक उलझन का समय था। क्रिप्स मिशन असफल हो गया था; जापान तेजी से बर्मा की ओर बढ़ता आ रहा था; कांग्रेस अपमानित अनुभव कर रही थी; और जवाहरलाल की घोषणाओं के बावजूद देश में हिटलर और जापान के प्रति सहानुभूति बढ़ती जा रही थी। अतएव कांग्रेस महासमिति ने इलाहाबाद में एक प्रस्ताव स्वीकृत किया कि बाहरी हमलों से भारत को स्वाधीनता नहीं मिल सकती। अगर कोई दुश्मन चढ़ ही आया, तो जनता को चाहिए कि उसका सामना वह अहिंसा और असहयोग के उपायों से करे।

अवश्य ही जवाहरलालजी ने गांधीजी का मन रखने को अहिंसा की यह सिफारिश की होगी। जिस व्यक्ति ने देश से अपील की थी कि वह गोरिल्ला पद्धति से लड़ाई लड़ने को तैयार रहे, उसी ने उस प्रस्ताव का प्रारूप भी तैयार किया, जिसमें

गोरिल्ला पद्धति के बदले अहिंसा को अपनाने की बात कही गई थी। यह भी जवाहरलालजी के लचीलेपन का ही एक प्रमाण था।

किन्तु गांधीजी अहिंसा पर जोर इसलिए दे रहे थे कि उन्हें अंग्रेज़ों को चैन में नहीं छोड़ना था। वे मन-ही-मन अपने जीवन के आखिरी संग्राम के लिए सन्नद्ध हो रहे थे और वे कहीं भी ऐसी भूमिका नहीं छोड़ना चाहते थे, जिससे आगे चलकर हिंसा को कोई सैद्धान्तिक प्रश्रय मिल सके। सन् '42 के अप्रैल-मई से ही गांधीजी की लेखनी से चिंगारी छिटकने लगी थी। उन्होंने अंग्रेज़ों को समझाना शुरू कर दिया था कि "खुदा के वास्ते तुम हिन्दुस्तान छोड़कर चले जाओ और हमें अराजकता में या हमारी किस्मत पर छोड़ दो।"

"तुम्हें यहाँ बैठे-बैठे बहुत दिन हो गए। तुमने हमारा कोई उपकार नहीं किया। मैं कहता हूँ, अब यहाँ से भागो और हमें छोड़ दो। ईश्वर के नाम पर उठो और जाओ। हमें भगवान के भरोसे छोड़ दो। तुम्हारे जाने के बाद अराजकता मचे तो मचे, मगर तुम चले जाओ।"

गांधीजी की गर्मी जितनी ही बढ़ती जाती थी, जवाहरलालजी उतने ही परेशान होते जाते थे। गांधीजी पर राष्ट्रीयता का जो जोश छा रहा था, उससे जवाहरलाल घबराते थे और उन्हें लगता था, मानो गांधीजी भारत की हित-साधना के प्रयत्न में विशाल मानवता के हितों की उपेक्षा कर रहे हैं।

जवाहरलालजी गांधीजी से मिलने को कई बार वर्धा गए और कई बार उनके साथ उन्होंने विचार-विमर्श किया। किन्तु गांधीजी कुछ करने को बेचैन थे। "अंग्रेज़ों की तानाशाही के आगे घुटने टेककर बैठ जाना आज भयानक बात होगी। इससे देश के नैतिक बल की रीढ़ टूट जाएगी। यदि देश ने अंग्रेज़ों के आगे घुटने टेक दिए, तो वह अन्य हमलावर के आगे भी घुटने ही टेकेगा। अकर्मण्यता हमें लकवे का शिकार बना देगी। कर्मठता हमारी शिराओं में शक्ति का संचार करेगी।"

जवाहरलाल ने सवाल किया, "नैतिक कारणों से अंग्रेज़ों के साथ संघर्ष चाहे जितना भी न्यायसंगत हो, किन्तु इससे युद्धोद्योग में क्या बाधा नहीं पड़ेगी? और एक ऐसे मौके पर जब भारत खतरे में आ गया है?"

गांधीजी का उत्तर था, "ईश्वर में विश्वास करो। हम और तुम यही तो चाहते हैं कि युद्ध का नैतिक आधार बदल जाए? भारत औपनिवेशिक दासता का सबसे बड़ा प्रतीक है। अगर हमीं आज़ाद नहीं हुए, तो दुनिया के और गुलाम देशों के आगे क्या उम्मीद है? वैसी हालत में इस लड़ाई का लड़ा जाना ही व्यर्थ हो जाएगा।"

गांधीजी के साथ जवाहरलाल का इस समय इतना मतभेद हो गया था कि आचार्य नरेन्द्रदेव से गांधीजी ने पूछा, "अगर मैंने आन्दोलन शुरू किया, तो जवाहर पर उसकी क्या प्रतिक्रिया होगी?"

नरेन्द्रदेवजी बोले, "वे जेल से बाहर तो नहीं रहेंगे।"

गांधीजी ने कहा, "हाँ, सो कैसे हो सकता है?"

किन्तु जब आन्दोलन समाप्त हुआ और उसके हिंसक पक्ष की जिम्मेवारी उठाने से नेतागण शरमाने लगे, तब जवाहरलालजी ने वीर गर्जना की, "इस आन्दोलन की सारी जिम्मेवारी मैं अपने ऊपर लेता हूँ।"

18

गांधीजी और जवाहरलाल के बीच मतभेद था, स्पर्धा नहीं थी। गांधीजी तो जवाहरलाल से स्पर्धा क्या करते, जवाहरलाल में भी इतनी नासमझी नहीं थी कि मतभेदों से ऊबकर वे दूसरी पार्टी बनाएँ और गांधीजी को खुली चुनौती दें। जवाहरलाल अपना और गांधीजी का तुलनात्मक महत्त्व जानते थे। उनके भीतर यह श्रद्धा जम गई थी कि इस देश में अभी जो कुछ हो सकता है, गांधीजी के इशारों से ही हो सकता है। इसी प्रकार, गांधीजी भी जवाहरलाल को अपने लिए अपरिहार्य समझते थे। वे जानते थे कि देश के नौजवानों में जवाहरलाल के प्रति एक खास आकर्षण है, जिसकी पूर्ति और कोई नहीं कर सकता। वे यह भी जानते थे कि जवाहरलाल के ही पास वह भाषा है, जिसे बाहरी विश्व समझता है और जवाहरलाल के पास जो सार्वभौम दृष्टि है, वह और किसी के पास नहीं है। इसीलिए वे जवाहरलाल को अपने से दूर जाने देना नहीं चाहते थे। बहुत-से समाजवादी तथा साम्यवादी कांग्रेस से हट जाएँ, तो भी एक जवाहरलाल को लेकर कांग्रेस मजे में उनका मुकाबला कर सकती है, यह विश्वास भी गांधीजी के भीतर था और काल ने, गांधीजी के मरने के बाद भी, उसे गलत साबित होने नहीं दिया।

गांधीजी की सबसे बड़ा विश्वास इस बात का था कि जवाहर कभी भी उन्हें धोखा नहीं देगा, कभी भी उनके खिलाफ बगावत नहीं करेगा और रोना-धोना वह चाहे जितना भी करे, किन्तु उसके भीतर यह कठोरता नहीं है कि उन्हें छोड़कर वह अलग हो जाए।

जब युद्ध को लेकर दोनों नेताओं के बीच मतभेद बहुत बढ़ गया था, उन दिनों सन् 1942 ई. में वर्धा में होनेवाली अखिल भारतीय कांग्रेस कमेटी में गांधीजी ने कहा था कि :

> "लोग कहते हैं कि मेरे और जवाहरलाल के बीच तनाव आ गया है और हम लोग एक-दूसरे से दूर जा पड़े हैं। हम लोगों को एक-दूसरे से दूर करने के लिए मतभेद काफी नहीं हैं। जब से हम सहकर्मी हुए, मतभेद तभी से रहे हैं और, तब भी, जो बात मैं वर्षों से कहता आया हूँ, उसे आज फिर दुहराना चाहता हूँ कि मेरे उत्तराधिकारी राजाजी नहीं होंगे, उत्तराधिकारी जवाहरलाल होगा। जवाहरलाल कहता है कि मेरी भाषा उसकी समझ में नहीं आती है, न मैं उसकी भाषा

समझता हूँ। मगर भाषा न मालूम हो, तब भी दो दिल मिलते ही हैं। और मैं जानता हूँ कि मेरे मरने के बाद जवाहरलाल मेरी भाषा में बात करेगा।''

पंडितजी बड़े ही स्वाभिमानी पुरुष थे। वे अपने दैन्य या विपन्नता की बात किसी से भी नहीं करते थे, यहाँ तक कि अपने पिता से भी नहीं। किन्तु ऐसी बातें भी वे गांधीजी को निश्छल होकर बता देते थे।

नेहरू-परिवार की समृद्धि का उल्लेख लोग आँख मूँदकर करते हैं। किन्तु सच्ची बात यह है कि मोतीलालजी की कमाई के कम होते ही यह समृद्धि घटने लगी थी। 1924 ई. में पंडित जवाहरलाल पर यह शर्म गुजरने लगी थी कि पूरा मर्द होकर भी मैं बाप की कमाई पर जी रहा हूँ। क्यों नहीं अपने पाँव पर आप खड़ा होकर पिता के बोझ को थोड़ा हलका कर दूँ। यह बात उन्होंने चुपके से गांधीजी को लिख भेजी, मगर इसकी भनक किसी तरह पं. मोतीलालजी के कान में पड़ गई। स्वभावतः ही वे बेटे पर झल्ला उठे। किन्तु परिस्थिति सँभालने में गांधीजी से अधिक चतुर व्यक्ति की कल्पना नहीं की जा सकती। उन्होंने भी जवाहरलालजी को चुपके से जवाब भेजा :

''तुम्हारा हृदयस्पर्शी, मार्मिक, वैयक्तिक पत्र मिला। तुम अपनी समस्या का सामना बहादुरी से करोगे, इसमें मुझे सन्देह नहीं है। पिताजी अभी गुस्से में हैं। अभी मुझे या तुम्हें उनके गुस्से को बढ़ाना नहीं चाहिए।...क्यों तुम्हारे लिए कुछ रुपयों का इन्तज़ाम करूँ? मगर तुम कोई ऐसा काम क्या नहीं करते, जिससे कुछ आय भी होती हो? पिता के घर में रहते हुए भी तुम्हें अपने पसीने की कमाई खानी ही चाहिए। क्या तुम्हें किसी पत्र का संवाददाता बनना पसन्द होगा? या कहो तो तुम्हारे लिए कहीं प्रोफेसरी की तलाश करूँ?''

लगता है, सन् 1925 ई. के आते-आते पंडितजी धनाभाव का अनुभव और भी तीव्रता से करने लगे थे, क्योंकि 30 सितम्बर, 1925 को गांधीजी ने जो पत्र उन्हें लिखा, उसमें इसी विषय की चर्चा है :

''मैं किसी भी व्यक्ति से यह कहने का साहस नहीं कर सकता कि तुम पंडित मोतीलालजी की सहायता करो। लेकिन जहाँ तक तुम्हारा सवाल है, मैं एक या अनेक मित्रों से ऐसा अनुरोध कर सकता हूँ और तुम्हारी मदद करने में उन्हें फख्र ही होगा। अगर तुम्हारी स्थिति बहुत असाधारण नहीं हो, तो मेरी सलाह होगी कि तुम्हें भी सार्वजनिक कोष से सहायता स्वीकार करनी चाहिए। मेरा निश्चित मत है कि तुम्हें कोई कारोबार करना चाहिए, जिसे पारिवारिक कोष में तुम अपना अंशदान दे सको। यदि यह पसन्द नहीं हो, तो सार्वजनिक क्षेत्र में खड़ा रहने के लिए तुम्हें मित्रों का साहाय्य स्वीकार करना चाहिए। यह निर्णय जल्दबाजी में नहीं किया जाना चाहिए। मगर मुझे तो तुम्हारी फिक्र है। वह काम ज़रूर किया जाना चाहिए, जिससे तुम्हें मानसिक शान्ति मिले। बिजिनेस-मैनेजर होकर देश का काम तुम कम नहीं करोगे, ऐसा मैं मानता हूँ। और तुम अगर

कोई रोजगार करो, तो इससे पिताजी को बुरा नहीं मानना चाहिए।"

पंडितजी को गांधीजी जो भी खत लिखते थे, अक्सर वे मुहब्बत से लबरेज होते थे और उनसे यह स्पष्ट विदित होता था कि अपने इस अद्वितीय शिष्य के लिए उन्हें कितना गौरव और अभिमान था। जब सन् 1928 ई. में साइमन कमीशन के बहिष्कार के सिलसिले में जवाहरलालजी पर लाठी के वार हुए, गांधीजी ने उन्हें आशीर्वाद देते हुए लिखा :

"मेरा प्रेम स्वीकार करो। तुमने बड़ी बहादुरी का परिचय दिया। मगर आगे तुम्हें इससे भी बड़ी बहादुरी का परिचय देना है। भगवान तुम्हें अभी बहुत वर्षों तक आबाद रखें और हिन्दुस्तान को गुलामी से छुड़ाने में तुम्हारा उपयोग, खासतौर से चुने हुए यन्त्र के रूप में, करें।"

कांग्रेस के भीतर जवाहरलालजी के प्रतिद्वन्द्वी सुभाष बाबू नहीं, सरदार पटेल थे। पंडितजी और सरदार के बीच खास मतभेद समाजवादियों के साथ किए जानेवाले सलूक को लेकर था। पंडितजी ने कांग्रेस के भीतर अपना स्थान विद्रोही का नहीं, समाजवादियों के संरक्षक का बना रखा था। किन्तु सरदार पार्टी के सूत्रधार थे। उनके विरुद्ध जवाहरलालजी समाजवादियों को काफी संरक्षण नहीं दे सके। नतीजा यह हुआ कि बहुत-से समाजवादियों ने कांग्रेस छोड़ दी।

जब गांधीजी नहीं रहे, एडगर स्नो ने जवाहरलाल से पूछा, "समाजवादियों के लिए आप सहानुभूतिशील रहे हैं। किन्तु सरदार पटेल समाजवादियों को नहीं चाहते हैं। तो फिर आप पटेल के साथ मिलकर काम कैसे करते हैं?"

पंडितजी ने कहा, "जब स्पष्ट कार्यक्रम निर्धारित करने का सवाल उठता है, तफसील में सरदार और मैं, अक्सर एक-दूसरे के विरुद्ध हो जाते हैं। पहले भी ऐसा ही होता था और आज भी ऐसी ही बात है। मगर हम दोनों के पारस्परिक विरोध का शमन पहले गांधीजी करते थे और अब वही काम उनकी याद करती है। गांधीजी अपने जीवन-काल में जितने शक्तिशाली थे, मरने के बाद उससे अधिक शक्तिशाली हो गए हैं। मैं जानता हूँ कि अगर मैं इशारा कर दूँ तो सरदार मन्त्रिमंडल छोड़ देंगे और वे भी जानते हैं कि उनका इशारा पाते ही मैं मन्त्रिमंडल से निकल जाऊँगा। गांधीजी की याद हम दोनों को बाँधे हुए है।"

जब गांधीजी की हत्या हुई, लॉर्ड माउंटबेटन ने पहला काम यह किया था कि जवाहरलाल और सरदार से कहा, "अपने गुरु का चरण स्पर्श करो और शपथ लो कि तुम दोनों एक रहोगे।" उस दिन गांधीजी के शव के पास सरदार और जवाहरलाल एक-दूसरे को अंकवार में भरकर रोए थे। वे आँसू भारत के निकटवर्ती भविष्य के लिए वरदान सिद्ध हुए।

19

सन् 1942 का आन्दोलन गांधीजी के जीवन का सबसे बड़ा आन्दोलन था। भारतवासियों ने स्वाधीनता के लिए जिस जोर से पुकार सन् 1942 में की, वैसे जोर से उन्होंने आज़ादी को पहले कभी नहीं पुकारा था। असफल होने पर भी क्रिप्स-योजना अंग्रेज़ों की बही में इस बात को रेखांकित करने में सफल हो गई थी कि भारतीय स्वाधीनता का प्रश्न अब और अधिक टाला नहीं जा सकता। इसके सिवा, नेताजी सुभाषचन्द्र बोस की आज़ाद हिन्द फौज ने जिस निर्भीक देशभक्ति का परिचय दिया, उससे भारत का मुकदमा और भी जोरदार हो गया।

मई, 1945 में चर्चिल ने इंग्लैंड में आम चुनाव करवाने की इच्छा प्रकट की। इससे इंग्लैंड की राजनीति में भारत की तस्वीर ज़रा उभार पर आ गई। अर्नेस्ट बेविन ने, जो लेबर पार्टी के सदस्य थे, ऐलान किया कि "चुनाव में अगर हमारा दल कामयाब हुआ, तो हम लन्दन के इंडिया ऑफिस में ताला लगा देंगे और इस विषय के दफ्तर को उपनिवेश में भेज देंगे।"

ब्रिटिश सरकार से राय-मशविरा करने को वायराय वेवल लन्दन गए और वहाँ से लौटने पर उन्होंने घोषणा की कि कांग्रेस कार्यसमिति के सदस्य रिहा किए जा रहे हैं। तदनुसार पं. जवाहरलाल नेहरू 15 जून, 1945 को जेल से बाहर आ गए।

वायसराय वेवल ने यह भी ऐलान किया था कि वे भारतीय नेताओं के साथ बातचीत करेंगे। कांग्रेस कार्यसमिति के सदस्यों ने बम्बई में अपनी बैठक की और यह तय किया कि वेवल का निमन्त्रण स्वीकार किया जाए।

वायसराय के साथ विचार-विमर्श के लिए सभी नेता शिमला गए। मूल प्रश्न हिन्दुओं और मुसलमानों की रज़ामन्दी का था और दोनों दलों की ओर से दो मुसलमान ही चोटी के प्रतिनिधि थे—मुस्लिम लीग की ओर से जिना और कांग्रेस की ओर से मौलाना आज़ाद, जो उस समय कांग्रेस के सभापति थे। किन्तु यह वार्ता भंग हो गई और नेतागण पहाड़ से उतरकर अपने-अपने कामों में लग गए।

इस बीच इंग्लैंड के महाचुनाव में लेबर पार्टी की जीत हो गई और एटली प्रधानमन्त्री बन गए। वे, जैसे भी हो, भारत की समस्या का आखिरी फैसला कर डालना चाहते थे। अतएव 19 सितम्बर, 1945 को लन्दन से श्री क्लिमेंट एटली ने और दिल्ली से लॉर्ड वेवल ने एक साथ यह घोषणा की कि भारत में सभी विधानसभाओं का चुनाव करवाया जाएगा और उन्हीं प्रतिनिधियों में से चुने हुए संविधान सभा के सदस्य होंगे। भारत और इंग्लैंड के बीच जो सन्धि होगी, उसकी शर्तें क्या होंगी, इसका निर्णय संविधान-सभा करेगी।

भारतीय स्वाधीनता पर जो संशय का पर्दा पड़ा हुआ था, उसे खींचकर एटली ने ऊपर उठा दिया और यह निश्चित हो गया कि आखिर को अंग्रेज़ भारत से अपना बिस्तर गोल करने को तैयार हैं।

किन्तु स्वराज्य को निश्चित जानकर मुस्लिम लीग घबराहट में पड़ गई। कहीं ऐसा तो नहीं होगा कि स्वराज्य भारत को मिल जाए और पाकिस्तान हमें नहीं प्राप्त हो?

आम चुनाव जनवरी सन् 1946 में हुए। इन चुनावों की विशेषता यह थी कि मुस्लिम सदस्यों में से 75-80 फीसदी लोग मुस्लिम लीग के आ गए। मुस्लिम प्रान्तों में केवल पश्चिमोत्तर प्रदेश था, जहाँ मन्त्रिमंडल कांग्रेस बना सकी।

चुनाव में मुस्लिम लीग ने जो रिकॉर्ड बनाया, उससे लीग का हौसला बढ़ गया और जो लोग भारत-विभाजन की माँग करते आए थे, उनकी आवाज़ काफी जोरदार हो गई।

स्वराज्य का स्वागत करने को मुसलमान कुछ कम बेचैन नहीं थे। किन्तु फ़र्क यह था कि वे अंग्रेज़ों के जाने के बाद हिन्दुओं के साथ रहना नहीं चाहते थे। सन् 1942 ई. में गांधीजी ने अंग्रेज़ों से कहा था, "भारत छोड़ो।" अब मुसलमान कहने लगे थे, "भारत ज़रूर छोड़ो, मगर उसे बाँटकर।"

विचित्र बात है कि जब लीग भारत-विभाजन की माँग कर रही थी, उस समय लालकिले में आज़ाद हिन्द फौज के तीन जवान कठघरे में बन्द थे। उनमें से एक मुसलमान, एक सिक्ख और एक हिन्दू था। किन्तु एकता के इस दृश्य का लीगियों पर कोई प्रभाव नहीं पड़ा। पाकिस्तान की माँग से हिन्दू जितने ही दुखी होते थे, लीगी मुसलमान उतने ही जोर से इस माँग का प्रचार कर रहे थे।

ठीक उन्हीं दिनों बम्बई में जल-सेना के नाविकों ने विद्रोह किया और नाविकों में भी सभी धर्मों के लोग थे। उन नाविकों की पलाइस हिन्दुओं ने भी की और मुसलमानों ने भी। फिर भी, यह शिक्षा लोग नहीं ले सकें कि जब भारत की इज्जत और आज़ादी का सवाल सामने हो, तब सभी भारतवासियों को एक हो जाना चाहिए।

इतिहास के भीतर सदियों से हिन्दू-मुस्लिम वैमनस्य की जो आग धुँधुआती आ रही थी, वह फूटने को बेकरार हो उठी। पारस्परिक ईर्ष्या, द्वेष और असन्तोष की जो भावना युगों से दबी आ रही थी, वह अब प्रकट होने के लिए रास्ता खोजने लगी। हिन्दुओं और मुसलमानों को करीब लानेवाली इतिहास की बड़ी घटनाओं को लोग भूल गए और दोनों के बीच जो छोटी और मलिन बातें घटी थीं, उन्हें लेकर वे परस्पर तनाव में आने लगे।

20

हिन्दुस्तानियों का तो यह हाल था, मगर एटली-सरकार भारत को किसी भी तरह आज़ाद कर देने को बेताब होने लगी। जनवरी, 1946 में इंग्लैंड से एक संसदीय शिष्टमंडल यह देखने को भारत आया कि भारत के लोग स्वाधीन होने को कहाँ तक

तैयार हैं। किन्तु यहाँ शिष्टमंडल ने जो हाल देखा, उससे उसकी आँखें खुल गईं और इंग्लैंड वह इस भाव से भरा हुआ लौटा कि भारत पर अंग्रेज़ी शासन चल कैसे रहा है। शिष्टमंडल की रिपोर्ट ने एटली-सरकार के संकल्प को और भी सुदृढ़ बना दिया। अतएव 19 फरवरी, 1946 को भारत-सचिव लॉर्ड पेथिक लारेंस ने लन्दन में यह घोषणा की कि ब्रिटिश सरकार का एक कैबिनेट मिशन भारत जाएगा और वह भारतीय नेताओं से मिलकर यह निश्चय करेगा कि सत्ता हस्तान्तरण का सबसे सुगम उपाय क्या है।

कैबिनेट मिशन 23 मार्च को भारत पहुँचा और यहाँ के नेताओं को जब उसने किसी निर्णय पर पहुँचते नहीं देखा, तब उसने अपनी ओर से एक योजना प्रस्तुत की। मुस्लिम लीग जितने जोर से पाकिस्तान की माँग कर रही थी, कांग्रेस उतने ही जोर से अखंड भारत के पक्ष में थी। अतएव कैबिनेट मिशन की योजना दोनों के बीच समझौते के रूप में आई। मिशन का प्रस्ताव था कि सारे भारत को तीन ग्रुपों में बाँट दिया जाए। पहले ग्रुप में वे सभी प्रदेश शामिल किए जाएँ, जिनमें हिन्दुओं का बहुमत है। दूसरे ग्रुप में पंजाब, सिन्ध, पश्चिमोत्तर प्रदेश और बलूचिस्तान सम्मिलित किए जाएँ, जहाँ मुसलमानों का बहुमत है। और असम तथा बंगाल एक अलग ग्रुप में रखे जाएँ, क्योंकि इन दो प्रान्तों में भी, गिनती में बहुमत मुसलमानों का ही था। ये तीनों ग्रुप एक संघ शासन के सदस्य हों और संघ के अधिकार केवल सुरक्षा, वैदेशिक नीति और यातायात तक सीमित कर दिए जाएँ।

गांधीजी ने इस योजना पर राय देते हुए कहा, "इस योजना के भीतर वह बीज है, जो शोक और दर्द से भरे हुए इस देश को शोकविहीन बना सकता है।"

मिशन की इस योजना को जब कांग्रेस ने कबूल कर लिया, मिस्टर जिना भी उसके पक्ष में हो गए और लीग से उन्होंने भी योजना की मंजूरी का प्रस्ताव पास करवा दिया। उस समय ऐसा दीखता था, मानो दुख-दर्द का मारा देश आज़ाद भी होगा, किसी कदर एक भी रहेगा और साम्प्रदायिक मार-काट से भी बच जाएगा।

किन्तु ठीक इसी समय पंडित जवाहरलाल नेहरू, मौलाना आज़ाद के बाद कांग्रेस के अध्यक्ष हो गए और एक प्रेस-सम्मेलन में संवाददाताओं के खोदने पर उन्होंने कह दिया कि ग्रुप पद्धति आखिर को चलेगी या नहीं, इसमें हमें भारी सन्देह है। मिशन की योजना को अन्तिम समझना गलती होगी। कांग्रेस उस योजना से बँधी हुई नहीं है। समय और परिस्थिति के अनुसार उसमें परिवर्तन लाने का हमें पूरा अधिकार है।

जिना साहब ने योजना को बड़ी मुश्किल से कबूल किया था। अंग्रेज़ों से वे बार-बार कह रहे थे कि हिन्दू अपनी बात पर टिकने के आदी नहीं हैं। उन्हें अपने संख्या-बल का अहंकार है और मैं उनका विश्वास कठिनाई से करता हूँ। लीग ने योजना को इस भाव से स्वीकार किया था कि वह बिलकुल कटी-छँटी आखिरी चीज़ है और उसमें अब तबादले नहीं होंगे। पंडितजी के वक्तव्य से संकेत यह मिला कि

सत्तारूढ़ होते ही कांग्रेस अपनी शक्ति और इच्छा के अनुसार योजना में परिवर्तन कर सकती है।

बस, फिर क्या था? मुस्लिम लीग के शिविर में आग लग गई और अपनी 27-7-46 की बैठक में मुस्लिम लीग ने योजना की स्वीकृति का प्रस्ताव वापस ले लिया। फिर तो परिस्थिति इतनी बिगड़ी कि वह सँभाल में आई ही नहीं। लॉर्ड वेवल ने कोशिशें कीं कि कांग्रेस और लीग के बीच मिलाप हो जाए। कांग्रेस ने एक प्रस्ताव पास करके यह ऐलान भी किया कि कैबिनेट मिशन की योजना हम तहेदिल से कबूल करते हैं और उस पर हम अडिग रहेंगे। कांग्रेस ने अपने सभापति की राय पर थोड़ी नाराज़गी भी जाहिर की। मगर लीग पर इन बातों का कोई भी असर नहीं हुआ। जिना भभककर आग हो गए और उन्हें यह कहने का अवसर मिल गया कि कांग्रेस की बातों पर यकीन करना मुश्किल काम है। इसी निराशा, क्रोध और विक्षोभ की अवस्था में लीग से उन्होंने 'सीधी कार्रवाई' वाला कलुषित और भयानक प्रस्ताव पास करवा लिया और भारत की एकता को छुरेबाजी के हवाले कर दिया।

लॉर्ड वेवल के बारे में आम राय थी कि वे लीग का पक्षपात करते हैं, किन्तु लीग के इसे निर्णय से वे भी घबरा उठे। कैबिनेट मिशन की योजना के अनुसार दिल्ली में एक अन्तरिम सरकार बननी थी, जिसमें पाँच सदस्य लीग के आनेवाले थे। वेवल की घबराहट यह थी कि अगर लीग ने अन्तरिम सरकार का बहिष्कार कर दिया तो स्थिति क्या होगी। अतएव उन्होंने जवाहरलालजी पर जोर डाला कि आप एक बार और कोशिश कर देखिए, शायद जिना मान जाएँ।

लीग ने सीधी कार्रवाई के लिए 16 अगस्त की तिथि निश्चित की थी और उसी दिन प्रातःकाल जवाहरलालजी बम्बई में जिना के घर गए और जिना को उन्होंने समझाया कि सीधी कार्रवाई की बात भूल जाइए और लीग के प्रतिनिधियों को अन्तरिम सरकार में आने दीजिए। किन्तु जिना जैसे हर समय अडिग रहे थे उसी प्रकार इस बार भी अडिग रहे। जवाहरलालजी को उन्होंने स्पष्ट नाहीं कर दी।

लियोनार्ड मोसले ने लिखा है कि जिना के बारे में जवाहरलालजी की राय बिलकुल खराब थी। पाकिस्तान बनने के बाद किसी से उन्होंने कहा था, "जिना में इसके सिवा और कोई सिफत नहीं है कि वे कामयाब हो गए।"

पंडितजी खुद जिस अर्थ में शिक्षित और सुसंस्कृत थे, उस अर्थ में वे जिना को शिक्षित और सुसंस्कृत नहीं मानते थे। "जिना को असली शिक्षा कभी मिली ही नहीं। उन्होंने कानून की किताबें पढ़ी थीं और कभी-कभी हलके-फुल्के उपन्यास पढ़े थे। जिन्हें हम असली किताबें कहते हैं, जिना ने उन्हें नहीं पढ़ा था।"

जिना का यह मूल्यांकन यदि संसार को पहले मालूम रहता, तो जब गांधीजी के मरने पर जिना ने उन्हें 'हिन्दू नेता' विशेषण से अभिहित किया था, तब उस बात पर किसी को भी अचरज नहीं हुआ होता।

जिना ने ठान लिया था कि हिंसा के भयानक प्रदर्शन द्वारा वे अंग्रेज़ और कांग्रेस, दोनों के होश ठिकाने कर देंगे और सबको वे इस राय पर ले जाएँगे कि भारत-विभाजन के सिवा और कोई विकल्प नहीं है। बंगाल के प्रधानमन्त्री उस समय शहीद सुहरावर्दी थे। वे क्रूर, लोभी और लम्पट मनुष्य थे। उन्होंने 5 अगस्त को कलकत्ते के स्टेट्समैन में एक लेख लिखा, जिसमें हिंसा को खुली उत्तेजना दी गई थी। "अराजकता और रक्तपात, ये हर हालत में बुरे नहीं हैं। अगर अच्छे उद्देश्य के लिए खूँरेजी की जाए, तो वह निन्दा की चीज़ नहीं है। और आज तो मुसलमानों के सामने पाकिस्तान से बढ़कर और कोई मकसद ही नहीं है।"

सीधी कार्रवाई के प्रस्ताव के बाद खुद जिना ने कहा था, "आज से हम वैधानिक आन्दोलनों से विदा ले रहे हैं। आज हमने एक पिस्तौल तैयार की है और हम इस हालत में भी हैं कि उसे चला सकें।"

सुहरावर्दी ने अन्तरिम सरकार के बारे में यह भी कहा था कि ऐसी सरकार यदि बनी, तो बंगाल अपने-आपको उससे स्वतन्त्र समझेगा। और केवल जिना और सुहरावर्दी ही नहीं, मुस्लिम लीग के अन्य कई नेताओं ने ऐसी ही भयानक बातों का प्रचार किया। नतीजा यह हुआ कि 16 अगस्त, 1946 से लेकर 19 अगस्त तक कलकत्ते में ऐसी भयानक मारकाट, अग्निलीला और खूंरेजी मची कि कितने ही नालों में लहू की धार चलने लगी। और लाशों से पटी हुई सड़कों को साफ करने के लिए दुनिया भर के गिद्ध कलकत्ते में आ जुटे। दंगा सुहरावर्दी की जानकारी में आरम्भ हुआ था और जब उसे यह शुभा हुआ कि हिन्दू पुलिस दंगा रोकने की कोशिश कर सकती है, तब वह खुद लालबाजार थाने में बैठ गया, जिससे आग पर कोई पानी नहीं डाल सके।

चूँकि दंगे की तैयारी मुसलमानों की ओर से थी और प्रान्त का प्रधानमन्त्री दंगा करवाना चाहता था, इसलिए आरम्भ में हिन्दू और सिक्ख ही उसके शिकार हुए। किन्तु जब हिन्दू और सिक्ख तैयार होकर निकले, जब सुहरावर्दी को होश हुआ और वह सख़्ती पर उतर आया।

कलकत्ते की आग तुरन्त सिलहट पहुँची और फिर वहाँ से वह नोआखाली तक पहुँच गई। नोआखाली के शरणार्थियों की दुख-दर्द भरी कहानियाँ सुनकर बिहार के हिन्दू भड़क उठे और वहाँ बेकसूर मुसलमानों पर विपत्ति का पहाड़ टूट पड़ा।

सीधी कार्रवाई के द्वारा अगर देश को दहलाना उद्देश्य था, तो इस उद्देश्य में जिना बिलकुल सफल हो गए और आम लोगों के मुँह से यह आवाज़ आने लगी कि अगर एकता का अर्थ अराजकता और रक्तपात है, तो फिर देश का विभाजन ही श्रेष्ठ है।

जवाहरलालजी के नेतृत्व में अन्तरिम सरकार ने 2 सितम्बर को कार्यभार सँभाला। वेवल के लाख समझाने पर भी लीग ने अपने प्रतिनिधि न तो अन्तरिम सरकार में भेजे, न संविधान सभा में। अन्तरिम सरकार के बनते ही लीगियों की ओर

से अग्निबाण बरसने लगे। गजनफर अली ने कहा, "इस सरकार की मुखालफत हम खूंरेजी से करेंगे।" लियाकत अली ने 2 सितम्बर को काले दिवस के रूप में मनाने का फरमान निकाला। और जिना ने गर्जन किया, "हिन्दुस्तान एक ऐसे गृहयुद्ध के कगार पर है, जो उसे बर्बाद कर देगा।"

लेकिन जिना को मनाने की कोशिश तब भी चलती रही। असल में, जिना जवाहरलाल से यह मनवा लेना चाहता था कि मुसलमानों की प्रतिनिधि संस्था केवल मुस्लिम लीग है और कांग्रेस के हिस्से में से राष्ट्रवादी मुसलमानों को जगहें नहीं दी जानी चाहिए। कांग्रेस को वह केवल सवर्ण हिन्दुओं की संस्था सिद्ध करना चाहता था। अतएव, 26 अक्टूबर को जब उसने अन्तरिम सरकार में अपने पाँच प्रतिनिधियों को जाने का हुक्म दिया, तब उनमें से चार तो मुसलमान थे, किन्तु पाँचवाँ हरिजन हिन्दू यानी योगेन्द्रनाथ मंडल था।

21

कई लोग यह समझते हैं कि कैबिनेट मिशन ने भारत को एक रखने का जो प्रस्ताव किया था, वह ठीक था और उसके बारे में पत्रकार-सम्मेलन में अचिन्तित वक्तव्य देकर जवाहरलालजी ने बहुत बड़ा गुनाह किया। खुद मौलाना आज़ाद ने अपनी किताब में लिखा है कि "जवाहरलाल मेरे सबसे प्यारे दोस्त हैं। हिन्दुस्तान के राष्ट्रीय जीवन में उनका जो योगदान है, उससे अधिक योगदान और किसी का नहीं है। आज़ादी के बाद से जवाहरलाल हमारी राष्ट्रीय एकता और प्रगति के प्रतीक हो गए हैं। मगर खेद के साथ मुझे यह कहना पड़ता है कि जब-तब वे भावनाओं में बह जाते हैं। यही नहीं, बल्कि कभी-कभी प्रश्नों के सैद्धान्तिक पक्ष का मोह उन्हें इस कदर घेर लेता है कि वे वस्तुस्थिति का ध्यान ही नहीं रख सकते। सन् 1946 ई. में उन्होंने जो गलती की, उसकी कीमत देश को बेहिसाब चुकानी पड़ी।"

मगर लियोनार्ड मोसले की किताब से अब यह मालूम होता है कि जवाहरलाल ने पत्रकार सम्मेलन में जो कुछ कहा था, वह उनका सुचिन्तित विचार था (गर्चे मोसले भी जवाहरलाल को गुनहार ही समझता है)। विभाजन जवाहरलाल और गांधीजी को बिलकुल पसन्द नहीं था और तीन ग्रुपों में देश का विभाजन बँटवारा नहीं तो और क्या था? अगर वह योजना लागू की गई होती, तो भारत बाहर से तो एक दीखता; किन्तु भीतर वह हिन्दुस्तान और पाकिस्तान के रूप में विभक्त रहता और हर बात में ग्रुप दो और ग्रुप तीन ग्रुप एक से झगड़ते ही रहते। कैबिनेट मिशन की योजना के साथ ये अप्रिय बातें लिपटी हुई थीं, जिन्हें एकता के जोश में नज़रअन्दाज़ किया जा सकता था, मगर नज़रअन्दाज़ करने की चीज़ वे थीं नहीं। मोसले के अनुसार आगे चलकर गांधीजी भी जवाहरलाल की ऐसी शंकाओं को बिलकुल निर्मूल नहीं समझते थे।

दंगे के दिनों में कलकत्ता जाने का सुयोग न तो जवाहरलाल को मिला, न गांधीजी को, न जिना और लियाकत अली को। उस अवसर पर कलकत्ता जाने का सुयोग केवल वेवल निकाल सके और वहाँ उन्होंने लीग के नेता ख्वाजा नजीमुद्दीन से बात की कि लीग को अब भी कैबिनेट मिशन का प्रस्ताव मान लेना चाहिए। नजीमुद्दीन की बातें जिना कुछ प्यार से सुनता था, इसी आशा में वेवल ने नजीमुद्दीन के ही साथ बात चलाई थी। नजीमुद्दीन ने कहा, "अगर कांग्रेस यह गारंटी दे कि तीनों ग्रुपों में पहले दस साल के अन्दर कोई भी परिवर्तन नहीं किया जाएगा और उन्हें ठीक उसी रूप में काम करने दिया जाएगा जिस रूप में उनके काम करने की कैबिनेट मिशन ने कल्पना की है, तो मैं जिना को मनाने की कोशिश कर सकता हूँ।" अतएव वेवल ने 27 अगस्त, 1946 को गांधीजी और जवाहलाल को वायसराय भवन में बुलाया और उन्हें सुझाया कि कांग्रेस को ऐसी गारंटी दे देनी चाहिए।

मोसले लिखता है कि केवल सिपाही रहा था, वह बातें स्पष्ट बोलना और सुनना पसन्द करता था। वकीलों के साथ बात करने में उसे घबराहट होती थी और बातचीत की कला में वह निपुण भी नहीं था। वह जुबान तभी खोलता था, जब उसे कोई महत्त्वपूर्ण बात कहनी होती थी। किन्तु गांधीजी और जवाहरलाल, दोनों-के-दोनों प्रशिक्षण से वकील थे। अतएव वेवल भारतीय नेताओं को समझाने में असमर्थ रहा और नेतागण भी अपनी बातों से उसे सन्तुष्ट नहीं कर सकें।

असली बात शायद यह थी कि वेवल एटली-सरकार की भी भावनाओं के साथ नहीं था और हिन्दू-मुस्लिम विवाद में उसकी सारी सहानुभूति मुसलमानों के साथ थी। कांग्रेसी नेताओं में वेवल को केवल मौलाना आज़ाद पसन्द थे और मौलाना भी उसकी तारीफ करते थे। जिना को शह देकर वेवल ने उसके मिजाज को आसमान पर चढ़ा रहा था। उसकी सारी नीति यह थी कि समझौता-वार्ता में हर समय 'वीटो' मुस्लिम लीग के हाथ रहे।

वेवल में गांधीजी से कहा, "मुझे वकालत के पेंच में न डालकर आप सिर्फ़ सीधी-सादी गारंटी दे दीजिए कि कैबिनेट मिशन की योजना को आप स्वीकार करते हैं।"

गांधीजी ने कहा, "हम तो कह चुके हैं कि योजना हमें स्वीकार है। मगर, हम यह गारंटी नहीं दे सकते कि हम उसे ठीक उसी अर्थ में स्वीकार करते हैं, जो अर्थ कैबिनेट मिशन लगाता है। मिशन जो कुछ चाहता है, उसकी व्याख्या हम अपने ढंग पर करेंगे।"

वेवल बोला, "क्या तब भी, जब आपकी व्याख्या कैबिनेट मिशन की व्याख्या से भिन्न पड़ती हो?"

गांधीजी ने कहा, "ज़रूर। कैबिनेट मिशन की योजना का असली अर्थ वह नहीं है, जो मिशन लगाना चाहता है, बल्कि वह जो अन्तरिम सरकार लगाएगी।"

वेवल ने कहा, ''मुस्लिम लीग के प्रतिनिधियों की गैरहाजिरी में अन्तरिम सरकार की राय महज हिन्दुओं की राय होगी, केवल कांग्रेस की राय होगी। उसे हम निष्पक्ष नहीं मान सकते।''

इस पर जवाहरलालजी ने वेवल से कहा, ''कांग्रेस केवल हिन्दुओं की संस्था नहीं है। वह न तो हिन्दुओं का पक्षपाती है, न मुसलमानों के खिलाफ है। वह सारे देश के लोगों की संस्था है और हम ऐसा कोई भी कानून बनानेवाले नहीं हैं, जो मुस्लिमहितों के खिलाफ पड़ता हो।''

वेवल अक्खड़ आदमी था। सचमुच ही, राजनैतिक बातें करने की सलाहियत उसमें नहीं थी। वह गरज उठा, ''मगर मुसलमान किसके पंडित नेहरू? आपके मुसलमान, कांग्रेस के मुसलमान, जो फकत कांग्रेस के पिट्ठू हैं? या मुस्लिम लीग के मुसलमान? आप समझते क्यों नहीं कि समय की माँग यह है कि आप मुस्लिम लीग को सन्तुष्ट करें और ठीक वही काम आप नहीं करना चाहते हैं। यह घड़ी कांग्रेस और मुस्लिम लीग को करीब लाने की है और शायद, यह आखिरी घड़ी है। मैं आपसे निखालिस गारंटी चाहता हूँ, जो मुस्लिम लीग को सन्तुष्ट कर सके।''

यह कहते हुए वेवल ने दराज़ से एक कागज़ निकाला, जिस पर वह गारंटी लिखी हुई थी, जिसे वह गांधीजी और जवाहरलाल से मनवाना चाहता था। कागज़ पहले गांधीजी ने लिया और देखकर उन्होंने उसे जवाहरलाल की ओर बढ़ा दिया। जवाहरलाल उसे पढ़कर बोले, ''इसे स्वीकार करने का अर्थ यह है कि कांग्रेस अपने पाँवों में जंजीर डाल ले।''

वेवल ने जवाब दिया, ''कैबिनेट मिशन की योजना का मेरे जानते यही अर्थ है। यह स्पष्ट है कि इस योजना के अनुसार भारत का विभाजन तीन ग्रुपों में हो जाएगा। जब आपने योजना को स्वीकार किया था, तभी यह बात भी आपके ध्यान में आ जानी चाहिए थी।''

गांधीजी बोले, ''कैबिनेट मिशन की इच्छा और हमारी व्याख्या में फ़र्क हो सकता है।''

वेवल ने कहा, ''यह तो वकील की बातचीत है। मुझसे तो साफ अंग्रेज़ी में बात कीजिए। मैं सीधा-सादा सिपाही हूँ। आप जब कानूनी पेंच लगाते हैं, तब मैं उलझन में पड़ जाता हूँ।''

जवाहरलाल ज़रा खीज में बोल उठे, ''अगर हम वकील हैं, तो इसका क्या इलाज है?''

वेवल ने कहा, ''जैसी हालत है, उसमें अगर मैं कांग्रेस को अन्तरिम सरकार बनाने का अधिकार दे दूँ, तो वह बेजा बात होगी।''

गांधीजी ने कहा, ''मगर आप तो अन्तरिम सरकार के आगमन की घोषणा कर चुके हैं। अब आप अपनी बात से कैसे फिर सकते हैं?''

वेवल ने जवाब दिया, "तब से हालत बदल गई है। कलकत्ते की हत्याओं के कारण हिन्दुस्तान गृहयुद्ध के कगार पर आ गया है। मेरा कर्तव्य है कि मैं इस गृहयुद्ध को रोकूँ। अगर मैं मुस्लिम लीग की रज़ामन्दी के बिना कांग्रेस को अन्तरिम सरकार बनाने की छूट देता हूँ, तो यह काम गृहयुद्ध रोकने का काम नहीं होगा। तब तो मुस्लिम लीग यही सोचेगी कि 'सीधी कार्रवाई' को छोड़कर और कोई रास्ता है ही नहीं और तब जो कुछ बंगाल में हुआ है, उसकी आवृत्ति सारे देश में होगी।"

पंडितजी ने कहा, "दूसरे शब्दों में आप मुस्लिम लीग की घुड़की (ब्लैकमेल) के आगे घुटने टेक देना चाहते हैं?"

वेवल तीर खाकर छटपटाता हुआ बोला, "मर्द आदमी! ब्लैकमेल की बात करनेवाले तुम होते कौन हो?"

जब गांधीजी और जवाहरलाल वायसराय भवन से चले, उनके भीतर यह भाव दृढ़ हो गया था कि इस वायसराय से देश को छुटकारा मिलना ही चाहिए।

गांधीजी ने उसी दिन प्रधानमन्त्री एटली को तार दिया, "वायसराय के दिमाग की हालत ठीक नहीं है। बंगाल की दुखद घटनाओं से उनके होश-हवास गुम हो गए हैं। ज़रूरत इस बात की है कि उन्हें कोई सलाहकार दिया जाए जो उनसे अधिक योग्य हो और जो कानून भी समझता हो।"

साथ ही, लॉर्ड वेवल को भी उन्होंने पत्र लिखा, "कल इस बात को आपने कई बार दुहराया कि आप सीधे-सादे सिपाही हैं तथा कानून से आप अनभिज्ञ हैं। हम लोग भी सीधे-सादे आदमी हैं, गरचे हम सिपाही नहीं हैं और थोड़ा कानून भी समझते हैं। कल शाम आपकी भाषा धमकी से पूर्ण थी। सम्राट के प्रतिनिधि होकर आप केवल फौजी होने की ज्यादती नहीं कर सकते, न आप कानूनों की उपेक्षा कर सकते हैं, खासकर उन कानूनों की, जो आपके ही बनाए हुए हैं। आपने कल हमें यह भी धमकी दी थी कि अगर आपके फार्मूले को हमने कबूल नहीं किया, तो आप संविधान सभा को आयोजित होने नहीं देंगे। अगर यह बात थी तो 12 अगस्त को आपको यह घोषणा नहीं करनी थी कि आप कांग्रेस से अनुरोध करते हैं कि वह सरकार का संगठन करे।"

और पंडितजी ऐसी ही बातें अपने उन अंग्रेज़ दोस्तों को लिखने लगे, जो लेबर-सरकार के कानों के पास रहते थे। "वेवल आदमी सच्चा और ईमानदार है, मगर वह कमज़ोर मालूम होता है। उसके सारे सलाहकार कांग्रेस के दुश्मन और मुस्लिम लीग के दोस्त हैं।" "वेवल रथ के चक्कों को रोज कमज़ोर कर रहा है। आसार ये हैं कि अचानक गाड़ी का चलना ही बन्द हो जाएगा।"

लेबर-सरकार का वेवल में यों भी विश्वास नहीं था। एटली ने किसी से कहा, "देखो, कोई अच्छा आदमी मिलते ही हम वेवल को वापस बुला लेंगे।" कानाफूसी में यह बात कही गई थी और कानाफूसी में ही वह दिल्ली में जवाहरलालजी तक पहुँच गई।

वेवल के पाँव थरथराने लगे थे। फिर भी अपने ढंग पर कोशिश उसने जारी रखी और ब्रिटिश सरकार से एक बार और बात करने को वह जवाहरलाल, जिना और लियाकत को लेकर लन्दन गया। लन्दन में भी वेवल अपनी कोई हवा नहीं बाँध सका; बल्कि हवा बाँधने में सबसे बड़ी कामयाबी वहाँ जवाहरलालजी ने हासिल की, क्योंकि लेबर पार्टी सत्तासीन थी और उस पार्टी के बहुत-से लोग जवाहरलालजी को चाहते थे। इसके विपरीत, जिना का प्रचार टोरी दल के भीतर चला। और वेवल? वेवल ने दिल्ली लौटकर अपने दोस्तों से कहा, "सरकार ने मेरे साथ वही सलूक किया, जो गरीब रिश्तेदार के साथ किया जाता है।"

19 फरवरी, 1947 ई. को वेवल को लन्दन से तार मिला कि भारत से लौटने को वे तैयार रहें।

22

गांधीजी का नारा अब भी यही थी कि 'अंग्रेज़ो, भारत छोड़ दो।' वे समझते थे कि अगर अंग्रेज़ सचमुच ही भारत छोड़ने को तैयार हो जाएँ, तो आनेवाली जवाबदेही के भार के नीचे हिन्दू और मुसलमान परस्पर कुछ समीप आ जाएँगे। यही पट्टी, शायद, जवाहरलालजी ने एटली को भी पढ़ाई थी। अतएव एटली ने 20 फरवरी, 1947 को ऐलान किया कि "अधिक-से-अधिक जून, 1948 तक सारे अधिकार जवाबदेह भारतीय सरकार के हाथ में सौंप दिए जाएँगे।" उन्होंने यह घोषणा भी की कि लॉर्ड वेवल ने इस्तीफा दे दिया है और उनकी जगह पर लॉर्ड माउंटबेटन भारत के वायसराय होंगे।

जब माउंटबेटन ने भारत का कार्यभार सँभाला, उनकी उम्र सिर्फ़ 46 साल की थी। उन्होंने बिजली की गति से आते ही अपना कार्य आरम्भ कर दिया। जब लन्दन में उनके नाम की घोषणा हुई थी, सरदार पटेल ने उनके बारे में अपने अखबारी दोस्तों के जरिए एक रिपोर्ट मँगवाई थी और उस रिपोर्ट को देखकर कहा था, "अच्छा खिलौना आ रहा है। जवाहरलालजी इस खिलौने से खेलेंगे और हम तब तक क्रान्ति का काम पूरा करेंगे।"

लेकिन माउंटबेटन खिलौना नहीं था। 46 साल का यह नौजवान भारत के गुरुओं का भी गुरु निकला। जब माउंटबेटन लन्दन से चले थे, उनके मन में आशंकाएँ थीं कि न जानें, हिन्दुस्तान के शेरों से कैसे सलूक करना होगा! किन्तु एक महीना दिल्ली रहने के बाद उन्होंने कहा, "ये शेर कागज़ी शेर हैं।" और भारत के लौहपुरुष सरदार पटेल के बारे में भी उनकी राय यह बनी कि "आदमी बाहर से तो काफी कड़ा है। मगर एक बार तोड़ दो तो भीतर पुलपुला ही दीखता है।"

पंडितजी की माउंटबेटन से मुलाकात पहले की थी, इसलिए जब माउंटबेटन

दिल्ली पधारे, दोनों जने दोस्त की तरह मिले। जवाहरलाल और माउंटबेटन में से, दोनों-के-दोनों स्वभाव से अहंकारी और मिजाज से अमीर थे। दोनों के भीतर आभिजात्य का विकास चरम सीमा तक हुआ था। मगर संवेदनशीलता की दृष्टि से देखें तो जवाहरलाल ऊँचे और महान पड़ते थे, क्योंकि सफलता के समय भी वे अपने-आप पर सन्देह कर सकते थे। किन्तु माउंटबेटन धीर, गम्भीर और आत्मविश्वास से पूर्ण मनुष्य थे। उन्हें द्विविधा और शंका नहीं सताती थी। जितना नियन्त्रण उनका अपने-आप पर था, उतना ही नियन्त्रण वे उन लोगों पर भी रखते थे, जो उनके वृत्त में थे। कांग्रेस के नेताओं से सलूक करने में उन्हें कोई कठिनाई नहीं हुई। कठिनाई हुई जिना का सामना करने में। जिना के साथ पहली मुलाकात के बाद माउंटबेटन ने कहा था, "या मेरे खुदा! यह आदमी तो बर्फ की तरह जमा हुआ है। सारा समय तो उसे पिघलाने में सर्फ़ हो जाता है।" और उस मुलाकात से निकलकर जिना ने कहा था, "यह वायसराय बातें समझता ही नहीं है।"

माउंटबेटन के आने से कांग्रेस को आशा हुई कि बातें अब शायद कुछ सुधर जाएँगी। मुस्लिम लीगवालों को खौफ हुआ, यह आदमी कांग्रेस के मेल में है, इसलिए हमें अभी और तनकर रहना चाहिए। और माउंटबेटन सारी स्थिति को समझकर इस निश्चय पर आ गए कि विभाजन के सिवा और कोई रास्ता नहीं है। मगर कांग्रेसवालों को खासकर, गांधी, आज़ाद, नेहरू और पटेल को इस निर्णय की घुट्टी कैसे पिलाई जाए?

मुस्लिम लीग ने अन्तरिम सरकार के भीतर घुसकर कांग्रेसियों की नाक में दम कर रखा था और बाहर उनके आदमी देश में मारकाट मचा रहे थे। लियाकत अली ने जानबूझकर समाजवादी बजट तैयार किया, क्योंकि उसका भार सेठों पर पड़ता था और सेठ, बहुतायत से, हिन्दू थे। लियाकत अली ने समाजवाद का भी उपयोग साम्प्रदायिकता उभारने के लिए किया। सरदार उस बजट से जल उठे थे और उनके अन्य सहयोगी भी उससे नाराज़ थे। बातें इस कदर बिगड़ चुकी थीं कि कांग्रेस के नेता भी धीरे-धीरे इस निष्कर्ष पर आ रहे थे कि विभाजन, शायद, कबूल करना ही पड़ेगा।

गांधीजी इन सारी बातों से दुखी और गमगीन थे। उन्हें एक मिनट को भी विभाजन की चर्चा अच्छी नहीं लगती थी। किन्तु उनके जो अनुयायी वायसराय के साथ भारतीय स्वाधीनता को लेकर मोल-तोल कर रहे थे, उनके भीतर विभाजन की अपरिहार्यता की छाया मँडराने लगी थी। वे अपने गुरु और नेता से खुलकर बातें करने में शरमाने लगे थे और गांधीजी साफ देख रहे थे कि जो लोग अब तक जी-जान से उनके साथ थे, वे अब उन्हीं से कतरा रहे हैं। अतएव, गांधीजी ने और कोई उपाय नहीं देखकर वायसराय को यह राय दी कि अन्तरिम सरकार इस्तीफा दे दे तथा वायसराय मिस्टर जिना से कहें कि सरकार खुद मिस्टर जिना बनाएँ। यह जिना के

ईमान पर निर्भर करेगा कि सरकार वे हिन्दुओं को साथ लेकर बनाते हैं अथवा उन्हें छोड़कर।

माउंटबेटन धूर्त राजनीतिज्ञ थे। उन्होंने गांधीजी से तो यह कहा कि आपके प्रस्ताव के प्रति मेरी पूरी सहानुभूति है; किन्तु उस पर अमल करने का रास्ता तभी निकलेगा, जब कांग्रेस उसे स्वीकार करेगी। किन्तु गांधीजी के जाते ही उन्होंने प्रस्ताव के लिए कठिनाई पैदा करना शुरू कर दिया। माउंटबेटन का तरीका क्या रहा होगा, यह अनुमान का विषय है। शायद यह कि, "देखो, गांधीजी तो पूरा हिन्दुस्तान मुस्लिम लीग के हवाले कर रहे हैं। जिना जिस मुद्रा में हैं, उसमें ऐसा करना जोखिम का काम है। क्या ऐसा प्रस्ताव व्यवहार में लाया जा सकता है?"

कांग्रेस के नेतागण इस प्रस्ताव से झल्ला उठे और गांधीजी ने देखा, वे अपने घर के सरदार नहीं रह गए हैं। अजब नहीं कि माउंटबेटन की दुरंगी नीति का भी पता उन्हें चल गया हो। अतएव निराशा में भरकर उन्होंने कहा, "आज से समझौता-वार्ता या कांग्रेस की राजनीति में मैं अगुआ का काम नहीं करूँगा।" और वे नाराज़ मुद्रा में दिल्ली से बिहार चले गए, जहाँ से वायसराय से बात करने को वे दिल्ली पधारे थे।

यह वह समय था, जब दंगे पंजाब में भी चलने लगे थे। सरदार पटेल से यह सब देखा नहीं गया, अतएव उन्होंने यह ठान लिया कि चाहे जैसे भी हो, मुस्लिम लीग से छुट्टी मिलनी ही चाहिए। बात करते-करते कांग्रेसी नेता थक चुके थे। अतएव सरदार ने चाहा कि अब कर्म के द्वारा जिना को यह समझाया जाए कि तुम जिस पाकिस्तान की माँग कर रहे हो, वह अखंड नहीं, खंडित होगा। अएतव कार्यसमिति से उन्होंने यह प्रस्ताव पास करवाया कि पंजाब दो टुकड़ों में बाँट दिया जाए और सिक्खों को यह छूट दे दी जाए कि वे चाहे जिस खंड में रह सकते हैं।

यह प्रस्ताव उस दिन पास हुआ, जब गांधीजी बिहार में और मौलाना आज़ाद दिल्ली से बाहर थे। इस प्रस्ताव की प्रतिलिपि गांधीजी को नहीं भेजी गई। वे सूचना के लिए दोनों शिष्यों को लिखते रहे, मगर सरदार और जवाहरलाल ने जवाब बहुत अरसे के बाद दिए।

इससे दो बातें स्पष्ट होती हैं। एक तो यह कि कांग्रेस के नेता विभाजन के लिए तैयार हो गए थे। दूसरी यह कि जिना को यह धमकी दी जा रही थी कि पाकिस्तान अगर मिलेगा भी तो इसी खंडित रूप में मिलेगा।

अफसोस कि धमकी सच हो गई, और खंडित ही सही; किन्तु पाकिस्तान बन गया।

पंडितजी शर्म के मारे विभाजन की बात न तो गांधीजी से कहते थे, न मौलाना आज़ाद से। मगर शर्म उन्हें ज्यादा दिनों तक रोक नहीं सकी। आखिर को मौलाना से उन्हें खुलकर कहना पड़ा, "अब कोई उपाय नहीं है। जो घटना अवश्यम्भावी है, उसे घटने दीजिए और इस बात को लेकर अब माउंटबेटन का विरोध मत कीजिए।"

मौलाना ने अपनी किताब में इस बात पर आश्चर्य प्रकट किया है कि हिन्दुस्तान की एकता का उतना बड़ा हामी विभाजन को कैसे मान गया! किन्तु कारण कई थे। सबसे बड़ा कारण यह था कि नेतागण जेल जाते-जाते आजिज आ गए थे, थक गए थे और अब फिर सत्याग्रह आरम्भ करके जहमत झेलने को तैयार नहीं थे। कुछ यह भाव भी रहा होगा कि आते हुए अधिकार को छोड़ना ठीक नहीं है।

मोसले की किताब से यह पता भी चलता है कि माउंटबेटन को जो काम सौंपा गया था, उसे वे जल्दी-से-जल्दी पूरा करके अपनी पगड़ी में नई कलंगी लगाना चाहते थे। उन्हें अपनी कामयाबी की जितनी चिन्ता थी, उतना भारत के हितों का ध्यान नहीं था। उन्होंने अपनी बीवी को पंडितजी के पीछे लगा दिया, अपनी पुत्री को गांधीजी की प्रार्थना में भेजना शुरू किया और अपने सेक्रेटरी कैम्पबेल से पंडितजी की दोस्ती बढ़ा दी। मैत्री का जाल बिछाकर उन्होंने जवाहरलालजी को नर्म कर दिया और एक तरह से गांधीजी और आज़ाद से उन्हें फोड़ लिया। सरदार खुद ही बँटवारे की मुद्रा में आ चुके थे। अतएव सरदार और नेहरू के बदल जाने के बाद सभी कांग्रेसी बदल गए और गांधीजी रेगिस्तान में अकेले छूट गए। गांधीजी उस समय 78 साल के, सरदार 72 के और जवाहरलालजी 58 के थे।

सरदार पटेल की दलील यह थी कि पाकिस्तान बन जाने के बाद जिना हिन्दुस्तान की प्रगति रोकने की अवस्था में नहीं रहेगा।

पंडितजी सनकी की भाषा में कहते थे, "सिर काटकर हम सिरदर्द से निजात पाना चाहते हैं।"

किन्तु गांधीजी उन दिनों जब भी बोलते थे, उनकी आवाज़ दर्द से भर्राई होती थी :

> "जवाहरलाल हम लोगों का राजा है। लेकिन राजा का हर काम हमें पसन्द ही हो, यह कोई ज़रूरी बात नहीं है। अगर हमारे लिए वह कोई अच्छा काम करता है, तो हम उसकी बड़ाई करेंगे। लेकिन अगर वह अच्छा काम नहीं करता, तो यह बात हम उसके मुँह पर कहेंगे...।"

"किसी को भी यह कहने का अधिकार नहीं है कि हिन्दुस्तान जो टुकड़ों में बाँटा जा रहा है, उसके पीछे गांधी का भी हाथ है। लेकिन आज तो हर आदमी आज़ादी के लिए अधीर हो रहा है। कांग्रेस ने देश के विभाजन को स्वीकार करने का, व्यवहारतः निश्चय कर लिया है। इस नई योजना के रूप में लोगों को काठ की एक रोटी दी जा रही है। अगर इस रोटी को वे खाएँगे तो दर्द से मरेंगे, अगर नहीं खाएँगे तो भूखों मरेंगे।"

बापू की भविष्यवाणी सत्य हो गई। काठ की रोटी खाकर 'कॉलिक' दर्द से केवल हिन्दुस्तान ही नहीं, पाकिस्तान भी परेशान है।

2 जून, 1947 को जब विभाजन को स्वीकार करते हुए नेताओं ने ब्राडकास्ट

किया, तब पंडितजी का वाक्य यह था, "इन प्रस्तावों की सिफारिश करते हुए मेरे हृदय में आनन्द का भाव नहीं है। मगर मुझे इसमें कोई सन्देह नहीं कि आज की स्थिति में यही सबसे अच्छा रास्ता है।"

23

समय-समय पर कठिनाइयों का सामना जवाहरलालजी बराबर करते ही आए थे; किन्तु उनकी असली अग्निपरीक्षा का समय स्वराज के साथ आ गया। दिल्ली सूनी करके गांधीजी नोआखाली और बिहार में घूम रहे थे। उनके लिए स्वराज्य का दिन सबसे बड़ी व्यथा का दिन था। उन्होंने देश को एक रखने के लिए अन्त तक प्रयास किया था; किन्तु उनका प्यारा देश टूटकर खंड-खंड हो गया था। उन्होंने हिन्दुओं और मुसलमानों को परस्पर करीब लाना चाहा था, किन्तु आज हिन्दू और मुसलमान एक-दूसरे के खून के प्यासे हो रहे थे। गांधीजी ने 27 साल तक अनवरत अहिंसा की शिक्षा दी थी, ऊँची सुसभ्य मानवता का उपदेश दिया था। किन्तु आज मानवता भारत में बेपनाह फिर रही थी और लोग वह काम कर रहे थे, जिसे पशु भी उस पैमाने पर नहीं करते।

यदि 1920 ई. से ही गांधीजी ने केवल मारो-मारो की शिक्षा दी होती, तब भी उतने लोग मरते या नहीं जितने '46 और '47 में मारे गए, यह सोचने का विषय है। उस समय यह सिद्ध हो गया कि अहिंसा का प्रभाव वीर ही ग्रहण कर सकता है, कायर नहीं।

क्या पैगम्बरों का अन्त ऐसा ही होता है?

कृष्ण ने जीवन-भर देश को सँभालने की कोशिश की, लोगों को ऊँची राजनीति की शिक्षा दी, युद्ध लड़े, उन्होंने गीता का पाठ पढ़ाया; किन्तु अन्त में?

अन्त में यदुवंशियों का नाश उन्होंने अपनी आँखों से देखा और खुद वे एक व्याधे के तीर से बिंधकर चले गए।

और राम?

सीता का वनवास, लक्ष्मण की आत्महत्या और निराशा में राम का शरीर-त्याग। सर्वत्र बातें असीम वेदना, असीम निराशा में ही पर्यवसित होती हैं।

जैसे ही विभाजन की रेखा खींची गई, रेखा से इधर के लोग उधर जाने और उधर के लोग इधर आने लगे। कुल मिलाकर एक करोड़ पन्द्रह लाख लोगों को इस या उस देश में शरणार्थी बनकर जाना पड़ा। इतिहास में यहूदियों का निष्क्रमण सबसे बड़े पैमाने पर हुआ था। किन्तु हिन्दुस्तानियों और पाकिस्तानियों का निष्क्रमण, शायद, उससे भी विशाल था।

और इस निष्क्रमण की मुसीबतें कितनी बड़ी थीं! पूरी-की-पूरी ट्रेन में भरे

हिन्दुओं को मुसलमानों ने काट डाला और पूरी-की-पूरी ट्रेन में भरे मुसलमानों का हिन्दुओं ने सफाया कर दिया। और यह सब इसलिए नहीं कि किसी को किसी से अखज या वैर था, बल्कि इसलिए कि हिन्दू और सिक्ख मुसलमानों को ज़िन्दा छोड़ना नहीं चाहते थे और मुसलमान भी इसके लिए तैयार थे कि कोई भी हिन्दू या सिक्ख ज़िन्दा न छूट जाए।

कहते हैं, उस अवसर पर आततायियों के हाथों मरनेवालों की कुल संख्या छह लाख थी। अगर ये छह लाख लोग, तैयारी के साथ, गृहयुद्ध लड़कर मरे होते तो उनके बलिदान से हिन्दुस्तान का इतिहास बदल गया होता और शायद जो कमज़ोरियाँ आज हिन्दुस्तान और पाकिस्तान को सता रही हैं, वे उसी गृहयुद्ध की ज्वाला में जलकर खाक हो गई होतीं। मगर यह वीरता का युद्ध नहीं था। यह कायरता की लड़ाई थी। जहाँ हिन्दू असहाय और असंग थे, वहाँ उन्हें मुसलमानों ने मार डाला और जहाँ मुसलमान कमज़ोर थे, वहाँ हिन्दुओं ने उन्हें काट डाला। और दोनों तरफ के डाकुओं ने नारी-जाति की इज्जत पर जो हमले किए, उनसे हिन्दुस्तान और पाकिस्तान, दोनों ही देशों के इतिहास काले पड़ गए हैं। पता नहीं, इन दो देशों ने आज़ादी के स्वागत के समय जो पाप किए, उनका कैसा प्रायश्चित इन्हें भोगना पड़ेगा।

परिस्थिति ऐसी संगीन थी कि बड़े-बड़ों के होश गुम हो गए थे। किन्तु जवाहरलाल ने घुटना नहीं टेका। वे विद्युत की गति से दौड़कर हर तरफ लोगों को दिलासा देते रहे, हर तरफ लुटेरों और हत्यारों को डाँटते रहे।

जलन्धर में उनकी भेंट श्री श्रीप्रकाश जी से हुई। पंडितजी ने उनसे पूछा, "स्वराज्य और पाकिस्तान के बारे में क्या समझते हो?" फिर खुद ही बोले, "दो ही रास्ते सामने हैं। या तो हमें इस बाढ़ पर काबू पाना है या इसके भीतर गर्क हो जाना है। हम गर्क होने को तैयार नहीं हैं।"

माउंटबेटन के सेक्रेटरी कैम्पबेल जोनसन ने लिखा है :

> "आज सभ्यता और मानवता की चेतना में विश्वास जवाहरलाल को देखकर होता था। साम्प्रदायिकता के व्यापक उन्माद के बीच वे लगभग अकेले खड़े थे। उनके चारों ओर या तो व्यक्तियों के बिछाए हुए षड्यन्त्रों के जाल थे अथवा उन्हें घेरकर समूह का पागलपन उमड़ रहा था। किन्तु तब भी उनके मुख से जो भी उद्‌गार निकलते थे, वे दया और उदारता के उद्‌गार थे, बुद्धि और विवेक के उद्‌गार थे।"

गांधीजी जवाहरलाल को संकटों से घिरा देखकर रोते थे, विलाप करते थे। मगर देश हिंसा के जिस वात्याचक्र में फँसकर चक्कर खा रहा था, उससे उसे निकालनेवाला गांधी और जवाहरलाल को छोड़कर तीसरा और कौन था?

माउंटबेटन ने पंजाब की सुरक्षा के लिए वहाँ पचास हज़ार फौज भेज दी थी, किन्तु इन फौजियों के रोके ज्यादा उत्पात नहीं रुके। यही सुझाव माउंटबेटन ने बंगाल

के गवर्नर को भी दिया था। किन्तु बंगाल के गवर्नर ने अतिरिक्त फौज लेने से इनकार कर दिया था।

जब गांधीजी कलकत्ते में रहकर हिन्दुओं और मुसलमानों को समझाने लगे, वहाँ अच्छी-खासी शान्ति छा गई। इस स्थिति पर गांधीजी का अभिनन्दन करते हुए लॉर्ड माउंटबेटन ने उन्हें लिखा था :

> "आप हमारी एक सिपाहीवाली फौज हैं, जिसके कारण पूर्वी सरहद पर शान्ति विराज रही है। मगर शान्ति वहाँ नहीं है, जहाँ हमने एक नहीं, पचास हज़ार सिपाही तैनात कर रखे हैं।"

24

ज्यों-ज्यों दिल्ली में शरणार्थियों का हुजूम बढ़ने लगा, त्यों-त्यों शहर से शान्ति विदा होने लगी। शरणार्थियों के साथ अत्याचार, अन्याय, पाप, कदाचार और अमानुषिकता की ऐसी लोमहर्षक कहानियाँ चलती थीं कि उन्हें सुनकर सही आदमी भी अपने दिल और दिमाग पर काबू नहीं रख पाता था। जब दिल्ली की स्थिति काफी बिगड़ गई, माउंटबेटन ने गांधीजी का आह्वान किया। अतएव गांधीजी कलकत्ते से दिल्ली चले आए।

बापू ने दिल्ली में जब उपवास किया था, तब उनकी सहानुभूति में जवाहरलाल भी निराहार रहे थे। किन्तु गांधीजी ने जवाहरलालजी को अनशन करने से यह कहकर रोक दिया था कि "तुम तो जवाहरलाल नहीं, देश के जवाहर हो। तुम्हें अभी बहुत दिन जीना चाहिए।"

हिन्दू-मुस्लिम वैमनस्य के सिवा एक बात और थी, जो गांधीजी को चैन नहीं लेने देती थी। वह बात थी मुसलमानों को लेकर सरदार और जवाहरलाल के बीच मतभेद। गांधीजी और जवाहरलाल हिन्दू को हिन्दू और मुसलमान को मुसलमान नहीं समझते थे। हिन्दू और मुसलमान होने के पहले दोनों-के-दोनों इंसान थे और ऊँची राह बताकर गांधीजी दोनों को इंसानियत के उस धरातल पर फिर से वापस लाना चाहते थे, जहाँ से लुढ़ककर वे नीचे गिर गए थे।

जो काम गांधीजी पैगम्बर के रूप में कर रहे थे, वही काम पंडितजी राजा की हैसियत से करते थे।

किन्तु सरदार की छाती पाकिस्तान में हिन्दुओं और सिक्खों पर किए गए जुल्मों से जली हुई थी। उनकी समझ में ही यह बात नहीं आती थी कि इतना कुछ गुजर चुकने पर भी गांधीजी और जवाहरलाल मुसलमानों की इतनी पलाइस क्यों करते हैं।

गांधीजी दिल्ली में रोज प्रार्थना-सभा करते थे, "रघुपति राघव राजा राम तथा ईश्वर अल्ला तेरे नाम' का कीर्तन करवाते थे और रोज हिन्दुओं और सिक्खों से वे

अनुरोध करते थे कि शरणार्थी लोग मस्जिदों को खाली कर दें और सब लोग ऐसा आचरण बनाए कि मुसलमानों को दिल्ली में राह चलते भय का अनुभव नहीं हो।

20 जनवरी की प्रार्थना-सभा में किसी ने एक बम फेंक दिया। गांधीजी मुसकराकर रह गए। उन्होंने भीतर ही भीतर यह व्रत ले रखा था कि अगर ये लोग नहीं मानते, तो इन्हें यह भी दिखा दूँगा कि सत्याग्रही मरता कैसे है।

सरकार के नेता चौंके ज़रूर और उन्होंने पहरेदारों की संख्या भी बढ़ाई, किन्तु जो घटना घटनेवाली होती है, उसे पहरेदार नहीं रोक पाते हैं।

एक दिन राजकुमारी अमृतकौर ने गांधीजी से पूछा, "आज तो सभा में कोई शोरगुल नहीं हुआ?"

गांधीजी ने अनुद्विग्न भाव से कहा, "तुम्हारे पूछने से लगता है, तुम लोग मुझे लेकर चिन्तित हो रहे हो। मुझे अगर किसी पगले की गोली खाकर मरना है तो फिर मुझे हँसते हुए ही मरना चाहिए। उस समय मेरे भीतर क्रोध की गन्ध तक नहीं होनी चाहिए। मेरे हृदय में और मेरी जीभ पर उस समय केवल 'राम' रहेंगे।"

और सचमुच ही, गलत विचारधारा की अति उपासना से विक्षिप्त एक युवक ने गांधीजी पर गोली चला दी और वे 'हे राम' कहते-कहते धराशायी हो गए।

गांधीजी के जीवन-काल में जो लोग उनके भक्त नहीं हुए थे, गांधीजी के मरने के बाद उनका भी संशय मिट गया, क्योंकि जीवन से अन्तिम विदाई लेते समय राम का नाम उसी के मुख से निकलता है, जिसने आजीवन उसकी तैयारी की हो।

गांधीजी अपने जीवन-काल में अत्यन्त महान थे; किन्तु मरने के बाद वे और भी महान हो गए। दिल्ली में साम्प्रदायिक द्वेष की आग बड़े जोर से धधक रही थी। गांधीजी की आहुति पाकर उसकी लपटें शान्त हो गईं।

काश कि हिन्दू और मुसलमान अब भी यह महसूस करते कि साम्प्रदायिक द्वेष की आग सबसे कीमती आहुति पा चुकी है और अब उसे भड़कने का कोई अधिकार नहीं है!

पंडितजी को जैसे ही खबर मिली, वे दौड़े हुए आए और गांधीजी की बाँह पकड़कर सिसकने, रोने और काँपने लगे, मानो कोई अनाथ बेटा बाप की लाश से लिपटकर चीत्कार कर रहा हो।

सरदार का चेहरा घोर विषाद में डूब गया। आँसू तो उन्होंने जब्त कर लिए, मगर भीतर से उनकी छाती हमेशा के लिए टूट गई।

माउंटबेटन ने आते ही पहला काम यह किया कि जवाहरलाल और पटेल को खींचकर वे पासवाले कमरे में ले गए और उनसे कहा, "गांधीजी से पिछली बार जब मेरी मुलाकात हुई, उन्होंने मुझसे यह कहा था कि मेरी सबसे बड़ी इच्छा यह है कि सरदार और जवाहरलाल मिलकर परस्पर एक हो जाएँ।"

जवाहरलाल और सरदार ने एक क्षण एक-दूसरे को कातरता से देखा, फिर

उन्होंने उस व्यक्ति का ध्यान किया, जिसकी लाश बगलवाले कमरे में पड़ी हुई थी और दोनों एक-दूसरे से लिपटकर रोने लगे।

इस छोटे-से कृत्य के द्वारा लॉर्ड माउंटबेटन ने हिन्दुस्तान को बहुत बड़े खतरे से बचा लिया।

रात में राष्ट्र के नाम अपने ब्राडकास्ट में पंडितजी ने कहा :

"हमारी ज़िन्दगी में जो रोशनी थी, वह बुझ गई और अब चारों ओर अँधेरा-ही-अँधेरा है। मैं समझ ही नहीं पाता कि आपसे क्या कहूँ और कैसे कहूँ! हमारे प्यारे नेता, जिन्हें हम बापू कहते थे और जो हमारे राष्ट्रपिता थे, अब नहीं रहे। शायद मेरा ऐसा कहना बिलकुल सही नहीं है, मगर तब भी हम उन्हें उस रूप में तो नहीं ही देख सकेंगे, जिस रूप में इतने वर्षों से हम उन्हें देखने के आदी रहे हैं। अब सलाह-मशविरे के लिए उनके पास दौड़कर जाने की बात खत्म हो गई। अब धीरज और ढाढ़स बँधाने को वे मुझे नहीं मिलेंगे। यही चोट भयानक है और यह चोट केवल मुझे ही नहीं, इस देश के करोड़ों लोगों को लगी है। और मैं या कोई और शख्स आपको जो भी सलाह देगा, उससे इस चोट के दर्द में कमी नहीं आएगी।"

गांधीजी का शव जब चिता पर रखा जाने लगा, जवाहरलाल ने एक श्रद्धावान शिष्य के रूप में उनके पाँव का चुम्बन किया। और जब गांधीजी की अस्थियाँ चुनी जा रही थीं, जवाहरलाल ने उन पर कुछ पुष्प चढ़ाए और कहा, "बापू जी, ये फूल हैं, जिन्हें आज तो मैं आपकी अस्थियों और भस्म पर चढ़ा रहा हूँ, मगर कल से ये पुष्प कहाँ चढ़ाऊँगा, किसे चढ़ाऊँगा?"

पंडितजी का जीवन-दर्शन

धर्म

धर्म के दृष्टिकोण से देखने पर जवाहरलाल वह मनुष्य हैं, जो परम्परा और विज्ञान के संगम पर खड़ा होकर यह सोचने में गर्क है कि सत्य कहाँ है यानी वह आँख मूँदकर विश्वास करने में है अथवा बुद्धिपूर्वक परीक्षा करने में? परम्परा और विज्ञान में से जवाहरलाल विज्ञान के आदमी थे। ईश्वर उनकी समझ में नहीं आता था। किन्तु वे यह भी नहीं मानते थे कि सत्य उतना ही है, जितना वह दिखाई देता है अथवा विज्ञान क छड़ से छुआ जा सकता है। सत्य को वे निस्सीम समझते थे और उनका विश्वास था कि विज्ञान भी यह दावा नहीं कर सकता कि उसने सम्पूर्ण सत्य पर अधिकार पा लिया है। पूरे सत्य का हृदयंगम न तो कोई व्यक्ति कर सकता है, न वह किसी एक ग्रन्थ में समा सकता है।

किन्तु धर्म के आचार-पक्ष में उनका पूरा विश्वास था। अतएव ज्ञान के उतने ही अंश को वे मूल्यवान समझते थे, जितने का आदमी आचरण कर सके। इसीलिए विश्वास से जवाहरलाल धार्मिक रहे हों या नहीं; किन्तु कर्म से वे धार्मिक अवश्य थे। गांधीजी कहते थे कि ईश्वर को नहीं मानने पर भी जवाहरलाल ईश्वर के करीब हैं। मौलाना मोहम्मद अली तो जवाहरलाल को मजहबी भी मानते थे। इस पर पंडितजी को आश्चर्य होता था और वे कहा करते थे कि अवश्य ही मौलाना साहब का यहाँ धर्म से कुछ और अभिप्राय होगा।

सत्य के मार्ग पर कौन है और कौन नहीं है, इसका फैसला आसान नहीं है। मगर यह देखा गया है कि सत्य के मार्ग पर आया हुआ आदमी हठी नहीं होता, जिद्दी नहीं होता, दुराग्रही नहीं होता। उसके भीतर यह शंका बनी रहती है कि सम्भव है, विरोधी की ही बात ठीक हो। यह धर्म का असली भाव है। पंडितजी में यह भाव काफी प्रबल था। वे खुद भी शंका करते थे और दूसरों की शंकाओं को भी आदर से देखते थे। उनका अपना प्यारा मार्ग विज्ञान का मार्ग था; किन्तु आणविक युग में आकर उन्हें विज्ञान भी दर्शन के समीप होता दिखाई देने लगा था। दिल्ली विश्वविद्यालय के दीक्षान्त भाषण में उन्होंने कहा था कि भौतिकी के नवीन अनुसन्धानों से जो स्थिति उत्पन्न हुई है, उससे ऐसा लगता है कि हम फिर शंकर के मायावाद के समीप पहुँच रहे हैं।

वैसे हिन्दी के एक मासिक पत्र 'कल्याण' ने इधर उनके दो-एक ऐसे फोटो भी छापे हैं, जिनमें जवाहरलालजी आनन्दमयी माँ के पास समाधिमग्न बैठे हैं। किन्तु, इसे मैं अपवाद कहूँगा। उनके विषय में जो बात खास जोर देकर कही जा सकती है, वह यह है कि जवाहरलालजी ईश्वर की सत्ता को समझ नहीं पाते थे, न वे धर्म के बाहरी अनुष्ठानों को महत्त्व देते थे। किन्तु कर्म उनके सारे-के-सारे धार्मिक मनुष्य के थे। वे धर्म की व्याख्या में न फँसकर उसे जीने के अभ्यासी थे। इसीलिए भारतीय जनता ने उनका उतना सम्मान किया। भारत के सारे इतिहास में जनता ने सबसे अधिक पूजा उन व्यक्तियों की की है, जो धर्म के मनुष्य थे। केवल 'सेक्युलर' गुणों के कारण इस देश में सम्मान के अधिकारी केवल जवाहरलालजी हुए। यह अपने-आपमें इस बात का प्रमाण है कि जनता ने उन्हें यह सम्मान उनकी चारित्रिक विशिष्टताओं के कारण दिया। और धर्म पर उनकी शंका को जनता ने एक अत्यन्त सच्चे और ईमानदार आदमी की सात्त्विक जिज्ञासा समझा।

भगवान राम और भगवान कृष्ण पर जवाहरलालजी की श्रद्धा थी या नहीं, यह मुझे मालूम नहीं है; किन्तु भगवान बुद्ध पर उनकी श्रद्धा अटूट थी। भगवान बुद्ध अपने समय से बहुत पूर्व जनमे थे अथवा यह कहना चाहिए कि उनका समय अब आया है। बुद्ध अगर बीसवीं सदी में जनमे होते, तो उनके सबसे निकटवर्ती आत्मबन्धु गांधीजी और जवाहरलालजी हुए होते। बुद्ध का ईश्वर के विषय में क्या मत था?—ऐसे सभी प्रश्नों को बुद्ध ने अव्याकृत कोटि में डाल रखा था। किन्तु वे अगर आज मौजूद होते और हम उनसे यह पूछते कि ईश्वर है या नहीं, तो उनका जवाब होता, तुम्हें प्रश्न करना नहीं आया। और हमारा सवाल-जवाब कुछ इस प्रकार से चलता :

"मान लो कि ईश्वर है और तुम्हारे कर्म अच्छे हैं, तो परिणाम क्या होगा?"

"अच्छा होगा।"

"और मान लो कि ईश्वर है और तुम्हारे कर्म अच्छे नहीं हैं, तो परिणाम क्या होगा?"

"परिणाम बुरा होगा।"

"अब मान लो कि ईश्वर नहीं है और तुम्हारे कर्म अच्छे हैं, तो परिणाम क्या होगा?"

"परिणाम को तो अच्छा ही होना चाहिए।"

"और मान लो कि ईश्वर नहीं है और तुम्हारे कर्म बुरे हैं, तो परिणाम क्या होगा?"

"परिणाम बुरा होगा।"

"तो फिर पूछना यह चाहिए कि तुम हो या नहीं तथा तुम्हारे कर्म कैसे हैं?"

वैसे जवाहरलालजी गीता के प्रेमी थे और गांधीजी को देखकर उन्हें यह विश्वास

हो गया था कि स्थितप्रज्ञ की कल्पना हवाई कल्पना नहीं है। साधना करने से स्थितप्रज्ञता प्राप्त की जा सकती है। निरी भौतिकता में उनका विश्वास नहीं था। उनके भीतर यह शंका दिनोदिन प्रबल होती जा रही थी कि दृश्य के परे कोई और सत्य है, जो अदृश्य है तथा जिसे हम तर्कों से नहीं जान सकते। विनोबाजी ने जब यह सूक्ति कही कि अगला युग विज्ञान और धर्म का नहीं, बल्कि विज्ञान और अध्यात्म का है, तब यह सूक्ति पंडितजी को बहुत पसन्द आई थी।

हिंसा-अहिंसा

गांधीजी अहिंसा को धर्म समझते थे; किन्तु जवाहरलालजी ने अहिंसा को धर्म कभी भी नहीं माना। वे उसे नीति मानते थे। चूँकि जवाहरलाल गांधीजी के अनुयायी थे, इसलिए अहिंसा का पालन वे भी करते थे; किन्तु अहिंसा के समर्थन में गांधीजी जो दलीलें देते थे, वे दलीलें पंडितजी की समझ में नहीं आती थीं। पंडितजी मानते थे कि व्यक्ति अगर चाहे तो अहिंसा को अपना वैयक्तिक धर्म समझ सकता है, जैसे कोई-कोई आदमी उपवास और आत्मपीड़न को भी अपना धर्म मान लेता है। किन्तु समूह अथवा राजनैतिक दल का धर्म अहिंसा नहीं हो सकती। जब गांधीजी ने चौरी चौरा में हिंसा होने के कारण असहयोग आन्दोलन को रोक दिया था, तब गांधीजी के इस कृत्य से जवाहरलालजी को ठेस पहुँची थी। उनका खयाल था कि छिटपुट हिंसा के होने पर भी राष्ट्रीय आन्दोलन को रोकना नहीं चाहिए। हिंसा सन् 1942 ई. की महाक्रान्ति में भी हुई थी और सन् '45 में जब देश के नेता जेलों से बाहर आए, उन्हें यह सूझता ही नहीं था कि हिंसक घटनाओं के प्रसंग में वे क्या कहें। किन्तु पंडितजी ने जनता की ओर से किए गए सभी हिंसक कृत्यों को अपने ऊपर ओढ़ लिया और उन्होंने खुली घोषणा की कि सन् '42 की क्रान्ति की सारी जिम्मेवारी मेरे ऊपर है।

यह भी ध्यान देने की बात है कि द्वितीय महायुद्ध में गांधीजी का मत यह था कि सरकार के युद्धोद्योग में अगर सहायता देनी है, तो वह सहायता बिना शर्त दी जानी चाहिए और उसका रूप अहिंसक होना चाहिए। किन्तु जवाहरलालजी की स्पष्ट राय थी कि युद्धोद्योग में सहायता तभी दी जा सकती है, जब इंग्लैंड भारत को स्वाधीन कर दे और यह सहायता भारत युद्ध में हथियार उठाकर देगा।

सन् 1962 ई. में दिल्ली में जो आणविक अस्त्र विरोधी अन्तर्राष्ट्रीय सम्मेलन हुआ था, उसमें संसार के नेताओं ने हिंसा-अहिंसा की विचिकित्सा बड़ी ही बारीकी के साथ की थी। किन्तु उस सम्मेलन में पंडितजी का जो भाषण हुआ, उससे हिंसा-अहिंसा विषयक उनका मत बिलकुल स्पष्ट हो गया। उस दिन पंडितजी ने बताया था कि अहिंसा व्यक्ति के लिए शक्य किन्तु समूह के लिए अशक्य कृत्य है। जनता जैसे हिंसक कार्रवाइयों के लिए तैयार की जाती है, वैसे ही वह अहिंसक कार्रवाई के लिए भी तैयार की जा

सकती है। किन्तु विशाल धरातल पर यह तैयारी करना आसान काम नहीं है और उसमें अवतारी पुरुषों को भी सफलता कठिनाई से मिलती है। क्योंकि व्यक्ति को संयम सिखलाना जितना आसान है, समूह को संयमी बनाना उतना आसान नहीं है। इसलिए व्यक्ति के धर्म को अगर हम समूह पर लाद दें, तो इससे लाभ की अपेक्षा हानि अधिक होगी। समूह के धरातल पर अहिंसा के प्रयोग में यही कठिनाई है। और मुसीबत यह है कि जनता अगर अहिंसा चलाने असफल हो गई तो, अहिंसा और कायरता में कोई भेद नहीं रह जाएगा और समूह की पराजय टाली नहीं जा सकेगी।

पंडितजी अहिंसा को सत्य से भी अभिन्न नहीं मानते थे। उनकी दृष्टि में सत्य और चीज़ तथा अहिंसा और चीज़ थी। पंडितजी अहिंसा की महिमा को भली-भाँति समझते थे और मानते थे कि अहिंसा का सर्वत्र पालन वही व्यक्ति कर सकता है, जिसके भीतर की मानवता अत्यन्त विकसित और सजीव हो, जो भारी-से-भारी कष्ट सहकर भी उत्तेजना में न आए। किन्तु अहिंसा की भी सूक्ष्म छाँहें और भंगिमाएँ हैं, जिनके कारण कभी वह ग्राह्य और कभी अग्राह्य हो सकती है। पंडितजी गांधीजी का उद्धरण देकर बतलाते थे कि हिंसा गरचे बुरी चीज़ है, मगर चुनाव जहाँ कायरता और हिंसा के बीच हो, वहाँ मनुष्य को हिंसा का ही साथ देना चाहिए। लेकिन भय के भाव और कायरता, ये खुद बुरी चीज़ें हैं। अतएव पंडितजी चाहते थे कि जनता निर्भय और वीर हो तथा उसके भीतर उच्च मानवता को विकास करने के लिए वे अहिंसा का उपदेश देते थे।

राष्ट्रीयता और अन्तर्राष्ट्रीयता

राष्ट्रीयता के दो लक्षण अत्यन्त प्रमुख हैं। एक तो यह कि वह गुलाम देशों में अत्यन्त प्रखर होती है, क्योंकि गुलाम देश अपने मालिकों से घृणा करते हैं और यही घृणा उनकी राष्ट्रीय एकता को मजबूत बना देती है। दूसरा यह कि जब भी किसी देश या जाति के भीतर राष्ट्रीय भावना की जागृति होती है, तब उस देश या जाति के लोग अपने अतीत का स्मरण करने लगते हैं। इससे दो खतरे पैदा हो सकते हैं। एक तो यह कि घृणा के भाव पर पलती हुई राष्ट्रीयता फासिस्ट बन जा सकती है। दूसरा यह कि अतीत को ज़िन्दा करने की कोशिश में जातियाँ रिवाइवलिस्ट बन जा सकती हैं।

पंडितजी का ध्यान इन दोनों खतरों पर था। जहाँ तक अतीत के ध्यान से जाति में एकता और आत्मविश्वास का भाव पैदा होता है, वहाँ तक पंडितजी अतीत का मूल्य समझते थे। किन्तु अतीत के अनुकरण को वे राष्ट्रीयता का दोष समझते थे। इसी प्रकार राष्ट्रीयता के घृणा-पक्ष को वे बढ़ावा नहीं देते थे। संघर्ष के दिनों में भी उनका कहना यह था कि लड़ाई हमारी अंग्रेज़ों के साम्राज्यवाद के खिलाफ है, अंग्रेज़ जाति से हम घृणा नहीं करते हैं।

ऐतिहासिक कारणों से भारत में राष्ट्रीयता छिपे-छिपे हिन्दू-धारा और मुस्लिम-धारा में बहने लगी थी। पंडितजी इसे संकीर्णता समझते थे और ज़िन्दगी-भर वे इन संकीर्ण प्रवृत्तियों के खिलाफ युद्ध करते रहे। उनकी दृष्टि में भारत की राष्ट्रीयता केवल भारतीय है। उसे हिन्दू और मुस्लिम धाराओं में अलग-अलग बहाने की कोशिश राष्ट्रीयता का पालन नहीं, उसका विरोधी रूप है। भारत में जो भी लोग बसते हैं, वे एक हैं; क्योंकि उनका इतिहास एक है, उनका तौर-तरीका एक है, उनका रहन-सहन और मिजाज एक है। एक के हिन्दू, दूसरे के मुसलमान और तीसरे के सिक्ख या क्रिस्तान होने से किसी की राष्ट्रीयता नहीं बदलती। इस देश के अल्पसंख्यक राष्ट्रीय अल्पसंख्यक नहीं हैं, वे धार्मिक अल्पसंख्यक हैं और अल्पसंख्यकों के धर्म-भेद से पूरे समूह की राष्ट्रीयता में कोई फ़र्क नहीं आता है।

पंडितजी चाहते थे कि हिन्दू, मुस्लिम, सिक्ख, पारसी और क्रिस्तान—ये भारत के इतिहास के प्रति समान रूप से गौरव का भाव रखें और पूरे इतिहास को अपना ही इतिहास समझें। हिन्दू अगर अपने अतीत की याद करें और मुसलमान अपने माजी की, तो इससे हमारी राष्ट्रीयता में दरार पड़ जाएगी। पंडितजी चाहते थे कि हिन्दू और मुसलमान पीछे की ओर देखना छोड़कर उस राह पर एक साथ चलें, जो सीधे भविष्य को जाती है।

जैसे पंडितजी धार्मिक विभेद को राष्ट्रीयता की बाधा नहीं मानते थे, वैसे ही उनका विश्वास था कि भाषाओं की भिन्नता से इस देश की एकता नहीं टूटेगी। कई देश हैं, जिनमें अनेक भाषाएँ बोली जाती हैं। तो फिर भारत ही अनेक भाषाएँ बोलकर एक क्यों नहीं रह सकता? वे सरल हिन्दी के पक्षपाती थे और हिन्दी के उसी रूप को भारत भर में फैलाना चाहते थे।

किन्तु पंडितजी के भीतर राष्ट्रीयता और अन्तर्राष्ट्रीय के बीच संघर्ष नहीं था। भारत की राष्ट्रीयता जन्म से ही अन्तर्राष्ट्रीय रही थी। राजा राममोहन राय ने संसार में पहले पहल यह आवाज़ उठाई थी कि पासपोर्ट की पद्धति उन्मूलित कर दी जाए और संसार भर के देशों का कोई संघ हो, जो सभी देशों की सुख-सुविधा का विचार करे। स्वामी विवेकानन्द ने इस बात पर जोर दिया था कि भारत को अपना सम्पर्क अन्य देशों के साथ स्थापित करना चाहिए। अन्य देशों से कटकर अलग जीने की कोशिश से भारत की अवनति हुई है। रवीन्द्रनाथ ने पश्चिम और पूर्व के आदर्शों के बीच समन्वय लाकर भारतीय राष्ट्रीयता की बुनियाद को विस्तार दिया था। खुद गांधीजी ने राष्ट्रीयता को घृणा के दलदल से निकाल लिया था। गांधीज कहते थे कि भारतीय राष्ट्रीयता का ध्येय भारत को स्वाधीन बनाना है। किन्तु बृहत् मानवता के कल्याण के लिए अगर भारत को मृत्यु का वरण करना पड़े, तो उसे इस कुर्बानी के लिए भी तैयार रहना चाहिए।

पंडितजी ने इन आदर्शों के उत्तराधिकार का सफलतापूर्वक वहन किया। संसार

के अन्य गुलाम और शोषित देशों में मुक्ति के जो आन्दोलन चल रहे थे, भारत के स्वतन्त्रता आन्दोलन को पंडितजी उन सभी आन्दोलनों से एकाकार मानते थे। वे बार-बार इस बात पर जोर देते थे कि भारतीय राष्ट्रीयता को अन्तर्राष्ट्रीयता की प्रगतिशील प्रवृत्तियों के साथ एक होकर चलना चाहिए। पंडितजी समाजवादी थे, अतएव यह स्वाभाविक था कि अन्तर्राष्ट्रीयता के प्रति उनका अकृत्रिम रुझान हो।

किन्तु अन्तर्राष्ट्रीयता के मोह में वे राष्ट्रीयता की उपेक्षा नहीं करते थे। उनका निश्चित मत था कि अगर राष्ट्रीयता और अन्तर्राष्ट्रीयता के बीच कोई द्वन्द्व छिड़ गया, तो जीत राष्ट्रीयता की होगी। क्योंकि राष्ट्रीयता मनुष्य की स्वाभाविक प्रवृत्ति है और अन्तर्राष्ट्रीयता को वह बुद्धि की प्रेरणा से ग्रहण करता है। वे यह भी मानते थे कि अन्तर्राष्ट्रीयता के प्रति प्रेम केवल व्यक्ति दिखा सकता है और वही अन्तर्राष्ट्रीय ध्येयों के लिए थोड़ी कुर्बानी भी कर सकता है। किन्तु राष्ट्र अन्तर्राष्ट्रीय ध्येयों को वहीं तक स्वीकार करते हैं, जहाँ तक वे ध्येय राष्ट्रों के अपने हितों के अनुकूल हैं। अन्तर्राष्ट्रीयता के लिए त्याग अभी व्यक्ति करता है। राष्ट्रों के भीतर इस त्याग का भाव नहीं है।

पंडितजी का विचार था कि अन्तर्राष्ट्रीयता का सम्यक् विकास स्वतन्त्र देशों में हो सकता है। जो देश गुलाम हैं, वे अपने राष्ट्रीय भावों को शिथिल होने देना नहीं चाहते।

किन्तु पंडितजी के सामने संसार के भविष्य की जो कल्पना थी, वह उत्तरोत्तर अन्तर्राष्ट्रीयता के विकास की कल्पना थी। अपनी पुत्री को लिखे गए एक पत्र में उन्होंने कहा है कि संसार दिनोदिन छोटा होता जा रहा है और सभी देश एक-दूसरे के करीब होते जा रहे हैं और उनके पारस्परिक दान-प्रतिदान और प्रभाव की मात्रा बढ़ती जा रही है। अब वह समय आ गया है, जब देशों के अलग-अलग इतिहासों का विशेष महत्त्व नहीं रहेगा। इतिहास अब पूरे संसार का, पूरी मानवता का एक साथ लिखा जाना चाहिए।

गुलाम देशों के लिए राष्ट्रीयता का जो अपरिमित महत्त्व है, उसे पंडितजी भली-भाँति समझते थे और उसका आदर भी करते थे। किन्तु उनका ध्यान इस पर भी था कि अगर राष्ट्रीयता की प्रवृत्ति बेरोक बढ़ती गई, तो उससे विश्व की एकता में बाधा पड़ सकती है। अतएव वे चाहते थे कि राष्ट्रीयता आरम्भ से ही अपना तालमेल अन्तर्राष्ट्रीयता के साथ बिठाकर चले, तो इससे राष्ट्र और सम्पूर्ण विश्व, दोनों का कल्याण होगा।

भारत के मन को अन्तर्राष्ट्रीय बनाने को पंडितजी अत्यन्त बेचैन थे। राष्ट्रीय पताका पर अशोक-चक्र का रखना उन्होंने इसलिए पसन्द किया था, चूँकि अशोक की दृष्टि अन्तर्राष्ट्रीय थी। संविधान सभा में झंडे पर भाषण देते हुए उन्होंने कहा था, हमारी राष्ट्रीय पताका केवल हमारी ही स्वाधीनता का चिह्न नहीं है। जिन लोगों की

भी दृष्टि इस झंडे पर पड़ेगी, उन्हें यह झंडा यह सन्देश देगा कि भारत सभी राष्ट्रों के साथ प्रेम का सम्बन्ध रखना चाहता है और जो भी लोग अपनी स्वाधीनता के लिए संघर्ष कर रहे हैं, उन्हें भारत मदद पहुँचाना चाहता है।

अन्तर्राष्ट्रीयता का ध्येय पंडितजी विश्व-संघ की स्थापना मानते थे। उनका दृढ़ विश्वास था कि संसार में एक विश्व-शासन की स्थापना अनिवार्य है, क्योंकि संसार के रोगों का इसके सिवा कोई और इलाज नहीं है। युद्ध और संघर्ष की स्मृतियाँ अगर भुलाई नहीं जातीं, तो अन्तर्राष्ट्रीय सद्भावना कमज़ोर हो जाती है।

प्रजातन्त्र

नात्सीवाद और फासिस्टवाद ने यह सिद्धान्त चलाया था कि राष्ट्र, देश और राज्य के प्रति गौरव की भावना ही प्रधान है और जीवित मनुष्य जो उस राज्य में बसते हैं, इस भावना के सामने बिलकुल गौण है। फासिस्टवाद और नात्सीवाद प्रजातन्त्र तथा उदारता की भावना को स्वीकार नहीं करते। उनके लिए राज्य प्रमुख और नागरिक गौण थे।

पंडितजी व्यक्ति के व्यक्तित्व का आदर करते थे और यह मानते थे कि असली प्रजातन्त्र वह है, जहाँ सारी जनता मतदान के द्वारा अपनी राय जाहिर करती है और राज्य का शासन उसी राय के अनुसार चलता है।

राजनैतिक स्वतन्त्रता, सामाजिक समानता और शान्तिमय उपायों से प्रगति करना, इसे पंडितजी प्रजातन्त्र का ध्येय समझते थे। लेकिन फासिस्टवाद और साम्यवाद के बीच अगर चुनाव की विवशता आती, तो पंडितजी साम्यवाद ही चुनते।

एक हद तक शिक्षा और समृद्धि लाए बिना प्रजातन्त्र ठीक से काम नहीं करता है। अगर इस भाव की अवज्ञा नहीं की जा सकती, तो प्रजातन्त्र का सम्पूर्ण रूप भारत में चलाया नहीं जा सकता था। किन्तु पंडितजी प्रजातन्त्र के प्रयोक्ता थे। प्रजातन्त्र के तरीकों में उनका ऐसा अटल विश्वास था कि उन्होंने भारत में प्रचलित घोर अशिक्षा और दरिद्रता की बाधा को स्वीकार नहीं किया और सीधे इस निर्णय पर आ गए कि हम जनता को पहले प्रजातन्त्र का सम्पूर्ण अधिकार दे देंगे और बाद में शिक्षा तथा समृद्धि का प्रचार करेंगे।

युद्ध को पंडितजी प्रजातन्त्र का घोर शत्रु समझते थे, क्योंकि जब युद्ध आता है, तब उदार देश भी कुछ थोड़े धर्म अधिनायकवाद को ग्रहण कर लेते हैं।

पंडितजी जनमत का आदर करते थे। एक बार सवाल यह उठा कि विधिमन्त्री को ही एटार्नी जनरल भी होना चाहिए। किन्तु जनमत को इस प्रस्ताव के विरुद्ध देखकर उन्होंने अपना पाँव पीछे हटा लिया। इसी प्रकार संविधान में जब 18वाँ संशोधन होने लगा, पंडितजी जनमत को विरुद्ध देखकर सतर्क हो गए और सरकार

ने विधेयक वापस ले लिया। अनिवार्य बचत-योजना के प्रसंग में वित्तमन्त्री श्री मोरारजी देसाई की एक बार संसत्सदस्यों से इस बात पर झड़प हो गई कि एटार्नी जनरल लोकसभा में बुलाए जाएँ या नहीं। मोरारजी भाई इस पक्ष में नहीं थे कि एटार्नी जनरल सभा में बुलाए जाएँ। लेकिन एटार्नी जनरल सभा में बुलाए गए और उन्होंने वित्तमन्त्री के प्रस्ताव का समर्थन भी किया। किन्तु इन सारे नाटकों के बाद पंडितजी ने मोरारजी भाई को यह सलाह दी कि अब बात विरोधी दल की ही मान जाइए।

दुष्टों की दुष्टता की बात कान में पड़ने पर वे मौन हो जाते थे और असहनशील व्यक्ति की बातें भी वे पूरी सहनशीलता के साथ सुनते थे।

उनका विचार था कि प्रजातन्त्र केवल मतदान की प्रक्रिया नहीं है। वह समाज की एक मनोदशा भी है, लोगों के आचरण की एक पद्धति भी है। भारतीय प्रजातन्त्र का जन्म केवल राजनैतिक प्रभावों के कारण नहीं हुआ, उसका जन्म कुछ नैतिक मूल्यों के प्रभावों की छाया में भी हुआ है, जिनके जन्मदाता गांधीजी थे। पंडितजी मानते थे कि जैसे कुछ नैतिक सिद्धान्तों की अवहेलना करने से व्यक्ति का ह्रास होता है, उसी प्रकार नैतिक मूल्यों की अवज्ञा से राष्ट्र का भी पतन हो जाता है।

समाजवाद

सन् 1929 ई. में पंडितजी ने लाहौर कांग्रेस के सभापति-पद से ऐलान किया था कि मैं समाजवादी हूँ और राजाओं के राज्य तथा उद्योगपतियों के साम्राज्य के मैं खिलाफ हूँ।

फिर सन् 1933 ई. में उन्होंने कहा था, फासिस्टवाद और साम्यवाद के बीच कोई मध्यमार्ग नहीं है। दोनों में से किसी एक का चुनाव हमें करना ही चाहिए और अपने लिए मैं साम्यवाद पसन्द करता हूँ।

गांधीजी हृदय-परिवर्तन में विश्वास करते थे। जवाहरलाल इस नीति को समाजवादी नीति के खिलाफ समझते थे।

पंडितजी की इतिहास विषयक दृष्टि मार्क्सीय थी। समाजवादी मार्ग को वे मार्क्सवादी मार्ग समझते थे। सामाजिक विकास का जो विश्लेषण मार्क्स ने दिया है, उससे पंडितजी सोलहों आने सहमत थे। किन्तु उनका खयाल था कि मार्क्स के बाद संसार में जो अनेक घटनाएँ घटी हैं, उनसे मार्क्सवादी सिद्धान्तों में से अनेक अप्रासंगिक हो गए हैं।

सन् 1955 ई. में उन्होंने कहा था, समाजवाद अथवा साम्यवाद से हमें इस काम में मदद मिल सकती है कि भारत में जो सम्पत्ति है, उसका हम बँटवारा कर दें। मगर सब मिलाकर भारत एक निर्धन देश है और इसकी सम्पत्ति का बँटवारा, असल में, इसकी गरीबी का ही बँटवारा होगा। भारत को अभी ज़रूरत गरीबी के बँटवारे की

नहीं, धन के उत्पादन की है। गरीबी पर आधारित अर्थनीति भारत के अनुकूल नहीं है।

गांधीजी धनियों को समाज का ट्रस्टी बनाना चाहते थे। जवाहरलाल की समझ में यह नीति नहीं आती थी।

अपनी आत्मकथा में पंडितजी ने लिखा था कि समाजवाद के मार्ग में जो बाधाएँ हैं, उन्हें हम नरमी से दूर करेंगे, मगर यदि आवश्यक हुआ तो उन्हें हटाने को हम बल का भी प्रयोग कर सकते हैं। किन्तु सत्तासीन होने पर उनका बलप्रयोग और दमन का भाव प्रजातन्त्र से बहुत ही प्रभावित हो गया और मत-परिवर्तन के काम को वे अधिक महत्त्व देने लगे।

सन् 1955 ई. में ही उन्होंने यह भी कहा था कि वर्गों के बीच द्वन्द्व है, तो इस द्वन्द्व को शान्तिमय उपायों से हटाना चाहिए, वर्ग-संघर्ष के द्वारा नहीं। मार्क्स महापुरुष थे और उनसे हम सब लोग कुछ-न-कुछ सीख सकते हैं। किन्तु 19वीं सदी के मध्य में उत्पन्न होनेवाले मार्क्स से यह पूछना अन्याय है कि 20वीं सदी के मध्य में हम क्या करें?

प्रजातन्त्र और समाजवाद को वे एक ही सिक्के के दो पहलू समझते थे। समाजवाद के समान प्रजातन्त्र को भी वे सामाजिक विषमताओं के अपनोदन का साधन समझते थे। अतएव उनका विचार था कि समाजवाद का भी असली रूप प्रजातन्त्रीय ही हो सकता है, अधिनायकवादी नहीं। किन्तु उनका यह भी खयाल था कि उत्पादन के यन्त्रों पर अगर स्वामित्व व्यक्तियों का रहा, तो विषमता दूर नहीं होगी। वैयक्तिक सम्पत्ति की अधिकता को वे प्रजातन्त्रीय मार्ग की बाधा मानते थे।

समाजवाद को वे वैयक्तिक स्वतन्त्रता की बाधा नहीं मानते थे। उनका खयाल था कि समाजवाद के अधीन व्यक्ति की स्वाधीनता आज की अपेक्षा कुछ अधिक ही होगी, कम नहीं। विवेक की स्वाधीनता, सोचने की स्वाधीनता, काम करने की स्वाधीनता, इन पर समाजवाद अंकुश नहीं लगाएगा। रह गई सम्पत्ति, तो एक सीमा के अन्दर सम्पत्ति का वैयक्तिक स्वामित्व भी समाजवाद के अन्दर चल सकता है। किन्तु सबसे बड़ी स्वाधीनता तो यह है कि समाजवाद के अन्दर आर्थिक सुरक्षा का भाव सबको प्राप्त होगा, जो आज थोड़े ही लोगों को प्राप्त है।

पंडितजी मिजाज से व्यक्तिवादी और बुद्धि से सोशलिस्ट थे।

राष्ट्रीयकरण

सन् 1954 ई. में उन्होंने कहा था, समाजवाद विषयक हमारी आम धारणा यह है कि उससे उद्योगों का राष्ट्रीयकरण होता है। इसलिए यह सोचा जा सकता है कि हम भी तुरन्त उद्योगों का राष्ट्रीयकरण कर दें। यह ठीक है कि जैसे-जैसे समाजवाद की प्रगति

होगी, अधिक-से-अधिक उद्योग राष्ट्रीय सेक्टर में होंगे। किन्तु अभी हमारा उद्देश्य धन के उत्पादन और रोजगार में वृद्धि होनी चाहिए। अतएव हमें कोई भी ऐसा कदम नहीं उठाना चाहिए, जिससे धनोत्पादन की प्रगति शिथिल हो जाए अथवा बेकारी और भी बढ़ जाए।

राज्य और व्यक्ति

पंडितजी मानते थे कि आज तक राज्य का उद्देश्य वैदेशिक आक्रमण और आन्तरिक उत्पात से समाज की रक्षा करना रहा है। लेकिन अब कल्याणकारी राज्य का ध्येय जनता की शिक्षा, स्वास्थ्य, रोजी आदि समस्याओं का भी समाधान निकालना हो गया है।

आधुनिक राज्यों की प्रवृत्ति केन्द्रीकरण की ओर है। केन्द्रीकरण की प्रगति से व्यक्ति की आज़ादी में खलल पहुँचता है। किन्तु केन्द्रीकरण की प्रक्रिया ही ऐसी है कि उसे रोकना दुश्वार है। केन्द्रीकरण समाजवाद की शिक्षा है। व्यक्ति की स्वतन्त्रता का सम्मान गांधी-धर्म है। जवाहरलाल इन दोनों के बीच तालमेल बिठाना चाहते थे।

व्यक्ति की स्वाधीनता की रक्षा के लिए वे संविधान का सहारा लेते थे। किंन्तु उनका यह भी भाव था कि अपार जनता के अधिकारों की रक्षा के लिए गिने-चुने लोगों के अधिकारों का अपहरण कोई अन्याय नहीं है।

पंडितजी और भारतीय एकता

काल का कारण राजा होता है या राजा का कारण काल—इस प्रश्न का सबसे सही उत्तर यह है कि महापुरुष काल की प्रेरणा से जन्म लेते हैं और फिर वे काल को प्रभावित भी करते हैं। जवाहरलालजी जिस युग में जनमे, वह बहुत पहले से एकता की खोज में बेचैन चला आ रहा था। गांधीजी और जवाहरलाल ने उस बेचैनी में वृद्धि कर दी और जनता के मन पर यह बात बिठा दी कि एकता और आज़ादी एक ही सिक्के के दो पहलू हैं। एकता आई तो आज़ादी भी आकर रहेगी और एकता न टिकी, तो आज़ादी के भी टिकने की आशा व्यर्थ है।

जहाँ तक एकता की धार्मिक बाधा का सवाल है, भारत में दो धाराएँ साथ-साथ बही हैं। जो लोग राष्ट्रीयता के प्रेमी थे, उन्होंने एकता की खोज राजनैतिक कारणों से की। किन्तु जो लोग धर्म-साधना में लगे थे, वे धार्मिक भाव से ही इस निष्कर्ष पर पहुँच गए कि संसार में जितने भी धर्म हैं, वे वास्तव में एक ही धर्म है। पिछले सौ वर्षों के भीतर धर्म और आध्यात्मिकता के क्षेत्र में भी भारत ने बड़े ही साहसी प्रयोग किए हैं। इस्लामी साधना के रहस्य को समझने के लिए परमहंस रामकृष्ण कुछ दिनों तक मुसलमान हो गए थे और फिर ईसाइयत का मर्म समझने को थोड़े दिनों के लिए वे ईसाई भी बन गए थे। महायोगी अरविन्द और महर्षि रमण भी धर्म के आनुष्ठानिक पक्ष को महत्त्व नहीं देते थे। इन दोनों महात्माओं के भक्त बहुत-से ईसाई, पारसी और मुसलमान भी हुए हैं; किन्तु किसी भी भक्त से उन्होंने यह नहीं कहा कि मोक्ष-लाभ के लिए हिन्दू हो जाना आवश्यक है। हिन्दू, मुसलमान या ईसाई होना धर्म का बाहरी रूप है। सच्चा धर्म वह है, जिसके जान लेने पर हिन्दू पहले से अच्छा हिन्दू और मुसलमान पहले से अच्छा मुसलमान हो जाता है।

भारत में पिछले सौ वर्षों के भीतर धर्म बड़ी तेजी के साथ डालों से उतरकर मूल की ओर आ रहा है। धर्म के इसी रूप को डॉक्टर राधाकृष्णन ने आत्मा का धर्म कहा है। धर्म के इसी सार को आचार्य विनोबा केवल अध्यात्म कहते हैं। विवेकानन्द कहते थे, वैज्ञानिक युग का धर्म केवल वेदान्त हो सकता है। विनोबाजी कहते हैं, भविष्य में विज्ञान के साथ धर्म नहीं, अध्यात्म रहेगा।

ये सारी परम्पराएँ गांधीजी के आविर्भाव के पूर्व बहुत दूर तक विकसित हो चुकी

थीं। गांधीजी की विशेषता यह रही कि इन सिद्धान्तों को उन्होंने जीवन में उतारने का प्रयोग किया। गांधीजी भविष्य की ओर से नहीं, भारत के अतीत की ओर से आए थे। इसलिए जनता बिना किसी कठिनाई के उन्हें पहचान गई। लेकिन जवाहरलालजी का आगमन भविष्य की ओर से हुआ, अतएव गांधीजी की बहुत-सी बातें ठीक से उनके हृदय में बैठ नहीं सकीं। शंकाएँ उन्हें सताती रहीं, सन्देह उन्हें घेरते रहें, लेकिन हर दुविधा के समय उन्हें भासित यही हुआ कि सम्भवतः मैं ही गलत हूँ, गांधीजी ठीक है। अनेकान्तवाद की प्रवृत्ति जवाहरलालजी में शायद पहले से ही मौजूद थी। इसी अनेकान्तवाद ने उन्हें गांधीजी से टूटने से रोका। इसी अनेकान्तवादी प्रवृत्ति ने अन्त में उन्हें गांधीजी का पट्ट शिष्य बना दिया।

परमहंस रामकृष्ण और स्वामी विवेकानन्द के प्रसंग में भी यही हुआ था। रामकृष्ण अतीत की ओर से आए थे और स्वामी विवेकानन्द भविष्य की ओर से। इस कारण रामकृष्ण की बहुत-सी बातें विवेकानन्द की समझ में नहीं आती थीं। लेकिन सब मिलाकर विवेकानन्द का भी यही भाव था कि गलत मैं ही हो सकता हूँ, परमहंस ठीक हैं।

जब विवेकानन्द रामकृष्ण की शरण गए थे, तब नई दुनिया ही एक तरह से पुरानी दुनिया की शरण में पहुँची थी। जब जवाहरलाल गांधीजी की शरण गए, तब एक बार फिर भारत का भविष्य भारत के अतीत की शरण गया। पुराने और बड़े देश उस प्रकार बदले नहीं जा सकते, जिस प्रकार नए और छोटे देश बदले जा सकते हैं। खासकर भारत जितना ही बदलता है, उतना ही अपने मूल रूप के अधिक समीप पहुँच जाता है। गांधी और जवाहरलाल भारत के अतीत और भविष्य के समान लगते थे। किन्तु दोनों को देखने से यह भी भासित होता है कि भारत का भविष्य उसके अतीत से बहुत ज्यादा भिन्न नहीं है।

अतीत की ओर से आने के कारण गांधीजी का रास्ता वह रहा, जिस पर अशोक चले थे, जिस पर कबीर, अकबर और दारा शिकोह ने कदम रखे थे। अर्थात् यह बात कि धर्म सही है सभी और धर्म एक ही धर्म हैं। एकता भारतीय स्वतन्त्रता का मूल मन्त्र थी। इस एकता की आराधना और खोज जवाहरलालजी भी जीवन के अन्त तक करते रहे। किन्तु भविष्य की ओर से आने के कारण उनका मार्ग भिन्न हो गया। इसीलिए धर्म सही है या गलत, इस पर उन्होंने कभी कोई राय नहीं दी किन्तु धर्मान्धता, अन्धविश्वास और पूर्वाग्रहों से लड़ने को उन्होंने विज्ञान और बुद्धिवाद का सहारा लिया। गांधी और रवीन्द्र खुलकर धर्म में विश्वास करते थे; किन्तु उनका उपदेश यह था कि सभी धर्म ठीक हैं और मूल में वे एक ही धर्म हैं। धर्म का बहुवचन नहीं होता। वह हमेशा एक वचन रहता है। इसलिए हमें चाहिए कि धर्म को हम पकड़े रहें, लेकिन धर्मों को छोड़ दें।

किन्तु जवाहरलाल धर्म के पचड़े में पड़ना ही नहीं चाहते थे। जिस ध्येय की

प्राप्ति के लिए गांधीजी ने सर्व-धर्म-समन्वय का तरीका अख्तियार किया था, उसी ध्येय की प्राप्ति के लिए जवाहरलालजी ने आधुनिकीकरण के साधन चुने। धर्म को वे आदमी का बिलकुल निजी मामला समझते थे। वह राजनीति में घसीटी जाने की चीज़ नहीं है। उसे मनुष्य-मनुष्य के बीच विभेद डालने का कोई अधिकार नहीं है। जन्म से सभी मनुष्य समान हैं। आदमी धर्म या अन्धविश्वास लेकर पैदा नहीं होता। मनुष्य का वैयक्तिक और सामाजिक जीवन बुद्धिवाद और तर्क के सहारे चलना चाहिए। इसके बाद व्यक्ति को अगर धर्म की चिन्ता है, तो यह उसका बिलकुल निजी सवाल है।

देश की एकता को लेकर जो चिन्तन राममोहन राय के समय से चलता आ रहा था, उसका प्रभाव हमारे स्वतन्त्रता संग्राम पर पड़ा और स्वतन्त्रता संग्राम ने जिन मूल्यों को जन्म दिया या संजीवनी पिलाई, वे सारे-के-सारे मूल्य हमारे संविधान में दर्ज़ हो गए। इस प्रकार ऐसा कुछ भी नहीं घटा है, जो सर्वथा नवीन हो। मैल के जल जाने पर सोना निखर उठता है, चमकने लगता है। अन्यथा सोना हमेशा सोना ही रहता है। जवाहरलालजी की अन्तर्राष्ट्रीयता नवीन लगती है; किन्तु राममोहन राय की अन्तर्राष्ट्रीयता कितनी बड़ी थी कि आज से 136 वर्ष पूर्व उन्होंने फ्रांसीसी सरकार को सुझाव दिया था कि पासपोर्ट की पद्धति दुनिया से उठ जानी चाहिए।

जवाहरलालजी ने भारत के इतिहास को निष्पक्ष दृष्टिकोण से समझा था। इसीलिए उनका दृढ़ विश्वास था कि इस देश की संस्कृति किसी एक जाति या वर्ग की रचना नहीं है। उसके निर्माण में केवल आर्यों और द्रविडों का ही नहीं, उन असंख्य मानवों का भी हाथ है, जो समय-समय पर बाहर से इस देश में आए और फिर यहीं के हो रहे। आदिवासियों, हरिजनों और गिरिजनों ने भारतीय संस्कृति के विकास में कितना योगदान दिया है, इस विषय की चर्चा उन्हें बहुत प्यारी लगती थी। द्रविडों ने भारतीय संस्कृति को कैसे प्रभावित किया था, इस विषय की चर्चा भी वे पसन्द करते थे। एक दिन पंडितजी ने मुझसे कहा, ''डॉक्टर सुनीतिकुमार चटर्जी मुझसे कह रहे थे कि बहुत प्राचीन काल में तमिल भाषा के बहुत-से शब्द संस्कृत में प्रवेश पा गए और अब वे संस्कृत के साथ इस तरह घुलमिल गए हैं कि उन्हें पहचानना भी मुश्किल है।''

मैंने कहा, ''पंडितजी! बात ठीक है। रेवरेंड क्टिल ने अपने कन्नड़-अंग्रेज़ी कोश में ऐसे चार सौ शब्दों की सूची दी है, जो द्रविड भंडार से आकर संस्कृत में मिल गए हैं। और तुर्रा तो यह है कि 'पंडित' और 'पूजा' जैसे शब्द भी संस्कृत के अपने शब्द नहीं हैं। वे किसी समय द्रविड स्रोत से आए थे।''

बहुत-से हिन्दुओं के बीच पंडितजी इस बात के लिए बदनाम थे कि वे मुसलमानों का पक्षपात करते हैं। किन्तु पंडितजी पक्ष ऐसे लोगों का लेते थे, जो संख्या में थोड़े अथवा समाज में दबे हुए हैं। आदिवासियों की हित-चिन्तना वे जिस निर्भीकता और वीरता से करते थे, उसे देखकर उनके महापुरुषत्व पर भक्ति होती थी। एक बार

दिल्ली में राज्यसभा के लिए टिकट बाँटा जा रहा था। जब बिहार की बात आई, पता यह चला कि पाँच उम्मीदवार कांग्रेस के जीत सकते हैं; किन्तु छठे के लिए वोट कुछ कम पड़ेंगे। पंडितजी ने कहा, ज्यादा जहमत झेलना बेकार है। जितने वोट बच जाएँ, वे सारे-के-सारे वोट अमुक आदिवासी महिला को दिलवा दीजिए कि वह भी जीत जाए। वह महिला झारखंड पार्टी से खड़ी होनेवाली थी और झारखंड पार्टी उस समय कांग्रेस के खिलाफ थी। लेकिन आदिवासियों और महिलाओं के प्रसंग में पंडितजी ऐसा भी करते थे।

एक बार संसदीय हिन्दी परिषद की गोष्ठी पंडितजी के घर पर हो रही थी। पंडितजी उस समय घर पर नहीं थे, भाषण देने को कहीं बाहर गए हुए थे। जब वे आए, गोष्ठी में मेरा व्याख्यान चल रहा था और मैं लोगों को यह समझा रहा था कि भारतीय जनता के पूर्ण रूप से एक होने में बाधाएँ क्या-क्या हैं। इतने में पंडितजी आ गए और जब वे बोलने लगे, उन्होंने कहा, "अभी मैं उड़ीसा गया हुआ था। सुना, वहाँ के आदिवासी भाई आर्य रक्तवालों से नाराज़ हैं। वे कहते हैं कि एकलव्य अनार्य था और द्रोणाचार्य आर्य थे। इसी कारण द्रोणाचार्य ने उस अनार्य नौजवान का अँगूठा कटवा लिया।"

यह बात सुनकर सभी श्रोता हँसने लगे; किन्तु पंडितजी को हँसी नहीं आई; बल्कि विचलित होकर उन्होंने कहा, "और अपनी बात मैं आपको बताऊँ? यह सब सुनकर द्रोणाचार्य पर मुझे गुस्सा हो आया।"

द्वापर से कलियुग बहुत दूर है। किन्तु पंडितजी की मानवता इतनी प्रखर थी कि वह कलियुग में खड़ी होकर भी द्वापर के अन्याय पर क्रोध कर सकती थी।

पंडितजी मानते थे कि भारत बहुत पुराना, बहुत ही बड़ा मगर बेहद कँटीला देश है और इसकी एकता की रक्षा का कार्य सबसे अधिक महत्त्व का कार्य है। वे यह भी मानते थे कि भारत की जनता भोली तो है, लेकिन उसके भीतर शक्ति की कमी नहीं है। हाँ, भय उन्हें उन व्यक्तियों और दलों से महसूस होता था, जो धर्म, प्रान्त, जाति या भाषा के नारे लगाकर सीधी जनता को गुमराह करते हैं। इसीलिए वे अपने भाषणों में भारतीय जनता की प्रशंसा और जनता को गुमराह करने की कोशिश करनेवाले गिरोहों की निन्दा करते थे। सम्प्रदायवादी वृत्ति उन्हें किसी की भी पसन्द नहीं थी, न हिन्दुओं की, न मुसलमानों की, न सिक्खों की, न ईसाइयों की। न वे इसी बात को उचित समझते थे कि सारे भारत की जनता का खान-पान, पहनावा-ओढ़ावा, संस्कृति और भाषा एक हो जाए। मध्यकालीन संस्कारों के दलदल से उठाकर भारत को वे उस जगह पहुँचाना चाहते थे, जहाँ धर्मान्धता और अन्धविश्वास का दौरदौरा नहीं हो, जहाँ आदमी तर्क और बुद्धिवाद की मशाल जलाकर चले, जहाँ धर्म, संस्कृतियाँ और रीति-रिवाज अलग-अलग कायम रहें, मगर सारे देश की जनता भौगोलिक तथा मानसिक रूप से एक रहे। भारत में विज्ञान और टेक्नोलॉजी से सभी सामान मुहैया

हो जाएँ, इसे पंडितजी काफी नहीं समझते थे। वे यह भी चाहते थे कि भारत के प्रत्येक व्यक्ति का मन विज्ञान से युक्त हो और सवालों पर वह उस दृष्टि से सोच सके, जिस दृष्टि से आधुनिक मनुष्य को सोचना चाहिए। उनका अटल विश्वास था कि जिस दिन भारतीय जनता के भीतर वैज्ञानिक दृष्टिकोण घर कर लेगा, उस दिन सम्प्रदायवाद, धर्मान्धता, अन्धविश्वास तथा जाति, प्रान्त और भाषा के झगड़े आप-से-आप समाप्त हो जाएँगे।

इस बात का रोना बहुत-से लोग आज भी रोते हैं कि पंडितजी ने भाषावार प्रान्तों का संगठन क्यों होने दिया। परन्तु पंडितजी ने यह काम किसी दबाव में आकर नहीं किया था। कांग्रेस हमेशा से इस विचार की समर्थक रही थी। और पंडितजी खुद भी यह समझते थे कि भारत के प्रान्त तब तक विकास नहीं कर पाएँगे, जब तक उन्हें उनकी भाषाएँ न मिल जाएँ। प्रत्येक प्रान्त में वहाँ की भाषा और सारे देश में हिन्दी, यह विचार उन्हें पसन्द था। किन्तु कानून का सहारा लिए बिना वे अंग्रेज़ी को भी इस देश में कायम रखना चाहते थे, क्योंकि यही वह यन्त्र है, जिसके जरिए भारत में अभी आधुनिकता का प्रचार हो रहा है। अनेक बार उन्होंने यह खुली घोषणा की थी कि अंग्रेज़ी इस देश की भाषा नहीं हो सकती, न संविधान में उसे स्थान मिल सकता है। और उतनी ही बार उन्होंने यह ऐलान भी किया था कि अंग्रेज़ी हमारे लिए अन्तर्राष्ट्रीय वातायन का काम दे रही है तथा अंग्रेज़ी को हमने कहीं बिलकुल छोड़ दिया, तो विज्ञान के क्षेत्र में हम काफी उन्नति नहीं कर सकेंगे।

संविधान ने हिन्दी के बारे में जो निर्णय किया है, उसका पंडितजी आदर करते थे। किन्तु सरकारी दफ्तरों में हिन्दी जो रूप लेने लगी है, उससे वे निराश थे। उनकी अपनी पसन्द की भाषा हिन्दुस्तानी थी। गांधीजी के समान उनका भी यह विश्वास था कि हिन्दी के जिस रूप को उत्तर के हिन्दू, मुसलमान, सिक्ख, पारसी और क्रिस्तान पसन्द करते हैं, भाषा के उसी रूप को हमें सार्वदेशिक बनाना चाहिए। लेकिन अपने जीवन-काल में उन्हें यह जानने का भी मौका मिल गया था कि हिन्दी के जिस रूप को मुसलमान, सिक्ख और ईसाई आसान समझते हैं, हिन्दी का वह रूप अहिन्दीभाषी प्रान्तों को कठिन मालूम होता है और हिन्दी के जिस रूप को बंगाल अथवा दक्षिण भारत पसन्द करता है, वह भाषा उर्दू के करीब रहनेवालों को भारी मालूम होती है। फिर भी पंडितजी के विचार में कोई परिवर्तन आया हो, इसका मुझे ज्ञान नहीं है। वे आए दिन सभा-सम्मेलनों में कठिन हिन्दी का मजाक उड़ाया करते थे, जिससे उन सभी लोगों को दिलासा मिलती थी, जो संस्कृतनिष्ठ हिन्दी को कठिन मानते हैं।

भाषा के मामले में पंडितजी हर तरह के उतावलेपन और जल्दबाजी के खिलाफ थे। खासकर हिन्दी के मामले में वे फूँक-फूँककर कदम धरते थे। संविधान ने जो यह गारंटी दी है कि हिन्दी इस तरह से लाई जाएगी, जिससे किसी भी भारतवासी के हित में कोई बाधा न पड़े, उस गारंटी की वे पूरी तरह से रक्षा करना चाहते थे। यही कारण

था कि जब सन् 1963 ई. में भाषा-विधेयक संसद में लाया गया, पंडितजी ने अहिन्दीभाषियों के आश्वासन के लिए यह घोषणा कर दी कि जब तक अहिन्दीभाषी लोग चाहेंगे, हिन्दी के साथ अंग्रेज़ी भी राजकाज में चलती रहेगी। अवश्य ही यह घोषणा पंडितजी ने भारतीय एकता के हित में की थी। इस घोषणा के कारण हिन्दी क्षेत्रों में उनके विरुद्ध आलोचना चलने लगी थी; किन्तु इसी घोषणा ने उनके प्रति अहिन्दीभाषियों को और भी अनुरक्त बना दिया।

कहते हैं, महापुरुषों के जीवन में अक्सर ऐसा होता है कि असफलता अन्त-अन्त तक उनका पीछा करती है। यही नहीं, बहुधा जाहिर तौर पर वे असफल हो भी जाते हैं। लेकिन दुनिया को ऐसी असफलता से जितनी रोशनी मिलती है, उतनी रोशनी बड़ी-से-बड़ी सफलताओं से भी नहीं मिलती। सफलता चाहे जितनी भी बड़ी हो, वह सीमित होती है। निस्सीमता असफलता का गुण है। राम, कृष्ण, सुकरात, ईसा, कबीर और गांधी—ये अपने जीवन में कामयाब नहीं हुए थे, मगर दुनिया को रोशनी उन्हीं के आदर्शों से मिल रही है। स्थान के अखाड़े में जो युद्ध चला, उसमें गांधीजी हार गए। अब वही लड़ाई काल के अखाड़े में चल रही है। इस लड़ाई में सबसे ज्यादा रोशनी गांधीजी की कुर्बानी से आ रही है, जवाहरलालजी की उन कोशिशों से आ रही है जो उन्होंने हिन्दू-मुस्लिम-एकता के लिए की थीं और जिन कोशिशों में वे नाकामयाब रहे।

हिन्दू-मुस्लिम एकता के लिए गांधीजी और जवाहरलालजी ने वह सब किया, जो किसी भी देश या युग का नेता कर सकता था। किन्तु असफलता ने उनका पीछा नहीं छोड़ा। और असफलता जितनी ही प्रत्यक्ष होती गई, इन दोनों नेताओं की कोशिशें भी उतनी ही तेज होती गईं। और अन्त में वह समय आया, जब स्वतन्त्रता के स्वागत में भारत और पाकिस्तान, दोनों ही देशों में खून की नदियाँ उमड़ पड़ीं। सूर्योदय के समय अन्धकार का यह एक ऐसा गहरा आक्रमण था, जिसकी मिसाल सारी दुनिया के इतिहास में नहीं है। लेकिन, इसी अन्धकार में गांधीजी ने अपने जीवन रूपी महाकाव्य का सबसे उज्ज्वल सर्ग लिखा और इसी अन्धकार में उनके शिष्य की भी अग्निपरीक्षा हुई।

अन्धकार जितना ही गहरा होता गया, जवाहरलालजी की आवाज़ उतनी ही तेज होती गई। जब अन्धकार अपनी चरम सीमा पर पहुँचा, पंडितजी ने निर्भीक स्वरों में हुँकार किया, "शासन के मूल में जब तक मेरा हाथ है, मैं भारत को हिन्दू-राज्य बनने नहीं दूँगा।"

जब दिल्ली में क्रोधोन्मत्त शरणार्थियों का हुजूम था, तब ऐसी बात कोई साहसी ही बोल सकता था। और पंडितजी गांधीजी से कम साहसी नहीं थे। हथियारों से लैस भीड़ों का पीछा उन्होंने अकेले और खाली हाथों किया था और एक बार भीड़ में घुसकर एक नौजवान के हाथ से उन्होंने तलवार भी छीन ली थी। गांधीजी मारे गए

और जवाहरलाल बच गए, यह विधि का विधान था, वरना अपनी जान गँवाने के सारे तरीके जवाहरलालजी ने अख्तियार कर लिए थे।

हर महापुरुष को मुसीबतें झेलनी पड़ती हैं, निराशा का सामना करना पड़ता है। और हर महापुरुष निराशा और मुसीबत के समय उस अमृत को पीकर जीता है, जिसकी धारा उसकी अपनी आस्था से प्रवाहित होती है। पंडितजी ने इस आस्था का वर्णन करते हुए संविधान सभा के 14 अगस्त, 1947 की रात में होनेवाले अधिवेशन में कहा था कि "मैं इस निष्कर्ष पर आ गया हूँ कि अगर हम लोग अपने व्यवहार में कुछ नैतिक सिद्धान्तों का पालन नहीं करेंगे, तो हमारे लिए यह असम्भव हो जाएगा कि हम अपनी अस्तमित गरिमा को फिर से प्राप्त कर सकें।" और इस आस्था को कुछ और स्पष्ट करते हुए 15 अगस्त, 1947 को उन्होंने कहा था, "हम चाहे जिस किसी भी मजहब के माननेवाले हों, हम समान रूप से भारतमाता की सन्तान हैं। साम्प्रदायिकता या संकीर्णता को हम बढ़ावा नहीं दे सकते, क्योंकि जिस किसी भी देश के नागरिक मन, वचन या कर्म में संकीर्ण हैं, वह देश कभी भी ऊपर नहीं उठेगा।"

स्वतन्त्रता प्राप्ति के समय देश हिंसा और आवेश के जिस भँवर से ग्रस्त हो गया था, उसके कारण दिल्ली में मुसलमानी की रक्षा करने की बात बोलना भी गुनाह था। किन्तु इस समय पंडितजी हिमालय के समान मस्तक तानकर अडिग खड़े हो गए। जीवन में उन्होंने अग्निपरीक्षाएँ अनेक बार दी थीं। किन्तु यह सबसे बड़ी और भयानक अग्निपरीक्षा थी। और जितनी ही भयानक यह अग्निपरीक्षा थी, उतना ही प्रबल जवाहरलालजी का आत्मविश्वास था। अमृत कहीं था तो वह गांधीजी की आँखों में चमकता था। बाकी चारों ओर विष-ही-विष फैल रहा था और जवाहरलालजी देश की समस्त प्रतिक्रियागामी शक्तियों से लगभग अकेले जूझ रहे थे। उस समय जवाहरलालजी ने जो हिम्मत और दिलेरी दिखाई, जिस दृढ़ता और औदार्य का परिचय दिया, वह सब-का-सब मानवता के इतिहास में बेजोड़ है।

पाकिस्तान बनने के बाद अच्छे-से-अच्छे हिन्दुओं का विश्वास डावाँडोल हो गया और वे गम्भीरता से यह सोचने लगे कि भारत को धर्मनिरपेक्ष रहना चाहिए या नहीं। किन्तु पंडितजी पर इसका कोई प्रभाव नहीं पड़ा। उनका सोचने का ढंग यह था कि जिस असाम्प्रदायिकता को अपने संघर्ष-काल में हमने उतना मान और महत्त्व दिया, वह आज क्या इसलिए छूँछी हो जाएगी कि देश को एक रखने में हम नाकामयाब हो गए? असाम्प्रदायिकता यदि पहले गुण का प्रतीक थी, तो आज वह अवगुण कैसे हो सकती है? पाकिस्तान अपने घर में चाहे जो करे, हम भारत को साम्प्रदायिक बनने नहीं देंगे।

मैं पंडितजी के सम्पर्क में सन् 1952 ई. में आया और तब से उन्हें नजदीक से देखने और समझने के मुझे अनेक अवसर मिले। मैंने उनका उत्साह देखा, मैंने उनकी चतुराई देखी; किन्तु उनके धीरज को देखकर मैं बिलकुल दंग रह गया। वर्षों तक

सम्प्रदायवादियों के आन्दोलन को उन्होंने दबाकर रखा। वर्षों तक पाकिस्तान से आनेवाली उत्तेजनाओं से वे अनुद्विग्न रहे। वर्षों तक देश के भीतर बसनेवाले पंचमांगियों के उपद्रवों को वे सहते रहे। किन्तु उनकी जिह्वा पर से जहर की एक भी बूँद नहीं छलकी। वे जब भी अपना मुँह खोलते थे, यह बात वे अवश्य कहते थे कि भारत के सबसे बड़े शत्रु वे हैं, जो सम्प्रदायवादी हैं। सन् 1955 ई. में एक भाषण के दौरान उन्होंने कहा था, ''सम्प्रदायवादी किसी अतीत के अवशेष हैं। वे न तो भूत में बसते हैं, न वर्तमान में, वे हवा में लटके हुए हैं। भारत हर आदमी को बर्दाश्त करता है, हर चीज़ को बर्दाश्त करता है, यहाँ तक कि वह पागलपन को भी बर्दाश्त करता है। इसलिए सम्प्रदायवादी भी इस देश में हैं। मगर हमें यह नहीं भूलना चाहिए कि उनकी विचारधारा खौफनाक है। यह विचारधारा घृणा से भरी हुई है। यह प्रवृत्ति भारत के लिए अकल्याणकर हैं चाहे हिन्दू साम्प्रदायिकता हो या मुस्लिम साम्प्रदायिकता, चाहे ईसाई साम्प्रदायिकता हो या सिक्ख साम्प्रदायिकता—मगर वह कायम रही, तो भारत की धज्जियाँ उड़ जाएँगी और वह टूटकर टुकड़े-टुकड़े हो जाएगा।''

केवल भारत को ही नहीं, वे समग्र मानवता को अन्धविश्वास, पूर्वाग्रह और दुराग्रह से मुक्त करना चाहते थे। वे मानते थे कि देश देश के शत्रु नहीं हैं, सभी देशों का शत्रु युद्ध है और युद्ध अक्सर गलतफहमी से पैदा होते हैं। अतएव शान्ति का पहला रास्ता यह है कि हम उत्तेजना में न आएँ, बल्कि धीरज के साथ गलतफहमी को दूर करने की कोशिश करें। जो काम वे भारत के भीतर करते थे, वही काम उन्होंने भारत के बाहर भी किया। घर के भीतर वे एक सम्प्रदाय से दूसरे सम्प्रदाय का मतभेद मिटाने में लगे रहे और घर के बाहर उन्होंने परस्पर विरोधी देशों, परस्पर विरोधी विचारधाराओं के बीच सेतु-निर्माण का कार्य किया। विदेशों में वे जो कुछ करते थे, उससे उनक गृहवाल शक्ति में वृद्धि होती थी और भारत के भीतर वे जो कुछ करते थे, उससे बाहर उनकी कीर्ति में और भी चार चाँद लग जाते थे। जब पंडितजी अरब देश के भ्रमण पर निकले, अरबों ने उनका स्वागत 'रसूले-अम्न' कहकर किया। और, सचमुच ही, देश के भीतर और बाहर उनका काम रसूले-अम्न का ही काम था, शान्तिदूत का ही काम था।

हर साल जनवरी महीने में जब वे देश के कोने-कोने से दिल्ली आनेवाले लोकनर्तकों के गलों में बाँहें डालकर सार्वजनिक रूप से नाचते थे, तब उस नाच से भी देश की एकता को ताकत मिलती थी। मेरा अपना खयाल तो यह भी है कि पंडितजी का समाजवाद भी भारतीय एकता की चिन्ता से प्रभावित था। देश की एकता को खतरा केवल धर्म, भाषा और प्रान्त के झगड़ों से ही नहीं है। खतरे का एक कारण लोगों की गरीबी भी है। पंडितजी चीज़ों का उत्पादन बढ़ाकर इस गरीबी को खत्म करना चाहते थे। किन्तु, इस उद्देश्य की प्राप्ति के लिए वे तानाशाह बनने को तैयार नहीं थे। समाजवाद को वे व्यक्ति का दलन करके लाना नहीं चाहते थे। उनकी

सारी कोशिश यह थी कि भारत बेलगाम पूँजीवादी और तानाशाही के बीच किसी नए मार्ग का पता लगा ले।

पंडितजी को अतीत का राग अलापने से प्रेम नहीं था। वे सीधे भविष्य की चुनौतियों को स्वीकार करने के पक्ष में थे। उनकी बहुत-सी बातों से कितने ही लोग अधीर रहा करते थे। किन्तु अब जब पंडितजी नहीं हैं, तब यह और भी प्रत्यक्ष हो रहा है कि भारत की एकता नेहरू-नीति से ही बचाई और मजबूत बनाई जा सकती है।

दिनकर की डायरी

दिनकर की डायरी

2 जनवरी, 1961 (दिल्ली)

कल रात उर्वशी काव्य पूरा हो गया। लगता है, माथे पर से एक बोझ उतर गया। पहले कवि चाहता है कि कविता मुझे पकड़ ले और जब कविता उसे पकड़ लेती है, तब कवि से न सोते बनता है, न जागते बनता है। अधूरी कविता क्षण-क्षण उसके दिमाग में सुई चुभोती रहती है और जब तक कविता पूरी न हो जाए, कवि दिन-रात परेशानी में पड़ा रहता है। रचना का यह दर्द उर्वशी के प्रसंग में मैंने आठ वर्ष तक लगातार भोगा है।

सन् 1953 ई. में आकाशवाणी के पेक्स, श्री कर्त्तार सिंह दुग्गर ने मुझसे कहा था कि रेडियो से प्रसारित करने के लिए आप हमें कोई पद्य-नाटक लिखकर दीजिए। उर्वशी का आरम्भ दुग्गर जीके उसी अनुरोध से हुआ था और उसका प्रथम अंक रेडियो से प्रसारित भी हुआ था। किन्तु प्रथम अंक के प्रसारित हो जाने के बाद मैंने कहा, दुग्गर जी, अब इसका आगे का अंश मैं रेडियो की दृष्टि से नहीं लिखूँगा। इस काव्य के भीतर मुझे बहुत बड़ी सम्भावना दिखाई देने लगी है। अब कविता उसी राह से चलेगी, जिस राह से वह चलना चाहेगी। अतएव रेडियो से प्रसारण की बात वहीं खत्म हो गई।

इस काव्य की रचना में मुझे जितनी कठिनाई हुई है, उतनी कठिनाई किसी अन्य काव्य की रचना में नहीं हुई थी। कविता जहाँ आकर रुक गई, उसे वहाँ से आगे ले चलने का रास्ता दो-दो वर्ष तक नहीं सूझा। इस काव्य की पांडुलिपि और अन्य सामग्री को लिए हुए मैं कहाँ-कहाँ नहीं घूमा हूँ? यहाँ दिल्ली में कभी जयदयाल जी के घर में जा छिपता था, कभी चरतराम जी के घर में। एक बार सारी सामग्री के साथ काश्मीर चला गया था, लेकिन कविता की एक पंक्ति भी नहीं बनी। एक बार रांची के राय बहादुर हरखचन्द के बागीचे में डेरा डाल दिया था। वहाँ कुछ थोड़ा काम हुआ। लेकिन ज्यादा काम सन् साठ में हुआ और वह काम आखिर को दिल्ली और पटना में ही हुआ।

सन् साठ में मैं बीमार हो गया था और लगता था कि सम्भव है, अब चल देना पड़े। मगर उर्वशी को पूरा किए बिना मैं मरना नहीं चाहता था। इसलिए कविता की

रचना मैंने जबरदस्ती शुरू कर दी। फिर यही जबरदस्ती प्रेरणा में बदल गई और कविता ने मुझे जोर से पकड़ लिया। किन्तु, जभी मैं गम्भीर समाधि में जाता, मुझे मूर्च्छा आ जाती। यह बात मैंने पटने के डॉक्टर घोषाल साहब से कही। उन्होंने कहा, "अभी काव्य-रचना आप छोड़ दीजिए।" फिर जब मैंने बहुत आग्रह किया कि, "अब तो प्राण का मोह छोड़कर इस कविता को पूरा करना है," तब उन्होंने कहा कि, "मूर्च्छा आने पर थोड़ा-सा मधु चाट लिया करें।" इस प्रकार प्राणों का संकट झेलकर मैंने इस काव्य को पूर्ण कर दिया। आज मैं बहुत ही खुश हूँ, बहुत ही हलका हो गया हूँ।

उर्वशी के कम्पोजीशन से मुझे बहुत ही सन्तोष है। यह काव्य जिस रूप में लिखा गया है, उसे उससे अधिक सुन्दर रूप में लिखना मेरी शक्ति के बाहर की बात थी। मुझे लगता है, मैंने इसकी रचना नहीं की है, यह अदृश्य में कहीं लिखा-लिखाया पड़ा हुआ था। मैंने मात्र उसका अनुसंधान कर लिया है।

आज पन्त जी को उर्वशी के बारे में मैंने जो पत्र लिखा है, उसमें अपना यह विश्वास भी मैंने लिख दिया है।

मैं घोर चिन्तना में धँसकर
पहुँचा भाषा के उस तट पर,
था जहाँ काव्य यह धरा हुआ,
सब लिखा-लिखाया पड़ा हुआ।
बस, झेल गहन गोते का सुख
ले आया इसे जगत् सम्मुख।

20 जनवरी, 1961 (बम्बई)

10 जनवरी को हवाई जहाज में बम्बई आया तब से प्रायः रोज ही धर्मयुग के दफ्तर में जाता हूँ। पुस्तक की साज-सज्जा के विषय में डॉक्टर धर्मवीर भारती बहुत रुचि ले रहे हैं। श्री जयचन्द्र जैन से दो बार बातें हुई हैं। आज मैं इस निश्चय पर आ गया कि पुस्तक को उदयाचल से ही निकालना चाहिए।

21 जनवरी, 1961 (दिल्ली)

वायुयान से बम्बई से दिल्ली आया। आज ही महारानी एलिजाबेथ भी दिल्ली आई हैं। यहाँ से वे जयपुर जाएँगी और राजस्थान के राजाओं से मिलेंगी। राजाओं के साथ कुछ उद्योगपति भी रानी से मिलेंगे। इसीलिए श्री श्रेयांस जी भी दिल्ली आए हुए हैं। वे भी जयपुर जाएँगे।

नागार्जुन की एक कविता निकली है, जो सभी की जबान पर है।

रानी, आओ, हम ढोएँगे पालकी।
यही हुई है राय जवाहर लाल की।

22 फरवरी, 1961 (दिल्ली)

श्री मन्मथनाथ गुप्त ने तय किया है कि 'उर्वशी' में जो चित्र दिए जाएँगे, उन चित्रों का स्केच ज्योति भट्टाचार्य तैयार करेंगे। आज मन्मथ बाबू ने मुझे ज्योति बाबू से मिला दिया।

25 फरवरी, 1961 (दिल्ली)

श्री नरेन्द्र गोयल आए और कुछ रुपए ले गए। वे संस्कृति के चार अध्याय का अंग्रेजी अनुवाद तैयार कर रहे हैं।

शाम को दद्दा (मैथिलीशरण) का फोन आया कि नाटक चलना है। वे चिरंजीत के साथ आए और मुझे नाटक में ले गए। लेकिन उससे मुझे सन्तोष नहीं हुआ। रात में मैं 'क्वीन ऑफ शेवा' नामक फिल्म देखने चला गया।

2 मार्च, 1961 (दिल्ली)

फिल्मों पर राष्ट्रपति जो एवार्ड देते हैं, उसकी कमेटी की बैठक चल रही है। सुबह नाश्ता करके फिल्म देखना, दोपहर में फिल्म देखना, फिर रात में फिल्म देखना। यदि डाक्यूमेंटरी को भी गिनें, तो दिन-रात मिलाकर 25 फिल्में देखनी पड़ती हैं। फिल्म देखने की भूख ही मिटती जा रही है।

7 मार्च, 1961 (दिल्ली)

आज भोर आठ बजकर पचीस मिनट पर पं. गोविन्दवल्लभ जी पन्त का देहान्त हो गया। मैथिलीशरण जी और रायकृष्ण दास जी मेरे घर पर आए। फिर हम तीनों पन्तजी के अन्तिम दर्शन के लिए गए। पंडित जी आज देश से बाहर हैं। सो भीड़ को शान्त करने के लिए जो काम वे करते थे, वह काम आज श्री कृष्णमेनोन ने किया।

15 मार्च, 1961 (दिल्ली)

आज शाम को श्री नरेन्द्र शर्मा, श्री अशोक जी, श्री महावीर अधिकारी और

श्री गोपालकृष्ण कौल आ गए। उन्हें उर्वशी के अन्तिम दो अंक मैंने उस प्रकार पढ़कर सुनाए, जैसे नाटक को पढ़ा जाना चाहिए।

16 मार्च, 1961 (दिल्ली)

श्री महावीर अधिकारी के साथ चाय पीने को गया। फिर अधिकारी, रामावतार त्यागी, बालस्वरूप राही और कौल मेरे घर आ गए। उन्हें उर्वशी का तीसरा सर्ग सुनाया। सब लोगों का विचार हुआ कि बस, यह तीसरा सर्ग ही है, जो नाटक में नहीं खपता है। बाकी सभी अंक अभिनेय हैं।

22 मार्च, 1961 (पटना)

पटना आया हुआ हूँ। आज बिहार राष्ट्रभाषा परिषद् का वार्षिकोत्सव काका साहेब जी कालेलकर के सभापतित्व में मनाया गया। मैंने काका साहब का परिचय देते हुए जो छोटा-सा भाषण दिया, उसे जनता ने बहुत पसन्द किया। लोग खूब हँसे।

शाम को आचार्य जानकीवल्लभ शास्त्री मुझसे मिलने को घर पर आए। लेकिन ऐन बात पर बिजली फेल हो गई। अतएव शास्त्री जी को उर्वशी का कोई अंश सुना नहीं सका। केवल अँधेरे में बैठे हम दोनों बातें करते रहे।

23 मार्च, 1961 (पटना)

शाम को मासिक पत्रिका ज्योत्स्ना के समारोह में गया। भाषण देते समय मुँह से कोई खट्टी बात निकल गई। शिवेन्द्र को कष्ट हुआ होगा। मुझे भी ग्लानि और पश्चात्ताप है। शिवेन्द्र ज्योत्स्ना को ठीक ही तो निकाल रहा है। पत्रिका और निकाली भी कैसे जा सकती है? मुझे कम-से-कम इतना तो ध्यान रखना चाहिए था कि शिवेन्द्र मेरा दिली दोस्त है और उसने अपना जीवन साहित्य को दे रखा है।

30 मार्च, 1961 (दिल्ली)

आज राज्यसभा के सत्र का अन्तिम दिन था। कैनिंग लेन से साउथ एवेन्यू तक पैदल गया। फिर टैक्सी लेकर अज्ञेय जी से मिलने चला गया। हिन्दी में अज्ञेय ही हैं, जो विश्वविद्यालय की नई प्रवृत्ति के सम्पर्क में रहते हैं। बोलते वे बहुत कम हैं, शायद इसीलिए वे शीलवान् दिखाई देते हैं। आज भी वे कम ही बोले, ज्यादा बातें मैं ही करता गया।

खंडवा के श्री विष्णु खरे ने इलियट के वेस्ट लैंड का हिन्दी में 'मरु प्रदेश' के नाम से अनुवाद किया है। इस अनुवाद के प्रकाशक हैं कटक के श्री प्रफुल्लचन्द दास। पिछली बार जब मैं कटक गया था, प्रफुल्ल बाबू मुझे अपने दफ्तर में ले गए। हिन्दी में श्रेष्ठ पुस्तकें निकालने का उत्साह उनमें बहुत दिखलाई पड़ा। उनका आग्रह था कि 'मरु प्रदेश' की भूमिका मैं ही लिखूँ। भूमिका मैंने पिछले साल सितम्बर के आरम्भ में ही भेज दी थी। किताब छपकर आज आई है। छपाई स्वच्छ है तथा गेटअप भी मनोरम और गम्भीर है।

1 अप्रैल, 1961 (दिल्ली)

कल से हिन्द-पाक सम्मेलन का जलसा चल रहा है। आज विज्ञान भवन में उसका साहित्य-समारोह मेरे सभापतित्व में हुआ। मैं जब बोलने को खड़ा हुआ, पश्चिमी पाकिस्तान के कवि हफीज जलंधरी ने कहा, "दिनकर साहब, आप उर्दू में बोलें।" यह सुनकर पूर्वी बंगाल के कवि जसीम उद्दीन खड़े हो गए और बोल उठे, "नो, नो, दिनकर, यू मस्ट स्पीक इन बेंगाली"। हफीज और जसीम, दोनों मेरे मित्र हैं। मैं पसोपेश में पड़ गया। निदान, मैंने कहा, अगर यह बात है, तब तो मुझे अंग्रेजी में बोलना पड़ेगा। और अपना भाषण मैंने अंग्रेजी में ही दिया।

शोकत थानवी ने अपने भाषण में कहा, "पाकिस्तान में हमें उर्दू को आसान बनाना चाहिए। हिन्दुस्तान में आप हिन्दी को आसान बनाने की कोशिश करें।"

थानवी ने जब भाषण खत्म किया, मैंने उसके कान में कहा, "मानते हो न कि गांधी जी अभी भी पाकिस्तान और हिन्दुस्तान के लिए रेलेवेंट हैं?"

उसने कहा, "हाँ भाई, सो तो है।"

हफीज के साथ उनकी बेटी भी आई हुई थी। जब हम लोग सभा से निकलने लगे, जसीम ने हफीज से कहा, "वाह यार, तुमने अपनी गर्लफ्रेंड से मेरा परिचय क्यों नहीं कराया?"

हफीज ने कहा, "मैं उस तरह का आदमी नहीं हूँ। जिसे तुम मेरी गर्लफ्रेंड समझते हो, वह मेरी बेटी है।"

जसीम शर्म के मारे गड़ गया।

17 अप्रैल 1961 (दिल्ली)

रात एक सपना देखा कि अपने गाँव सिमरिया और पास के गाँव बीहट के बीच मैं खेतों के ऊपर आकाश में उड़ रहा हूँ। इतने में पश्चिम की ओर से एक आदमी भैंसे

पर चढ़ा हुआ आया और जहाँ मैं उड़ रहा था, वहाँ आकर रुक गया। लगा, जैसे भैंसा और मनुष्य, दोनों मुझे पहचानते हैं। उनसे बात करने को मैं आकाश से पृथ्वी पर उतर आया और उस आदमी से मैंने पूछा, "क्या फिल्म बनाने आए हो?" उस आदमी ने कहा, "हाँ, वृजदेव शर्मा की ओर से।" बस इतने में नींद खुल गई। स्वप्न में भय का भान नहीं हुआ था। लेकिन जगने पर मैं इस स्वप्न पर चिन्ता करने लगा।

20 अप्रैल, 1961 (दिल्ली)

साहित्य अकादमी एकोत्तर शती का हिन्दी अनुवाद करवा रही है। अनुवादक हैं हजारी प्रसाद द्विवेदी, भवानी प्रसाद मिश्र और मैं। कृपलानी ने बताया कि गुरुदेव की इच्छा थी कि उनकी कविताओं का अनुवाद पद्य में नहीं किया जाए। इसीलिए हम तीनों व्यक्ति अनुवाद गद्य में ही कर रहे हैं। गद्य क्या, इसे पद्यगंधी गद्य कहना चाहिए।

27 अप्रैल, 1961 (दिल्ली)

राष्ट्रपति-भवन में सम्मान-समारोह। डॉक्टर विधानचन्द्र राय भारत-रत्न हुए हैं। उन्हें मैंने बधाई दी, तो वे बोले, "आप कहाँ के हैं?" मैंने जब कहा कि मेरा घर पटना है, वे बड़े खुश हुए। पटना उनका भी जन्म-स्थान है अथवा बचपन में वे वहाँ रहे थे।

भीड़ में पंडित जी से भी भेंट हो गई। उन्होंने पूछा, "हमारे लोग कोरस क्यों नहीं गाते हैं? हिन्दुस्तान में बस दो ही तरह के गीत हैं। या तो दरबार के गीत जो क्लासिक कहलाते हैं या फिर फोक साँग।"

मैंने कहा, "जनता में कोरस फोक साँग का ही चल सकता है।"

यह बात पंडित जी ने मुझसे एक बार और कही थी, जब चीन का सांस्कृतिक शिष्ट-मंडल भारत आया था।

8 जुलाई, 1961

कौटिल्य ने अर्थशास्त्र में उन लोगों को दंडनीय बताया है, जो आश्रितों के भविष्य का प्रबन्ध किए बिना संन्यास ले लेते हैं अथवा जो स्त्रियों को संन्यासिनी बनाते हैं।

नारद ने भी खास स्थितियों में संन्यासियों को दंडनीय माना है।

रूस की डायरी

जब भी मैं विदेश-यात्रा पर जाता हूँ, यात्रा की प्रमुख घटनाओं को नोट जरूर कर लेता हूँ। उन्हीं नोटों के आधार पर मेरे यात्रा-विवरण तैयार होते हैं। किन्तु रूसी यात्रा पर जब मैं निकला, मेरा स्वास्थ्य कमजोर था। बदकिस्मती से मैं अपने शिष्टमंडल का प्रधान बनाकर भेजा गया था। "आप इस शिष्टमंडल के लीडर है," ऐसा तो सरकार ने लिखकर नहीं दिया था, मगर रूस में साहित्यिकों को जो उपहार देने थे, वे सभी उपहार मेरे जिम्मे पर दिए गए थे तथा जरूरी कागज-पत्र भी मैं ही ले गया था। इसलिए समझा यह गया कि शिष्टमंडल की जिम्मेदारी मेरे सिर पर है।

साहित्यिकों के शिष्टमंडल में हम पाँच व्यक्ति थे—उर्दू के कवि सागर निजामी, गुजराती के कवि श्री उमाशंकर जोशी, तमिल के उपन्यास-लेखक वरदराजन और कश्मीरी की ओर से जियालाल कौल (जो न तो कवि हैं, न लेखक) तथा हिन्दी का प्रतिनिधि मैं। इन पाँच मित्रों में से दो के मन में नेता के प्रति कुभाव उत्पन्न हो गया। इस कुभाव से वे सारी यात्रा में पीड़ित रहे और उन्होंने शिष्टमंडल की इज्जत बचाने के काम को एक 'टास्क' बना दिया। एक यह भी कारण हुआ कि मेरी रूस-यात्रा नीरस हो गई और मैं यात्रा के नोट ठीक से नहीं ले सका। यही समझिए कि आनन्द-भ्रमण न होकर यह रस्म-अदाई का काम हो गया।

अब मैं जब डायरी का सम्पादन करने लगा, कागजों के ढेर में सन् 1961 ई. की दो-तीन अधूरी डायरियाँ एक के बाद एक मिल गईं, जिनमें रूसी यात्रा की सभी तारीखें, आँकड़े वगैरह दर्ज हैं। उन्हीं के आधार पर रूसी यात्रा का कुछ थोड़ा-सा विवरण मैं लिख रहा हूँ।

6 अक्तूबर, 1961

6 अक्तूबर, 1961 ई. शुक्रवार को हम रूसी जहाज से दिल्ली से उड़े। हम पाँच साहित्यिकों के अलावा, रूसी जहाज से संगीत निर्देशक सचीन दे, एक महिला और कलकत्ते के एक प्रोफेसर भी रूस जा रहे थे। जब ताशकन्द नजदीक आया, प्रोफेसर साहब ने ओवरकोट पहनकर मंकी कैप भी पहन ली। मैंने उनसे पूछा, "सर्दी तो बहुत

नहीं है, आप इतने गर्म कपड़े क्यों पहन रहे हैं?" उन्होंने कहा, "मैं अपनी पत्नी की आज्ञा का पालन कर रहा हूँ। उन्होंने कहा था कि रूस की जमीन पर पाँव धरने के पूर्व ही तुम गर्म कपड़े पहन लेना। रूस की सर्दी का कोई भरोसा मत करना।"

ताशकन्द में हम पाँच साहित्यकार उन तीन हिन्दुस्तानियों से अलग कर दिए गए। सचीन बाबू और प्रोफेसर साहब बार-बार मुझसे कहते रहे कि हमें भी अपने साथ ही मॉस्को ले चलिए, लेकिन रूसियों ने हमारी बात नहीं मानी। हम अलग कर ही दिए गए। पता चला कि हम साहित्यिकों के लिए निर्धारित कार्यक्रम कुछ और था और उन लोगों का कार्यक्रम कुछ और।

ताशकन्द में एक किस्सा और हुआ। जैसे ही जहाज ताशकन्द में उतरा, रूसी डॉक्टर जहाज में घुस आए और हमारा हेल्थ सर्टिफिकेट जाँचने लगे। फिर उन्होंने हमें कोई दवा पिलानी चाही। मैंने कहा, "इसके मानी ये हुए कि आप समझते हैं कि भारत में हमने चेचक और हैजे की सुइयाँ नहीं ली हैं। यह भारत सरकार के प्रबन्ध के प्रति अविश्वास है।" इस पर भी जब डॉक्टर हठ करते ही रहे, तब उमाशंकर जी को ताव आ गया। उन्होंने मुझसे कहा, "प्लीज सेट योर फुट अगेन्स्ट इट। इट इज नाट मैटर इफ वी हैव टू रिटर्न फ्रोम हियर।" निदान डॉक्टरों से मैंने कहा कि आपकी दवा हम हरगिज नहीं पिएँगे। आप यहाँ से हमें दिल्ली वापस भेजने का इन्तजाम कीजिए। इस रणनीति का असर तुरन्त हुआ। डॉक्टर जहाज से बाहर जाकर फिर भीतर आए और उन्होंने कहा, "खैर, दवा आप न पीते हैं तो न सही, मगर इस जहाज से उतरकर आपको दूसरे जहाज से मॉस्को जाना होगा।"

अतएव उस जहाज से उतरकर अड्डे के रेस्तराँ में हमने कुछ नाश्ता किया और फिर दूसरे जहाज में चढ़कर हम मॉस्को के लिए रवाना हो गए। मॉस्को हम इंडियन स्टैंडर्ड टाइम के अनुसार डेढ़ बजे रात में पहुँचे। ताशकन्द में मौसम खुला हुआ और साफ था। किन्तु, जब हम मॉस्को पहुँचे, वहाँ वर्षा हो रही थी।

7 से 12 अक्तूबर, 1961 (मॉस्को)

मॉस्को दिल्ली के समान नहीं है। वह शांघाई, कलकत्ता और लन्दन से भी भिन्न है। पीकिंग में प्राचीनता की जो छाप दिखाई देती है, उसका कुछ थोड़ा आभास मॉस्को में भी है। यदि आध्यात्मिक दृष्टि से विचार करें, तो मॉस्को की आत्मा कुछ-कुछ पेरिस की आत्मा से मेल खाती है। मगर एक बात में मॉस्को पेरिस से भी श्रेष्ठ दिखाई पड़ा। मॉस्को में जो खुलापन दिखाई देता है, वह पेरिस के खुलेपन से अधिक है।

मैंने सोचा था कि मॉस्को रेजिमेंटेड देश की राजधानी है, अतएव वहाँ जाते ही घुटन और संकीर्णता का आभास होगा। लेकिन मॉस्को में घुटन का कहीं नाम भी नहीं था। सड़कें चौड़ी-चौड़ी, दुकानों में भीड़ और होटलों का वातारण खुला हुआ। मर्दों

और औरतों के शरीर प्रफुल्लित और पुष्ट। बच्चे तो फूलों के समान। बस, जी यही चाहता था कि सबको उठाकर गोद में रख लूँ। सभी चेहरे हँसते हुए, सभी चेहरे प्रसन्न। आँखें मिलते ही लोग मुस्करा पड़ते हैं। किताबों में साम्यवादी रेजिमेंटेशन की जो आलोचना पढ़ी थी, वह सब झूठ प्रतीत होने लगी। सड़कों पर न कोई भिखमंगा है, न कहीं गन्दगी। हर आदमी के शरीर पर अच्छे वस्त्र हैं, हर व्यक्ति के चेहरे पर तन्दुरुस्ती की लाली है। पहली ही दृष्टि में मॉस्को ने मुझे मोह लिया। वाल्मीकि ने दशरथ की राजधानी अयोध्या का जो वर्णन किया है, वह वर्णन मॉस्को पर बहुत दूर तक लागू होता है।

मॉस्को हम रात में पहुँचे थे, जब पूरी नगरी शान्त प्रकाश में दुल्हन-सी जगमगा रही थी। लेकिन दिन में भी मॉस्को का जादू बना हुआ था। मैंने लक्ष्य किया कि मॉस्को के जिस रूप पर मैं मोहित हो रहा हूँ, वह अवश्य ही इसकी प्राचीनता के कारण श्लाघ्य है, मानो औद्योगिक देश की इस मुख्य पुरी के भीतर कविता अब भी जीवित और चेतन हो।

होटल से निकलकर पहला काम मैंने यह किया कि उपहारों वाले दो बक्से और सरकारी कागज-पत्र की फाइलें लेकर मैं भारतीय दूतावास चला गया। किन्तु वहाँ कोई कुली या नौकर तो था नहीं, जो बक्सों को ऊपर वाले महल पर ले जाता। निदान, एक युवक कर्मचारी की मदद से मैं खुद बक्सों को ऊपर ले गया। कुली और नौकर रखने का रिवाज रूस में नहीं है। वहाँ महीन आदमियों को भी मोटे काम खुद करने पड़ते हैं।

10 अक्तूबर, 1961 को हम मॉस्को की विख्यात चित्रशाला ट्रेट्याकोव आर्ट गेलरी देखने गए। इस गेलरी को असल में हमने दो बार देखा। फिर भी बहुत कुछ देखना शेष रह गया। उन्नीसवीं सदी के उत्तरार्द्ध में रूसी साहित्य जिस ऊँचाई पर पहुँचा था, मेरा ख्याल है, उसके बाद से संसार के किसी भी देश का साहित्य उस ऊँचाई पर नहीं पहुँचा। और उस समय का रूसी साहित्य जितना ऊँचा और अर्थवान था, रूस की चित्रकारी भी उतनी ही अर्थवत्ता से पूर्ण थी। नेक्रासोव, तुर्गनेव, टाल्स्टाय, चेखव और गोर्की उस समय राष्ट्र के साहित्यिक जीवन में जितने प्रसिद्ध थे, रूसी चित्रकारी के क्षेत्र में पेरोव, शिशकिन, रेपिन और सुरीकोव भी उतने ही मशहूर थे। उन कलाकारों के चित्र समझ में आते हैं। उनके भीतर रूस का तत्कालीन आध्यात्मिक जीवन प्रतिबिम्बित है और वे रूस के राष्ट्रीय जीवन की ऐसी कविताओं के समान हैं, जिनका रस हम आँखों से पी सकते हैं। ट्रेट्याकोव गेलरी के बाद मॉडर्न पेंटिंग की गेलरी फीकी और अर्थहीन लगती है।

नौ अक्तूबर को ही श्री चेलीशेव मुझसे मिलने को होटल में आए। उनके साथ दो-तीन छात्राएँ भी थीं। एक छात्रा ने कहा, मैं आपके साहित्य पर काम कर रही हूँ। मैंने 'उर्वशी' की एक कॉपी उसे भेंट की।

हमारे शिष्टमंडल को दो दुभाषिये दिए गए हैं। एक तो मरियम है, जो भारतवर्ष कई बार गई है और दिल्ली में हम उसे मीरा कहकर पुकारते हैं। दूसरे लड़के का नाम अलेक्जेंडर है। अलेक्जेंडर क्या करता है, यह नहीं जान सका, लेकिन मरियम लेखिका है और वह मॉस्को के लेखक-संघ में काम करती है।

शायद 9 अक्तूबर को दुभाषिये हमें 'स्वान लेक' का वैले दिखाने को बोलशोइ थिएटर ले गए। जब मैं पीकिंग गया हुआ था, उस समय रूस का 'स्वान लेक' वैले पीकिंग में हो रहा था और मैंने उसे देखा था। आज दूसरी बार इस वैले को देखने का मुझे मौका मिला।

बोलशोइ थिएटर जाने पर देखा कि हमारी लोकसभा के स्पीकर सरदार हुकुमसिंह भी आए हुए हैं और सुप्रीम सोवियत के स्पीकर श्री लावानोव उनके साथ हैं। सरदार हुकुमसिंह को मुझे देखकर सविस्मय आनन्द हुआ और उन्होंने अंकवार में भरकर मुझे गले से लगा लिया। इस दृश्य को देखकर रूस के स्पीकर लावानोव भी मेरी ओर मुखातिब हो गए और वे मुझसे भारतीय साहित्य के बारे में बातें करने लगे। फिर वे अपने देश के कवियों की बड़ाई करने लगे। रूस के राजनीतिज्ञ भी अपने देश के साहित्य और कला की पूरी जानकारी रखते हैं। इस पर सरदार हुकुमसिंह ने कहा, "मिस्टर दिनकर की कविताएँ भी हमारे हृदय के गुह्य अन्तराल (इन द डीप रिसेस ऑव ऑवर हार्ट) में प्रवेश कर जाती हैं।"

दोनों स्पीकरों के साथ हम लोगों ने उस गेलरी में स्थान ग्रहण किया, जिसमें बैठकर कभी स्टालिन वैले देखा करता था। जब हमने गेलरी में प्रवेश किया, नीचे हॉल में बैठी हुई जनता उत्साह में आ गई और वह गेलरी की ओर मुँह करके तालियाँ बजाने लगीं। भारत के लोग रूसवालों को बहुत पसन्द हैं। वे इंडियन को इन्दुस्की कहते हैं और इन्दुस्की को देखते ही पंडित नेहरू का नाम लेने लगते हैं, कोई-कोई राजकपूर का भी नाम लेता है।

जिस रात हमने 'स्वान लेक' वैले देखा, उसके दूसरे दिन रूस के स्पीकर महोदय ने हमें एक प्रदर्शनी देखने को आमन्त्रित किया। वहाँ एक और मजा आया। रूस में एक फिटन होती है, जिसमें तीन घोड़े जोते जाते हैं। एक फिटन का नाम त्रोयका है। रूसी स्पीकर महोदय की इच्छा हुई कि हम लोग त्रोयका पर अवश्य चढ़ें। सो सरदार हुकुमसिंह जी के साथ सागर निजामी और मैं त्रोयका पर सवार हुए और मैदान के चारों ओर हमने कई चक्कर लगाए। जब हम त्रोयका पर चढ़कर चक्कर लगा रहे थे, मैंने हुकुमसिंह जी से कहा, 'खुश्चेव साहब का विचार है कि राष्ट्र-संघ के तीन सेक्रेटरी हों, एक अमेरिकी पक्ष का, एक रूसी पक्ष का और एक तटस्थ देशों के पक्ष का। खुश्चेव साहब ने इस प्रस्तावित प्रबन्ध को त्रोयका कहा भी है। सो इस त्रोयका की सवारी में राजनीति की भी गन्ध है। आपको व्याजांतर से यह कहा जा रहा है कि त्रोयका भी काम कर सकता है यानी खुश्चेव का प्रस्ताव अव्यावहारिक नहीं है।"

प्रदर्शनी में चीजें तो हमने बहुत देखीं, मगर खास याद मुझे मकई की है। मकई के दाने वहाँ खूब बड़े थे और बालें भी बड़ी-बड़ी थीं। यह भी सुना कि खुश्चेव साहब को मकई बहुत पसन्द है। वे मकई बड़े प्रेम से खाते हैं और मकई की खेती में खास दिलचस्पी लेते हैं।

मॉस्को से 8 अक्तूबर, 1961 को ही यास्नाया पोल्याना गए। यह स्थान टाल्स्टाय की जन्मभूमि है, कर्मभूमि है और उनका गाँव है। यास्नाया पोल्याना मॉस्को से कोई अस्सी मील दूर है। टाल्स्टाय बहुत बड़े जमींदार थे। उनका घर भी जमींदारी ठाठ का है, मगर वह स्वभावतः ही पुरानी स्टाइल का है। टाल्स्टाय के घर के एक ओर सड़क है, एक ओर आबादी है, मगर दो ओर जंगल और पेड़ हैं। टाल्स्टाय के घर के कोने-कोने को हमने बड़ी श्रद्धा से देखा। सरकार की बलिहारी है कि हमने टाल्स्टाय की एक-एक चीज को बड़े जतन से जुगाकर रखा है। यहाँ तक कि वह पलंग भी अब तक मौजूद है, जिस पर टाल्स्टाय का जन्म हुआ था। गाइड ने हमें घूम-घूमकर दिखाया कि यहाँ टाल्स्टाय अपने बाल-बच्चों के साथ बैठते थे, यहाँ वे किसानों से मिलते थे और इन जगहों पर वे लिखने का काम करते थे। उसने यह भी बताया कि लिखने को बैठने के पूर्व वे घुड़सवारी करते थे और घोड़े पर चढ़कर वे बीस-बीस मील घूम आते थे। मुझे आश्चर्य हुआ कि उतना परिश्रम कर लेने के बाद उनसे लिखाई कैसे होती थी? इस पर उमाशंकर जी ने कहा, "उनके भीतर का एनीमल बहुत ही बलवान था। इतना परिश्रम किए बिना वे अपने को इस स्थिति में नहीं ला सकते थे कि बैठकर लिख सकें।"

जीवन-यापन के लिए जितनी ऊर्जा की जरूरत होती है, उतनी ही ऊर्जा जिसके पास है, वह सन्त, कलाकार, लेखक या बड़ा सिपाही नहीं बन सकता। जरूरत से फाजिल ऊर्जा होने के कारण ही आदमी कलाकार बन जाता है। टाल्स्टाय उतनी अधिक और उतनी अच्छी चीजें इसलिए लिख सके कि उनका शरीर बलवान था। शरीर से दैत्य और मन से देवता होना अगर आदर्श मनुष्य का लक्षण है, तो टाल्स्टाय उस मनुष्य के सर्वश्रेष्ठ उदाहरण थे।

टाल्स्टाय की कब्र उनके घर से थोड़ी दूर पर एक तरह के जंगल में है। कब्र धरती से मिली हुई है और उसके ऊपर छोटी-छोटी घास लहराती है। हम टाल्स्टाय की समाधि के पास मौन खड़े रहे। हमारे हृदय में उस समय वही भाव उठ रहा था, जो किसी बड़े तीर्थस्थान में उठता है।

यास्नाया पोल्याना में घूमता हुआ मैं बार-बार यह सोचकर आनन्द से सिहरता रहा कि अहा, यही वह स्थान है, जहाँ युद्ध और शान्ति की रचना हुई थी, जहाँ अन्ना करेनिना लिखी गई थी, जहाँ तुर्गनेव, चेखव, गोर्की और रेपिन टाल्स्टाय से मिलकर कला, साहित्य और धर्म की चर्चा करते होंगे। टाल्स्टाय अपने हाथों से हल जोतने लगे थे। अपने हाथों से हल चलानेवाले टाल्स्टाय का एक तैलचित्र रेपिन ने बनाया था। उस चित्र की कॉपी यहाँ टाल्स्टाय म्यूजियम में भी है।

टाल्स्टाय का जितना नाम आज है, उनकी उतनी ही धाक उनके जीवनकाल में भी थी। टाल्स्टाय एक बार, शायद 1900 ई. में, मरणासन्न हो गए थे। उस समय चेखव ने लिखा था कि "टाल्स्टाय अगर चले गए, तो मेरे जीवन में तो भयानक रिक्तता आ जाएगी। वे अगर चले गए, तो हमारा साहित्य भेड़ों का वह झुंड हो जाएगा, जिसका गड़रिया कोई नहीं है।"

एक दिन हम डोस्टावास्की म्यूजियम भी देखने गए थे। डोस्टावास्की के मरने के बाद उसका मोम का मास्क ले लिया गया था। वह मास्क अब तक सुरक्षित है। वहाँ हमने डोस्टावास्की की एक लकड़ी की प्रतिमा भी देखी।

कहीं हमने लेनिन की भी एक डिक्री देखी थी, जिसमें पहला नाम टाल्स्टाय का है और दूसरा नाम डोस्टावास्की का। चेखव और तुर्गनेव के नाम इस डिक्री में नहीं हैं।

एक दिन चेलीशेव हमें अपने इंडोलाजी पीठ में ले गए। वहाँ जो सभा हुई, उसमें कोई साठ-सत्तर छात्र उपस्थित थे। चेलीशेव साहब ने कहा, "ये सभी लोग बहुत अच्छी हिन्दी जानते हैं, आप हिन्दी में ही बोलिए।" मैंने अपना भाषण संक्षेप में ही दिया। भाषण के बाद आवाज आने लगी, "कोई कविता भी सुनाइए।" मैंने कहा, "कौन-सी कविता सुनाऊँ?" इतने में एक लड़का बोल उठा, "हम दिल्ली और मॉस्को सुनेंगे।" यह सुनकर मैं बिलकुल चकित रह गया। अरे, ये लोग इस गहराई तक पहुँचे हुए हैं। निदान, मैंने इस कविता का वह अंश गाकर सुना दिया, जिसमें मॉस्को की वंदना की गई है।

श्चीपाचोव रूसी भाषा के अत्यन्त वरेण्य कवि हैं। उम्र में वे मुझसे कुछ बड़े ही होंगे। सन् 1955 ई. में उनसे मेरी मुलाकात पोलैंड में हुई थी और उस समय हम लोग कई दिनों तक साथ रहे थे। मॉस्को में लेखक-संघ ने हम लोगों को जो लंच दिया, उसमें बहुत-से साहित्यकार आए हुए थे। मगर उस महफिल के मीर कविवर सुरकोव थे। वहीं श्चीपाचोव से भेंट हो गई। वे बड़े प्रेम से मिले और जाते समय उन्होंने मुझसे कहा, "आज मेरे सभापतित्व में एक कवि-सम्मेलन हो रहा है। आप उसमें अवश्य आने की कृपा करें।" अलेक्जेंडर को उन्होंने सभा का स्थान और समय बतला दिया। अलेक्जेंडर को साथ लेकर सागर और मैं शाम को कवि-सम्मेलन में पहुँच गए और कोई घंटेभर तक हमने बिना कुछ समझे-बूझे रूसी कविताओं के पाठ का आनन्द लिया। फिर श्चीपाचोव ने मेरा परिचय देते हुए कहा, "दिनकर जी अपने देश के बहुत बड़े कवि हैं और भारतीय संसद के सदस्य भी हैं। मेरा उनसे कहना है कि आप अपने को संसद-सदस्य मत समझें। आप कवि हैं, यह क्या छोटी बात है?" पिछले वाक्य को सुनकर जनता आनन्द से तालियाँ बजाने और हँसने लगी। रूस की जनता खुले दिल से बोलती है, खुले दिल से हँसती है, खुले हृदय से स्वगात करती है। हमारे देश में उन्मुक्तता कुछ कम है। श्चीपाचोव भी रूसी संसद के सदस्य हैं, अतएव यह सीख उन्होंने अपने-आपको भी दी होगी।

मेरे और सागर के काव्य-पाठ के बाद सभा समाप्त हो गई। तब श्चीपाचोव ने कहा, "आइए, अब मैं आपको रूस के एंग्री यंगमैन से मुलाकात कराता हूँ।" मैंने कहा, "श्रीमान्, आपका समाज तो रेजिमेंटेड समाज है। उसमें एंग्री यंगमैन कहाँ से पैदा हो गए?"

श्चीपाचोव ने कहा, "ये सभी नौजवान उतने ही कम्यूनिस्ट हैं, जितना मैं हूँ। लेकिन ये लोग हम बूढ़ों को ऑफिसियल कवि कहते हैं। ये कम्यूनिज्म के भीतर नवीनता और ताजगी की खोज कर रहे हैं। वे साहित्य से नाराज हैं, क्योंकि साहित्य उनकी दृष्टि में नीरस हो गया है। वे फिल्म से भी नाराज हैं, क्योंकि फिल्मों में उन्हें ताजगी नहीं मिलती।"

जब हम लोग लंच खाने को लेखक-संघ के मकान में जा रहे थे, आँगन में पहुँचकर मैंने देखा, एक नौजवान शराब में धुत उधर से चला आ रहा है। वह शायद भारत देख चुका था अथवा यह जानता था कि भारत में हम जिस पर बहुत बड़ी श्रद्धा रखते हैं, उसके पाँव छूते हैं। वह जब मेरे समीप पहुँचा, उसने नीचे झुककर मेरे पाँव छू लिए और उसके बाद वह अपनी राह चला गया। मरियम मेरे साथ थी। मैंने पूछा, "मीरा, यह क्या है?" वह बोली, "यही हम लोगों का शाप है। लोग शराब बहुत पीने लगे हैं।"

लंच के बाद कविवर सुरकोव ने यह बात कही कि केवल भारतीय साहित्य का अनुवाद रूस की भाषाओं में होना काफी नहीं है। धारा दोनों ओर से बहनी चाहिए। वहाँ भारत की भाषाओं में भी रूसी साहित्य का अनुवाद निकलना चाहिए। मैंने कहा, "जहाँ तक हिन्दी का सम्बन्ध है, मेरी सेवाएँ आपके सामने प्रस्तुत हैं। आप एक सौ सर्वश्रेष्ठ रूसी कविताओं का संग्रह तैयार कर दीजिए। उसके शब्दशः हिन्दी या अंग्रेजी गद्य अनुवाद पर से मैं उन कविताओं का अनुवाद हिन्दी पद्य में कर दूँगा।" सुरकोव ने कहा कि यह विचार बहुत अच्छा है। हम शीघ्र ही एक सौ रूसी कविताओं का अंग्रेजी अनुवाद आपको भेज देंगे।

लेखक-संघ के सभापति का नाम श्री फिनेजिन है, लेकिन वे लंच पर नहीं आए थे। कवि मारकोव और कवि सुरकोव, ये दोनों संघ के सचिव हैं। उपन्यासकार श्री वारनकोव भी संघ के ही सचिव हैं, जो हमारी अगवानी के लिए हवाई अड्डे पर गए थे। सुरकोव, पालीबोथ, शुक्रोनोव और श्चीपाचोव, ये साहित्यकार सुप्रीम सोवियत के डिपुटी (सदस्य) भी हैं।

ओगोन्योक नामक एक सचित्र साप्ताहिक पत्र मॉस्को से निकलता है, जो दस लाख छपता है। इसके सम्पादक हैं शोफ्रोनोव, जो नाटककार और कवि भी हैं।

एक दिन हमारे शिष्टमंडल के साथ मुलाकात इलिया एहरेनबुर्ग ने भी की थी, लेकिन उस मुलाकात में मैं मौजूद नहीं रह सका।

मॉस्को में क्रेमलिन को देखने से लगता है, मानो, यह हजार वर्ष पुरानी राजधानी

हो। क्रेमलिन के सामने का स्क्वायर काफी विस्तृत है। उस स्क्वायर का व्यक्तित्व पीकिंग के रेड स्क्वायर से मिलता-जुलता है। सुन रखा था कि क्रेमलिन में एक समाधि-कक्ष है, जहाँ लेनिन और स्टालिन के शव अब तक सुरक्षित रखे हुए हैं। सो एक दिन हम उन शवों को देखने गए। दोनों शव एक ही शीशे में बन्द हैं। शवों को देखने से लगता है कि लेनिन और स्टालिन, दोनों कद में छोटे रहे होंगे। दोनों के शरीर पर सैनिक पोशाक श्वेत रंग की है। वहाँ फौज के जो नौजवान बन्दूक और तलवार के साथ पहरा देते हैं, उनकी तन्मयता देखकर मैं दंग रह गया। वे प्रस्तर की प्रतिमा की तरह अपने स्थान पर अकंप खड़े थे। लगता यह था कि अगर बिच्छू उन्हें डंक मार दे, तब भी वे नहीं हिलेंगे।

एक दिन हम लोग मॉस्को विश्वविद्यालय देखने गए। यह विश्वविद्यालय एक साथ विशाल और महान है। विश्वविद्यालय का अहाता 900 एकड़ का है और उसमें कोई 25 हजार शिक्षक और छात्र निवास करते हैं। छात्राओं की संख्या आधी से अधिक नहीं, तो आधी तो जरूर होगी। सुना कि डॉक्टरी के वर्गों में लड़कियाँ लगभग 70 प्रतिशत आती हैं और इंजीनियरिंग के वर्गों में कोई 25 प्रतिशत। इन तमाम विद्यार्थियों में कोई 98 प्रतिशत ऐसे हैं, जिनका पूरा खर्च सरकार देती है। इसीलिए जिनका बच्चा विश्वविद्यालय में पढ़ने के लिए चुन लिया जाता है, वे माता-पिता खुशी से नाचने लगते हैं। उन्नत देशों में सभी छात्र विश्वविद्यालय में प्रवेश नहीं पा सकते। भेड़ियाधसान की प्रथा केवल भारत जैसे अभागे देशों में है, जहाँ स्कूली परीक्षाएँ पास करनेवालों को नौकरी नहीं मिलती। मॉस्को विश्वविद्यालय को देखकर रूसी जाति पर अपार श्रद्धा हुई। यह विश्वविद्यालय शायद 18वीं सदी में कायम हुआ था और तब से यह बराबर फूलता-फलता रहा है। इस विश्वविद्यालय का संचालन करनेवाली साम्यवादी सरकार की जितनी प्रशंसा की जाए, थोड़ी है।

जब हम विश्वविद्यालय के अहाते में घूम रहे थे, हमारे सामने एक छात्रा पड़ गई, जिसकी गोद में छह महीने का एक बच्चा था। नारी-स्वतन्त्रता की चाहे जितनी दुहाई दी जाए, किन्तु क्वाँरी अवस्था में माँ बन जाने से लड़कियों को शर्म जरूर लग जाती है। वह लड़की भी शर्म से झुककर, हमारी ओर देखे बिना, बगल से निकल गई। मैंने मरियम से पूछा, "मीरा, यह अनब्याही माता है क्या?" मीरा ने कुछ भी छिपाने की कोशिश नहीं की।

उसने कहा, "यहाँ 11 बजे रात तक कोई भी किसी के कमरे में आ-जा सकता है। इस मेलमिलाप से बहुत-सी लड़कियाँ गर्भवती हो जाती हैं। फिर उनके सामने तीन विकल्प रह जाते हैं। या तो लड़का और लड़की शादी कर लें। वैसी हालत में सरकार उन्हें अलग मकान दे देती है, जिसमें दोनों ब्याह करके पति-पत्नी के समान रहते हैं और अपना पाठ्यक्रम पूरा करते हैं। दूसरा विकल्प यह है कि लड़की शादी नहीं करे और पूर्ण समय पर सन्तान प्रसव करके बच्चा सरकार को दे दे और खुद फिर कुमारी

की तरह रहने लगे। इन दो विकल्पों के सिवा एक तीसरा विकल्प भी है। लड़की चाहे तो अस्पताल में गर्भपात कराकर भी पाक-साफ बन जा सकती है। किन्तु गर्भपात किसी खास अवधि के भीतर ही कराया जा सकता है।"

मॉस्को में एक रात हम नाटक भी देखने गए थे। नाटक का कथानक यह था कि शाम को लड़के शराब पीकर सड़कों पर और गलियों में ऊधम मचाते हैं और अकसर लड़कियों को भी छेड़ा करते हैं। इस समस्या का समाधान कैसे किया जाए, यही इस नाटक का विषय था। नाटक देखते-देखते मैंने अलेक्जेंडर से पूछा, "क्यों प्यारे, तुम्हारा राज्य तो पुलिस-राज्य बताया जाता है। तुम्हारे यहाँ ये समस्याएँ कहाँ से आ गईं? या यह नाटक ख्याली पुलाव पकाने को रचा गया है?"

अलेक्जेंडर ने कहा, "नहीं, यह नाटक मॉस्को की सच्ची समस्या को ध्यान में रखकर लिखा गया है। अवकाश के समय लोगों को पढ़ना चाहिए, टेलीविजन या सिनेमा देखना चाहिए। मगर बहुत-से लोग हैं, जो यह न करके खूब शराब पीते हैं और सड़कों पर हंगामा मचाते हैं। उन्हें किस तरह सुधारा जाए, यही इस नाटक का विषय है।"

मैंने कहा, "तो शराब पीने की सरकार मनाही क्यों नहीं कर देती है?"

अलेक्जेंडर ने कहा, "तब तो यही न होगा कि लोगों की वैयक्तिक स्वतन्त्रता मारी जाएगी?"

मैं मन-ही-मन हँसा, "वाह, क्या बात है? विश्वविद्यालयों में सेक्स की छूट ठीक है, सड़कों पर शराब पीने से लोगों को नहीं रोका जा सकता। लेकिन पास्तरनाक कोई उपन्यास लिखे, तो उसे बर्दाश्त नहीं किया जाएगा।"

मॉस्को का सब-वे (धरती के नीचे सुरंग से जानेवाली रेल लाइन) भी अद्भुत और अपूर्व है। मुझे तो वह लन्दन और पेरिस के सब-वे से कुछ श्रेष्ठ ही लगा।

मॉस्को में कई भारतीयों से भेंट हुई। कविवर गोपेश उन दिनों मॉस्को में ही थे। वे कई बार मिलने को आए। श्री पुरुषोत्तम और जैन भी मिलने को आए थे। एक लड़का मेरे अपने सब-डिवीजन बेगूसराय का है। वह यहाँ विज्ञान पढ़ने को आया है। मैंने पूछा, "रूसी भाषा सीखे बिना तुम व्याख्यान कैसे समझते हो?" उसने कहा, "मैं रूसी भी सीख रहा हूँ और पढ़ भी रहा हूँ। दिक्कत नहीं है, क्योंकि फारमूले तो वे ही हैं, जिन्हें हम भारत में सीख चुके हैं।"

सबसे बड़ी खुशी इस बात से हुई कि श्रीमती मरिया ग्रिजुनोवा मेरा खासतौर से पता लगाकर मुझसे मिलने को मेरे कमरे में पहुँच गईं। वे सोवियत नारी के हिन्दी संस्करण का सम्पादन करती हैं।

13, 14, 15 अक्तूबर, 1961 (लेनिनग्राद)

मॉस्को में हम कुछ और ठहरना चाहते थे, लेकिन चेलीशेव ने मेरे कान में कहा, "पार्टी मीटिंग नजदीक है। देशभर के पार्टीमैन आ रहे हैं। होटलों में सभी जगहें उनके लिए सुरक्षित हैं, अतएव, शिष्टमंडल को यहाँ ज्यादा दिन ठहराने में हमें कठिनाई हो सकती हैं।" अतएव हमने उस कार्यक्रम को स्वीकार कर लिया, जो हमारे लिए बनाया गया था।

कल रात हम मॉस्को से लेनिनग्राद के लिए ट्रेन से रवाना हुए। लेनिनग्राद का पुराना नाम पीटर्सवर्ग या पेट्रोग्राद था। मॉस्को में किसी ने बताया था कि मॉस्को से पीटर्सवर्ग तक की रेललाइन जार के समय बनी थी। इंजीनियर जब लाइन का नक्शा पास कराने को जार के यहाँ गया, तब जार ने मॉस्को से लेनिनग्राद तक एक सीधी रेखा खींच दी। यह लाइन बिलकुल सीधी है और कई पहाड़ों को काटकर बनाई गई है।

लेनिनग्राद हम भोर होने पर पहुँचे। ज्यों ही गाड़ी स्टेशन पर लगी, श्री बारान्निकोव सवित्स्की हमारे डिब्बे में आ गए और अपना परिचय दिए बिना हिन्दी में ऐलान कर उठे, "आपको मालूम है कि आज यहाँ कौन आ रहे हैं? पंडित सुमित्रानन्दन पन्त," मैं चौंका कि पन्त जी का कौन यह ढिंढोरिया है, जो लेनिनग्राद में उनकी अवाई का ढिंढोरा पीट रहा है? तब मैंने सोचा, यह बारान्निकोव ही होगा। फिर मैंने अपना परिचय दिया और पूछा कि "आप क्या श्री बारान्निकोव हैं?" बारान्निकोव ने कहा, "हाँ, मैं बारान्निकोव ही हूँ और आपको अपना परिचय देने की क्या जरूरत है? घर ले चलूँगा, तब देखिएगा कि आपका फोटो मेरे यहाँ लगा हुआ है।" फिर मैंने बारान्निकोव का परिचय अपने साथियों से कराया और तब हम ट्रेन से उतरकर सीधे होटल चले गए। बारान्निकोव हिन्दी के जितने बड़े विद्वान हैं, उतने ही वे आदमी भी सीधे, सरल और सरस हैं।

नहाने, धोने और नाश्ता करने के बाद हम लेनिनग्राद नगर देखने को निकल गए और पहले समुद्र के किनारे गए जहाँ ऊँचाई पर एक बड़ा मकान है। उस मकान के आहाते से हम बाल्टिक समुद्र का दृश्य देखने लगे। लेनिनग्राद बाल्टिक समुद्र पर बसा हुआ है। वह रूस के लगभग अन्तिम छोर पर है। वहाँ से कोई बीस मील बाद फिनलैंड शुरू हो जाता है। इसीलिए कहा जाता है कि लेनिनग्राद फिनलैंड की खाड़ी पर बसा है।

प्रशंसा के जितने शब्द थे, मैंने मॉस्को के वर्णन में खर्च कर दिए, लेकिन लेनिनग्राद की भी अपनी महिमा है, अपना सौन्दर्य है। पीटर द ग्रेट (1689-1725) ने पीटर्सवर्ग की कल्पना अपनी दूसरी राजधानी के रूप में की थी और उसे खूब रच-रचकर बनवाया था। वही पीटर्सवर्ग अब लेनिनग्राद है। कवि पास्तरनाक ने मॉस्को की स्तुति में एक कविता लिखी थी कि "जो भी स्वप्नदर्शी है और रात में

घूमना पसन्द करता है, उसे मॉस्को सारी दुनिया की बनिस्बत खूबसूरत लगेगा।" लेकिन उस उक्ति को मैं लेनिनग्राद पर भी लागू समझता हूँ। लेनिनग्राद यूरोप के सुन्दरतम नगरों में से एक है। बारान्निकोव ने बताया कि जब यशपाल जी यहाँ आए थे, उन्होंने कहा था कि "मॉस्को गद्य और लेनिनग्राद पद्य है।" मैं कहता हूँ, मॉस्को महाकाव्य है, लेनिनग्राद गीतों का संग्रह है।

लेनिनग्राद की खूबसूरती का एक कारण यह है कि वह बाल्टिक समुद्र के तट पर बसा हुआ है। और दूसरा कारण यह है कि उसके बीचोंबीच होकर नीवा नदी बहती है। नगरों का सौन्दर्य जल पर निर्भर करता है। जल हुआ, तो नगर सुन्दर है, जल नहीं हुआ, तो फिर सौन्दर्य में भी रुक्षता आ जाती है।

नीवा के तट पर जारों का विंटर पैलेस है। उसके दूसरे तट पर पीटर पाल किला है, जिसका उपयोग जार ने क्रान्तिकारियों को कैद करने के लिए किया था। जब पीटर को शौक हुआ कि हम पीटर्सवर्ग में एक नई राजधानी बनाएँ, उसके राजे, रईस और सामन्त भी पीटर्सवर्ग में अपने लिए एक-से-एक खूबसूरत मकान बनवाने लगे। इस प्रकार पीटर्सवर्ग अमीरों की मौजमजे वाली संस्कृति का अड्डा बन गया। पीटर ने लकड़ी का भी एक मकान बनवाया था, जो नदी के किनारे पर है।

उत्तरी ध्रुव के समीप पड़ने के कारण लेनिनग्राद चार-पाँच महीनों तक बर्फ से ढँका रहता है और उन दिनों लोग नीवा नदी के आर-पार पाँव पैदल चले जाते हैं। वहाँ सूर्योदय भी कभी दस बजे दिन में होता है और सूर्यास्त दस बजे रात में। कभी ऐसा भी होता है कि रात में चिराग जलाना नहीं पड़ता और कभी चिराग रात से लेकर दिनभर जलाए जाते हैं।

लेनिनग्राद की पहली महिमा यह है कि उसे रूस के एक प्रतापी सम्राट ने बड़े शौक से बनवाया था। उसकी दूसरी महिमा यह है कि सन् 1917 ई. में क्रान्ति की पहली लपट इसी नगर से फूटी थी और लेनिन ने क्रान्ति का संचालय यहीं से किया था। उसकी तीसरी महिमा यह है कि द्वितीय विश्वयुद्ध में हिटलर ने इस नगर को घेरे में डाल दिया था और यह घेरा 900 दिनों तक पड़ा रहा था। इन नौ सौ दिनों में लेनिनग्राद की जनता ने भीषण कष्ट सहा, भयानक कुर्बानियाँ दीं, पेट पर रस्सी बाँधकर समय बिताया, ऐसी-ऐसी यातनाएँ झेलीं जिनका वर्णन सुनकर अब भी रोंगटे खड़े हो जाते हैं। किन्तु उसने आत्म-समर्पण नहीं किया। रूसी जाति में स्वतन्त्रता का जो प्रेम है, उस प्रेम की अग्नि-परीक्षा लेनिनग्राद में हुई थी और उस अत्यन्त भयानक कसौटी पर रूस की जनता सोलह आने खरी उतरी। हिटलर ने कहा था कि दस सप्ताह में हम क्रेमलिन पहुँचकर चाय पिएँगे। लेकिन लेनिनग्राद की वीर सेना ने उसे रूस की सीमा पर ही 900 दिनों तक रोक लिया। सुमन की कविता मॉस्को में तो याद नहीं पड़ी थी, लेकिन लेनिनग्राद में वह याद पड़ गई। "दस हफ्ते दस साल हो गए, मॉस्को अब भी दूर है।"

लेनिनग्राद में खासतौर से देखने की दो चीजें हैं, लेनिन म्यूजियम और हरमिटाज। लेनिनग्राद में स्मालनी नाम का एक मकान है। इसी मकान के एक कोने वाले कमरे में बैठकर लेनिन ने क्रान्ति का संचालन किया था। वहाँ इस आशय का एक बोर्ड भी लगा हुआ है कि इसी मकान में रहकर लेनिन ने क्रान्ति का संचालन किया था।

क्रान्ति के दिनों में लेनिन जिस कमरे में रहते थे, उस कमरे को हमने देखा। कमरा छोटा-सा है। उसके बीचोंबीच लकड़ी का एक पार्टीशन डाला हुआ है। पार्टीशन के इस ओर दो कुर्सियाँ और एक मेज है। यहीं बैठकर लेनिन राज-काज और क्रान्ति का संचालन करते थे। पार्टीशन के उस ओर दो चौकियाँ हैं, जिन पर लेनिन और उनकी पत्नी आराम करते थे। लेनिन कितने बड़े काम में लगे हुए थे, लेकिन जरूरियात के साधन उनके पास कितने कम थे? जब आत्मा जगती है, शरीर उपेक्षित हो जाता है। जिसे कोई बड़ा काम नहीं करना है, सबसे अधिक शारीरिक सुख उसी को चाहिए। जिसका सारा मन किसी बड़े काम में लगा हुआ है, उसे फुरसत कहाँ कि शारीरिक सुखों का ख्याल करे।

हमने वह लारी भी देखी, जिसकी छत पर खड़े होकर लेनिन ने क्रान्तिकारियों का आह्वान किया था। हमने 'अरोरा' नामक वह जहाज भी देखा, जिसने क्रान्ति के कामों में हिस्सा लिया था। लेकिन म्यूजियम में हमने उस हॉल को घूम-घूमकर देखा, जिसमें लेनिन की जीवनी चित्रों में समझाई गई है। लेनिन की चित्रावली देखने को हॉल में हमेशा भीड़ लगी रहती है। सन् 1918 का पहला संविधान म्यूजियम के दरवाजे पर अंकित है। लेनिन के चित्र देखते-देखते मैं भाव-विभोर हो उठा। मेरे मन में आया, अगर लेनिन का जन्म भारत में हुआ होता, तो हम उन्हें आसानी से परशुराम का अवतार मान लेते।

जारों का जो विंटर पैलेस था, उसी में अब हरमिटाज है। हरमिटाज एक संग्रहालय है, जिसमें भाँति-भाँति की वस्तुएँ संग्रहीत हैं। हरमिटाज में चित्रों की संख्या अपार है और चित्र केवल यूरोप के ही नहीं, भारतवर्ष और चीन के भी हैं। इसके बिना असंख्य मूर्तियाँ हैं, स्थापत्य के नमूने हैं, जेड के बरतन हैं, हाथी दाँत, सोने और चाँदी के काम हैं, तथा फर्नीचर और असबाब के नमूने भी काफी हैं। गाइड हमें उस कक्ष में भी ले गया, जहाँ बहुमूल्य मुकुटों, आभूषणों और जवाहिरों का संग्रह है। सन् 1812 ई. में नेपोलियन ने रूस पर आक्रमण किया था। उस समय रूस ने नेपोलियन के आक्रमण को विफल बनाने के लिए जो प्रयास किया, उस घटना को भी एक जगह चित्रों में दर्शाया गया है। विंटर पैलेस के सामने ही वह विजय-स्तम्भ है, जो नेपोलियन की पराजय की स्मृति में खड़ा किया गया था।

लेनिनग्राद में एक दिन हम नाटक देखने गए। नाटक के बाद मैनेजर हमें अपने कमरे में ले गए और उन्होंने कॉफी पिलाई। इस रस्म में कई रूसी सज्जन शामिल हो गए, जिनमें से दो-एक व्यक्ति लेखक भी थे। उनमें से एक ने पूछा, "आपकी पार्टी

में मिस्टर रेणु आए हैं या नहीं?" मैंने पूछा, "आप रेण्णु को कैसे जानते हैं?" वे बोले, "मैंने उनके उपन्यास का रूसी अनुवाद पढ़ा है।" जब हम मैनेजर के कमरे से विदा होने लगे, मैनेजर ने कहा, "बस, आपको और हमको यही मानना चाहिए कि दुनिया में अब और युद्ध नहीं हो।"

मैंने लक्ष्य किया, "यह दुआ लेनिनग्राद का आदमी नहीं, तो और कौन माँगेगा? नौ सौ दिनों तक जर्मनों के घेरे में रहकर इन्होंने भली-भाँति समझ लिया है कि लड़ाई कितनी खौफनाक चीज है। रूस से शान्ति की जो पुकार उठी है, वह राजनीति की चाल नहीं, मानवता के हृदय की सच्ची पुकार है। और अपने विश्व-ध्येय में शान्तिकामी होने के कारण सभी कम्युनिस्ट श्रद्धेय हैं।"

यहाँ एक विजय-स्तम्भ भी है, जो द्वितीय विश्वयुद्ध में प्राप्त होनेवाली विजय का स्मारक है।

बारान्निकोव एक दिन खाना खिलाने को मुझे अपने घर ले गए। उनके घर पहुँचा, तो ऐसा भान हुआ, मानो मैं किसी हिन्दी लेखक के घर में पहुँच गया हूँ। बारान्निकोव के पिता भारतीय संस्कृति के बड़े प्रेमी और विद्वान थे। उन्होंने सारा जीवन लगाकर तुलसीदास जी के रामचरितमानस का रूसी में अनुवाद किया था। बारान्निकोव खुद हिन्दी के लेखक और विद्वान हैं तथा उनकी पत्नी श्रीमती रीमा भी हिन्दी साहित्य की विदुषी हैं। लेकिन रीमाजी केवल विदुषी ही नहीं हैं, वे सौंदर्यमयी हैं, शीलवती हैं, भावुक और विदग्धा भी हैं। बारान्निकोव के घर में हिन्दी लेखकों के वे बारह चित्र लगे हुए थे, जिन्हें राजकमल प्रकाशन ने प्रकाशित किया है। उनमें एक चित्र मेरा भी था। रीमा ने कहा, "दिनकर जी, जो भी लड़की आती है, वह आपके चित्र की ओर खासतौर से आकृष्ट होती है और पूछती है कि यह आदमी कौन है।" मैंने लक्ष्य किया कि मैं रीमाजी के घर आया हुआ हूँ, अतएव वे अच्छी-अच्छी बातें बोलकर मुझे खुश करना चाहती हैं।

16, 17 अक्तूबर, 1961 (गागर और सुखूमी)

16 तारीख को लेनिनग्राद से हम साढ़े आठ बजे भोर में चले। जहाज जेट था। वह 10 बजे उड़ा और 1 बजकर 10 मिनट पर एडलर पहुँच गया। एडलर से हम मोटर कार से सुखूमी के लिए चले। रास्ते में गागर आया, जहाँ एक विश्रामगृह में हम उतरे और वहीं हमने भोजन किया।

एडलर से गागर तक का रास्ता बड़ा ही सुहावना था। लगता था, हम राँची के पहाड़ और जंगल होकर जा रहे हैं। कहीं-कहीं दृश्य काश्मीर से भी मिलता-जुलता था। सारे रास्ते में एक ओर समुद्र है, एक ओर सड़क है और दोनों के बीच से रेल की लाइन जाती है। जब हम गागर पहुँचे, वरदराजन बोल उठे, "यह तो ऊटी-जैसा लगता है।"

गागर में हमने जहाँ विश्राम किया, वह रेस्ट हाउस नहीं, रचनागृह है। लेखक-संघ के सदस्य जब नगरों के कोलाहल में काम नहीं कर सकते, वे गागर चले आते हैं। लेखक की पत्नी कभी-कभी अपने पति से मिलने को यहाँ आ सकती है, लेकिन बच्चों को यहाँ लाने की सख्त मनाही है। लेखक को अपनी आय का छह प्रतिशत रचनागृह को देना पड़ता है। रचना करने के काल में लेखक की आय घट जाती है, अतएव उस समय लेखक-संघ उसे कुछ आर्थिक वृत्ति भी देता है। जिस लेखक की प्रतिभा का स्रोत सूख गया या किसी कारण से जो लिखने में असमर्थ हो गया, उसे लेखक-संघ प्रति मास 120 रूबल की पेंशन देता है। लेखक जब बीमार हो जाते हैं, उस समय भी लेखक-संघ उन्हें आर्थिक सहायता देता है। आजकल यहाँ 65 लेखक ठहरे हुए हैं, जिनमें से एक जर्मन और एक पोल भी हैं।

गागर के रचनागृह का लाभ हर साल डेढ़ सौ से लेकर तीन सौ तक लेखक उठाया करते हैं। ज्यादातर लेखक वहाँ सितम्बर और अक्तूबर महीनों में आते हैं और सामान्यतः वे यहाँ एक महीना निवास करते हैं। विदेशी लेखक भी लेखक-संघ का मेहमान बनकर यहाँ रह सकते हैं। उन्हें एक सौ रूबल प्रतिमास देना पड़ता है। अधिक लेखक यहाँ लिखने के लिए ही आया करते हैं। भारत के उर्दू लेखक सज्जाद जहीर इसी वर्ष यहाँ 12 दिन रहे थे।

मुझे बताया गया कि रूस भर में ऐसे रचनागृह सोलह स्थानों पर हैं, जिनमें से दो क्रीमिया में हैं और एक-एक कौकेसस और जार्जिया में। पेंशनयाफ्ता लेखक को रचनागृह में रहने का कोई खर्च नहीं देना पड़ता। जिस लेखक को बड़ी कृति पर आठ साल काम करना होता है, उसे साहित्य-कोष से ऋण, दान और सहायता सब कुछ देने का रिवाज है। साहित्य फंड से लेखकों के लिए मकान भी बनवा दिए जाते हैं।

गागर से हम मोटर से ही सुखूमी पहुँचे और बाजार घूमने को निकल गए। जार्जिया के अन्दर अबखाजिया नाम का एक अल्पसंख्यक इलाका है, जो एक स्वतन्त्र यूनिट है। वहाँ रूसी, जार्जियन और अबखाजिया, तीनों भाषाएँ पढ़ाई जाती हैं। इनके सिवा एक विदेशी भाषा भी अनिवार्य है। रूसी, जार्जियन और अबखाजिया भाषाओं की लिपियाँ अलग-अलग हैं। सुखूमी में पुस्तकों की दुकानों में बड़ी भीड़ दिखाई पड़ी, जिससे अनुमान हुआ कि किताबें यहाँ काफी लोकप्रिय हैं। वे जनता के जीवन का अंग बन गई हैं। जार्जियन भाषा की लिपि मुझे कन्नड़ लिपि के समान जान पड़ी।

सुखूमी में औषधियों का एक अनुसंधान केन्द्र है। वहाँ जाने पर वैज्ञानिकों ने हमसे कहा कि एंटी टिटनस और एंटी डिपथेरिया दवाइयाँ इसी केन्द्र ने बनाई हैं। अभी वे लोग कैंसर पर काम कर रहे हैं। डॉक्टरों ने कहा कि सबसे भयानक रोग न्यू-रोसिस है। 'न्यू-रोसिस' होने पर भी रक्तचाप बढ़ता है तथा आर्टरी और कोरोनरी के रोग उत्पन्न होते हैं। शंका करने पर उन्होंने यह भी बताया कि टिटनस और डिपथेरिया की हमने जो दवा निकाली है, वह एक पद्धति की दवा है। दूसरी पद्धति

की भी दवाइयाँ हो सकती हैं। उन्होंने स्वीकार किया कि एंटी पोलियो दवा अमेरिका की ईजाद है।

फिर आणविक विकिरण और वातावरण के पोल्यूसन की बात चल पड़ी। एक नौजवान डॉक्टर ने कहा कि ये दोष यदि एक यूनिट तक रहें, तो खतरा नहीं है। मगर उससे ऊपर जाने पर खतरा जरूर है। मुश्किल यह हो गई है कि पृथ्वी पर ये दूषण कहीं-कहीं तीन यूनिट तक पहुँच गए हैं। आप युद्ध से पृथ्वी को बचा सकते हैं, किन्तु इन दूषणों से नहीं। युद्ध नहीं होने पर भी दुनिया नहीं बचेगी।

मुझे गालिब का वह शेर याद आया—

दर्द की दवा पाई, दर्द ला-दवा पाया।

गांधी पिछड़े हुए आदमी नहीं थे। वे भी भविष्य की ही ओर से आए थे। और यह कहने को आए थे कि विज्ञान का विनाश उसके भीतर ही छिपा हुआ है। विज्ञान काफी नहीं है। आदमी को विज्ञान को सँभाल में रखने की योग्यता भी चाहिए।

18 अक्तूबर, 1961 (येरेवान)

सुखूमी से हम 18 अक्तूबर बुधवार को उड़े। धूप निकल आई थी और आकाश साफ था। ढेर-के-ढेर बादल धुनी हुई रुई के समान आकाश को आच्छादित किए हुए थे। दृश्य लुभावना था और जहाज पूरब की ओर जा रहा था। बाईं ओर काकेसस की हिम-मंडित श्रेणी दिखाई दे रही थी और दाईं ओर काला समुद्र नीली चादर-सा नीचे बिछा हुआ।

सुखूमी शहर से हवाई अड्डे तक हम मोटर में आए थे। रास्ते में हमने देखा कि अभी यहाँ भी गरीबी है, अशिक्षा है, पिछड़ापन और थोड़ा अन्धकार भी है। ग्रामों का सम्यक् विकास करने में अभी रूसियों को भी मेहनत करनी पड़ेगी।

जहाज में पायलट ने ब्राडकस्ट किया, "अब हम काकेसस की सबसे ऊँची चोटी एलबूस पर से उड़ेंगे, फिर आगे काजबेक आएगा।" थोड़ी देर बाद पायलट ने कहा, "अब हम गोरी नामक शहर पर से उड़ रहे हैं। इसी शहर में स्टालिन का जन्म हुआ था।" घंटे भर उड़ने के बाद जार्जिया की राजधानी बिलिसी आई। फिर थोड़ी देर बाद हम येरेवान पहुँच गए।

10 से 20 अक्तूबर, 1961 (येरेवान)

जहाज से उतरकर हम जब शहर की ओर बढ़े, येंरेवान शहर मुझे आकार में बड़ा, लेकिन मिजाज से सूफी जैसा लगा। रास्ते में कुछ झुग्गियाँ और झोंपड़ियाँ भी दिखाई पड़ीं, जिससे अनुमान हुआ कि स्लम्स की पूरी सफाई यहाँ अभी बाकी है।

यह शहर आरमीनियाँ की राजधानी है। आरमीनियाँ के दक्षिण की ओर अरारात की पर्वत-श्रेणी है, जो टर्की तक चली गई है। अरारात की पर्वत-श्रेणी ही आरमीनियाँ और टर्की को अलग करती है।

फारसी भाषा का यहाँ काफी प्रभाव है। फारसी के सभी बड़े कवियों का आरमीनियन में अनुवाद बहुत पहले ही हो चुका है।

येरेवान शब्द का अर्थ दर्शनीय होता है और यह नगर दर्शनीय है भी।

कहते हैं, हजरत नूह जब महाप्लावन में बह रहे थे, तब उनकी नाव यहीं के अरारात पर्वत से आ लगी थी। अगर नूह मनु ही हैं, तो वे यहीं 'शिला की शीतल छाँह' में बैठे होंगे।

आरमीनियाँ एशिया के हिस्से जैसा लगता है। वेशभूषा तो यूरोपीय जरूर है, मगर मिजाज से यहाँ के लोग एशियाई लगते हैं, उनका देखने का ढंग एशियाई है, मिलने का ढंग एशियाई है, बात भी वे एशियाई ढंग से करते हैं।

रूसी शासकों की बुद्धिमत्ता पर आश्चर्य होता है। भाँति-भाँति के लोगों को उन्होंने एक सूत में बाँध रखा है। वे सबको साम्यवादी विचारधारा में दीक्षित करके उन्हें अपने-अपने ढंग का जीवन जीने दे रहे हैं।

शिष्टमंडल के एकाध सदस्य जो बराबर रूस को सन्देह की दृष्टि से देख रहे हैं, उनमें अवश्य ही पूर्वाग्रह का दोष है।

साम्यवादी लोग गरीबों और अल्प-संख्यकों को धोखा नहीं देते, यह बात रूस में मैंने प्रत्यक्ष देखी है। अबखाजिया जाति की संख्या पाँच-छह लाख से अधिक नहीं होगी। अबखाजिया भाषा की कोई लिपि नहीं थी। क्रान्ति के बाद रूसी सरकार ने उस भाषा की लिपि तैयार की और अब उस लिपि में विश्वविद्यालय काम कर रहा है।

आरमीनियाँ, जार्जिया और अजर बैजान, ये पास-पास पड़ते हैं। आरमीनियाँ की जनता स्लाव वंश की नहीं है, वह हिन्द-यूरोपीय परिवार की है। आरमीनियाँ के लोग साहसी व्यापारी हुआ करते थे। उनमें से अनेक भारतवर्ष में भी थे। कलकत्ते और मद्रास में आरमीनियाँ के कई सौदागर और ठेकेदार थे। आरमीनियाँ का सबसे पहला मासिक पत्र मद्रास से निकला था। गरीब आरमीनियन भारत में घूम-घूमकर सामान बेचते थे। मुझे याद है कि बिहार के स्टेशनों पर आरमीनियन लड़कियाँ छुरे और कैंची बेचा करती थीं। जिस चीज का दाम एक रुपया होना चाहिए, उसका दाम वे आठ रुपया बताती थीं और अगर किसी ने कहा कि यह चीज मुझे दो रुपए में दे दो, तो लड़कियाँ उसके गले पड़ जाती थीं और चीज ग्राहक को खरीदनी ही पड़ती थी। इसीलिए, लोग कहते थे, अरे, इन लड़कियों के साथ भाव-बट्टे में मत फँसो, नहीं तो चीज खरीदनी ही पड़ेगी।

आरमीनियन औरतें खूब चमकदार घाँघरी और कुरते पहना करती थीं और माथे

पर वे रूमाल बाँधे रहती थीं। भारत के ग्रामीण लोग उनसे डरते थे कि मोल-तोल के बाद अगर हम माल नहीं खरीदेंगे, तो ये लड़कियाँ हमें छुरा घोंप देंगी।

आरमीनियाँ के अमीर सौदागर और गरीब पंसारी हिन्दुस्तान में बहुत हैं, यह बात येरेवान वालों को मालूम है। वहाँ कई आरमीनियनों ने हमसे कहा, "हमारे भाई-बंद तो आपके देश में बहुत हैं। वे कैसे हैं? वे अपने देश क्यों नहीं लौट आते हैं?"

आरमीनियाँ के औरत और मर्द बहुत खूबसूरत होते हैं और अच्छे कपड़े पहनने का उन्हें बड़ा शौक है। वे मस्त और दिलफेंक भी होते हैं। येरेवान में एक पहाड़ी पर हिल गार्डन है, जिस पर स्टालिन की भीमकाय प्रतिमा लगी हुई है। वहाँ पास ही मॉस्को रेस्तराँ है, जो खूब चौड़ा, साफ-सुथरा और खुशनुमाँ है। स्टालिन की मूर्ति देखकर जब हम रेस्तराँ में आए, वहाँ एक खूबसूरत नौजवान दो-तीन तरह की शराबें मँगाकर अकेला ही आनन्द ले रहा था। उसने हम लोगों को घेरकर मेज के एक ओर बिठा लिया और हठ करने लगा कि शराब आपको पीनी ही पड़ेगी। शराब पीना मुझसे तो पार नहीं लगा, लेकिन सागर ने थोड़ी-सी शेंपेन स्वीकार कर ली। हम लोगों को देखकर वह नौजवान बोला, "यहाँ की लड़कियाँ आपको कैसी लगती हैं?" मैंने कहा, "वे बहुत ही खूबसूरत और कशिशवाली हैं।" इस पर उसने कहा, "मेरी एक सलाह मानिए। आप दोनों एक-एक लड़की पसन्द करके यहीं रह जाइए। मैं विश्वास दिलाता हूँ कि ये लड़कियाँ आपको अपना देश भुला देंगी।"

रूस में जो सभ्यता फैली है, उसे भारत में हम लोग रेजीमेंटेड समझने के आदी हो गए हैं। रेजीमेंटेशन शायद है, मगर वह एक खास धरातल पर विचारों के ऊपर है। बाकी तो सारे देश में मुझे उन्मुक्तता और खुलापन ही दिखाई देता है। ईर्ष्या, द्वेष, संकीर्णता और दूसरे देश से रूठकर अलग जीने का भाव, ये लक्षण गरीब देश के हैं और चूँकि भारतवर्ष सबसे गरीब देश है, इसलिए ये दुर्गुण भी भारत में ही सबसे अधिक हैं। रूस खाता-पीता, मस्त देश है, इसीलिए वहाँ के आदमी खुले दिल के होते हैं।

जिस होटल में हम ठहरे हुए थे, उसकी प्रचार-पुस्तिका में मैंने पढ़ा कि येरेवान से कोई साठ मील दूर एक झील पहाड़ी पर अवस्थित है। उस झील की ट्राउट मछली बड़ी स्वादिष्ट होती है। सो एक दिन हम ट्राउट मछली खाने को उस झील पर गए। रास्ते में हमने कुछ ऐसा इलाका भी देखा, जहाँ कोयला अभी तक नहीं पहुँचा है और गाँव के लोग गोबर से उपले तैयार करते हैं। इसी ड्राइव में हमने कुछ कौए देखे, जो ठीक बगुले के समान तो नहीं, लेकिन उजले रंग के थे।

येरेवान में लेखकों के साथ डिनर दो बार हुआ। यहाँ के लेखकों में हमने हार्दिकता अधिक देखी। वे क्षणभर को भी हमसे अलग होना नहीं चाहते थे। सोलोमन और अरारात तो ऐसे प्रेमी निकले कि वे मुझे अपने दिलों में बन्द कर लेना चाहते थे।

येरेवान में डिनर पर एक दिन यह बात निकल पड़ी कि साहित्य और काल के

बीच क्या सम्बन्ध है। आरमीनियन लेखकों का विचार हुआ कि हमारे लिए वर्तमान सबसे महत्त्वपूर्ण है और उसके बाद भविष्य का स्थान है। अतीत को हम बहुत ज्यादा महत्त्व नहीं देते। अगर पुराना कोई रिवाज है, तो उसकी व्याख्या भी हम वर्तमान के प्रसंग में करते हैं। इस पर मैंने इलियट की काल वाली धारणा का उद्धरण दिया। "अभी जो समय बीत रहा है, वह वही है जो पहले बीत चुका है। वर्तमान और अतीत, ये दोनों समय भविष्य के भीतर समाए हुए हैं। अगर अतीत, वर्तमान और भविष्य, ये तीनों काल हमेशा मौजूद रहते हैं, तो फिर वे अशोध्य हैं, अमोच्य हैं, उनसे उद्धार पाना कठिन है।"

श्रोताओं में से एक कवि पर इसका अनुकूल प्रभाव पड़ा। उन्होंने कहा, "इलियट का नाम हमने भी सुना है, मगर मैं नहीं जानता था कि वे इतनी ऊँची बातें बोलते हैं।"

येरेवान में रहते हुए एक दिन हम आरमीनियन चर्च के पादरी से भी मिलने गए। पादरी का नाम बाजगिनी था। चर्च की शान-शौकत वही है, जो पहले रही होगी, मगर नई ईंट कहीं नहीं लगी हैं, नीचे नए सीमेंट का उपयोग भी हमने कहीं नहीं देखा। यह भी देखा कि रूस का हर आदमी रूसी भाषा नहीं जानता है। पादरी अपनी बात आरमीनियन में बोलते थे। आरमीनियाँ के एक लेखक उसका अनुवाद रूसी में करते थे और तब अलेक्जेंडर उसका अनुवाद हमें अंग्रेजी में सुनाता था। न जानें, हम हिन्दी वाले इस जिद में क्यों पड़े हुए हैं कि हर भारतवासी को हिन्दी जाननी ही चाहिए?

येरेवान से एक दिन हम कोलखोज (सामूहिक खेती) देखने गए। इसका नाम लेनिन कोलखोज है और इसकी स्थापना सन् 1928 ई. में हुई थी। इस कोलखोज का रकबा अभी 3228 हेक्टर है। इसमें से 660 हेक्टर में अँगूर की खेती होती है। बाकी जमीन में चारागाह और बाग हैं। इस कोलखोज में 36 ट्रैक्टर और 24 मोटर कारें हैं। कोलखोज की जनसंख्या 4500 है। मगर काम करनेवाले 2000 ही लोग हैं। बाकी औरतें और बच्चे हैं। यद्यपि कुछ औरतें भी कोलखोज में काम करती हैं। परसाल कोलखोज ने 2000 टन अँगूर सरकार के हाथ बेचा। कमकरों को मजदूरी ढाई रूबल प्रतिदिन के हिसाब से दी जाती है। टीम लीडर को मजदूरी ज्यादा मिलती है। कोलखोज में लेनिन, स्टालिन, ख्रुश्चेव, मिकोयन, किसी का भी चित्र दिखाई नहीं पड़ा, पुस्तकालय में भी नहीं, वाचनालय में भी नहीं। कोलखोज की स्थापना करते समय स्टालिन को लहू की नदी में से गुजरना पड़ा था। लेकिन अब कोलखोज सुख और समृद्धि के साधन बन गए हैं।

21 अक्तूबर, 1961 (बाकू)

जहाज जब बाकू उतरा, वर्षा बड़े जोर से हो रही थी और अड्डे पर हलकी बाढ़ का

दृश्य था। बाकू अजरबैजान की राजधानी है। अजरबैजान सोवियत में भी है और ईरान में भी। पास का राज्य तुर्कमीनियाँ है, जिसकी राजधानी अश्काबाद है। आज हम अश्काबाद भी गए थे और वहाँ हमने साढ़े पाँच बजे शाम को लंच खाया।

बाकू की जनसंख्या दस लाख है। यहाँ के विश्वविद्यालय में हिन्दी और अजरबैजानी, दोनों ही भाषाएँ शिक्षा के माध्यम हैं। मुझे बताया गया कि दोनों भाषाओं में बराबर-बराबर छात्र हैं। अंग्रेजी, फ्रेंच, जर्मन और स्पेनिश, इनमें से भी कोई एक भाषा छात्रों को जरूर पढ़नी पड़ती है।

22 अक्तूबर, 1961 (ताशकन्द)

बाकू से ताशकन्द कल रात पहुँचा। जब ताशकन्द पहुँचा, मेरी घड़ी में शाम के साढ़े सात बजे थे, लेकिन ताशकन्द के होटल की घड़ी में साढ़े दस बज रहे थे।

ताशकन्द उजबेकिस्तान का प्रधान नगर है। फरगाना यहाँ से तीन सौ किलो मीटर दूर है। ताशकन्द में बीस मस्जिदें हैं और सभी मस्जिदों में थोड़े-बहुत नमाजी आते रहते हैं।

मुअज्जिम वगैरह का वेतन सरकार नहीं देती है। वह सब मुस्लिम समाज को देना पड़ता है। इस्लाम और धार्मिक शिक्षा थोड़ी-बहुत जरूरी है। सरकार उसमें हस्तक्षेप नहीं करती। ताशकन्द में जो इस्लामी मदरसा है, उसमें कुछ साठ छात्र हैं। दूसरा इस्लामी मदरसा बोखारा में है। उस मदरसे में केवल चालीस छात्र हैं। लेकिन ये सभी छात्र इस्लामीय धर्मशास्त्र ही पढ़ते हैं।

यहाँ के हाईस्कूलों में रूसी और उजबेक, दोनों विभाग हैं। दस साल की शिक्षा सभी बच्चों के लिए लाजिमी है।

कुछ हेर-फेर के साथ यहाँ की लिपि रूसी हो गई है, लेकिन कहीं-कहीं अब भी अरबी लिपि चलती है। रूसी लिपि यहाँ बीस साल पहले आई थी। उससे पहले एक दौर था, जिसमें रोमन लिपि चलने लगी थी। लेकिन वह प्रयोग असफल हो गया।

उजबेकिस्तान में पहले शिक्षा की भाषा फारसी थी। लेकिन उजबेक भाषा तब भी अरबी लिपि में लिखी जाती थीं। उजबेक बोलचाल की भाषा थी और फारसी शिक्षा और साहित्य की। उजबेक में साहित्य का प्रवर्तन अली शेर नवाई ने किया। उनकी किताबें दुनिया की कई भाषाओं में अनूदित हो चुकी हैं। 15वीं सदी में उजबेक में दो कवि और हुए, जिनके नाम मुकीमी और फुरकती थे।

ताशकन्द में आज एक जगह मैंने अरबी लिपि में कैलेंडर देखा, मगर मुझे बताया गया कि उसमें फारसी और उजबेक, दोनों भाषाओं का प्रयोग किया गया है।

उजबेकिस्तान, ताजेकिस्तान, तुर्कमीनिस्तान, करजिस्तान और कजाकिस्तान, ये पाँच जमहूरियतें यहाँ एक गैर-सरकारी संस्था के सदस्य हैं जिसका नाम 'इदारे रूहानी

मुसलमानाने एशियाई मियान' है। इदारे के मेम्बरों की संख्या तीस है। उसमें मुअज्जिम, इमाम और खतीब तकरीबन 300 हैं।

उजबेकिस्तान और आसपास के इलाके सन् 1870 में रूस द्वारा जीते गए थे।

23 अक्तूबर, 1961 (समरकन्द)

भारत में फारसी का एक शेर बहुत मशहूर है।

अगर आँ तुर्के शीराजी
बदस्तारद दिलेमारा,
बखाले हिन्दुअश बख्शम
समरकन्दो बुखारारा।

चाँद को देखने से लगता है कि आज शायद शरद पूनो की रात है। समरकन्द तैमूरलंग की नगरी है। सो आज रात हम तैमूरलंग की नगरी में सो रहे हैं।

जिस होटल में हम ठहरे हैं, वह होटल नहीं, सराय है। पुराने जमाने में तमाम एशिया में बिना खिड़की के मकान बनते थे। इस मकान में भी खिड़कियाँ बाद को काटी गई हैं। खाना बहुत ही मद्धिम दरजे का मिला और होटल में सफाई का भी अभाव है।

समरकन्द चिल्लाकर कहता है कि मैं पुराना शहर हूँ, मगर जहाँ-तहाँ से नवीनता भी अब झाँकी मारने लगी है। उजबेक और रूसी जनता का साथ-साथ रहना, अभी इसी बात का प्रतीक है।

ईस्वी सन् से पूर्व समरकन्द को सिकन्दर ने जीता था। पाँचवीं सदी में यहाँ ईरानियों का राज रहा। फिर छठी शताब्दी में तुर्क और आठवीं शताब्दी में अरब आए और वे यहाँ बस गए। तेरहवीं सदी में समरकन्द पर चंगेज खाँ ने चढ़ाई की और यहाँ एक भयानक युद्ध हुआ। तैमूरलंग चंगेज के गवर्नर ओमर खाँ की फौज में था। सन् 1355 ई. में तैमूर ने विद्रोह करके सत्ता अपने हाथ में ले ली।

समरकन्द तैमूरलंग के पहले से ही बसा हुआ था। उस समय इसकी लम्बाई 20 किलोमीटर और चौड़ाई 10 किलोमीटर थी। स्पष्ट ही, अपने समय में यह संसार का उदाहरणीय नगर रहा होगा। तभी समरकन्द और बोखारा दौलत और समृद्धि के प्रतीक माने जाते थे। मगर अपने समय में वे सभ्यता और संस्कृति के भी केन्द्र थे।

उस समय समरकन्द नगर के चार दरवाजे थे। पहला दरवाजा भारत द्वार था, दूसरा दरवाजा चीन द्वार था और तीसरा दरवाजा कीव द्वार कहलाता था। चौथे दरवाजे का नाम किसी ने बताया नहीं। सौदागरों का कारवाँ जिस देश के लिए जिस दरवाजे से निकलता था, उसी देश के नाम पर उस द्वार का नाम था।

समरकन्द में देखने की खास चीज तैमूरलंग की कब्र है। वहाँ उसके खानदान

वालों की भी अनेक कब्रें हैं। तैमूरलंग क्रूर योद्धा होने के साथ-साथ विद्वानों का भी प्रेमी था। उसका पोता उलूग बेग तो बड़ा भारी ज्योतिषी था। उसने 1420 ई. में समरकन्द में एक बेधशाला बनवाई थी, जिसका खंडहर अभी तक मौजूद है।

कब्र की मेहराबें बहुत बड़ी-बड़ी हैं और वे गाढ़े नीले रंग से रंगी हुई हैं। दीवारों पर जो सजावट है, वह चटाईनुमा है।

समरकन्द जरफशान नदी पर बसा हुआ था। नदी अब भी है। समरकन्द के दूसरी ओर जो पहाड़ है, उसका भी नाम जरफशान ही है।

राजाओं और रानियों की कब्रों के पास एक कब्र उलूग बेग के गुरु काजी जाय रूमी की भी है। जो लेखक समरकन्द में हमारे साथ थे, उन्होंने बताया कि जब रूमी मरे, तब उन्हें दफनाने के सवाल पर विवाद हुआ था, क्योंकि रूमी साइंसदाँ थे और वे ईश्वर के अस्तित्व में विश्वास नहीं करते थे।

बेगमें और अमीर अपनी मजार का मकान जीवनकाल में ही बनवा लेते थे। तैमूर की बहन और उसकी छोटी बेगम की मजारें पास ही पास हैं।

जन्नती दरवाजा असल में कोई मस्जिद है। इब्ने अब्बास हजरत इमाम हुसैन के चचाजाद भाई थे। वे समरकन्द के राजदूत बनाकर भेजे गए थे। उनका देहान्त 732 ई. में समरकन्द में ही हो गया। जन्नती दरवाजें पर उन्हीं का मजार है।

तैमूर की सबसे बड़ी मस्जिद का नाम मस्जिदे बीवीखानम था। शायद यह मस्जिद उसकी किसी बीवी के नाम पर थी। यह भी सुना कि तैमूर की बीवी को मस्जिद के आर्किटेक्ट से प्यार हो गया था, जिसका बदला तैमूर ने बड़ी ही बेरहमी से लिया।

तैमूरलंग का देहान्त 1405 ई. में हुआ और वह यहीं गाड़ा गया। उसके गुरु की भी कब्र यहीं है। तैमूरलंग की इच्छा थी कि जब वह मरे, वह अपने गुरु के चरणों के पास ही गाड़ा जाए।

तैमूर और पोता उलूग बेग 1409 ई. में गद्दी पर बैठा था। उसका देहांत 1449 ई. में हुआ। उसने अपनी राजधानी और दरबार में बड़े-बड़े कवियों और विद्वानों को आश्रय दिया था।

तैमूर और उसके गुरु की मजारें जिस मकान में हैं, उसे गुर-मीर (गोरे-मीर) कहते हैं। मजार पर जाने के लिए हमें सीढ़ियों के जरिए काफी नीचे उतरना पड़ा। जब मैं मजार के पास खड़ा हुआ, मेरे भीतर एक भाव जग गया। मैंने वहाँ मन-ही-मन कहा, "हे तैमूर, आपने बड़ी लूट-खसोट मचाई, बहुतों की जानें लीं। आप हमारे देश को भी लूटने गए थे। मगर आखिर में आपको भी मरना पड़ा।"

तैमूरलंग बराबर दिग्विजय पर रहता था और जब लूट का माल उसे काफी हो जाता, वह लौटकर समरकन्द पहुँच जाता था। दुनिया को लूटकर समरकन्द को समृद्ध बनाना, यही उसका ध्येय था। और इसी कारण यह नगरी वैभवमयी हो गई थी।

बाबर की जीवन-स्मृति में पढ़ा था कि भारत के तरबूजे और खरबूजे उसे फीके लगते थे और वह बराबर समरकन्द के खरबूजों और तरबूजों के लिए लालायित रहता था। लेकिन हमें समरकन्द के तरबूजे और खरबूजे चखने को नहीं मिले। इसलिए समझना चाहिए कि हमारी समरकन्द यात्रा पूरी तरह कामयाब नहीं हुई।

24 से 28 अक्तूबर, 1961 (ताशकन्द)

14 अक्तूबर की शाम को हम समरकन्द से ताशकन्द आ गए। उस समय ताशकन्द में घोर वृष्टि हो रही थी। तब भी लेखक-संघ के प्रतिनिधि हमारी प्रतीक्षा में हवाई अड्डे पर खड़े थे। उस घोर वृष्टि में ही हम हवाई अड्डे से होटल पहुँचे। होटल पहुँचकर मैंने अपना नोटबुक निकाला और ताशकन्द के लेखक महोदय से मैं पूछने लगा, "रम्ज बहाजम कहाँ हैं? अश्कन्द मुख्तार कहाँ हैं? मिर्ते मीर कहाँ हैं? और जुल्फिया कहाँ हैं? ताशकन्द के अन्य लेखकों और कवियों से हमारी मुलाकात कब होगी?"

लेखक महोदय ने कहा, "जो लोग यहाँ हैं, उनसे धीरे-धीरे मुलाकात हो जाएगी। लेकिन ताशकन्द में अभी रूई बीनने का मौसम बीत रहा है। हमारे बहुत-से लेखक और कवि भी रुई बीनने को खेतों पर चले गए हैं। आपके रहते-रहते वे शायद ही लौटेंगे।"

उजबेकिस्तान रूस के पिछड़े प्रान्तों में से एक है, लेकिन वह भी भारत के प्रान्तों से श्रेष्ठ है। इस अर्थ में कि वहाँ भिखमंगी नहीं है, बेरोजगारी नहीं है, अशिक्षा नहीं है, बिजली और पानी की सप्लाई वहाँ कभी फेल नहीं होती तथा घर और सड़कें बहुत साफ हैं। औरतें अब परदे में नहीं हैं। जो बूढ़ी हैं, वे खुलेपन से जरा परहेज करती हैं। आधुनिकता का प्रचार उजबेकिस्तान में भी तेजी से हो रहा है।

समरकन्द, बोखारा और ताशकन्द, उजबेकिस्तान के इन तीन प्राचीन नगरों में से आधुनिकीकरण शायद ताशकन्द का ही सबसे अधिक हो पाया है। लेकिन मध्ययुग में समरकन्द और बोखारा का नाम लेना ही, मानो कविता का उच्चारण करना था। वे नगर समृद्धिशाली थे और व्यापार के बड़े केन्द्र थे। वहाँ बड़े से बड़े कवि और विद्वान रहा करते थे।

ताशकन्द सभी अर्थों में आधुनिक नगर बन गया है। उसकी आबादी दस लाख से ऊपर होगी। शहर के मकान ऊँचे और सड़कें काफी चौड़ी, चिकनी और साफ हैं। साम्यवादी जब भी राज्य हथियाते हैं, सबसे पहले वे सांस्कृतिक भवन का निर्माण करते हैं, जहाँ जनता के मनोरंजन का पूरा प्रबन्ध हो। ताशकन्द का संस्कृति भवन भी बड़ा ही शोभन और समृद्ध है। तब ताशकन्द का अजायबघर है, जो देखने लायक है। इसी प्रकार वहाँ का कलचरल पार्क और पायनियर हाउस भी दर्शनीय है।

ताशकन्द में कपड़े की भी एक मिल है। उसे देखने में एक दिन हमने काफी समय लगाया। इस मिल के 15 हजार मजदूरों में से ग्यारह हजार औरतें हैं। मैंने चाहा कि जिन घरों में ये मजदूरिनें निवास करती हैं, हम उन घरों को भी देख लें। सो शाम को लोग हमें उनके मुहल्ले में ले गए। हर मजदूरिन को एक-एक कमरा मिला हुआ है, जिसे वह काफी सजाकर रखती है। जब हम उनके मुहल्ले में गए, उनमें से ज्यादा लड़कियाँ कारखाने वाले कपड़े बदलकर अच्छे रंगीन वस्त्र धारण करके, बन-संवरकर सान्ध्य अटन के लिए निकल रही थीं। स्पष्ट प्रभाव पड़ा कि ये मजदूरिनें धनी भले न हों, मगर खुशहाल जरूर हैं।

25 अक्तूबर को हम ताशकन्द से कई मील दूर एक सामूहिक खेती यानी कोलखोज देखने को गए। माथे पर बोझ ढोने का रिवाज यहाँ अब नहीं है। किसान जो भी काम करते हैं, मशीनों से करते हैं। गाय के बथान में पानी नलों के द्वारा पहुँचाया जाता है। नलें धरती पर बिछी होती हैं और जगह-जगह ऐसा इन्तजाम होता है कि गाय नलों के जोड़ को मुँह से दबाकर इच्छानुसार पानी पी सके। गायों के सामने पानी ले जाना नहीं पड़ता, वे जानती हैं कि नलों को कहाँ पर दबाने से उन्हें पानी मिल जाएगा। गायों को दूहने का यन्त्र भी मैंने पहले-पहल इसी कोलखोज में देखा।

हरी घास की कुट्टी के बड़े-बड़े ढेर देखने को मिले। बर्फ के मौसम में ये ढेर बर्फ से दब जाते हैं, लेकिन कुट्टी उससे खराब नहीं होती।

ग्लास हाउस पौधों का बखान मैंने रूपक के तौर पर साहित्य में पढ़ा था। यहाँ कोलखोज में शीशे के बड़े-बड़े मकान मिले, जिनके भीतर आलू के पौधे जगमगा रहे थे। मैंने कहा, "मीरा, तुमने तो वहाँ भारत में देखा होगा कि बहुत-से आदमियों के लिए भी मकान नहीं हैं, यहाँ तुम लोगों को पौधों के लिए भी मकान बनवाना पड़ता है।" मरियम ने कहा, "पौधों के लिए मकान न बनवाएँ, तो जाड़े में आलू कहाँ से लाएँगे?"

कोलखोज के किसानों से मैंने कितने ही प्रश्न पूछे। उनके उत्तरों से आभास मिला कि वे खुश हैं और अच्छी तरह से जीवन-यापन कर रहे हैं। रूस के लोग खाने में काफी रस लेते हैं और वे अतिथियों को भी खूब खिलाते हैं। ताशकन्द के कोलखोज में भी किसानों ने हमारे सामने पूरी मेज भर खाना परोस रखा था, जिसमें रोटियों के अलावा अँगूर, बीदाना और अनाड़ बहुतायत-से थे। रूस में अनार खाकर उसकी सीठ फेंकने का रिवाज नहीं है। लोग रस के साथ बीज भी निगल जाते हैं। इसमें अचरज की कोई बात नहीं है। दक्षिण भारत के लोग आम के छिलके भी खा जाते हैं।

कोलखोज में अँगूर का एक कोई दो सौ एकड़ का खेत था, जिसमें तैयार अँगूर लदे हुए थे। मधुमेह को भूलकर रूस में अँगूर मैं रोज ही खाता आ रहा था। लेकिन आज तो खेत में घूम-घूमकर अँगूर मैंने अपने हाथ से तोड़कर खाए और खूब खाए।

उजबेकिस्तान के सबसे प्रतिष्ठित लेखक हमीद गुलाम हैं और कवियों में सबसे बड़ा नाम कवयित्री जुल्फिया का है। जुल्फिया तो नगर में नहीं थी, किन्तु हमीद गुलाम से भेंट प्रायः रोज होती रही।

हमीद गुलाम के कोई एक मित्र हैं, जो स्कूल मास्टर हैं और ताशकन्द से दूर देहात में रहते हैं। एक दिन हमीद साहब हमारी पूरी पार्टी को लेकर उस गाँव में जा पहुँचे। हमीद के मित्र ने हमारा स्वागत बड़े ही खुले दिल से किया। हममें से किसी के मुँह से यह निकल गया कि पुलाव तो बढ़िया गोश्त के साथ पकता है। बस क्या था, मेजबान ने प्रण ठान लिया कि गोश्तवाला पुलाव खिलाए बिना आपको जाने ही नहीं दूँगा। जब तक पुलाव पकता रहा, हम लोग मेजबान के अँगूर के बगीचे में घूमते रहे या आपस में गप्पें मारते रहे। मरियम और अलेक्जेंडर ने कुछ देर नाच का भी मजा लिया। रूस में हर किसान को घर के साथ दस कठे का खेत मुफ्त में दिया जाता है। उस खेत की उपज को किसान चाहे तो बेच भी सकता है। हमारे मेजबान के पास अँगूर का जो बाग है उनकी फसल वे बेचते नहीं, सबकी शराब बनाकर पी जाते हैं।

राजर्षि पुरुषोत्तमदास टंडन इस बात के लिए लालायित थे कि हर आदमी को एक घर और उसके साथ एक बाग होना चाहिए। इसे वे वाटिका-गृह-निर्माण योजना कहते थे। मगर भारत में वह योजना चली नहीं, हाँ रूस ने उसे सफल बना दिया है।

एक दिन शुक्रवार यानी जुमा को हम लोग ऐन नमाज के वक्त ताशकन्द की विख्यात मस्जिद देखने गए। मस्जिद का आहाता बहुत बड़ा था और उसमें कोई तीन हजार मुसलमान नमाज पढ़ रहे थे। नमाजियों में ज्यादा लोग बूढ़े या अधवयस जरूर थे, मगर जहाँ-तहाँ कुछ नौजवान लड़के भी नमाज में शामिल थे। जब नमाज खत्म हुई, हम मुल्ला साहब से मिलने गए। पूछने पर मुल्ला साहब ने बताया कि मस्जिद के आहाते में मजहब की मुखालफत नहीं की जाती है, लेकिन आहाते के बाहर जाकर धर्मप्रचार करने का हक हमें भी नहीं है।

यह वही जवाब था, जो हमने हांग चाउ (चीन) के बौद्ध मन्दिर में सुना था। मन्दिर के आहाते के भीतर धर्म की निन्दा कोई नहीं कर सकता, लेकिन धर्माचार्य को भी यह अधिकार नहीं है कि आहाते के बाहर जाकर वह अपने धर्म का प्रचार करे।

मार्क्स ने धर्म को अफीम कहा था। साम्यवादी धर्म को बर्दाश्त नहीं कर सकते। किन्तु उनकी सुविधा की रणनीति यह है कि धर्म को मन्दिर के आहाते में कैद कर दो। जब चलने-फिरने की आजादी उसे नहीं रहेगी, एक दिन धर्म खुद मर जाएगा। अगले पचास वर्षों में यह देखा जाएगा कि साम्यवादियों की यह रणनीति सफल होती है या नहीं।

येरेवान के चर्च और ताशकन्द की मस्जिद को देखकर मैंने अनुमान लगाया कि ईसाइयत की अपेक्षा इस्लाम के भीतर अभी ज्यादा जान है। येरेवान का चर्च लगभग सूना हो चुका है, लेकिन ताशकन्द की मस्जिद में अभी नमाजियों की थोड़ी भीड़ है।

इस्लाम दुनिया का सबसे नौजवान मजहब है। इसीलिए, वह हार मानने को तैयार नहीं है, उखड़ जाने को तैयार नहीं है।

ताशकन्द का म्यूजियम भी बहुत अच्छा है और उसमें मुझे कई बहुमूल्य सामग्रियाँ देखने को मिलीं। म्यूजियम में एक शिलालेख राजा कनिष्क का है और दूसरा वासुदेव का। वासुदेव के समय के कुछ सिक्के भी म्यूजियम में सुरक्षित हैं। अवश्य ही, यह वासुदेव कुशानवंशी राजा वासुदेव होगा, जिसका समय ताशकन्द के विद्वान पहली शताब्दी मानते हैं।

म्यूजियम में कुछ ऐसे टेराकोटा भी हैं, जो तरमेज में मिले थे। उस टेराकोटा का समय ई.पू. 1500 माना जाता है।

म्यूजियम में बुद्ध की प्राचीन मूर्तियाँ अनेक हैं। कुछ मूर्तियाँ साफ-साफ गंधार कला के अन्दर आती हैं। भित्ति-चित्रों में कमल मोटिफ के प्रमाण भी अनेक जगहों पर दिखाई दिए। यह सब, स्पष्ट ही, भारत का प्रभाव था।

बाजाओं में तम्बूरा, दो तारा, नाई, सुरनाई और डमरू मैंने कई देखें। कई चित्रों में त्रिशूल मोटिफ का भी प्रयोग किया गया है।

हूण को यहाँ की भाषा में इफतालिते कहा जाता है। पहले यहाँ कुशान का राज्य था। उसके बाद राज हूणों का हुआ और हूणों के बाद तुर्क राज करने लगे।

बोखारा की खुदाई में से एक चक्र बरामद हुआ है, जो स्पष्ट ही यह बतलाता है कि भारतीय संस्कृति कभी बोखारे तक फैली हुई थी।

समरकन्द और बोखारा में बौद्धधर्म कनिष्क के समय पहुँचा था। म्यूजियम में जरथुस्त्र धर्म के भी कई प्रतीक हैं। राजा कनिष्क का राज ताशकन्द तक फैला हुआ था, सह समझने के इस म्यूजियम में कई आधार हैं।

उजबेकिस्तान पर अरबों की चढ़ाई 751 ई. में हुई थी।

दसवीं सदी में बोखारे में बू अली इब्नेसिन नामक एक हकीम हुए थे, जिनकी किताब यहाँ सुरक्षित है। हकीम का एक चित्र भी म्यूजियम में है।

म्यूजियम में एक चित्र अलबेरूनी का भी है। अलबेरूनी का जन्म 973 ई. में ख्वार्जम में हुआ था और उनका देहान्त सन् 1048 ई. में हुआ।

हकीम और अलबेरूनी के चित्र अनुमान पर आधारित हैं। कहते हैं, हकीम की खोपड़ी मिल गई थी, उसी के आधार पर यह चित्र बना है।

तैमूरलंग का जन्म सन् 1376 में हुआ था और 1405 ई. में उसका देहान्त हुआ। कहते हैं, 17 साल की उम्र में वह चार-चार दिन तक लगातार घोड़े पर बैठा रह सकता था। उसकी दाहिनी टाँग मरी हुई थी।

उजबेक का आदि कवि अली शेर नवाई 15वीं सदी में हुआ था।

म्यूजियम में बाबर का भी एक चित्र है, लेकिन वह उजबेक नहीं, तुर्क था। उसका जन्म 1483 ई. में हुआ था और उसकी मृत्यु 1530 ई. में हुई।

जाति के रूप में उजबेकों का संगठन सोलहवीं सदी में हुआ।

ताशकन्द मुख्यतः मुसलमानों का शहर है। एक यह भी कारण है कि सोवियत सरकार मॉस्को और लेनिनग्राद में संस्कृतनिष्ठ हिन्दी की शिक्षा देती है, किन्तु ताशकन्द में उर्दू पढ़ाने का इन्तजाम है।

एक दिन ताशकन्द में हम नाटक देखने गए। नाटक का कथानक यह है कि एक कट्टर मुसलमान मस्जिद बनाने का आन्दोलन चलाता है और एक क्रान्तिकारी नौजवान उसके आन्दोलन का विरोध करता है। आखिर एक दिन वह मुसलमान एक लाल कपड़े पर कलमा लिखकर लाता है और उसे एक घर के दरवाजे पर यह कहकर साट देता है कि आज से यही घर हमारी मस्जिद होगा। इतने में वह क्रान्तिकारी नौजवान उस घर में पहुँच जाता है और वह कलमावाले कपड़े को दीवार से उतारकर उसे जमीन पर फेंक देता है, उसे जूतों से मसल डालता है।

यह दृश्य देखते ही मैं घबरा उठा। मेरे पास ही अलेक्जेंडर बैठा था। उससे मैंने पूछा, "अलेक्जेंडर, यह क्या हो रहा है? कलमा इस्लाम का पवित्र मंत्र है। उसे यह आदमी जूतों से मसल क्यों रहा है? तुम्हें मालूम है कि यह दृश्य यदि भारत के किसी शहर या गाँव में दिखाया जाए, तो वहाँ साम्प्रदायिक दंगे हो जाएँगे? यह तो इस्लाम का सरासर अपमान है।"

अलेक्जेंडर बोला, "मगर यहाँ तो सभी श्रोता मुसलमान ही हैं। और देखते हैं न कि वे कैसे मजे लेकर नाटक को देख रहे हैं?"

27 अक्तूबर की शाम को ताशकन्द लेखक संघ के सभापति श्री हमीद गुलाम से इस विषय पर जमकर बातें हुईं कि साम्यवाद की सभी सम्भावनाएँ रूस में कब तक पूरी होंगी।

श्री हमीद ने कहा, "मंजिल अभी दूर है। हमारे सामने सबसे बड़ा काम है भौतिक समृद्धि को बढ़ाना और उसे व्यापक बनाना। एक समय हमने गरीबी का बँटवारा किया था। अब हम अमीरी को सर्वजन-सुलभ बनाने के प्रयास में हैं। असमानता अभी रूस में भी है। मसलन प्रधानमन्त्री को 1000 रूबल मिलते हैं और अकादमी ऑव साइंस के चेयरमैन को 1500 रूबल। क्लर्कों और टाइपिस्टों का वेतन बहुत कम है। हमारे लेखक-संघ में दो टाइपिस्ट हैं। उनमें से एक का वेतन 69 रूबल है और दूसरे का केवल 50 रूबल।

"खुद मेरी आमदनी बहुत है। मेरे पास अपना मकान है, जिसमें 15 कमरे हैं। लेकिन मीरा के फ्लैट में दो ही कमरे हैं और उसकी आमदनी भी बहुत कम है। इस असमानता को मिटाए बिना साम्यवाद पूरा नहीं होगा। पार्टी की 22वीं कांग्रेस में एक बीस वर्षीय योजना पर विचार हो रहा है। अगले बीस वर्षों में समृद्धि हम इतनी बढ़ा देना चाहते हैं कि मेरी और मीरा की आमदनी बराबर हो जाए।

"पहले हमारे यहाँ काम आठ घंटे होता था, अब वह सात घंटे होने लगा है। इसे

हम और भी घटाकर 4 घंटे पर लाना चाहते हैं, जिससे सभी लोगों को अवकाश मिले और सब लोग विद्या, कला और संस्कृति का आनन्द ले सकें।''

मैंने कहा, ''आदमी को अगर अधिक अवकाश मिला, तो अवकाश का वह दुरुपयोग भी कर सकता है। दूसरी बात यह है कि आप आधिभौतिक समृद्धि तो बढ़ा रहे हैं, लेकिन आदमी को पहले से अच्छा बना रहे हैं या नहीं? शासनहीन समाज का सदस्य वही हो सकता है, जो पुलिस और अदालतों के भय के बिना पड़ोसियों के साथ वैसा सलूक कर सके, जैसा सलूक वह पुलिस और अदालत के भय से करता है।''

हमीद साहब ने पूछा, ''आपका आशय क्या है, यह जरा हमें समझाकर कहिए।''

मैंने कहा, ''आदमी में चोरी की प्रवृत्ति होती है, ईर्ष्या होती है, द्वेष होता है, आलस्य की भावना होती है, वह थोड़ी मेहनत से ज्यादा पाना चाहता है। वह कामचोर बनकर जीना चाहता है। आदमियों में दुर्गुण बने रहे, तो शासनहीन समाज की रचना हो ही नहीं सकेगी।''

हमीद ने कहा, ''चोरी तो आदमी अभाव के कारण करता है और ईर्ष्या, द्वेष तथा आलस्य के भी बहुत-से कारण सामाजिक हैं। समृद्धि के बढ़ जाने पर चोरी आदमी नहीं करेगा और जाग्रत समाज में अनुकूल जनमत तैयार करके हम मनुष्य के अन्य दुर्गुणों को भी कम कर सकते हैं। ताकत भर काम और जरूरत भर प्राप्ति का सिद्धान्त हमारे सामने है। लेकिन इसे हासिल करने में जो कठिनाइयाँ हैं, उन्हें हम भी मानते हैं। ख्रुश्चेव मजाक में कहा करते हैं कि यारों ने समझ लिया है कि कम्यूनिज्म लम्बे चम्मच का नाम है।

''हम बच्चों को सिखाते हैं कि साथियों के सुख के बिना तुम अपना सुख भी ग्रहण मत करो। 'आल-फॉर वन एंड वन फॉर आल', यह आदर्श है, जहाँ तक हमें पहुँचना है। अगले बीस वर्षों में, मुमकिन है, हम वहाँ तक न पहुँच सकें, लेकिन भौतिक समृद्धि की तैयारी हम अगले बीस वर्षों में पूरी कर लेंगे।''

मैंने हमीद से पूछा, ''आपको अगर बहुत पैसे मिलते हैं, तो आप उनका करते क्या हैं?''

हमीद ने कहा, ''मेरी चार सन्तानें हैं। परिवार में और भी लोग हैं, जिनके ऊपर मैं खर्च करता हूँ। दोस्तों की मदद भी करता हूँ और मेहमान-नवाजी पर भी मेरा खर्च है। इसके सिवा, जब तक ग्रामीण पाठशालाओं को भी किताबें खरीदकर भेंट करता हूँ। मगर सब लेखक ऐसा नहीं कर सकते, क्योंकि उनकी आमदनी मुझसे कम है।''

मीरा यानी मरियम सलगेनिका ताशकन्द की ही है और वह उजबेक है। आज उसने बातों-बातों में यह बताया कि पहले रूसी लोग उजबेकों को 'येलो डाग' यानी पीला कुत्ता कहा करते थे। लेकिन अब वह हालत नहीं रही। अब उजबेक भी काफी इज्जत से देखे जाते हैं।

आज एक और रहस्य का विस्फोट हुआ। अलेक्जेंडर ने हमें अब तक इस

मुगालते में रखा था कि वह हिन्दी नहीं जानता है। मगर आज वह फटाफट हिन्दी बोलने लगा। मैंने उससे कहा, "तुमने अपना हिन्दी-ज्ञान हमसे छिपाकर क्यों रखा था? अच्छा, अब यह तो बताओ कि रूस की हमने क्या-क्या बुराई की, जिसे तुमने नोट किया है?"

न जानें, रूस के लोग ये हरकतें क्यों करते हैं। मेरा यह भी ख्याल है कि रूस में विदेशी मेहमान डाक में जो चिट्ठी डालते हैं, वह चिट्ठी भी पढ़ ली जाती है।

मेरा ख्याल है, रूसी लोगों को यह सब करने की कोई जरूरत नहीं है। 22वीं कांग्रेस ने देश में शुद्ध कम्यूनिज्म लाने का व्रत लिया है। शुद्ध कम्यूनिज्म यानी पैसे की चलन बन्द। रोटी, मकान, कपड़ा, दवा और शिक्षा मुफ्त। यानी शासन की समाप्ति। मानवों को ऐसा समाज, जिसमें सब, सबके हितैषी बनकर जिएँगे। पुलिस और मजिस्ट्रेट की जरूरत नहीं होगी और फौज केवल बाहरी आक्रमण से बचाव के लिए रखी जाएगी।

जिस दिन रूस में ऐसा समाज बन जाएगा, उस दिन कम्यूनिज्म पर श्रद्धा वे लोग भी करेंगे, जो आज उसका विरोध करते हैं।

28 अक्तूबर के दिन में हम लोग चिर्चिकी शहर देखने गए। यह शहर आज से तीस साल पहले बसाया गया था। इस नगर के मेयर का नाम श्रीमती गौहर है। वे पहले इंजीनियर थीं, फिर संसद की सदस्या हुईं, आजकल वे संसत्सदस्या और मेयर एक साथ हैं।

जिस माता को रूस में छह बच्चे हो जाते हैं, उसे राज्य की तरफ से 'मदर हीरोइन' का खिताब दिया जाता है।

रूस में संसद के सत्र वर्ष में दो-तीन बार ही होते हैं और सदस्यों को सब मिलाकर 20-25 दिन ही मॉस्को रहना पड़ता है।

संसत्सदस्य का मासिक वेतन एक सौ रूबल है। मेयर की हैसियत से श्रीमती गौहर को 250 रूबल प्रति मास और मिलते हैं। प्रान्तीय विधानसभा के सदस्यों का मासिक वेतन पचास रूबल है। सुप्रीम सोवियत के सदस्य का दैनिक भत्ता 15 रूबल है, लेकिन ट्रेनों में वे निःशुल्क चल सकते हैं।

29 अक्तूबर की सुबह को हम ताशकन्द से बिदाई लेकर दिल्ली के लिए प्रस्थान करनेवाले थे। अतएव, 28 अक्तूबर की रात को लेखक-संघ ने होटल में ही हमें बिदाई का एक भोज दिया। ऐसे मौकों पर दोनों ओर से एक-दूसरे के प्रति प्रेम और सद्भाव दिखाया जाता है, धन्यवाद दिया जाता है और एक-दूसरे की सेहत और बहबूदगी के जाम भी पिए जाते हैं। वह सब बड़े उत्साह से किया गया और हम लोगों को किताबों के उपहार भी दिए गए। उल्लेखनीय बात यह हुई कि जब श्री हमीद गुलाम यह कहने लगे कि "डेलीगेशन के लीडर के प्रति हम अपना खास आभार प्रकट करते हैं", तब हमारे एक साथी ने दूसरे साथी को धीरे से टोंचा मारा, "बोलिए न, अब कब बोलिएगा? कह दीजिए कि इस डेलीगेशन का लीडर कोई नहीं है।" इस कानाफूसी

को मेरे कानों ने सुन लिया, मगर जिस मित्र को टोंचा मारा गया था, उसकी हिम्मत नहीं हुई कि वह यह बात बोल सके। मैंने मन-ही-मन कहा, "हे गांधी बाबा, तुमको प्रणाम है।" फिर मैंने छोटा-सा भाषण देकर और एक कविता पढ़कर शिष्टमंडल के भीतर उठते हुए इस धुएँ को ढाँप दिया। या क्या पता, भीतर ही भीतर, वह कुछ और बढ़ गया हो।

29 अक्तूबर, 1961 (दिल्ली)

आज हम ताशकन्द से दिल्ली पहुँच गए। किसी अखबार ने हवाई अड्डे पर मेरा फोटो लेने को फोटोग्राफर भेजा था। मैंने कहा, फोटो पूरे शिष्टमंडल का लिया जाना चाहिए। मुझे खुशी हुई कि हमारे रूठे हुए मित्र भी कूदकर ग्रुप में शामिल हो गए।

ताशकन्द से हम एयर इंडिया के जहाज में आए थे। जहाज में ही मैंने किसी पत्र में पढ़ा कि निराला जी का देहान्त हो गया है। घर पहुँचकर मैंने नवभारत टाइम्स को फोन पर ही एक शोक-श्रद्धांजलि लिखवा दी।

जब मैं घर पर पहुँचा, बाल-बच्चे मेरी सेहत देखकर खूब प्रसन्न हुए। नतनियों ने कहा, "नाना, आप तो लाल हो गए हैं।"

जनवरी 12 से 15, 1962 (इलाहाबाद)

हिन्दी की प्राचीनतम पत्रिका 'सरस्वती' अपनी हीरक-जयन्ती मना रही है। नई पत्र-पत्रिकाओं की दुनिया में अब भी सरस्वती ही है, जो हम लोगों की आत्मा की बांधवी-सी लगती है। उसका सम्पादन पंडित श्रीनारायण जी चतुर्वेदी कर रहे हैं। श्रीनारायण जी सरस्वती में जो सम्पादकीय टिप्पणियाँ लिखते हैं, वैसी टिप्पणियाँ अब अंग्रेजी की भी पत्र-पत्रिकाओं में कम निकलती हैं। पहले ऐसी टिप्पणियाँ मॉडर्न रिव्यू में निकला करती थीं। हीरक-जयन्ती-महोत्सव मनाने की कल्पना भी श्रीनारायण जी की ही है। उसी उत्सव में भाग लेने को मैं दिल्ली से इलाहाबाद आया हूँ।

इलाहाबाद कोई दस बजे दिन में पहुँचा। स्टेशन पर पंडित सुमित्रानन्दन पन्त खुद मौजूद थे। गाड़ी वे श्री सी.वी. राव को ले आए थे। पन्त जी के घर पर पहुँचकर जलपान आदि करते साढ़े बारह बज गया। तब मैथिलीशरण जी आए। वे महादेवी जी के यहाँ ठहरे हुए हैं। मैथिलीशरण जी की सरस्वती के प्रति बड़ी भक्ति है। इस उत्सव के लिए वे भी खासतौर से आए हैं।

मैथिलीशरण जी के साथ पन्त जी और मैं महादेवी जी के घर गए। मैंने महादेवी जी को जब प्रणाम किया, वे बोलीं, "तुम तो बहुत बड़े आदमी हो गए हो।" मैंने समझा नहीं कि व्यंग्य का लक्ष्य क्या था। शायद वे सोचती रही हों कि मैं उन्हीं के पास ठहरूँगा। या और ही कोई बात रही हो।

महादेवी जी के पास थोड़ी देर बैठकर मैं पन्त जी के घर चला आया। वहाँ थोड़ी ही देर के बाद पं. इलाचन्द्र जोशी आ गए। वे आजकल इलाहाबाद रेडियो में प्रोड्यूसर के पद पर काम कर रहे हैं। उनकी आज्ञा हुई कि हमारे स्टेशन के लिए कविताएँ रेकार्ड करवाकर जाइए।

शाम को सरस्वती का हीरक-जयन्ती-समारोह बड़े ठाट-बाट से आरम्भ हुआ। मैथिलीशरण जी ने पं. महावीरप्रसाद द्विवेदी की कांस्य प्रतिमा का अनावरण किया। शाम को महादेवी जी पन्त जी के यहाँ आ गई थीं। अतएव पन्त जी, महादेवी जी और मैं एक साथ सभा में पहुँचे। द्विवेदी जी की प्रतिमा तक पहुँचने में काफी मशक्कत हुई। लेकिन सभा के भीतर हम बिना तकलीफ के पहुँच गए, गरचे भीड़ बहुत थी।

सभा में पं. गिरिधर शर्मा चतुर्वेदी, पं. रामनरेश त्रिपाठी, पं. नरदेव शर्मा, वेद-तीर्थ, प्रोफेसर खानखोजे, पं. हरिभाऊ उपाध्याय आदि कई बुजुर्ग लेखक और कवि उपस्थित थे। मुख्यमंत्री सम्पूर्णानन्द जी सभा में नहीं पधार सके। आज जवाहरलाल जी काशी में हैं। सम्पूर्णानन्द जी को इसीलिए काशी में रुक जाना पड़ा है।

सभा का सभापतित्व मैथिलीशरण जी ने किया। लेकिन उनके आग्रह से आधी दूर तक सभा का संचालन मैं करता रहा। जब मैं भी थक गया, तब संचालन का काम स्वयं श्रीनारायण जी ने सँभाल लिया। राज्यपाल का भाषण नगर-प्रमुख श्री राव ने पढ़ा। सभा में पन्त जी ने एक कविता पढ़ी और वियोगी हरि जी, सेठ गोविन्ददास तथा हरिभाऊ उपाध्याय ने भाषण दिए। मेरे जिम्मे धन्यवाद देने का काम था। उसी बहाने मैंने द्विवेदी-युग के बारे में कुछ बातें कहीं। इस समारोह की विशेषता यह थी कि इसमें उन लोगों को खासतौर से बुलाया गया था, जो कभी भी सरस्वती के लेखक या कवि रहे हैं। ऐसे प्रत्येक लेखक और कवि को एक-एक सम्मान-पत्र भी दिया गया।

भोर में टहलने का नियम मेरा कई वर्षों से चल रहा है। 13 के प्रातःकाल जब मैं टहलकर लौट रहा था, मैथिलीशरण जी मोटर से काशी जा रहे थे। मोटर उन्होंने रोक ली और कहा कि "आओ, तुम भी काशी चलो।" मैंने कहा, "यह तो आपकी पुरानी भाषा है। वहाँ दिल्ली में भी तो कहते हैं, दिल्ली से वाया झाँसी चला करो, पटना नजदीक पड़ेगा।" फिर उनसे विदा लेकर मैं पन्त जी के घर लौट आया।

14 को दिन का भोजन महादेवी जी के घर पर किया। कल ही मैंने अपने-आपको उनके घर खाने पर आमन्त्रित कर लिया था। खीर मुझे बहुत पसन्द है और जलेबी भी, लेकिन मधुमेही को ये दोनों चीजें नहीं खानी चाहिए। महादेवी जी ने जलेबी तो नहीं मँगवाई थी, लेकिन छेने की खीर उन्होंने मेरे लिए खासतौर से बनवाई थी। खिलाते समय वे कहती रहीं, तुम्हें खीर नहीं खानी चाहिए, मगर कटोरी पर कटोरी बढ़ाती भी रहीं और उसे मैं चट भी करता गया।

महादेवी जी के चिड़ियाखाने में आजकल 60-70 खरगोश हैं, दो मोरनियाँ और

एक मोर भी। दोनों सौतों ने बारी-बारी से मोर की कलंगी नोच डाली है। दो औरतों ने मिलकर एक मर्द की जो दुर्दशा कर दी है, उसका किस्सा महादेवी जी ने रोचक ढंग से सुनाया और वे खूब हँसीं।

महादेवी जी के यहाँ खाते समय मैंने यह घोषणा कर दी कि भोजन के बाद हम इस विषय पर चर्चा करेंगे कि भारतीय संस्कृति का भविष्य क्या होनेवाला है? खाने के बाद कुछ चर्चा हुई भी, लेकिन उसने जोर नहीं पकड़ा।

इलाचन्द्र जी केवल साहित्य पर जोर देते रहे। उन्होंने कहा, संसार से आस्था उखड़ गई है। साहित्य में नवीनता के नाम पर जो कुछ आ रहा है, उसमें ठोस कुछ भी नहीं है। शायद आगे चलकर कोई चीज निकल पड़े। शायद तीसरा महायुद्ध हो जाए और तब कोई नया नक्शा निकल पड़े। अभी जो स्थिति है, उसमें तो आशा की कोई बात नहीं है। एक महत्त्व की बात इलाचन्द्र जी ने यह कही कि उपन्यास का असली स्तर और स्वभाव वह है, जो क्रान्ति के पूर्व रूस में प्रकट हुआ था।

पन्त जी का ध्यान भारत पर रहा। वे इस बात से दुखी हैं कि भारतीय भाषाओं को रास्ता अब भी नहीं दिया जा रहा है। "भाषा के क्षेत्र में भारत को चौदह टाँगें हैं, मगर हमने उन सभी टाँगों को बेकार बनाकर भारत को एक उधार ली हुई विदेशी टाँग पर खड़ा कर दिया है।" इस मामले में वे नेहरू-सरकार की नीति से निराश हैं। उनकी शिकायत है कि जनता में कर्म-चेतना नहीं जग रही है। गाँवों के लोग अन्धविश्वास, रूढ़ि, गरीबी और अन्धकार में पड़े हुए हैं। भविष्य पन्त जी को साम्यवाद में दिखाई पड़ता है। प्रजातन्त्र का आबसेसन भी उन्हें परेशान करता है। लक्ष्य मनुष्य होना चाहिए, पद्धति चाहे कोई भी हो।

महादेवी जी केवल सुनती रहीं, उन्होंने चर्चा में बोलकर भाग नहीं लिया। मैंने पन्त जी से कहा, लक्ष्य मनुष्य होना चाहिए, यह सही है, लेकिन कोई-कोई पद्धति भी तो मनुष्य के व्यक्तित्व को मार डालती है। हम गरीब और अशिक्षित हैं, केवल इतने से भारत की सारी महिमा विनष्ट नहीं मानी जा सकती। सारे संसार में भारत का ही प्रयोग मौलिक है। हम साम्यवाद का सार प्रजातन्त्र के मार्ग से लाना चाहते हैं और मेरा ख्याल है, एक दिन हमारी यही ढीली-ढाली प्रजासत्ता चुस्त और मजबूत हो जाएगी और हम साम्यवाद का एक नया रूप विकसित करेंगे, जिस पर साम्यवादी देशों को भी ईर्ष्या होगी। रूढ़ियाँ टूटेंगी, मगर साम्यवाद का सार हासिल कर लेने पर भी भारत आध्यात्मिक देश होगा।

14 की शाम को श्रीमती शीला शर्मा के घर चाय पीने को गया। वहाँ श्रीनारायण जी, उमा और सी.बी. राव भी आए थे। शीला जी श्री कश्यप शर्मा, आई.सी.एस. की पत्नी हैं और सरस्वती के सम्पादन में श्रीनारायण जी की सहायता करती हैं।

15 जनवरी के प्रातःकाल तैयार होकर पटने के लिए प्रस्थान किया। पं. वाचस्पति पाठक और पन्त जी स्टेशन तक पहुँचाने आए।

प्रस्थान करने के पूर्व एक विचित्र ज्योतिषी से मुलाकात हुई। वह मैसूर से आया था। मैंने पन्त जी से पूछा, कैसा ज्योतिषी है? उन्होंने कहा, काफी दिलचस्प है। मिल लीजिए। उस ज्योतिषी से एकान्त में मिला। वह बोला, बड़ा लड़का तो आपको बहुत कष्ट दे रहा होगा। मैंने कहा, क्या बोलते हैं आप? उसी के भरोसे तो निश्चिंत होकर मैं देश-विदेश घूमता-फिरता हूँ। उसके मुख से एक दुर्भाषा निकल गई। बोला, तब वह जिएगा नहीं। उसका जन्म तो आपको कष्ट देने के लिए होना चाहिए।

इलाहाबाद में आगामी अष्टग्रह की भयानक चर्चा छिड़ी हुई है। अष्टग्रह के फलस्वरूप संसार पर क्या-क्या विपत्तियाँ आएँगी, इस विषय पर सरस्वती में भी दो लेख छपे हैं। मैं उन्हें पढ़कर दहल गया था। किन्तु, ज्योतिषी ने जिस वैयक्तिक विपत्ति की बात मुझसे कही, उससे तो मैं मर्माहत हो गया। इलाहाबाद से पटने तक दिमाग में यही छुरा घूमता रहा।

5 फरवरी, 1962 (दिल्ली)

अष्टग्रह के बारे में भयानक भविष्य वाणियाँ करके ज्योतिषियों ने पूरे देश को दहला दिया है। लेकिन देश में एक वीर पुरुष हैं जवाहरलाल। उन्होंने कहीं भाषण में कहा है, "अष्टग्रह के बारे में आप लोग घबराइए नहीं। कुछ नहीं होगा, अगर कुछ हुआ तो हम उसका मुकाबला करेंगे।"

11 फरवरी, 1962 (दिल्ली)

आज राष्ट्रपति भवन में निराला-जयन्ती मनाई गई। आयोजन किया था साप्ताहिक हिन्दुस्तान के सम्पादक श्री बांकेबिहारी भटनागर ने। मेरा भाषण संक्षिप्त था, लेकिन उसे मैंने सोच-समझकर तैयार किया था। सभी लोग भाषण से बहुत प्रसन्न हुए, मगर डॉक्टर नगेन्द्र की प्रतिक्रिया अच्छी नहीं हुई। निराला जी की तुलना मैंने मैथिलीशरण जी से तो की नहीं थी। फिर भी नगेन्द्र को भाषण अच्छा नहीं लगा। सभा में डॉक्टर राधाकृष्णन उपस्थित थे। इसलिए मैंने जोर देकर कहा कि अंग्रेजी की प्रभुता और पूछ के कारण ही भारतीय भाषाओं के साहित्यकार भारतीय बुद्धिजीवियों का प्रोत्साहन और प्रेम नहीं पा रहे हैं।

आज निराला जी के बारे में दूसरी सभा करजन रोड पर हुई और लोगों ने उस सभा के सभापति के आसन पर मुझे बिठा दिया। सभा में पं. नन्ददुलारे वाजपेयी भी आए हुए थे। नगेन्द्र ने मेरे कान में कहा, नन्ददुलारे जी उदास हैं कि लोगों ने सभापति उन्हें क्यों नहीं बनाया। मैंने कहा, उनका उदास होना जायज है। वे निराला जी के प्रेमी और उनके काव्य के मर्मज्ञ हैं। सभापति उन्हें ही बनाना चाहिए था। मगर अब

क्या किया जाए? मैं उनके लिए जगह बनाने को तैयार हूँ। लकिन बाँकेबिहारी और नगेन्द्र ने इस पर कोई ध्यान नहीं दिया।

अपने भाषण में एक सज्जन ने कहा, निराला जी की पुस्तकें हमने मेले में बेचने को भेजी थीं। लेकिन उनके कठिन काव्य को किसी ने भी नहीं खरीदा। यह बात जब निराला जी को मालूम हुई, तब वे अपनी ओर इशारा करके बोल उठे, इससे मैं बराबर कहता हूँ कि साले, आसान चीजें लिख, मगर यह तो आसान चीजें लिखता ही नहीं है। उन्होंने यह भी कहा कि रेडियो वाले निराला जी के एक-दो वाक्यों के लिए हजार दो हजार देने को तैयार थे, लेकिन निराला जी इसके लिए राजी नहीं हुए।

मेरी बगल में बाबू भगवान सहाय, आई.सी.एस. बैठे हुए थे। उन्होंने मेरे कान में कहा, "यह कौन हैं भाई? मुझे तो एक ही काइयाँ दिखाई देते हैं।" मैंने उस सज्जन का परिचय दिया और कहा कि भावुकता में आकर ये लोग निराला जी के निधन का तमाशा बना रहे हैं।

मुझे महादेवी जी की बात याद आई, जो उन्होंने मुझसे प्रयाग में कही थी। "दिनकर, हम लोग जीवनभर ही नहीं झेलते हैं। मरने पर भी बहुत कुछ झेलना पड़ेगा। यहाँ इलाहाबाद में निराला जी की मृत्यु पर जो कुछ देखा, उससे यह समझ में नहीं आता कि मरने के बाद हम लोगों के शवों के साथ क्या सलूक होगा।"

12 फरवरी, 1962 (दिल्ली)

आज शाम को श्रीमती कमला रत्नम् के घर पर गोष्ठी हुई। बच्चन, नरेन्द्र, सुमन और मैं, सभी लोगों ने कविताएँ पढ़ीं। कमला जी ने अपना पूरा रेकार्ड भर लिया। थोड़ी देर में श्री भगवान सहाय जी आ गए और फिर श्री जगदीशचन्द्र माथुर भी, जो ऑल इंडिया रेडियो के महानिदेशक रह चुके हैं। कल एक वक्ता ने जो बात कही थी, उसका जिक्र आया। माथुर साहब ने कहा, रेडियो से हजार दो हजार का ऑफर तो निराला जी को कभी नहीं गया था। बच्चन मुझ पर बिगड़ उठा, "वे सज्जन सभा में झूठ कह रहे थे। तुमने मुझे बोलने को क्यों नहीं बुलाया? मैं इस झूठ का खंडन करना चाहता था।"

मैंने कहा, संयोजक बाँकेबिहारी थे। उन्होंने वक्ताओं में तुम्हारा नाम रखा होता, तो मैं बुलाता कैसे नहीं? मगर तुम न बोले, वह भी अच्छा ही हुआ। ये लोग निराला जी की जयन्ती के अवसर पर दून की लेते हैं, तो लेने दो। आखिर निराला जी को जीवन में मिला भी कितना कम था?

साहित्य की राजनीति हर शहर में खराब है, मगर इलाहाबाद में तो उसने पन्त और महादेवी को शूलों से छेदकर रख दिया है। पन्त जी शालीन व्यक्ति हैं। वे जहर पीकर भी चुप रह जाते हैं। निराला जी थे औघड़ फकीर। जीवनभर उनका रास्ता

गड़बड़ रहा। मगर मरकर तो इस फकीर ने सबको मार डाला। निराला जी पर जनता की जो भक्ति उमड़ी है, वह अन्ततः साहित्य को ही अर्पित भक्ति है।

3 मार्च, 1962 (भागलपुर)

आज भागलपुर विश्वविद्यालय का दीक्षान्त-समारोह हुआ। चांसेलर डॉ. जाकिर हुसैन ने श्री जयप्रकाश नारायण, श्री शिवपूजन सहाय, श्री राहुल सांकृत्यायन, श्री लक्ष्मीनारायण सुधांशु, जस्टिस भुवनेश्वर प्रसाद सिंह को और मुझे आनरिस कौजा डॉक्टरेट से विभूषित किया। केवल राहुल जी नहीं आए थे। मैंने भागलपुर रोटरी क्लब में भाषण दिया। बंगला के कवि श्री वनफूल से मिलने को उनके घर पर गया।

14 मार्च, 1962 (दिल्ली)

हिन्दी साहित्य सम्मेलन को सरकार अपने प्रबन्ध में ले लें, ऐसा अनुरोध टंडन जी ने प्रधानमन्त्री से किया था। उस आशय का विधेयक संसद में पेश है। उस विधेयक के सम्बन्ध में आज काका साहब और जयरामदास जी के साथ बात हुई। मेरा विचार हुआ कि काका साहब का सुझाव मान लेना चाहिए। अपराह्न में शिक्षामन्त्री का फोन आया कि काका साहब का सुझाव मानने में कठिनाई है। सरकार के पक्ष का यह हाल है, उधर तीर्थराज के सूरमे दिल्ली में घूम रहे हैं कि बिल पास ही नहीं हो।

31 मार्च, 1962 (दिल्ली)

साहित्य अकादमी की काउंसिल की बैठक हुई और उसके बाद हुआ पारितोषिक समारोह। पंडित जी बीमार हैं। समारोह में वे नहीं आ सके। उनके नहीं आने से साहित्य-समारोह भी फीका लगता है। शाम को बच्चन के यहाँ श्री भगवतीचरण वर्मा के सम्मान में पार्टी हुई। हैदराबाद से वंशीधर विद्यालंकार भी आ गए थे। कुछ काव्य-पाठ भी हुआ। बच्चन ने कमजोरी के कारण कविता नहीं सुनाई।

हर आदमी पूछ रहा है, आप मिनिस्टर कब हो रहे हैं।

1 अप्रैल, 1962 (दिल्ली)

साहित्य अकादमी में एक विचारगोष्ठी हुई। विषय था राष्ट्रीय एकता में लेखकों की भूमिका (रोल)। विषय का प्रवर्तन मैंने ही किया। ज्यादा लोग समझ सकें, इसलिए भाषण मैंने अंग्रेजी में दिया। एक बात मैंने यह कही कि हिन्दू का दोष यह है कि

विचार के धरातल पर वह सभी धर्मों को समान समझता है, किन्तु आचार के धरातल पर मुसलमानों को भी अस्पृश्य मानता है। इसके विपरीत, मुसलमानों का सामाजिक आचार (सोशल एथिक्स) बहुत बढ़िया है, लेकिन विचार से वे कट्टर होते हैं। जो देश मुसलमानों के कब्जे में नहीं हैं, उस देश को वे दारुल-हरब समझते हैं और दारुल-हरब में वे प्रच्छन्न विद्रोही बनकर जिएँ, ऐसी उनकी परम्परा है।

सभापतित्व कर रहे थे प्रो. हुमायूँ कबीर। जब मैंने भाषण समाप्त किया, उनके मुख से निकला, मिस्टर दिनकर ने बहुत ही उत्तेजक भाषण दिया है। मैंने कहा था कि औसत हिन्दू साम्प्रदायिक नहीं होता है। शायद इसी बात से कबीर साहब उत्तेजित हो गए।

जब के.एम. पनिकर बोलने आए, वे मेरी थीसिस में संशोधन करने लगे। फिर तो ऐसा हुआ कि शाम तक लोग दिनकर और पनिकर के ही हवाले देते रहे। अन्त में कबीर साहब ने 'समिंग आप' बहुत अच्छा किया। वे विचारक भी हैं और भाषा भी उनके पास है।

चाय पीते समय डॉक्टर मुल्कराज आनन्द ने कहा, "आपने बड़ी भयानक बातें कह दीं। मगर कभी-कभी ये बातें भी कह दी जानी चाहिए।"

2 अप्रैल, 1962 (दिल्ली)

रमाजी का ज्ञानपीठ महत्त्वपूर्ण हिन्दी पुस्तकों का अनुवाद अंग्रेजी में प्रकाशित करना चाहता है। इस विषय पर विचार करने को एक सेमिनार पंजाब नेशनल बैंक के हॉल में किया जा रहा है। इस सेमिनार में जाने की इच्छा मुझे नहीं थी। किसी तरह इसकी भनक रमाजी को लग गई। अतएव 9 बजे भोर वे खुद मेरे घर पर आ गईं और मुझे साथ लेकर पंजाब नेशनल बैंक चली गईं।

रमाजी एक लाख रुपए का एक साहित्यिक पुरस्कार स्थापित करने जा रही हैं। रास्ते में मैंने उनसे कहा कि मेरा सुझाव है कि पहले पुरस्कार आप बूढ़ों को दिलवाइए, जैसे मैथिलीशरण को, कन्हैयालाल माणिकलाल मुंशी को, माखनलाल को, विश्वनाथ सत्यनारायण को, ताराशंकर बनर्जी को। तब तक और योग्य लेखक भी बूढ़े हो जाएँगे। लेखक जब तक जीवित है, उसकी सभी कृतियाँ विचाराधीन रखी जानी चाहिए। जैसे नोबुल-पुरस्कार में होता है। समय की अवधि लगाने से अच्छी कृतियाँ छूट जाएँगी और कम अच्छी कृतियाँ पुरस्कृत हो जाएँगी।

चर्चा में अनेक अच्छे लेखकों और विद्वानों ने भाग लिया। मैंने सुझाव दिया कि जयचन्द्र जी की पुस्तक इतिहास-प्रवेश का अनुवाद अंग्रेजी में किया जाना चाहिए। यह सुझाव भी सुनीति कुमार चटर्जी को बहुत पसन्द आया। उन्होंने मेज को थपथपाकर इसका स्वागत किया। मैंने यह भी कहा कि साहित्य में उसी साहित्य का

अनुवाद करवाना चाहिए जो भारत का अपना उद्गार है। जो साहित्य यूरोप की नकल है, उसका अंग्रेजी में अनुवाद करवाना कुछ बहुत उपयोगी काम नहीं होगा।

सभा से जब लौटा, तब देखा कि नीचे मुद्राराक्षस तथा कुछ और नौजवान किसी बात के विरोध में परचे बाँट रहे हैं।

3 अप्रैल, 1962 (दिल्ली)

भोर में श्री कन्हैयालाल मिश्र प्रभाकर आए। काफी देर तक बातें होती रहीं। शिवसागर ने अपने तीन उपन्यास उन्हें भेंट किए।

सन्ध्या समय श्री राजेश्वर राव, श्री राजशेखर और अंग्रेजी के कवि एजिकेल से भेंट हुई। नौ बजे तक बातें होती रहीं। कमला जी ने मेरी कविताओं का जो अनुवाद किया है, उसे ये लोग जाँचेंगे। श्री राव का ख्याल है कि बीस पेजों का भी संग्रह अच्छा है बनिस्बत इसके कि दूषित अनुवादों का मोटा संग्रह निकाला जाए।

घर आने पर चेलीशेव साहब का पत्र मिला, जिसे उन्होंने मेरी कविताओं के रूसी अनुवाद के बारे में भेजा है।

4 अप्रैल, 1962 (दिल्ली)

जब से बम्बई के करेंट ने यह खबर छापी है कि मैं मन्त्री हो रहा हूँ, तब से अफसर ज्यादा आने लगे हैं, दोस्त भी काफी आने लगे हैं और अपने घर में भी सम्मान बढ़ गया है। परसों मैं पटना चला जाऊँगा, यह बात बच्चों को अच्छी नहीं लगती। दोस्त भी समझाते हैं, इस वक्त दिल्ली से मत टलो। मैंने आत्मा से बार-बार पूछा है और बार-बार उत्तर मिला है, यदि मिनिस्ट्री उसी के लिए है, जो दिल्ली में धरना देता है या चक्र की पूजा में रहता है, तो यह चीज तुम्हारे लायक नहीं है। आदमी की जरूरत हो, तो पंडित जी उसे अंडमान से भी बुला सकते हैं। रे मन, यही सोचकर अपना काम करता जा कि मुझे नहीं चाहिए, यदि देश को चाहिए, जो अनुरोध पंडित जी खुद करेंगे। अन्यथा सब ठीक है। पंडित जी को भगवान स्वास्थ्य और परम आयु दें।

16 अप्रैल, 1962 (दिल्ली)

आज रेडियो की ओर से साहित्य-समारोह था। देशभर के लेखक और कवि आए हुए थे। सभापतित्व कर रहे थे श्री गोपाल रेड्डी। मैंने भाषण शुरू तो किया हिन्दी में, किन्तु आगे मैं अंग्रेजी में बोलने लगा। अहिन्दी-भाषी प्रान्तों के, विशेषतः दक्षिण के साहित्यकार बहुत प्रसन्न हुए। मुझे लगा, मेरा बोलना सार्थक हो गया। किन्तु जब

लोग चाय पर मिले, मुकुट बाबू और बाँकेबिहारी ने कहा, आपने अंग्रेजी में भाषण क्यों दिया? बाँकेबिहारी ने यह धमकी भी दी कि मैं साप्ताहिक हिन्दुस्तान में नोट लिखूँगा। पास ही श्री जगदीश प्रसाद चतुर्वेदी खड़े थे। मैंने उनसे पूछा, "क्या अंग्रेजी में भाषण देना इतना बुरा काम है?" उन्होंने कहा, "हिन्दी में भाषण देकर ही तो आपने यह हैसियत पाई है कि लोग आपको अंग्रेजी में बोलने को बुलाएँ।" यानी अंग्रेजी बोलकर मैंने सचमुच ही गलती की। अंग्रेजी का अब भी थोड़ा उपयोग है, यह बात मानने को लोग तैयार नहीं हैं।

आज ही भोर में 10 बजकर 45 मिनट पर आदित्य को पुत्र-रत्न की प्राप्ति हुई।

17 अप्रैल, 1962 (दिल्ली)

इधर मैथिलीशरण जी के व्यवहार से मैं बहुत दुखी रह रहा हूँ। वे मुझसे द्वेष क्यों करते हैं, कुछ समझ में नहीं आता। मैं तो उनके जूतों में बैठने को तैयार हूँ। रायकृष्णदास जी से पूछा तो उन्होंने कहा, बूढ़े पहलवान को जवान पहलवान से द्वेष होता ही है। बनारसीदास जी ने कहा था कि दद्दा को आठ-आठ बच्चों का निधन देखना पड़ा। घृणा और द्वेष के भावों में भी जीवित रखने की शक्ति है। वही भाव दद्दा को तेज देता है। लेकिन श्री जगदीश प्रसाद चतुर्वेदी ने कहा, अगर आप खंडकाव्य नहीं लिखते तो दद्दा को आपसे द्वेष नहीं होता।

जब से हम संसद में आए, हम दोनों एक ही जगह बैठते रहे हैं। किन्तु मेरे साथ बैठकर वे ऐसी-ऐसी बातें बोलते रहते हैं कि मुझे दुःख तो होता ही है, उन्हें डाँटते भी नहीं बनता। आखिर मैंने सैक्रेटरी को लिख दिया कि आप मेरी सीट बदल दें। आज नए सदस्यों ने शपथ ग्रहण की और आज ही मेरी सीट बदलकर मामा वरेरकर के साथ कर दी गई। जब मैं नई सीट पर जाने लगा, दद्दा बड़े नाराज हुए। बोले, "तू पूरा चांडाल है।" मैंने कहा, "आज से यह चांडाल बनिए को कष्ट नहीं देगा।"

कल मैंने जो भाषण साहित्य-समारोह में दिया, उसकी रिपोर्टिंग आज के अखबारों में अच्छी आई है।

आज कमला जी ने खाने पर बुलाया था, सो कोटा हाउस गया।

24 अप्रैल, 1962 (दिल्ली)

राजेन्द्र बाबू राष्ट्रपति-पद से हट रहे हैं। राधाकृष्णन नए राष्ट्रपति होंगे। सेठ गोविन्ददास जी राजेन्द्र बाबू की बिदाई का समारोह बड़े पैमाने पर करना चाहते हैं। सुना, परसों की कैबिनेट मीटिंग में इस समारोह की चर्चा हुई थी और इस व्यय को चिंत्य बताया गया था। जगजीवन बाबू से पूछा तो उन्होंने कहा, ऐसी कोई खास चर्चा

नहीं थी। लेकिन डॉ. राधाकृष्णन ने सेठ साहब से कहा कि इस तरह की आलोचना चल रही है।

आज शाम को राजेन्द्र अभिनन्दन-समिति की बैठक उपराष्ट्रपति के घर पर हुई। डॉक्टर राधाकृष्णन को मैंने अभिनन्दन-पत्र का प्रारूप पढ़कर सुना दिया। उन्होंने अपना निर्णय दिया कि सभा में भी अभिनन्दन-पत्र तुम्हीं पढ़ोगे। अभिनन्दन के बारे में सेठ जी ने प्रधानमन्त्री को पत्र लिखा था। आज पंडित जी का उत्तर सेठ साहब के पास आ गया। वे अभिनन्दन-समारोह में उपस्थित रहेंगे।

•

30 अप्रैल, 1962 (दिल्ली)

संसद के सम्मिलित सत्र को सम्बोधित करने के बाद संसद में राष्ट्रपति को धन्यवाद दिया जाता है। राज्य सभा में धन्यवाद का प्रस्ताव आज मैंने ही पेश किया। मैं जब तक बोलता रहा, राधाकृष्णन अपनी सीट पर बैठे रहे। भाषण खत्म होने के बाद श्री प्रकाश नारायण सप्रू मुझे बधाई देने को मेरी सीट पर आए। नस्कर, वाडिया, सत्यनारायण आदि सदस्यों ने भी बधाई दी। प्रो. हुमायूँ कबीर ने एक स्लिप भेजी, "आप कवि हैं, यह तो सबको मालूम है, मगर आप प्रबल वक्ता भी हैं, यह मुझे आज ही मालूम हुआ।"

शाम को दलीपसिंह के यहाँ पार्टी में आया। वहाँ डॉक्टर राधाकृष्णन भी आए हुए थे। मिलते ही उन्होंने कहा, "यू मेड ए ग्रेट स्पीच।"

भाषण से सबको प्रसन्नता हुई। लेकिन दया भाई और दो-एक सोशलिस्ट उतने प्रसन्न नहीं थे।

3 मई, 1962 (दिल्ली)

आज बहस का जवाब देने को पंडित जी सदन में आए। उन्होंने आरम्भ में ही मेरे भाषण का उल्लेख प्रशंसा के साथ किया। चूँकि पंडित जी ने मेरे भाषण की प्रशंसा की, इसलिए जयनारायण व्यास और जयरामदास दौलतराम ने मुझे फिर बधाई दी।

7 मई, 1962 (दिल्ली)

आज नए राष्ट्रपति का चुनाव सम्पन्न हो गया। मैथिलीशरण जी के मुख से आज फिर एक कटु वाक्य निकल गया। ऐसी बात तो वही बोल सकता है, जिसका अन्तर्मन मेरे प्रति कुभावों से व्याप्त हो। न जानें, मुझे खीर खिलाते समय इनका प्रेम कहाँ से उमड़ आता है।

10 मई, 1962 (दिल्ली)

भोर में 5-50 पर घूमने निकला और टहलते-टहलते दद्दा (मैथिलीशरण) के घर चला गया। चाय पीकर फिर अपने घर आ गया।

आज राजेन्द्र बाबू का बिदाई-समारोह रामलीला मैदान में मनाया गया। सभा में कोई दो लाख आदमी आए हुए थे। वर्षा होने से सबके सब भींग गए। मेरा भी कुर्ता थीह-थीह हो गया। जाकिर साहब नए उपराष्ट्रपति चुने गए हैं। उन्हें देखकर पंडित जी ने कहा, "आप तो दूल्हा हैं। अभी आपको परदे में रहना चाहिए।"

मैथिलीशरण जी ने, मैंने और रबिश सिद्दिकी ने राजेन्द्र बाबू पर कविताएँ लिखी थीं। मेरी कविता गीत में थी। उसे रेडियो के कलाकारों ने कोरस में गाकर सुनाया।

वह गीत इस प्रकार है :

नन्दिदग्राम के भरत, राजसर के निष्कलुष कमल हे,
जय चिरायु भारत-परम्परा के नवीन सम्बल हे।
राजदंडधर यती, तपोधन, संन्यासी मधुवन के;
जय अभंगव्रत, सिंहासन-शोभित वैराग्य विमल हे।
जनकवंश की विभा, रत्नदीपक अशोक के कुल के,
जय पुनीत गांधी-गंगा के परम स्रोत उज्ज्वल हे।
अनल-मुक्त-मन, वर वैष्णव-जन, पर-पीड़न-भयहारी,
जय शीतल, जय निरभिमान, जय-जय निरीह, निश्छल हे!

डॉक्टर राधाकृष्णन ने राजेन्द्र बाबू की तुलना जनक से की और कहा, "मिथिलायां प्रदीप्तायां न मे दह्यति किंचन।" इस आधे श्लोक में राजेन्द्र बाबू के व्यक्तित्व का सार आ गया। जवाहरलाल जी ने कहा, "ये बारह वर्ष भारत के इतिहास में राजेन्द्र-युग के नाम से समझे जाएँगे।"

अभिनन्दन-पत्र सुनकर जनता बाग-बाग हो गई थी, लेकिन रेडियो के न्यूज रील में उसका कोई जिक्र नहीं आया। मैंने फोन पर डी.जी. और डी.एन.एस. से इसकी शिकायत की। आवेश में आकर मैंने मन्त्री श्री गोपाल रेड्डी को भी फोन किया। लेकिन मेरी आवाज को गर्म पाकर रेड्डी साहब ने दो-एक वाक्य बोलकर ही फोन को काट दिया।

12 मई, 1962 (दिल्ली)

सन्ध्या समय मैथिलीशरण जी और नगेन्द्र मेरे घर पर आए। आज राजेन्द्र बाबू के कार्यकाल की आखिरी रात है, सो हम लोग उनसे मिलने को राष्ट्रपति भवन चले गए। भीड़ तो बहुत बड़ी थी, फिर भी राजेन्द्र बाबू खिसककर हम लोगों के पास आ गए और मुझसे बोले, "अच्छा बानी नू?"

13 मई, 1962 (दिल्ली)

आठ बजे भोर में संसद गया। सेंट्रल हॉल में सभी सदस्य जमा हुए। राजेन्द्र प्रसाद, राधाकृष्णन और जाकिर हुसैन का आगमन हुआ। मुख्य कुर्सी पर राजेन्द्र बाबू बैठे, बगल वाली पर राधाकृष्णन। फिर राजेन्द्र बाबू ने अपनी कुर्सी छोड़कर उस पर राधाकृष्णन को बिठा दिया और राधाकृष्णन वाली कुर्सी पर जाकिर हुसैन को। खुद वे तीसरी कुर्सी पर जा बैठे और अदना हो गए। राधाकृष्णन जी का भाषण तेजस्विता के साथ हुआ। राजेन्द्र बाबू जब बोलने को खड़े हुए, उन्होंने जेब से एक मुड़ा हुआ कागज निकाला और उसी को पढ़ा। शायद वह टंकित भी नहीं था।

शाम को जब स्टेशन जाने को राजेन्द्र बाबू की सवारी निकली, जनता दोनों ओर खड़ी रो रही थी और राजेन्द्र बाबू बीच से जाते हुए सबको हाथ जोड़ रहे थे। मुझसे यह दृश्य देखा नहीं गया। मैं वहीं सड़क के किनारे लॉन में लेट गया। जिस तरह की विदाई राजेन्द्र बाबू को मिली है, उस तरह की विदाई आगे किसी और राष्ट्रपति को मिलेगी या नहीं, इसका अनुमान लगाना मुश्किल काम है।

5 जून, 1962 (कलकत्ता)

बड़ा बाजार पुस्तकालय के उत्सव में गया। केशवन बोले, चन्द्रगुप्त बोले और कुछ मैं भी बोला। बच्चू प्रसाद सिंह ने उर्वशी पर वैले तैयार करवाया है। सन्ध्या समय उस वैले को देखने गया। अन्त तक बैठा भी। लड़कों ने पूछा, ''कैसा उतरा है?'' मैंने कहा, ''नृत्य तो बहुत अच्छा था, काव्यपाठ में सजीवता नहीं थी।'' लड़कों से पूछना था कि, ''इसमें उर्वशी कहाँ है?'' मगर यह सोचकर नहीं पूछा कि बच्चों का दिल टूट जाएगा।

16 जून, 1962 (दिल्ली)

गांधी शान्ति प्रतिष्ठान ने अणु बम के विरोध में विश्व-सम्मेलन आयोजित किया है। उसका उद्घाटन करने को राजेन्द्र बाबू पटने से आए हैं। उनका भाषण मुद्रित था और बड़े परिश्रम से तैयार किया गया था। उन्होंने राय दी है कि भारत को चाहिए कि वह एकतरफा निःशस्त्रीकरण कर दे।

सम्मेलन में राजा गोपालाचारी भी आए हैं। उनका भाषण छपा हुआ नहीं था, लेकिन मजेदार था।

17 जून, 1962 (दिल्ली)

आज सम्मेलन में राजा जी बोले, कृपलानी बोले, जयप्रकाश और ढेबर भाई बोले और चूँकि मेरा नाम पुकार दिया गया, इसलिए मैं भी बोला। मंच पर राजा जी, जवाहरलाल और राजेन्द्र बाबू बैठे थे। मैंने कहा, आप लोग चाहे जितना भी पवित्र प्रस्ताव पास कीजिए, घातक शस्त्रों का आविष्कार नहीं रुकेगा। आप आविष्कर्त्ता वैज्ञानिकों पर रोक क्यों नहीं लगाते हैं? असली अपराधी वे वैज्ञानिक हैं, जो ऐसी ताकतों की ईजाद करते हैं, जिन्हें सँभालने की नैतिकता मनुष्य में नहीं है। विज्ञान पर रोक लगाए बिना दुनिया में शान्ति नहीं होगी।

मैंने लक्ष्य किया कि राजा जी जवाहरलाल जी से कुछ पूछ रहे हैं। शायद यह बात कि यह आदमी कौन है।

सभा के बाद हीरेन मुखर्जी ने मुझसे कहा, "व्हेन यू वेयर स्पीकिंग, आइ फेल्ट लाइक हिटिंग यू। तुम विज्ञान के खिलाफ बोलोगे, यह मैंने नहीं सोचा था।"

आज फिर अंग्रेजी में बोल गया हूँ। क्या पता, भटनागर जी फिर एक नोट खिलाफ लिख दें।

राजा जी, पंडित जी और राजेन्द्र बाबू, ये एक मंच पर बैठे हैं, यह दृश्य सुहावना लगता है।

20 जून, 1962 (दिल्ली)

जब से श्री गोपाल रेड्डी सूचनामन्त्री हुए हैं, उन्होंने हिन्दी के सरलीकरण की चर्चा चला दी है। नतीजा यह हुआ है कि संस्कृत के जो शब्द सर्वत्र प्रचलित हैं, उनका भी रेडियो में बहिष्कार किया जा रहा है और जो भाषा गढ़ी जा रही है, वह नकली है। आज सूचना मन्त्री की भाषा-नीति पर राज्यसभा में मेरा भाषण हुआ। मेरी दलील यह थी कि रेडियो में हिन्दी सही दिशा में विकसित हो रही है। आप ऐसी योजना अवश्य बनाइए, जिससे उर्दू का विकास हो, वह इस देश में कायम रहे और फूले-फले। लेकिन हिन्दी को उर्दू बनाने की कोशिश मत कीजिए। हिन्दी संस्कृतनिष्ठ नहीं हुई, तो वह सारे देश में फैल नहीं सकेगी।

लगे हाथों मैंने उन लोगों की आलोचना की, जो दिन-रात कहते रहते हैं कि हिन्दी अविकसित भाषा है, उसका साहित्य श्रेष्ठ नहीं है, उसकी तुलना में देश की अनेक भाषाएँ बहुत अच्छी हैं। इस प्रसंग में मेरे मुँह से यह बात भी निकल गई कि हिन्दी की निन्दा करने की यह प्रवृत्ति प्रधानमन्त्री की देखा-देखी बढ़ी है, क्योंकि अन्य भाषा-भाषियों को खुश करने के लिए वे बराबर हिन्दी का मजाक उड़ाते रहते हैं।

मोरार जी भाषण ध्यान से सुन रहे थे, मगर मुस्लिम सदस्य उदास थे। गोविन्द रेड्डी को प्रधानमन्त्री की आलोचना अच्छी नहीं लगी। डॉ. नीहार रंजन रे प्रसन्न थे और दक्षिण के सदस्य भी खुश थे कि मैंने संस्कृतनिष्ठ हिन्दी का समर्थन किया है। मथुरा ने पूरा भाषण गैलरी में बैठकर सुना। भाषण उसे पसन्द भी आया। श्री जगदीश चतुर्वेदी भी गैलरी में बैठे भाषण सुन रहे थे।

लगता है, आज मैंने प्रधानमन्त्री को अप्रसन्न कर दिया। लेकिन आग जिस रूप में सुलगाई गई है, उसे हम बर्दाश्त भी कैसे करें?

21 जून, 1962 (दिल्ली)

कल मैंने जो भाषण दिया, उसकी रिपोर्टिंग आज आशा से फाजिल हुई है। संसद जाने पर राजबहादुर, अजित प्रसाद जैन, तारकेश्वरी आदि ने कहा, आपने स्पष्ट बातें कह दीं, यह बहुत अच्छा हुआ। अनीस किदबई बोलीं कि उर्दू अखबारों ने लिखा है कि आपने उर्दू की ताईद की है, लेकिन हाउस में सुना कि आपका भाषण बहुत खराब था। फिर एक दूसरे मुस्लिम सदस्य ने भी एतराज किया। भाषण से मुसलमान सदस्य निराश है। यानी रेड्डी साहब जो नई हिन्दी तैयार कर रहे हैं, वही हिन्दी ठीक है। हिन्दी राष्ट्रभाषा तो जरूर बने, लेकिन लोगों को संस्कृत के शब्द सीखने न पड़ें, यह कैसे हो सकता है?

बैंक से लौटते हुए देखा कि सामने से डिपुटी मिनिस्टर लाला शामनाथ आ रहे हैं। मगर वे अनपेक्षित दिशा की ओर मुड़ गए। मैंने लक्ष्य किया कि मुझसे आँखें मिलाना नहीं चाहते हैं।

24 जून, 1962 (दिल्ली)

प्रातःकाल उठकर मैथिलीशरण जी के यहाँ गया। रायकृष्ण दास जी आए हुए हैं। वहीं से नाश्ता करके घर लौटा।

पं. सुमित्रानन्दन जी पन्त भी आए हुए हैं। पन्त जी, मैथिलीशरण जी, बच्चन जी और मैं मिले। और भी लोग थे। रेडियो की भाषानीति की चर्चा पन्त जी और बच्चन जी ने नहीं चलाई। मैथिलीशरण जी ने चलाई, तो मैं बात टाल गया। इनमें से एक की आन्तरिक प्रसन्नता का कारण यह नहीं है कि मैंने एक ऐसी नीति को चैलेंज किया है जो गलत है, बल्कि यह कि पंडित जी को मैंने नाराज कर दिया है। ये मेरी पीठ तो क्या ठोंकेंगे, उलटे मजे ले रहे हैं कि अच्छा फंसा।

मैथिलीशरण जी को मेरे विरुद्ध करने में किसका-किसका हाथ है, यह रहस्य आज रायकृष्ण दास जी ने बताया।

शाम को उर्दूवालों के मुशायरे में गया। लोग उर्दू फेनाटिक हो गए हैं, शायद भय के कारण।

29 जून, 1962 (इलाहाबाद)

कल दिल्ली से इलाहाबाद आया हूँ सम्मेलन के शाशी निकाय की बैठक के लिए। कल सी.बी. राव अपने घर ले गए थे। दोपहरी वहीं बिताई।

आज राजर्षि टंडन जी के दर्शन करने को उनके घर पर गया। जो कुछ देखा, उससे लगता है, यह अन्तिम ही दर्शन है। ठठरियाँ बाँस की करची के समान हो गई हैं। अस्थियों पर त्वचा मात्र शेष है। पेट की जगह खाई दिखाई देती है। गरदन से ऊपर जीवन का आभास है। दो बार उन्होंने आँखें खोलीं—पहले तब, जब मैंने पाँव छूकर प्रणाम किया और दूसरी बार तब, जब मैं पाँव छूकर चलने लगा। आँखों से पता चला कि पहचान रहे हैं, लेकिन कुछ भी बोलने की शक्ति नहीं है। सामने मेज पर उनके गुरुओं के फोटो रखे थे। इस जर्जर शरीर में जान कहाँ छिपी है? तिल-तिल करके मृत्यु से जूझ रहे हैं। मन से कहा, अब इस तपस्वी के दर्शन नहीं होंगे।

आज महादेवी जी ने स्वयं ही अपना आरम्भिक चरित कहना शुरू किया। उनके वक्तव्य को मोटी कॉपी में दर्ज कर लिया है।

इस भयानक गर्मी में महादेवी जी आज खुद मेरे लिए छेना बनाती रहीं, पूड़ियाँ छानती रहीं। जामुन का रस बोतल में भर दिया कि इसे पीने से मधुमेह ठीक रहेगा। जब रुखसत होने लगा, वह हस्ब-मामूल रो पड़ीं। लीला अक्का से उन्होंने कहा कि मेरे भाई को स्टेशन पहुँचा दो।

2 जुलाई, 1962 (पटना)

दिल्ली से पटना आया। इलाहाबाद में महादेवी जी ने लीला अक्का के मार्फत पूड़ियाँ भिजवाई थीं। हमने बड़े शौक से खाईं। पटना स्टेशन पर इस बार हिन्दी-प्रेमी मित्र मालाएँ लेकर मेरा स्वागत करने को आए और मेरी जयकार के नारे लगाने लगे। मैंने पूछा, "अरे, आज क्या है कि आप मालाएँ ले आए हैं?" मित्रों ने कहा, "दिल्ली में आप हिन्दी के पक्ष में जोर से बोले हैं। इसीलिए हम मालाओं से आपका स्वागत करने आए हैं।"

कुछ तो दीवाने में होता है
जुनूँ का भी असर।
और कुछ लोग भी
दीवाना बना देते हैं।

पटना पहुँचा, तब टंडन जी के लिए शोकसभा हो रही थी। स्टेशन से सीधे शोकसभा में गया और राजर्षि को अपनी श्रद्धांजलि अर्पित करके घर आया।

14 जुलाई, 1962 (पटना)

बेनीपुरी बीमार चल रहा है। लालायित रहता है कि मित्र आवें, तो जी बहले। आज शाम को उससे मिलने गया। रास्ते में प्रफुल्लचन्द्र ओझा मुक्त का घर पड़ता है, सो क्षणभर वहाँ भी रुक गया।

बेनीपुरी घूमना चाहता था, सो उसे रिक्शे पर लेकर प्रभात जी के घर गया। वहाँ ब्रजकिशोर नारायण मिल गए। फिर हम चारों मित्र रिक्शे से सुधांशु जी के यहाँ गए। काफी देर तक साहित्य-चर्चा हुई, काव्य पाठ हुआ। फिर वहीं हमारा भोजन भी हुआ। सुधांशु जी अब भी माल बहुत चाभते हैं। जो पूए आए, वे चाशनी में बोरे हुए थे। भोजन तो बहुत अच्छा था, मगर बेनीपुरी को, मुझे और सुधांशु जी को भी ऐसे भोजन से बचना चाहिए।

5 अगस्त, 1962 (दिल्ली)

आज शाम को रेडियो की नई भाषा-नीति पर पार्टी-मीटिंग में मैंने भाषण दिया। रेड्डी साहब भी मौजूद थे, लेकिन पीछे बैठे थे। मैंने उदाहरण देकर बताया कि सरलीकरण के नाम पर हिन्दी की 'जीनियस' से खिलवाड़ किया जा रहा है। रेड्डी साहब ने हैदराबाद में कहा है कि टंडन जी वाली हिन्दी नहीं चलेगी। भाषा सरल हो, यह कौन नहीं चाहेगा? लेकिन हिन्दी की जीनियस के साथ हस्तक्षेप करना संविधान की अवज्ञा करना है।

भाषण सुनकर अहिन्दी-भाषी सदस्य भी मेरे पक्ष में आ गए। इतने में त्यागी जी अपनी सीट से उठकर पंडित जी के पास गए और उनके कानों में उन्होंने कहा, "देख रहे हैं न? सारी सभा दिनकर के साथ है। मंत्री पर अविश्वास जैसा लगता है। बहस ज्यादा मत करवाइए। खुद ही कुछ कह सुनकर बात खत्म कर दीजिए।"

मेरे बाद शेरवानी नाम का मेम्बर बोला, जो इलाहाबाद का है। फिर सेठ गोविन्द दास बोले। अन्त में पंडित जी उठे और उन्होंने कहा, भाषा को आसान तो होना चाहिए। लेकिन मन्त्री जी एक कमेटी बना लें और उसी की राय से काम करें। सरल बनाने की कोशिश में भाषा की 'जीनियस' को बिगाड़ना ठीक नहीं है।

12 अगस्त, 1962 (कानपुर)

भाई भवानी प्रसाद मिश्र का कानपुर में अभिनन्दन है। उसी काम से आज कानपुर

आया हूँ और श्री महेन्द्रजीत सिंह के पास ठहरा हुआ हूँ। महेन्द्रजीत सिंह पुरुषों में रत्न हैं और उनकी पत्नी सन्तोष तो लाजवा़ब महिला हैं। पढ़ी-लिखी और विनम्र। अंग्रेजी पर काफी अधिकार है और साहित्य भी उन्होंने खूब पड़ा है।

घर पर शाम को एक कवयित्री मिलने आईं। नाम है मधु।

सनेही जी का जन्मदिन मनाया जा रहा था, सो सभा में गया और अपना अभिनन्दन अर्पित करके लौट आया।

शाम को भवानी के अभिनन्दन-समारोह में गया और भाषण के क्रम में टीप का बन्द मैंने यह कहा कि "भवानी ही आजकल वह कवि है, जिसकी कविता देखकर जी में आता है, काश, इस कविता के नीचे मेरा नाम होता।"

भवानी आजकल कमजोर है, लेकिन कविताएँ उसने काफी जोश से सुनाईं।

14 अगस्त, 1962 (दिल्ली)

संसद गया। हिन्दी की राजनीति सबको हैरान किए हुए है। सब बातें रुक गई हैं। केवल हिन्दी, हिन्दी का शोर सुनाई देता है। सुना है, हम लोगों को मात देने के लिए रेड्डी साहब बच्चन जी का सहयोग खोज रहे हैं।

रेडियो के लिए सरकार ने जो हिन्दी कमेटी बनाई है, वह बुरी नहीं है। उसकी आज बैठक थी। हीरेन मुखर्जी नहीं आए। कम्यूनिस्ट भाषा के मामले में ढुलमुल यकीन हैं। सुविधा की राह यह है कि हर जगह से भागते चलो। श्री महावीर त्यागी ने भी ढीला रुख लिया और प्रकाशवीर भी आकर किसी काम से चले गए। मामा वरेरकर में ईमान की सफाई नहीं है। हर काम इस भाव से कि मुझे पूजो, तो अपना धर्म छोड़ दूँ।

15 अगस्त, 1962 (दिल्ली)

आज रक्षाबन्धन भी है और स्वतन्त्रता-दिवस भी। शाम को राष्ट्रपति-भवन की पार्टी में गया। एक क्षण को राष्ट्रपति से भेंट हुई तो वे बोले, "आई मिस्ड यू द अदर डे।" इतने में किसी ने हिन्दी की बात छेड़ दी। मैं जोर-जोर से बोलने लगा। पास ही लाला शामनाथ खड़े थे। मुझे जोश में देखकर वे एक तरफ को खिसक गए।

22 अगस्त, 1962 (दिल्ली)

शिक्षा-मन्त्रालय ने हिन्दी शब्दों को अन्तिम रूप देने के लिए एक रिव्यूइंग कमेटी बनाई है, जिसका मैं चेयरमैन हूँ। मैंने उस कमेटी में काफी काम किया है। मगर

कमेटी का गठन मुझे पसन्द नहीं है। आज मैंने कह दिया कि चेयरमैन शिप से मैं इस्तीफा देता हूँ।

इससे काफी घबराहट फैल गई। श्री रमा प्रसन्न नायक विज्ञान भवन आए और मुझसे कहने लगे, कमेटी का पुनर्गठन मैं किए देता हूँ, आप हटिए मत। शाम को घर आया, तब श्रीमाली जी का फोन आया कि इस्तीफा दीजिएगा, तब तो मैं बीच धार में डूब जाऊँगा। हिन्दी के लिए यह संकट का काल है।

25 अगस्त, 1962 (दिल्ली)

श्री मोहनलाल सक्सेना ने फोन पर कहा कि पंडित जी कह रहे थे कि आप बीमार हैं। आपको हुआ क्या है? मैंने कहा, यों ही जरा चक्कर आ गया था।

मगर मेरी बीमारी की बात पंडित जी से कही किसने? 22 की शाम को मुझे जरा-सा चक्कर आया था। 23 को मैंने यह बात श्रीमाली जी से कही थी। कल लालबहादुर जी भी कह रहे थे कि मिजाज को ठंडा रखिए।

लोगों ने अफवाह फैला रखी है कि हिन्दी के कारण दिनकर जी इतनी उत्तेजना में हैं कि वे बीमार हो गए हैं।

26 अगस्त, 1962 (दिल्ली)

शाम को मोतीलाल जी की प्रतिमा के अनावरण-समारोह में गया। मुझे एक छोटी-सी कविता भी पढ़नी थी। जवाहरलाल जी ने मेरी ओर नहीं देखा। मैंने दो-एक बार दृष्टि पकड़नी भी चाही, मगर उन्होंने आँखें नहीं मिलाईं। जानबूझकर किया गया अभिनय। मैं भी जब मंच पर चढ़ा, मैंने उनकी और निगाह नहीं की। मगर इससे क्या होता है?

उनको तो है फख्र यह कि
मेरे बन्दे हैं बहुत।
मेरी मजदूरी कि आका
दूसरा मिलता नहीं।
जाग मछन्दर, गोरख आया।

उर्दू में एक कविता सागर निजामी ने भी पढ़ी थी, जो किसी की भी समझ में नहीं आई। एक संसद-सदस्य ने कहा, ''भई वाह, जो कठिन हिन्दी का पक्षपाती समझा जाता है, उसकी कविता तो समझ में आती है, मगर जो सरलीकरण चाहते हैं, उन्हीं की बात समझ में नहीं आती।'' त्यागमूर्ति मोतीलाल नेहरू पर जो कविता मैंने पढ़ी, वह इस प्रकार है :

त्यागमूर्त्ति

अरमान यही आजाद हिन्द की
नींव तले सो जाऊँ मैं,
विस्मृति ले मुझको लील,
किसी को याद नहीं फिर आऊँ मैं।
मैं स्वतन्त्रता का बलिदानी,
मेरी बलि का क्या पुरस्कार?
है खींच रही पल-पल आगे,
आशा की केवल यह पुकार।
मैं मिटूँ, कि भारत जिये,
भविष्यत् में जीवन का नाद उठे।
मेरी हड्डी पर स्वतन्त्रता का
कभी राज प्रासाद उठे।

यह कविता मोतीलाल जी की एक अंग्रेजी सूक्ति का रूपान्तर मात्र है।

30 अगस्त, 1962 (दिल्ली)

रेडियो की न्यूज बुलेटिनों की मैंने विस्तृत समीक्षा तैयार की है। आज उसे कमेटी के सामने मैंने रखा। सेठ साहब ने कहा, इस समीक्षा और सुझाव से हम लोग सहमत हैं। हमें इस पर हस्ताक्षर करना चाहिए। मामा वरेरकर, गोविन्द दास, प्रकाशवीर, नवल प्रभाकर, ललित सेन और मैंने उस पर दस्तखत कर दिए। डॉक्टर गोपाल सिंह ने उस पर एक नोट लगा दिया। रेडियो कमेटी के सामने हीरेन मुखर्जी ने कम्यूनिस्ट दर्शन रखा और कहा कि शब्द सभी आसान होने चाहिए। मैंने कहा, "निःशस्त्रीकरण और अणुपरीक्षण के बदले आसान शब्द आप क्या सुझा सकते हैं?" इस पर वे काम का बहाना बनाकर कमेटी से चले गए।

महावीर त्यागी कमेटी में नहीं आए। श्री गंगाशरण सिंह ने हमारे नोट का समर्थन किया।

प्रस्ताव का मसौदा बनाने को चार आदमियों की एक कमेटी बनाई गई। हम लोग रात में देर तक मसौदा बनाते रहे। श्री गंगाशरण सिंह ने अपरिमित योगदान दिया।

1 सितम्बर, 1962 (दिल्ली)

रेडियो कमेटी की आज आखिरी बैठक हुई। सत्यनारायण जो खासतौर से इसी के लिए बम्बई से आए। त्यागी, मुखर्जी और ललित सेन गैरहाजिर रहे। मसौदा मुझे दिल से

पसन्द नहीं था। भावभंगी से लगा कि रेड्डी साहब को भी वह भारी लगा है। फिर भी ज्यादा चख-चख नहीं हुई। प्रस्ताव सर्वसम्मत था, इसलिए मान लिया गया। लेकिन मिनिस्टर इसके अनुसार चलते हैं या नहीं, यह देखना होगा। संविधान की अवज्ञा की अपेक्षा पंचायतीनामे की अवज्ञा तो कहीं आसान है।

8 सितम्बर, 1962 (दिल्ली)

आज परुं पद्मकान्त मावलीय मुझे समझाकर रास्ते पर लाने को मेरे घर पर पधारे। मैंने कहा, मैं अपने को हिन्दी फेनाटिक नहीं मानता। कई हिन्दी वाले मुझे नरम समझते हैं। लेकिन सरकार हिन्दी को बिगाड़ने का प्रयास कर रही है। आपको भी सरकार की इस नीति का समर्थन नहीं करना चाहिए।

पद्मकान्त जी ने कहा, लेकिन पन्त जी तो सरकार की भाषा-नीति का समर्थन कर रहे हैं।

मैंने कहा, पन्त जी ने बुलेटिनों की भाषा शायद देखी नहीं है।

10 सितम्बर, 1962 (दिल्ली)

रेड्डी साहब हिन्दी के सरलीकरण का कार्य बच्चन जी की देखरेख में चला रहे हैं।

यह भी सुना है कि पन्त जी समझते हैं कि हिन्दी अगर उर्दू से मिला दी गई, तो हिन्दी को कनवर्ट ज्यादा मिलेंगे। मगर अहिन्दी-भाषी प्रान्तों में कनवर्ट घटेंगे या नहीं?

19 सितम्बर, 1962 (पटना)

सरकार संसद में एक विधेयक लाना चाहती है कि 1965 के बाद भी अंग्रेजी चालू रहे। मैं चाहता हूँ कि इस विधेयक में फिर से एक अवधि निश्चित कर दी जाए जैसे, संविधान ने 15 वर्ष की अवधि निर्धारित की थी। यही बात बताने को कल राजेन्द्र बाबू के पास गया। उन्होंने कल कहा था कि फिर मिलिए, और भी विचार करेंगे।

आज राजेन्द्र बाबू के पास साढ़े तीन बजे दिन में गया। बात शुरू ही हुई थी कि जयप्रकाश जी आ गए और विनोबा जी का विचार समझाने लगे। राजेन्द्र बाबू ने जो आशा कल दिलाई थी, वह व्यर्थ हो गई। जयप्रकाश जी ने कहा, ''क्यों इन्हें विवाद में डालते हैं?'' राजेन्द्र बाबू ने कहा, ''कोशिश कीजिए।'' यानी कोशिश कीजिए, मगर मेरा नाम मत लीजिए।

21 सितम्बर, 1962 (पटना)

सर्वोदय के दो सज्जन मिलने आए। फिर जयप्रकाश जी का फोन आया। खा-पीकर उनसे मिलने गया। श्री गंगाशरण भी वहाँ मौजूद थे। सर्व-सेवा-संघ पटना में भाषा-सम्मेलन करना चाहता है। मैंने कहा, यदि इस सम्मेलन का उद्‌देश्य मदुरावाले प्रस्ताव का समर्थन है, तो मैं भाषा-सम्मेलन की कोई उपयोगिता नहीं समझता। उद्‌देश्य मुक्त हो, तो सम्मेलन बुलाया जाए। गंगा ने कहा, सम्मेलन निरुपयोगी होगा। इससे अच्छा यह होगा कि सर्व-सेवा-संघ की ओर से जयप्रकाश जी दो-तीन व्यक्तियों को लेकर प्रधानमन्त्री से मिलें और नई अवधि लगवाने की कोशिश करें। उस पर जयप्रकाश जी ने अपनी कोई प्रतिक्रिया व्यक्त नहीं की। उनमें उत्साह का पूरा अभाव देखा। चार बजे उनके यहाँ से वापस आया। वर्षा के कारण राजेन्द्र बाबू के यहाँ नहीं जा सका।

22 सितम्बर, 1962 (इलाहाबाद)

लेखक सम्मेलन में भाग लेने को इलाहाबाद आया। लेकिन बाहर से तो लेखक आए ही नहीं, न भगवतीचरण, न यशपाल। मैंने अपने अध्यक्षीय भाषण में कहा कि सन् 1965 में देश बिलकुल ही अंग्रेजी को छोड़कर नहीं चल सकता। मैंने इस माँग की भी आलोचना की कि राष्ट्रपति और प्रधानमन्त्री निश्चित रूप से हिन्दी जानें ही। एक समय आएगा, जब ये बातें आप-से-आप हो जाएँगी। अभी ऐसी बातें बोलना हिन्दी के आन्दोलन को कमजोर बनाना है। लेकिन इलाहाबाद के नौजवानों को ये बातें पसन्द नहीं आईं।

30 सितम्बर, 1962 (पटना)

श्री फणीश्वर नाथ रेणु के सम्मान-समारोह में गया। रेणु ऊँचा आदमी और मनोरम-साहित्यकार है। कथा के क्षेत्र में उसने बिहार का मुख उज्ज्वल किया है, भारत के सुयश में वृद्धि की है।

21 अक्तूबर, 1962 (फारबिसगंज)

कल से बिहार हिन्दी साहित्य सम्मेलन का वार्षिक अधिवेशन फारबिसगंज में हो रहा है। आज शाम को सम्मेलन से उठकर श्री शिवदत्त जी के यहाँ चाय पीने को गया। वहीं खबर मिली कि चीन ने हिन्दुस्तान पर हमला कर दिया है। सुधांशु जी बहुत

गम्भीर हो गए। फिर वे बोले, "हम लोगों के लिए कलम फेंककर तलवार उठाने का समय आ गया है।"

27 अक्तूबर, 1962 (पटना)

चीनी आक्रमण, और मैं पटना में बीमार हूँ। लगभग रोज एक कविता लिखकर अपना भय निकालता हूँ। इसी को जनता का साहस बढ़ाना भी कहते हैं।

जब मैं चीन में घूम रहा था, मन में कभी भी यह बात नहीं आई थी कि इस देश से कभी हमारी लड़ाई भी हो सकती है। मगर लड़ाई हो गई। इस संकट से जूझने का एक ही तरीका है कि देश में चीन-विरोधी वातावरण तैयार किया जाए। अभी उस दिन पटना के गांधी मैदान में सभा हुई। राजेन्द्र बाबू ने भाषण दिया कि तिब्बत को मुक्त करना होगा। जनता सभा में उमड़कर आई थी। मुझसे किसी लड़के ने कहा, गुरु जी, आप गरजिए। मैंने कहा, गरजकर जिनको बुलाना है, वे तो उमड़कर आप-से-आप आ गए हैं। देखना यह है कि जनता के इस उत्साह से ज्यादा भय चीन को होता है या भारत के नेताओं को।

भारत सरकार साम्यवाद का विरोध नहीं करना चाहती और जनता साम्यवाद के विरोध में गरज रही है। अन्ततोगत्वा जवाहरलाल जी की कल्पना ही ठहरने वाली है। लेकिन अभी क्या किया जाए?

साम्यवादियों ने अपनी इज्जत बचाने को यह नारा निकाला है कि दकियानूस लोग नेहरू पर आक्रमण कर रहे हैं, हम नेहरू को बचाएँगे। असल में इस नारे से रक्षा साम्यवादियों की ही हो रही है। पंडित जी से कौन नाराज है? सारी नाराजगी मेनोन के खिलाफ है, जो अब भी आक्रमण को आक्रमण कहने को तैयार नहीं हैं।

रूस भारत का साथ नहीं देगा और चीन का साथ देगा, तो फिर अमेरिका की ओर ढुलने के सिवा और चारा क्या है? चीन ने जो मुसीबत खड़ी कर दी है, उसके प्रभाव से देश की विचारधारा को बचाना चाहिए। सबसे बड़ा खतरा हमारी विचारधारा को ही है।

राजा जी ने बयान दिया है कि मेनोन को निकाल दो और किसी भूतपूर्व जेनरल को रक्षामन्त्री बनाओ। हैदराबाद के श्री व्रह्मैया आज मिलने आए थे। उन्होंने कहा, ट्रेन में पढ़े-लिखे लोग इस बयान का स्वागत कर रहे थे।

लगता है, भारत पर पाकिस्तान भी हमला जरूर करेगा। तो फिर हालत यह होगी कि भारत पर बाहर से दो प्रकार के शत्रु चढ़ेंगे और भीतर भी दो प्रकार के पंचमांगी होंगे। यह आक्रमण एक रोग का लक्षण है, जिससे भारत पीड़ित हैं। यह रोग है अति आजादी का। मैंने अभी हाल ही में लिखा है, "देखिए जिसे ही, वही जोर से आजाद है।" यह रोग है अति बकवास का, अति गैर-जिम्मेवारी का, अति हड़ताल का। जिस जाति में ये दुर्गुण हों, उसे आजादी नहीं मिलनी चाहिए।

चीनी आक्रमण घोर शाप है, लेकिन वह वरदान में बदला जा सकता है, अगर सरकार जनता के उत्साह को दिशा दे सके। लड़ाई देर तक चले और सभी इलाकों के लोग उससे थोड़ा जल सकें, तभी जनता यह समझेगी कि आजादी कितनी कीमती चीज है और उसकी रक्षा कैसे की जानी चाहिए?

रक्त-स्नान से भारत शुद्ध हो सकता है। अग्नि-स्नान से देश की ताकत बढ़ सकती है। विपत्तियों के झकोर से वह स्वराज्य जिन्दा किया जा सकता है, जो पार्सल से आया था।

जब युद्ध होता है, प्रगतिशील शक्तियाँ दबकर नीचे चली जाती हैं। भारत में भी खतरा यही है कि युद्ध देर तक चला, तो प्रगतिशील प्रवृत्तियाँ लापता हो जाएँगी।

3 नवम्बर, 1962 (पटना)

कमिश्नर सोहनी साहब और ए.डी.एम. भट्टाचार्जी कृपा करके मेरे घर पधारे। मैंने अपने दो स्वर्ण पदक राष्ट्रीय सुरक्षा कोष में दे दिए। साथ में 251 रुपए का चेक भी दिया। जरनलिस्ट श्री जितेन्द्र प्रसाद सिंह भी उनके साथ आए थे।

15 नवम्बर, 1962 (दिल्ली)

श्री कृष्ण मेनोन के निकल जाने से किसी-किसी कोने में हल्का पश्चात्ताप है। गंगा के मुख से यह सुनना अच्छा लगा कि राजा जी देश की मुसीबत को उपेक्षा से देख रहे हैं। उनका सारा ध्यान पंडित जी के खिलाफ द्वेष उभारने की ओर है।

17 नवम्बर, 1962 (दिल्ली)

दो सज्जनों के साथ स्वेतलाना मिलने को आई। यह लड़की चेलीशेव के साथ मुझसे मॉस्को में मिली थी और इसी को मैंने उर्वशी की प्रति भेंट की थी। याद दिलाने पर सारी बातें याद आ गईं। पाँव छूकर प्रणाम करना इसने सीख लिया है। मेरी सारी कृतियाँ इसने पढ़ डाली हैं। मेरे ऊपर थीसिस तैयार करने को भारत आई है।

19 नवम्बर, 1962 (दिल्ली)

वालोंग, शेला और बोमडीला के पतन से सभी लोग सन्न हैं। केन्द्रीय हॉल में सदस्य बन्धुओं को मैंने धीरज बंधाया। प्रधानमन्त्री जब राज्यसभा में बोलने लगे, उनकी आवाज रुआँसी और पस्त थी।

तीन बजे स्वेतलाना आई और कोई डेढ़ घंटे तक अपने प्रश्न पूछती रही। शाम को टहलकर मैथिलीशरण जी के यहाँ गया।

21 नवम्बर, 1962 (दिल्ली)

जनता के भीतर साहस बनाए रखने के लिए एक नागरिक परिषद् की स्थापना की गई है, जिसके सचिव पंडित द्वारकाप्रसाद मिश्र हैं। उस परिषद् के सम्बन्ध में इन्दिरा जी ने कई शब्द मुझे अंग्रेजी के भेजे और अनुरोध किया कि मैं उनका हिन्दी में अनुवाद कर दूँ। मैंने हिन्दी शब्द बनाकर भेज दिए और यह भी लिख दिया कि और जो काम हो, वह भी बतलाइए।

22 नवम्बर, 1962 (दिल्ली)

रूस देश से तीन युवतियाँ आई हैं। तीनों को भारतीय साहित्य पर काम करना है। जो लड़की मुझ पर काम कर रही है, उसका नाम स्वेतलाना है। वह अकसर मुझसे मिलने आती है और चर्चा करके चली जाती है। परसों तीनों को मैंने रात के खाने पर बुलाया था। शोभा ने अपने जानते मिर्च-मसाला नहीं डाला था, मगर खाते समय तीनों लड़कियों का बुरा हाल हो गया। शायद काली मिर्च तरकारी में थी। एक की आँख से तो आँसू निकलने लगे। लड़कियों ने खीर को भी छूकर छोड़ दिया।

स्वेतलाना बम्बई भी गई थी और मेरे बारे में उसने वहाँ के साहित्यिकों से भी बात की। किसी प्रगतिवादी साहित्यकार या कम्यूनिस्ट ने उससे कह दिया, "आप जिस कवि पर काम कर रही हैं, वह प्रतिक्रियावादी है।" मैंने कहा, "मैं प्रतिक्रियावादी तो नहीं हूँ, लेकिन कम्युनिस्ट भी नहीं हूँ। इसलिए बम्बई में तुमने जो कुछ सुना, वह साहित्यकार का मत नहीं माना जाएगा। मैं भारत का कवि हूँ और भारत प्रजातन्त्र के जरिए साम्यवाद का सार प्राप्त करना चाहता है। भारत की अपनी परम्परा है, अपना दर्शन और अपना अध्यात्म है। कुछ सोचकर ही रूस के विद्वानों ने तुझे मेरे साहित्य के अध्ययन पर लगाया होगा। केवल साम्यवादी दृष्टि से समझने की कोशिश करेगी, तो भारत तेरी समझ में नहीं आएगा। तू असली भारत को समझने की कोशिश कर और असली भारत को समझने में मेरे साहित्य से तुझे सहायता मिलेगी। केवल मेरी कविताएँ ही काफी नहीं हैं, मेरे निबन्धों को भी ध्यान से पढ़ना। भारत सारे संसार में अनूठा देश है। भारत को समझेगी, तभी तुझे इसका अनुमान होगा कि आज से सौ साल बाद की दुनिया कैसी होगी।"

स्वेतलाना काफी पढ़ी-लिखी लड़की है। मुझ पर वह डॉक्टरेट करने की तैयारी मे है। मेरा लेक्चर वह बड़ी शान्ति से सुनती रही और तब वह बोली, "यही सब

सुनकर तो भारत आई थी। गांधी का देश, बुद्ध का देश, अशोक का देश, जवाहरलाल का देश। लेकिन देखा क्या गुरुजी? जामा-मस्जिद के पास घूमने गई थी। मर्द भीख माँगते हैं, औरतें भीख माँगती हैं, चार-पाँच साल के बच्चे भी भीख माँगते हैं। यह सब आपके देश में कब तक चलता रहेगा?''

और इतना कहकर स्वेतलाना रोने लगी। मैं अवाक् बैठा रहा। रूस और भारत दो देश हैं, लेकिन दोनों देशों के आदमी तो एक ही तरह से फील करते हैं। भारत के बच्चों की दुर्दशा स्वेतलाना से देखी नहीं गई। इसीलिए वह रो पड़ी थी। विश्वमानवता एक है, उसी मानवता की ओर से स्वेतलाना रो पड़ी थी।

जब वह चुप हो गई, तब हिचकी दबाकर उसने कहा, "सुनती हूँ, हमारे देश में भी कभी भिखमंगी थी। लेकिन उसे हम लोगों ने नहीं देखा। हमने तो यह स्वप्न में भी नहीं सोचा था कि भारत में नंगे फिरनेवाले बच्चे भी भीख माँगते होंगे। आखिर यह सब कब तक, गुरुजी, यह सब कब तक चलेगा?''

एक दिन स्वेतलाना ने कहा था कि "गुरुजी, आप मुझ पर कविता लिख दीजिए।'' सो आज मैंने स्वेतलाना पर एक कविता लिखी। संयोग से शाम को स्वेतलाना मिलने को आ गई। कविता सुनकर वह खुश तो जरूर हुई, मगर मुझे उसने आगाह किया, "कविता छपवाइएगा नहीं।''

मैंने लक्ष्य किया कि चीन रूस का भाई है, इसीलिए स्वेतलाना नहीं चाहती कि यह कविता, जो उसके नाम पर है, प्रकाश में आए। वह कविता नीचे उद्धृत की जाती है :

स्वेतलाना

रूस देश से एक भली युवती भारत आई है।
भोली है, भावुक है, बुद्धिमती है।
देह दीप की शिखा, रूप कंचन-सा।
मुख-सरोज अम्लान,
प्रभा नयनों की पुण्यवती है।
रूस देश में विश्व-प्रेम का जो निर्झर झरता है,

देवी वही अमृत हम सबके लिए साथ लाई है।
भारत के उज्ज्वल अतीत का ध्यान कर,
बुद्ध, अशोक और गांधी की महिमा को पहचान कर,
धरती के इस शान्ति-लोक पर बहुत चकित होती है।
किन्तु, देखती जब विपन्न भूखों को, अधनंगों को,

अभी जनम कर खड़े हुए जो, ऐसे भिखमंगों को,
बेचारी सोचती व्यथा की कथा और रोती है।

हम स्वदेश में हों अथवा हों किसी दूसरे देश में,
स्वाभाविक है, हँसें, जहाँ पर हँसी-खुशी हो,
और बहाएँ अश्रु, आदमी जहाँ पड़ा हो क्लेश में।

सीमाओं के भेद मात्र मिट्टी की रेखाएँ हैं।
दया-प्रेम के लिए एक ही मानवता सारी है।
उस पर भी सोवियत हमारा हितकामी है।
और स्वेतलाना सुशील है, भावुक है, नारी है।

मुझसे है पूछती कि
यह सब कब तक यहाँ चलेगा?
गुरुजी, कब तक भरत-भूमि से
यह दारिद्र्य टलेगा?

सरल बालिका को प्राणों के दिखा घाव दूँ?
या सामने बिखेर मुल्क के नए ख़्वाब दूँ?
समझ नहीं पड़ता, इसको मैं क्या जवाब दूँ?

कल तक हम भी यही प्रश्न पूछा करते थे
अपनी आजादी से, भारत के सौभाग्य नवीन से।
किन्तु, स्वेतलाना! अच्छा है, यह सवाल अब
पूछे सारा जगत् शान्ति के बड़े सिपाही चीन से।

23 नवम्बर, 1962 (दिल्ली)

दिन में साढ़े ग्यारह बजे त्रावणकोर हाउस गया। लगता है, मॉस्को में लोग मेरी इन्तजारी कर रहे थे। लेकिन उन्हें पता नहीं था कि उन्हीं के दूतावास की ढिलाई से मैं मॉस्को नहीं जा सका। त्रावणकोर हाउस में मेरा स्वागत करने को स्वेतलाना खड़ी थी। उसके साथ और भी तीन युवतियाँ खड़ी थीं, जिनके नाम हैं, रानोव, ईरीना और लीना। जो मर्द सज्जन मिले, उनका नाम सुर्सलीन है। हिन्दी में हम उन्हें शूरशालीन कहेंगे।

25 नवम्बर, 1962 (दिल्ली)

नहाया नहीं था, तभी भवानीप्रसाद मिश्र आ गए। इन्दिरा जी के यहाँ बच्चन जी ने जिन कवियों को बुलाया था, उनमें भवानी भी नहीं थे, मैं भी नहीं था और मैथिलीशरण जी भी नहीं थे। थोड़ी देर के बाद बच्चन जी अपनी नई पुस्तक देने को पधारे। इन्दिरा जी के यहाँ जो कवि गोष्ठी हुई, उसके बारे में बच्चन जी ने पूछने पर ही बताया। उन्होंने यह नहीं माना कि कवियों को बुलाने में उनका हाथ था। बोले, मैं खुद आमन्त्रित था। बच्चन जी ने इस बात का जोर से खंडन किया कि कवियों से जवाहरलाल जी की प्रशंसा में कविता लिखने को कहा गया है।

27 नवम्बर, 1962 (दिल्ली)

1 दिसम्बर को यहाँ वीर रस कवि-सम्मेलन होनेवाला है। सुबह गोपाल प्रसाद व्यास का फोन आया कि आप खुद पंडित जी से मिलकर उन्हें वीर रस कवि-सम्मेलन में आने का न्योता दीजिए। मैंने कहा, सुना है, तुम लोगों ने मुझे ही सभापति चुना है, फिर मुझे न्योतने को क्यों भेजते हो?

आज मैथिलीशरण जी के यहाँ गया था। उन्होंने कहा, इन्दिरा जी के यहाँ जो कवि-गोष्ठी हुई थी, उसमें यह बात कही गई थी कि पंडित जी के पक्ष में कविताएँ लिखी जानी चाहिए। मैंने कहा, इसमें बुरा क्या है? पंडित जी के पक्ष में लिखना भारतवर्ष के ही पक्ष में लिखने के समान है। मेरी तो एक पूरी ज्वलन्त कविता ही है जिसका नाम 'जनता और जवाहर' है। दद्दा ने कहा, "मैं भी ऐसा ही सोचता हूँ।"

पंडित जी पर भारतीय भाषाओं में लिखी गई कविताओं का एक संग्रह मेरे उद्योग से श्री शिवचन्द्र जी ने निकाला था। उसका नाम शान्ति-दूत है। शान्ति-दूत की एक कॉपी आज मैंने इन्दिरा जी को भेज दी।

29 नवम्बर, 1962 (दिल्ली)

दस बजे डॉ. सावित्री सिन्हा आईं। फिर तुरन्त ही स्वेतलाना आ गई। मैंने स्वेतलाना को यह कहते हुए सावित्री जी से मिला दिया कि दिनकर के विषय में जितनी जानकारी मुझे है, उससे अधिक जानकारी इनके पास है। तुम इनसे मिलकर अपनी शंकाओं का समाधान पा सकती हो।

शाम को पार्टी मीटिंग के लिए सेंट्रल हॉल गया। पंडित जी कोई डेढ़ घंटे तक बोलते रहे। मुख्य उद्देश्य यह समझाना था कि लड़ाई खतरनाक चीज है और चीनी सेना आकार में बहुत विशाल है। कुछ इस ओर भी इशारा था कि आलोचनाओं को

प्रश्रय नहीं मिलना चाहिए। जब बम गिरेंगे, तब बढ़-बढ़कर बोलने वाले ये उत्साही लोग कुछ और करते नजर आएँगे।

पंडित जी शान्तिवादी राजपुरुष हैं। उन्हें चीजें दूर तक दिखाई देती हैं। वे जो कहते हैं, वही ठीक है। दूसरा जवाहरलाल हम कहाँ से लाएँगे?

1 दिसम्बर, 1962 (दिल्ली)

शाम को चार बजे मैथिलीशरण जी के घर गया। नौकर नहीं था, अतएव दद्दा खुद ही चाय बनाने गए। मुझे बुरा तो लगा, लेकिन दद्दा को मैं चाय बनाने से रोक नहीं सका।

आज दिल्ली में वीर रस कवि-सम्मलन हुआ। उसका सभापतित्व मैंने और उद्घाटन नए रक्षामन्त्री चह्वाण ने किया। मैंने भाषण तो दिया ही, जोश में आकर एक कवित्त भी पढ़ दिया, जिसकी रचना मैंने आज ही दिन में की थी। 'जीत होगी, जीत होगी चाऊ पै चह्वाण की।'

सम्मेलन में चह्वाण के अलावा जगजीवन बाबू भी आए हुए थे। जब मैं बैठा, मैंने चह्वाण साहब के कान में कहा, "अब तो सामरिक राष्ट्र बनाए बिना उद्धार नहीं है।" चह्वाण ने मंजूर किया कि सामरिक शक्ति बढ़ाई जाएगी।

बाल कवि वैरागी को आज पहले-पहल देखा। यह कवि जनता का लाड़ला है। सारी सभा में बिजली भर देता है। आज मैंने उसके नाम पर झोली डाली और रक्षा-कोष के लिए काफी धन आ गया।

सम्मेलन में आए हुए सभी कवि आवेश में थे। युद्धकाल में काव्य कोलाहलमय हो उठता है, लेकिन चिन्तन और कवित्व, दोनों दब जाते हैं।

अभी पिछले ही वर्ष मेरा 'उर्वशी' काव्य निकला है, जिसकी चर्चा बड़े जोर से छिड़ी हुई है, श्री ब्रजेन्द्र अवस्थी जब अपनी कविता सुनाने लगे, उन्होंने सभापति की ओर यानी मेरी ओर हाथ चमकाते हुए कहा, "इस समय उर्वशी की रचना गद्दारी है।" अर्थात् चीनी आक्रमण का एक कारण 'उर्वशी' काव्य भी है। मेरे मन के भीतर सहसा एक प्रतिक्रिया हुई, "अरे उर्वशीकार, कविता की गर्दन पर धरकर पाँव खड़ा हो।"

2 दिसम्बर, 1962 (दिल्ली)

सुबह को ताराचन्द खंडेलवाल ने फोन किया कि रात में मैंने कवि-सम्मेलन में जो झोली डाली थी, उसमें कुल 4717 रु. मिले। इसमें तीन घड़ियों और कलम और पैंसिल के दाम भी शामिल हैं। एक घड़ी छह बार नीलाम हुई और उससे 1100 रु.

मिले। स्वेटर बुनने की एक जोड़ी सलाई 115 स्वेटरों पर बिकी। ये स्वेटर तीस दिनों के अन्दर मिल जाएँगे। मैं सम्मेलन से डेढ़ बजे रात में चला आया था, मगर वह साढ़े चार बजे भोर तक चलता रहा।

23 जनवरी, 1958 ई. को मैंने कसम खाई थी कि अब कवि-सम्मेलन में नहीं जाऊँगा। वह प्रतिज्ञा कल रात टूट गई।

3 दिसम्बर, 1962 (दिल्ली)

जब भी सेंट्रल हॉल जाता हूँ, लोग मेरे कान में यह बात डाल देते हैं कि दरबार में आपके खिलाफ बात पहुँचाई जा रही है। निन्दा पहुँचाकर भी लोग कृपा-पात्रता प्राप्त कर लेते हैं और उस पर भी कहावत यह है कि सन्त का सबसे बड़ा शत्रु सन्त और कवि का दुश्मन कवि होता है। एते बड़े करुणानिधि को इन...ने दरबार बिगारो।

4 दिसम्बर, 1962 (दिल्ली)

संसद गया, मगर मिजाज उखड़ा रहा। निन्दकों के साथ मेरे स्वाभिमान की लड़ाई चल रही है। निन्दकों ने प्रेरणा ईर्ष्या से ली है। ईर्ष्या का कारण साहित्य है। उसकी लपट राजनीति तक पहुँची है। वज्र गिरे, तो मैं तो पवित्र ही हो जाऊँगा। चाहता हूँ कि मुझे कोई एक छड़ी मार दे, फिर तो मेरा काव्य भारत का हृदयहार हो जाएगा। सत्य बोलने की कीमत चुकाने को मैं तैयार हूँ। कई कवि मित्र खुश हैं कि मैं मुसीबत में फँसता जा रहा हूँ।

6 दिसम्बर, 1962 (दिल्ली)

शाम को मामा वरेरकर के यहाँ गया और चित्रकार दलाल जी को एक पत्र लिखवाया।

मामा के यहाँ से उठकर मैथिलीशरण जी के पास गया। वीर रस कवि-सम्मेलन में मैथिलीशरण जी नहीं गए थे। किन्तु, उन्होंने मुझे एक कविता दी थी कि इसे ही मेरी ओर से पढ़ देना। उनकी कविता पढ़ना मैं बिलकुल भूल गया। इस कारण मन में संकोच रहा और क्षमा याचना भी करनी पड़ी।

7 दिसम्बर, 1962 (दिल्ली)

आज मित्रवर श्री कृष्णचन्द्र बेरी सेनापति की 1927 ई. की फाइल लिये आए। उसमें मेरी चार-पाँच कविताएँ थीं, जिनमें से एक मुक्त छन्द में भी।

8 दिसम्बर, 1962 (दिल्ली)

संसद में पंडित बनारसीदास जी चतुर्वेदी से भेंट हुई। मैंने पूछा, "पंडित जी, जब देश के सामने कोई ज्वलन्त प्रश्न आता है, हमारे मनीषी अपने मुँह पर ताला क्यों लगा लेते हैं?" चौबेजी ने अपनी सहज विनोदप्रियता के साथ कहा, "लाला बड़े होशियार, लला के लोलोइ नहीं।"

शाम को शारदा के यहाँ गया और वहाँ से श्री सदानन्द के यहाँ। श्री एन.सी. मेहता की पुत्री लीला इन्हें ब्याही हुई है। वहीं आलफ्रेड और नीना आ गए। घंटे दो घंटे अच्छा आनन्द रहा।

9 दिसम्बर, 1962 (दिल्ली)

लक्ष्मीचन्द्र जी और बच्चन जी आए और प्रकाशकों की सभा में ले गए। वहाँ भी भाषण में क्रोध का ही रेचन हुआ। उचित है कि सभाओं में जाऊँ ही नहीं।

शाम को रेडियो गया। वहाँ एक कवि-सम्मेलन रेकार्ड किया जा रहा था। केवल कैलाश वाजपेयी की कविता पसन्द आई। नीरज शरीर से कमजोर दिखाई पड़ा। बड़ा दुःख हुआ। इस सम्मेलन में न गोपाल रेड्डी आए, न लाला शामनाथ। स्पष्ट ही, हिन्दी वालों से वे अप्रसन्न हैं।

10 दिसम्बर, 1962 (दिल्ली)

कल वाले कवि-सम्मेलन पर लोगों की राय यह है कि बूढ़ों के लिए राष्ट्रीयता सहज है, लेकिन नौजवानों के लिए वह उधार ली हुई चीज मालूम होती है। मामा वरेरकर और मन्मथ बाबू कैलाश की कविता की तारीफ कर रहे थे।

11 दिसम्बर, 1962 (दिल्ली)

संसद जाने पर संसत्सदस्य पेंडसे ने पूछा, "वह कवि कौन था, जिसने कहा, 'माइ होराइजन हैज श्रंक'?" मैंने कैलाश वाजपेयी का उन्हें परिचय दिया। फिर पेंडसे एक अन्य सज्जन से मराठी में कहने लगे, "चह्वाण कवि-सम्मेलन में गए थे। लाख की भीड़ थी। यही दिनकर जी सभापति थे। इन्होंने उस तरह की कविता सुनाई, जैसी भूषण ने शिवाजी को सुनाई थी।"

13 दिसम्बर, 1962 (दिल्ली)

प्रो. हुमायूँ कबीर का आग्रह था कि पी.ई.एन. के जलसे में शिरकत देने को मैं मनीला जाऊँ। मैंने अनुरोध मान लिया था। किन्तु आज मिस्टर घोष से मिलने पर मेरा विचार बना कि इस ट्रिप पर निकलना ठीक नहीं है। अतएव मैंने नाहीं कर दी।

14 दिसम्बर, 1962 (दिल्ली)

प्रधानमन्त्री से भेंट

विदेश मन्त्रालय (चार बजे शाम)

पंडित जी मेरा स्वागत करने को दरवाजे पर आए। बोले, "आओ भाई महाकवि," और गले में उन्होंने हाथ डाल दिया। मैं बोला, "पंडित जी, मैंने जिस काम के लिए समय लिया था, वह काम अब नहीं रहा। कबीर साहब (हुमायूँ कोबिर, शिक्षामन्त्री) की इच्छा थी कि पी.ई.एन. के जलसे के लिए मैं मनीला जाऊँ। मेरा स्वास्थ्य ठीक नहीं है, इसलिए मैं जाना नहीं चाहता था। लेकिन कबीर साहब ने कहा कि अभी हम लोगों को बाहर जाना चाहिए। चीनी युद्ध को लेकर भ्रान्तियाँ फैलाई जा रही हैं। अपनी बातें दुनियावालों से हमें कहनी चाहिए। इस उपादेयता को मैंने कबूल किया था और जाने को मैं तैयार हो गया था। इसलिए आपसे मिलना जरूरी समझा। मगर कल अफसरों से जो कुछ सुना, उससे मेरा उत्साह ठंडा हो गया और मैंने नाहीं कर दी है। ट्रिप मुझे इज्जत से कम मालूम होता है।"

"क्यों?"

"इसलिए कि पैसेज मनी देगा एशियाटिक फाउंडेशन और बोर्ड तथा लाजिंग फिलिपिनों देंगे। मगर पॉकेट मनी का इन्तजाम नहीं है। अपनी सरकार तो रुपए ले जाने देती नहीं। सिर्फ 75 या 60 रुपए से क्या बनता है? मगर आ गया तो पाकिस्तान के बारे में अपना विचार कह देता हूँ।"

पंडित जी ने कहा, "बोलो।"

मैंने कहा, "यही कि इंग्लैंड और अमेरिका चाह रहे हैं कि वैली देकर हम पाकिस्तान से मेल कर लें। अगर वैली चली जाती है, तो लद्‌दाख के लिए लड़ने के मानी क्या रह जाते हैं?"

पंडित जी ने कहा, "लड़ने के मानी के कोई मानी नहीं। हम लड़ने को लद्‌दाख पहुँचेंगे कैसे? वैली के बिना लद्‌दाख पहुँचना ही मुहाल है।"

मैंने कहा, "एक बात और है। अगर पाकिस्तान उदारता से काम लेता, इस आड़े वक्त बिना शर्त हमारा साथ देता, तो उसका असर हिन्दुस्तान और पाकिस्तान के इतिहास पर अच्छा पड़ता। तब शायद, हिन्दू-मुस्लिम एकता की भी एक राह निकल

आती। मगर पाकिस्तान जिस हालत में अपनी माँग को तेज कर रहा है, वह खतरनाक है। अगर हम माँग को कबूल कर लेते हैं, तो भारत में हिन्दू और मुसलमान का सम्बन्ध और भी खराब हो जाएगा। अभी तो खैर यह भी उम्मीद है कि हम नहीं, तो हमारे पोते दोनों देशों को करीब लाने में कामयाब हो जाएँगे और हिन्दू-मुस्लिम समस्या का भी कोई समाधान निकल आएगा। लेकिन अभी कोई गड़बड़ी हो गई, तो हिन्दुओं का घाव और भी गहरा हो जाएगा और भारत सरकार हास्यास्पद स्थिति में पहुँच जाएगी।"

पंडित जी बोले, "भाई, जब अमेरिका और ब्रिटेन वालों ने हमसे यह कहा कि बातें कीजिए, तब हमने यह कहा कि बातें करने को हम हमेशा तैयार हैं। लेकिन उसका एक नतीजा यह भी हो सकता है कि रिश्ते और भी खराब हो जाएँ। पाकिस्तान के अखबार बहुत खराब लिखते हैं। उर्दू अखबार 'जंग' सबसे कठोर बातें बोलता है। मगर आवाम की राय अलग है। हमारे डिपुटी हाई कमिश्नर कहते थे कि वहाँ के आवाम यानी पानवाले, टैक्सीवाले, ताँगेवाले आज हमारे वास्ते ज्यादा मुहब्बत रखते हैं, पहले से ज्यादा हमदर्दी और नरमी से बातें करते हैं। वैली देकर समझौता करने की बात मैं नहीं सोचता हूँ।"

मैंने कहा, "असम में हिन्दू बेतरह डरे हुए हैं। उन्हें भय है कि अबकी अगर चीनी फौज आई, तो उत्तरी असम नेफा में मिला लिया जाएगा और दक्षिणी असम पाकिस्तान में। प्रसोपा के श्री गंगाशरण सिंह असम गए थे। उन्होंने भी यही बात सुनी है।"

पंडित जी जोश में आ गए। मेज पर मुक्के पटक-पटककर कहने लगे, "ये लोग बड़े कमजोर हैं। मंच से लम्बे-लम्बे भाषण देते हैं। मगर लड़ने के नाम से डरते हैं। हम हर मुसीबत से लड़ेंगे। चीन और पाकिस्तान साथ हमले करेंगे, तो हम दोनों से एक साथ लड़ेंगे। हम हारने पर भी लड़ना नहीं छोड़ेंगे। पाकिस्तान से भी अभी हम कमजोर हैं। पाकिस्तान के पास ज्यादा हथियार हैं। मगर आन पड़ी, तो हम लड़ने के सिवा और क्या कर सकते हैं? मैं लड़ूँगा।"

मैंने कहा, "पंडित जी, सारे देश में केवल राजा जी ही ऐसे व्यक्ति हैं, जिन्हें आक्रमण की चिन्ता नहीं है। लगता है, उन्हें महसूस ही नहीं होता कि देश पर हमला हुआ है। ऐसा ठंडा आदमी मैंने और नहीं देखा। आज भी उनकी आँख के सामने केवल आप हैं, चीन और पाकिस्तान नहीं। वे आज भी भारत-पाकिस्तान के बीच सम्मिलित डिफेंस की बात करते हैं। पता नहीं, उनके मन में क्या है!"

पंडित जी बोले, "अभी हाल में वे आए हुए थे और मुझसे कह रहे थे कि अमेरिका के सुपुर्द हो जाओ और कहो कि वह चीन से हमारी रक्षा करे। फिर राजा जी बोले, यह क्या बात है कि तुम डिप्रेस्ड नहीं हो? मैंने कहा, डिप्रेसन से लाभ क्या होगा? मैं होश-हवास के साथ इस मुसीबत का सामना कर रहा हूँ।"

पंडित जी ने कहा कि "राजा जी की चिन्ताधारा यह है कि हम कमजोर हैं, इसलिए किसी ताकतवर पहलवान को बुलाकर अपनी रक्षा की जिम्मेदारी उसके हाथ में सौंप देनी चाहिए।"

मैंने पूछा, "पंडित जी, कई रात तो आप सोए नहीं होंगे।"

पंडित जी ने कहा "तुम मानोगे? मैं किसी रात भी नहीं जगा हूँ। चिन्ता अपनी जगह पर है, नींद अपने समय पर ठीक आती है। मैं ठीक सोता हूँ।"

फिर प्रेस की बातें चलीं। अखबार सरकार को सहानुभूति न देकर उसकी आलोचना कर रहे हैं। मैंने कहा, "रामनाथ जी से मैंने पूछा था कि यह सब क्या हो रहा है। उन्होंने कहा, 'कल से देखो। सारी बातें ठीक हो जाएँगी।' तब से मैं देख रहा हूँ कि बातें कुछ खास खराब नहीं हैं।"

पंडित जी बोले, "तुमसे और त्यागी से रामनाथ जी यह कहते हैं, मगर सभी बातें ठीक कहाँ हुई हैं? प्राइम मिनिस्टर की आलोचना जरूर कम है, लेकिन नीतियों की आलोचना चल रही है।"

मैंने कहा, "केवल लड़ाई में ही हम नहीं हारे, डिप्लोमैसी में भी हम हार गए हैं।"

पंडित जी बोले, "कैसे?"

मैंने कहा, "हमारे पड़ोसी देश यह मानते ही नहीं हैं कि चीन ने आक्रमण किया है। आखिर चीनी लड़ाई के दौरान हमारे राजदूत करते क्या रहे हैं? ईजिप्ट में यह साफ दीखता है। कोलम्बो में मुझे यह साफ दिखाई पड़ता है।"

पंडित जी ने कहा, "कोलम्बो में केवल यू.ए.आर. ने हमारी मदद करने की कोशिश की। बाकी लोग डरे हुए हैं। कुछ यह बात भी है कि बाहर वालों का यह खयाल है कि चीन का मुकदमा बहुत कमजोर नहीं है। लन्दन का टाइम्स प्रो-कम्यूनिस्ट नहीं है। लेकिन वह भी जब केस जाँचता है, तब यह भाव जता देता है कि चीन का पक्ष भी बिलकुल कमजोर नहीं है। केवल अपने देश के लोग यह नहीं मानते।"

मैंने कहा, "1959 में जब आपने कहा था, 'नाट ए ब्लेड आव ग्रास ग्रोज़ देयर', तब आप इस मूड में थे कि समझौता हो जाए। विरोधियों की उपेक्षा करके अगर उस समय आपने समझौता कर लिया होता, तो वह आज से ज्यादा अच्छा रहता। आज तो हम पराजित हैं, चीन विजयी है।"

पंडित जी इस पर कुछ नहीं बोले।

मैंने कहा, "आज तो ख़ुश्चेव ने गंगा नहा लिया पंडित जी।"

पंडित जी बोले, "कैसे?"

मैंने कहा, "इस प्रकार कि उन्होंने यह बात साफ कर दी कि वाणी से वे हमारी पीठ सहलाते रहेंगे, लेकिन कर्म से वे चीन के साथ रहेंगे। चीन उनका भाई है, भारत फकत दोस्त है।"

पंडित जी ने कहा, "तुमने गलत समझा है।"

मैंने कहा, "सारा देश वही समझेगा, जो मेरा समझ में आता है।"

पंडित जी बोले, "तुम्हें एक खुफिया बात बतलाता हूँ। अभी तीन-चार दिन पहले ख्रुश्चेव ने अपने राजदूत के जरिए मुझे गुप्त संदेश भेजा है। उसमें उन्होंने हमारे देश के लिए हमदर्दी दिखाई है और कहा है कि मेरी नीति उन्हें सोलह आने पसन्द है। उन्होंने यह भी कहा है कि रूस भारत की मदद करने से मुकरेगा नहीं। उसने जो वायदे किए हैं, सब पूरे किए जाएँगे। और भी बहुत-सी बातें हैं।"

मैंने कहा, "यह सुनकर मेरा मन आश्वस्त होता है। अब रूस के वक्तव्यों को मैं यही अर्थों में समझा करूँगा। मगर देश को तो यह गुप्त आश्वासन मालूम नहीं है।"

तब मैंने सूचना-प्रसारण मन्त्रालय की बातें शुरू कीं। मैंने कहा, "यह मन्त्रालय अत्यन्त कमजोर निकला। रेडियो को तो अफसरों ने अपनी सूझबूझ से भर रखा है। लेकिन इनफार्मेशन का पक्ष बिलकुल शून्य रहा है। हिन्दी का आन्दोलन चलाने के कारण रेड्डी साहब हम लोगों से अच्छा ताल्लुक नहीं रखते हैं। तब भी, एक दिन उनसे भेंट होने पर मैंने कहा, सीजफायर के बाद रेडियो की ट्यून में थोड़ी तब्दीली होनी चाहिए थी, सो नहीं हुई है। सीजफायर धोखा भी हो सकता है। मगर वह उदारता की कूटनीति भी हो सकती है। अगर शान्ति की बातें आ रही हों, तो अच्छा होगा कि हम एकाध सुर ऐसा भी दें, जिससे यह विदित हो कि हम शान्ति के विरोधी नहीं हैं। रेड्डी साहब ने कहा, दिनकर जी, सीजफायर के बाद से कोई हिदायत इस किस्म की नहीं आई है। मैंने कहा, आप कैबिनेट मिनिस्टर हैं। हिदायत देना आपका काम है।"

पंडित जी बोले, "इधर तो कुछ सुधार हुआ है। चेलापति राव वगैरह से सहयोग लिया जा रहा है।"

मैंने कहा, "कोई तरक्की नहीं है। मुझे पता चला है कि चेलापति राव रेडियो से नाराज हैं और उनका कोई लेख भी इलस्ट्रेटेड वीकली में छपने गया है। वैसा ही एक लेख श्री जगदीशप्रसाद चतुर्वेदी ने लिखा है। चतुर्वेदी जी ने वह लेख मुझे सुनाया था। मैंने कहा, अगर लेख छपवा ही रहे हैं, तो उसकी एक-एक कॉपी पंडित जी और रेड्डी साहब को भी भेज दीजिए।"

पंडित जी फिर भी चुप ही रहे। मैंने और भी कहा कि "हिन्दी के समर्थकों से सूचना-प्रसारण मन्त्रालय शत्रुता का व्यवहार कर रहा है। 15 अगस्त को रेडियो पर मुशायरा हुआ, कवि-सम्मेलन नहीं। अभी हाल में रेडियो पर जो कवि-सम्मेलन हुआ, उसमें न रेड्डी आए, न शामनाथ। ये अच्छे लक्षण नहीं हैं।"

पंडित जी बोले, "कवि-सम्मेलन में तो मैं भी नहीं गया।"

मैंने कहा, "आप रेडियो कवि-सम्मेलन के लिए नहीं बुलाए गए थे। आप वीररस कवि-सम्मेलन में जानेवाले थे।"

समय काफी हो जाने से मैं उठ गया। पंडित जी मुझे छोड़ने को दरवाजे तक साथ आए और बोले, "तुम रेडियो पर क्यों नहीं गरजते हो? खूब गरजो।" मैं हँसते-हँसते कह गया, "मैं अगर जोर से गरजूँगा तो यह सड़ा हुआ रेडियो फट जाएगा।"

दो बातें मैंने खासतौर से नोट कीं। मैंने एक मन्त्रालय की बात का आरम्भ यह कहकर किया था कि जैसे आप एक तगड़ा सुरक्षामन्त्री ले आए हैं, वैसे ही अमुक मन्त्रालय के लिए एक और तगड़ा मिनिस्टर ले आइए। पंडित जी ने आँखें नीचे कर लीं और 'हूँ' वे इस तर्ज से बोले कि उसे मैंने तगड़ा डिफेंस मिनिस्टर पर व्यंग्य समझा। दूसरी भयानक बात उन्होंने यह कही कि "तुम देखोगे कि मेरे बाद तुम्हारे देश में प्रजातन्त्र नहीं रहेगा, सैनिक शासन हो जाएगा।"

15 दिसम्बर, 1962 (दिल्ली)

राष्ट्रपति राधाकृष्णन् से भेंट

मैं राष्ट्रपति भवन 12 बजे दिन में पहुँचा और 1 बजे तक राष्ट्रपति के साथ रहा। राष्ट्रपति मुझे लिवाने को दरवाजे से बाहर निकले। लुंगी पहने, बदन में पूरी बाँह का स्वेटर उजले रंग का, ऊपर एक उजली ऊनी चादर। पहले राधाकृष्णन् नम्बर नामक पुस्तक पर बात चली, जिसमें मेरा भी एक लेख छपा है और जिसे मद्रास के श्री कालिदास ने प्रकाशित किया है। किताब की कॉपी पहले मेरे ही पास पहुँची थी। राष्ट्रपति ने खुद फोन करके किताब मुझसे मँगवाई थी। मैंने कहा, किताब में सामग्री अच्छी है, मगर हर पेज के बाद विज्ञापन छपा है। यह बात मुझे पसन्द नहीं आई। राष्ट्रपति ने कहा, "और फोटोग्रॉफ भी बहुत हैं।" उनका आशय लेखकों के फोटोग्राफ से था।

मैंने पाकिस्तान की बात शुरू की, जिसकी चर्चा मैं कल पंडित जी से कर चुका था। राष्ट्रपति बोले, "प्रधानमन्त्री को ऐसी बात नहीं बोलनी चाहिए, जिससे समझौता-वार्ता में बाधा पड़े। देखा नहीं, सैनडीस को रावलपिंडी से भागकर दिल्ली आना पड़ा, क्योंकि प्रधानमन्त्री ने कोई अनुपयुक्त बात कह दी थी। मैंने सुना है, इन्दिरा जी ने कहा है कि यह समझौता-वार्ता 'स्टिल बार्न चाइल्ड' है। मैंने प्रधानमन्त्री को पत्र लिखा है। आज वे मुझसे मिलने आएँगे। मैं उनसे अनुरोध करूँगा कि अभी वे कुछ भी न बोलें।"

मैंने कहा, "आप जो कहते हैं, वह ठीक है। गलत बात बोलने से कठिनाई पैदा होती है। मगर इस समझौते का आधार क्या होगा? अगर हमें वैली देनी पड़ी, तो लद्दाख के लिए हम लड़ेंगे कैसे? मेरा मत है कि अगर वैली पाकिस्तान को चली गई, तो हमारे देश की सेक्युलर बुनियाद ही खत्म हो जाएगी। अगर तीन लाख मुसलमानों को हिन्दू साम्राज्यवाद से बचाने के लिए वैली पाकिस्तान में मिला दी जाती है, तो पाँच

करोड़ भारतीय मुसलमानों की रक्षा का भार किस पर होगा? और श्रीमन्, मैं आपसे कहना चाहता हूँ कि यदि वैली चली गई, तो आपकी सरकार का लोग मजाक उड़ाएँगे। जनता आपकी सरकार का आदर करना छोड़ देगी। मुमकिन है, लोग आपका करेंसी नोट लेना भी इनकार कर दें।''

राष्ट्रपति मेरी बात सुनकर जरा विचलित हुए ओर बोले, ''नहीं, नहीं, वैली देने की कोई बात नहीं है। हम ज्यादा-से-ज्यादा इस बात पर विचार कर सकते हैं कि पूँछ देकर समझौता किया जा सकता है या नहीं।''

मैंने कहा, ''सुना है, जिला मीर का भी दो बटे तीन हिस्सा पाकिस्तान के पास है। अगर पाकिस्तान चाहे, तो इस इलाके पर भी विचार किया जा सकता है। अगर समझौते का आधार से दो जिले हों, तो समझौते के पक्ष में जनमत तैयार किया जा सकता है।''

राष्ट्रपति ने कहा, ''आग्रह अमेरिका की ओर से कम, ब्रिटेन की ओर से ज्यादा है।''

मैंने पूछा, ''जेनरल कौल कैसे निकले?''

राष्ट्रपति ने कहा, ''जेनरल चौधरी मेरे पास आए और बोले कि मेरा एक व्यक्तिगत अनुरोध है। कृपा करके आप प्रधानमन्त्री जी से अनुरोध कीजिए कि वे समस्या का विचार करें। प्रधानमन्त्री मानेकशा के प्रति अपने विरोध को कम कर दें और जेनरल कौल को छोड़ दें, तो इतने से स्थिति सुधर जाएगी। यह बात मैंने चह्वाण से कही और प्रधानमन्त्री से भी। प्रधानमन्त्री जी ने कहा, ''कौल अच्छे आदमी हैं। वे शराब नहीं पीते, सिगरेट भी नहीं पीते। सिविल सप्लाई के काम में उन्होंने काफी योग्यता का परिचय दिया था। लेकिन मानेकशा बिलकुल भिन्न प्रकार के अफसर हैं'।''

राष्ट्रपति बोले, ''मैंने प्रधानमन्त्री को समझाया कि जेनरल कौल के भीतर वैयक्तिक गुण हो सक्ते हैं। मगर विचार करने का विषय यह नहीं है। विचार तो इस बात पर करना है कि सेना किसको चाहती है, जवानों का विश्वास किसमें अधिक है। इसके दो दिन बाद चह्वाण मेरे पास आए और बोले कि ऑर्डर मैंने पास कर दिया। ऑर्डर पास किए बिना मैं आपके पास आ नहीं सकता था।''

मैंने पूछा, ''चीन के साथ अब आगे क्या करने का विचार है?''

राष्ट्रपति बोले, ''फ्रांस और जर्मनी सारे इतिहास में शत्रु रहे थे। लेकिन आज क्या हाल है? डि गाल जर्मनी की जय पुकारता है और लुबका फ्रांस की। भारत शान्तिवादी देश है। सैनिक शक्ति तो अब भारत को भी बढ़ानी ही है। लेकिन शान्ति का रास्ता छोड़ने में कल्याण नहीं है। श्रीभावो (श्रीलंका की प्रधानमन्त्री) आ रही हैं। उस समय मैं दिल्ली रहना चाहता हूँ। बाहर जाने का प्रोग्राम रद्द कर दूँगा। श्रीभावो को मैं बीस वर्ष से जानता हूँ। प्रधानमन्त्री अभिमानी (प्राउड) मनुष्य हैं। वे ढील नहीं

देंगे (विल नाट रिलेंट), न वे विनम्रता का कोई सन्देश भेजेंगे। यह अच्छी बात है। आखिर वे देश के प्रधानमन्त्री भी तो हैं। उन्हें तनकर ही रहना चाहिए। लेकिन मैं विनम्र मनुष्य हूँ। श्रीभावो के जरिये मैं चाऊ को यह सन्देश भेजना चाहता हूँ कि दोनों देशों के बीच शत्रुता को कायम रखना मूर्खता की बात है।"

मैंने कहा, "संसद के केन्द्रीय भवन में आपके खिलाफ भी लाबिंग है। लोग कहते हैं कि तेजपुर के दौरे के बाद अगर आपने यह वक्तव्य न दिया होता कि उपेक्षा (नेगलीजेंस) के कारण हमारी हार हुई है, तो प्रधानमन्त्री को पराजय के कारणों की छानबीन के लिए जाँच का आदेश देना नहीं पड़ता।"

राष्ट्रपति बोले, "मैंने दो शब्दों—क्रेडूलिटी और नेगलीजेंस—का प्रयोग किया था। क्रेडूलिटी के दो पक्ष हैं। प्रधानमन्त्री ने मेनोन का विश्वास किया और भारत ने चीन का। मगर तेजपुर में मुझे ऐसी बहुत-सी बातें सुनने को मिलीं, जिन्हें मैंने जनता के सामने नहीं खोला है। सैनिक मेरे चरणों पर यह कहते हुए गिर पड़े कि आप हमारे पिता के समान हैं और उन्होंने बहुत-सी बातें मुझे बताईं।"

मैंने निवेदन किया, "आपके बताए बिना ही सारा देश उन बातों को जान गया है। बहुत-से लोग असम गए हैं, बहुत-से सिपाही असम से वापस आए हैं। श्री गंगाशरण सिंह भी असम गए थे। क्या उनसे इधर आपकी भेंट हुई है?"

राष्ट्रपति ने हुँकारी भरी। मैंने कहा, "तब तो टस्कर प्रोजेक्ट की पूरी कहानी आपको मालूम होगी।"

राष्ट्रपति ने फिर से शान्ति और सद्भावना की बात चलाई। मैंने कहा, "श्रीमन्, आपको मालूम है कि इस चीनी आक्रमण की जवाबदेही किस पर है।"

राष्ट्रपति उत्सुक होकर बोले, "किस पर?"

मैंने कहा, "गांधी पर। यदि गांधी जी का अहिंसात्मक प्रयोग असफल हो गया होता, तो देश को लाचार होकर तलवार उठानी ही पड़ती। और तब युद्ध में हमारी वह दशा नहीं होती, जो आज है। यदि देख खड्गबल से स्वाधीन हुआ होता, तो हमारी सारी कमजोरियाँ, सारी कायरता उसी युद्ध में जलकर खाक हो गई होतीं। जब से आप दिल्ली आए हैं, आप हमेशा नैतिक संस्कार का उपदेश देते रहे हैं। राजेन्द्र बाबू भी नैतिकता पर ही जोर देते रहे। राजा जी भी नैतिक बल का ही बखान करते रहे। लेकिन इसका परिणाम क्या हुआ? जो थोड़ी-सी आग हमने गांधी जी के नेतृत्व में संचित की थी, वह भी बुझ गई। खुद मुझमें पहले जितनी आग थी, उतनी अब नहीं है। यह सब आप लोगों की संगति का प्रभाव है, ऊँची मनुष्यता प्राप्त करने की उमंग का नतीजा है। मुमकिन है, यह मेरी बढ़ती हुई उम्र का भी परिणाम हो, मगर यहाँ दिल्ली में हायर ह्यू मेनिटी, शान्ति और अहिंसा की बड़ी भारी तलाश है और आप लोग यही बात बार-बार बोलते हैं। उसका मुझ पर प्रभाव पड़ता है। मगर चीनी आक्रमण ने मेरी आँखें खोल दी हैं। यह स्पष्ट हो गया है कि शक्तिशाली शारीरिक

संस्कार के बिना भारत किसी भी ध्येय को प्राप्त नहीं कर सकेगा, और तो और, काफी शारीरिक शक्ति संचित किए बिना वह बच भी सकेगा या नहीं, इसमें मुझे सन्देह है। चीनी आक्रमण के बाद से मैं भारत का स्वप्न एक भिन्न देश के रूप में देखने लगा हूँ। आपके शिक्षा, संस्कृति और सूचना मन्त्रालयों को चाहिए कि वे एक नए मन्त्र के प्रचार में लग जाएँ। वह मन्त्र आत्मा नहीं, शरीर के उत्थान का मन्त्र है, जिससे यह देश शीघ्र से शीघ्र शरीर-बल का विकास कर सके। बुद्ध और गांधी ने जो कुछ दिया है, उसे हम फेंक नहीं देंगे, मगर केवल उसी को सिर पर लादे हुए चलते रहना अब सम्भव नहीं है।''

राष्ट्रपति के सामने मैं जरा जोश से ही बोल रहा था। उन्होंने मुझे टोका नहीं, बोलने दिया। अन्त में वे बोले, ''इधर आप काफी जोशीली कविताएँ लिख रहे हैं। एक कविता में आपने प्रधानमन्त्री को सलाह दी है कि वे भैंस बनकर भैंस का मुकाबला करें। लालबहादुर शास्त्री मुझसे कहते थे कि कविता लिखते-लिखते आजकल अक्सर आपको रक्तचाप चढ़ जाता है। आज मैं समझ गया कि रक्तचाप आपको क्यों चढ़ता है। क्षणिक आवेश में आकर आप भारत की सनातन परम्परा को छोड़ने को तैयार हो गए हैं। मगर आपका यह कहना ठीक है कि भारत को अपनी सामरिक शक्ति बढ़ानी चाहिए और सामरिक शक्ति अब बढ़कर रहेगी।''

राष्ट्रपति राधाकृष्णन् ने यह भी बताया कि आज से तीन वर्ष पूर्व राजेन्द्र बाबू ने उनसे कहा था कि पंडित जी से मैं राजनीति की बात करना नहीं चाहता। राजनीति की बात करते-करते वे उबल पड़ते (फ्लेयर अप) हैं। मगर मुझे ऐसी कोई कठिनाई नहीं होती। मैं जो कुछ करता हूँ, देश के लिए करता हूँ, खुद नेहरू के लिए करता हूँ। उन्हें समझाने का मेरा अपना तरीका है। अक्सर मैं जो कुछ चाहता हूँ, उसी का प्रस्ताव नेहरू से आता है, उनकी सरकार से आता है और मैं उसे स्वीकार कर लेता हूँ।''

पंडित जी ने मुझसे कहा था कि सन् 1955 में जब ख़ुश्चेव और बुलगानिन भारत आए थे, तब उन्होंने डॉक्टर राधाकृष्णन् से कहा था कि आज हमारा शत्रु जर्मनी है, मगर दस साल बाद हमारा शत्रु चीन होगा। प्रधानमन्त्री ने मुझसे यह भी कहा था कि रूमानिया के प्रधानमन्त्री भी चीनियों के स्वभाव के विरुद्ध बहुत कुछ कह रहे थे। मैंने ये बातें डॉक्टर राधाकृष्णन् से कहीं। उन्होंने ख़ुश्चेव और बुलगानिन वाली बात की सम्पुष्टि की।

चलते-चलते मैंने निवेदन किया, ''पंडित जी ने मुझसे कल कहा था कि मेरे बाद तुम्हारे देश में प्रजातन्त्र नहीं रहेगा, सैनिक शासन आ जाएगा। वह बात मैं आपके कान में डाल देता हूँ। प्रधानमन्त्री को चोट पहुँचाने वाली बात अब आप मत बोलिए।''

राष्ट्रपति बोले, ''क्या ऐसी बात है? प्रधानमन्त्री को सैनिक शासन की सम्भावना दिखाई पड़ने लगी है?''

8 जनवरी, 1963 (कलकत्ता)

20 दिसम्बर से डायरी लिखना बन्द रहा है। आज स्मृति से उल्लेखनीय घटनाओं को नोट कर रहा हूँ।

22 दिसम्बर, 1962 को 'परशुराम की प्रतीक्षा' नामक कविता आरम्भ हुई थी। चीनी आक्रमण से प्रेरित होकर कविताएँ मैंने कई लिखीं, लेकिन इस कविता में देश का पूरा क्रोध समा गया है। 25 दिसम्बर तक काफी पद लिखे जा चुके थे और उस दिन सन्ध्या समय उनका पाठ मैंने प्रोफेसर नर्मदेश्वर प्रसाद और सर्चलाइट के सम्पादक कल्हण के सामने कल्हण के घर पर किया था।

24 या 25 दिसम्बर को मनोरंजन बाबू मेरे घर पर (पटना) आए थे। उन्हें जब कविता सुनाई, उनके चेहरे पर असीम उत्तेजना फैल गई जिसमें कुछ घबराहट भी मिली हुई थी, शायद यह भाव कि दिनकर इतना दुस्साहस कैसे कर रहा है।

लेकिन मैं दुस्साहस कर रहा हूँ, ऐसा मुझे प्रतीत नहीं होता। कविता स्थिति के गूढ़ अंश से फूटी है, उसके मूल केन्द्र से उठी है। केन्द्र में जाने पर स्पष्ट ज्ञात होता है कि गलती बहुत भारी हुई है। लीडरों पर लोगों का ध्यान झट से इसलिए चला जाता है, क्योंकि वे लीडर हैं। नहीं तो दोषी तो सारा देश है और इस देश में वे भी शामिल हैं, जो धराधाम से जा चुके हैं।

'परशुराम की प्रतीक्षा' रोज ही लिखी जाती रही। कल तक लिखी गई है और आज उसका फाइनल प्रूफ भी मैंने पास कर दिया है। पटना में तिमंजले पर बैठ जाता था, रोता रहता था और कविता लिखता जाता था। अंग सिहरते थे, वेपथु और रोमांच होता था। एक रोज मनोरंजन जी आकर लौट गए। एक दिन ब्रजशंकर और सुहेल आकर लौट गए। और भी लोग लौटे होंगे।

28 दिसम्बर को पटना रेडियो में जाना पड़ा। जब तक मैं दिल्ली में था, किसी का भी ध्यान मेरी ओर नहीं गया था। अब दिल्ली चौंकी है। पटना पहुँचते ही काव्यपाठ के लिए तार आया, एमरजेंसी वार्ता के लिए तार आया। एक वार्ता पटना के लिए रेकार्ड करवा दी। काव्यपाठ का एक रेकार्ड दिल्ली के लिए करवा दिया। यह भी कह दिया कि मैं कलकत्ता जा रहा हूँ। दिल्ली को भी एमरजेंसी वार्ता की जरूरत हो, तो वह कलकत्ते में रेकार्ड करवाई जा सकती है।

27 दिसम्बर को कविता सुनने के लिए कुछ लोगों को घर पर बुलाया था। मथुरा, छबिनाथ, ब्रजशंकर, केसरी, किशोर शरण (आई.ए.एस. वाले), यशोधर झा, मनोरंजन जी, डॉक्टर उपेन्द्र आदि लोग पहुँच गए। संयोग से मेरे स्कूल मास्टरी के दिनों के सहयोगी मौलवी अनवार उद्दीन भी आ गए थे। मनोरंजन जी ने लोहित वाले पौराणिक प्रसंग की याद दिलाई।

कविता सुनाते समय किसी ने प्रश्न उठा दिया कि इस काव्य का शीर्षक

'भाग्य-पुरुष' होना चाहिए था परशुराम। केसरी ने कहा, रामलीला में परशुराम हुड्ड आदमी के रूप में दिखाए जाते हैं। अतएव नाम भाग्य-पुरुष ही ठीक रहेगा। मैंने समझा, केसरी यह कहना चाहता है कि परशुराम नाम से मिलिटरी डिक्टेटर को प्रेरणा मिलेगी। यह नाम मेरे लिए खतरा भी पैदा कर सकता है।

मौलाना अनवार उद्दीन ने भी कहा, परशुराम नाम मत रखिए। भाग्य-पुरुष अच्छा नाम है। मुझे लगा, मौलाना सामरिक हिन्दुत्व की गन्ध के कारण परशुराम के खिलाफ हैं।

सब सुनकर पंडित यशोधर झा बोले, कवि भी सत्य से विचलित हो गया, तो जाति के आगे अन्धकार है। दिनकर जी ने कविता का शीर्षक परशुराम नहीं रखा, तो समझा यह जाएगा कि वे भीरु हैं।

ओमप्रकाश भी कविता सुन रहे थे। वे कम्यूनिस्ट हैं। उन्होंने कहा, कविता से यह ध्वनि तो कहीं नहीं निकलती कि आवाहन मिलिटरी डिक्टेटर का किया जा रहा है। शीर्षक परशुराम रहे, इसमें मैं कोई दोष नहीं देखता।

28 दिसम्बर को रेडियो ले जाने को जब मुक्त जी आए थे, उनके साथ श्री ब्रजकिशोर नारायण भी आ गए थे। मैं कविता पढ़ता रहा और वे रोते रहे। इसी प्रकार यहाँ कलकत्ते में कामेश्वर शर्मा कमल ने भी रो-रोकर ही काव्य-पाठ सुना।

विचार यह था कि यह कविता 'कोयला और कवित्व' में जाएगी और उस संग्रह की आखिरी कविता होगी। लेकिन यह विचार 28 को ही बदल गया और मैंने निश्चय किया कि अब 'परशुराम की प्रतीक्षा' नाम से एक अलग संग्रह ही प्रकाशित किया जाए। तो लो भाई यशोधर जी, एक कविता का नाम क्या, पूरी पुस्तक ही परशुराम के नाम से निकल रही है। दिनकर पर भीरुता का कलंक अब तो नहीं लगाओगे?

29 या 30 मई को गंगा यहीं थे। जलपाईगुडी जाकर फिर वापस लौटे हैं। कविता उन्होंने कई बार सुनी है और दो-एक सुझाव भी दिए हैं।

पूरी कविता श्री लक्ष्मीचन्द्र जी ने भी सुनी। उन्होंने कहा, 'छागियो, करो अभ्यास रक्त पीने का', इस पंक्ति को आप निकाल ही दें तो अच्छा हो। बाद को चलकर आपको इसके लिए पश्चात्ताप हो सकता है।

मैंने कहा, पछताना तो बहुत पंक्तियों के लिए पड़ेगा। मगर यह पंक्ति बड़ी अनूठी है। इससे आगे चलकर यह सूचना मिलेगी कि एक बार भारतवर्ष को इतना क्रोध चढ़ा था कि उसका एक कवि ऐसी राक्षसी पंक्ति लिखने में भी लज्जित नहीं हुआ।

यहाँ कलकत्ते में भी मैंने 'परशुराम की प्रतीक्षा' का कई जगहों पर पाठ किया है। एक समारोह में तो ऐसा हुआ कि श्री जयदयाल जी डालमिया ने झुककर मेरे पाँव छू लिये। उन्होंने कहा, "मैंने कविता नहीं सुनी है, परशुराम का दर्शन किया है।"

31 जनवरी, 1963 (दिल्ली)

राष्ट्रपति राधाकृष्णन् से भेंट

स्वागत के उपरान्त राष्ट्रपति ने पूछा, ''कहिए, क्या समाचार हैं? लोग-बाग क्या सोच रहे हैं?''

मैंने कहा, ''तीन सवाल हैं, जिनके उत्तर मैं आपसे चाहता हूँ। (1) चीन फिर से आक्रमण कर रहा है या नहीं? (2) नए रक्षामन्त्री टिकते हैं या जाते हैं? (3) भारत अपमानित हुआ है या नहीं?''

राष्ट्रपति बोले, ''चीनी आक्रमण की तुरन्त तो कोई सम्भावना दिखाई नहीं देती है। इसके कई कारण हो सकते हैं। कुछ भय अमेरिका का है। कुछ यह बात कि रूस नाराज न हो जाए। फिर चीन को अपने समाजवादी रूप के कलंकित होने का भी भय हो सकता है।''

मैंने निवेदन किया, ''सबसे बड़ा डेटरेंट साम्यवादी जगत् का रुख है, जो अभी बर्लिन में देखने में आया। कोई बोले या न बोले, लेकिन यह बात स्पष्ट हो गई है कि रूस और यूरोप के साम्यवादी देश चीन की इस कार्रवाई से खुश नहीं हैं।''

रक्षामन्त्री चह्वाण के बारे में राष्ट्रपति ने बताया कि ''कोलम्बो प्रस्ताव की चर्चा में वे शामिल नहीं किए गए। सीमा-सड़क-संगठन के पहले प्रधानमन्त्री चेयरमैन और रक्षामन्त्री वाइस चेयरमैन हुआ करते थे। प्रधानमन्त्री अब भी चेयरमैन हैं, लेकिन रक्षामन्त्री अब वाइस चेयरमैन नहीं हैं। वह पद ही उन्मूलित कर दिया गया। लेकिन कृष्ण मेनोन अब भी उसके एक सदस्य हैं। इस सबका प्रभाव रक्षामन्त्री के लिए अनुकूल तो नहीं कहा जा सकता। फिर भी बातें उनके धीरज पर निर्भर करती हैं। अभी तुरन्त किसी संकट की सम्भावना नहीं है। रह गई अपमान की बात। सो अपमान तो भरपूर हुआ। इंडोनेशिया के सेनापति, बर्मा के डिक्टेटर और अमेरिका के सेनापति, सबका यह मत है कि भारत का अपमान ही नहीं हुआ, जो कुछ हुआ है, वह भारत की सामरिक पराजय के बराबर है।''

मैंने कहा, ''एक कहानी विचित्र निकली है। कहते हैं, पुलिस जब सुरजीत सिंह को गिरफ्तार करने गई, तब उन्होंने कहा, 'गिरफ्तार क्यों करते हो? सीजफायर आ रहा है।' यही बात बंगाल के एक कम्यूनिस्ट ने भी कही, जब पुलिस उसे पकड़ने गई थी। अनुमान लगाया जा रहा है कि सीजफायर होने की बात दिल्ली के एक बड़े मिनिस्टर को भी मालूम थी और वे इस उम्मीद में थे कि ऊँचे डिप्लोमेट की हैसियत से चीन के साथ वार्ता करने का सुयोग उन्हें ही मिलेगा और वे भारत को प्रो-चाइनीज कमिटमेंट में डाल देंगे। फिर पीकिंग, मॉस्को, दिल्ली का त्रिगुट बनेगा। लोग समझते हैं, उनके भीतर यह लोभ अभी भी है। इसीलिए वे चीनी आक्रमण को आक्रमण नहीं कह रहे हैं। अगर यह कहानी सच है, तब तो समझा यही जाएगा कि पंडित जी पर

प्रवंचना का प्रयोग किया गया है। क्योंकि पिछले दो वर्षों से पंडित जी का रुख चीन-विरोधी रहा है और प्रो-चाइनीज लोगों के लिए वे असुविधाजनक हो गए हैं।"

राष्ट्रपति ने कहा, "मैं इस कहानी का विश्वास नहीं करता हूँ।"

फिर राष्ट्रपति ने पूछा, "आपके ब्लड-प्रेसर का क्या हाल है? कविता तो आपने परशुराम पर लिख डाली है। परशुराम का अर्थ समझते हैं न? निष्कलुष वीरता, अनासक्त हत्या, धर्म को जीवित रखने के लिए तलवार का प्रयोग। किन्तु वह गांधी-मार्ग से भिन्न है।"

मैंने निवदेन किया, "जब मैं 'परशुराम की प्रतीक्षा' लिख रहा था, मुझे रक्तचाप कई बार चढ़ा था और आवेश में आकर मैं कई बार रोया भी था। हिंसा से मुझे बहुत घृणा कभी नहीं रही। हिटलर ने जब रूस पर चढ़ाई कर दी थी, तब मैं युद्ध का समर्थक बन गया था और सरकारी दफ्तर में बैठकर मैंने युद्ध प्रचार का काम किया था। लेकिन अभी तो मैं भूल गया हूँ कि मैं कांग्रेसी हूँ। कांग्रेस दल की ओर से संसद-सदस्य हूँ। अभी मैं केवल कवि के रूप में काम कर रहा हूँ। वही मेरा स्वधर्म है और उसी रूप में मैं प्रभावी भी हूँ। मैंने जितने भी ब्राडकास्ट किए हैं या भाषण दिए हैं, उनमें यही कहा है कि नेहरू के नेतृत्व को कमजोर मत होने दो, नहीं तो देश में भीतरी संकट भी खड़ा हो जाएगा। किन्तु कविताएँ लिखते समय मैं उस विचारधारा पर चोट कर बैठता हूँ, जिसे नेहरू ही नहीं, सभी लोग पकड़े हुए हैं। जरा इस पर तो विचार कीजिए कि विनोबा जी ने कहा है कि चीन का वापस लौट जाना अहिंसा की विजय है।"

विनोबा का नाम सुनकर राष्ट्रपति जरा विहँसे। फिर उन्होंने पूछा, "कविता में आपने क्या प्रधानमन्त्री की आलोचना की है?"

मैंने कहा, "प्रधानमन्त्री की आलोचना कहीं नहीं है। पिछली मुलाकात में मैंने आपको बताया था कि मैंने एक कविता में लिखा है कि दुश्मन भैंस बनकर मारने आवे, तो हमें भी भैंस बनकर उसका जवाब देना चाहिए। एक अन्य कविता में आक्रमण मैंने भाई-भतीजावाद यानी गोत्रवाद पर किया है, जो सारे देश में प्रतिभा की राह रोक रहा है, और जिसका जहर बिहार में हम कुछ ज्यादा ही महसूस करते हैं। चूँकि कौल भी काश्मीरी है, इसलिए एक कानाफूसी चल पड़ी है कि चोट मैंने पंडित जी पर की है। इस कानाफूसी से मुझे कुछ घबराहट होती है। मगर कविता पर मेरा इतना बस तो नहीं है कि उसे जिधर चाहूँ उधर मोड़ सकूँ। कविता जिधर जाना चाहती है, उसे उधर ही जाने देता हूँ।"

राष्ट्रपति जरा गम्भीर हो गए, फिर बोले, "काश, मैं हिन्दी जानता और आपकी कविताएँ पढ़ सकता। मगर दिल्ली में आपने जो तहलका (कोमोशन) मचा रखा है, उससे मैं स्पष्ट देख रहा हूँ कि आप समर्थ कवि हैं। मेरा आशीर्वाद है कि आपकी सामर्थ्य और भी बढ़े। कवि निर्भीक नहीं रहा, तो कविता पवित्र और शक्तिशालिनी नहीं होगी।

मैंने कहा, "कम्यूनिस्ट और गांधीवादी जहाँ-तहाँ मेरी निन्दा करते हैं, मगर आम जनता तो 'परशुराम की प्रतीक्षा' से बहुत ही खुश हैं। यह जानकर मुझे और खुशी है कि मेरी कविताओं की चर्चा आप लोगों के धरातल तक पहुँच रही है। कम्यूनिस्ट और गांधीवादी तो मुझसे नाखुश हैं ही, मेरे कई सरकार-परस्त दोस्त भी मेरे कान में तरह-तरह की बातें डालते रहते हैं। अच्छा हुआ कि 23 जनवरी को लालकिले के कवि-सम्मेलन में मैंने वह कविता सुना दी। उस समय गृहमन्त्री श्री लालबहादुर शास्त्री भी सम्मेलन में मौजूद थे।"

सेंट्रल हॉल में हर सदस्य यही सोचता है कि अभी पंडित जी के नेतृत्व में विश्वास जोर से प्रकट किया जाना चाहिए। देश विपत्ति में है। ऐसे में विदेशी ताकतें हमें भटका दे सकती हैं।

22 दिसम्बर को महाराष्ट्र सचिवालय में और 23 दिसम्बर को बारडोली में राष्ट्रपति ने जो भाषण दिए हैं, उन्हें लोगों ने नेहरू-विरोधी समझा है। आज यह जानकर मुझे सन्तोष हुआ कि राष्ट्रपति भी चाहते हैं कि प्रधानमन्त्री के नेतृत्व को सुदृढ़ बनाकर रखना चाहिए।

बातों-बातों में श्री हरेकृष्ण मेहताब की चर्चा निकल पड़ी। मैंने कहा, "श्री मेहताब के एक मित्र ने उनसे यह कहा है कि दिनकर जी आपकी लाबी की तारीफ तभी तक करते हैं, जब तक यह लाबी प्रधानमन्त्री के विरोध पर अंकुश लगाती है। आपकी लाबी अगर प्रधानमन्त्री को हटाना चाहेगी, तो दिनकर जी आपके विरुद्ध हो जाएँगे। मेहताब साहब ने मुझसे पूछा, तो मैंने सकार लिया कि हाँ, मेरा यही भाव है। इस पर मेहताब साहब ने पूछा, 'आप कैसे जानते हैं कि हम लोग प्रधानमन्त्री को हटाना चाहते हैं?' मैंने कहा, 'इसका कोई प्रमाण नहीं है, न मैं आप पर ऐसा कोई लाँछन लगाता हूँ। मगर मेरा भाव यही है कि प्रधानमन्त्री के खिलाफ जो एक कमजोर-सी लाबी पैदा हो रही है, उसे जन्म नहीं लेने देना चाहिए'।" राष्ट्रपति ने कहा, "आप सही रास्ते पर हैं। मैं भी इसी मत का हूँ।"

चलने से पूर्व राष्ट्रपति से मैंने कहा, "पिछली मुलाकात के बाद से आपने देश के बाहुबल के विकास पर काफी जोर दिया है। यह क्रम और भी चलाइए। भारत का मन निवृत्ति से काफी आच्छादित रहा है। निवृत्ति में भी सचाई जरूर है, मगर अभी तो देश को प्रवृत्ति का ही पाठ पढ़ाना ठीक है।"

दूसरी बात मैंने यह कही कि सेना को अधिकार नहीं लेना चाहिए। पंडित जी को आशंका है कि उनके मरने के बाद सेना अधिकार सँभाल ले सकती है। उनकी बात से मैं भयभीत हो गया हूँ। सेना ने अगर अधिकार ले लिया, तो इससे सेना खराब हो जाएगी और भारत के हाथ में एक भी बल नहीं रह जाएगा। प्रजातन्त्र के खिलाफ देश में जहाँ-तहाँ भारी असन्तोष है। मगर वह क्षणिक निराशा से निकला है। अपनी सड़ी-गली जमहूरियत को हम जुगाकर रख सकें, तो देर-अबेर उसी से हमारा उद्धार होगा।"

राष्ट्रपति के मन पर इधर मेरे कवि-रूप का अच्छा प्रभाव पड़ा है। आज वे बोले, "आपकी कविताओं का अनुवाद अंग्रेजी में निकलना चाहिए।" मैंने कहा, "मेरा किया हुआ अनुवाद सुपाठ्य नहीं होता है और जो लोग सुपाठ्य अनुवाद कर सकते हैं, उन्हें मेरी कविता से परिचय नहीं है।"

5 फरवरी, 1963 (पटना)

राजेन्द्र बाबू से आखिरी मुलाकात

राजेन्द्र बाबू के लिए सदाकत आश्रम के पास एक नया मकान बनवाया गया है। दिल्ली से निवृत्त होने के बाद जब वे पटना आए, वे सीधे पुराने सदाकत आश्रम में चले गए और कई महीने उसी मकान में रहे। जब से वे नए मकान में आए हैं, मैं उनसे मिल नहीं सका था। आज भी गंगाशरण सिंह और श्री बसावन सिंह के साथ मैं राजेन्द्र बाबू से मिलने को गया। हम लोगों के पहुँचने पर वहाँ बाबू नथुनी सिंह भी आ गए। एक सेक्रेटरी और दो नर्सें राजेन्द्र बाबू की सेवा के लिए नियुक्त हैं। कहाँ दिल्ली का विशाल राष्ट्रपति भवन और कहाँ यह छोटा-सा मकान! फिर भी राजेन्द्र बाबू को आराम में देखकर सन्तोष हुआ। आराम वे पुराने सदाकत आश्रम में भी पा लेते थे।

दिल्ली से चलने के समय भी राजेन्द्र बाबू स्वस्थ नहीं थे, किन्तु उस समय चेहरा उनका पुष्ट था। आज वे कुछ दुबले-से दिखाई दिए। मिजाज के बारे में पूछने पर वे बोले, "और तो सब ठीक है, पाँवों में बल नहीं है। कई साल से कोर्टजन के सहारे जी रहा हूँ और कोर्टजन ने ही पाँवों की यह हालत कर दी है।" इतना कहकर राजेन्द्र बाबू पलंग से उठकर छोटी-सी चौकी पर बैठ गए और बोले, "देखा न? बड़े पलंग पर पाँव लटकाकर बैठूँ तो उठ सकता हूँ। थोड़ी ऊँचाई की खाट या चौकी पर बैठूँ, तो उठा नहीं जाता है।" और सच ही, वे कोशिश करने पर भी चौकी से उठ नहीं सके। तब सेक्रेटरी भाटिया ने उन्हें सहारा देकर चौकी से उठाया और वे खुद ही पलंग पर बैठ गए।

राजेन्द्र बाबू सन् 1960 ई. में दिल्ली में बहुत जोर से बीमार पड़े थे। बचने की उम्मीद नहीं थी। दिल्ली और बम्बई के बड़े-बड़े डॉक्टर आए थे। उनका विचार ऑपरेशन करने का था। लेकिन पटना के दो डॉक्टरों—टी.एन. बनर्जी और रघुनाथ शरण—ने ऑपरेशन नहीं होने दिया। बाद को लोगों ने समझा, ऑपरेशन हो जाता तो मृत्यु की ही सम्भावना अधिक थी। राजेन्द्र बाबू ने उस बीमारी का जिक्र किया और कहा, "बच जाना कोई खास अच्छा नहीं हुआ। बचने की जरूरत क्या थी?" गंगा ने कहा, "बचने की जरूरत थी और अब भी है।" इतनी देर में बाबू महामाया प्रसाद भी आ गए।

फिर चीनी आक्रमण के बारे में बातें होने लगीं। राजेन्द्र बाबू इस बात से खुश थे कि आक्रमण के समय सारा देश एक होकर उठा था। ऐसी ही एकता देश में हर समय बनी रहनी चाहिए।

चीनी आक्रमण से पूर्व जुलाई में दिल्ली में अणुबम विरोधी अन्तर्राष्ट्रीय सम्मेलन हुआ था। उसका उद्घाटन करने को राजेन्द्र बाबू पटना से दिल्ली गए थे। उस समय उन्होंने कहा था कि भारत को अपनी ओर से यूनिलेटलर निःशस्त्रीकरण कर देना चाहिए। फिर जब चीनी आक्रमण हुआ, तब पटना के गांधी मैदान में राजेन्द्र बाबू ने कहा था, "भारत को चाहिए कि वह तिब्बत को स्वाधीन करवा दे।" मैं दोनों सभाओं में मौजूद था। इन दोनों वक्तव्यों के बीच जो विरोधाभास है, वह मुझे खटकता रहा है। मन में हुआ कि राजेन्द्र बाबू से पूछ ही लूँ कि इन विरोधों का समाधान क्या होगा। मगर गम्भीर प्रश्न उठाकर उन्हें गम्भीर बनाना अच्छा नहीं लगा।

राजेन्द्र बाबू ने बताया कि चीन ने 1960 ई. में जितनी भूमि पर दावा किया था, सन् 1962 के हमले के क्रम में भी वह उसी हद में रहा। यह मर्यादा उसने अवश्य पाली है। चुसुल उसके दावे में नहीं था, चुसुल वह गया भी नहीं। नेफा में फुटहिल तक उसका दावा था, वहीं से वह लौट भी गया। राजेन्द्र बाबू ने भाटिया से नक्शे मँगवाकर ये सारी बातें हम लोगों को समझाईं।

राजेन्द्र बाबू से किसी ज्योतिषी ने कहा है कि चीन का दूसरा हमला अगले 19 मार्च को होनेवाला है। राजेन्द्र बाबू से हमें यह भी मालूम हुआ कि सन् 1958 ई. के बाद से चीन बराबर कहता आया था कि नेफा में हम अपना दावा खत्म कर सकते हैं बशर्ते कि अकसाई चीन हमें दे दो।

यही बात मुझसे डॉक्टर राधाकृष्णन् ने भी कही थी। चीन अकसाई चीन लेकर नेफा पर अपना दावा खत्म करने को तेयार है।

फिर गंगा ने कहा कि तुम्हारी नई कविता 'परशुराम की प्रतीक्षा' बाबू ने नहीं सुनी है। आज अच्छा मौका है। कविता इन्हें सुना दो।

राजेन्द्र बाबू को 'परशुराम की प्रतीक्षा' मैंने पूरी-की-पूरी सुना दी। कविता सुनने को भाटिया तो आए ही, दोनों नर्सें भी आ गईं। मगर नर्सें तुरन्त चली गईं। कविता शायद उनकी समझ में नहीं आ रही थी।

राजेन्द्र बाबू कविता बड़े ध्यान से सुनते रहे और जहाँ-जहाँ अन्धी हिंसा की बात आई, वे मूँछों में मुस्कुराते रहे। जब मैंने पढ़ा :

असि छोड़ भीरु बन जहाँ धर्म सोता है,
पातक प्रचंडतम वहीं प्रकट होता है।

तब राजेन्द्र बाबू की स्मिति कुछ अधिक प्रखर हो गई। यह स्मिति समर्थन की स्मिति नहीं थी। कविता वे इस भाव से सुन रहे थे कि कवि का क्रोध जब सीमा का उल्लंघन करता है, वह तब भी खूबसूरत होता है। और मैं इस भाव से सुना रहा था

कि गांधी-परम्परा में भी इस क्रोध का औचित्य है। गांधी और बुद्ध को बचाने के लिए उस खड्ग की आवश्यकता है, जिस खड्ग को उनके अनुयायी निंदित बताते हैं।

राजेन्द्र बाबू को कविता मैंने पूरे जोश से सुनाई, मुझे किसी प्रकार का संकोच नहीं हुआ। यदि खड्ग का नाम लेना पाप है, तो मैं मध्यम कोटि का गांधीवादी हूँ, क्योंकि मेरे जीवन-दर्शन पर गांधी जी का भारी प्रभाव है। अगर गांधी-धर्म आत्मरक्षा से तलवार उठाने को पाप नहीं समझता, तो मैं भी उत्तम कोटि का गांधीवादी हूँ।

5 मार्च, 1963 (दिल्ली)

बहुत-सी नारियाँ इस भ्रम में रहती हैं कि वे प्यार कर रही हैं। वास्तव में वे प्रेम किए जाने के कारण आनन्द से भरी होती हैं। चूँकि वे इनकार नहीं कर सकतीं, इसलिए यह समझ लेती हैं कि हम प्रेम कर रही हैं। असल में यह रिझाने का शौक है, हलका व्यभिचार है। प्रेम का पहला चमत्कार व्यभिचार को खत्म करने में है, पार्टनर के भीतर सच्चा प्रेम जगाने में है।

8 मार्च, 1963 (दिल्ली)

ऐसी औरतें हैं जिन्होंने प्रेम किया ही नहीं है, लेकिन ऐसी औरतें कम हैं, जिन्होंने प्रेम केवल एक ही बार किया हो।

जब प्रेम मरता है, तब बची हुई चीज ग्लानि होती है, पश्चात्ताप होता है।

प्रेम आग है, जलने के लिए उसे हवा चाहिए। आशा और भय के समाप्त होते ही प्रेम समाप्त हो जाता है।

सुखमय विवाहित जीवन सम्भव है। स्वादमय विवाहित जीवन सम्भव नहीं है।

प्रेम का नाम नहीं सुनते, तो बहुत-से लोग हैं, जो प्रेम में नहीं पड़ते। कवियों और उपन्यास-लेखकों ने प्रेम का प्रचार किया है।

7 मई, 1963 (दिल्ली)

जो पद हमें नहीं मिला है, अपने को उसके योग्य सिद्ध करना आसान है, किन्तु जिस पद पर हम हैं, उसकी योग्यता सिद्ध करना बड़ा कठिन काम है।

सज्जन तो गुणों का आदर करते हैं, मगर जनता सौभाग्य का आदर करती है।

छलपूर्ण प्रशंसा से उपयोगी आलोचना श्रेष्ठ है, मगर कम ही लेखक उसे पसन्द करते हैं।

महापुरुषों की कीर्ति उन साधनों से नापी जानी चाहिए, जिनका प्रयोग कीर्ति पाने के लिए किया गया है।

एकान्त में भी इस प्रकार का आचरण, मानो सारा संसार हमें देख रहा हो, यह पुण्य की पहचान है।

कुछ लोग लोकप्रिय गीत के समान होते हैं। ऐसे गीत को कुछ दिन गाकर लोग फिर सदा के लिए भूल जाते हैं।

जैसे-जैसे उम्र बढ़ती है, आदमी के ज्ञान के साथ उसकी मूर्खता में भी वृद्धि होती है।

विरह छोटे प्रेम को संकीर्ण और बड़े प्रेम को विस्तृत बनाता है। तूफान दीये को बुझा देता है, किन्तु होली की आग को खूब भड़काता है।

जिसे प्यार करना छोड़ दिया, उसे फिर से प्यार करना मुश्किल काम है।

जवानी बुद्धि के बुखार का नाम है।

जो प्रसिद्धि तुम्हें मिली है, वह इस बात की प्रतिज्ञा है कि तुम और भी प्रसिद्धि प्राप्त करोगे।

8 मई, 1963 (दिल्ली)

हम उन्हें खूब चाहते हैं, जो हमारी प्रशंसा करते हैं, किन्तु जिनकी हम प्रशंसा करते हैं, उन्हें हम चाहते भी हैं या नहीं, यह बताना बहुत कठिन है।

रुपए से घृणा करने वाले लोग भी उसे छोड़ना नहीं चाहते।

लोग छोटे दोषों को यह दिखलाने को स्वीकार करते हैं कि उनमें बड़े दोष नहीं हैं।

औरतें अपनी वासना को काबू में ला सकती हैं, मगर अपनी रिझाने की प्रवृत्ति को वे रोक नहीं सकतीं।

प्रेम में पागल हो जाना किसी हद तक ठीक है, बेवकूफ बनना बिलकुल ठीक नहीं है।

कुछ लोगों के मरने पर विलाप कम होता है, लेकिन लोग याद उन्हें ज्यादा करते हैं। और कुछ ऐसे होते हैं, जिनके मरने पर विलाप बहुत होता है, लेकिन लोग याद उनकी कतई नहीं करते।

ऐसी सती नारियाँ कम हैं, जो अपने जीवन को बेस्वाद नहीं मानती हों। ये नारियाँ उस खजाने के समान हैं, जो सुरक्षित इसलिए हैं क्योंकि वह गड़ा हुआ है। यानी इसलिए कि उसका पता किसी को चला ही नहीं है।

टुच्चे लोगों की एक पहचान यह भी है कि जिसके समान बनना उनकी सामर्थ्य के बाहर की बात है, उसकी वे हमेशा निन्दा करते रहते हैं।

16 मई, 1963 (दिल्ली)

कौन आदमी है, जो सचमुच महान गुणों के साथ पैदा हुआ है? पहचान यह है कि उसमें ईर्ष्या है या नहीं।

कम ही औरतें ऐसी हैं, जो मित्रता से सन्तोष मानती हैं। जिन्हें प्रेम का रस मिल गया है, उन्हें मात्र मित्रता फीकी लगती है।

शत्रु का अनुमान अपने बारे में मेरे अपने अनुमान की अपेक्षा अधिक सत्य है।

आदिकांड में नारी प्रेमी से प्रेम करती है। उसके बाद वह प्रेमी से नहीं, प्रेम से प्रेम करने लगती है।

प्रेम और सतर्कता, ये साथ नहीं चल सकते। जैसे-जैसे प्रेम में वृद्धि होती है, सतर्कता खत्म होने लगती है।

जब हम अपनी आलोचना करते हैं, तब हमारी इच्छा होती है कि लोग हमारी बड़ाई करें।

युवकों को चाहिए कि अपने आपका खयाल वे बहुत ज्यादा न करें। मगर बूढ़ों को सब छोड़कर अपना ही खयाल करना चाहिए।

सूर्य जब सारी दुनिया को रोशनी से भर देता है, तब वह सन्ध्या समय अपनी सारी किरणें अपने भीतर समेट लेता है, जिससे वह खुद को भी प्रकाशित कर सके।

रूसो ने कहा था कि ज्ञान प्रकृति के विरुद्ध है। निज और पर का भेद ज्ञान से ही उत्पन्न हुआ है। हव्वा पहले लजाती नहीं थी। ज्ञान के वृक्ष का फल चख लेने के बाद उसे लज्जा का भान हुआ।

18 मई, 1963 (दिल्ली)

क्लासिक कवि वह है, जो प्राचीन काल के प्रसिद्ध महाकवियों के साथ खड़ा होने की सामर्थ्य रखता है और जिसकी अपील केवल अपने ही काल तक सीमित नहीं रहकर दूरस्थ भविष्य के लिए भी है।

वालतेयर ने कहा था कि कोई भी कविता या कोई भी वाक्य, जिसे समझाने की जरूरत महसूस होती हो, ऐसी चीज नहीं है, जिसे समझाने की जहमत उठाई जाए।

जो समाज अपनी औरतों को परदों में बन्द रखता है और जो समाज उन्हें घूमने-फिरने की आजादी देता है, उन दोनों की कविताएँ अलग-अलग ढंग की होंगी।

सुन्दरता के बारे में तर्क जितना ही अधिक किया जाएगा, उसकी अनुभूति उतनी ही कम होगी।

कवि होना उस शुद्ध, जीवन्त बर्बर के समान बनना है, जो सोचना नहीं, केवल अनुभव करता है, फील करता है, जिसके भीतर विचार नहीं होते, केवल बिम्ब या चित्र होते हैं।

जिसे जीनियस कहते हैं, शास्त्र उसकी परिभाषा नहीं गढ़ सकते। काँट ने कहा था, जीनियस उस प्रतिभा का नाम है, जिसके जरिए प्रकृति कला के नियमों का निर्धारण करती है।

20 मई, 1963 (पटना)

आज मुखौटे पर रिल्के की मार्मिक उक्ति पढ़ी।

हर आदमी के कई चेहरे होते हैं। कुछ लोग सालों तक एक ही चेहरा पहने रहते हैं। इस चेहरे का घिस जाना स्वाभाविक है। वह गन्दा हो जाता है, मुड़ जाता है, फट जाता है।

मितव्ययी लोग चेहरे नहीं बदलते, न उसे धोते, न साफ करते हैं। वे समझते हैं, चेहरा अच्छा है। मगर चेहरा बुरा हो गया है, यह बात उन्हें कौन समझाए?

जिनके पास चेहरे बहुत हैं, उन्हें कठिनाई होती है। एक को तो पहन लिया। बाकी का क्या करें? बाकी चेहरे बाल-बच्चे पहनेंगे या घर का कुत्ता भी एकाध को पहनकर निकल सकता है।

कुछ लोग फिजूलखर्ची करते हैं। वे सोचते हैं, चेहरों से सारा गोदाम भरा हुआ है। जितना भी पहनो, वे घटेंगे नहीं। मगर पचास की उम्र होते-होते उन्हें भी लगने लगता है, चेहरों का स्टाक खत्म हो गया।

21 मई, 1963 (पटना)

क्या यह सम्भव है कि हजारों साल के इतिहास में, कभी भी कोई बात न तो देखी गई है, न जानी गई है, न कही गई है?

हाँ, यह सम्भव है।

क्या यह सम्भव है कि अपनी उन्नति, विकास, संस्कृति, धर्म और विश्वज्ञान के बावजूद हम अभी भी जीवन की ऊपरी सतह से नीचे नहीं उतरे हैं? क्या यह सम्भव है कि ऊपरी सतह को भी हमने कोरी नीरस चीजों से भर दिया है?

हाँ, यह सम्भव है।

क्या यह सम्भव है कि मानव इतिहास को समझने में हमने भूल की है? अतीत के बारे में हमारी धारणाएँ गलत हैं, क्योंकि हमारा ध्यान समूह पर रहा है, उस एक पर नहीं, जिसके चारों ओर यह समूह चक्कर काटता है?

हाँ, यह सम्भव है।

क्या यह सम्भव है कि जिसे हम जानते हैं, वह अब भी अनजाना है, जिस उद्यान को हम देखते हैं, वह अब भी अनदेखा है?

हाँ, यह सम्भव है।

क्या यह सम्भव है कि जिस अतीत में हम इतने जोर से विश्वास करते हैं, वह कभी था ही नहीं? क्या यह सम्भव है कि हम सभी वास्तविकताओं से छिन्न ठीक उसी तरह जी रहे हैं, जैसे सूनी कोठरी में घड़ी टिक-टिक करती है?

हाँ, यह सम्भव है।

यदि ये बातें सम्भव हैं, तो इस दुनिया के लिए कुछ-न-कुछ किया जाना चाहिए।

मगर वह आदमी कहाँ है, जिसके भीतर शान्ति भंग करनेवाले ये विचार उठे हैं?

काम तो उसी को करना है, चाहे वह कितनी भी छोटा या नगण्य क्यों न हो।

23 मई, 1963 (पटना)

मैं बहुत बेचैन हूँ। चाहता हूँ कि कोई आकर कान में कह दे, 'तुम बेचैन क्यों हो? कुछ भी नहीं हुआ है।'

22 जून, 1963 (पटना)

थकी हुई, जर्जर मनोदशा की एक कविता, जो कविता नहीं बन सकी। गृह कलह के दाह से भस्म हो रहा हूँ। रक्तचाप रोज चढ़ता है। रात में नींद नहीं आती। रह-रहकर कमरे से बाहर निकलकर टहलने लगता हूँ। तब भी शान्ति नहीं मिलती। तब विचारों के जगत् में भाग जाता हूँ। ऐसी ही मुद्रा में कल रात यह कविता लिखी गई।

जगा हुआ आदमी

नव युग की तराई में काँटे और फूल हैं।

ओ इस उद्यान में घूमनेवाले प्राणियो,
घूमते-घामते कभी उस व्यक्ति पर भी
तुम्हारी दृष्टि पड़ी है,
जो तुम्हारे बीच जन्म लेकर भी
तुमसे दूर है;
जैसे देवदार की फुनगी
उसकी जड़ से दूर होती है;
जैसे गौरीशंकर की चोटी
हिमालय के कटक से दूर है;
जैसे महत्तम गणित के औसत से

दूर होता है?

चोटी!
हाँ, तुम तलहटी में हो
और वह अपने चरणों से
चोटी को रौंद रहा है।
तुम धरती के आँगन में सुरक्षित
और क्रीड़ा-निमग्न हो।
वह धरती के छोर पर
पाँव लटकाकर बैठा हुआ है;
धरती का वह छोर, जिसके आगे कुछ नहीं है।

तुम अतीत में बसते हो,
वह भविष्य के गह्वर से आया है।

तुम्हारी चेतना के सात अंश
अकूल सागर में निमग्न हैं।
उसकी चेतना के आठों अंश
पानी के ऊपर आ गए हैं।

चेतना का जागरण बड़ा ही क्रूर होता है।
अच्छे हो तुम, जिसकी चेतना का अधिकांश
सोया हुआ है।

अच्छे हो तुम, जो काल के हृदय की
निस्सीमता को नहीं देख सकते।

अच्छे हो तुम, क्योंकि समृद्धि तुम्हें दंश नहीं मारती,
कामिनी तुम्हें भुलाए रखती है
और कीर्ति की गुदगुदी
तुम्हें दर्द तक जाने नहीं देती।

लेकिन सारी चेतना को अन्धकार से खींच कर
ऊपर लाने वाले उस अभागे को देखो,
वह कितना विषण्ण और निःसंग है!

अन्धकार से बाहर निकलने की हर कोशिश
अपने-आपको उस आनन्ददायिनी जड़ता से
छुड़ाने का प्रयास है, जो मनुष्य को अपनी
गोदी में निश्चेत और प्रसन्न रखती है।

अन्धकार से बाहर निकलने का हर प्रयास
मनुष्य को इतिहास की गोद से अलग कर देता है।
इतिहास के पेट से जनमा यह प्राणी
अनैतिहासिक हो गया है।

उसका निर्मोक छूटा है अथवा वह परम्परा
के बन्धन से छिन्न है?

वह जहाँ खड़ा है, वह तो शून्यता का कल है।
क्या आगे की चीजें इसी शून्यता से
जन्म लेंगी?

परम्परा से टूट जाना पाप है।
अनैतिहासिक होना भी पाप है।
तो क्या यह जगा हुआ आदमी भी पापी है?

नहीं,
उसने पान नहीं किया है।

वह चेतना के सभी सोपानों पर पाँव धरता
आया है।

अतीत की कर्मभूमि में उसके लिए जो
कर्त्तव्य थे, उन्हें उसने पूरा कर दिया।

बढ़ता-बढ़ता अब वह चेतना के उच्चतर
शिखर पर आ पहुँचा है।

इस शिखर से नीचे की धरती का कोई

मिलान नहीं है।
यह आदमी गूँगा हो गया है, क्योंकि वह
अगर बोलेगा, तो नीचे के लोग उसकी
हँसी उड़ाएँगे।

केवल अतीत के तिरस्कार से वर्तमान
की चेतना उत्पन्न नहीं होती।

आगे की ओर छलाँग भरने के लिए
थोड़ा पीछे जाना ही पड़ता है।

इसीलिए यह आदमी अपने को आधुनिक
नहीं कहता, पुराना ही समझता है।

ऐसा मत कहो कि हम इतिहास की पूर्णता हैं,
हम अनन्त शताब्दियों की आशा की पूर्ति हैं।

वास्तव में हम रिक्तता की प्रतिमा हैं, हममें
आकर मानवता की आशाएँ झूठी हो गई हैं।

हम इतिहास की पराजय के लेख हैं।

हम चरम परिणति भी हैं और चरम ह्रास भी।
ठीक विज्ञान और प्रविधि की तरह
जो पूर्णता भी है और विनाश भी।

सुनिश्चितता की खोज करते-करते हम
सन्देह के गर्त में गिर गए।

भीतर का जीव जो कुछ चाहता है,
उसे बाहर का जीव नहीं चाहता।
इसीलिए हम अपने आप
से लड़ाई लड़ रहे हैं।

19 जुलाई, 1963 (मद्रास)

घर को आग ने चारों ओर से पकड़ लिया। मेरा दुर्भाग्य खड्ग खोलकर मेरे सामने खड़ा है। दो महीनों तक मैं उस घर में दम साधकर बैठा रहा, जिससे विकराल लपटें निकल रही हैं। अन्त में जब यह दिखाई पड़ा कि अब जलकर खाक हो जाऊँगा, तब घर छोड़कर मद्रास भाग आया हूँ। केदार तो डालमिया नगर में होंगे। विभा को होस्टल में रख आया हूँ। परसों पांडिचेरी में था। कल यहाँ आते ही तार मिला कि पोता हुआ है। पोता हो, इस आशा में उम्र बीत गई। अब जब वह जनमा है, मैं घर भी नहीं जा सकता।

वैराग्य का अनुवाद श्री अरविन्द ने रिननशियेसन नहीं, डिसगस्ट विद लाइफ किया है। उसी डिसगस्ट के मारे मैं घर छोड़कर भागा-भागा फिरता हूँ। ऐसे में मृत्यु आ जाए, तो उसे मैं वरदायिनी समझूँगा। लेकिन मृत्यु बुलाने पर नहीं आती। उसे जिस दिन आना होगा, वह बिना बुलाए ही आ जाएगी।

इन्द्रकुमार से मैंने अपनी सारी व्यथा कही। वह कहता है, धीरज से रहिए, सब ठीक हो जाएगा। मगर मैं जानता हूँ कि ठीक कुछ भी नहीं होगा। इलाहाबाद के मैसूरवाले ज्योतिषी का कथन याद आता है। हे भगवान, मेरी और मेरे बेटे की रक्षा करो।

25 जुलाई, 1963 (दिल्ली)

मद्रास गया था कलकत्ता होकर, वहाँ से लौटना हुआ हैदराबाद होकर। हैदराबाद में कवि-सम्मेलन था। मैं वहाँ पहुँचा मद्रास से, बच्चन जी पहुँचे दिल्ली से। हम दोनों एक ही कमरे में एक होटल में ठहराए गए। मेरे दिमाग में खंजर घूम रहा है, कलेजे में आग धधक रही है और शरीर छीज रहा। मैं बीमार भी हूँ। होटल में मैं चादर लपेटकर लेटा हुआ था। इतने में बच्चन के कोई प्रेमी आ गए। उन्होंने कहा, "आप दोनों आज शाम को मेरे घर पर पधारिए, वहाँ एक गोष्ठी का मैंने आयोजन किया है।" मैं मुँह ढँके हुए था। मैं चुप ही रहा। बच्चन ने उनसे कहा, "दिनकर जी बीमार हैं। मैं भी थका हुआ हूँ। अभी तो छोड़ दीजिए, आगे कभी बुला लीजिएगा। हवाई जहाज से यहाँ से दिल्ली की यात्रा पाँच सौ रुपए में हो जाती है।"

वे सज्जन चले गए। मैंने समझा, बात खत्म हो गई। लेकिन शाम को जब बच्चन और मैं हवाई अड्डे के लिए रवाना हुए, किसी ने मेरे हाथ में एक छपा हुआ पर्चा रख दिया, जिसमें लिखा था कि बच्चन जी ने शर्त लगा दी कि पाँच सौ रुपए घर दो, तब तुम्हारी गोष्ठी में चलूँगा। बच्चन ने कागज पढ़कर उसे बाहर फेंक दिया और कहा, "हिन्दी कवियों के भाग्य में यही सब बदा है।"

मन बहलाने के लिए मैंने लारेंस की कविताओं का आधार लेकर कविताएँ लिखना शुरू किया है।

26 अगस्त, 1963 (दिल्ली)

अलडूस हक्सले की किताब 'द जीनियस एंड द गाडेस' में से एक प्रकृति वर्णन :

"वर्षा के बाद पत्ते धूप में हीरों की तरह चमक रहे थे। उजले बादल क्षितिज पर इस तरह शोभित थे, मानो माइकेल एंजेलोने अपनी प्रसन्नता और अतिमानसी शक्ति के जागरण के समय कोई स्वप्न देखा हो। प्रत्येक पुष्प किसी प्रेमिका के मुख के समान था और उसकी गन्ध परलोक के संवाद-जैसी थी। कल्पना की उंगली ने छूकर देखा। फूलों के दल में प्रेमिका की त्वचा की सजीवता थी।"

30 अगस्त, 1963 (दिल्ली)

आग लगे, तो नदी में कूद जाओ, कोई पीटने लगे, तो कुंज में छिप जाओ और दाह अगर मनोवैज्ञानिक हो, तो खिसककर कल्पना में चले जाओ। मैंने कल्पना में शरण खोजने को आश्रय लारेंस का लिया है। अपने जानते मैं लारेंस का अनुवाद करने को बैठता हूँ, लेकिन लारेंस का बहाना पाकर नई कविताएँ फूट निकलती हैं। लारेंस को छूकर जो नई कविताएँ मुझे सूझ रही हैं, वे लारेंस को क्यों नहीं सूझी थीं?

ऐसी कविता शायद ही कभी लिखी गई है, जो आखिरी हो, जिसमें वे सभी बातें आ गई हों, जो लाई जा सकती थीं। ऊँची कविता का लक्षण है कि वह प्रतिध्वनि उत्पन्न करती है, दूसरों के भीतर प्रेरणा जगाती है और अन्य कवि से लगभग वैसी ही कविता लिखवाती है जैसी वह स्वयं है। इसलिए मूल के कवि से यह शिकायत जायज मालूम होती है कि उसने वे सभी कविताएँ खुद क्यों नहीं लिखीं, जिन्हें दूसरे कवियों ने उसी की प्रेरणा से लिखा है।

1 सितम्बर, 1963 (दिल्ली)

सैनिक और राजनीतिज्ञ को जो कीर्ति मिलती है, वह पद की कीर्ति है। पदच्युत प्रधानमन्त्री अदना आदमी हो जाता है और सेना से छूटा हुआ जेनरल खोया-खोया-सा लगता है। प्रामाणिक सुयश वह है, जो सन्त और कलाकार को प्राप्त होता है। क्योंकि यह सुयश उसके जीवन भर और उसके बाद भी कायम रहता है।

3 सितम्बर, 1963 (दिल्ली)

पन्त जी पर श्री अरविन्द का कितना प्रभाव है? श्री अरविन्द योग के कवि हैं, किन्तु पन्त ने योग की कविता नहीं लिखी है। दिव्य जीवन में आध्यात्मिक स्तर के घनांधकार के भीतर जो ज्योतिर्मय संधान है, पन्त उस संधान के कवि नहीं हैं। श्री अरविन्द से उन्होंने जो आशा प्राप्त की है, वह यह है कि संसार बदल रहा है, अतिमानव का उत्थान समीप आ गया है, मैटर और स्पिरिट के बीच की खाई दूर हो रही है। और इसी आशा में भरकर वे आनेवाले स्वर्ण-युग का गान इस भाव से कर रहे हैं, मानो वह आ गया।

5 सितम्बर, 1963 (दिल्ली)

एक समय ऐसा भी आएगा, जब मैं हाथ को लिखने को कहूँगा, किन्तु वह मेरी आज्ञा नहीं मानेगा और लिखेगा भी, तो ऐसे अक्षर जिन्हें मैं पढ़ नहीं सकूँगा। वह अपरिचित व्याख्या का दिन, जब शब्द शब्दों के ठीक क्रम से अलग हो जाएँगे, जब अर्थ सूखे बादल बनकर बिखर जाएँगे।

मृत्यु जिसका पीछा कर रही हो, वह कैसी-कैसी बातें सोचता है।

7 सितम्बर, 1963 (दिल्ली)

पंडित रामानन्द शर्मा आए हुए हैं, दुःखी, जर्जर, बीमार, विषण्ण।

यहाँ दिल्ली में भी परिवार से घिरा हूँ। शिवसागर, आदित्य, भोला, शोभा सभी बहुत खयाल रखते हैं। फिर भी बच्चन की ये पंक्तियाँ रह-रहकर मन में गूँजती रहती हैं।

संघर्ष से टूटा हुआ,
दुर्भाग्य से लूटा हुआ,
परिवार से छूटा हुआ,
कितना अकेला आज मैं!

10 सितम्बर, 1963 (दिल्ली)

टामस मान की 'डेथ इन वेनिस' पढ़ी। गुस्तेव उस उम्र का कलाकार है, जब कलाकार के लिए नवीन बना रहना कठिन हो जाता है। जो कुछ वह चाहता है, उसे वह लिख नहीं पाता और जो कुछ वह लिखता है, उससे उसे सन्तोष नहीं होता। लेखन की प्रक्रिया से उसे वह आनन्द नहीं मिलता, जो पहले मिलता था।

सार्वभौम समादर केवल उसी कलाकार का धन है, जो जीवन के प्रत्येक सोपान पर कुछ अच्छी सृष्टि करता आया है।

गुस्तेव कला के भीतर उन लोगों का प्रवक्ता था, जो थकावट के आखिरी छोर पर भी काम करते हैं, जो ओवर-बर्डन्ड हैं, जिनकी शक्ति समाप्त है, मगर फिर भी जो अपना स्टैंडर्ड गिरने नहीं देते। वे लोग, जिनके पास साधन का अभाव है, जो शनैः-शनैः आगे बढ़ रहे हैं, जो सारे दिन की रुक्षता में रस के दो-एक क्षणों का ही उपभोग कर पाते हैं।

गुस्तेव उनका कवि है, जो किस्मत की नाक पकड़कर उसे अपनी ओर घुमा लेते हैं।

12 सितम्बर, 1963 (दिल्ली)

मेरे भीतर एक आग है, जो बुझती नहीं है। तो फिर वह मुझे जला क्यों नहीं डालती है?

इस आग के रंगीन धुएँ में खुशबू है। उस धुएँ में पुष्पमुखी आकृतियाँ चमकती हैं।

सौन्दर्य के तूफान में बुद्धि को राह नहीं मिलती। वह खो जाती है, भटक जाती है। यह पुरुष की चिरन्तर वेदना है।

मैं धर्म से छूटकर सौन्दर्य पर और सौन्दर्य से छूटकर धर्म पर आ जाता हूँ। होना यह चाहिए कि धर्म में सौन्दर्य और सौन्दर्य में धर्म दिखाई पड़े।

सौन्दर्य को देखकर पुरुष विचलित हो जाता है। नारी भी होती होगी। फिर भी सत्य यह है कि सौन्दर्य आनन्द नहीं, समाधि है।

15 सितम्बर, 1963 (दिल्ली)

विपत्ति की चोट जब असह्य हो जाती है, आदमी जीवन के मूल से सटना चाहता है। जीवन का मूल यानी काम। नारी नर को पकड़कर जीना चाहती है, और नर-नारी का अवलम्ब खोजने लगता है।

मेरी ऐसी अनेक कविताएँ हैं, जो भोगे हुए सत्य से न जनम कर कल्पना से जनमी थीं। मगर आगे चलकर वे सत्य हो गईं; मुझी पर सत्य हो गई। उदाहरण के लिए उर्वशी की ये पंक्तियाँ :

असफलता में उसे जननि का वक्ष याद आता है,
संकट में युवती का शय्याकक्ष याद आता है।
संघर्षों से श्रमित-श्रांत हो पुरुष खोजता विह्वल,

सिर धरकर सोने को क्षण भर नारी का वक्षस्थल।
आँखों में जब अश्रु उमड़ते, पुरुष चाहता चुम्बन
और विपद में रमणी के अंगों का गाढ़ालिंगन।

5 अक्तूबर, 1963 (दिल्ली)

सुखी प्रेम का इतिहास नहीं होता। प्रेम का इतिहास रोमांस का इतिहास है और रोमांस तब जन्म लेता है, जब प्रेम में बाधा पड़ती है, रुकावट आती है, विशेषतः तब, जब प्रेम दुःखान्त होता है। जिस प्रेम में आतुरता है, तेजी है, छटपटाहट और बेचैनी है, वह विपत्ति लाकर रहेगा।

कहते हैं, यूरोप और अमेरिका में व्यभिचार सबसे बड़ी प्रवृत्ति है। व्यभिचार न हो, तो कविता और उपन्यास में क्या रह जाता है? सारा साहित्य उस प्रेम के इर्द-गिर्द चक्कर काटता है, जो नियमों का पालन करना नहीं जानता। मनुष्य-जाति की आधी से अधिक विपत्तियों का नाम व्यभिचार है।

विर्विजत के प्रति आकर्षण है, इसलिए विवाह टूटते हैं। लेकिन विवर्जित के प्रति आकर्षण में दुःख है, यह जानते हुए भी आदमी संत्रास को स्वेच्छया क्यों अपनाता है?

6 अक्तूबर, 1963 (दिल्ली)

प्रेमी अपराध करके न तो सुधार की कोशिश करते हैं, न पश्चात्ताप। कारण? उनका अन्तर्मन कहता है कि उन्होंने पाप नहीं किया है, पाप और पुण्य की सीमा को लाँघकर वह आनन्द लूटा है, जो आनन्द पाप और पुण्य की सीमा के इधर है ही नहीं। अवैध प्रेम में प्रेम की पात्री नायिका नहीं होती, बल्कि यह अनुभूति होती है कि हम प्रेम कर रहे हैं। नारी नर को और नर नारी को इसलिए नहीं चाहता कि वे नर और नारी हैं, बल्कि इसलिए कि दोनों के मिलते ही एक ज्वाला उठती है, जो केवल नर या नारी में नहीं होती।

रुकावट के बिना प्रेम में जोर नहीं आता, रोमांस की आग नहीं धधकती। जहाँ असली रुकावट नहीं है, वहाँ उसकी कल्पना कर ली जाती है। प्रेमी के प्रति दया हमारे भीतर यह सोचकर आनी चाहिए कि अन्त में विपद उनका इन्तजार कर रही है।

वासना शरीर का चाहे जितना भी उपयोग करे, किन्तु शरीर के कानून को तोड़कर वह जीवित नहीं रह सकती। यूनानी और रोमन लोग इसीलिए प्रेम को बीमारी समझते थे।

7 अक्तूबर, 1963 (दिल्ली)

इच्छा जब बहुत ऊँचाई पर पहुँचती है, तब वह अनिच्छा बन जाती है, वासना अवासना बन जाती है। यह मनुष्य के सांत से अनन्त बनने की प्रक्रिया है, देह के भीतर से देहतीत को पाने की राह है। जो आदमी इस रास्ते से ऊपर उठता है, वह फिर नीचे की ओर नहीं लौटेगा।

10 अक्तूबर, 1963 (दिल्ली)

वासना को शब्द और भाषा साहित्य से मिली है। अगर साहित्य ने प्रेम पर इतनी बातें नहीं कही होतीं, तो कम लोग इस जंजाल में फँसते। गेटे के वर्दर के प्रकाशन के बाद यूरोप में आत्महत्या की लहर आ गई थी। रूसो के प्रभाव में आकर लोग दूध ज्यादा पीने लगे थे। रेने के प्रकाश में आने के बाद कई पीढ़ियाँ गमगीन रही थीं। सुना है कि एक बार कलकत्ते में एक फिल्म का इतना भयानक प्रभाव पड़ा कि कई लड़कियों ने झील में कूदकर आत्महत्या कर ली थी।

14 मार्च, 1964 (भागलपुर)

रफाइल ने मैडोना का चित्र बनाया। उद्देश्य यह था कि चित्र वे ईसा की माता का बनाएँ, जो पवित्र हो, आध्यात्मिक प्रेरणाओं से युक्त हो। किन्तु आलोचकों का कहना है कि चित्रकार के मन में उसकी अपनी प्रेयसी बैठी हुई थी। अतएव पवित्रता में श्रृंगार की झलक आ गई।

लियो नार्डो द विंचि ने मोनालिसा का चित्र बनाया, जिसकी स्मिति की व्याख्या अनेक प्रकार से की जाती है। कोई कहता है, इस स्मिति में व्यंग्य है, कोई कहता है, घृणा है, कोई कहता है, उपेक्षा है, कोई कहता है, तिरस्कार है। फ्रायड ने इस विषय पर कोई लेख लिखा है, जिसमें बताया गया है कि लियोनार्डो कानीन थे, कुमारी के गर्भ से जनमे थे, वे विवाह-बाह्य सन्तान थे। वे बराबर सोचते थे कि उनकी माँ कोई रहस्य छिपाए हुए हैं। कलाकार की यही भावना मोनोलिसा की स्मिति में समा गई।

4 अक्तूबर, 1964 (भागलपुर)

प्रो. भट्टाचार्यी से रवीन्द्रनाथ के बारे में चर्चा हुई। 'गीतांजलि' की पांडुलिपि देखकर येट्स ने कहा था, मैं सुधार नहीं करूँगा। मैं आयरिश हूँ। अंग्रेजी शब्दों की ध्वनि, छाया और भंगिमा का मुझे उतना ज्ञान नहीं है, जितना अंग्रेज कवि को होता है। आप राबर्ट ब्रिजेज से दिखला लें। मगर टैगोर ने उसे नहीं दिखलाया।

उससे अलग कहानी मैंने बच्चन के मुख से यह सुनी थी कि येट्स ने अपनी डायरी में लिखा था : Tagore does not know English. No Indian knows English. I had to revise Gitanjali line by line.

एक और कहानी शायद कलकत्ता गजट में पढ़ी थी। जब रवीन्द्रनाथ ने अंग्रेजी में गीतांजलि तैयार की थी, उन्होंने पांडुलिपि ऐंड्रूज को दिखाई। ऐंड्रूज ने दो जगहों पर संशोधन कर दिए। पीछे जब लन्दन में येट्स ने कॉपी देखी, उन्होंने कहा, यह वह भाषा नहीं है, जिसमें हम लोग लिखते हैं। मगर यह पूर्ण भाषा है। केवल दो जगहों पर कुछ धक्के लगते हैं। और ये दो जगहें वे ही थीं, जहाँ ऐंड्रूज ने संशोधन किए थे।

रवीन्द्रनाथ जिस समय विश्व-क्षितिज पर उगे, उस समय भारत के विषय में पश्चिम वालों की धारणा क्या थी?

रूडयार्ड किपिलिंग साम्राज्यवाद के कवि थे। वे मानते थे कि गोरी जातियाँ काली जातियों के उपकार के लिए उनका बोझा ढोए चल रही हैं। महारानी विक्टोरिया समझती थीं कि इंग्लैंड से जो नौजवान भारत जाते हैं, उन्हें घोर कष्ट में रहना पड़ता है। उन्हें सोसायटी नहीं मिलती, आराम नहीं मिलता और अंग्रेज औरतें भारत में रहते-रहते अपना सौन्दर्य खो देती हैं। व्यापारी समझते थे, भारत से कच्चा माल लाओ और फिर सामान बनाकर भारत में ही बेचो। भारत हमारा बाजार है। ईसाई धर्म-प्रचारक समझते थे कि भारतवासी ईश्वर की भटकी हुई सन्तान हैं। ईसा की शरण में आए बिना उनका कल्याण नहीं होगा।

केवल कुछ अंग्रेज थे, जो भारत की अतीत-महिमा से परिचित हो चुके थे। उन्हीं में वे लोग थे, जो भारत में शिक्षा अंग्रेजी माध्यम से नहीं देना चाहते थे। वे लोग पाश्चात्य भाषा और सभ्यता को भारत की भाषा और सभ्यता से श्रेष्ठ नहीं समझते थे।

इन सारी धारणाओं को पहली झकझोर स्वामी विवेकानन्द ने दी। भारत के विषय में संसार को पहले-पहल विवेकानन्द ने ही चौंकाया। पश्चिम की नींद उन्होंने तोड़ दी और जब यूरोप आँखें मलकर भारत की ओर देखने लगा, तभी उसे रवीन्द्रनाथ दिखाई पड़े। इसीलिए बिना किसी प्रचार के रवीन्द्रनाथ को नोबुल पुरस्कार मिल गया।

अंग्रेजों को चाहिए था कि वे रवीन्द्रनाथ को पियरेज देते, मगर नाइटहूड भी उन्होंने देर से ही दिया।

फ्रांस, जर्मनी और इटली में रवीन्द्रनाथ का स्वागत बड़े उत्साह से हुआ था। कुछ कारण यह भी था कि यूरोप के लोग इंग्लैंड से जलते थे और उसे नीचा दिखाना चाहते थे।

23 नवम्बर, 1966 (तिरुवन्नमलइ)

रमणाश्रम की तीर्थयात्रा

दस बजे दिन में मद्रास से चला। यहाँ तिरुवन्नमलइ दो बजे दिन में पहुँचा। कार्याध्यक्ष ने कहा, मेरे आने की सूचना प्रोफेसर के. स्वामीनाथन ने पहले से ही दे रखी थी और आश्रम में मेरी प्रतीक्षा की जा रही थी। मेरी देखभाल का भार कुप्पूस्वामी पर है। यहाँ का भोजन का समय साढ़े ग्यारह बजे दिन है, किन्तु मुझे और मेरे ड्राइवर को दो बजे दिन में भोजन प्राप्त हो गया। यहाँ भोजन अत्यन्त सादा मिलता है, मगर जीभ उसे पसन्द कर लेती है। खा-पीकर थोड़ा विश्राम किया, फिर आश्रम के बन्दरों को कुछ खिलाया और मोरों के साथ-साथ घूमता रहा। यहाँ उस गाय की समाधि है जिसका नाम लक्ष्मी था, एक कुत्ते की समाधि है और एक कौवे की भी समाधि है।

शाम होने से पहले कुप्पूस्वामी को लेकर मुरुगनार जी से मिलने गया। मुरुगनार एक समय तमिल के प्रसिद्ध कवि थे। कविताएँ वे अब भी लिखते हैं, बराबर लिखते हैं, मगर तमिल भाषा में लोग अब उनकी चर्चा नहीं करते। प्रोफेसर के. स्वामीनाथन उनकी कविताओं का अनुवाद 'माउंटेन पाथ' में छपवाते रहते हैं। स्वामीनाथन जी का कहना है कि तमिल के सबसे बड़े जीवित कवि अब भी मुरुगनार ही हैं। किन्तु कविता और अध्यात्म का सम्बन्ध अब छिन्न हो गया है। अतएव मुरुगनार जी की कविताओं की तमिल में उपेक्षा हो रही है।

मुरुगनार जी ने सन्त का बाना धारण नहीं किया है, लेकिन वे सन्त हैं। वे आश्रम के बाहर एक पक्के मकान में रहते हैं। संचय उनके पास बिलकुल ही नहीं है। ही लिव्ज विदाउट पजेसन। एक टिन का टूटा हुआ बक्सा देखा, जिसमें कागज भरा था। मुरुगनार जी ने कहा, उन्हीं कागजों में उनकी कविताएँ भी हैं।

मुरुगनार जी लम्बे हैं, गोरे हैं, दाँत उनके सभी जा चुके हैं, दाढ़ी खुटिया है, पन्द्रह दिनों की बढ़ी हुई। मुख पर शान्ति का स्निग्ध आलोक, आँखें छोटी-छोटी, लेकिन ज्योतिर्मयी।

मैंने पूछा, "महर्षि रमण तो काव्य-रचना को मन की क्रिया समझते थे और कहते थे कि साधना के पथ पर आने के लिए इस क्रिया को भी शान्त कर देना चाहिए। फिर भी महर्षि ने कविताएँ लिखीं और आप तो लिखते ही जा रहे हैं। इस बारे में आपका क्या विचार है?"

मुरुगनार जी हिन्दी नहीं जानते, अंग्रेजी भलीभाँति समझ लेते हैं। लेकिन अंग्रेजी वे धड़ल्ले के साथ बोल नहीं सकते। उन्होंने जो कुछ कहा, उसका सार यह था कि असली प्रश्न यह है कि आप किस धरातल पर हैं। जब तक अहं बलवान है, आदमी प्रयत्लपूर्वक लिखता है। लेकिन जब कवि को आत्मज्ञान प्राप्त हो जाता है, उसे प्रयत्न नहीं करना पड़ता। तब लिखते समय आदमी अनुभव करता है कि वह केवल माध्यम

है। असली लेखक तो परमात्मा है, सुप्रीम बींग है। तरंगें, फेन और झाग तो सतह के खेल हैं। समुद्र की गहराई में तो हमेशा शान्ति ही शान्ति है।

मैंने फिर पूछा कि सुना है कि 'उपदेश सारं' की रचना महर्षि ने आपके ही कहने से की थी।

मुरुगनार जी ने कहा, "हाँ, मैं एक कविता लिख रहा था। उसके अन्त में यह प्रसंग था कि शिवजी ऋषियों को उपदेश देंगे। जब वह प्रसंग आया, मेरे भीतर यह भाव जग गया कि शंकर तो यहाँ सन्देह बैठे हुए हैं। उनकी ओर से उपदेश देनेवाला मैं कौन हूँ? अतएव मैंने महर्षि से प्रार्थना की कि कविता का अन्तिम अंश आप स्वयं ही लिख दीजिए। किन्तु वे लिखने को तैयार नहीं हुए। जब वे पर्वत पर टहलने जाते थे, मैं बराबर एक व्यक्ति को पेंसिल-कागज लेकर उनके साथ लगा देता था। निदान एक दिन महर्षि ने तमिल में तीस पद रच दिए। उपदेश-सारं उन्हीं पदों का संस्कृत अनुवाद है।"

मैंने निवेदन किया, "आप भाग्यवान् थे कि महर्षि आपको मिल गए और आपने अपना सारा जीवन उन्हें अर्पित कर दिया। मुझसे तो काफी विलम्ब हो गया। फिर भी मैं केंचुल छोड़ने को बेचैन हूँ और मृत्यु के पूर्व अपने-आपको पाना चाहता हूँ। आप मेरे लिए महर्षि की कृपा का माध्यम बनिए।"

मुरुगनार जी बोले, "सब कुछ को महर्षि पर छोड़ दो। वे जिधर चाहेंगे, उधर तुम्हें ले जाएँगे। तुम वही करोगे, जो वे तुमसे कराना चाहेंगे।"

मैंने मुरुगनार जी के पाँव छुए। वे काफी देर तक त्राटक मुद्रा में मेरी ओर देखते रहे और मैं भी उनकी आँखों पर त्राटक लगाए रहा। महर्षि रमण जिस पर कृपा करते थे, उसकी ओर इसी प्रकार देखने लगते थे। उनकी दीक्षा दृष्टि की ही दीक्षा होती थी!

मुरुगनार जी से विदा लेकर हम आर्थर आसबार्न से मिलने गए। ये अंग्रेज हैं और युद्ध के बाद से आश्रम में ही रहते रहे हैं। महर्षि रमण पर उनकी एक पुस्तक है, जो सारे जगत् में प्रसिद्ध है। उनकी एक पुस्तक शिरडी के सांईं बाबा पर भी है। यहाँ आश्रम से वे 'माउंटेन पाथ' नामक एक त्रैमासिक पत्र निकालते हैं, जो बड़ी ही उच्च कोटि का है। 'माउंटेन पाथ' में आस्बार्न के मैंने बहुत-से लेख पढ़े हैं। सभी लेख अद्भुत हैं।

आस्बार्न दम्पत्ति से एक झोंपड़ी में मुलाकात हुई। दोनों प्राणी गरीबी का जीवन व्यतीत करते हैं। आस्बार्न के कोट-पैंट छोड़कर लुंगी धारण कर ली है और हाथ में वे लम्बी देहाती लाठी लेकर चलते हैं। श्रीमती आस्बार्न चित्रकारी करती हैं। श्री अरुणाचल पर्वत और भगवान् रमण के चित्र उन्होंने बड़े उत्साह से दिखाए।

आस्बार्न के घर से विदा होकर हम उस नए हॉल में गए, जिसमें भगवान एक वर्ष रहे थे। वहाँ वेद-पारायण चल रहा था और पूजा हो रही थी। जब ध्यान का समय आया, हम लोगों ने आधे घंटे तक ध्यान किया। एक विचित्र अनुभव यह हुआ कि

मुझे ध्यान करते-करते नींद आ जाती थी और शरीर गिरने-गिरने को ही जाता था। यह भी देखा कि आधे घंटे का ध्यान निर्विचार लगा। महर्षि की विद्यमानता का यह प्रत्यक्ष प्रमाण है।

ध्यान के बाद प्रार्थना की जाने लगी, किसी स्तोत्र का पाठ किया जाने लगा। प्रार्थना के बाद आस्बार्न ने कहा, "आप ही हिन्दी के कवि दिनकर हैं? यहाँ आश्रम में आपका नाम सुना था। मगर अब तक मैं यही समझ रहा था कि आप कोई उद्योपगति हैं।"

मैंने सोचा, मैं मोटर में आया हूँ और मोटर रखे हुए हूँ, इस भ्रम में आस्बार्न ने मुझे बिजनेसमैन समझ लिया होगा। मैंने 'माउंटेन पाथ' की प्रशंसा की, तो आस्बार्न कहने लगे, आध्यात्मिक सामग्री जुटाने के लिए मुझे सारी दुनिया के अध्यात्मप्रिय लेखकों के सम्पर्क में रहना पड़ता है। माउंटेन पाथ में आप भी लिखा लीजिए।

पुस्तकों की दुकान पर बैठा, तब एक साधक कहने लगे, "यह बड़ा ही रुखा मार्ग है। जनसाधारण के लिए यह मार्ग दुरूह है। वह तो भक्ति-मार्ग पर जाना चाहता है। यह मार्ग विज्ञान से परिष्कृत मस्तिष्क के लिए है। अद्वैत की अवधारणा वही कर सकता है। वही यह अनुभव भी कर सकता है कि दृश्य जगत् का अस्तित्व नहीं है। पश्चिम का मस्तिष्क इस मार्ग को ज्यादा आसानी से समझ सकता है।"

रात में यह बात मैंने एक अन्य साधक श्री कृष्णभिक्षु से कही। वे बोले, "महर्षि का मार्ग तो सबसे सरल मार्ग है। किसी भी मार्ग से जाइए, एक समय आपको पूछना पड़ेगा कि मैं कौन हूँ। महर्षि कहते हैं, साधना इसी प्रश्न से आरम्भ करो। महर्षि ने केवल तीन उपदेश दिए हैं :

(1) तुम्हारे भीतर या तो भावना को लेकर हलचल है या तुम मानसिक संघर्ष में हो। इस स्थिति से निकलने का रास्ता यह है कि तुम्हारे भीतर विचार कम उठें और मानसिक शान्ति अधिक हो।

(2) महर्षि ने हम लोगों को योग, ध्यान, निदिध्यासन या प्राणायाम करने को नहीं कहा। हम लोग जो यहाँ साधना करते हैं, न तो राजयोगी हैं, न हठयोगी। महर्षि यह कहते थे कि केवल श्वास को देखते रहो। जब वह भीतर जाए, तब भी देखो, जब वह बाहर आए, तब भी देखो। श्वास के आने-जाने को साक्षी भाव से देखते रहना, यानी हमारी अभ्यास है। श्वास के आने-जाने को केवल देखते रहने से श्वास की गति धीमी हो जाती है, वह मन्द से मन्दतर हो जाती है। इस प्रक्रिया के साथ विचारों की प्रक्रिया भी घटने लगती है। दो विचारों के बीच जो अन्तराल है, वह शून्य है, ब्रह्म का आवास है। यह अन्तराल अधिक से अधिक लम्बा होता जाए, यही हमारी साधना है। छपे हुए कागज पर जैसे दो अक्षरों, दो शब्दों के बीच उजला अन्तराल होता है, उसी प्रकार मन में उठनेवाले हर दो विचारों के

बीच अन्तराल है। कागज ब्रह्म है, अक्षर माया है। कागज तो अक्षरों के नीचे भी है, लेकिन वह दिखाई नहीं देता। दिखाई देता है उजला अवकाश। विचारों के बीच का अवकाश जितना ही बढ़ता है, मन उतना ही अधिक शान्त होता जाता है। एकाग्रता के अभ्यास से मानसिक शान्ति में वृद्धि होती है। यह बहस की चीज नहीं है, आजमाकर देखने की बात है।

(3) तीसरी अवस्था वह है, जब विचार बहुत घट जाते हैं और निर्विचार का अन्तराल बढ़ जाता है। निर्विचार के इसी शून्य में निवास करना आत्मज्ञान है। हम मन को नियन्त्रण में लाकर किसी खास ध्येय की ओर लगाना नहीं चाहते हैं। हम तो मन को समाप्त करना चाहते हैं।

श्री कृष्णभिक्षु ने कहा, रमण-गीता में यह प्रक्रिया समझाई गई है। रमण-गीता संस्कृत श्लोकों में निबद्ध एक ग्रन्थ है, जिसकी रचना गणपति मुनि ने की थी। उनका विरुद कवि-कंठ-हार था। रमणगीता में गणपति मुनि के केवल छन्द हैं। सभी विचार और बहुत-से शब्द महर्षि रमण के हैं। महर्षि जो कुछ बोलते थे, गणपति मुनि उसे श्लोकबद्ध करते जाते थे।

श्री कृष्णभिक्षु ने कहा, संस्कृत न जानने के कारण अंग्रेजी में लिखने वाले लोग महर्षि को उनके वास्तविक रूप से दूर लिए जा रहे हैं। महर्षि के सीधे भक्त (या शिष्य) अब केवल दस-बारह बचे हैं। ये जब गुजर जाएँगे, तब एक नए रमण का उत्थान होगा, जैसे ईसाइयत का उत्थान ईसा के अनुसार नहीं, उनके भक्त पौल के अनुसार हुआ।

कृष्णभिक्षु का लक्ष्य शायद आस्बार्न की ओर था या उन सभी लोगों की ओर, जो महर्षि के विषय में अंग्रेजी में लिख रहे हैं।

मुरुगनार जी ने एक बात और कही थी। कविता भी साधना का एक मार्ग है। इससे भी मन का परिष्कार होता है।

कृष्णभिक्षु ने रमणगीता के पाँचवें अध्याय पर बहुत जोर दिया।

महर्षि के एक सीधे शिष्य विश्वनाथन हैं, जो 1923 ई. से आश्रम में रह रहे हैं। ये महर्षि के ही खानदान के हैं। उन्होंने कहा, जप आरम्भ में आवश्यक होता है। भगवान जप के साथ उसका लक्ष्य भी बताते थे। जप का लक्ष्य हृदय है। देहबोध का अतिक्रमण करने को हमें मन को समेटकर कहीं उसे विलीन करना होता है। भगवान का उद्देश्य था कि मन का लय हृदय में करना चाहिए। महर्षि यह भी कहते थे कि मनुष्य का आध्यात्मिक हृदय उसकी छाती की बायीं नहीं, दाहिनी ओर है।

मन का प्रकाश चन्द्रप्रकाश है। हृदय सूर्य है। सूर्य के उगने पर चन्द्रमा आप-से आप छिप जाता है।

कृष्णभिक्षु ने यह भी कहा कि मन चोर है, विचार चोर है। चोर पर दृष्टि पड़े और उसे टोक दो, तो वह उलटे पाँव भाग जाता है। मन में विचार के उठते ही अगर यह

पूछा जाए कि यह विचार कहाँ से आया है, किसके पास आया है, तो वह विचार वहीं समाप्त हो जाता है।

24, 25 नवम्बर, 1966 (पांडिचेरी)

श्री अरविन्द आश्रम की यात्रा

तिरुवन्नमलइ से 24 नवम्बर को साढ़े दस बजे दिन में रवाना हुआ और 12 बजे दिन में पांडिचेरी पहुँच गया। भोजन-हॉल यहाँ 11 बजे खुलता है और सवा बारह बजे बन्द हो जाता है। तुरन्त भोजन करने गया। लौटकर मदनलाल जी के घर में विश्राम किया। शाम को श्री माँ ने टिरेस पर से दर्शन दिए। दर्शनार्थी कोई चार-पाँच हजार लोग थे। मैं पिछली बार यहाँ 24 दिसम्बर, 1964 ई. को आया था और पहले-पहल 15 जुलाई, 1963 ई. को। पिछली बार मैंने श्री माँ को जैसा देखा था, उससे इस बार वे अधिक स्वस्थ दिखलाई पड़ीं।

रात में भोजन करने को किशोरीलाल के घर गया। श्री नवजात भी भोजन पर आए थे। दिन में भोजन-हॉल में जब भोजन कर रहा था, सामने ही मराठी की कवयित्री ज्योत्स्ना देवधर भी भोजन कर रही थीं, मगर मैं उन्हें पहचान नहीं सका। जब उन्होंने अपना परिचय दिया, तब उन्हें पहचान सका। मन में बड़ी ग्लानि हुई। किशोरी के यहाँ वे भी खाने पर आई हुई थीं। वे पूना रेडियो में नारी-कार्यक्रम की संचालिका हैं। सामीप्य पाकर ज्योत्स्ना बहन उपालम्भ देती हुई बोलीं, ''दिल्ली में आपके घर पर जाकर मैंने आपको कहानी सुनाई थी। फिर भी आप मुझे पहचान नहीं सके!'' मैं फिर झेंप गया। काका कालेलकर की बात याद आई। न पहचानने का दंड चाहे कान मल कर दे दो, मगर वादा नहीं कर सकता कि फिर पहचान लूँगा।

किसी ने मेरे कान में यह बात डाल दी कि श्री माँ से मुझे मुलाकात माँगनी चाहिए। मेरी पहली प्रतिक्रिया यह हुई कि मैं यहाँ पब्लिक मैन के रूप में नहीं आता। बल्कि बालक के रूप में आता हूँ। मुझे इतनी जुर्रत नहीं करनी चाहिए। मगर फिर मन में कमजोरी आ गई और मदनलाल जी से मैं अनुरोध कर बैठा कि पर्सनल प्रणाम निवेदित करने का मुझे मौका मिलना चाहिए। रात में ही मुझे सूचना मिल गई कि श्री माँ 25 नवम्बर को तीन बजे दिन में मुझसे मिलेंगी। अतएव निश्चित हो गया कि 25 को मद्रास जाना नहीं होगा। निदान तिरुपति की यात्रा स्थगित हो गई।

25 के प्रातःकाल श्री नीरोदवरण से मिलने गया। सन् 1938 से सन् 1950 तक नीरोद बाबू श्री अरविन्द के स्टेनो रहे थे। उन्होंने बताया कि सावित्री का संशोधन श्री अरविन्द ने तीन बार नहीं, दस-बारह बार किया था। सावित्री की मूल प्रति तो वे बड़ौदा में ही तैयार कर चुके थे, लेकिन आकार में काव्य उस समय बहुत छोटा था। साधना के पथ पर श्री अरविन्द ज्यों-ज्यों ऊपर उठते गए, त्यों-त्यों संशोधन अनिवार्य

होता गया। सावित्री की वे सभी पांडुलिपियाँ सुरक्षित हैं। नीरोद और अमल (कवि सेठना) उन पर काम कर रहे हैं। नीरोद ने बताया कि अरविन्द की प्रेरणा सतत कायम रहती थी। सावित्री का संशोधन और नई रचना भी वे डिक्टेशन देकर करते थे। एक ही बैठक में वे पत्र भी डिक्टेट करते थे, लेख भी लिखवाते थे और कविता भी डिक्टेट करते थे। पांडिचेरी-काल में नई कविताएँ कौन-कौन-सी रची गईं, इसकी जानकारी लोगों को नहीं है।

यह पूछने पर कि श्री अरविन्द संस्कृत कितनी जानते थे, नीरोद बाबू विस्मित हुए और बोले कि जिसने वेदों पर उतना लिखा, उसके बारे में यह क्या पूछने की बात है? श्री अरविन्द फ्रेंच, इटैलियन, जर्मन, लैटिन और ग्रीक खूब जानते थे, लेकिन सबसे अधिक अधिकार उनका संस्कृत और अंग्रेजी पर था।

नीरोद बाबू ने कहा कि अगर श्री अरविंद शरीर से जीवित होते, तो पुरानी जी की 'इवनिंग टाक्स' और मेरी 'टाक्स विद श्री अरविंदो' प्रकाश में नहीं आते।

नीरोद बाबू के यहाँ से उठकर मैं प्रद्योत कुमार भट्टाचार्य से मिलने गया। ये सज्जन इंजीनियर हैं। डीवीसी में भी थे। बिहार में वर्षा नहीं हुई है, सूखा पड़ रहा है। प्रद्योत बाबू बोले, बिहार में सूखा नहीं पड़ना चाहिए। बाढ़ भी रोकी जा सकती है। मैं बिहार गया था। वहाँ से आकर मैंने श्री माँ को रिपोर्ट दी। वे बोलीं, "क्या तुम्हें वर्षा चाहिए?" मैं क्षणभर को रुक गया और बोला, वर्षा के लिए प्रार्थना तो उन्हें करनी चाहिए, जो शासन कर रहे हैं। उसके बाद मैं हजारीबाग और गया गया और वहाँ से श्री माँ को एक तार भेजा। थोड़ी-सी वर्षा उसी दिन हो गई। प्रद्योत बाबू ने मुझसे कहा, "आपके मन्त्री या मुख्यमन्त्री श्री माँ से अनुरोध क्यों नहीं करते हैं? श्री सत्येन्द्र नारायण सिंह ने मुझसे कहा था कि वर्षा के लिए हमें श्री माँ का आशीर्वाद चाहिए।" गया और हजारीबाग में जो थोड़ी-सी वर्षा हुई, उसके लिए वहाँ के इंजीनियरों ने प्रद्योत बाबू को धन्यवाद का तार भेजा था। तार प्रद्योत बाबू ने मुझे दिखाया।

पाकिस्तानी युद्ध के समय श्री माँ ने प्रधानमन्त्री को एक सन्देश भेजा था। सन्देश लेकर प्रद्योत बाबू ही गए थे। उस सन्देश की कॉपी प्रद्योत बाबू ने मुझे दी।

तीन बजे दिन में मदनलाल जी के साथ मैं श्री माँ के कमरे में गया। श्री माँ के कमरे और सीढ़ी के बीच जो कमरा है, वह सामानों से खचाखच भरा है। ज्यादा बंडल पोथियों के हैं। ये शायद श्री माँ की खास दिलचस्पी की चीजें हैं इसीलिए उनके काम करने के कमरे के पास रखी गई हैं।

दर्शन के लिए गया, तब मैंने मौजे से ढँके हुए श्री माँ के पाँव छुए। फिर मैं खड़ा हो गया। श्री माँ मेरी आँखों में आँखें डालकर देखने लगीं। यह उनका आशीर्वाद देने का तरीका है। इस प्रकार देखने में उन्हें आयास पड़ता है, क्योंकि जब वे देख रही थीं, तब उनके गले की झुर्रियाँ हिल रही थीं। जब मैंने परिपूर्णता से भरकर आँखें झुका

लीं, श्री माँ मुस्कुराने लगीं। फिर उन्होंने मेरे भिजवाए हुए लॉकेट दिए, आशीर्वाद के साथ विनता और विशेष का फोटोग्राफ दिया तथा एक लाल गुलाब का फूल दिया। श्री मदनलाल जी ने कहा, कुछ पूछना हो, तो पूछ लीजिए। मैंने कहा, मुझे कुछ भी पूछना नहीं है और मैं आनन्द से पूर्ण होकर कमरे से बाहर चला आया। इन आनन्द की गुदगुदी बहुत देर तक बनी रही।

श्री माँ से मिलने की प्रतीक्षा में जब मैं सीढ़ी पर बैठा था, एक फ्रेंच युवती रेकार्डर मशीन लिए वहाँ आई। मदनलाल जी ने बताया कि यह लड़की श्री माँ की पौत्री है और ओरोविल के प्रचार का काम करती है।

शाम को थोड़ी देर श्री अरविन्द की समाधि पर मैंने ध्यान किया।

श्री मदनलाल जी से मैंने पूछा कि लाल गुलाब की महिमा क्या है? उन्होंने बृजबिहारी से पूछा। बृजबिहारी ने कहा, यह चैत्य (साइकिक) की ओर बढ़ने का प्रतीक है।

आश्रमवासियों के लिए सेक्स, शराब, धूम्रपान और राजनीति मना है। लड़कियाँ निर्द्वन्द्व घूमती हैं। पाप-दृष्टि की बाधा कहीं भी दिखाई नहीं देती। भोजन वाले हॉल में एक वाक्य टँगा है : Behave as if Mother was watching you. यह उपदेश श्री अरविन्द का है।

यह बात भी कान में पड़ी कि एक साधक की पत्नी को जब उम्मीद हो गई, तो साधक सन्तान-जन्म के लिए पत्नी को दिल्ली ले गया। श्री माँ को यह हरकत पसन्द नहीं आई।

आश्रम का वातावरण पवित्र और उत्फुल्ल है।

प्रद्योत ने एक विचित्र बात कही। श्री माँ ने कहा है, "सत्य का बम मई, 1967 में फूटेगा।"

23 फरवरी, 1967 (दिल्ली)

इन्दिरा जी चुनाव के काम से उड़ीसा गई थीं। वहाँ सभा में ढेलेबाजी हो गई और एक ढेला इन्दिरा जी की नाक पर लग गया। अखबारों में उनका फोटो छपा है, जिसमें नाक पर पट्टी बँधी हुई है। मैं उन्हें देखने नहीं जा सका था। आखिर आज शाप को बुलाहट हुई और मैं उन्हें देख सका।

इन्दिरा जी के घर पहुँचा, तो बाहरवाली कोठरी में श्रीमती राजेन नेहरू से भेंट हो गई। आज कांग्रेस के लिए बड़ा ही मनहूस दिन रहा। कामराज, पाटिल, अतुल्यो, पी.सी. सेन और भक्तवत्सलम्—सभी नेता हार गए हैं। कामराज की पराजय से राजेन जी खुश नजर आईं। मैं चकित रह गया। ऐसा लगता है कि बिहार में कांग्रेस को बहुमत भी नहीं मिलेगा।

स्थिति अभी काफी डावाँडोल है। मैंने इन्दिरा जी से कहा कि आपके जो भी प्रतिस्पर्धी हों, उनके साथ आपको बात कर लेनी चाहिए और सबको एक ही बात बोलनी चाहिए। नेता एकमत से चुना जाए, कांग्रेस का हित इसी में है।

राष्ट्रपति कौन हो, इस विषय पर भी बात हुई। मैंने कहा, हक तो जाकिर साहब का ही है। मगर अब केवल कांग्रेस ही नहीं है, जनसंघ भी है।

इन्दिरा जी बोली, "अगर जाकिर साहब नहीं हुए, तो अन्तर्राष्ट्रीय क्षेत्र में हम बदनाम हो जाएँगे और पाकिस्तान हमारे खिलाफ प्रचार करेगा। क्या जनसंघ के लोग इस बात पर विचार नहीं करेंगे?"

मैंने कहा, "जवाबदेही के पास आने पर हर पार्टी को गांधी जी के सिद्धान्त पर आना पड़ेगा। जो पार्टी अल्पसंख्यकों का विश्वास प्राप्त नहीं करेगी, वह अखिल भारतीय रूप कैसे ले सकेगी?"

मेरे यह कहने पर कि मद्रास में कठिनाई होगी, इन्दिरा जी ने कहा कि कठिनाई कई जगहों पर होगी।

बिहार की बात चलाने पर प्रधानमन्त्री बोलीं, "बिहार में जो कुछ हो रहा है, उसका मुझे पहले से ही अनुमान था। मैंने कामराज जी से यह बात कई बार कही थी, मगर उन्होंने ध्यान नहीं दिया।"

मैंने लक्ष्य किया कि कामराज अपने ग्रुप को बिहार में बचाना चाहते थे। उसी मोह के भीतर से यह विनाश आया है। इन्दिरा जी की ही प्रतिक्रिया ठीक थी। उनकी बात मान ली गई होती, तो बिहार में कांग्रेस इज्जत के साथ जीत जाती।

मैं कांग्रेस की हार से बड़ा परेशान हो रहा हूँ। मैंने अपनी परेशानी का जिक्र कई बार किया। लेकिन इन्दिरा जी परेशान नजर नहीं आईं। आखिर पंडित जी की ही तो बेटी हैं। बात को हंसी में उड़ाने के लिए बोल पड़ीं, "अच्छा, मेरी नाक को देखकर यह तो बताइए कि वह टेढ़ी हो गई है या नहीं।"

मैंने उन्हें रोशनी के सामने करके गौर से देखा और कहा कि "आपकी नाक तो बिलकुल वैसी ही है, जैसे पहले थी।" वे बोलीं, "तब फिर सब कुछ ठीक है।"

इन्दिरा जी की यह अदा मुझे बहुत अच्छी लगी।

6 मार्च, 1967 (दिल्ली)

आज प्रातःकाल इन्दिरा जी से फिर मिला। भेंट तो चार-पाँच मिनट की ही रही, मगर थोड़े में स्थिति का मूल्यांकन उन्हें मैंने दे दिया। मोरार जी भाई का चित्त शान्त है। वे संघर्ष के लिए संघर्ष नहीं करेंगे। मैंने कहा, "इन्दिरा जी, प्रधानमन्त्री तो आपको ही होना है, लेकिन आपको उदार और निर्विष ही रहना चाहिए। अभी बहुत दिनों तक देश आपके साथ रहेगा।"

शाम को राष्ट्रपति राधाकृष्णन् से मिलने गया। वे रुग्ण हैं। शायद लकवा हुआ था। बाईं ओर के होंठ में निशान बाकी है। राष्ट्रंपति ने उत्साह से कहा, "आइ एम आल राइट।" उनकी टनकदार आवाज ने बता दिया कि राष्ट्रपति बने रहने की इच्छा अभी शेष है। यह इच्छा राजेन्द्र बाबू के भीतर भी शेष रही थी।

आज राष्ट्रपति काफी चतुराई से बोल रहे थे। फिर भी वे बोल ही गए, "मद्रास में डी.एम.के. का राज हो गया। उड़ीसा में स्वतन्त्र पार्टी पॉवर में आ गई। राजा जी जीत गए हैं।"

मैंने अपनी विपत्ति की कहानी उन्हें सुनाई, फिर यह पूछा कि आप रमणाश्रम कभी गए हैं या नहीं?

राष्ट्रपति ने कहा, "रमणाश्रम मैं दो बार गया हूँ। ओ, बेटे की बीमारी से घबराकर और देश की दुरवस्था देखकर आपका ध्यान अब रमणाश्रम की ओर जा रहा है?"

मैंने निवेदन किया, "आपने ठीक समझा है। मगर कुछ कारण अधिक गम्भीर भी हैं।"

आजकल डॉक्टर राधाकृष्णन् का मिजाज कामराज का मिजाज है। पिछली बार वे इन्दिरा जी के पक्ष में स्पष्ट थे। इस बार कूटनीति का असर दिखाई पड़ता है।

27 मार्च, 1967 (दिल्ली)

छहः बजे उग्र जी की शोकसभा का सभापतित्व करने गया। उनका देहान्त 22 मार्च को हुआ। उस दिन ईद का त्योहार था।

उग्र जी भोले तो नहीं, फिर भी निश्छल मनुष्य थे। उग्र और निराला, ये अजीब हस्ती थे। निराला जी को मरते समय कष्ट हुआ था। उग्र जी को कोई कष्ट नहीं हुआ। वे सबको कहकर गए कि मैं जा रहा हूँ।

उग्र जी की जीवनी अगर ईमानदारी से लिखी जाए, तो वह साहित्य की अच्छी वस्तु बन सकती है। निर्लज्जता और ईमानदारी बरती जाए, तो हर आदमी की जीवनी दिलचस्प तो हो ही सकती है।

आदमी उग्र जी औघड़ किस्म के थे, कुछ द्वेषी और प्रशंसा-कृष्ण भी। लेकिन निश्छलता उनमें जरूर थी। शुरू से लेकर सन् 1953 या '54 तक उग्र जी मेरे प्रशंसक थे। यहाँ दिल्ली में जाने क्या हुआ कि वे अकारण मुझसे नाराज हो गए। कई वर्षों तक वे मेरे पीछे पड़े रहे। काफी गालियाँ दीं और निन्दा के लेख लिखे। लेकिन उनके यहाँ जब फ़ोन लगा, तब उन्होंने मुझे फोन करके कहा, "अब मैं ज्यादा दूर नहीं हूँ। जब-तब बातचीत हो जाएगी।"

उग्र जी को मैं बहुत अच्छा लेखक मानता था। जब वे मुझे गालियाँ दे रहे थे, तब

भी मैं उनकी शैली की तारीफ करता था। एक बार मेरे मुख से उग्र जी की प्रशंसा सुनकर राजपाल वाले दीनानाथ जी अचरज में पड़ गए थे।

मगर मैंने उग्र जी के खिलाफ एक बार एक कविता भी लिख दी थी। निराला जी, उग्र जी, आस्कर वाइल्ड, बोदेलेयर आदि कवि बोहेमियन गोत्र के रहे। रचना अच्छी, मगर आदत उतनी अच्छी नहीं।

एक बार उग्र जी की ओर मैंने सिगरेट बढ़ाई थी। लेकिन सिगरेट उन्होंने ली नहीं। यह कहकर इनकार कर गए कि सिगरेट पीते ही मुझे काम सताने लगता है।

एक बार कलकत्ते में शिवनारायण शर्मा ने उग्र जी को किसी सभा में ले जाना चाहा। उग्र जी ने शिवनारायण से कहा, "फीस में मुझे लड़की चाहिए।" शिवनारायण भी झेंपनेवाला नहीं था। वह तमककर बोला, "तो बोलिए न, किस उम्र की चाहिए, कैसी चाहिए, कितनी चाहिए?" लोग वहाँ काफी भरे थे। उग्र जी चुप लगा गए। सेर को सवा सेर।

मगर खुदा बख्शे, बहुत-सी खूबियाँ थीं मरनेवाले में। मेरे साथ तो दुश्मनी उन्होंने खत्म कर ली थी। हिन्दी प्रिंटिंग प्रेस के मालिक श्री श्यामसुन्दर गर्ग के घर पर उन्होंने मुझे चाय पर बुलाया और चाय पिलाकर अपनी नाराजगी खत्म कर दी। इसके भीतर श्यामसुन्दर का हाथ रहा हो, तो कोई अचरज नहीं।

उनके गालिब-उग्र पर मैंने उन्हें जो सम्मति भेजी थी, वह उन्हें बहुत पसन्द आई थी। उन्होंने मुझसे अनुमति भी मँगवाई थी, जिससे वह सम्मति प्रचारार्थ छापी जा सके।

उग्र जी की चुलबुली शैली उग्र जी के साथ चली गई।

मैं जब कम प्रसिद्ध था, उग्र जी मेरी बड़ाई करते थे। जब मैं अधिक प्रसिद्ध हुआ, वे खफा हो गए।

विनय-पत्रिका के जितने पद उग्र जी को याद थे, उतने पद अब हम में से किसी को भी याद नहीं हैं।

4 अप्रैल, 1967 (कलकत्ता)

रामसेवक का कष्ट अब देखा नहीं जाता है। आयुर्वेद फेल कर गया। डॉक्टर ज्ञान मजुमदार से होमियोपैथी दवा लेने को कलकत्ता आया हुआ हूँ।

आज सवेरे नहा-धोकर दक्षिणेश्वर चला गया। कलकत्ता की दो महिलाएँ भी साथ गईं। वे दोनों काली का दर्शन करके एक जगह बैठ गईं। मैं मन्दिर के द्वार पर बैठकर अर्गला, कवच और देवीसूक्त का पाठ करता रहा। माँ से मैंने प्रार्थना की कि अब मेरा कोई सहारा नहीं है। चारों ओर से निराश होकर तुम्हारी शरण में आया हूँ। माँ, रामसेवक को आयु दो, आरोग्य दो और उसके कष्टों को कम करो। प्रार्थना करते-करते मेरी आँखों से अश्रुपात होने लगा।

घर लौटकर खा-पीकर तैयार हुआ, तब एक देवी ने अपने पास बैठा लिया और देर तक वह अध्यात्म की बातें करती रहीं। मैं तो भाग्य की ठोकरें खाकर अध्यात्म की ओर मुड़ा हूँ, मगर यह देवी शायद सुख से ऊब कर अध्यात्म की ओर जा रही है। लेकिन वह अभी काम और अध्यात्म के बीच झटके खा रही है। कोई ऐसा मार्ग खोज रही है, जो अध्यात्म का मार्ग हो, लेकिन काम का विवर्जन उसमें नहीं हो। अध्यात्म की सुनी-सुनाई बातें वह जोर से दुहराती रही और खोद-खोदककर यह पूछती रही कि विवाह-बाह्य प्रेम हो जाए, तो पाप उसे क्यों माना जाना चाहिए। मालूम होता है, उसे जब कोई युवक अच्छा लगता है, तब इतने से ही यह द्वन्द्व उसे सताने लगता है।

वह पूछने लगी, एक नारी दो नरों को प्यार कर सकती है या नहीं। एक नर दो नारियों को प्यार कर सकता है या नहीं? मन तो आपसे आप खिंच जाता है। उसे समेटें तो कैसे? और यह समेटना ही क्या पुण्य है? लड़की का हाथ मैं अपने हाथ में ले सकती हूँ। लड़के का हाथ अपने हाथ में लेने से मन क्यों घबराता है? बीहड़ प्रश्न!

मैंने कहा, यूरोप में चूमना भी दोष नहीं माना जाता। भारत में मात्र हेरने से शंका उत्पन्न हो जाती है। द्वन्द्व व्यक्ति की तरंग और समाज के नैतिक बन्धन का है। अध्यात्म के बारे में मैं ठीक-ठीक नहीं बता सकता, लेकिन धर्म तो खुल्लम-खुल्ला समाज के नैतिक विधान के पक्ष में है। मगर अब मनोविज्ञान का राज चलने लगा है। मनोविज्ञान की शिक्षा है कि जानबूझकर फैलने की कोशिश मत करो, जानबूझकर सिकुड़ने की भी कोशिश मत करो। लेकिन याद रखो कि बार-बार की परीक्षाओं के बाद भी विवाह की प्रथा सही पाई गई है और विवाह के अपने कानून हैं। जिस बात से पति या पत्नी को शंका हो, चिन्ता हो, शिकायत हो, वह बात चल नहीं सकती।

मुश्किल यह है कि अब मिलने-जुलने के इतने साधन निकल गए हैं कि पुरानी नैतिकता के लिए संकट खड़ा हो गया है। और जो नैतिकता इस नई दुनिया से मेल खाती है, वह नैतिकता है ही नहीं। उपन्यासों में सेक्स की समस्या का चित्रण जिस रूप में किया जा रहा है, उससे तो यही शिक्षा निकलती है कि पति और पत्नी को परस्पर सहनशील होना चाहिए। जिस नाव में औरत बैठी है, उसी नाव में मर्द भी है। देवी ने पूछा, "इस विषय में श्री अरविन्द जी की राय क्या है?"

मैंने कहा, "उसका निश्चित मत था कि उनका योग नर-नारी-समागम के साथ चल नहीं सकता। श्री अरविन्द-आश्रम में सेक्स की मनाही है। लेकिन 'इवनिंग टॉक' में कहीं उन्होंने अपने शिष्यों से कहा था कि नर-नारी सम्बन्ध का विषय अत्यन्त निगूढ़ है। उसे तुम अभी नहीं, आगे चलकर समझोगे। श्री अरविन्द से किसी ने पर-स्त्री-गमन के विषय में भी पूछा था। उन्होंने कहा, "यह तो अपनी स्त्री के साथ समागम से भी खराब है।"

इसके विपरीत, महर्षि रमण ने एक भक्त के बार-बार के प्रश्न से आजिज होकर

कहा था, "अगर तुम इस विषय में निरन्तर सोचते रहना नहीं छोड़ सकते, तो अच्छा है कि कर ही डालो और इस बार-बार के सोचने से मुक्त हो जाओ।"

मैंने कहा, "मन का सेक्स बहुत ही खराब चीज है, तन का सेक्स उतना बुरा नहीं माना जा सकता।"

देवी ने इस सूक्ति को नोट कर लिया। मैंने अपने जीवन का एक अनुभव उसे सुनाया और कहा कि उस महिला को मैं हमेशा पवित्र मानता आया हूँ।

मैंने उसके मन पर यह बात बिठाने की कोशिश की कि अध्यात्म का मार्ग ठीक-ठीक वही मार्ग नहीं हो सकता, जिस पर विषयी लोग चलते हैं। दूसरों के स्खलन के प्रति उदार रहो, मगर खुद स्खलन से बचो, यही सन्तों का दृष्टिकोण है।

5 अप्रैल, 1967 (दिल्ली)

राष्ट्रपति और उपराष्ट्रपति के चुनाव को लेकर तरह-तरह की अटकलबाजियाँ चल रही हैं। पिछली बार जब इन्दिरा जी से मेरी भेंट हुई, उन्होंने बताया कि राधाकृष्णन् तो रहने को तैयार हैं, लेकिन जाकिर साहब अब उपराष्ट्रपति रहना नहीं चाहते।

इस साल 26 जनवरी को राधाकृष्णन् ने जो ब्राडकास्ट किया, उसमें उन्होंने सरकार और उसके नेताओं की कसकर निन्दा की थी। हमने समझा, यह वीरता उस व्यक्ति की है, जो अब राष्ट्रपति का पद छोड़ने को तैयार है। अब शायद स्वास्थ्य सुधर जाने से वे अपने को लोभ में फँसा रहे हैं।

सन् 1957 में जब राधाकृष्णन् राष्ट्रपति नहीं हो सके, उन्होंने एक दिन मुझसे पूछा था, "तुम्हें मालूम है कि दक्षिण के लोग क्या बोल रहे हैं?" मैंने पूछा, "क्या बोल रहे हैं?" उन्होंने कहा, "यह कि राजा जी और राधाकृष्णन् भी पर्याप्त नहीं हैं।"

नाथ पै का क्षीण स्वास्थ्य देखकर घोर कष्ट हुआ। महावीर त्यागी, राजेश्वर पटेल और रामसहाय से भेंट हुई। सब हार गए हैं।

साढ़े तीन बजे नन्ददुलारे वाजपेयी, दशरथ ओझा और बालकृष्ण गुप्त आए। नन्ददुलारे जी ने कहा, विक्रम विश्वविद्यालय ने सुमित्रानन्दन पन्त और विश्वनाथ प्रसाद मिश्र को डॉक्टरेट दे दिया। पन्त जी के लिए समारोह प्रयाग जाकर करना पड़ा, क्योंकि वे बीमार हैं।

12 अप्रैल, 1967 (दिल्ली)

आज बुधवार को तीन बजकर पैंतालीस मिनट पर रामसेवक का देहान्त हो गया। कोई 25 मिनट तक मैं बिना रोए मित्रों को फोन से सूचना भिजवाता रहा। उसके बाद जब मित्र आने लगे, मेरा धीरज टूट गया।

आज भोर में पूजा करने के बाद मैं पूजा की मेज पर भी सिर पटक-पटककर रोया था। फिर पत्नी को बुलाकर उसके सामने मैंने जोर-जोर से छाती पीटी।

श्री रामनाथ जी गोयनका ने आकर सारी स्थिति को अपने हाथ में ले लिया और दाह-संस्कार का सारा प्रबन्ध किया। श्रेयांस जी और अशोक श्मशानघाट तक गए।

रामनाथ जी ने आते ही डॉक्टर बुलवाया और मेरी जाँच करवाई। रक्तचाप मुझे 230/110 था। डॉक्टर ने सुई देकर मुझे सुला दिया। अभी मैं ठीक से सोया नहीं था कि इन्दिरा जी आ गईं। जब मैं सो गया, जयप्रकाश जी और जगजीवन बाबू आए। और भी कितने ही मित्र आकर लौट गए।

रामसेवक पहले मेरे पुत्र थे। जब घर का बोझ सँभालकर उन्होंने मुझे निश्चिन्त कर दिया, वे मेरे पिता हो गए और उन्हीं के भरोसे मैं देश-विदेश घूमता रहा। फिर '63 के जून से '66 के दिसम्बर तक उन्होंने मुझे घोर कष्ट दिया। तब वे '66 के दिसम्बर में फिर मेरे पुत्र हो गए। और मेरी गोद में आकर बैठ गए। जब तक कलह था, वे जीवित रहे। कलह शान्त हुआ नहीं कि वे चल बसे।

मृत्यु के बाद रामसेवक की आँखें खुली हुई थीं, मुख भी खुला हुआ था, मगर चेहरे पर शान्ति थी, मानो भीतर की सारी दुर्भावना शान्त हो गई हो और वह भगवान के दरबार में निर्दोष होकर पहुँचा हो। इधर हाल से उसकी देह और खाट पर पक्षी बैठने लगे थे, जो पूर्ण अहिंसामयता का प्रमाण है।

रामसेवक बड़े ही तेजस्वी और वीर्यवान् थे। भगवान ने मुझे दंडित करने को उन्हें मुझसे छीन लिया। अब विधवा पतोहू और पाँच अनाथ बच्चों का भार मेरी दुर्बल पीठ को ढोना पड़ेगा। जवानी भाइयों की सेवा में गई। बुढ़ावा पोते और पोतियों की सेवा में जाएगा। मेरी जिन्दगी आरम्भ से अन्त तक संघर्षों की कड़ी बन गई। भगवान, एक तुम्हारा ही अवलम्ब है।

4 मई, 1967 (पांडिचेरी)

श्री अरविन्द आश्रम के कई मित्रों ने खबर दी थी कि 4 मई को श्री माँ विशेष दर्शन देंगी। 4 मई का दिन अखिल मानवता के लिए बड़े महत्त्व का दिन है। उस दिन अतिमानसी शक्ति मैटर में प्रवेश करेगी।

कल मद्रास पहुँचा था। आज नौ बजे भोर में पांडिचेरी के लिए रवाना हुआ। रास्ते में गर्मी काफी थी। पांडिचेरी पहुँचते ही सीधे आश्रम चला गया। भीड़ बहुत बड़ी थी। लोग श्री अरविन्द के कमरे में फाइल पास्ट कर रहे थे। मैं भीड़ में खोया-खोया खड़ा था कि पास में ही खड़े छोटे नारायण जी मिल गए। मार्च पास्ट के बाद हम दोनों जने बाहर निकले और छोटे नारायण जी के घर पर गए। वहाँ से हम फिर आए और श्री अरविन्द के कमरे में गए। सर्वत्र पीले कपड़ों से सजावट की गई थी और सारा

वातावरण पवित्र और तेजोद्दीप्त मालूम होता था। मार्च पास्ट के बाद हर आदमी को धातु का एक बैज दिया जा रहा था, जिस पर 4-5-6-7 अंकित था। उसका रहस्य जानने को मैंने श्री पृथ्वीसिंह नाहर से पूछा। उन्होंने कहा :

4. Manifestation
5. Power
6. Creation
7. Realisation

लेकिन असल में इस व्याख्या का क्या अर्थ है, यह उन्होंने नहीं बताया।

सन्ध्या समय 6 बजे श्री माँ ने टिरेस से दर्शन दिये। दर्शनार्थियों की संख्या कोई चार हजार रही होगी। किशोरी ने रात में बताया, मार्च पास्ट में कुल 3700 आदमी आए थे। श्री माँ कोई दस मिनट तक दर्शन देती रहीं। मुखमंडल को देखकर ऐसा लगा कि पिछले नवम्बर दर्शन के समय से अभी अधिक स्वस्थ है। मैं सोच रहा था, आज कोई चमत्कार होगा। बौद्धिकों का मन ऐसी ही फालतू बातें सोचा करता है। आज लिफाफे में जो प्रणामी चढ़ाई, उसमें एक पत्र भी डाल दिया। "मुझे दस वर्ष की और आयु चाहिए। पोतियों के ब्याह के लिए थोड़ा धन भी चाहिए। मेरे मरण-पर्यंत अब परिवार में और कोई मृत्यु नहीं हो।"

मन में लज्जा हुई, आज तक माँ से माँगता ही रहा हूँ। कभी उनका काम नहीं किया। यह भी भासित हुआ कि अनेक सन्तों की पूजा एक साथ नहीं चल सकती। भक्ति सबके प्रति हो, किन्तु केन्द्र एक ही होना चाहिए। वह केन्द्र श्री माँ हैं।

5 मई, 1967 (पांडिचेरी)

मदनलाल जी के घर में जो सज्जन मेरी देखभाल कर रहा है, उनका नाम श्री बाबूलाल है। सेठ गोविन्ददास जी ने जो पत्र श्री माँ के नाम दिया था, उसे मैंने नवजात जी को दे दिया। वे बोले, "सेठ जी बहुत अच्छे आदमी हैं। श्री माँ का आशीर्वाद उन्हें जरूर जाएगा।"

बाबूलाल भी दुखी हैं, मैं भी दुखी हूँ। बाबूलाल की स्त्री नदी में नहाने गई, वहीं डूबकर मर गई। बाबूलाल की नौकरी भी छूट गई है। मगर वह अद्भुत धीरज से जी रहा है। उसका धीरज देखकर मेरा भी साहस बढ़ता है। बाबूलाल ने सावित्री से निम्नलिखित पद सुनाया :

Pain is the hammer of gods to break the dead resistance of the mortals.
Pain is the Nature's hand sculpturing man to greatness.
An inspired labour that chisels with heavenly cruelty the unwilling mould.

उसने एक और पद सुनाया :

The world is not built by random bricks of chance.
A blind god is not the architect of Destiny.
A conscious power has drawn the plan of life.
There is a meaning in each curve and line.

जो कुछ कल और आज कानों में पड़ा है, वह यह है :

Supermind enters matter on 4.5.6.7. Supermind starts now working on human plane. Mother entered Indian politics in Februrary, 1967. On 4.5.6.7. She enters into world politics. The force of super mind cannot be resisted. It will not wait for the conversion of men. It will start working in spite of the resistance. Problems will be solved, controversies will be settled, peace and understanding will progress amidst struggle. When supermind descends, man may be able to attain immortality. It is not likely that people will like to cling to old bodies just as they do not like to cling to old and worn out clothes.

शाम को भाई श्री नारायण प्रसाद जी ने मिलने गया। उसने भी पूछा कि 4 मई का महत्त्व क्या है। उन्होंने कहा, यह तो सिर्फ माता जी को मालूम होगा। फिर उन्होंने मदर इंडिया में उद्धृत 'सावित्री' की ये पंक्तियाँ सुनाईं, जो मेरे प्रश्न का सही उत्तर देती हैं :

In matter shall be lit the spirit's glow.
A few shall see what none yet understands.
God shal grow up while wise man talk and sleep.
For men shall not know the coming till its hour.
And belief shall be not till the work is done.

श्री पृथ्वीसिंह नाहर का जन्म श्री अरविन्द के कार्य के लिए हुआ है। आज बीस वर्षों से उनकी आँखों की ज्योति जाती रही है। तब भी अरविन्द साहित्य में प्रयुक्त विशिष्ट शब्दों का कोश वे ही तैयार कर रहे हैं। कहते हैं, "श्री माँ ने उन्हें आशीर्वाद दिया है कि अतिमानस के अवतरण के बाद उनकी दृष्टि लौट जाएगी।"

यहाँ साधकों से बात करने पर जानकारी यह मिलती है कि अतिमानस का अवतरण सन् 1956 ई. में हुआ। 4-5-6-7 को वह मैटर में प्रविष्ट हुआ है। आशा है कि श्री माँ के बॉडी-सेल में अतिमानसी ज्योति के अवतरण के कारण परिवर्तन होंगे और वय के कारण होनेवाला क्षय रुक जाएगा। सेल्स नवीन हो जाएँगे। फिर ऐसा होगा कि प्रत्येक सेल मन का काम करेगा और श्री माँ स्वेच्छया शरीर का त्याग करेंगी। यह भी सम्भावना है कि अतिमानसी शक्ति से सम्पन्न मनुष्य आपसे आप

जनमेंगे। ऐसा भी होगा कि जीवित मनुष्यों में से कुछ के सेल्स नवीन हो जाएँगे और वे अनेक संज्ञाओं से युक्त हो जाएँगे। ऐसे लोग इच्छामात्र से जहाँ चाहें, वहाँ आ-जा सकेंगे। यानी जो शक्ति तैलंग स्वामी में थी, वह अतिमानसी शक्ति सम्पन्न लोगों में आप-से-आप आ जाएगी।

6 मई, 1967 (पांडिचेरी)

आज नाश्ते पर नवजात जी ने कहा, "कल श्री माँ के सामने आपके नाम की चर्चा हुई थी।" बिहार में सूखा पड़ा है। मैंने मुख्यमन्त्री को लिखा कि वर्षा के लिए श्री माँ से प्रार्थना कीजिए। इसी प्रसंग को लेकर श्री माँ के सामने मेरे नाम की चर्चा थी। श्री नवजात जी ने कहा, "जिस युग में लोग ईश्वर का नाम लेने में सकुचाते हैं, उस युग में आपने सरकार को यह राय दी, यह साहस की बात है।"

नवजात जी ने कहा, "अतिमानस के अवतरण से दुनिया में शान्ति बढ़ेगी, सद्भाव बढ़ेगा, मगर इसके लिए यदि संहार आवश्यक हुआ, तो वह भी होगा।"

नीत्से ने कहा था कि ईश्वर की मृत्यु इतनी बड़ी घटना है कि मनुष्य को खुद ईश्वर बनकर इसका मुकाबला करना चाहिए। अतिमानस के अवतरण के बाद मनुष्य ईश्वरीय गुणों को धारण कर सकेगा।

इन्दिरा जी पर श्री माँ की कृपा सद्यः तो प्रत्यक्ष दीखती है। नवजात जी ने कहा कि सत्य और न्याय के पक्षपाती लोग ही देश को सँभालेंगे। मैंने दिल्ली के निकट भविष्य के विषय में पूछा। नवजात जी ने कहा, "श्री माँ ने कुछ कहा तो है, पर वह बताने लायक नहीं है।" इससे मैंने समझा कि दिल्ली को विपत्ति के दौर से अभी और गुजरना है। बाद में अच्छा रहेगा। श्री माँ ने कहा है कि भारत और संसार के कल्याण की योजना सूक्ष्म जगत में बन चुकी है।

7 मई, 1967 (पांडिचेरी)

नाश्ता करके श्री अरविन्द की समाधि पर ध्यान करने को बैठा। दुनिया की जिम्मेदारियाँ इतनी प्रबल हैं कि हम सन्तों से भी उन्हीं का समाधान माँगते हैं। उस पर मैं तो अभी पुत्र-शोक से विह्वल और विपत्तियों से चूर हूँ। बार-बार यही माँगता रहा कि अनाथ बच्चों की सेवा कर सकूँ, इस स्थिति में रखिए। श्री अरविन्दः शरणं मम।

फिर 'लाइफ डिवाइन' के हिन्दी अनुवाद के लिए मीटिंग में गया। श्री केशवदेव ने जो अनुवाद किया है, उसे चन्द्रदीप और छोटे नारायण अनगढ़ मानते हैं। बंगला में दो अनुवाद हैं। अनिर्वाण ने जो अनुवाद किया है, वह बिलकुल मौलिक का आनन्द

देता है। लेकिन यह अक्षरशः अनुवाद नहीं, स्वतन्त्र अनुवाद है। श्री अरविन्द ने इस अनुवाद को देखा था और कहा था कि स्वतन्त्र होने पर भी यह मूल के समान प्रामाणिक है।

अनिर्वाण को अरविन्द का बाण ठीक हृदय में लगा था। इसलिए वे इतना अच्छा अनुवाद कर सके। श्री अरविन्द से बिंधा हुआ विद्वान हिन्दी में अभी कहीं नहीं दिखाई देता। इसलिए 'लाइफ डिवाइन' का रोचक हिन्दी अनुवाद तैयार नहीं होगा। प्रो. शेरसिंह जी इस कार्य को पूरा करवाने को तैयार हो गए हैं।

8 मई, 1967 (मद्रास)

कल शाम को मद्रास पहुँचा। आज चन्द्रकान्त के साथ मानिकवाचार वाली थीसिस खोजने बाजार गया। 30-35 रु. का तमिल साहित्य अंग्रेजी में खरीदा।

तमिल विकास समिति ने निर्देशक श्री कार्तिकेयन से मिला। तमिल में कोई 150 किताबें मद्रास सरकार छाप चुकी है। संस्कृत से द्वेष कम है, तमिल पर भक्ति अधिक है, मेरा ऐसा विचार बना। भाषा के बारे में जोश जगाकर डी.एम.के. विजयी हुआ है। मगर लड़के तमिल के माध्यम से पढ़ना नहीं चाहते।

अखिल भारतीय शब्द यहाँ एक या दो प्रतिशत चलेंगे। तमिल के विद्वान् तमिल धातुओं से शब्द बना रहे हैं और कहते हैं कि इस कार्य में उन्हें सफलता मिल रही है। मेरे मुँह से निकला, "भारत द्वीपों का देश बनने जा रहा है। द्वीपों को जोड़ने के लिए हमें बहुत-से पुल बनाने होंगे। यह सम्भव है, भारत की एकता सुदृढ़ हो जाए। फिर भी जो काम हमारे पोतों को करना है, वह काम उन्हीं के लिए छोड़ देना चाहिए।"

इस यात्रा में एक बात यह भी मालूम हुई कि सन् 1946-47 में जब सुकर्ण इंडोनेशिया में संघर्ष कर रहे थे, उन्होंने जवाहरलाल जी से दो जहाज माँगे थे, हवाई जहाज। सरकारी जहाज देना अचिंत्य था, इसलिए एक सेठ ने दो डकोटे देने का वचन दिया। मगर ऐन वक्त पर वे अपने वचन से फिर गए। जवाहरलाल जी ने बीजू पटनायक की मदद से सुकर्ण को घेरे से बाहर निकलवाया। पटनायक तभी से पंडित जी के अपने आदमी बन गए।

यह भी सुना कि यहाँ मद्रास में एक डॉक्टर थे। उन्होंने खूब पैसा कमाया था। वे जब मरने लगे, तब सारी सम्पत्ति उन्होंने पशु-अस्तपताल के लिए वसीयत कर दी। उनका सिद्धान्त था, "जब आदमी और कुत्ता, दोनों मर रहे हों, तब पहले कुत्ते को बचाओ।"

9 मई, 1967 (मद्रास)

मुख्यमन्त्री अण्णादुरै से मिलने गया। वे राज्यसभा में हमारे साथी थे। काफी देर इन्तजार करना पड़ा। फिर उनका सचिव आया और मुझे अन्दर के कमरे में ले गया। अण्णादुरै उतरे और मुझसे नमस्कार-पाती करके किसी समारोह में चले गए। बहुत-से लोग फूल और मालाएँ लेकर खड़े थे। उनमें से ज्यादा लोगों को पुष्प अर्पित करने का अवसर नहीं मिला।

शिक्षामन्त्री नेदुंषेरियन से मिलने को सचिवालय चला गया। इनका आदि नाम रामदास था। तमिल संस्कृति के उत्थान के लिए इन्होंने अपना नाम नेदुंषेरियन रख लिया है, जिसका अर्थ लंब-कर्ण होता है। आदमी धीर और बुद्धिमान् प्रतीत हुए। मुख्य बात मैंने यह सुनाई कि भारतीय भाषाओं का पूरा उत्थान तभी सम्भव होगा, जब भारत इंटरनेशनल कापीराइट कान्वेशन की सदस्यता छोड़ दे। बात उन्हें किसी हद तक जँची। बोले, "दिल्ली में मैं इस विषय की चर्चा जरूर करूँगा।"

1 अगस्त, 1967 (दिल्ली)

सुमन को शान्ति प्रसाद जी ने 1 की रात में खाने को बुलाया था। मगर शान्ति प्रसाद जी को भ्रम हो गया कि न्यौता लंच का है। उन्होंने अज्ञेय जी को बुला लिया और मुझे भी, लेकिन सुमन बुलाए नहीं जा सके।

काम-धाम खत्म करके घर साढ़े छह बजे शाम को पहुँचा। आते ही हिन्दुस्तान समाचार ने टेलीफोन से खबर दी कि आज 11 बजे दिन में नन्ददुलारे जी बाजपेयी का देहान्त हो गया। एक छोटा-सा शोक-सन्देश टेलीफोन पर ही लिखवा दिया।

फिर तैयार होकर सुमन को लिवाने को अज्ञेय जी के घर पर पहुँचा। रेडियो बज रहा था। मैं बैठा ही था कि रेडियो ने दूसरा दुःसंवाद सुनाया। आज पंडित शान्तिप्रिय द्विवेदी भी चल बसे। छायावादी आलोचना के ये दोनों आचार्य रक्षाबन्धन के दूसरे दिन यानी भादों प्रतिपदा को गए हैं।

जी उदास हो गया। लेकिन उदासी में ही शान्तिप्रसाद जी के यहाँ खाना खाया। पत्रकार-शिरोमणि दुर्गादास जी विश्व-भ्रमण करके आए हुए हैं। उनसे उनका कुछ यात्रा-विवरण सुनने को मिला। फिर शान्तिप्रसाद जी ने सुमन से कविता सुनाने को कहा। लेकिन कविता उसने नहीं सुनाई। आज यही उचित भी था। शान्तिप्रसाद सुमन को बार-बार कुसुम जी कह रहे थे।

छायावाद की जितनी सेवा नन्ददुलारे जी और शान्तिप्रिय जी ने की, उतनी किसी और से नहीं बन पड़ी। शान्तिप्रिय ने तो छायावाद से बाद वाले साहित्य की नोटिस भी नहीं ली। सन् 1948 ई. से ही वे मेरे पीछे पड़े हुए थे कि मैं उन्हें एक घर खरीदवा

दूँ। वे मुझे शरद बाबू के उपन्यास का सव्यसाची कहते थे और अपने-आपको शशि, जो शरत् बाबू का ही पात्र है।

जब रश्मिरथी निकला था, उसकी प्रति मैंने नन्ददुलारे जी को भेजी थी। उन्होंने लिखा था, आदि के दो सर्गों को देखकर मन में झुँझलाहट हुई। काव्य का शिखर तीसरे सर्ग से दिखाई पड़ने लगा। तब चित्त प्रसन्न हो गया।

न जाने, छायावाद-युग की कितनी कहानियाँ इन दो आचार्यों के साथ गुम हो गई हैं!

7 जनवरी, 1968 (दिल्ली)

स्विट्ज़रलैंड से एक रमण-भक्त मिस्टर क्राइस्ट आए हैं। उन्हीं के सम्मान में रमण-केन्द्र में मिलन-गोष्ठी थी। महर्षि रमण की पूजा हुई, कीर्तन और ध्यान भी हुआ। क्राइस्ट साहब एखार्ट, शापेनहार और जिमर के ग्रन्थों से प्रभावित हैं। शायद इसीलिए भारतीय अध्यात्म की ओर उन्मुख हुए हैं। कहते हैं, तिरुवन्नमलइ की यात्रा करने से इन लेखकों का मर्म उनकी समझ में अधिक आया है।

16 जनवरी, 1968 (दिल्ली)

केदार ने तीन बजे फोन किया, विभा को लड़का हुआ है। सुनकर खुशी हुई। श्री माँ को प्रार्थना भेजी।

21 जनवरी, 1968 (दिल्ली)

सन्ध्या समय रमास्वामी के घर गया। रमण-केन्द्र में पूजा थी। मेरा भाषण दाक्षिणात्यों की समझ में आ गया, इससे बड़ी खुशी हुई। स्वामीनाथन का भाषण भी बहुत अच्छा रहा। उन्होंने किसी रमण-भक्त का यह मत सुनाया "परिवार और सम्बन्धी सब झूठे हैं। उनके पीछे परेशान क्यों होते हो? एखार्ट को पढ़ो और प्रसन्न रहो।"

22 जनवरी, 1968 (दिल्ली)

सरोजिनी नगर में बंगालियों ने विवेकानन्द-जयन्ती का आयोजन किया। मुझे मुख्य अतिथि बनाकर ले गए। सभापति थे चुनाव कमीशन के सेन वर्मा। सभा में विवेकानन्द का वह चित्र टँगा था, जिसमें वे हाथ में लाठी लिए भारतीय साधु की तरह खड़े हैं। सेन वर्मा अंग्रेजी और बंगला फेंटकर बोले और इस बात पर बिगड़ उठे कि

स्वामी जी का यह चित्र यहाँ क्यों लगाया गया? अमेरिका वाला चित्र क्यों नहीं लगाया गया, जिसमें वे 'फायर ब्रांड' के समान दिखाई देते हैं।

25 जनवरी, 1968 (दिल्ली)

आज केन्द्रीय हिन्दी शिक्षा-समिति की बैठक थी। पिछले महीने हिन्दी विधेयक के विरोध में हिन्दी के मनीषियों ने पद्मभूषण आदि अलंकरणों का त्याग किया है, इससे अहिन्दी-भाषी हिन्दी-प्रेमी बहुत दुखी हैं। आंजनेय शर्मा ने कहा, दक्षिण के लोगों को तो यह जानकर भी आश्चर्य हुआ है कि हिन्दी में इतने पद्मभूषण थे। शारंगपाणि ने समिति में जो भाषण दिया, उससे हम लोगों का हृदय दहल गया। हिन्दी वाले कुछ बोलें नहीं, कुछ करें नहीं, तो हिन्दी का रथ कैसे चल सकता है? और बोलें, तो हिन्दी-प्रेमी भी बिदक जाते हैं।

श्री मोटूरी सत्यनारायण ने मुझे इस बात के लिए बधाई दी कि मैंने पद्मभूषण का त्याग नहीं किया। मैंने कहा, इस बधाई से खुशी हुई, मगर आप जानते हैं कि मैंने अलंकरण को क्यों नहीं छोड़ा? इसलिए कि तब मुझे नौकरी भी छोड़ देनी पड़ती। पद्मभूषण छोड़कर नौकरी में बने रहने का औचित्य क्या होता?

आज बच्चन ने कहा, स्वराज्य के आगमन के साथ गांधीजी का कार्य समाप्त हो गया। अब हिन्दी नहीं चलेगी दूध फट गया। अब उससे दही नहीं बनेगा। अब एसपरांटो के वजन पर भारतांतो नामक नई भाषा बनाई जाए। वही भाषा राष्ट्रभाषा होगी।

5 फरवरी, 1968 (दिल्ली)

पटने से दिल्ली जाते समय रास्ते में नीरद चौधरी की 'इंटेलेक्चुअल इन इंडिया' किताब पढ़ता रहा। चिढ़ानेवाली बातें नीरद ज्यादा बोलते हैं। इस किताब में भी लिखा है कि भारत में बुद्धिजीवी का अर्थ वह लेखक है, जो अंग्रेजी में लिखता है। भारत की निन्दा लिखकर ही इंग्लैंड में उन्होंने कीर्ति अर्जित की है।

ट्रेन में एक सज्जन मिले, कर्नल दिलीप सिंह। उन्होंने श्री सत्य साईं बाबा के बारे में बहुत-सी बातें बतायीं।

8 फरवरी, 1968 (दिल्ली)

5 फरवरी को पटने से दिल्ली आ रहा था। ट्रेन में एक सज्जन मिले, कर्नल दिलीप सिंह। उनसे साईं बाबा की चर्चा देर तक होती रही। उन्होंने कहा, डॉक्टर भगवंतम्

दिल्ली में डिफेंस मिनिस्ट्री के वैज्ञानिक सलाहकार हैं। वे सांईं बाबा के बड़े भक्त हैं। सो आज डॉक्टर भगवंतम् से मिला। पहले तो वे टालमटोल करते रहे, मगर मैंने जब अपना परिचय दिया, तब वे सीधी राह पर आ गए और बोले, ''अगर आप सात्विक भाव से पूछते हैं, तो मैं तो सत्य सांईं बाबा को भगवान का अवतार समझता हूँ। यह अंगूठी देखिए। उन्होंने शून्य में से निकालकर दी है।'' मैंने कहा, और कुछ बताइए। वे बोले, ''एक दिन बाबा के साथ हम लोग समुद्रतट पर घूम रहे थे और लहरें हमारे पैरों के पास तक आ रही थीं। बाबा ने कहा, 'समुद्र का नाम तो रत्नाकर है। इसे रत्न देना चाहिए।' तुरन्त हीरों का एक छोटा-सा हार लहरों में बहकर बाबा के पाँव से आ लगा। बाबा ने उसे उठा लिया और वे बोले, 'यह देखो, रत्नाकर ने रत्न भेंट किया है।' बाबा का मस्तक बड़ा है। बालों के कारण वह और विशाल लगता है। मुझे मजाक सूझा। मैंने कहा, ''बाबा, इसे आप ही पहन लीजिए। मैं सोचता था, बाबा के गले में यह आएगा नहीं। लेकिन बाबा ने हार को दो-चार बार घुमाकर उसे बड़ा कर लिया और अपने गले में पहन लिया।''

डॉ. भगवंतम् ने यह भी कहा कि 'बाबा के किसी-किसी फोटो से भस्म झरता है और किसी-किसी से मधु भी टपकता है।'

डॉ. भगवंतम् ने बाबा की एक जीवनी मुझे पढ़ने को दी और 'इलस्ट्रेटेड वीकली' का एक अंक भी, जिसमें बाबा पर एक सचित्र लेख है।

15 फरवरी, 1968 (दिल्ली)

आज भगवंतम् को उनकी किताबें लौटाने गया। उनसे बाबा के बारे में देर तक बातें होती रहीं।

जीवनी पढ़ने से लगा, श्री सत्य सांईं बाबा चमत्कारी पुरुष हैं, इतने चमत्कारी कि बौद्धिक मनुष्य परास्त हो जाएगा। शिरडी के सांईं बाबा का स्वर्गवास सन् 1918 ई. में हुआ था। श्री सत्य सांईं बाबा का जन्म सन् 1926 ई. में हुआ। 23 मई, 1940 ई. के दिन श्री सत्य सांईं बाबा ने घोषणा की कि मैं शिरडी के सांईं बाबा का अवतार हूँ। उनके पिता ने पूछा, ''तब हम तुम्हारे साथ कैसा व्यवहार करें?'' श्री सत्य सांईं बाबा ने कहा, ''मेरी पूजा करो।'' पिता ने पूछा, ''कब पूजा करें?'' श्री सत्य सांईं बाबा ने कहा, ''हर गुरुवार को।'' अचरज की बात है कि जिस दिन मैं डॉ. भगवंतम् से मिला, उस दिन गुरुवार था और आज भी गुरुवार है। भगवंतम् से कल बुधवार को ही मिलना चाहता था, मगर आज से पहले नहीं मिल पाया।

पिछली बार भगवंतम् से मिलने के बाद मैंने मैसूर के वाइस चांसलर गोक़ाक को पत्र लिखा था। उनका उत्तर आ गया है। वे मुझे लेकर बाबा के यहाँ चलने को तैयार हैं।

शिरडी के सांईं बाबा के अनेक भक्त देश में हैं। वे श्री सत्य सांईं बाबा को सांईं बाबा का अवतार नहीं मानते। लेकिन सुना है, श्री सत्य सांईं बाबा अपनी पूजा की जगह पर शिरडी के सांईं बाबा का चित्र रखते हैं।

इसी बीच शिरडी के सांईं बाबा पर आसबार्न की लिखी किताब, 'सांईं बाबा द मैन आव् मिरेकिल्स' फिर से पढ़ी है।

देखें, श्री सत्य सांईं बाबा के दर्शन कभी होते हैं या नहीं!

16 फरवरी, 1968 (ग्वालियर)

ग्वालियर विश्वविद्यालय में दीक्षान्त-भाषण देने को ग्वालियर आया हुआ हूँ। डॉ. कोमलसिंह सोलंकी और मदनलाल गर्ग को लेकर घूमने निकला। जगन्नाथ प्रसाद जी मिलिन्द से मिलने उनके घर पर गया। उनका लड़का पी.टी.आई. में काम करता है। लेकिन मिलिन्द जी कठिन तपस्या का जीवन बिता रहे हैं। शाम को उपकुलपति भंडारकर के घर पर एक साहित्य-गोष्ठी हुई। उसमें श्री प्रभुदयाल अग्निहोत्री भी आए थे। मोहन अम्बर नामक एक युवक ने कविता की एक किताब दी। यह युवक मिल में मजदूरी करके काव्य-साधना कर रहा है।

17 फरवरी, 1968 (ग्वालियर)

आज मैं बहुत ही क्लान्त रहा। डॉक्टर बुलवाने की इच्छा हुई। पुरी ने यह कहकर रोक दिया कि लोग घबरा जाएँगे। दीक्षान्त-समारोह में थका हुआ ही पहुँचा। भाषण के पाठ में बत्तीस मिनट लगे। बिलकुल थौंस गया। शाम की साहित्य-सभा ढाई घंटे चली। कई लोगों ने अपने भाषणों में आज के दीक्षान्त भाषण की प्रशंसा की।

22 फरवरी, 1968 (दिल्ली)

आज संसद गया। श्री हेमकान्त बरुआ ने कहा, "प्रधानमन्त्री हिन्दी समस्या का कोई समाधान खोज रही हैं।" मैंने कहा, "उपाय तो यही है कि मद्रास को अभी छोड़ दिया जाए और बाकी अहिन्दी प्रान्तों को जो मार्ग सुगम दीखे, उसी को अपना लिया जाए।" गंगा बाबू ने कहा, "यह नहीं होगा। नेतागण मद्रास को आइसोलेट नहीं करेंगे।" एक अन्य सदस्य ने सुझाव दिया कि "कोटा-प्रणाली को अपना लेने पर कठिनाई बहुत कम हो जाएगी।"

28 फरवरी, 1968 (पांडिचेरी)

मद्रास कल आया था। हिन्दी शिक्षण योजना का काम देखा और एक भाषण भी दिया। आज ओरोविल का स्थापना-दिवस था। नगर की नींव डाली जा रही थी। इसी समारोह के लिए मद्रास का ट्रिप बनाया था। अपने जानते जल्दी ही चला, लेकिन ओरोविल जब पहुँचा, तब तक समारोह समाप्त हो गया था और लोग सभा से लौट रहे थे। हजार-पाँच सौ मोटर-गाड़ियाँ रही होंगी। बसें भी बहुत। साइट पर गया। उत्सव के अन्त में जो दृश्य होता है, वही दृश्य वहाँ था। सुना, उत्सव अद्‌भुत था। देश-देश के बच्चे आए थे और हर देश का एक अलग जुलूस नींव में अपने देश की मिट्‌टी डालने गया था।

अभी मद्रास में हिन्दी-विरोध की आँधी उठी हुई है। सारा मद्रास हिन्दी के विरुद्ध उठ खड़ा हुआ है। इस विरोध का रौब ऐसा है कि हिन्दी के पक्ष में बोलना दुस्साहस का काम है। ओरोविल का साइट मद्रास राज्य में पड़ता है। शायद इसीलिए ओरोविल का चार्टर संस्कृत और तमिल में तो पढ़ा गया, लेकिन हिन्दी में नहीं। इसको कहते हैं विरोध। उनके सामने भगवान ने भी घुटने टेक दिए। भारत की राष्ट्रभाषा में ओरोविल का चार्टर नहीं पढ़ा गया, यह इतिहास में नोट करने की बात है।

1 मार्च, 1968 (तिरुवन्नमलइ)

पांडिचेरी से आज तिरुवन्नमलइ आया। मिस्टर आसबार्न से मिलने गया। बीमार हैं। कमजोर। दाढ़ी बढ़ी हुई। चेकोस्लोवाकिया के भी एक जिज्ञासु वहाँ बैठे हुए थे।

इस बार गंगा बाबू भी साथ हैं। आसबार्न के यहाँ से उठकर हम श्री मुरुगनार के यहाँ गए। याद दिलाने पर उन्होंने मुझे पहचाना और देर तक मेरी आँखों में वे हेरते रहे।

समाधि-हॉल में समाधि लगाई। गंगा का ध्यान बहुत देर तक चला।

इस बार अरुणांचलेवश्र के मन्दिर में भी गया और पाताल लिंगम के भी दर्शन किए।

2 मार्च, 1968 (मद्रास)

मद्रास आकर डॉक्टर राधाकृष्णन् से मिलने गया। बेचारे बीमार हैं, फिर भी ड्राइंगरूम में आकर मिले। महर्षि महेश ने उन्हें एक लम्बा तार भेजा है कि ऋषिकेश आकर साधकों को उपदेश दीजिए। वह तार राधाकृष्णन् मुझे दिखला रहे थे।

10 मार्च, 1968 (दिल्ली)

पश्चिमी जर्मनी के दूतावास के अफसर मिस्टर आलफ्रेड के घर गया। वहीं खाना हुआ। फिर शारदा मुझे लेकर संगीत-सम्मेलन में चली गई। मूर्धेश्वर की बाँसुरी सुनी और विलायत खाँ का सितार।

रविशंकर भक्त हैं। विलायत खाँ प्रेमी हैं। रविशंकर में वैविध्य है, विलायत खाँ में रंगीनी। एक में मिठास, दूसरे में गाम्भीर्य। मिला-जुलाकर रविशंकर ऊपर पड़ते हैं।

23 मार्च, 1968 (दिल्ली)

कल जयपुर से लौटा, तब पीयूषजी के पिता का पत्र मिला कि पीयूष जी चले गए। मेरे बड़े प्रेमी थे। बड़े ही होनहार कवि भी थे।

हिन्दी पत्रकारिता के आचार्य पं. अम्बिकाप्रसाद जी वाजपेयी भी स्वर्गीय हो गए। आज उनकी शोक-सभा में श्रद्धांजलि देने को गया था।

25 मार्च, 1968 (दिल्ली)

गाजियाबाद कॉलेज में दीक्षान्त-भाषण दिया।

29 मार्च, 1968 (दिल्ली)

नेहरू स्मारक समिति में पैंतालीस मिनट लेट पहुँचा, लेकिन सभा अभी चल रही थी। वहाँ पद्‌मजा नायडू, आदित्यनाथ झा, बच्चन और चन्द्रशेखर बाबू से भेंट हुई। पद्‌मजा जी सुरसिका की तरह बात करती हैं और झा जी के पास चुटकुलों का बड़ा भारी खजाना है।

31 मार्च, 1968 (दिल्ली)

हिन्दू तिथि के अनुसार आज रामसेवक की वर्षी है। केदार आए हुए हैं। मिलने को आए नागार्जुन और भवानी प्रसाद मिश्र।

1 अप्रैल, 1968 (दिल्ली)

श्रीमती कमला रत्नम् ने गेलार्ड में भोजन कराया। फिर उन्हें शाल खरीदवाने को ग्रामोद्योग में ले गया। उन्हें घर पहुँचाकर मैं संसद चला गया।

14 अप्रैल, 1968 (हरिद्वार)

गुरुकुल ज्वालापुर के उत्सव में आया हुआ हूँ। हरिद्वार स्नान के लिए हर की पैड़ी पर गया, लेकिन वहाँ बड़ी भीड़ थी। पार उतरकर स्नान किया। लौटते समय आचार्य किशोरीदास जी वाजपेयी के घर पर गया। पंडित जी की पुत्री सावित्री ने बढ़िया चाय पिलाई और कई फोटो भी उतारे। फिर वाजपेयी जी को साथ लेकर मैं गुरुकुल आ गया।

20 अप्रैल, 1968 (इलाहाबाद)

लड़का ठीक करने को इलाहाबाद आया हूँ और महादेवी जी के घर में ठहरा हूँ। केदार भी साथ आए हैं। महादेवी जी यहाँ नहीं हैं। कलकत्ता गई हुई हैं। मगर मेरी चिन्ता उन्हें लगी हुई है। खैरियत पूछने को उन्होंने आज कलकत्ते से ट्रंक-कॉल किया। गंगाप्रसाद पांडेय सूख कर काँटा हो गया। ट्रंक पर श्री सीताराम सेक्सरिया से भी बात हुई।

24 अप्रैल, 1968 (दिल्ली)

शान्तिप्रसाद जी के यहाँ गया, तो वहाँ महर्षि महेश योगी से भेंट हो गई। पहले पच्चीस-तीस चेले-चेलियाँ, फिर योगी जी आए। स्वभाव सीधा और सरल है। बनावट नहीं है। बैठे-बैठे चौंकते रहते हैं। हँसते बहुत हैं। संन्यासी और गृहस्थ के मार्ग अलग बताते हैं। मैंने पूछा, "अध्यात्म की भूमि तो भारतवर्ष है। आप यूरोप में क्यों घूमते रहते हैं?" उत्तर उन्होंने दो टूक दिया, "यूरोप में हवा नहीं बाँधता, तो भारत में काम करने का मौका कहाँ से मिलता? अब इसी देश में काम करूँगा।"

28 अप्रैल, 1968 (दिल्ली)

महेश योगी से आज फिर भेंट हो गई। कहने लगे, जर्मनी के लोग ध्यान को इसलिए अपनाते हैं कि इससे उत्पादन में वृद्धि होती है। अमेरिका में ध्यान इसलिए लोकप्रिय है कि इससे बिना गोली खाए नींद आती है। तीन-चार दिनों के ध्यान के बाद ही बहके हुए लड़के कॉलेज में या अपने काम पर चले जाते हैं।

22 मई, 1968 (पूना)

राष्ट्रभाषा सभा का नया भवन देखा। सभा का वर्धापन-दिवस मेरे सभापतित्व में मनाया गया। महामहोपाध्याय पोद्दार भी आए हुए थे। उसके बाद कवि-सम्मेलन

हुआ। ज्योत्स्ना देवधर की कविता अच्छी थी। कवि-सम्मेलन झेलना मेरे लिए अब पहाड़ होता जा रहा है। नाम उच्च, कान बुच्च। लोगों की आशाएँ मैं पूरी नहीं कर सकता। शरीर थक चला है।

23 मई, 1968 (पूना)

हरिकृष्ण मन्दिर गया तथा श्री दिलीप कुमार राय और इन्दिरा जी के दर्शन किए। देखने से ही इन्दिरा जी भावनाशील और आवेशमयी लगती हैं। अकसर ये नए-नए गाने लगती हैं। इन्हीं पदों का संग्रह दादाजी (दिलीप कुमार राय) ने छपवाया है।

दिलीप कुमार राय ने अपनी दो अंग्रेजी की पुस्तकें मुझे उपहार में दीं। शाम को उनका भजन भी सुनने को गया। रवि बाबू, गांधी जी, रोम्यां रोलां, बर्टेंड रसल सभी इनके गायन पर मुग्ध थे। दिलीप बाबू बंगला के विख्यात नाटककार डी.एल. राय के सुपुत्र हैं। वे बहुत दिनों से सन्त का जीवन बिता रहे हैं। पहले वे पांडिचेरी रहते थे और श्री अरविन्द के परम प्रिय शिष्यों में से थे।

मैंने पूछा, "आपने पांडिचेरी को क्यों छोड़ दिया?" दिलीप बाबू ने कहा, जब श्री अरविन्द जाने को हुए, उन्होंने कई बार मेरी खोज की थी। लेकिन किसी ने भी मुझे सूचना नहीं दी। अन्त समय में वे अवश्य मुझसे कुछ कहना चाहते होंगे। किन्तु आश्रमवालों की लापरवाही से अपने गुरु का अन्तिम संदेश मुझे नहीं मिला। इसलिए आश्रम जाने की मेरी इच्छा नहीं होती है।"

27 मई, 1968 (दिल्ली)

आज रात पंडित जी की याद में तीनमूर्ति के मैदान में कवि-सम्मेलन और मुशायरा साथ-साथ हुआ। सभापतित्व किया राष्ट्रपति जाकिर हुसैन ने और संचालन उपराज्यपाल श्री आदित्यनाथ झा ने।

आज दिन में एक प्राध्यापिका मिलने आई थी। मेरा उर्वशी काव्य उसे कस कर पकड़े हुए है। लड़कियाँ खुश हैं कि मैंने कामाध्यात्म की नई फिलासाफी निकाली है। काम का गौरव बढ़ाओ तो मर्दों से ज्यादा औरतें खुश होती हैं। इस लड़की ने पूछा, 'आध्यात्मिक काम की कल्पना आप किस आधार पर करते हैं?"

मैंने कहा, "ठहरो, जरा सोचकर बताता हूँ।" और सोचकर उसे मैंने यह बताया कि "काम की उत्तेजना दो व्यक्तियों को पिघलाकर एक कर देती है, यानी ऐसी स्थिति हो जाती है कि वे बहकर एक-दूसरे में समा जाते हैं। उस समय शारीरिक वासना शारीरिक नहीं रहती, वह रूपान्तरित होकर दिव्य प्रेम बन जाती है, जिसकी हम केवल कल्पना कर सकते हैं।

"मनुष्य अपने हाथ से इस तरह छूट जाता है कि आनन्द के अतिरेक में वह प्रेमी में समा जाना चाहता है। उसके भीतर पहुँचकर मर जाना चाहता है। आनन्द की दीप्ति के बिना धर्म नीरस और केवल विचार मात्र रह जाता है। धार्मिक रूप से अपने-आपको छोड़े बिना काम केवल यान्त्रिक क्रियामात्र है। किन्तु काम का यह आध्यात्मिक आनन्द प्रयत्न-साध्य नहीं है, वह कभी-कभी आप-से-आप आ जाता है। उसकी प्रतीक्षा करो, उसे ग्रहण करने को तैयार रहो; वह पाया नहीं, ग्रहण किया जाता है।"

15 अगस्त, 1968 (दिल्ली)

जगदीश बोरा के साथ काका साहेब जी कालेलकर से मिलने गया। काका साहेब ने कहा, बापू का कहना था, सर्वधर्म सम-भाव; मैं कहता हूँ सर्वधर्मम सम-भाव। मुझे याद आया, स्वामी विवेकानन्द भी कहते थे कि हमें सभी धर्मों को अपना ही धर्म समझना चाहिए।

16 अगस्त, 1968 (दिल्ली)

आज पंडित सुमित्रानन्दन जी पन्त का पत्र मिला। श्री गंगाप्रसाद पांडेय का स्वर्गवास हो गया। घोर कष्ट हुआ। महादेवी जी, इलाचन्द्र जी, गंगाप्रसाद, लीला अक्का और मैं साथ-साथ दक्षिण घूमने गए थे। बड़ा जिन्दादिल इंसान था।

26 अगस्त, 1968 (दिल्ली)

शाम को राष्ट्रपति भवन में गांधी युगपुराण का उद्‌घाटन समारोह। जाकिर साहब अध्यक्षता कर रहे थे। निरर्थक भाषण सुनते-सुनते मैं बोर हो गया। आखिर मैं बरस पड़ा। सेठ जी को और राष्ट्रपति जी को मेरा भाषण जंचा नहीं होगा। एक तो इसलिए कि मैंने 'विनायकं प्रकुर्वाणो रचयामास वानरम्' कह दिया और दूसरे इसलिए कि यह भी कह दिया कि अहिंसा का सम्प्रदाय नहीं बनाना चाहिए।

29 अगस्त, 1968 (दिल्ली)

मिलने को आए प्रो. उदयभानु सिंह, काशी की डॉक्टर ज्ञानवती त्रिवेदी, कवि श्री वीरेन्द्र मिश्र तथा एक कवि और, जिन्होंने 'अवधविलास' नामक ग्रन्थ लिखा है।

श्री कन्हैयालाल मिश्र प्रभाकर से भेंट हुई। बीमारी का हाल सुनकर लगा कि इनका दोबारा जन्म हुआ है।

4 सितम्बर, 1968 (दिल्ली)

मोटर से कुंजपुरा सैनिक स्कूल गया, जो दिल्ली से 80-85 मील है। शिक्षकों और छात्रों ने उत्साह से स्वागत किया। सभा में वे एक घंटे तक मेरी कविताओं का पाठ करते रहे। कुछ ने गद्य अवतरण भी पढ़े।

शाम को कैलाशनाथ बुधवार के घर गया। बुधवार का न्यौता सात साल से मंजूर पड़ा था। आज उस ऋण से मुक्त हो गया।

6 सितम्बर, 1968 (दिल्ली)

शाम को उड़िया के प्रसिद्ध कवि डॉक्टर मायाधर मानसिंह अपनी पुत्रवधू के साथ मिलने को आए। यह लड़की भूतपूर्व गवर्नर श्री मंगलदास पकवासा की पोती है। अब इसका नाम है सोनाली मानसिंह। ओडीस्सी और भरत नाट्यम का प्रदर्शन करने को रूस जा रही है।

7 सितम्बर, 1968 (दिल्ली)

कल रात सपना देखा कि किसी ने मेरा पुराना कुरता चुरा लिया है और बदले में जामुनी रंग का एक अंगरखा वह मुझे पहना रहा है। फिर देखा, गोपाल रेड्डी मुझे गले से लगा रहे हैं। कहीं कुरता उन्होंने ही तो नहीं चुराया था?

शाम को नागरी प्रचारिणी सभा की समिति में गया। वहीं फोन से खबर मिली कि बेनीपुरी जी आज शाम को मुजफ्फरपुर में चल बसे।

मन में सन्नाटा-सा छा गया। मेरे निर्माण में बेनीपुरी का बहुत बड़ा हाथ था। 'युवक', 'योगी' और 'जनता'—इन तीन पत्रों के द्वारा उसने साहित्य-जगत् के सामने मुझे उपस्थित किया था। पटने में जब उसका डेरा नहीं था, वह मेरे ही पास ठहरा करता था। बेनीपुरी केवल कलम का जादूगर नहीं था, वह क्रान्तिकारी मनुष्य था।

जब वह बेनीपुर में घर बना रहा था, एक दिन ऐसा हुआ कि जिस ट्रक पर वह सीमेंट लिये जा रहा था, वह ट्रक गंडक में डूब गया। सीमेंट चोरी-चोरी भेजा जा रहा था और ट्रक भी जिला बोर्ड का था। ट्रक के डूबने से सारा रहस्य खुल जाने का खतरा था। बेनीपुरी उस स्थिति से घबराकर मेरे पास पटना भाग आया था और दिनभर घर से बाहर नहीं निकला था। घबराहट के समय वह मेरी छाती में आकर समा गया था।

चुलबुली शैली, ताकतवर कलम और निर्भीक विचार। बेनीपुरी क्रान्तिकारी और

देशभक्त थे। जिसने उन्हें नहीं देखा, वह समझ ही नहीं सकेगा कि वे कितने जिन्दादिल इंसान थे।

पुराने अहबाब चल दिए सब,
कहीं पै होंगे दो-चार बाकी।

8 सितम्बर, 1968 (दिल्ली)

अशोक होटल में मॉरिशस के राजदूत श्री घरभन ने पार्टी दी थी। उसमें गया तो मॉरिशस के भूतपूर्व गवर्नर जनरल सर जान रेनी और उनकी पत्नी से मुलाकात हो गई। वे बड़े तपाक से मिले। काश्मीर से घूमकर आए हैं। कहने लगे, भारत आने की इच्छा बहुत दिनों से थी। वह पूरी हो गई।

13 सितम्बर, 1968 (अजमेर)

पहले पुष्कर तीर्थ गया, फिर गया हजरत चिश्तीं की दरगाह पर। जो दुआ श्री अरविन्द और महर्षि रमण से माँगी थी, वही दुआ आज हजरत से भी माँग बैठा।

खाने को गया पं. हरिभाऊ उपाध्याय के यहाँ। उनकी पुत्री ने कहा, "मेरी बेटी पूछती है कि आपकी आँखें खोई-खोई-सी क्यों रहती हैं?" मैंने कहा, "आपकी बेटी भावनाशील है। उसे मेरा कवि दिखाई पड़ गया होगा।"

2 अक्तूबर, 1968 (दिल्ली)

गांधी और विनोबा

गांधी भक्त, विनोबा ज्ञानी। गांधी विशिष्टद्वैतवादी, विनोबा अद्वैतवादी। गांधी गुजराती, विनोबा मराठा। गांधी विनम्र, विनोबा अहंकारी। गांधी पीछे मुड़कर देखते थे कि जनता आती है या नहीं। विनोबा नेता नहीं, गुरु के समान। कोई आए या नहीं, मैं तो चलूँगा।

सर्वोदय

अमेरिका और रूस, दोनों यन्त्र पर आधारित, दोनों मैनेजैरियल समाज। दोनों देश शरीर की दिशा में बढ़ रहे हैं। दोनों देशों में आध्यात्मिक मूल्यों का ह्रास हो रहा है। दोनों देशों में वर्तमान पर जोर, अतीत की उपेक्षा। सर्वोदय पर रस्किन, टाल्स्टाय,

वैष्णव दर्शन और जैन दर्शन कका प्रभाव। संसार के अतीत के एक हिस्से को बचा रखने का आन्दोलन सर्वोदय है। सर्वोदय विज्ञान और नास्तिकता के खिलाफ चुनौती है। उसका स्वभाव राजनैतिक और आर्थिक कम, सांस्कृतिक ज्यादा है।

जयप्रकाश

रिलीफ कमेटी का काम संसार के बड़े कामों में से एक। जयप्रकाश के विश्वास पर एक करोड़ दस लाख रुपए आए। भूकम्प के समय जब राजेन्द्र बाबू रिलीफ कमेटी के चेयरमैन थे, तब उनके आह्वान पर 26 लाख रुपए आए थे। इतने पर ही 'स्टेट्समैन' ने लिखा था, यह नेता जनता का विश्वास-भाजन मालूम होता है। किन्तु जयप्रकाश की प्रशंसा किसी भी अखबार ने नहीं लिखी।

19 नवम्बर, 1968 (दिल्ली)

शाम को टहलकर लौटने में देर हो गई। घर पहुँचा, तो देखा कि हजारीप्रसाद जी द्विवेदी अपने दामाद के साथ मेरे घर पर बैठे हैं। पंडित जी ने चुटकी लेते हुए कहा, "घंटे भर से आपकी प्रतीक्षा कर रहा था और अब यह चिट छोड़कर जाने ही वाला था कि आप आ गए।" चिट में लिखा था :

नसीब हो न सकी दौलते-कदमबोसी,
अदब से चूम के हजरत का आस्ताना चले।

20 अक्तूबर, 1968 (दिल्ली)

हजारीप्रसाद जी आज फिर आए। प्रधानमन्त्री से उन्हें मिलना था। समय ठीक हो या।

फिर उज्ज्वला और ललित सेन की बहन मिलने को आईं।

दोपहर को जयपुर के डॉक्टर विश्वम्भरनाथ उपाध्याय, आगरे के कुन्दनलाल उप्रेती और डॉक्टर चौहान आए।

3 नवम्बर, 1968 (दिल्ली)

शाम को बच्चन आया। उसे डुडनल अलसर हो गया है। आवाज भी दबी हुई है। बड़ी ममता उपजी। लेकिन वह अपनी सेहत से ज्यादा फिक्र मेरी सेहत की करता है। जब वह जाने लगा, उसे मैं आधे रास्ते तक छोड़ आया।

4 नवम्बर, 1968 (अजमेर)

अहिन्दी भाषी लेखकों का सद्भाव मंडल राजस्थान घूमने आया है, उसी के साथ मैं भी आया हूँ। इस मंडल के सदस्य हैं मराठी के कवि पुरुषोत्तम रेंगे, तमिल के लेखक सुब्रह्मण्यम और गुजराती के लेखक चुन्नीलाल माड़िया। गंगा बाबू तो इस मंडल के सूत्रधार ही हैं।

5 नवम्बर, 1968 (अजमेर)

भोर में 'लहर' के सम्पादक श्री प्रकाश जैन के यहाँ गया। दोनों प्राणी बड़े अच्छे लोग हैं। फिर गुजराती समाज में गया। सभी लोग बड़े प्रेम से मिले।

वहाँ से उठकर महाराष्ट्र-मंडल में गया। यहाँ एक वृद्ध मराठा सज्जन ने कहा, "मेरी लड़की ने मुझे 'उर्वशी' पढ़कर सुनाई है। मैं आपको देखना चाहता था।"

तीन बजे दिन में अन्तर भारती के समारोह में गया और पाँच बजे वैचारिकी की गोष्ठी में।

8 नवम्बर, 1968 (उदयपुर)

दिनभर लोग घसीट-घसीटकर कॉलेजों और संस्थाओं में ले जाते रहे। अन्त में थका-थका डबोक पहुँचा। यह पाँच संस्थाओं का अड्डा है। यहीं उपकुलपति श्री जनार्दन राय नागर ने मुझे 'साहित्य-चूड़ामणि' की उपाधि प्रदान की।

हवाई अड्डे पर पहुँचा, तो देखा कि जहाज फोकर नहीं, डकोटा है। अतएव जहाज से सामान निकलवाकर शहर लौट आया और रातभर ओंकार बोरा के पास ठहरा।

14 नवम्बर, 1968 (उज्जैन)

शिवमंगलसिंह सुमन ने धमकी देकर निमन्त्रण भेजा था कि नहीं आना अवमानना का प्रतीक होगा। सो उज्जैन मुझे आना पड़ा। मगर सुमन गायब है। वह लखनऊ गया हुआ है। चलो, महाकाल का दर्शन ही लाभ है। रात कवि-सम्मेलन बहुत अच्छा नहीं रहा। यहाँ एक कवि है निर्भय, जो मालिश करके अपनी रोजी चलाता है। रात उसने मेरी खूब मालिश की। आज पं. सूर्यनारायण व्यास से बहुत देर बातें होती रहीं। उन्हें भारत का भविष्य खराब नजर आता है। कहते हैं, 22 मार्च, 1969 से समय अनिष्टकारी आ रहा है।

24 नवम्बर, 1968 (इलाहाबाद)

लड़के को फलदान चढ़ाने के लिए इलाहाबाद आया। आदित्य भी साथ आया था। आज वह दिल्ली लौट गया। मैं छह बजे शाम को महादेवी जी के घर गया। फिर हम दोनों पन्त जी के यहाँ गए। रात का भोजन पन्त जी के ही यहाँ हुआ। श्री अरविन्द और माता जी की चर्चा छिड़ गई। बाद में पन्त जी जब अपने विचार बोलने लगते हैं, मैं केवल मौन रहकर सुनना चाहता हूँ। पन्त जी, हजारीप्रसाद जी और महादेवी जी इस युग की दुर्लभ विभूतियाँ हैं।

3 दिसम्बर, 1968 (दिल्ली)

ऊषा की बीमारी को लेकर घर में घोर चिन्ता चल रही थी। शोभा और शिवसागर को तनिक भी शान्ति नहीं है। जो जितना अच्छा होता है, भगवान उसे उतनी ही चिन्ता में रखते हैं।

शाम को राजेन्द्र जयन्ती के लिए सप्रू हाउस गया। उधर से रामेश्वर ठाकुर अपनी गाड़ी से घर छोड़ गए।

9 दिसम्बर, 1968 (दिल्ली)

नेपाल के लिए प्रोफेसर चुनना था। संघ लोकसेवा आयोग में सलाहकार की हैसियत से गया। उम्मीदवार प्रायः सब के सब अनुभवी प्राध्यापक थे। नई कविता के बारे में प्रायः सब के सब इस मत के थे कि यह कुछ नहीं है।

12 दिसम्बर, 1968 (दिल्ली)

अमेरिका के मिस्टर अलबर्ट थीबाल्ट मिलने को आए। रेडियो की भाषा-नीति पर देर तक बात करते रहे और उन्होंने बहुत-सा नोट भी लिया। उससे पूर्व पुष्पा आई थी। शाम को आई पद्मा सचदेव। ताराचन्द खंडेलवाल के यहाँ गोपालप्रसाद व्यास से भेंट हुई। उसने एक नई कविता सुनाई, जो अच्छी थी।

13 दिसम्बर, 1968 (दिल्ली)

विलायत खाँ का सितार सुनने को रात में रमाजी के घर गया। वहाँ इन्दिरा जी के छोटे पुत्र संजय भी आए हुए थे। अजीब पोशाक में। बच्चन ने बताया कि मैक्सिको में यह पोशाक गड़रिए पहनते हैं।

14 दिसम्बर, 1968 (दिल्ली)

11 बजे शर्मा मांटेसरी स्कूल देखने गया। माला पहनानेवालों ने भीड़ बनाकर हमला बोल दिया। किसी की उँगली मेरी आँख में लग गई। आँख जख्मी हो गई। स्वागत भी कभी-कभी महँगा पड़ता है। एक बार कवि-सम्मेलन के लिए मथुरा गया था, तब इधर तो लोगों ने मालाएँ पहनाने को मुझे घेर लिया, उधर किसी ने मेरा बक्सा ही चुरा लिया। तब से मैं सोशलिस्ट रह गया हूँ। सारे अच्छे कपड़े उसी बक्से में थे।

17 दिसम्बर, 1968 (दिल्ली)

केन्द्रीय हिन्दी समिति की बैठक। मैंने कहा, कानून को पास हुए एक मास हो गया, हिदायतें छह महीने पहले निकल चुकी हैं, मगर हिन्दी में काम नहीं हो रहा है। चह्वाण साहब ने कहा, आप अतिरंजित बातें कर रहे हैं। और हिन्दी कैसे चलेगी, यह देखना आपका काम है। मैं मन मारकर रह गया। पता नहीं, हिन्दी-प्रेम के कारण या दो हजार वेतन के लोभ से।

19 दिसम्बर, 1968 (इलाहाबाद)

सेठ गोविन्ददास जी ने आज फिर कहा कि "सब लोग साहित्य वाचस्पति हो गए। आप क्यों नहीं होते हैं?" मैंने कहा, "वही बात। जब तक मैं काशी-निकाय का सदस्य हूँ, मुझे यह उपाधि नहीं ग्रहण करनी चाहिए।"

20 दिसम्बर, 1968 (इलाहाबाद)

टंडन जी की प्रतिमा का अनावरण विनोबा जी ने किया। मैंने 'मृत्तितिलक' में से टंडन जी पर अपनी कविता सुनाई। श्रीमन्नारायण और मदालसा भी आए हुए थे। विनोबा जी ने कहा, "मैं चित्र और प्रतिमा के अनावरण को कोई महत्त्व नहीं देता, न ऐसे कामों से कहीं जाता हूँ। किन्तु यहाँ इसलिए आया हूँ कि श्री पुरुषोत्तम दास टंडन पर मेरी भक्ति थी। वे त्यागी पुरुष थे।"

13 फरवरी, 1969 (पटना)

'परशुराम की प्रतीक्षा' आगरा विश्वविद्यालय के कोर्स में लगी है। लगता है, कोई उसे कोर्स से हटाना चाहता है। पुस्तक में कई पंक्तियाँ हैं, जिनसे कांग्रेस की नीतियों पर

चोट पड़ती है। उन सभी पंक्तियों को जमा करके किसी ने मोरार जी भाई के पास भेजा है। आज मोरार जी भाई का पत्र मिला कि ये पंक्तियाँ यदि आपकी ही लिखी हुई हैं, तो मुझे बड़ा दुःख है। मैंने उन्हें उत्तर दिया कि पंक्तियाँ तो सब मेरी ही लिखी हुई हैं, मगर दिल्ली आने पर मैं सभी कविताएँ आपको सुना दूँगा। आपको कविताएँ अच्छी लगेंगी।

शिकायत की चिट्‌ठी इन्दिरा जी को भी जरूर गई होगी, मगर उनके यहाँ से कोई पत्र नहीं आया है।

जब अंग्रेजों की नौकरी में था, मुझे चेतावनियाँ अनेक बार मिली थीं, मगर मैं सरकार के विरुद्ध कुछ न कुछ लिखता ही रहा। स्वराज्य होने के बाद सन् 1950 में मैंने वह कविता लिखी, जिसकी एक पंक्ति है, 'सिंहासन खाली करो कि जनता आती है।' उस समय मैं बिहार के प्रचार-विभाग में नौकर था। यह कविता बिहार सरकार के प्रचार-विभाग के पत्र में छपी थी और कृष्णवल्लभ बाबू ने उसे देखकर कहा था कि 'दिनकर जी, यह सब क्या लिखते हैं?'

जब मैं संसद-सदस्य हुआ, तब भी अपना असन्तोष और सरकार की आलोचना मैं लिखता ही रहा। लेकिन जवाहरलाल जी ने मेरी हरकतों पर कोई ध्यान नहीं दिया। यहाँ तक कि 'परशुराम की प्रतीक्षा' को लेकर दिल्ली में बहुत कानाफूसी चली, तब भी पंडित जी ने मुझसे कभी भी कुछ नहीं पूछा। वे लेखकों को पूरा आजाद रखना चाहते थे। पास्तरनाक को जब नोबुल पुरस्कार मिला, तब ख्रुश्चेव उस कवि से नाराज हो गए थे। कहते हैं, उस समय जवाहरलाल जी ने ख्रुश्चेव को पत्र लिखा था कि पास्तरनाक के साथ आप सख्ती से पेश मत आइए। इसी का परिणाम हुआ कि पास्तरनाक पर कोई विपत्ति नहीं आई।

मगर अब जवाहरलाल नहीं हैं। मोरार जी भाई के पत्र की ध्वनि विलाप की है। मगर यह तो स्पष्ट हो गया कि सरकार के नेता अब सरकार या पार्टी की आलोचना सुनने को तैयार नहीं हैं।

आगरे में उपद्रव कौन कर रहा है, इसका पता मुझे नहीं है। मुमकिन है, कोई प्रकाशक अपनी किताब रखवाना चाहता हो। मुमकिन है, वहाँ मेरा कोई प्रच्छन्न शत्रु हो। या यह भी सम्भव है कि इस कांड के पीछे किसी आइडियोलाजिस्ट का हाथ हो।

10 मार्च, 1969 (रायपुर)

रायपुर सवा नौ बजे पहुँचा। रास्ते में उल्लेखनीय घटना यह हुई कि राजनाद गाँव के रेलवे स्टेशन पर श्री पदुमलाल पुन्नालाल बख्शी और डॉक्टर बलदेवप्रसाद मिश्र मिलने आए। उनके साथ बीसियों अन्य साहित्य-प्रेमी भी थे। बख्शी जी से मैंने कहा, "यह आपने क्या किया? आज्ञा पाकर ही मैं यहाँ उतर जाता।"

जिस पद पर बैठा हूँ, उसी का यह प्रताप है कि देश में दूर-दूर तक आता-जाता हूँ और ऐसे लोगों से भेंट होती है, जो श्रेष्ठ हैं, पूज्य हैं, वरेण्य हैं। फिर भी कभी-कभी लगता है, अब कोई परिवर्तन होना चाहिए।

प्रकृति हमें जहाँ रखना चाहती है, हम उससे अलग रहना चाहते हैं। स्वर्ग में दोष क्या था? तब भी आदम और हौवा उससे सन्तुष्ट नहीं थे।

12 मार्च, 1969 (रायपुर)

कल रायपुर के रविशंकर विश्वविद्यालय में मैंने जो दीक्षान्त भाषण दिया, उसके खिलाफ यहाँ की 'नई दुनिया' पत्रिका ने अग्रलेख लिखा है। भाषण ऐसा नहीं था, जिसका विरोध किया जाए। नई दुनिया की विश्वविद्यालय के साथ खटपट है।

गाय गोबर भी देती है और दूध भी। मक्खी मधु भी देती है और मोम भी। उसी प्रकार कलाकार भी सौन्दर्य और शोक, दोनों जगाता है, प्रेम और क्रोध दोनों उत्पन्न करता है।

शाम को राष्ट्रीय समन्वय पर भाषण दिया। यह रीडरशिप व्याख्यान है। कल दूसरा व्याख्यान देकर विषय समाप्त करूँगा।

24 मार्च, 1969 (दिल्ली)

शाम को श्री बच्चूप्रसाद सिंह आए। उन्हीं के साथ मोहन राकेश का नाटक 'आधे-अधूरे' देखने गया। बहुत अच्छा लगा। राकेश हमारे बीच उल्लेखनीय चिन्तक हैं। जो चिन्तक नहीं होगा, वह ऐसा नाटक लिख ही नहीं सकता। स्वतन्त्र भारत में एक नई बात यह हुई है कि जो नाटक सफलता से अभिनीत हो जाता है, उसके अनुवाद आनन-फानन कई भाषाओं में हो जाते हैं और उसके लेखक रातों-रात अखिल भारतीय लेखक बन जाते हैं। मोहन राकेश और बादल सरकार अब अखिल भारतीय नाम हैं।

वर्नार्ड शॉ के लिए एक समय क्रेज था। अब वे म्यूजियम में पढ़े जाते हैं। सभ्यता पर उन्होंने चुटीले व्यंग्य किए थे। उनका असर हुआ है या नहीं, यह संदिग्ध है। शायद असर नहीं हुआ। शॉ ने गुड़ मिलाकर इमली बाँटी थी। जनता उनसे भी होशियार निकली। उसने गुड़ चाटकर इमली छोड़ दी।

इधर मेरी एक वार्ता प्रसारित हुई है, 'मेरा सृजन और गांधी जी'। बड़ा आश्चर्य हुआ, जब आज आचार्य कृपलानी जी ने उसकी चर्चा की। वे हिन्दी वार्ता भी सुनते हैं। इस वार्ता की चर्चा एक दिन गोपालप्रसाद व्यास भी कर रहे थे।

31 मार्च, 1969 (पटना)

पटने में ऊषा के लिए बरतुहारी चल रही है। शाम को रजनीश जी का भाषण था, उसमें गया। उनकी 'संभोग में समाधि' की चर्चा काफी हो रही है। फ्रिडेल को उलटते-पलटते एक पंक्ति मिली। घोड़े, बैल और सिंह के चेहरे, बन्दर के चेहरे से बहुत खूबसूरत होते हैं। मगर बन्दर ही है, जिसका चेहरा आदमी के चेहरे के समान कहा जा सकता है।

8 अप्रैल, 1969 (कलकत्ता)

बारहवीं सदी में फ्रांस में प्रेम आदर का विषय था और प्रेमी इज्जत से देखे जाते थे। इसी कारण साहित्य में एक परम्परा बन गई, जिसका वर्तमान रूप यह है कि नैतिकता की दृष्टि से वासना उत्तम वस्तु है। वासना के लिए यह तनिक भी आवश्यक नहीं है कि वह सामाजिक रस्म-रिवाज या आचरण का ध्यान रखे। जो भी व्यक्ति उद्दामता के साथ प्रेम करता है, वह औसत आदमियों के झुंड में से उठकर उन उन्नत लोगों के बीच पहुँच जाता है, जिनकी संख्या थोड़ी है और जो पाप और पुण्य के पचड़े से निकल गए हैं। यही परम्परा अब सिनेमा में घुसकर ध्वंस फैला रही है। वासना पुण्य और पाप से अलग स्वतन्त्र अनुभूति का विषय बन गई है और सिनेमा से शिक्षा यह निकल रही है कि प्रेम आचारों से मुक्त होता है। लेकिन यह मुक्ति नहीं है। आदमी मुक्त तभी होता है, जब इन्द्रियाँ उसके वश में आ जाती हैं।

सिनेमा और साहित्य का सस्ता सुयश यह बतलाता है कि मानवता प्रेम के मारे बीमार है।

9 अप्रैल, 1969 (कलकत्ता)

रोमांटिक मर्द किस नारी की ओर जाना चाहता है? उस नारी की ओर, जो सभी नारियों में छिपी विचित्रता का सार है; जो आकर भी नहीं आती है, जो आलिंगन में बंधने पर भी स्पर्श से दूर है, जो आकांक्षा जगाकर उसे तृप्त करने से भागती है, जो शैया में होकर भी पूर्ण रूप से वहाँ नहीं होती, जो सपने से सदृश बाँह में उड़ी-उड़ी आती है और लहर-सी लौट तिमिर में डूब-डूब जाती है :

> *'प्रियतम को रख सके निमज्जित जो अतृप्ति के रस में;*
> *पुरुष बड़े सुख से रहता है उस प्रमदा के बस में।' (उर्वशी)*

11 अप्रैल, 1969 (कलकत्ता)

नर और नारी अपने माशूक को अवैध मार्ग पर ले जाना चाहते हैं, जिससे उन्हें प्रेम के लिए प्रेम का सुख मिल सके। आनन्दातिरेक भी अब एक तरह की सनसनाहट का नाम हो गया है। उसकी कोई मंजिल नहीं है, कोई दिशा नहीं है।

लोग तुलना के भ्रम में पड़े हुए हैं। मेरी बीवी वैसी नहीं है, जैसी दूसरी की बीवी। अरे यार, औरत की कमर तक ढंक दो, फिर सभी औरतें बराबर हैं। और भावना चाहो, तो वह कुरूप-नारी में भी मिलती है। रूप के न होने पर भी प्रेम व्यर्थ नहीं होता। प्रेम व्यर्थ हौवे रूप बिना?

अगर हर कोई अपने पति या अपनी पत्नी से अतृप्त हो, तो समाज का रूप क्या होगा?

वे जानते नहीं कि जो कुछ उनके पास है, उसका आनन्द कैसे लिया जाए। आनन्द के कल्पित रूप की खोज में वे फूल-फूल पर मँडराते फिरते हैं। किन्तु आनन्द पाने की असली कुंजी उनके पास नहीं है।

जो सबसे जरूरी चीज है यानी वफादारी, उसी को वे कहीं खो आए हैं। वफादारी के मानी ये हैं कि हम अपने पार्टनर को उसकी तमाम अच्छाइयों और बुराइयों के साथ स्वीकार करते हैं, प्रेम को बीच में लाए बिना हम उसे मनुष्य के रूप में ग्रहण करते हैं।

रूस के निहिलिस्ट चिन्तक रोमांटिक थे। उन्होंने विवाह की प्रथा को उड़ा दिया था। किन्तु इससे जो बुराइयाँ फैलीं, उनके खिलाफ लेनिन चिल्लाने लगे और महज सामाजिक उपयोगिता की दृष्टि से विवाह की प्रथा फिर वापस लाई गई।

13 अप्रैल, 1969 (पटना)

आज शाम को ऊषा के वर को फलदान पड़ गया। शिवसागर के संकल्प की यह विजय है। भगवान कल्याण करेंगे।

विवाह को आसान मत बनाओ। अमेरिका और यूरोप में प्रेम हुआ नहीं कि लड़का-लड़की विवाह कर लेते हैं। यह काफी नहीं है। विवाह की सम्भावनाओं के कारण विवाह होना चाहिए। विवाह सोलह आने प्रेम नहीं है। उसमें कर्त्तव्य का भी पुट होता है।

समाज के स्थायित्व से अधिक महत्त्व व्यक्ति के सुख को देना ठीक नहीं है। विवाह के व्रत का जो महत्त्व है, मनोवैज्ञानिक विलास अथवा रेचन के सिद्धान्त का उससे अधिक महत्त्व नहीं हो सकता।

14 अप्रैल, 1969 (ट्रेन में)

11 अप से दिल्ली के लिए रवाना हुआ। आगे चलकर बीसवीं सदी भी उतनी ही भयानक और अवास्तविक मालूम होगी, जितनी यूरोप की 14वीं सदी आज लगती है। जेनेटिक्स, कम्प्यूटर और सुपरसोनिक के आधार पर जब सभ्यता बनेगी, तब महान क्रान्ति घटित होगी। उस क्रान्ति के सामने रोब्सपियर, मार्क्स और माओ भी मद्धिम क्रान्तिकारी माने जाएँगे। वह सभ्यता अवकाश वाली सभ्यता होगी। काम उन्हीं को मिलेगा, जो बहुत ही वर्चस्वी होंगे। बाकी लोग खाएँगे, पिएँगे, टेलीविजन देखेंगे और निठल्ले बैठे रहेंगे। गांधी जी होते, तो इस सभ्यता को सन्देह से देखते।

15 अप्रैल, 1969 (दिल्ली)

बुद्धि से विवाह की अनिवार्यता सिद्ध नहीं होती। बुद्धि से ब्रह्मचर्य भी अशक्य व्रत है। उसके लिए अमानुषिक शक्ति चाहिए।

विवाह के प्रस्ताव में यह नहीं कहना चाहिए कि तुम मेरी कल्पना की साकार प्रतिभा हो, तुम मेरी कामनाओं की मूर्ति हो, तुम मेरी लैला हो, जिसका मैं मजनू बनना चाहता हूँ। यह कहने से क्या होता है? कल को मर्द का मन अगर भर गया, तो पत्नी से उसे कौन सूत्र बाँध कर रखेगा?

विवाह का उचित प्रस्ताव यह होना चाहिए कि तुम जैसी हो, उसी रूप में मैं तुम्हें स्वीकार करता हूँ और वैसे ही स्वीकार करके मैं तुम्हारे साथ रहूँगा। मैं तुम्हें अपनी जीवन-संगिनी बनाता हूँ। मेरे प्रेम का यही एकमात्र प्रमाण है।

आज के नर-नारी की मुद्रा ऐसा हो गई है कि व्रत को वे आनन्द का शत्रु समझते हैं। व्रत को वे प्राकृतिक नियम नहीं मानते। इसलिए उनकी मान्यता है कि व्रतपूर्ण विवाह अमानुषिक प्रयास के बिना नहीं निभ सकता। जिस आनन्द की वे खोज करते हैं और जीवन का वे जो धर्म समझते हैं, व्रत उसका ठीक प्रतिलोम है। और व्रत को यदि उन्हें पालना ही पड़ा, तो वे समझेंगे कि यह नियम जीवन को अधूरा रखकर ही पाला गया है।

16 अप्रैल, 1969 (दिल्ली)

छली नायकों के बहाने क्या-क्या हैं?

"इससे क्या होता है? यह तो आती-जाती बात है। इससे क्या तुम्हारे प्रति मेरा प्रेम कम होता है?" अथवा यह कि "मैं असमर्थ हूँ। यह मेरी वाइटल जरूरत है। नीतियों की परवाह मैं कैसे करूँ?"

यार, ये ही दलीलें यदि नायिका देने लगे, तो तुम पर क्या गुजरेगी?

17 अप्रैल, 1969 (दिल्ली)

अगर औरतें मर्द के बराबर हो गईं, तो उनका डीमोशन हो जाएगा। वे मर्दों की खोज का विषय नहीं रह जाएँगी, न पुरुषों की पूजा की पात्री।

मगर यह बात जरूर है कि प्रेम समानों के बीच होता है और वह समानता को प्रेरित करता है।

नारी के प्रति हमारा सच्चा प्रेम-निवेदन यह होना चाहिए कि हम उसे समान मानें, मनुष्य मानें और यह सोचना भूल जाएँ कि नारी चाँदनी है, नारी स्वप्न है, नारी गुलाब और जुही है, वह आधी देवी और आधी कामिनी है। सेक्स और स्वप्न को मिलाकर नारी की रोमांटिक कल्पना रोमांटिक लोगों ने की थी। किन्तु नारी का असली रूप वह है, जिसे या तो मार्क्स ने देखा था या गांधी ने।

गांधी नर और नारी को व्रती बनाना चाहते थे। पुरुष जब व्रती होता है, तब नारी उसकी दृष्टि में काम का साधन या प्रतिबिम्ब नहीं रह जाती, वह व्यक्ति बन जाती है। यह वह दृष्टि है, जो कामियों को ज्ञात नहीं है। नारी को मोहक और आमंत्रणपूर्ण मानना अपनी ही कामयुक्त कल्पना का प्रक्षेप है।

यदि काम तेजी से जिधर-तिधर को भागता फिरे, तो प्रेम की गति मद्धिम रहेगी। प्रेम जब व्रत लेता है और भागीदार के भीतर व्रत की भावना को जन्म देता है, तभी यह कहा जाएगा कि प्रेम ने अपने को पूर्ण रूप से व्यक्त कर दिया।

जो विवाह में विश्वास करता है, वह प्रथम दृष्टि वाले प्रेम में आस्था नहीं रखता और इस बात में तो बिलकुल नहीं कि वासना अदम्य होती है। वासना को अदम्य मानने की जो प्रथा चली है, व्यभिचार को बढ़ावा उसी प्रथा से मिल रहा है।

स्वस्थ और शक्तिशाली शरीर वाले लोग प्रथम दृष्टि में प्रेम के शिकार नहीं होते।

विवाह को भावुकता तथा बर्बर प्रेम का श्मशान मानना चाहिए। यदि बर्बर प्रेम ही प्राकृतिक प्रेम समझा जाए, तो उसकी तगड़ी अभिव्यक्ति बलात्कार में होती है और बलात्कार का अर्थ यह है कि नारी को हम व्यक्ति न मानकर केवल सेक्स की पुतली मानते हैं। बहु-पत्नीत्व और बलात्कार, ये दोनों नारी के व्यक्तित्व का दमन करते हैं।

सुसंस्कृत और सच्चा प्रेमी कभी भी कोई ऐसा कृत्य नहीं करेगा, जो हिंसा है, जिससे भागीदार के व्यक्तित्व का ह्रास होता है।

19 अप्रैल, 1969 (दिल्ली)

धर्म के विविध अर्थ हैं। मैं मानता हूँ कि धर्म उस विश्व के अस्तित्व में विश्वास का नाम है, जो दृश्य नहीं, अदृश्य है।

मुझे यह मानने का अधिकार है कि भौतिकी का दृश्य जगत् पूरी वास्तविकता का

खंड-मात्र है। मुझे यह अधिकार है कि अदृश्य वास्तविकता को सच मानकर मैं इस खंड को पूर्ण कर लूँ जिससे जीवन फिर से जीने के योग्य हो जाए।

लेकिन वीटो विज्ञान के हाथ में है। जिस विचार को लोग मारना चाहते हैं, उसे मात्र अवैज्ञानिक कह देना पर्याप्त होता है।

विज्ञान ने विश्व को कहीं से कहीं पहुँचा दिया और अधिकांश वैज्ञानिक तपस्वी हुए हैं। इसलिए विज्ञान की प्रतिष्ठा अपार है। किन्तु विज्ञान ने सम्पूर्ण सृष्टि को अभी समझा नहीं है। जिस दिन समझेगा, उस दिन सारी संस्कृति बदल जाएगी।

विज्ञान बिन्दु-मात्र है। अगाध समुद्र तो हमारा अज्ञान है।

20 अप्रैल, 1969 (दिल्ली)

गणितज्ञ समझते हैं कि देश और काल, ये बिन्दुओं और क्षणों से बने हैं, किन्तु उनका गुण सातत्थ है, जो केवल अनुभव किया जा सकता है।

देश की अपेक्षा काल अधिक सूक्ष्म है। देश की धारणा फिर भी स्थूल लगती है, क्योंकि देश बाहर है। काल की धारणा सूक्ष्म है, क्योंकि वह मानसिक है।

समय की सीधी और त्वरित अनुभूति जो मन में होती है, वह भीतरी अनुभूति है। एक सामाजिक या सार्वजनिक काल है, जो उस काल से भिन्न है, जिसका अनुभव हमें मन के भीतर होता है।

आगस्टीन ने कहा था, "समय क्या है, यह मैं जानता हूँ, किन्तु कोई समझाने को कहे, तो कहूँगा, मुझे मालूम नहीं है।"

काल का हमारा दैनिक ज्ञान लचीला है। सुख उसे छोटा बनाता है, दुःख उसे लम्बा कर देता है। कभी एक घंटा पचास घंटों के बराबर होता है, कभी एक घंटा क्षणभर में खत्म हो जाता है।

बाहर की घड़ी और भीतर की घड़ी बराबर एक साथ नहीं चलती। हमारे मन की अवस्था काल को छोटा या बड़ा बना देती है।

काल की अनुभूति हमें सतत प्रवाह के रूप में होती है। लेकिन भौतिकी काल के सातत्य से काम नहीं लेती, वह उसे बिन्दुओं में बाँटती है। सम्भव है, देश और काल, भौतिकी में दोनों कभी परमाणु-निर्मित घोषित कर दिए जाएँ। मगर हमारा मन काल के सातत्य को ही मानता है।

काल की तुलना नदी और समुद्र से। समुद्र बाहरी काल, नदी भीतरी काल। नदी हमारे भीतर है। समुद्र हमारे चारों ओर।

रहस्यवादी अनुभूति जिस लोक को छूती है, उसमें काल नहीं है, वह कालातीत है।

इलियट ने कहा था, काल से ही काल पर विजय होती है।

और तुलसीदास का दोहा है :

पल निमेष परमानु जुग बरस कलप सर चंड,
भजसि न मन तेहि राम कहँ काल जासु कोदंड।

21 अप्रैल, 1969 (दिल्ली)

हमारी मान्यताएँ टूटे हुए प्रतीकों के ढेर हैं।

जो दरवाजा आज तक न खुला, वह आगे भी नहीं खुलेगा।

पराजय हमारी इसलिए नहीं है कि हम लड़ते जा रहे हैं।

जीवन की तुम व्याख्या करते हो? तुम जो कुछ कहते हो, वह अटकल और अनुमान है।

1904 ई. में चेस्टर्टन ने एलान किया था, भविष्य का साहित्य बेवकूफी का साहित्य होगा।

आज र. से मिला था। उन्हें किसी ज्योतिषी ने कहा है कि विक्टोरिया मेमोरियल के आसपास गधे चरा करेंगे।

22 अप्रैल, 1969 (दिल्ली)

लगता है, यवनिका गिर रही है, सब खत्म हो रहा है। तुमने फूल बरसाए, उपाधियाँ दीं, आदर-सम्मान, सब कुछ दिया। किन्तु जिसे ये चीजें मिली थीं, वह अभिनेता था। अब पोशाक नहीं, चेहरे पर रंग नहीं, मंच की भाषा नहीं। मैं नग्न हूँ। क्या तब भी ये चीजें मेरे पास रहने दोगे?

23 अप्रैल, 1969 (दिल्ली)

गन्ध से फूल का, गान से पक्षी का और पदचाप से नारी के आगमन का ज्ञान होता है।

मधुमक्खी हमेशा मधु के संचय में लगी नहीं रहती। जमा कर लेने के बाद वह मधु पर पहरा देती है।

फासफोरस की भाँति अपने भीतर चमक लिए चलो। आदमी जितना ही जलता है, उसकी चमक उतनी ही तेज होती है।

24 अप्रैल, 1969 (दिल्ली)

एलेन वाट्स ने एक जगह लाओत्से को छू लिया है।

जीवित मनुष्य कोमल, मृदुल और उष्ण होता है। मरने पर वह कठोर और ठंडा हो जाता है। जो कुछ भी चिमड़ा और कठोर है, वह मृत्यु का अंश है। जो कुछ भी नाजुक और नर्म है, वह जीवन का अंश है। सिपाही जब बहुत अकड़ता है, फतह उसकी नहीं होती। वृक्ष अगर बहुत कड़ा हो, तो वह टूट जाता है। जो बड़े और बलवान् हैं, उन्हें नीचे का स्थान मिलेगा। जो नाजुक और कमजोर हैं, अन्त में ऊपर वे ही बिठाए जाएँगे।

पश्चिम के लोगों को, सबसे पहले, खुलकर रोने की योग्यता प्राप्त करनी चाहिए। जिस पुरुषोचित्त कठोरता और चिमड़ेपन का हम प्रदर्शन करते हैं, वह इसके सिवा और कुछ नहीं है कि हमारी भावना को लकवा मार गया है। यह संयम हम इसलिए धारण नहीं करते कि उद्वेग हमारे बस में है, बल्कि इसलिए कि हममें जो नारीत्व है, उसका प्रदर्शन करने में हम सकुचाते हैं। और जिसमें नारीत्व नहीं है, वह नारी के पास जाकर भी पूरा नर नहीं बन सकता। नारी के सौन्दर्य पर चकित होने के लिए भी नर के भीतर नारी का एक अंश चाहिए।

और केवल नारीत्व ही यथेष्ट नहीं है। योग्यता यह भी चाहिए कि हम बचपन में लौट सकें। बच्चे आसानी से चकित हो सकते हैं, यह उनका सबसे बड़ा गुण है।

25 अप्रैल, 1969 (दिल्ली)

वस्त्र, त्वचा, व्यक्तित्व, पुण्य और पाप, ये सब के सब आच्छादन हैं। पर वे सब मिलकर भी मनुष्य को ढंक नहीं पाते। सभी परिधानों के बीच हम नंगे हैं और यह नग्नता, यह पारदर्शिता भी एक प्रकार का आनन्द है। शायद सबसे बड़ा आनन्द है। असल में हम सब रिक्त हैं और यही रिक्तता (बौद्धों को शून्यता) सबसे बड़ा सत्य है।

26 अप्रैल, 1969 (दिल्ली)

सर श्रीराम की जयन्ती के सिलसिले में आज दो बार दिल्ली क्लाथ मिल जाना पड़ा, भोर में सभा के लिए, शाम को कवि-सम्मेलन के लिए। भोर भी सभा में श्री सी.डी. देशमुख भी आए थे। शाम को नीरज से भेंट हुई।

आज एलेन वाट ने एक धक्का फिर मारा। असली सत्य शून्यता है, किन्तु इस सत्य को पकड़ने की कोई राह नहीं है। जिस चीज को तुम राह कहते हो, वह शून्यता से भिन्न कुछ न कुछ बनने की चेष्टा मात्र है। वह विलीयमान क्षण से आगे बढ़कर ठहरने का निष्फल प्रयास है। ईश्वर में आस्था, आत्मा की अमरता, मोक्ष और निर्वाण—ये सब चालाकी के नाम हैं। नास्तिकता और वैज्ञानिक भौतिकवाद भी

चालाकी ही है; हाँ, उनके साथ बाँझ निश्चितता और आक्रामक दुराग्रह लगे हुए हैं।

जहाँ हम हैं, वहाँ जाने का रास्ता कोई है ही नहीं। जो भी रास्ता खोजने को निकलता है, अन्त में वज्र की एक दीवार को छूकर लौट आता है। इस दीवार में कोई खिड़की भी नहीं है कि आदमी बाहर की ओर झाँके। उचित तो यह है कि हम मान लें कि कुछ भी जाना नहीं जा सकता। किन्तु हम इसी स्वीकृति को टालने के लिए प्रार्थना, योग और ध्यान करते रहते हैं।

3 मई, 1969 (पूर्णियाँ)

कला-भवन के वार्षिक समारोह का सभापतित्व करने को पूर्णियाँ आया था। सभापतित्व करना पड़ा शोकसभा का। राष्ट्रपति जाकिर हुसैन का स्वर्गवास हो गया। जब जाकिर साहब राष्ट्रपति और हिदायत उल्लाह चीफ जस्टिस थे, भारतीय असाम्प्रदायिकता की पताका ऊँचे आसमान में उड़ती थी। आज उस पताका का आधा कपड़ा फट गया। जाकिर साहब ऊँचे इन्सान थे। उनकी संगति में बैठने से आदमी की शिक्षा बढ़ती थी, उसे ज्ञान प्राप्त होता था। अब ऐसा मुसलमान देश में नहीं है—कहना चाहिए, अब वैसा आदमी ही नहीं है।

स्वर्गीय जनार्दन प्रसाद झा द्विज जी के घर गया। उनका फोटो देखकर सारी स्मृतियाँ हरी हो गईं। छायावाद-युग के वे श्रेष्ठ कवि थे। वक्ता ऐसे प्रबल कि माखनलाल के समान। मेरे परम मित्रों में भी अग्रणी थे। सुना, उनकी पत्नी विक्षिप्त हो गई हैं। आज शोक ही शोक में रहा।

फ्रेंच दार्शनिक मानतेन का एक वाक्य याद आया :

"मैं गाता हूँ और अपने आपसे कहता हूँ कि जो भी बातें किसी दिन होने वाली हैं, वे सब की सब आज ही हो जाएँ।"

5 मई , 1969 (पटना)

पूर्णियाँ-यात्रा से थककर लौटा हूँ। जाहिर साहब को श्रद्धांजलि देनी थी, सो रेडियो गया।

घर पर बैठा-बैठा नोट बुक उलटता रहा।

अस्तमान सूर्य होने को मत रुको। चीजें तुम्हें छोड़ने लगें, उससे पहले तुम्हीं उन्हें छोड़ दो।

❑

दुनिया में जो भी बड़े पद या काम हैं, वे लाभदायक नहीं हैं और जो भी काम लाभदायक है, वह बड़ा नहीं है।

❑

हट जाओ, जब तक लोग यह पूछते हैं कि हटता क्यों है। उस समय तक मत रुको, जब लोग कहना शुरू कर दें कि हटता क्यों नहीं है?

❑

सतत चिन्तनशील व्यक्ति का मित्र कोई नहीं बनता।

❑

अभिनन्दन लेने से इनकार करना, उसे दोबारा माँगने की तैयारी है।

❑

मित्रों का अविश्वास करना बुरा है, उनसे छला जाना कम बुरा है।

❑

जब तक आदमी बुरे उदाहरण पेश करने की ताकत रखता है, तब तक वह भलाई का उपदेश नहीं देता। खासकर सेक्स के सम्बन्ध में।

❑

लोग हमारी चर्चा ही न करें, यह बुरा है। वे हमारी निन्दा किया करें, यह कम बुरा है।

❑

स्वार्थ हर तरह की भाषा बोलता है, हर तरह की भूमिका अदा करता है, यहाँ तक कि वह निःस्वार्थता की भाषा भी नहीं छोड़ता।

❑

जैसे सभी नदियाँ समुद्र में मिलती हैं, उसी प्रकार सभी गुण अन्ततः स्वार्थ में विलीन होते हैं।

❑

जब गुनाह हमारा त्याग कर देते हैं, हम फख्र से कहते हैं कि हमने गुनाहों को छोड़ दिया।

❑

विग पहनने का चलन लुई 13वें के समय से हुआ, क्योंकि वह खांडु था।

❑

सूर्य की खाट में भी खटमल होते हैं।

❑

ऋषि बात नहीं करते, तेजस्वी लोग बात करते हैं और मूर्ख बहस करते हैं।

❑

जवानों को मारपीट से, ताकतवर को सेक्स से और बूढ़े को लोभ से बचना चाहिए।

❑

जातियाँ जितना दौलत के लिए लड़ती हैं उतना ही स्वप्न के लिए भी।

❑

विद्वानों और लेखकों के सामने सरलता सबसे बड़ी समस्या होती है।

❑

घर में रहनेवाली औरत उस मछली के समान है, जो पानी में है। यही देखिए न कि औरत जब दफ्तर में होती है, उसके बात करने का ढंग औपचारिक होता है। दफ्तर से बाहर आते ही वह अधिकार से बोलने लगती है।

❑

नारी वही अच्छी है, जो फेमिनिस्ट कम, फेमिनिन ज्यादा हो।

22 मई, 1969 (कानपुर)

कल कानपुर पहुँचा हूँ और श्रीमती सन्तोष महेन्द्रजीत सिंह के पास ठहरा हूँ। श्रीमती कमला चट्टोपाध्याय भी यहीं ठहरी हुई हैं। कमला जी स्वतन्त्रता-संग्राम युग की योद्धा नारी हैं। मैं जब आई.ए. में पढ़ता था, तब उनका भाषण पटने के गुलाब बाग मैदान में सुना था। उस समय कमला जी सौन्दर्य की प्रतिमा मालूम होती थीं। सुना है, इंग्लैंड में हरीन्द्रनाथ चट्टोपाध्याय कहा करते थे, "जब कमला और मैं सड़क पर निकलते हैं, तब देवताओं को भी ईर्ष्या होती है।" यह बात जब येट्स ने सुनी, तब उन्होंने हरीन्द्र को सावधान किया था, "नौजवान, ऐसी बात बोलकर देवताओं को मत चिढ़ाओ।" और सचमुच ही देवता नाराज हो गए, विवाह टूट गया। लेकिन तलाक के बाद तो कमला जी ने अपने को देश को अर्पित कर दिया। दिल्ली में मुझसे खूब हिली हुई हैं और मेरी इन पर श्रद्धा भी अशेष है।

मेरा ख्याल है, जब विवाह की प्रथा का जन्म हुआ होगा, तभी तलाक की प्रथा भी जनमी होगी। फिर भी विवाह की प्रथा तलाक से एक-दो सप्ताह उम्र में बड़ी रही होगी।

कल जनाना पार्क में औरतों की सभा में भाषण देने गया था। देवियाँ काफी संख्या में आई थीं। सन्तोष जी का नगर में काफी प्रभाव है।

गर्मी तो है, मगर मैं आराम से ही हूँ। फिर भी सन्तोष जी को लगता है, मैं आराम से नहीं हूँ। आज वे कह बैठीं, "आप एयरकंडीशन पोयट हो गए।" मैंने कहा, "हाँ, वहाँ दिल्ली में एयरकंडीशन में रहता हूँ। ट्रेन में ए.सी.सी. में चलता हूँ और कविता भी ठंडी लिखने लगा हूँ। आपके मजाक में भी सच्चाई है।"

लगा, मेरा जीवन इतना आरामतलब नहीं होना चाहिए। आखिर यह आरामतलबी घर पर निभेगी? लेकिन गरीब आदमी को भी अमीर वाला सुख मिल जाए, तो उसे भोगने में संकोच नहीं होता।

24 मई, 1969 (इलाहाबाद)

कल इलाहाबाद आया। रामजी और ओंकार शरद स्टेशन आए थे। ओंकार तेजस्वी नवयुवक हैं। राजनीति में होते, तो वहाँ भी दो-दो हाथ खेल सकते थे। जाकिर साहब के मरने से उपराष्ट्रपति का पद खाली हो गया है। दिल्ली में प्रकाशवीर जी पूछने आए थे कि उस पद के लिए गंगा बाबू की चर्चा क्यों न चला दी जाए। आज ओंकार ने कहा, उपराष्ट्रपति पद के लिए हम महादेवी जी के नाम की चर्चा चलाना चाहते हैं। मैंने कहा, ''इन्दिरा जी की मर्जी के बिना महादेवी जी का नाम मत घसीटो।''

दिन में हिन्दी शिक्षण योजना के बारे में सभा हुई। शाम को महादेवी जी के ग्रन्थ का प्रकाशनोत्सव था। झाँसी का सेतु प्रकाशन महादेवी जी की ग्रन्थावली निकाल रहा है। उसी सीरीज की पहली जिल्द आज प्रकाशित की गई। समारोह का उद्घाटन पन्त जी ने किया। सभापतित्व और ग्रन्थ-विमोचन का श्रेय मुझे मिला। महादेवी जी की स्तुति में बोलना मेरे लिए हमेशा सुखद रहा है। पन्त जी ने एक सूक्ति कही, ''इलाहाबाद में साहित्य की खेती होती है।'' प्रकाशचन्द्र जी गुप्त ने शायद पन्त जी और महादेवी जी को लक्ष्य करके कहा, ''हमें इस बात का गर्व है कि हम आपके समकालीन हैं।'' कुछ काव्य-पाठ भी हुआ। पन्त जी ने कहा, ''तो सुनिए, एक प्रार्थना सुनाता हूँ। आप पहले भी सुन चुके हैं, मगर जितना सुनिएगा, उतना अच्छा होगा।'' यह कहकर उन्होंने 'बरसों ज्योतिर्मय जीवन' वाली कविता सुनाई। महादेवी जी ने अपनी पुस्तक की एक प्रति यह लिखकर मुझे भेंट की, 'अग्नि-सम्भव कवि दिनकर को।'

29 जून, 1969 (दिल्ली)

डॉक्टर सर देवेन्द्रप्रसाद वर्मा कनाडा से आए हुए हैं और मेरे घर को पवित्र कर रहे हैं। यही देवेन्द्र है, जिसे क्लास वन दिलाने के लिए मैंने शेर सत्येन्द्र और वीर विनोदा से उतनी मिन्नतें की थीं। मगर बिहार ने उसे क्लास वन देना भी स्वीकार नहीं किया। आज वह नाइट है, संसार के बड़े प्रोफेसरों में से एक है और उसकी ख्याति भारत छोड़कर सर्वत्र फैल रही है। भाग्य किसको कहाँ ले जाएगा, यह कोई नहीं जानता।

डॉक्टर राज अपने पति के साथ मुझसे मिलने को आई। उसने मुझसे पूछा कि उर्वशी में जो कामाध्यात्म है, वह कैसे सिद्ध होता है। मैंने समझाया कि काम आध्यात्मिक विकास का बाधक इसलिए समझा जाता है कि अध्यात्म और प्रकृति को हमने परस्पर भिन्न मान लिया है। अध्यात्म को हमने इस दृष्टि से समझा है कि वह क्या नहीं है, इस दृष्टि से नहीं कि वह क्या है। पिछली दृष्टि से देखने पर अध्यात्म प्रकृति का विरोधी नहीं है, न काम अध्यात्म का शत्रु है।

ब्रह्मचर्य को हमने अध्यात्म का नित्य संगी मान लिया है। किन्तु जनक और व्यास क्या अखंड ब्रह्मचारी थे? श्री अरविन्द और कबीर ने नारी के कामिनी-रूप को जाना था या नहीं?

भोजन और उपवास, ये दोनों प्राकृतिक कार्य हैं। लेकिन मनुष्य पर प्रकृति की ओर से यह बाध्यता नहीं है कि वह संभोग करे ही, खाना खाए ही या जीवित रहे ही।

उपवास की तरह ब्रह्मचर्य भी स्वाभाविक कृत्य है। लेकिन धर्म के नाम पर ब्रह्मचर्य धारण करनेवालों का मुख्य दोष यह है कि अध्यात्म के लिए वे काम को निश्चित बाधा मानकर चलते हैं, मानो ईश्वर की अनुभूति और नारी की अनुभूति, इन दो में से मनुष्य को कोई एक ही अनुभूति प्राप्त हो सकती है, दोनों नहीं।

काम के प्रति सन्तों की दृष्टि निषेधात्मक रही है। शारीरिक कृत्य का तो निषेध है ही, सन्त मानस चित्रों का भी निषेध सिखाते हैं। इससे शरीर और मन की एकता का भंजन होता है। वास्तव में मन शरीर का ही एक अंश है।

ईश्वर और प्रकृति, इन दोनों के बीच प्रतियोगिता नहीं है कि मनुष्य एक को ग्रहण करे और दूसरे को त्याग दे।

शरीर का काम, संयत काम, सामाजिक मर्यादा को मानकर एक घाट पर बहने वाला काम पाप नहीं है। पाप वह तब हो जाता है, जब काम मन को अपने वश में कर लेता है और मन शरीर को हाँकने लगता है, जबरदस्ती हाँकने लगता है। तन का काम अमृत है, लेकिन मन का काम गरल है।

आनन्दातिरेक प्रकृति का धर्म होना चाहिए। जब यह आनन्द जीवन के अन्य क्षेत्रों में नहीं मिलता, तब मनुष्य बलपूर्वक, इच्छापूर्वक उसकी खोज काम में करने लगता है। यही पाप है।

उर्वशी में जितना कहा गया है, उससे शायद कुछ अधिक कहा जाना चाहिए था। लेकिन उस अकथ्य की भाषा उर्वशी के पास नहीं है, क्योंकि वह मेरे पास नहीं है। मैं सिर्फ यह इंगित करना चाहता था कि प्रकृत जीवन बिताकर भी आदमी सन्त हो सकता है। अगर आपको मुझ पर विश्वास नहीं हो, तो कनफ्युसियस का विश्वास कीजिए। वे भी मानते थे कि जो ओर कुछ न करके प्रकृत जीवन बिताता है, वह भी सन्त है।

9 अक्तूबर, 1969 (दिल्ली)

अंग्रेजी तिथि के अनुसार मेरा जन्मदिन 23 सितम्बर को बैंगर में मनाया गया था। आज वह दोबारा, बड़े पैमाने पर मनाया गया। उपराष्ट्रपति श्री गोपालस्वरूप पाठक ने मेरे बारे में लिखित भाषण का पाठ किया। हजारीप्रसाद जी ने कहा, ''बड़ी खुशी की बात है कि दिनकर जी आज 22 वर्ष के हो गए।'' लोगों ने खूब तालियाँ बजाईं।

संयोग से जयप्रकाश जी भी पधार गए थे। उन्होंने कहा, "मेरे जीवन में सबसे बड़े कवि दिनकर जी हैं। वे केवल साहित्य के ही नहीं, राष्ट्र के भी निर्माता है।" जयप्रकाश जी ने यह भी कहा कि "एक समय दिनकर जी ने मेरे विषय में बड़ी-बड़ी भविष्यवाणियाँ की थीं, लेकिन मैं उन्हें पूरा नहीं कर सका। अतएव दिनकर जी से मैं माफी माँगता हूँ।"

उत्तर देते हुए मैंने जयप्रकाश जी से कहा, "आप मन्त्री नहीं हुए, इसके सिवा आपने और कौन-सा कसूर किया है? मगर आपने मन्त्री न बनकर उन सभी लोगों की लाज रख ली, जो मन्त्री नहीं बन सके। इस तरह मेरी लज्जा पर भी आपने चादर डाल दी। आपको माफी माँगने की कोई जरूरत नहीं है।"

मेरा कविताओं का गायन ठीक नहीं था। प्रोफेसर राज का लिखित भाषण भी बोर था।

29 नवम्बर, 1969 (वाराणसी)

दिल्ली से आया था। मुगलसराय स्टेशन डेढ़ बजे पहुँचा। अगवानी के लिए और लोगों के साथ पंडित वाचस्पति पाठक भी आए थे। वे मेरे अनन्य प्रेमी हैं। जब भी उनसे मिलता हूँ, आनन्द से भर जाता हूँ। श्री रायकृष्णदास जी के यहाँ पहुँचते-पहुँचते तीन बज गए और तैयार होते-होते चार। तब हम लोग ठलुआ क्लब गए। इस बार की विशेषता यह है कि पं. सुमित्रानन्दन पन्त, श्रीमती महादेवी वर्मा और मैं, तीनों एक साथ काशी आए हुए हैं। ठलुआ क्लब में हमारा अभिनन्दन हुआ। यहाँ का सारा कार्यक्रम मजाक की भाषा में चलता है। अभिनन्दन भी मजाक की भाषा में किया गया। पं. सीताराम चतुर्वेदी ने मोरछल से हम लोगों के मस्तकों का स्पर्श किया। पन्त जी और महादेवी जी ने अपने भाषणों में अपने को मूर्ख बताया और ठलुआ क्लब के द्वारा पूर्ण रूप से अभिनन्दनीय। जब मेरी बारी आई, मैंने अपना एक सुभाषित पढ़ दिया :

प्रत्येक मूर्ख को उससे भी
कुछ बड़ा मूर्ख मिल ही जाता,
जो उसे समझता है पंडित,
जो उसका आदर करता है।

व्यंग्य सटीक बैठा। सीताराम जी ने अपनी चोट सहलाते हुए कहा, "हाँ, हाँ, हम आप ही जैसों की खोज में रहते हैं।"

रात में जो कवि-सम्मेलन हुआ, उसमें एक भयानक दृश्य उपस्थित हो गया। यह सम्मेलन रोटरी वालों की ओर से था, और उसमें टिकट लगाया गया था। महादेवी जी, पन्त जी और मैं एक ही मोटर में भीड़ में पहुँचे। भीड़ छात्रों की थी, जिनके पास

टिकट नहीं थे। उन्होंने मोटर को घेर लिया और नारा लगाने लगे, 'हमारे कवि बनियों के हाथों बिक गए।' स्थिति को विकट देखकर मैं मोटर से उतर गया और बोला, "मोटर में पन्त जी और महादेवी जी हैं। इन्हें जाने दो। मैं तुम्हें कविता सुनाए बिना, सम्मेलन में कविता नहीं सुनाऊँगा।" भीतर मैंने खबर भेज दी कि जब तक मैं मंच पर नहीं पहुँचूँ, कोई भी कवि कविता न सुनाएँ। यह होना था कि भीड़ की वृत्ति बदल गई। लड़के 'राष्ट्रकवि जिन्दाबाद' के नारे लगाने लगे। लेकिन इस शोरगुल में मुझे अनजाइना का दर्द उभर आया। मगर मैं मर भी जाता, तो लड़के शान्त नहीं हो सकते थे। निदान, मैंने एक कुर्सी मँगवाई और उस पर मैं बैठ गया। मैंने कहा, "माइक लाओ, पहले मैं इसी भीड़ को कविता सुनाऊँगा।" यह सुनकर आयोजक घबरा गए। मुझसे आकर बोले, "भीतर महिलाएँ बैठी हुई हैं। लड़कों को अव्यवस्थित रूप में भीतर कैसे ले चलें और आप अगर यहाँ कविता पढ़ेंगे, तो भीतर से भी लोग यहीं चले आएँगे और रोशनी का प्रबन्ध यहाँ है नहीं।" मैंने लड़कों से कहा, "तुम लोग किस्तों में भीतर आओ और हाल में शान्तिपूर्वक खड़े रहो, या बरामदे में बैठ जाओ।" लड़कों ने बात मान ली। तब मैं भीतर गया और कवि-सम्मेलन आरम्भ हुआ। पन्त जी ने कविता सुनाई और कुछ भाषण भी दिया। महादेवी जी ने केवल भाषण दिया। बड़ी बात यह थी कि कवि-सम्मेलन के मंच पर हम तीनों पहले-पहल एकत्र हुए थे।

ठलुआ क्लब के बाद हम चाय पीने को श्री सर्वदानन्दजी के घर पर गए और फिर नागरी प्रचारिणी सभा में, जहाँ कई ग्रन्थों का प्रकाशनोत्सव था। सम्पूर्णानन्द जी की भी एक पुस्तक 'गगन-गुफा' आज प्रकाशित हुई। सम्पूर्णानन्द जी की सभी कविताएँ सूफियाना ढंग की हैं।

30 नवम्बर, 1969

आज जीवन का महान दिवस। पंडित कान्तानाथ पांडेय के साथ मैं श्री माँ आनन्दमयी के दर्शन के लिए उनके आश्रम में गया। श्री माँ के प्रथम दर्शन मैंने सन् 1948 ई. में किए थे, जब वे पटना आई थीं। आज जहाँ श्री माँ समूह को दर्शन देती हैं, वहीं हम बैठे। मैं अगली पंक्ति में था। माँ आईं और अपने उच्च आसन पर बैठ गईं। फिर उन्होंने अपनी दृष्टि मेरी आँखों में डाल दी। मैं देर तक वह अमृत आँखों से पीता रहा। माँ सहसा प्रसन्न हो गईं और एक माला उन्होंने मेरी ओर फेंकी। मैं आँख खोले त्राटक की मुद्रा में बैठा रहा। माँ ने फिर दूसरी माला मेरी ओर फेंकी। मैं निहाल हो गया। मूर्खता हुई कि घट भरते ही मैं उठ गया। माँ ने मुझे देने को कुछ फल किसी आदमी के हाथ भेजे। अनुभव हुआ कि भीतर प्रफुल्ल कमल झूम रहा है। सारा दिन अन्तर आनन्द से थरथराता रहा। आज सचमुच बड़े सौभाग्य का दिन है।

शाम को संस्कृत विश्वविद्यालय गया और छात्र-संघ का उद्घाटन किया। विज्ञान

और टेकनालाजी को अपनाते हुए भारत अपनी संस्कृति के सार की रक्षा करे, यह बात सुनकर संस्कृत के पंडित और छात्र विशेष प्रसन्नता का अनुभव करते हैं।

रोटरीवालों के कवि-सम्मेलन का आज दूसरा अधिवेशन था। कवि-सम्मेलन में आज भी जाना पड़ा। इस बार की यात्रा में विश्वविद्यालय प्रकाशन के श्री पुरुषोत्तम मोदी बराबार साथ रहे।

7 जनवरी, 1970 (दिल्ली)

बुद्ध ने कहा था, कुछ लोग स्वयं ज्ञानी हैं, उन्हें मेरे उपदेश की जरूरत नहीं है। कुछ लोगों की आँखों में धूल भरी है, वे सत्य को देख नहीं सकते। मगर कुछ हैं, जिनकी आँखों में जरा-सी धूल है। इन्हीं के लिए मुझे उपदेश करना है।

सिद्धि तो दुर्लभ ध्येय है, लेकिन उसकी ओर चलना आरम्भ करने से भी मनःशान्ति आने लगती है।

सभी धर्मों ने चेतावनी दी है कि केवल विद्या-बुद्धि यथेष्ट नहीं है।

10 जनवरी, 1970 (दिल्ली)

कलाओं ने धर्म की सेवा की है, लेकिन अनेक धर्म कलाओं को शंका से देखते हैं। कुरान में चित्रकला और मूर्तिकारी विवर्जित है। कुरान में कवि की भी प्रशंसा नहीं है। यह बात विदित है कि औरंगजेब संगीत के खिलाफ था। ताओ ते किङ् में कहा गया है कि इन्द्रियाँ विवेक को कुंठित बनाती हैं, अतएव इन्द्रियों को उकसाने वाली बातें बुरी हैं। शायद ईसा और बुद्ध भी काव्य के प्रशंसक नहीं थे।

धर्म का ध्येय मन को माया से बाहर ले जाना है। यही भूल है। धर्म का ध्येय प्रकृति और ईश्वर के बीच एकता की अनुभूति है।

महर्षि रमण ने कविता की निन्दा भी की थी और खुद कविताएँ भी लिखी थीं।

दाँते, कबीर, तुलसीदास, सूरदास, मीराबाई, रूमी, मिलरेपा—ये सब के सब सन्त भी थे और कवि भी।

11 जनवरी, 1970 (दिल्ली)

उपयोगितावादी कहते हैं, पहले गरीबी हटाओ, तब धर्म सिखाओ। पश्चिमी यूरोप से गरीबी हट गई, मगर लोगों का ध्यान धर्म की ओर नहीं गया।

हर आदमी साधना करे, यह सम्भव नहीं है। सम्भव नहीं है, पर लाभप्रद तो है।

हर आदमी साधक बन जाए, तो समाज आध्यात्मिक हो जाएगा और उसे पुलिस, मैजिस्ट्रेट और सेना की जरूरत नहीं रहेगी।

जो अपने अहं से बेखबर नहीं है, उसे मनुष्यों पर शासन करना नहीं आएगा।

मन को खाली करो, यही प्रज्ञा है।

कर्म में उद्देश्य और आसक्ति मत रखो, यही ज्ञान है।

12 जनवरी, 1970 (दिल्ली)

कविता जीवन का पुष्प है, वह पुष्प जो शिखर पर खिलता है, फुनगी पर खिलता है। जिसे यह फूल चुनना है, वह शिखर से ध्यान हटाकर दाहिने या बाएँ नहीं मुड़ेगा। फूल वह शिखर पर पहुँचकर ही चुनेगा।

जिन्हें आत्मज्ञान हो चुका है, उन्हें ही कविता लिखनी चाहिए। मगर तब संसार में कविता की मात्रा कितनी न्यून हो जाएगी?

न्यून हो जाए, वह भी अच्छा है। इनफ्लेशन होने से कविता का मूल्य बिलकुल घट गया है।

यूरोप के किसी लेखक ने एक विचार उछाला है। यूनिवर्सिटियाँ बन्द करो, छपी पुस्तकों पर प्रतिबन्ध लगा दो। ज्ञान जब सबके लिए आसानी से उपलब्ध नहीं रहेगा, तभी उसका मूल्य बढ़ेगा।

15 जनवरी, 1970 (दिल्ली)

इंडियन काउंसिल आव् कलचरल रिलेशंस की ओर से इंडो-ऑस्ट्रेलियन सेमिनार चल रहा है। आज उसका कवि-सम्मेलन था। कवि-सम्मेलन का सभापतित्व करने को पहुँचा, तब तक थोड़े ही लोग पहुँचे थे। बाद को कुछ लोग आ गए। ऑस्ट्रेलियन कवियों ने अपनी कविताएँ पढ़ीं। मुल्कराज आनन्द तथा दो-चार व्यक्ति और थे, जो कविता का आनन्द ले रहे थे। बाकी लोगों की समझ में कविताएँ नहीं आ रही थीं।

मैंने 'कुरुक्षेत्र' के षष्ठ सर्ग का पाठ किया। उसका अंग्रेजी अनुवाद प्रोफेसर पी. लाल ने सुनाया। यह अनुवाद रघुवंश कपूर का किया हुआ है। उमाशंकर जोशी ने गुजराती का एक पद सुनाया, बाकी उन्होंने अंग्रेजी अनुवाद ही पढ़ा।

इस सेमिनार में असली भारत अनुपस्थित रहा। प्रतिनिधित्व उसी भारत का हुआ, जो अंग्रेजी में बोलता है।

18 जनवरी, 1970 (दिल्ली)

पटना के विख्यात डॉक्टर श्रीनिवास ने एक पुस्तक लिखी है, 'मैं कहाँ हूँ?' पुस्तक आज ही मिली और आज ही मैं उसे आद्योपान्त देख गया। मानव-शरीर की रचना में जो विचित्रताएँ हैं, जो पूर्णता और कौशल है, उस पर सोचते-सोचते श्रीनिवास चकित

हो उठे हैं। उनका यह चकित होना, यह विस्मय धर्म की दलील है। जो सृष्टि को देखकर चकित नहीं होता, वह धर्म तक पहुँचेगा भी कैसे?

गनीमत है कि एक हिन्दी-भाषी वैज्ञानिक ने ऐसी पुस्तक लिखी है, जो अपने ढंग की अनूठी है।

22 जनवरी, 1970 (दिल्ली)

पं. सुमित्रानन्दन पन्त को ज्ञानपीठ पुरस्कार 19 दिसम्बर, 1969 को मिला। 21 दिसम्बर को पन्त जी के सम्मान में कवि-सम्मेलन हुआ। पन्त जी को खबर मिली कि मिनिस्टर श्री दिनेशप्रसाद सिंह बच्चन जी के घर पर उनका इन्तजार कर रहे हैं। इसलिए पन्त जी सभा छोड़कर चले गए। आज शान्तिप्रसाद जी के यहाँ गया, तो इस बात की चर्चा निकल पड़ी। शान्तिप्रसाद जी ने कहा, "यह हिन्दी कवियों का दब्बूपन है।"

23 जनवरी, 1970 (दिल्ली)

आज लालकिले में कवि-सम्मेलन था। मैंने हरचन्द मना किया कि नहीं जाऊँगा, लेकिन लोग धरना देकर बैठ गए और मुझे जाना पड़ा। सभा में नीरज और भवानीप्रसाद मिश्र से भेंट हुई। नीरज का बड़ा आग्रह है कि 6 फरवरी को मैं अलीगढ़ चलूँ। लेकिन उसी दिन दिल्ली में महाकवि सूर्यमल की स्मृति में समारोह है। मैं नहीं रहा, तो राजस्थान के नेता और साहित्यिक निराश हो जाएँगे।

30 जनवरी, 1970 (दिल्ली)

दिनभर भवानीप्रसाद मिश्र की 'गांधी पंचशती' पढ़ता रहा। सब मिलाकर संग्रह अच्छा उतरा है। हिन्दी कविता के क्षेत्र में गांधी-विचारधारा का प्रतिनिधित्व अभी भवानी ही कर रहे हैं। बहुत-सी कविताएँ ऐसी हैं, जिनका गांधी जी या गांधी-विचारधारा से कोई सम्बन्ध नहीं है। फिर भी कवि ने उन्हें इस संग्रह में डाल दिया है। अब युग गद्य का आ गया। जो कवि कविता में गद्य का अच्छा उपयोग करता है, उसे कुछ सफलता मिल जाती है।

1 फरवरी, 1970 (दिल्ली)

किसी मित्र से एक किताब ले आया था, 'आउट-साइडर'। उसे कुछ दिनों से पढ़ रहा हूँ। बुर्जुआ जिस सुविधाजनक और सुरक्षित संसार में रहता है, उस संसार के भीतर आउट-साइडर नहीं रह सकता। रहे, तो भी उस दुनिया को वह सत्य नहीं मानेगा।

उसकी कठिनाई यह है कि वह बहुत गहराई तक देखता है। उसे विश्रृंखलता नजर आती है, अव्यवस्था नजर आती है, ढोंग नजर आता है। बुर्जुआ के लिए सारी दुनिया सुश्रृंखलित और शान्त है। उसके लिए खतरनाक जीव केवल क्रान्तिकारी है। मगर दैनिक जीवन जीते हुए बुर्जुआ को क्रान्तिकारी की याद नहीं रहती। आउट-साइडर के लिए दुनिया रैशनल नहीं है, सुव्यवस्थित नहीं है।

आउट-साइडर समाज का बागी होता है। वह सब समाज में फैली हुई अराजकता की बात कहता है, तब उसका उद्देश्य चिढ़ाना नहीं होता, बल्कि सत्य का कथन होता है। लिहाज के कारण सत्य बोलना छोड़ दिया जाए, तो गड़बड़ी के ठीक होने की आशा नहीं रहेगी।

अगर यह दिखाई पड़े कि आशा के लिए कोई गुंजाइश नहीं है, तब भी जो सत्य है, उसे जरूर बोलना चाहिए।

मानव-समाज में मनुष्य जिस रूप में जीते हैं, उसे अस्वीकार करना आउट-साइडर का पहला लक्षण है।

आउट-साइडर इस आशा में हो कि उसके चीखने-चिल्लाने या विरोध करने से समाज बदल जाएगा, ऐसा मुझे दिखाई नहीं देता। वह स्वीकार करता है कि इस समाज से निकलने का भी कोई रास्ता नहीं है, उसके इर्द-गिर्द घूमने की भी कोई राह नहीं है और उसे चीरकर बीच से भी भागा नहीं जा सकता। शेक्सपियर और कीट्स आउट-साइडर नहीं थे, न तुलसी और सूर आउट-साइडर थे। इनमें कोई ऐसा लक्षण नहीं था, जिसे हम रोग या स्नायविक अयोग्यता कहें। वह चीज हमें निराला जी में दिखाई पड़ी थी। पन्त और महादेवी में भी वह नहीं है।

अन्धों के बीच काना, यही आउट-साइडर का स्थान है। समाज के और सभी लोग अन्धे हैं, मगर उन्हें अपने अन्धेपन का ज्ञान नहीं है। लेकिन आउट-साइडर जानता है कि वह एक आँख से अन्धा है। सारा समाज बीमार है। लेकिन उसे अपनी बीमारी का ज्ञान नहीं है। आउट-साइडर की यह विशेषता है कि वह जानता है कि मैं बीमार हूँ।

आउट-साइडर के तरफदार कहते हैं कि बीमार असल में मनुष्य की प्रकृति है। आउट-साइडर की महिमा यह है कि वह इस सत्य का सामना करता है। उसे नजरअंदाज करके सुख की जिन्दगी जीना नहीं चाहता।

किर्केगार्ड ने कहा था, "मैं किसी भी सिस्टम में बिठाया नहीं जा सकता। मैं गणित का सिम्बल नहीं हूँ। मैं मैं हूँ। मैं अकेला रहता हूँ। बिलकुल अकेला। मैं किसी से भी बात नहीं करता। मैं न तो किसी से कुछ लेता हूँ, न किसी को कुछ देता हूँ।"

दावा यह है कि सत्य को केवल आउट-साइडर जानता है और इस सत्य की अनुभूति यदि सभी मनुष्य को हो जाए, तो जिन्दगी खत्म हो जाएगी। सत्य का नजरअन्दाज किए रहने के कारण ही समाज चल रहा है।

बागी अस्तित्ववादी ढंग से जीता है। शरीर और आत्मा के भेद पर, मनुष्य और प्रकृति के भेद पर वह ध्यान नहीं देता। इस विषय पर चिन्तन करने से धर्म और दर्शन उत्पन्न होते हैं और आउट-साइडर इन दोनों का तिरस्कार करता है।

मिलने को आए उदयभानु मिश्र, बालबोध मिश्र, प्रयाग नारायण त्रिपाठी और मिस्टर वधवा। वधवा मुझे स्वामी रंगनाथानन्द के भाषण में ले गए।

2 फरवरी, 1970 (दिल्ली)

आदमी आउट-साइडर क्यों हो जाता है? जीवन के प्रति उसकी क्षुधा शायद तेज नहीं होती। अथवा जीवन पर वह इतना सोचता है, इतना विलाप करता है कि भोजन, पद, कीर्ति और नारी के प्रति वह उदास हो जाता है। कांसेंस को पूरी तरह सुलाए बिना, बुद्धि की धार को कुंठित किए बिना, चिन्तन को थुत्थर बनाए बिना आदमी जीवन का पूरा भोग नहीं कर सकता।

सुखिया सब संसार है, खावै अरु सोवै।
दुखिया दास कबीर है, जागै अरु रोवै॥

एक आदमी पिंजड़े में बन्द होकर उपवास करने लगा। अन्त में वह सूखकर काँटा हो गया। तब एक दूसरा आदमी आया और उसने पूछा, "भाई, तुमने इतना लम्बा उपवास क्यों किया?" उपवास करनेवाला आदमी मर रहा था। उसने मरते-मरते कहा, "मेरा संकल्प इतना प्रबल नहीं था कि मैं भोजन का त्याग कर सकूँ। लेकिन रुचि का भोजन मुझे मिला ही नहीं, लिहाजा मुझे उपवास करना पड़ा।"

यह आदमी शुद्ध आउट-साइडर था। आदर्श स्थिति जब तक नहीं मिलेगी, मैं जीवन को स्वीकार नहीं करूँगा, यह उसका व्रत रहा होगा।

यानी स्वच्छ जल मिलने तक पानी मत पियो और गिलास में जो गन्दा पानी है, उसे फेंक दो।

समझौता नहीं करनेवाला आदमी आउट-साइडर होता है और इसी कारण वह दुखी रहता है। आउट-साइडर संसार के परिष्कार की अभिलाषा है। आउट-साइडर वर्तमान के प्रति प्रोटेस्ट है।

संसार की सुन्दरता की कल्पना का जो अन्तिम शिखर है, आउट-साइडर हमेशा उसी को देखता रहता है। किन्तु वहाँ तक पहुँचने की उसे स्वतन्त्रता नहीं है, अधिकार नहीं है।

आदमी आउट-साइडर तब बन जाता है, जब वह सोचता है कि वह स्वतन्त्र है।

यह भी है कि आउट-साइडर हर समय यह कोशिश करना चाहता है कि वह आउट-साइडर नहीं रहे। मगर उनकी हर कोशिश नाकामयाब हो जाती है। उसकी किस्मत है कि वह आउट-साइडर ही रहे।

वह स्वतन्त्र होना चाहता है, लेकिन स्वस्थ नहीं, क्योंकि वह मानता है कि स्वस्थ मनुष्य स्वतन्त्र नहीं है।

आउट-साइडर वह सिपाही है, जो समझता है कि सारी पलटन में वही एक आगे बढ़ रहा है। जिसके भीतर यह अदम्य विश्वास नहीं है, वह सुखों का त्याग किस बिरते पर करेगा?

धर्म में आउट-साइडर वह है, जो अपने आपसे बाहर निकल गया है। अपने आप वह लौटे किस प्रकार, यही उसकी प्रधान समस्या है। 'मैं कौन हूँ?' इसी खोज में उसकी जिन्दगी बीत जाती है।

जो आदमी हमेशा कल्पना की पकड़ में रहता है, वह एक न एक दिन आउट-साइडर बन जाता है।

जो आदमी बहुत चिन्तनशील है, उसे मित्र नहीं मिलते हैं।

बुद्ध और कबीर मृत्यु पर सोचते-सोचते आउट-साइडर बन गए थे। आज के बहुत-से चिन्तक परमाणु बमों पर सोचते-सोचते, विज्ञान की घातक शक्तियों पर सोचते-सोचते आउट-साइडर बन रहे हैं।

शाम को सप्रू हाउस गया। पद्मा सुब्रह्मण्यम का नृत्य था। अच्छा नाचती है। नृत्य में प्रवाह है, जो साधारणतः भरतनाट्यम में नहीं मिलता। आज आलोक के यहाँ जाकर अकबर अली खाँ का सरोद भी सुना।

3 फरवरी, 1970 (दिल्ली)

आज एक आइडियोलाजिस्ट से भेंट हो गई। वे तेजस्वी हैं और किसी हद तक कवि भी। जो उद्दंडता आइडियोलाजिस्टों में होती है, वह उनमें नहीं है। लेकिन भारत के अध्यात्मवादी दर्शन को वे फालतू मानते हैं। मैंने उन्हें समझाया कि प्रश्न को एक ही तरफ से मत देखिए। दर्शन का विषय झूठ है, ऐसा विज्ञान ने नहीं कहा है। फिर भी वह साम्यवाद के अन्दर झूठ और फालतू समझा जाता है। राजनीति, नृवंश-शास्त्र और मार्क्स का समाजवाद पढ़ाकर साम्यवादी सरकार समझ लेती है कि दर्शन की भी पढ़ाई हो गई। लेकिन यह तो दर्शन की पढ़ाई का आरम्भ भी नहीं है। जीवन का एकांगी चित्र दर्शन नहीं बनाता, उसकी रचना तानाशाही करती है। जीवन को एकांगी बनानेवाले आन्दोलनों का विरोध दर्शन का स्वभाव है। जिन देशों में अध्यात्मवादी दर्शन जीवित है, वहाँ वैयक्तिक स्वतन्त्रता है, भाँति-भाँति के मत हैं, अनेकान्त है, स्याद्वाद है और जीवन वहाँ बहुरंगी है। जिन देशों में दर्शन समाप्त हो गया, वहाँ जीवन एक साँचे में ढल गया है या ढाला जा रहा है।

विविधता जब प्रबल होती है,
युद्ध के देवता रोते हैं।

दुनिया को एक करने की सनक से
युद्ध उत्पन्न होते हैं।

श्रद्धा मनुष्य के अस्तित्व का वह सार है, जिसका स्थान ज्ञात नहीं ले सकता।

विचार की स्वतन्त्रता की रक्षा करना दर्शन का कर्तव्य है। इसीलिए तानाशाह गद्दी पर आते ही दर्शन को मार डालते हैं।

साम्यवाद और पूँजीवाद, दोनों अधूरे हैं। भारत उन दोनों से अलग किसी तीसरे रास्ते की खोज में है।

पूँजीवाद और साम्यवाद से आगे कौन समाज है, यह बतानेवाला मसीहा शायद आगे आएगा। या क्या पता, यह मसीहा गांधी हों, अरविन्द हों, टाल्स्टाय हों।

आज रेडियो से फोन आया, 'बरट्रेंड रसल का देहान्त हो गया है। उनके बारे में हमें एक छोटी-सी वार्ता तुरन्त चाहिए।' अतएव एक घंटे में सात मिनट की एक वार्ता लिखनी पड़ी। किताबें कोई देख नहीं सका। जो कुछ मालूम था, उसे ही लिख दिया।

आज ही शाम को पंडित बनारसीदास जी चतुर्वेदी का अभिनन्दन-समारोह भी हुआ, जिसमें दिल्ली के प्रायः सभी साहित्यिक आए हुए थे। 'प्रेरक साधक' नाम का ग्रन्थ भी उन्हें अर्पित किया गया। चतुर्वेदी जी ने अभिनन्दन का उत्तर विनोदपूर्ण शैली में दिया, जिसे लोगों ने खूब पसन्द किया।

4 फरवरी, 1970 (दिल्ली)

मिलने को आए मॉरिशस के राजदूत श्री रवीन्द्र घरभरन और सोमदत्त बखोरी।

6 फरवरी, 1970 (दिल्ली)

आजाद भवन गया। राजस्थान के कवि सूर्यमल मिश्रण का शताब्दी-समारोह बड़े उत्साह से मनाया गया। राष्ट्रपति आए थे और सभापतित्व किया मुख्यमन्त्री सुखाड़िया ने।

आज विक्रम विश्वविद्यालय के प्राध्यापक श्री राममूर्ति त्रिपाठी मिलने को आए और अपनी रहस्यवाद नामक पुस्तक उन्होंने भेंट की।

त्रिपाठी जी ने बतलाया कि अभिनव गुप्त ने लिखा है, 'क्षुब्धवीर्यवत्ता हि सहृदयता'। यानी वीर्य का क्षोभ सहृदयता का कारण है। साहित्यिकों को देखने से लगता है, वही कारण प्रतिभा का भी है।

4 मार्च, 1970 (दिल्ली)

रात में भोजन करने को श्री मन्मथनाथ गुप्त के घर पर गया। भूपेश गुप्त, जेड. अहमद, अर्जुन अरोड़ा आदि कम्यूनिस्ट नेता आए हुए थे। हाँ, अरोड़ा कम्यूनिस्ट नहीं हैं, कांग्रेस पार्टी में हैं।

6 मार्च, 1970 (दिल्ली)

चार बजे आफताब राय से मिलने गया। वहीं से कृष्णा जी मुझे बाबा मुक्तानन्द के सत्संग में ले गई। बाबा के दर्शन आज पहली बार हुए। किसी ने जान-पहचान नहीं करवाई। केवल प्रणाम करके लौट आया।

7 मार्च, 1970 (दिल्ली)

बच्चन से मिलने को उसके घर पर गया। गालिब का एक शेर है :

पहले आती थी हाले-दिल पै हँसी,
अब किसी बात पर नहीं आती।

बच्चन ने इसकी अश्लील पैरोडी की है। सुनकर हम दोनों खूब हँसे।

शाम को हंगरी के दो साहित्यिक—एक प्रोफेसर केरी और दूसरे कवि गराई मिलने को आए।

9 मार्च, 1970 (वाराणसी)

कला-भवन में आज सरोद का कार्यक्रम था। शरणरानी आई हुई थी। तीन घंटे तक आनन्द की वृष्टि हुई। मैं समाधि में मन-ही-मन लेनिन पर एक कविता रचता रहा।

10 मार्च, 1970 (वाराणसी)

पं. वाचस्पति पाठक आए और मुझे तथा गंगा को अपने घर ले गए। वहाँ से हम श्री आनन्दमयी माँ के दर्शन के लिए गए। श्री माँ आज कमरे में थीं। बोलीं, जो यहाँ है, वही सर्वत्र है।

चार बजे शाम को कला-भवन का उत्सव समारोह हुआ। मैंने सभापतित्व किया और श्रीमती महादेवी वर्मा ने उद्घाटन। सभा भाषण सुनने को तैयार नहीं थी, अतएव अपने भाषण में मुझे रोचकता का समावेश करना पड़ा यानी मैंने इनटेलिजेंस में डिमोक्रेसी का पुट डाला।

रात का भोजन हुआ प्रसाद जी के सुपुत्र रत्नशंकर के यहाँ। प्रसाद जी के घर पर आज मैं पहली बार ही गया। रत्नशंकर के यहाँ से महादेवी जी, मैं ओंकार शरद आदि लोग संकटमोचन गए और फिर विश्वनाथ के मन्दिर में। वहाँ आरती चल रही थी।

हिन्दुओं का तीर्थ गन्दा हो रहा है और सौन्दर्य वहाँ नाम को भी नहीं है।

11 मार्च, 1970 (वाराणसी)

प्रोफेसर शिवप्रसाद सिंह आए और अपनी पुस्तक 'अलग-अगल वैतरणी' दे गए। फिर मित्रवर श्री कृष्णचन्द्र जी बेरी आए और उन्होंने रघुनाथ सिंह की लिखी दो पुस्तकें भेंट कीं। ज्ञानवती त्रिवेदी के यहाँ प्रोफेसर विजयपाल सिंह और सीताराम चतुर्वेदी से भेंट हुई।

आज प्रातः तुलसी घाट गया और तुलसीदास जी की खड़ाऊँ के दर्शन किए।

शाम को श्री अरविन्द सोसायटी में गया और बोला। रात का भोजन डॉक्टर गोपाल त्रिपाठी के यहाँ।

13 मार्च, 1970 (दिल्ली)

शाम को टहलकर बच्चन के घर गया। देर तक बातें होती रहीं। मुक्त के बारे में चिन्तित तो हम दोनों हैं, किन्तु कोई रास्ता निकल नहीं रहा है।

14 मार्च, 1970 (दिल्ली)

कन्नड़ प्रान्त में एक विद्वान हैं श्री देवरात। महर्षि रमण वाले गणपति मुनि के शिष्य हैं। देवरात के मुख से एक बार ऐसे मन्त्र निकलने लगे, जो वेद में नहीं थे। पहले तो गणपति मुनि कुछ समय नहीं पाए। पीछे वे शिष्य के मुख से निकलने वाले मन्त्रों को लिखने गए। श्री आर.आर. दिवाकर ने उन मन्त्रों का संग्रह छपवा दिया है। कई विद्वान उन मन्त्रों को वेद का वह अंश मानते हैं, जो अब तक उद्गीर्ण नहीं हुआ था।

संस्कृत विद्यापीठ में आज देवरात जी का भाषण सुना। मगर मेरे पल्ले कुछ नहीं पड़ा। टोकने पर देवरात बिगड़ जाते हैं। कहते हैं, तुम लोग ग्रन्थ पढ़ो, यहाँ सारा वेद खोपड़ी में बन्द है।

15 मार्च, 1970 (मेरठ)

दीक्षा-समारोह में भाषण देने को मेरठ गया। सर सीताराम से भेंट हुई। उम्र उनकी अब 85 वर्ष की है। आँख से लाचार हो गए हैं। कहने लगे, तुम्हारे लिए ही सभा में आया।

18 मार्च, 1970 (दिल्ली)

एक दिन गोपालप्रसाद व्यास ने फोन किया, गांधी हिन्दी दर्शन की आलोचना धर्मयुग में लिख दो। इलाहाबाद से रामजी का पत्र आया है कि महीयसी महादेवी की आलोचना धर्मयुग में लिख दीजिए। रात लाल हंसराज गुप्त के यहाँ भोजन करने को गया था। वहाँ नारायण स्वरूप वर्मा ने कहा, मेरी पुस्तक की समीक्षा धर्मयुग में छपवा दीजिए। समीक्षाएँ तो लिख नहीं सकूँगा, लेकिन ये बातें डायरी में दर्ज करने लायक जरूर हैं।

23 मार्च, 1970 (होली) (दिल्ली)

पड़ोस के गरीब लोग, मेहतर, चमार आदि अबीर लगाने आए। फिर बच्चू प्रसादसिंह और श्यामनारायण बाबू आए। दोपहर को आए कवि गिरिजा कुमार माथुर और रमानाथ अवस्थी। दोनों कवियों ने कविताएँ भी सुनाईं। शाम को अजित प्रसाद जैन के पास बैठा। वहीं विष्णु सहाय और उनकी पत्नी से भेंट हुई। घर आया, तब बेगूसराय के विष्णुदेव नारायण और सुहृद जी बैठे मिले। रात में शान्तिप्रसाद जी और रमाजी के साथ सिनेमा चला गया।

5 अप्रैल, 1970 (खतौली)

दीक्षान्त-भाषण देने को खतौली गया। उपकुलपति डॉक्टर रामकरण सिंह आए हुए थे। अच्छे और परिपक्व व्यक्ति हैं। खतौली महाविद्यालय देहात में है। शिक्षक बड़े ही कर्तव्य-परायण हैं। बिहार के देहात में ऐसे कॉलेज क्यों यहीं हैं?

7 अप्रैल, 1970 (दिल्ली)

बिन्दो बाबू दिल्ली आए हुए हैं। आज ठहरने को मेरे घर पर आ गए, लेकिन मेरे घर पर उनसे ठहरा नहीं गया। शाम को भागकर भोला बाबू के घर चले गए। उन्हें जितनी घबराहट आदमियों से होती है, उतनी मच्छरों से भी नहीं होती।

12 अप्रैल, 1970 (दिल्ली)

हिन्दी-संस्थासंघ की ओर से भाषा-समारोह चल रहा है। आज तीसरा दिन था। शाम को कवि-सम्मेलन हुआ। भवानी प्रसाद मिश्र, नागार्जुन, वीरेन्द्र, हंस कुमार तिवारी और मैंने कविताएँ पढ़ीं। रात में सोनाल मानसिंह का नृत्य हुआ। सोनाल मेरे मित्र मायाधार मानसिंह की पुत्रवधू हैं।

19 अप्रैल, 1970 (दिल्ली)

मिलने को आये श्री अमरनाथ और दयानन्द। दयानन्द जी ने यौन व्यवहार पर अपनी पुस्तक भेंट की।

रात में आए भगवतीचरण वर्मा, रमानाथ अवस्थी और मन्नूलाल द्विवेदी। भगवती बाबू ने अपनी नई कविता सुनाई 'दीखता ध्वंस अनिवार्य दोस्त।' व्यंग्य देश की वर्तमान स्थिति पर सटीक बैठा है। जिससे भी भेंट होती है, वही बोलता है कि बंगाल पूरे देश को ले डूबेगा। सेठ लोग कलकत्ते से भाग रहे हैं।

21 अप्रैल, 1970 (दिल्ली)

सुना है, हिन्दी के एक लोकप्रिय साप्ताहिक पत्र ने मुझे या हिन्दी सलाहकार समिति को हानि पहुँचाने को कुछ लिखा है। चाहे जितनी दुर्दशा में रहो, अगर साहित्य में खड़े हो, तो भाइयों की सहानुभूति नहीं मिलेगी।

22 अप्रैल, 1970 (दिल्ली)

सरकार ने लेनिन शताब्दी-समारोह विज्ञान भवन में मनाया। सरकार ने जो कमेटी बनाई थी, उसका एक सदस्य मैं भी था, लेकिन वक्ताओं में मेरा नाम नहीं था। दो बटे तीन कुर्सियाँ खाली थीं। पूरा हाल ही खाली लगता था। डॉक्टर सुनीति कुमार चटर्जी ने खूब बोर किया। आखिर जनता जब अधीर होकर तालियाँ पीटने लगीं, तब वे हटे। पन्त जी ने लेनिन पर कविता भेजी थी। उसे रमानाथ अवस्थी ने पढ़ा।

23 अप्रैल, 1970 (दिल्ली)

महात्मा लेनिन को श्रद्धांजलि

नई दुनिया का इतिहास कई क्रान्तियों का इतिहास है। पहली क्रान्ति इंगलिस्तान में हुई, जब वहाँ की प्रजा ने अपने बादशाह चार्ल्स प्रथम को शूली पर चढ़ा दिया। दूसरी

क्रान्ति अमेरिका में हुई, जब अमेरिकियों ने अपने यहाँ से उपनिवेशवाद की जड़ को उखाड़कर फेंक दिया। तीसरी क्रान्ति फ्रांस में हुई, जहाँ से स्वतन्त्रता, समानता और भाइचारे के सिद्धान्त सारी दुनिया में फैल गए।

जो क्रान्ति सन् 1917 ई. के अक्तूबर महीने में रूस में हुई, वह मनुष्य के इतिहास की सबसे बड़ी क्रान्ति थी और कोई आश्चर्य नहीं कि उसका प्रभाव सारे संसार पर पड़ा है। संसार के जिस किसी भी देश में समाजवादी तन्त्र आज काम कर रहा है, वह प्रत्यक्ष या अप्रत्यक्ष रूप से रूसी क्रान्ति की सन्तान है।

इस महाक्रान्ति के निर्माता और संचालक महात्मा लेनिन थे। वे अवतारी पुरुष थे। उनका जन्म इतिहास को बहुत बड़ा मोड़ देने को हुआ था। वे संसारभर के गरीबों को यह सिखाने आए थे कि गरीबी भाग्य का परिणाम नहीं है, वह दूर की जा सकती है, समाज का तख्ता उलटा जा सकता है और क्रान्ति के द्वारा वे लोग अपदस्थ किए जा सकते हैं, जो हर जगह गरीबों का शोषण करके मौज-मजे की जिन्दगी बशर कर रहे हैं।

लेनिन इतिहास की विभाजक-रेखा का नाम है। लेनिन से पूर्व का समाज वह समाज था, जिसमें गरीब अमीरों से डरते थे और भीत होने के कारण ही उन्हें बर्दाश्त करते थे। लेनिन के बाद का समाज वह समाज है, जिसमें कमकर और मजदूर अपने हकों के लिए निर्भीक होकर लड़ते हैं। रूसी क्रान्ति की प्रेरणा से अनेक देशों में मजदूरों और कमकरों की विजय हो चुकी है और जहाँ किसान और मजदूर अभी विजयी नहीं हुए हैं, वहाँ भी भय उन्हें नहीं सताता, जो कृषक या मजदूर हैं, बल्कि भय के भाजन अब वे हैं, जो सेठ, साहूकार अथवा जमींदार हैं, जो अन्याय से पीड़ित नहीं, बल्कि गैर-इंसाफी के अलमबरदार हैं।

चन्द्रगुप्त का चाणक्य के साथ तथा अशोक का बुद्ध के साथ जो सम्बन्ध था, वही सम्बन्ध लेनिन का मार्क्स के साथ है। मार्क्स ने सपना देखा था, लेनिन ने उसे सत्य रूप दे दिया। मार्क्स ने मन्त्र की रचना की थी, लेनिन ने उसका प्रयोग करके महायज्ञ को पूरा कर दिया।

एक ही व्यक्ति में उच्चकोटि के ज्ञान और उच्चकोटि के कर्म का समन्वय मुश्किल से होता है। किन्तु लेनिन में यह समन्वय पूरी मात्रा में विद्यमान था। इसीलिए उन्होंने केवल क्रान्ति ही नहीं की, क्रान्ति को विज्ञान बना दिया।

लेनिन जैसे महापुरुष की जन्मशती मनाना बड़े ही पुण्य का काम है। दलित और उपेक्षित मानवता के वे बड़े भारी मित्र थे। लेकिन यह सोचकर हमारी खुशी दुगुनी हो जाती है कि लेनिन भारत के हितैषी थे और चाहते थे कि भारत जल्दी से जल्दी स्वतन्त्र हो जाए। सन् सत्तावन के हमारे स्वतन्त्र्य-संग्राम को अंग्रेजों ने म्युटिनी कहकर सारे संसार में बदनाम किया था। लेकिन लेनिन ने उसे सही प्रसंग में देखा और उसे भारतीय स्वतन्त्रता का संग्राम कहा था।

जब भारतीय स्वतन्त्रता का संग्राम चल रहा था, लेनिन और रूस से भारत को बड़ी भारी प्रेरणा प्राप्त हुई थी। यह गांधी के साथ लेनिन के अप्रत्यक्ष सहयोग का दृष्टान्त था। आज भारत रूस के साथ मिलकर विश्व-शान्ति के महायज्ञ में भाग ले रहा है। यह भी लेनिन के साथ गांधी के अप्रत्यक्ष सहयोग का दृष्टान्त है।

बीसवीं शताब्दी गांधी और लेनिन, दोनों की शताब्दी है। गांधी आत्मा हैं, लेनिन शरीर हैं। भाग्य ने भारत को उस मार्ग पर डाल दिया है, जो अन्त में गांधी और लेनिन के बीच समन्वय स्थापित करेगा। भारत और रूस की मैत्री केवल भारत और रूस के लिए नहीं है। उससे समस्त मानवता का कल्याण होगा।

24 अप्रैल, 1970 (दिल्ली)

9 मार्च, 1970 को भारत कला भवन काशी में शरण रानी का सरोद सुनते समय मैं इतिहास के विराट पुरुष लेनिन का ध्यान कर रहा था, मन-ही-मन उन पर कविता लिख रहा था। आज वह कविता कागज पर आ गई।

लेनिन

लेनिन, आप से मिलने के पूर्व
मैं गांधी से मिला था।
भारत के अध्यात्म का फूल
राजनीति में खिला था।
वह फूल गांधी थे।
गांधी अंग में मन्द-मन्द लगनेवाली
शीतल बयार थे।
आप तो तूफान और आँधी थे।
पहाड़ों से आपने झुकने को भी
नहीं कहा।
धक्का मारा और सीधे
उन्हें जड़ से उखाड़ दिया।
साँप और साँप के बच्चे,
दोनों को
जमीन के नीचे गाड़ दिया।
बापू ने हमें अहिंसा सिखाई थी,
मगर शर्म है कि वह हमसे नहीं चली।

माचिस को हमने छाती पर
बार-बार घिसा,
लेनिन-गांधी वाली आग
नहीं जली।
अब तो गांधी के बच्चे भी
उस पुरुष के इन्तजार में हैं,
जो उजले घोड़े पर चढ़ा
रक्तरंजित करवाल लिये आएगा,
जो लोग धर्म का हुक्म मानने से
इनकार करते हैं,
पृथ्वी को उनसे मुक्त कर जाएगा।
मौका था कि भगवान अब आते
और पाप के विरुद्ध युद्ध ठानते।
लेनिन, आपने अगर
भारत में जन्म लिया होता,
हम आपको कल्कि का अवतार मानते।

28 अप्रैल, 1970 (दिल्ली)

दो-एक सभाओं में एक विषय पर बोलना पड़ा है कि लेनिन का मेरी रचनाओं पर क्या प्रभाव है। प्रभाव तो उन सभी महापुरुषों का पड़ा होगा, जिनका प्रभाव भारत के स्वतन्त्रता-संग्राम पर पड़ा है यानी रूसो का, बालतेयर का, मैजिनी का, मैक्स्विनी का। फिर भी रूसी क्रान्ति का प्रभाव समीप से पड़ा होगा क्योंकि हुँकार और कुरुक्षेत्र की रचना के समय मेरी संगति ज्यादातर उन युवकों के साथ थी, जो बाद को चलकर सोशलिस्ट या कम्यूनिस्ट हो गए। लेनिन के प्रभाव को स्वीकारते हुए मैंने जो बातें कही हैं, उसका सार यह है।

लेनिन और मेरा सृजन

जब हिन्दुस्तान में आजादी की लड़ाई चल रही थी, रूस हमारा बड़ा भारी प्रेरणास्रोत था। उस समय लेनिन के नाम मात्र से हमें प्रेरणा मिलती थी। रेणुका में संगृहीत मेरी 'कस्मै देवाय' नामक कविता सन् 1931 में लिखी गई थी। उस कविता में एक जगह ये पंक्तियाँ आती हैं :

उठ भूषण की भावरंगिनी,
लेनिन के दिल की चिनगारी,
युगमर्दित यौवन की ज्वाला,
जाग, जाग री, क्रान्तिकुमारी।

'हुँकार' में संगृहीत मेरी विपथगा नामक कविता की रचना सन् 1938 ई. में हुई थी। लेनिन और रूसी क्रान्ति के विषय में मैंने जो कुछ पढ़ा था, उसका पूरा प्रभाव इस कविता पर है :

नीरो के जाते प्राण सूख
मेरे कठोर हुँकारों पर,
कर अट्टहास इठलाती हूँ
जारों के हाहाकारों पर।

इस समय तक भारत में साम्यवाद के प्रति काफी रुझान थी। गांधीवादी चिन्तक भी इस समय इस कोशिश में थे गांधीवाद और साम्यवाद के बीच की दूरी कम कर दी जाए। सुप्रसिद्ध गांधीवादी चिन्तक श्री किशोरलाल मश्रूवाला ने लिखा था कि साम्यवाद से यदि हिंसा हटा दी जाए, तो वह गांधीवाद का पर्याय बन जाता है। ऐसे विचारों का हम लोगों पर गहरा प्रभाव पड़ा था।

मेरी 'बापू' नामक लम्बी कविता सन् 1947 में लिखी थी। 'कुरुक्षेत्र' उन दिनों हिन्दी में चर्चा का विषय बना हुआ था और लोग यह समझते थे कि मेरा गांधीवाद साम्यवाद से प्रभावित है। कविता के आमुख में मेरी दुविधा का चित्रण है। गांधी जी की पूजा करते समय मुझे क्रान्तिकारी वीर याद आते हैं, जिनके प्रति मुझे श्रद्धा रही है। गांधीजी के समानान्तर उभरनेवाला चित्र वहाँ लेनिन का ही चित्र है।

अंगार विभूषण यह उनका,
विद्युत पीकर जो आते हैं,
ऊँघती शिखाओं की लौ में
चेतना नयी भर जाते हैं।

झेलते वह्नि के वारों को
जो तेजस्वी बन वह्नि प्रखर,
सहते ही नहीं, दिया करते
विष का प्रचंड विष से उत्तर।
आते जो युग-युग में मिट्टी का
चमत्कार दिखलाने को
ठोंकने पीठ भूमंडल की,
नभमंडल से टकराने को।
अंगार हार उनका, जिनकी

सुन हाँक समय रुक जाता है,
आदेश जिधर का देते हैं,
इतिहास उधर झुक जाता है।

किन्तु, अन्त में मैं इस निष्कर्ष पर पहुँचता हूँ कि गांधी जी का स्थान हिंसक वीरों से ऊपर है और जिन हाथों से मैंने कई आराध्याओं की अर्चना अंगारों से की है, उन हाथों से गांधीजी को पूजते समय मुझे किंचित् संकोच होना चाहिए।

पर, तू इन सबसे परे,
देख तुझको अंगार लजाते हैं।
मेरे उद्वेलित-ज्वलित गीत
सामने नहीं हो पाते हैं।

3 मई, 1970 (पूना)

11 बजे खड्गवासला गया। सारी दुनिया में यह अनूठी संस्था है। 1500 छात्र हर समय रहते हैं। हर छह महीने पर 250 नए छात्र लिए जाते हैं और उतने ही निकलते भी हैं। हर लड़के को अफसर बनाने में सरकार को खर्च पचास हजार पड़ता है। लड़कों को 5000 कैलरी का भोजन दिया जाता है। हरिकृष्ण मन्दिर भी गया, लेकिन दिलीप कुमार राय वहाँ थे नहीं।

4 मई, 1970 (पूना)

मराठी परिषद् के श्री कुलकर्णी का फोन आया कि हमारी परिषद् को भी समय चाहिए। लेकिन उन्हें निराश करना पड़ा। राष्ट्रभाषा सभा के तत्त्वावधान में हिन्दी-मराठी कवि-सम्मेलन हुआ। श्रीमती ज्योत्स्ना देवधर अब हिन्दी में भी कविता करने लगी हैं। उन्होंने याद दिलाया, पिछली मुलाकात पांडिचेरी में हुई थी।

5 मई, 1970 (बम्बई)

बम्बई आ गया। इस यात्रा में श्री महावीर अधिकारी का 'तलाश' नामक उपन्यास पढ़ गया। उपन्यास औसत समाज का नहीं, बम्बई के उखड़े हुए, पीड़ित, बदहवास लोगों का है। फिर भी उपन्यास अच्छा उतरा है।

16 मई, 1970 (दिल्ली)

रमणाश्रम के सन्त और माउंटेनपाथ के सम्पादक मिस्टर आसबार्न का स्वर्गवास हो गया। स्वामीनाथन जी ने आज शोकसभा का आयोजन किया था। उसमें गया और मनोहर लाल सोंधी की गाड़ी से वापस आया।

शाम को रजनी पनिकर के घर गया, तो वहाँ बंगला की कवयित्री कविता सिंह से भेंट हो गई। उन्होंने बंगला की एक अणु-पत्रिका की प्रति भेंट की जो संसार की सबसे छोटी पत्रिका है। कविता सिंह ने बतलाया कि बंगला में काव्य पुस्तकों की 300 से 500 तक प्रतियाँ छापी जाती हैं और वे बिक जाती हैं। इतने ही से कविता सिंह कहती हैं कि बंगला में नई कविता का पाठक-वर्ग तैयार हो गया है।

22 मई, 1970 (दिल्ली)

बड़े भोर बंगला के एक लेखक आए, जिन्होंने उमर खैयाम का अनुवाद संस्कृत में किया है। छपवाने की चिन्ता में मेरे पास आए थे। मैंने उन्हें डॉ. रामकरण शर्मा के पास भेज दिया।

29 मई, 1970 (दिल्ली)

शाम को प्रधानमन्त्री से मिलने को साउथ ब्लॉक गया। इन्दिरा जी बहुत ही चतुर और ठोस हो गई हैं। पर साल के संघर्ष ने उन्हें आग के बदले अमृत पिला दिया है। जितने काम लेकर मैं गया था, उन्हें उन्होंने अपने नोटबुक में दर्ज कर लिया। शिक्षा मन्त्रालय की जो फाइल रिजेक्ट हो गई थी, उसे उन्होंने टंडन जी के हवाले कर दिया। वह फाइल अब फिर से जी जाएगी।

इन्दिरा जी जरूरी काम में तत्परता से दिलचस्पी लेती हैं। खुशामदी बात को आगे बढ़ने नहीं देतीं। खुशी हुई।

2 जून, 1970 (दिल्ली)

इन्दिरा जी आज मॉरिशस जा रही थीं, सो उन्हें विदाई देने को मैं भी पालम गया। जब वे मेरी ओर मुखातिब हुईं, मैंने कहा, मार्क ट्वेन जब मॉरिशस गए थे, तब उन्होंने कहा था, "भगवान ने पहले मॉरिशस की रचना की और उसी के नमूने पर पीछे स्वर्ग का निर्माण किया।"

डॉक्टर डी.एस. त्रिवेद आए और कहने लगे कि आप कोई उपाय करके मेरी

इतिहास की पुस्तक छपवा दीजिए। मैं उन्हें डेढ़ घंटे तक समझाता रहा कि आपके मत बड़े विचित्र हैं। उन्हें इतिहास-लेखक स्वीकार नहीं करेंगे और इसीलिए आपकी किताब मुश्किल से छपेगी।

सारा दिन आज इसी तरह बरबाद हो गया।

7 जून, 1970 (दिल्ली)

शाम को डॉ. नगेन्द्र आए ओर गिरिजाकुमार माथुर के घर ले गए। वहाँ एक गोष्ठी थी। नगेन्द्र ने नई समीक्षा के विषय में निबन्ध पढ़ा। निबन्ध मुझे बहुत अच्छा लगा। मगर नगेन्द्र से लोगों ने कई प्रश्न भी पूछे। नगेन्द्र के सभी उत्तर भी समीचीन थे।

10 जून, 1970 (दिल्ली)

नवसारी (गुजरात) की शकुंतला पटेल मिलने को आईं। उनके पति नित्यानन्द पटेल ने छायावाद पर कोई किताब लिखी है। ये मुझसे उसकी भूमिका लिखवाना चाहती हैं। वे जबरदस्ती पांडुलिपि मुझे सौंप रही थीं। मैंने हाहाकार करके उन्हें रोक दिया। जिस पांडुलिपि की कॉपी नहीं है, उसका जिम्मा मैं लेना नहीं चाहता।

28 जून, 1970 (कलकत्ता)

साढ़े छह बजे अनामिका के नाटक में गया। आधे-अधूरे का अभिनय था। प्रतिभा अग्रवाल का अभिनय बहुत अच्छा रहा। शिवपुरी का खेल शायद इससे श्रेष्ठ था। हजारीप्रसाद जी, मन्नू भंडारी और राजेन्द्र यादव से भेंट हुई।

30 जून, 1970 (पटना)

सुधांशु जी को देखने अस्पताल गया। रोग के चंगुल से वे निकल गए हैं। चंगे भी हो जाएँगे, मगर रोग निशान काफी छोड़ेगा।

ब्रजशंकर जी को देखने गया। बोली बन्द, दिमाग बिलकुल साफ, प्रफुल्लता कायम।

17 जुलाई, 1970 (भोपाल)

भोपाल पहुँचा साढ़े पाँच बजे भोर में। चूँकि विधि मन्त्रियों के सम्मेलन में आया हूँ,

डेरा मिला है राजभवन की अतिथिशाला में। दुष्यन्त, शानी, वैरागी आदि साहित्यिकों से भेंट हुई। श्री बैजनाथ दुबे अन्धे हो गए हैं।

13 अगस्त, 1970 (दिल्ली)

पी.टी. कॉलेज को समय दिया था। 11 बजे दिन में दो शिक्षकों के साथ एक झुंड लड़कियाँ आ गईं। कॉलेज गया, लेकिन वर्षा हो गई। सारी कार्रवाई वर्षा में ही होती रही। मुझ पर तो लोग छाता लगाए हुए थे, लेकिन श्रोता भीग गए। लड़कों की अपेक्षा लड़कियों में अधिक उत्साह था।

रात में सप्रू हाउस गया वन्देमातरम् कवि-सम्मेलन का सभापतित्व करने। सम्मेलन का उद्‍घाटन चह्वाण साहब ने किया। कविताएँ मजेदार पढ़ी गईं।

17 अगस्त, 1970 (मद्रास)

कल पांडिचेरी से मद्रास पौने चार बजे पहुँचा। शाम को राजेश्वर को समुद्र किनारे भ्रमण के लिए ले गया। बहुत दिनों से इच्छा थी कि कांचीपुरम् के शंकराचार्य स्वामी चन्द्रशेखर सरस्वती के दर्शन करूँ। आज वह इच्छा पूरी हुई। चन्द्रकान्त मुदलियार के साथ मोटर में रवाना हुआ। कांचीपुरम् के रास्ते में एक जगह पड़ती है पेरमबत्तुर। रामानुजाचार्य यहीं जनमे थे। हम लोग वहाँ थोड़ी देर ठहरे और मन्दिर जाकर हमने दर्शन भी किए।

कांचीपुरम् पहुँचा, तब काम कोटि के शंकराचार्य को ढूँढ़ने में काफी परेशानी हुई। अन्त में वे एक उपेक्षित मन्दिर में मिले। हस्बमामूल हमें धोती के सिवा सभी कपड़े-लत्ते उतार देने पड़े। स्वामी जी बहुत ही कमजोर हो गए हैं। या तो कमजोरी के कारण उनके मुख से आवाज नहीं निकलती है अथवा संयमपूर्वक वे बहुत महीन आवाज में बोलते हैं। चन्द्रकान्त ने मेरा परिचय देते हुए उनसे जो कुछ संस्कृत और तमिल में कहा, उससे स्वामी जी बहुत प्रसन्न हुए और मुझे वस्त्रालंकृत करने के लिए इशारे से उन्होंने कोई वस्त्र माँगा। एक भक्त ने कपड़ा लाकर हाजिर किया। उसे स्वामी जी ने मुझे उढ़वा दिया। बिहार का नाम सुनकर उन्होंने कहा, जमूई में गया हुआ हूँ।

आज संस्कृत-दिवस था। कांचीपुरम् में भी संस्कृत-दिवस मनाया जा रहा था। स्वामी जी ने चाहा कि मैं रुकूँ ओर कांचीपुरम् में भाषण देकर जाऊँ। लेकिन चन्द्रकान्त ने बताया, "दिनकर जी को आज मद्रास में संस्कृत-दिवस पर भाषण देना है।" अतएव स्वामी जी ने कहा, "मद्रास की सभा में भाषण जरूर देना।"

स्वामी जी ने काम कोटि पीठ में अपने शिष्य जयेन्द्र सरस्वती को बिठा दिया है।

हम उनसे भी मिलने गए। वहाँ आरती हो रही थी। आाश्रम का हाथी लाया गया। जिसको भी चावल, दाल, फल या वस्त्र चढ़ाना था, उसने अपनी वस्तु हाथी के मस्तक से छुआई और तब उसे अर्पित किया। दक्षिण जाने पर ही हिन्दू-धर्म का मूल रूप दिखाई पड़ता है।

मद्रास गया तो शाम को बाजार में देर हो गई। जहाँ संस्कृत-दिवस मनाया जा रहा था, वहाँ मैं आधे घंटे देर से पहुँचा। यह देखकर मैं शर्म से गड़ गया कि सभा मेरी प्रतीक्षा में बैठी हुई थी। मैं ही मुख्य अतिथि था। अतएव सभा शुरू नहीं हुई थी।

सभा की अध्यक्षता जस्टिस ऐयर ने की, जो बिहार के मशहूर ऐयर कमीशन के जज थे। तमिल में कोई नहीं बोला। दो भाषण संस्कृत में हुए, बाकी सब अंग्रेजी में। मुझे भी अंग्रेजी में ही बोलना पड़ा।

काम कोटि के स्वामी जी के दर्शन करके आज धन्य हो गया।

आर्थर कोयस्लर ने भारत के सभी समकालीन सन्तों की निन्दा लिखी है, लेकिन काम कोटि के शंकराचार्य की प्रशंसा उसने भी की है। मेरे मित्र के. स्वामीनाथन ने मुझसे अकसर कहा है कि द्रविड़ मुनेत्र कड़गम से जो खतरा भारतीय संस्कृति पर आया दिखाई पड़ता है, वह रहेगा नहीं। दक्षिण में दो आध्यात्मिक शक्तियाँ उस खतरे से जूझ रही हैं। एक शक्ति है महर्षि रमण की, दूसरी शक्ति है काम कोटि के शंकराचार्य स्वामी चन्द्रशेखर सरस्वती की।

24 अगस्त, 1970 (दिल्ली)

डॉक्टर कैलास वाजपेयी मिलने को आए। कैलास अपनी पीढ़ी के विशिष्ट कवि हैं और कवि से भी अधिक वे दार्शनिक और विचारक हैं। उन्होंने अपनी यूरोपीय यात्रा का जो वर्णन सुनाया, वह खूब रोचक और ज्ञानवर्द्धक था। मैंने कहा, "लेख लिखकर देश को बताओ कि यूरोप का अन्धानुकरण ठीक नहीं है। विज्ञान के खतरों को पश्चिम के चिन्तक समझ रहे हैं। हम भी उन्हें समझकर ही विज्ञान को अपनाएँ तो ठीक है। भारत को यह मानकर चलना चाहिए कि गांधी सारतः ठीक हैं।

1 सितम्बर, 1970 (दिल्ली)

तीन बजे दिन में इन्द्रप्रस्थ कॉलेज से महिलाएँ मुझे ले जाने को आईं। कॉलेज में तुलसी-जयन्ती बहुत अच्छे ढंग से मनाई गई। प्रो. चन्द्रावती ने कहा, " 'राम, तुम्हारा नाम कंठ में रहे', यह बहुत अच्छी कविता है। मैं रोज उसका पाठ करती हूँ।" श्रीमती कौशिक से दस साल के बाद मुलाकात हुई। एक लड़की मेरे पीछे-पीछे छाया-सी डोलती रही। उसने कहा, "रामायण मैं रोज पढ़ती हूँ।"

3 सितम्बर, 1970 (दिल्ली)

सारा दिन 'हारे को हरि नाम' का सम्पादन करता रहा। यह नाम धर्मवीर भारती को पसन्द नहीं है। शिवचन्द्र शर्मा ने भी इसे नापसन्द किया है और गंगाशरण सिंह ने भी। केवल आचार्य जयकिशोर नारायण सिंह ने लिखा है, "यह तो जीते को हरि नाम है।" मेरा खयाल है, मेरी वर्तमान मनोदशा के अनुसार यही नाम ठीक है। इस नाम के पीछे आस्तिकता है, वही चीज शायद नए लेखकों को पसन्द नहीं है।

4 सितम्बर, 1970 (दिल्ली)

पाँच बजे संसद गया। उमाशंकर जोशी ने चाय पिलाई। फिर वे बोले, "आपने मुझे छोड़ दिया।" मैं क्यों छोड़ूँगा? न जाने यह भाव उनके भीतर क्यों उत्पन्न हो गया है!

शाम को रमा जी के यहाँ गया। वहाँ जैनेन्द्र जी से भेंट हो गई। उन्होंने कानाफूसी की आवाज में मुझसे पूछा, "धर्म का क्या होगा?" मैंने कहा, "प्रत्येक नगर में धर्म के साधकों की संख्या बढ़ती पर है। धर्म भारत में टिकेगा।" जैनेन्द्र जी बोले, "जनता में भी धर्म के भाव प्रबल हैं।"

14 सितम्बर, 1970 (बम्बई)

हिन्दी-दिवस मनाने को बम्बई आया हूँ। दिवस जागृति नामक संस्था की ओर से मनाया जा रहा है। कवि-सम्मेलन के आरम्भ में मेरा अध्यक्षीय भाषण हिन्दी के बारे में हुआ। बच्चन जी ने दो कविताओं का पाठ बिना स्वर के किया। मैं जब कविता पढ़ने लगा, नीरज सामने आकर वाहवाही देने लगा। इससे मैं कुछ जोश में आ गया। इस सम्मेलन में माया नाम की एक कवयित्री लखनऊ से आई है। उसका पढ़ना बड़ा ही मनोरम था। कविता भी अच्छे लिखती है।

19 सितम्बर, 1970 (बम्बई)

इस बार बम्बई में रोज-रोज सभाएँ करते-करते बिलकुल थक गया हूँ।

मनहर मिलता है तो आनन्द-मूर्ति के समान। लेकिन कहे हुए समय पर पहुँच नहीं पाता है।

रामलाल शुक्ल को साथ लेकर श्री कन्हैयालाल माणिकलाल मुंशी से मिलने को गया। उम्र अब 85 की है। तेल जल चुका है, बत्ती भी लगभग खत्म है। तब भी, शेरवानी और टोपी पहनकर मेज लगाकर बैठे हुए थे। कलम से कुछ काम भी कर रहे

थे। आवाज भी बहुत धीमी है। दो वाक्य बोलकर चुप हो जाते हैं। आराम लेते हैं और फिर बोलते हैं। कृष्णावतार की पाँच जिल्दें उन्होंने आशीर्वाद स्वरूप मुझे भेंट कीं।

मुंशी जी ने धीरे-धीरे बताया, "राजा जी कृष्णावतार से खुश नहीं हैं। वे समझते हैं, कृष्ण को मनुष्य के रूप में चित्रित करके मैंने धर्म की कुसेवा की है।"

उन्होंने एक बात और कही, "जिन मूल्यों के लिए हमने जीवनपर्यंत काम किया था, अब वे मूल्य जा रहे हैं।"

शाम को ताज होटल में मेरे सम्मान में एक पार्टी हुई, जिसमें दो-ढाई सौ लोग आए थे। ज्यादा लोग सिनेमा के कलाकार और पत्रकार थे। श्रीमती लीलावती मुंशी और पृथ्वीराज कपूर भी आए हुए थे। मेरा भाषाण आधुनिकता और भारतवर्ष पर हुआ। इस समारोह का आयोजन श्री बड़जत्या ने किया था।

22 सितम्बर, 1970 (दिल्ली)

बम्बई से आने पर डाक के अम्बार में एक कार्ड मिला जो रोमन हिन्दी में टंकित है। इस कार्ड में मुझे धमकी दी गई है कि जैसी कविताएँ मैं लिखने लगा हूँ, वैसी अगर लिखता रहा तो...

यह कार्ड बिहार से आया है। और कहीं से क्यों आएगा?

2 अक्तूबर, 1970 (दिल्ली)

दिन में सोकर उठा, तब शर्मा जी नामक एक कवि आए। बोले, "मैंने क्रान्तिवादिनी इन्दिरा नामक एक काव्य लिखा है।" पुस्तक उन्होंने मुझे देखने को भी नहीं दी। धौंस जमाने को कहते रहे, इस पर बड़े-बड़े मन्त्रियों ने सम्मतियाँ भेजी हैं। मैंने कहा, तब मैं सम्मति नहीं दूँगा। मन्त्री की सम्मति ही यथेष्ट है। वे नाराज होकर चले गए।

10, जनपथ में लालबहादुर शास्त्री का जन्मदिवस मनाया जा रहा था। मैं भी सभा में गया और कुछ बोला भी।

रात में लालकिले में कवि-सम्मेलन का उद्घाटन किया। श्री ब्रजेन्द्र अवस्थी ने एक व्यंग्य कविता सुनाई, जो काफी निर्भीक थी।

6 अक्तूबर, 1970 (दिल्ली)

अमरनाथ के साथ श्री गुलशन नन्दा मिलने को आए। आदमी काफी शरीफ हैं। बोले, मैं उर्दू में लिखकर हिन्दी में उतरवाता हूँ। मैंने पूछा, "आप अपने को हिन्दी का लेखक मानते हैं या उर्दू का, हालाँकि दोनों भाषाएँ एक ही हैं?" नन्दा जी ने कहा, "उर्दू में

अधिक से अधिक मैं 15000 बिका हूँ। हिन्दी में मेरी पुस्तकें तीन-तीन लाख छपती हैं। अतएव मैं अपने को हिन्दी का ही लेखक मानता हूँ। जहाँ भी हिन्दी पढ़ी जाती है, वहाँ मेरे फैन हैं।"

8 अक्तूबर, 1970 (दिल्ली)

शशिकान्त चौधरी नामक बेकार इंजीनियर मिलने को आए। नौकरी के अभाव में वे अनुवाद का भी काम करने को तैयार हैं।

डॉक्टर बुद्धिराजा अपनी छपी हुई थीसिस देने आए। भूमिका मैंने ही लिखी है।

स्वर्गीय डॉक्टर रांगेय राघव की पत्नी मिलने आईं। नाम है सुलोचना रांगेय राघव।

10 अक्तूबर, 1970 (दिल्ली)

मिलने को आए अमृतराय, भवानीप्रसाद मिश्र और भगवती प्रसाद सिंह। घंटेभर अच्छी साहित्य-चर्चा रही।

आज रामनाथ जी की पोती पिंकी का फलदान था। इसलिए इंडियन एक्सप्रेस गया। वहाँ कई मित्रों से भेंट हुई।

हिन्दी लेखकों में टकसाली हिन्दी अभी जैसी अमृतराय लिख रहे हैं, वैसी और कोई नहीं लिखता।

12 अक्तूबर, 1970 (दिल्ली)

श्री अरविन्द शताब्दी समारोह के लिए गठित सरकारी राष्ट्रीय समिति की बैठक हुई। प्रधानमन्त्री भी उपस्थित थीं।

शाम को श्री चपलाकान्त भट्टाचार्य आए और संस्कृत विद्यापीठ के शासन निकाय में ले गए।

श्री माँ आनन्दमयी आजकल यहीं दिल्ली में हैं। रमा जी का न्योता था कि बर्फ पर नृत्य देखने चलूँ। मैं श्री गंगाशरण के साथ श्री माँ के दर्शन के लिए चला गया। जब हम लोग माँ के दर्शन के लिए कोठे पर चढ़ रहे थे, डॉक्टर कर्णसिंह माँ के दर्शन करके वापस आ रहे थे। श्री माँ का वही उपदेश, "पिताजी, जो बाहर है, वही भीतर है।" श्री माँ के दर्शन से आनन्द की जो गुदगुदी उठी, वह रातभर बनी रही।

21 अक्तूबर, 1970 (दिल्ली)

मेरा जन्मदिन तो 23 सितम्बर को पड़ता है। मित्रों ने रात्रि-भोज का आयोजन आज किया। गंगा लोगों के नाम पुकारता गया और लोग कुछ-कुछ बोलते गए। और तो और, आज श्री रामनाथ जी गोयनका को भी बोलना पड़ा। रामनाथ जी ने एक प्रश्न छेड़ दिया। दिनकर जी 'उर्वशी' भी लिखते हैं और रमणाश्रम भी जाते हैं। इन दोनों के बीच क्या सम्बन्ध है? मैंने कहा, "उर्वशी के कमरे में रमण का फोटो होना चाहिए और रमणाश्रम में भी उर्वशी को साधना करनी चाहिए। काम और अध्यात्म के बीच सन्तुलन लाने से आदमी आधुनिक सन्त बनता है।"

28 अक्तूबर, 1970 (दिल्ली)

तीन बजे मॉस्को रेडियो और टेलीविजन के एक अफसर आए। रूसी क्रान्ति के प्रभाव के बारे में उन्होंने एक वार्ता रेकार्ड की। एफ्रो-एशियन लेखक संघ के बारे में भी उन्होंने कुछ प्रश्न पूछे। मैंने कहा, "एशिया की विशेषता अध्यात्म है। वही इन सम्मेलनों में गायब रहता है।"

2 नवम्बर, 1970 (दिल्ली)

सो कर उठा, तब निर्मला आई। नौकरी में मदद चाहिए। मैंने कहा, "मेरी बाँह में जो ताकत थी, जवाहरलाल की थी। अब वह ताकत नहीं है।"

6 नवम्बर, 1970 (दिल्ली)

बाल कवि वैरागी और भवानीप्रसाद मिश्र मिलने को आए। मैं कान्ति चौधरी के साथ डॉक्टर दौलत सिंह कोठारी के दफ्तर में गया। जब किसी सिद्ध वैज्ञानिक को मैं अध्यात्म की ओर झुका हुआ पाता हूँ, मुझे लगता है, यह व्यक्ति ऋषि है।

11 नवम्बर, 1970 (दिल्ली)

पाँच बजे शाम को शीला सन्धू के घर गया। वहाँ चेलीशेव और अन्य कई लेखकों से भेंट हुई। बच्चन, नगेन्द्र और माचवे भी थे।

वहीं से दयालसिंह कॉलेज गया। सभा में किसी ने अभद्रता कर दी। पश्चात्ताप यह सोचकर हुआ कि इस प्रकार समय को बरबाद नहीं करना चाहिए।

17 नवम्बर, 1970 (दिल्ली)

एफ्रो-एशियन सम्मेलन ग्यारह बजे शुरू हुआ। सुनीति बाबू ने शायद नक्सलवादियों को आड़े हाथों लिया था। कम्यूनिस्टों ने उन्हें समझा-बुझाकर वह अंश निकलवा दिया।

शाम को लोटस पुरस्कार समारोह हुआ। जब इन्दिरा जी मंच पर आईं, लोगों ने खड़े होकर उनके स्वागत में देर तक तालियाँ बताईं। औरतें तो बैठने का नाम ही नहीं लेती थीं।

बच्चन जी जब पुरस्कार लेने गए, सभा के एक कोने से 'शेम-शेम' की अवाज आई। ये शायद वे ही लोग रहे होंगे, जो उन पर लाँछन लगा रहे हैं कि कमेटी में वे खुद थे और खुद को ही पुरस्कार दे दिया। मेरा ख्याल है, निर्णय के वक्त वे कमेटी में नहीं रहे होंगे। बच्चन जी जब मंच पर गए, वे बिलकुल जवान दीख रहे थे।

22 नवम्बर, 1970 (कलकत्ता)

कलकत्ता घोर रूप से अशान्त है। कहते हैं, छात्रों के मुख पर हमेशा क्रोध का भाव बना रहता है। अच्छे माता-पिता चिन्ता में हैं कि उनके बच्चे कैसे बचेंगे, नक्सली से भी और पुलिस से भी। मुझे भी लोग आगाह कर रहे हैं। इस तरफ मत जाइएगा, उस तरफ मत जाइएगा और शाम के बाद तो हरगिज न निकलिएगा।

23 नवम्बर, 1970 (कलकत्ता)

कामेश्वर शर्मा कमल के साथ एक बंगला फिल्म देखने गया। नाम था 'इंटरव्यू'। बंगाल के युवकों की समस्या। तेजस्विता, बेकारी, घर में श्रमरत परिवार, फिर जवानी का रोमांस भी। निराशा, आक्रोश, वायुमंडल में नारे और सड़कों पर जुलूस। लड़के ध्वंस पर न उतरें तो क्या करें? जो कुछ बंगाल आज सोचता है, वह शेष भारत कल सोचेगा। मुझे भय है कि गोखले की यह उक्ति अभी भी सत्य है।

24 नवम्बर, 1970 (कलकत्ता)

श्री ओमप्रकाश आर्य मिलने को आए। नेशनल लाइब्रेरी में दो घंटे बैठा।

ऐसा सुना कि लड़कियाँ बिना बाँह वाली ब्लाउज पहनकर जा रही थीं। लड़कों ने ब्लेड से उनकी गोल-गोल बाँहों को चीर दिया। यह नक्सलवादी आन्दोलन का सौन्दर्यबोध-पक्ष है।

जो अफसर घूसखोर हैं, उन्हें मारने का खास प्रोग्राम है।

जो लेखक अश्लील लिखते हैं, उनके नामों की भी सूची बनी है।

लड़के-लड़कियों की खुली बाँहें देखकर नाराज होते हैं। माओ के भीतर भी कहीं-न-कहीं गांधी समाए हुए हैं, या क्या पता, गांधी नहीं, विनोबा हो।

25 नवम्बर, 1970 (कलकत्ता)

मिलने को आए सन्मार्ग-सम्पादक श्री हीरालाल चौबे। दिन में खाने को गया बिस्नोई के घर और रात में जालान हाउस। जिसके पास भी सम्पत्ति है, वह घबराया हुआ है। लोगों का ख्याल है कि बरबादी अभी कई वर्ष चलेगी। कलकत्ता एक बार तो उजाड़ हो ही जाएगा, लेकिन वह फिर बसेगा। कलकत्ते का भविष्य अब भी है। शहर उजड़कर फिर बसेगा।

कलकत्ते में बात करने पर अब अभी लोग मानते हैं कि समाज को अब बदलना चाहिए। गांधी नहीं, लेनिन की जीत।

27 नवम्बर, 1970 (दिल्ली)

बच्चन जी के घर गया। आज उनका जन्मदिन था। बड़े उल्लास से मनाया गया। औरतें नाचीं। बच्चन और कई लड़कियों ने मिलकर पंजाबी के लोकगीत गाए। शिवमंगल सिंह सुमन भी आए हुए थे। बच्चन खुद डफ बजा रहे थे।

आचार्य श्री जयकिशोर नारायण सिंह आ गए हैं। अभी कई दिन ठहरेंगे।

फिराक साहब को ज्ञानपीठ का पुरस्कार मिला। समारोह इसलिए अच्छा रहा कि फिराक अच्छा बोले, हिन्दी को गालियाँ नहीं निकालीं। बाकी हर चीज नीरस थी। नाच बेवकूफ-जैसा था।

मनुष्य को सबसे बड़ा भय मृत्यु-व्याल का है। किन्तु आदमी जब भगवान को चरणों में चरण लेता है, उसे पीछा करनेवाला व्याल भागने लगता है।

28 नवम्बर, 1970 (दिल्ली)

सुविधा के साथ सन्धि, सुरक्षा के साथ सुलह, यह मीडियोक्रिटी है, मनीषीधर्म नहीं। क्षण-क्षण सफलता की खोज और कीर्ति की कामना, यह भी मनीषीधर्म के विरुद्ध है। गरीबी और धर्म बराबर साथ-साथ जीते हैं। समाज को चुनौती वे ही दे सकते हैं, जो गरीबी और असुरक्षा के लिए तैयार हों। मैं शायद मनीषी-धर्म से गिर रहा हूँ। गरीबी अब भी कबूल है, लेकिन असुरक्षा से भय लगने लगा है। माथे पर टोकरी भर अनाथ बच्चे हैं। उन्हें धोखा नहीं दे सकता।

29 नवम्बर, 1970 (दिल्ली)

जयकिशोर जी ने एक श्लोक सुनाया :

विद्वद्भिः सेवितः सद्भिः नित्यमद्वेषरागभिः,
हृदयेनाऽभ्यनुज्ञातो, यः धर्मः तन्निबोधतः।

विद्वान् और सज्जन तथा रागद्वेष से मुक्त लोग जिसका सेवन करते हैं और जो हृदय में सर्वतोभावेन बैठ जाए, वह धर्म है।

कमलारत्नम् और जयकिशोर जी को लेकर संस्कृत विद्यापीठ गया। वहाँ पंडित क्षेत्रेश चट्टोपाध्याय कालिदास पर भाषण दे रहे थे। जयकिशोर जी भी बोले और अध्यक्ष की हैसियत से मुझे भी कुछ बोलना पड़ा।

30 नवम्बर, 1970 (दिल्ली)

महाभारत से तुलना किस ग्रन्थ कि की जाए? उसके एक छोटे-से कोने से गीता निकली है। कोणे प्रविष्टाः कविकोटिरेषाः।

मनुष्य मनुष्य के समीप रहना नहीं चाहता, न वह इतनी दूर जाना चाहत है कि संन्यासी बनकर सभी मनुष्यों से अलग हो जाए।

3 दिसम्बर, 1970 (दिल्ली)

गांधी शान्ति प्रतिष्ठान गया। राजेन्द्र बाबू की जयन्ती थी। राजेन्द्र बाबू को श्रद्धांजलि अर्पित की। राजेन्द्र बाबू पर बोलते समय गांधी जी पर बोलना आवश्यक हो जाता है।

4 दिसम्बर, 1970 (दिल्ली)

रीमा बारान्निकोव से मिलने गया। वहाँ ओलगा नाम की एक और महिला से भेंट हो गई। रीमा ने कहा, "आत्मकथा आप पन्द्रह साल बाद लिखिए। अभी तो आपसे साहित्य की आशा है, यहाँ भी और रूस में भी।"

5 दिसम्बर, 1970 (दिल्ली)

कलि-प्रवेश के समय धर्म की केवल एक टाँग रह गई थी यानी सत्य। तपस्या, शौच और दया—ये तीन पैर टूट गए थे। गांधी जी उसी एक टाँग यानी सत्य को पकड़े रहे, लेकिन बाकी तीन टाँगें भी उन्होंने जोड़ दीं। द्यूत (फाटका), मद्यपान, परस्त्री-संग और

हिंसा—ये चार स्थान कलि को राजा परीक्षत ने दिए थे। उन्होंने कलि को एक और स्थान दिया था स्वर्ण यानी पूँजीवाद। ईसा ने कहा था, धनियों को स्वर्ग नहीं मिलेगा। भागवत कहता है, स्वर्ण में कलियुग का वास है।

6 दिसम्बर, 1970 (दिल्ली)

भागवत का सृष्टि-वर्णन। हर वस्तु वासना से जनमी, विचार से उत्पन्न हुई। खाने की इच्छा पहले जनमी, मुख बाद में उत्पन्न हुआ। रमण की इच्छा पहले जनमी, उपस्थ बाद में उत्पन्न हुआ। यह कल्पना सौन्दर्यबोध की दृष्टि से सही मालूम होती है।

7 दिसम्बर, 1970 (दिल्ली)

पाकिस्तान में महाचुनाव सकुशल सम्पन्न हो गया। पश्चिम से भुट्टो और पूरब से मुजीबुर्रहमान बड़े दलों के साथ विजयी हुए हैं। पाकिस्तान में प्रजातन्त्र चल पड़े, तो उससे भारत का भी कल्याण होगा।

10 दिसम्बर, 1970 (दिल्ली)

भगवान जरासन्ध के सामने से भी भागे थे और कालयवन के भी सामने थे।

भागवत से यह भासित होता है कि कलि का प्रवेश भगवान कृष्ण के ही समय में हो गया था।

13 दिसम्बर, 1970 (ट्रेन में)

पटना से दिल्ली जाता हुआ गांधी जी पर कृपलानी जी की किताब पढ़ता आया।

माइल्ड हिन्दू अच्छा शब्द है। इससे ध्वनि निकलती है कि हिन्दू अहिंसक होते हैं। मनुष्य बौद्धिक दृष्टि से चाहे जितना भी बढ़ा हुआ हो, लेकिन अगर वह हिंसक है, तो उसे सुसंस्कृत नहीं मानना चाहिए।

आश्रम में गांधी जी ने सबसे अहिंसा के प्रतिज्ञा-पत्र पर हस्ताक्षर करवाए थे। लेकिन कृपलानी जी ने उस पर दस्तखत नहीं किया था।

17 दिसम्बर, 1970 (दिल्ली)

श्री द्वारकाप्रसाद मिश्र का अभिनन्दन मावलंकर हॉल में। सभापति थे जगजीवन राम।

प्रधानमन्त्री भी आई थीं। मंच पर ही मेरा भी स्थान था और मैंने भी भाषण दिया। प्रधानमन्त्री ने कहा, "मिश्र जी देश की बड़ी-बड़ी गुत्थियों को कैंची से काटते रहते हैं।" जगजीवन बाबू ने कहा, "मिश्र जी मेरे बुजुर्ग हैं। वे परमायु नहीं, पूर्णायु हों यानी एक सौ बीस वर्ष जिएँ।" मिश्र जी जब बोलने लगे, उन्होंने कहा, "मैं प्रधानमन्त्री और जगजीवन रामजी के बीच में बैठा हूँ। भगवान करें कि मैं दोनों के बीच संयोजक कड़ी के रूप में इसी प्रकार बैठा रहूँ।"

19 दिसम्बर, 1970 (जयपुर)

तीन बजे मैं कनवोकेशन के लिए तैयार होकर बैठा। फोन आने लगा कि अभी मत आइए, पंडाल में गड़बड़ी फैल गई है। फिर किसी ने खबर दी, लड़कों ने पंडाल में आग लगा दी है। लगभग पाँच बजे उपकुलपति का फोन आया कि कनवोकेशन तो हमने समाप्त कर दिया। अब आप मेरे घर पर आ जाइए। सो उपकुलपति के घर पर गया। वहाँ पदक और डॉक्टरेट वाले छात्र थे। कोई दो सौ के करीब रहे होंगे। मैंने पदक और डिगरियाँ बाँट दीं और अपना दीक्षान्त भाषण भी दिया। इस प्रकार यह 'मिनि कनवोकेशन' सम्पन्न हुआ।

रात में कनवोकेशन डिनर हुआ। लगभग आधी मेज खाली थी।

20 दिसम्बर, 1970 (जयपुर)

रात में कवि-सम्मेलन हुआ। इस सम्मेलन में मुद्राराक्षस भी आए हुए थे। कविता पढ़ने के पहले उन्होंने जो भूमिका बाँधी, उससे लगा कि कविता आपत्तिजनक होगी, लेकिन वह आपत्तिजनक थी नहीं। कविता में कहा गया था कि हमारा पाँच हजार वर्ष का इतिहास गन्दा है और उससे अन्धकार पैदा हुआ है।

24 दिसम्बर, 1970 (दिल्ली)

शाम को दिल्ली विश्वविद्यालय में हजारीप्रसाद जी का भाषण था व्याकरण के विषय पर। भाषण इतना अच्छा था कि सुनकर कृतार्थ हो गया। अभी वे हिन्दी के सर्वश्रेष्ठ विद्वान् और देश के गौरव हैं। इतनी सारपूर्ण वक्तृता तो अब कोई अंग्रेजी में भी नहीं दे पाता है।

भाषण के बाद डॉ. नगेन्द्र के घर पर बैठक जमी। बच्चन ने यशपाल जी की पत्नी के विषय में अयोग्य कथन किया है। प्रकाशवती जी के एक बयान बाँटकर लेखकों से फरियाद की है। बयान की कॉपी मुझे नहीं मिली थी, नगेन्द्र के यहाँ उसे

देखा। सबका विचार हुआ कि बच्चन जी ने अपनी इज्जत तो ढंकी रखी, दूसरों की इज्जत उघार दी। मगर अपनी इज्जत पर बच्चन ने परदा कहाँ रखा है?

मैंने सबक यह लिया कि आत्मकथा लिखना जोखिम का काम है।

26 दिसम्बर, 1970 (दिल्ली)

आज स्वामी रंगनायानन्द से मिलने को गया। कल उनका फोन आया था। श्री रामकृष्ण आश्रम में ही भोजन भी किया। स्वामी जी ने अपनी उपनिषद् पर लिखी पुस्तक भेंट की।

स्वामी जी का खयाल है कि अगले पच्चीस वर्षों तक देश में वामपक्षी सरकार ही काम करेगी।

31 दिसम्बर, 1970 (ओंगोल, आन्ध्र)

आज ही ओंगोल पहुँचा हूँ। यह जगह आन्ध्र के इनटीरियर में पड़ती है। 27 दिसम्बर से 30 दिसम्बर तक हैदराबाद में था। आजकल शशी वहीं काम करता है। हैदराबाद में चारों दिन सभाएँ होती रहीं, भाषण होते रहे। मेरा काव्य-पाठ भी होता रहा। 29 दिसम्बर को निबन्ध वाचन हो रहा था। प्रोफेसर सुन्दर रेड्डी ने कोई ऐसी बात कह दी कि मैं उत्तेजित हो उठा और उसी उत्तेजना में भारत के भविष्य के बारे में दो-एक बातें बोल गया। इक्कीसवीं शताब्दी भारत की शताब्दी होगी, इस वाक्य को लोगों ने लोक लिया और शाम तक वह वाक्य अनेक केन्द्रों में पहुँच गया। उसी दिन शाम को सुशीला विद्यालंकृता ने जो पार्टी दी, उसमें अनेक लोग इस वाक्य की चर्चा कर रहे थे।

हैदराबाद में श्री विश्वनाथ सत्यनारायण का जो सम्मान-समारोह हुआ, वह बड़ा ही भव्य था। विश्वनाथ जी में वैदुष्य, विदग्धता और विनोद, तीनों अपनी पराकाष्ठा पर पहुँचे हुए हैं। गंगा और मुझे वे प्यार करते हैं। भाषण के क्रम में उन्होंने कहा, "दिनकर जी के समान दूसरा कवि कहीं कोई मिल भी जा सकता है, किन्तु गंगा बाबू के समान सज्जन व्यक्ति और कोई नहीं है।"

हैदराबाद में जो समारोह हुआ, वह भारती लेखक प्रतिष्ठान का था।

1 जनवरी, 1971 (ओंगोल, आन्ध्र)

वर्ष का प्रथम दिन शुक्रवार है। यह साल अच्छा होना चाहिए। नए वर्ष का भोर ओंगोल, आन्ध्र में हुआ। दिनभर सभाएँ होती रहीं। शाम को नाट्य-अवधान का खेल

देखा। मैंने च्यवन और सुकन्या का प्रसंग दिया था। नाट्य अवधानी ने उस पर जो सोलो अभिनय किया, वह अपूर्व था।

2 जनवरी, 1971 (मद्रास)

आज ओंगोल से बिदाई हुई। बिदा करने को कामेश्वर राव बहुत-सी लड़कियों के साथ टीले पर आए, जहाँ रेस्टहाउस है। फिर हम स्टेशन आए और शाम तक मद्रास पहुँच गए। भवानी देवी मिलने को आईं। खा-पीकर भवानी की बेटियों का नृत्य देखने गया। नृत्य सन्त कवयित्री ओंडाल की तीस कविताओं पर था। साढ़े ग्यारह बजे घर लौटा। इस बार रामनाथ जी के घर में नहीं, अतिथि-भवन में ठहरा हूँ।

3 जनवरी, 1971 (मद्रास)

मिलने को आए शोभाकान्त।

शाम को अनुशीलन समिति की बैठक में भाषण दिया, फिर घर आ गया। साढ़े सात बजे साहूकार पेट में कवि-सम्मेलन। मद्रास के कवियों से भेंट हुई।

सार्वजनिक कामों में जानेवाला समय व्यर्थ है या उसका कोई फल है?

4 जनवरी, 1971 (मद्रास)

मिलने को आई कवयित्री हेमलता। फिर हम बाजार गए। कोई भी चीज मिली नहीं।

ढाई बजे दिन में गंगा के साथ पांडिचेरी के लिए रवाना हुआ। पाँच बजे पहुँच गया। मदन के यहाँ अंजो दीदी नामक महिला ने स्वागत किया। विद्यावती कोकिल मिलने को आईं, छोटे नारायण शर्मा आए। शाम को समाधि पर ध्यान किया। फिर समुद्र-किनारे टहला। रात में नींद नहीं आई, यानी कम आई।

5 जनवरी, 1971 (पांडिचेरी)

भोर में नलिनी दा से मिला। उन्हीं से आशीर्वाद भी लिया। श्री माँ के दर्शन आजकल नहीं होते। मगर सुना, नन्दिनी सतपथी ने घुसकर दर्शन कर लिए।

ढाई बजे पांडिचेरी से बिदा हुआ। पाँच बजे तिरुवन्नमलइ पहुँचा। श्रीमती तलेयार खाँ का अतिथि हुआ। वे ही आश्रम ले गईं। महर्षि के पुराने हॉल में ध्यान किया। फिर वह हुआ, जो अब तक बाकी था। यानी मोटर में बैठकर अरुणाचल की परिक्रमा की। बड़ा सन्तोष हुआ।

6 जनवरी, 1971 (मद्रास)

आज बड़ा शुभ दिन है। सात बजे ही पुंडी गया। यह गाँव रमणाश्रम से पन्द्रह मील दूर है। पुंडी स्वामी के दर्शन किए। उन्होंने मेरे मस्तक पर हाथ रखा। मैं निहाल हो गया। विचित्र साधु हैं। सात साल से पालथी मारकर बैठे हैं। पाखाना-पेशाब कुछ भी नहीं।

रमणाश्रम से साढ़े नौ बजे चला। साढ़े बारह बजे मद्रास पहुँच गया। रामनाथ जी आज आ गए हैं।

7 जनवरी, 1971 (मद्रास)

चन्द्रकान्त मुदलियार आए। उनके साथ बाजार गया और बच्चों के लिए दो-एक चीजें खरीदीं। फिर घर आया और तब ईश्वरन के यहाँ गया। गंगा और अच्युत पटवर्धन भोजन कर रहे थे। मैंने भी भोजन कर लिया। घर आकर हवाई अड्डे पर भागा। जहाज कुछ देर से आया। पाँच बजे शाम तक दिल्ली पहुँच गया। डाक का अम्बार देखकर मन घबरा गया।

11 जनवरी, 1971 (दिल्ली)

दिनभर पत्र लिखता रहा। किताबों का एक पैकेट मिसेज तलेयार खाँ को भेजा। इन्दौर के एक प्रिंसिपल धरना देकर बैठ गए कि इन्दौर चलना होगा। अगर जाना हुआ, तो 27 को जाऊँगा।

शाम को 'रामायण इन एशिया' सम्मेलन। राष्ट्रपति ने उद्घाटन किया। वहाँ से उठकर श्री जगदीश प्रसाद चतुर्वेदी के यहाँ बैठा। बच्चू साथ थे। फिर वह नृत्य देखने गया, जो कनाडा और इंग्लैंड के प्रधानमन्त्रियों के सम्मान में था। इन्दिरा जी भी आई थीं।

12 जनवरी, 1971 (दिल्ली)

पंडित रोहनलाल चतुर्वेदी का फोन आया कि मुझे एटा जाना होगा। फिर एटा के लोग और रमानाथ अवस्थी आ गए। अगर इन्दौर से 29 को लौट सका, तो 30 जनवरी को एटा जाना होगा।

हिन्दुस्तान समाचार से एक सज्जन राष्ट्रपतियों पर इंटरव्यू लेने आए। फिर हैदराबाद के जितेन्द्र त्रिवेदी राष्ट्रभाषा प्रचार-समिति के काम से आए।

इसी में दिन बीत गया।

13 जनवरी, 1971 (दिल्ली)

दफ्तर गया। एक बजे लौटा। दफ्तर जाने से पहले श्री लल्लनप्रसाद सिंह से मिलने गया। वे छुट्टी पर हैं। शायद गवर्नर होकर कहीं जानेवाले हैं। वे समझते हैं, चुनाव करवाने का निश्चय ठीक ही हुआ है। गवर्नरी का उपयोग वे कुछ किताबें लिखने में करना चाहते हैं। एक किताब लिखेंगे हिंसा और अहिंसा पर। एक लिखेंगे लालबहादुर शास्त्री पर। अगर लिख सके, तो किताबें अच्छी होंगी। एल.पी. विद्वान हैं, चिन्तक हैं, दिमाग उनका साफ है।

14 जनवरी, 1971 (दिल्ली)

सोचा था, आज 'धर्मयुग' के लेख लिखूँगा। मगर मुनि विनय कुमार अपनी किताब की भूमिका लिखवाने आ गए। फिर प्रिंसिपल शिव बालक राय का आगमन हुआ। देर तक बातें होती रहीं धर्म और दर्शन की। उन्हें विदा करके भूमिका लिखने बैठा कि बेगूसराय के रामनारायण चौधरी आ गए। इस प्रकार सारा समय बीत गया। उनके जाने के बाद जल्दी-जल्दी भूमिका लिखी।

15 जनवरी, 1971 (दिल्ली)

सुबह को दफ्तर गया। सेक्रेटरी गोविन्दनारायण से मिला। लगता है, हिन्दी के प्रति उनका रुख अधिक अनुकूल रहेगा।

नौ बजे घर से कानपुर के लिए चला।

16 जनवरी, 1971 (कानपुर)

सनातन धर्म कॉलेज की रजत-जयन्ती मनाई जा रही है। उसी के सिलसिले में कानपुर आया हुआ हूँ। आज रात में कवि-सम्मेलन हुआ। जनता बहुत बड़ी संख्या में आई थी। लेकिन पूरी शान्ति रही। कवि-सम्मेलन अच्छा रहा। सोहनलाल द्विवेदी, देहाती जी, रमानाथ, रमई काका, स्नेहलता और सुमित्रा, आदि लोगों से भेंट हुई।

17 जनवरी, 1971 (कानपुर)

भोर में श्री अरविन्द समाज में प्रवचन किया। फिर कॉलेज के जयन्ती-समारोह में गया। चूँकि आदित्यनाथ झा पहुँच नहीं सके, इसलिए जयन्ती-भाषण मुझे ही देना

पड़ा। आज सुना कि राष्ट्रीय स्वयंसेवक संघ वाले हिन्दुओं से कसरत यह कहकर करवाते हैं कि मुसलमान तुम्हें मारने को आ रहा है।

यह तो हिन्दुओं के भीतर हीनता का भाव भरना है।

18 जनवरी, 1971 (कानपुर)

वर्नार्ड शॉ ने कहा था कि जो लोग काम कर सकते हैं, वे तो काम करते हैं, मगर जो काम नहीं कर सकते, वे दूसरों को उपदेश देते फिरते हैं।

मिलने को आईं श्रीमती मनोरमा दुबे 'मधु'। ये अंग्रेजी, हिन्दी, उर्दू—तीनों भाषाओं में कविताएँ लिखती हैं।

19 जनवरी, 1971 (दिल्ली)

श्रीनाथ पै की मृत्यु से बड़ा दुःखी हूँ। मुझसे बड़ा प्रेम करते थे। भगवान उनकी आत्मा को शान्ति दें।

20 जनवरी, 1971 (दिल्ली)

शाम को अशोक जी के साथ वानखंडे गुरु जी आए। इन्होंने मराठी सन्तों के हिन्दी पदों का संग्रह सारे महाराष्ट्र में घूम-घूमकर किया है। लेकिन कोई प्रकाशक नहीं मिल रहा है। पुस्तक शायद एक हजार पेज की है।

22 जनवरी, 1971 (दिल्ली)

आज अहिन्दी प्रान्तों के लिए हिन्दी पुस्तकें चुननेवाली कमेटी की बैठक हुई। इसका भी चेयरमैन मैं ही हूँ। ऐसी समितियों का चेयरमैन होने का अर्थ है उदयाचल को नुकसान। मैंने अपनी कोई पुस्तक चुनी नहीं जाने दी। जहाँ-जहाँ इज्जत, वहाँ-वहाँ गरीबी।

23 जनवरी, 1971 (दिल्ली)

मिलने को आए डॉ. शिवमंगलसिंह सुमन, उनके दामाद अर्जुन सिंह, ज्ञानेन्द्र शर्मा और प्रकाशचन्द्र शास्त्री।

25 जनवरी, 1971 (दिल्ली)

रजनीश जी की पुस्तक 'समाजवाद से सावधान' विचारोत्तेजक है। उनकी थीसिस यह है कि पूँजीवाद सफल तब है, जब वह इतनी चीजें पैदा कर दे कि वे सबके लिए काफी हो जाएँ। तब पूँजीवाद में से समाजवाद पैदा हो सकता है। पूँजीवाद नौ महीने गर्भ धारण करे, तभी स्वस्थ समाजवाद जन्म ले सकता है। रूस और चीन में बच्चा जनमा नहीं, क्रान्ति के द्वारा जनमाया गया है। भारत में भी जल्दी ही की जा रही है। उत्पादन में यथेष्ट वृद्धि समाजवाद की पहली शर्त है।

28 जनवरी, 1971 (इन्दौर)

साढ़े दस बजे रतलाम से चला। तीन मील के बाद गाड़ी खराब हो गई। संयोग से एक डाक बंगला मिला सालीखेरी गाँव में। वहाँ चार घंटे रुका रहा। रतलाम से कलक्टर ने जीप भेजी। उसी जीप से इन्दौर पहुँचा। दिन में खाना-पीना नहीं हुआ। प्रेम कालानी के घर पर ठहरा।

शाम को साहित्य-समिति के भवन में सभा हुई। हरिकृष्ण प्रेमी सभापति थे। आयोजकों ने एक कवि को कविता पढ़ने नहीं दिया। वह मुझे गाली देकर उठ गया। क्रोध उसे आयोजकों पर था। बात उसके मुँह से यह निकली कि 'मैं इन्दिरा के खुशामदी की कविता नहीं सुनना चाहता।' मैंने कोई ध्यान नहीं दिया। मैंने भषण भी दिया और कविता भी पढ़ी।

रात में प्रेम ने मेरे स्वागत में बड़ा-सा भोज दिया।

29 जनवरी, 1971 (दिल्ली)

साढ़े दस बजे तैयार होकर आर्ट्स एंड कॉमर्स कॉलेज गया। भाषण और काव्य-पाठ। कल साहित्य-समिति में एक सज्जन ने 'परशुराम की प्रतीक्षा' का पाठ किया था। आज भी किसी लड़की ने मेरी कविताएँ सुनाईं। सभापति आज भी हरिकृष्ण प्रेमी ही थे।

कॉलेज से उठकर एक बाग में गया, जहाँ बाटी चूरमा का भोज था। परहेज तो रहा नहीं, लेकिन भोजन की मात्रा कम रखी।

घर आकर हवाई अड्डा जाने को हुआ, तब पता चला कि जहाज लेट है। हवाई अड्डा तीन बजे पहुँचा। दिल्ली शाम को।

रात में राष्ट्रपति-भवन में डिनर पर गया। फिजी के प्रधानमन्त्री के स्वागत में भेजा था।

30 जनवरी, 1971 (एटा)

आज एटा जाना था। पुरी ने जो टैक्सी ठीक की थी, उसने धोखा दे दिया। सर्वेश्वरदयाल सक्सेना, रमानाथ अवस्थी, सुरेन्द्र तिवारी और रामरिख मनहर—ये चारों कवि देर तक बैठे रहे। आखिर एक नई टैक्सी लेकर हम ढाई बजे रवाना हुए और साढ़े छह बजे शाम के बाद एटा पहुँचे। बिहार के एक नौजवान यहाँ एस.पी. हैं। उनके यहाँ चाय पी। सरकिट हाउस में ठहरा।

कवि-सम्मेलन में बड़ी भीड़ थी। भाषण मैंने नहीं दिया। कविताएँ पढ़ीं और डेढ़ बजे रात में सभा से निकलकर घर आया। मालिश करवाकर सोया।

अरविन्द के मत से भारत की हिंसाप्रियता का मूल कारण है चेतना का हीन होना। चेतना ऊँची हो, तो हिंसा नहीं होगी। मगर हम लोगों के जानते बाकी दुनिया की तुलना में भारत हिंसाप्रिय कम है।

1 फरवरी, 1971 (दिल्ली)

अभी हाल ही में दीक्षान्त-भाषण देने को जयपुर गया था। तब वहाँ पं. झावरमल शर्मा जी से मिलने गया था। चौरासी साल के हैं। हम लोगों के लिए तो तीर्थस्वरूप हैं। इन्हीं की प्रेरणा से बालमुकुन्द गुप्त ग्रन्थावली का प्रकाशन हुआ था और इन्हीं के कहने पर मैंने उस ग्रन्थ की भूमिका लिखी थी। आज दिन में सोकर उठा, तब शर्मा जी मेरे घर पर बैठे मेरा इन्तजार कर रहे थे। शर्मा जी ने पं. माधवप्रसाद मिश्र की कविताओं का संकलन तैयार किया है। उनकी आज्ञा है कि इस संकलन की भी भूमिका मैं ही लिखूँ। ग्रन्थ का प्रकाशन श्री नारायण जो चतुर्वेदी करवाएँगे। पं. माधवप्रसाद मिश्र की कविताएँ जोशीली और राष्ट्रीय हैं। मैंने झावरमल जी से कहा, आपके पास एक युग का संस्मरण है। अपनी आत्मकथा लिख दीजिए तो इतिहास का बड़ा काम हो जाए। शर्मा जी ने कहा, "इन्द्रोऽपि लघुतां यान्ति स्वयं प्रख्यापितैर्गुणैः।" मुझे धक्-सा लगा, क्योंकि मैं आत्मकथा लिखने की बात सोचने लगा हूँ।

4 फरवरी, 1971 (दिल्ली)

पं. माधवप्रसाद मिश्र के काव्य-संकलन की भूमिका पूरी हो गई। टाइप करके सात पेज। पं. झावरमल शर्मा शाम को आए और कविताएँ तथा भूमिका ले गए। उन्होंने बताया कि पं. माधवप्रसाद मिश्र की 'महावीर' नामक कविता महावीर प्रसाद द्विवेदी पर है और 'शशधर' कविता चन्द्रधर शर्मा गुलेरी पर। 'भ्रमर' कविता भी इन्हीं दोनों में से किसी एक पर है।

पाकिस्तान ने हमारा एक विमान हाइजैक कर लिया। दोनों देशों में तनातनी बढ़ती पर है। युद्ध हो जाए, तो कोई आश्चर्य नहीं।

पं. झावरमल शर्मा ने कुछ दोहे लिखकर दिए, जो नीचे उद्धृत हैं। पुरानी दुनिया की प्रतिक्रिया नई दुनिया के प्रति।

हृदयानुभूति

श्री दिनकर जी, राष्ट्रकवि, लब्ध-कीर्ति तब नाम,
मुग्ध हुआ मैं आपका, प्रेम देख निष्काम।
इसी अहैतुक भाव का मैं करता सम्मान।
कष्ट दिया है आपको, क्षमा करें श्रीमान।
शोच्य दशा है राष्ट्र की, किंचित करें विचार।
प्रस्तुत हैं कतिपय स्वतः स्फुरित हृदय-उद्गार।
ईसा के नीचे दबा विक्रमाब्द उत्कर्ष,
कविवर, यह क्या है नहीं, निजता का अपकर्ष?
अंग्रेजी शासन गया, पर भाषाई राज।
अंग्रेजी में चल रहा, अब भी शासन-काज।
'टोपी, साफा, पागड़ी'—गई पुरानी चाल,
सूट-बूट के ठाठ में बना देश नक्काल।
नहीं रहा अब देश में खाद्याखाद्य विचार,
मद्यपान भी बन गया शिष्टों का आचार।
भारतीयपन का नहीं, बचा तनिक अभिमान,
स्वजन विदेशी ताल पर लगे तोड़ने तान।
पूंजी-श्रम का द्वेष ही महाव्याधि का मूल,
वही द्वेष दुर्भावना पकड़ गई अब तूल।
'पूँजीवाद' विरोध में बड़े मजे की बात,
खुद पूँजी की ताक में लगे रहें दिन-रात।
मारधाड़ से देश का हाल हुआ बेहाल,
है पश्चिम बंगाल की ताजा बड़ी मिसाल।
जन-जीवन-धन-धाम पर धावे होते रोज,
खड़ी तमाशा देखती सत्ताधारी फौज।
छल-प्रपंच के रात-दिन चलें घात पर घात,
हँसी-खुशी है बंधुवर, भरे पेट की बात।
बेकारी की बाढ़ में महँगाई का जोर,

जनता रोवे देश की और मचावे शोर।
कुटिल कुनीति कुचाल से अपहृत किया विमान,
सही रूप में आ गया चौड़े पाकिस्तान।
इस दुर्दिन में हर्ष का नहीं हेतु अवशेष,
दलबन्दी के रोग से व्याकुल अपना देश।
दुष्कृत तथा असाधुता से करने उद्धार,
जगत्पिता करुणा करें धारण कर अवतार।

5 फरवरी, 1971 (दिल्ली)

सुबह में एक महत्त्वपूर्ण मीटिंग हुई उपभाषाओं पर विचार करने के लिए। डॉ. पटनायक, डॉ. उदयनारायण तिवारी, सेंसर के अफसर और तीन संयुक्त सचिव आए।

घर आकर खाया और सोया। फिर भी रामरिख मनहर आए। गंगा के यहाँ जाने को तैयार था कि रूसी महिलाएँ रीमा और ओलगा आ गईं। उनसे देर तक बातें हुईं। रीमा मेरे साहित्य पर काम कर रही है। उसे किताबें भेजनी हैं।

आध्यात्मिक साधना के लिए जीवन का त्याग, यही गलती भारत-धर्म से हुई। उपाय है कबीर का उपदेश 'जहं-जहं डोलूं, सो परिचर्या, जो कुछ करूँ सो पूजा।'

8 फरवरी, 1971 (दिल्ली)

'शिक्षा तब और अब' का आज सम्पादन किया। उसे टंकित करवाया और धर्मयुग को भेज दिया। दिनभर बहुत-से पत्र भी लिखे। शाम को डॉ. कृष्णा शारदा मिलने आईं। उसके बाद आए जैनेन्द्र जी, देवकुमार और प्रभाष जोशी। वे ले गए मुझे भवानीप्रसाद मिश्र के घर। वहाँ गांधीवाद के भाविष्य पर चर्चा छिड़ गई। जैनेन्द्र जी ने कहा, ''सर्व-सेवा-संघ पांथिक साहित्य छाप रहा है। उसे विचारोत्तेजक, सर्जक साहित्य छापना चाहिए।'' विनोबा के बारे में उन्होंने कहा, ''गांधी पैसन के आदमी थे, विनोबा मेधा का मनुष्य है। गांधी ने जज से कहा था, 'मेरा पेशा जुलाहे और किसान का है।' विनोबा ने कहा था, 'पेशे से मैं शिक्षक हूँ।' जुलाहा, यानी जनता में से एक। शिक्षक, यानी ऊपर से आनेवाला।'' मैंने एकाला जी की बात उठाई और कहा कि एकाला जी पर सामग्री जमा कीजिए। गांधी को भारत ही नहीं, विश्व के परिप्रेक्ष्य में देखना है। एक समय था, जब भारत ने चरखे को स्वीकार किया था। आज तो यही सोचा जा सकता है कि उद्योग और टेकनॉलॉजी पर गांधी का प्रभाव कैसे लाया जाए।

14 फरवरी, 1971 (दिल्ली)

रामकृष्ण को तोतापुरी और भैरवी, ये दो गुरु मिले थे। माँ आनन्दमयी को कोई गुरु नहीं मिला। उनके आसन, क्रियाएँ और मुद्राएँ आप-से-आप होती रहीं। रामकृष्ण लीलामृत में जो रम है, वही रस माँ आनन्दमयी की जीवनी में है।

16 फरवरी, 1971 (काशी)

सुबह को डॉ. राजेन्द्र शर्मा आए। उनके साथ डॉक्टर गोपीनाथ कविराज जी के दर्शन के लिए गया। दर्शन करके वसन्त महिला कॉलेज गया। वहाँ भाषण और कविता-पाठ।

गोष्ठी तीन बजे से। श्री नारायण जी ने माधवप्रसाद मिश्र की कविताएँ सुनाईं। भाषण भी दिया। गोष्ठी में आज मेरा भी भाषण हुआ, कविता-पाठ भी। मिलने को आए बच्चनसिंह और शिवप्रसाद।

रात सोते-सोते अज्ञेय जी ने बच्चन की आत्मकथा पर राय दी और कुछ अंश पढ़कर भी सुनाए। किताब उन्हें पसन्द नहीं है, कम्पोजीसन की दृष्टि से। नैतिक दृष्टि से भी पुस्तक हेय है, ऐसा वे मानते हैं। सच्ची आत्मकथा की विधा उपन्यास है, ऐसा उनका मत है।

19 फरवरी, 1971 (पटना)

नाश्ता करके राष्ट्रभाषा परिषद् गया। भाषा सर्वेक्षण के बारे में लोगों से विचार-विनिमय किया।

योगी की तीन फाइलें मिलीं। मेरी कविता हिन्दी में सबसे पहले ब्राडकास्ट हुई थी, यह समाचार 'योगी' में है। लोगों में मनोरंजन जी का वह लेख भी मिला, जो उन्होंने हालाबाद के खिलाफ लिखा था।

26 फरवरी, 1971 (दिल्ली)

भोर में दिल्ली पहुँचा। चिट्ठियों का अम्बार। बारह दिनों की डाक। सब फालतू।

आज जीवन का शुभ दिन है। शान्तिप्रसाद जी की पुत्रवधू इन्दु जैन ने फोन किया कि स्वामी मुक्तानन्द आए हुए हैं। उसी के साथ स्वामी जी के दर्शन करने गया। स्वामी जी ने बड़े प्यार से अपना लिया। संगति-सभा में बोलने को कहा। कविता पढ़ने को भी कहा।

27 फरवरी, 1971 (दिल्ली)

सदा के अनुसार तैयार होने में देर हुई। इन्दु ने साढ़े दस बजे फोन किया, "बाबा आपकी राह देखते बैठे हुए हैं।" यह प्रेरणा का तरीका। मैं गया। बाबा ने अपने खास कमरे में अन्दर बुलाया। स्वामी नित्यानन्द के फोटो के सामने बैठाया। मेरे ललाट का स्पर्श किया। मैंने कुछ सनसनाहट अनुभव की। मस्तक पर फूल रख दिया। ध्यान करने को कहा। पन्द्रह मिनट ध्यान अच्छा जमा। फिर मैं दफ्तर चला गया। दफ्तर जाना नहीं होता, तो ध्यान और चल सकता था।

शाम की संगति में भी गया। आनन्द स्वामी नामक एक साधु आए। एक साधिका आयीं अति रूपवती, मुकुट पहने हुए। अपने को राधा मानती हैं।

बाबा का प्रवचन सुना। "सम्राट शक्ति तुम्हारे भीतर बसने आती है, तब भी पवित्र नहीं रहोगे?"

28 फरवरी, 1971 (दिल्ली)

आज बाबा के यहाँ पौने नौ बजे गया। वे घूमने गए थे। जैन ने मुझे भीतर बिठा दिया। यशपाल जी ध्यान कर रहे थे। बाबा आए, मुझे फिर गुरु नित्यानन्द जी के फोटो के पास बिठाया, सिर पर फूल रखा और नाक में अपनी साँस दी। मैं ध्यान में चला गया और पैंतालीस मिनट ध्यान करके उठा। फिर बाबा से बातें हुईं। अमेरिका या ऑस्ट्रेलिया में कोई पादरी बाबा को यह कहने आया कि मैं रुग्न हो गया हूँ। बाबा ने कहा, धर्म-परिवर्तन का प्रचार करने से रोग हुआ है। जो भगवान धर्म-परिवर्तन के प्रचार से खुश होता है, उसे मैं अपने यहाँ झाड़ू लगाने का काम भी नहीं दे सकता।

1 मार्च, 1971 (दिल्ली)

आज सवा सात बजे भोर पैदल सुनहरी बाग गया। जैनेन्द्र जी, इन्द्रसेन और गंगाशरण भी आए थे। बाबा का जहाज लेट हो गया। अतएव वे सभा के बीच बैठे रहे। यशपाल ने बाजी मार ली। बाबू ने उन्हें अपना मोजा आशीर्वाद में दिया। मैं और गंगा इन्दु के साथ हवाई अड्डे पर गए, बाबा को विदाई देने। आज बाबा से वियोग हुआ। वे प्रेममूर्ति हैं। दो ही दिन की संगति का यह प्रभाव कि मैं बाबा के वियोग का अनुभव कर रहा हूँ।

तीन बजे श्रीमती तलेयार खाँ से मिलने गया। गंगा भी वहाँ आए। भगवान प्रिया (श्रीमती तलेयार खाँ) ने मोरार जी भाई से कहा था, "आप श्री आनन्दमयी माँ के यहाँ चलिए।" मोरार जी ने कहा, "क्या उसी माँ के पास जो इन्दिरा जी को शक्ति

दे रही हैं और उस शक्ति का उपयोग इन्दिरा जी देश को ध्वस्त करने के लिए कर रही हैं? मोरार जी श्री आनन्दमयी माँ के पास नहीं गए। मोरार जी के इस आक्षेप की चर्चा श्रीमती तलेयार खाँ ने श्री माँ से भी की।

5 मार्च, 1971 (दिल्ली)

आज वोटिंग की छुट्टी है। शिवसागर मिलने आए। वे ही डी.पी. मिश्र के घर छोड़ आए। मिश्र जी के साथ घंटेभर रहा। वे बोले, "एक आँधी महात्मा गांधी ने उठाई थी, दूसरी आँधी श्रीमती गांधी ने उठा दी। हिन्दी पुस्तकों का राष्ट्रीय पुस्तकालय बनाने की कल्पना मिश्र जी के भीतर भी है।"

दिल्ली में कांग्रेस के कितने उम्मीदवार जीतेंगे, यह कहना मुश्किल है। मगर बिहार में तो देखा है कि हरिजन, मुसलमान, पिछड़ा वर्ग और ब्राह्मण एक हो गए हैं। अब बचा कौन? सचमुच यह आँधी ही है।

10 मार्च, 1971 (दिल्ली)

चुनाव के परिणाम आ रहे हैं। लगता है, जिसे भी इन्दिरा जी ने खड़ा कर दिया, वही जीत जाएगा। लोग सोचते थे, मुश्किल से 260 सदस्य होंगे। मगर 360 हो जाएँ, तो आश्चर्य नहीं। वर्ग-संघर्ष की भावना के आधार पर देश में यह पहला चुनाव हुआ है। नई सरकार काम कर सकी, तो साम्यवाद का भविष्य अन्धकारमय हो जाएगा। मगर साम्यवाद का द्वार अवश्य खुल जाएगा।

12 मार्च, 1971 (दिल्ली)

होली मिलने आए शिवसागर, फिर बच्चू एंड पार्टी, फिर सिद्धेश्वर प्रसाद। और कोई नहीं।

मैं मिला पंडित द्वारकाप्रसाद मिश्र से, रमाजी के परिवार से, वहीं बच्चन जी और उनकी पत्नी से। श्री ललितनारायण मिश्र और श्री अक्षय कुमार जैन से भी भेंट हुई।

पंडित द्वारकाप्रसाद मिश्र ने बताया, जब वे मन्त्री थे, जवाहरलाल जी को उन्होंने एक पत्र लिखा था कि आप आकाशवाणी हैं। हम सब लोग आपकी बात सुनते हैं, आप हमारी बात नहीं सुन सकते। आज मिश्र जी बार-बार यह बता रहे थे कि पंडित जी से उनका मतभेद क्यों था। बोले, "पंडित जी सोच सकते थे, करने में असमर्थ थे। तफसील में जाने का माद्दा उनमें नहीं था। सरदार पटेल काम कर सकते थे, मगर समाजवाद वगैरह उनके पल्ले नहीं पड़ता था।"

13 मार्च, 1971 (दिल्ली)

पटना से सिद्धि बाबू ने फोन किया, "मुबारक हो, पोता हुआ है।" बच्चे का जन्म आज 13 मार्च, शनिवार को छह बजकर दस मिनट पर भोर में हुआ।

बच्चन मिलने आया। पन्त जी से मुकदमे की कहानी आज उसने फिर से कही। बच्चन पन्त जी से बहुत ही असन्तुष्ट हो गया है। मुकदमे से उसे बहुत बड़ा शाक लगा है। उधर पन्त जी अलग परेशान हैं। तटस्थ मत लेकिन यही है कि बच्चन को दोबारा अनुमति ले लेनी चाहिए थी।

दिखाई तो यही देता है कि आदमी को चालाक होना चाहिए, किन्तु चालाक बनने की कोशिश शुरू करते ही आत्मा कहती है, बेवकूफ रहना ही ठीक है।

शापेनहार ने कहा था, आदमी जो चाहे कर सकता है, पर वह क्या चाहेगा, यह उसके वश में नहीं है।

14 मार्च, 1971 (पटना)

आज तूफान से पटना के लिए चला। इधर ए.सी.सी. में चलता रहा हूँ सो फर्स्ट क्लास में तकलीफ हुई। कारण भी था। हवाई जहाज की तालाबन्दी के कारण रेल में भीड़ बढ़ गई है। दो बर्थों पर हम आठ व्यक्ति बैठे थे। कानपुर तक सिकुड़कर बैठा आया। 'स्वामी रामदास इन द विजन ऑफ गॉड' पढ़ता आया। इटावे से उधर किसी देहाती स्टेशन के पास होली हो रही थी। किसी ने मेरे ऊपर एक कटोरा रंग डाल दिया। आगरे तक एक अमेरिकी साधक साथ आया। वह स्वामी बाग जा रहा था। उसके साथ दिलचस्प बातें हुईं। उसने कहा, "तुम इसी रास्ते से दिल्ली आते-जाते हो, तो कभी स्वामी बाग क्यों नहीं गए? मैं तुम्हें दो रुपए दे दूँगा। वहाँ हो आओ।" मैंने कहा, "जिस दिन पुकार होगी, दो रुपए का प्रबन्ध खुद कर लूँगा। तुम्हारी मनोकामना पूर्ण हो।"

गोचर और अगोचर पर चकित होने की भावना को आइंस्टीन सबसे सुन्दर अनुभूति मानते थे। यही विस्मय और कुतुक सच्चे विज्ञान और सच्ची कला का जन्मस्थान है। जिसमें इस अनुभूति की योग्यता नहीं है, जो ठहरकर विस्मय में नहीं खे सकता, वह मृतक के तुल्य है। इसी अर्थ में आइंस्टीन अपने को धार्मिक मानते थे।

15 मार्च, 1971 (पटना)

गाड़ी पटना एक घंटा लेट पहुँची। स्टेशन पर केदार आदि के साथ बिन्दो बाबू लेने

आए थे। बड़ा हर्ष हुआ। घर आकर तैयार हुआ और फिर सिद्धि बाबू के यहाँ नवजात पोते को देखने गया। धनिक की स्त्री ने लाकर दिखाया। इसका जन्म 13 मार्च, शनिवार को भोर में छह बजकर दस मिनट पर हुआ है।

मिलने को आए दामाद राजेश्वर और ब्रजभूषण। विभा अपने बच्चों को लेकर आई। कुमार विमल भी आए। कुमार विमल के साथ टहलने को निकला। रास्ते में डॉ. बेचन झा मिल गए। हम लोग प्रभात जी से मिलने गए। प्रभात जी बोले, रक्तचाप चढ़ता है, नसों में वायु भर जाती है। बस, भगवान से यही माँगता हूँ कि लकवा मत देना।

16 मार्च, 1971 (पटना)

सहिष्णुता, अच्छा मिजाज, सहानुभूति और समझदारी—ये ही चीजें असली हैं, विज्ञान और दर्शन नहीं। इन्हीं की बढ़ती से दुनिया बचेगी, दर्शन से नहीं। विज्ञान से तो बिलकुल नहीं।

17 मार्च, 1971 (पटना)

पटना में हिन्दी-शिक्षण-योजना का काम देखा और सरकारी कर्मचारियों की सभा में भाषण दिया।

एक ही बात सारे देश में कहता फिरता हूँ कि सरकारी कर्मचारी हिन्दी में काम करें और प्रोफेसर कॉलेजों के लिए हिन्दी में पुस्तकें लिखें। सभाओं में लोग इस बात को सुनकर प्रसन्न होते हैं कि अंग्रेजी को हटाओ मत, क्लास से निकालकर पुस्तकालय में डाल दो।

19 मार्च, 1971 (दिल्ली)

11 अप से दिल्ली के लिए प्रस्थान। ए.सी.सी. में जगह नहीं मिली। फर्स्ट क्लास में आया।

शान्ता की लिखी पन्त जी की जीवनी पढ़ता आया। पन्त जी को आध्यात्मिक अनुभूतियाँ पन्द्रह-छब्बीस की उम्र से ही मिलने लगी थीं। तन्त्र-यन्त्र में उन्होंने अश्विास प्रकट किया है। फिर भी मुझसे वे कहते थे कि निरालाजी ने उन पर अभिचार किया था। जीवनी में कहीं भी यह बात दिखाई नहीं देती कि पन्त जी में दोष क्या है? यह पूरी-की-पूरी प्रशंसात्मक जीवनी है। चरित-नायक और लेखिका एक ही घर में रहते हैं, अतएव यही स्वाभाविक भी था। इस पुस्तक की विशेषता यह है कि यह पन्त जी की सतत मौजूदगी और उनकी गवाही में लिखी गई है।

21 मार्च, 1971 (दिल्ली)

मिलने को आए हैदराबाद के श्री दादे प्रसाद कई मित्रों के साथ। ये अपने मासिक पत्र 'अध्येय' का एक विशेषांक मुझ पर निकालना चाहते हैं। बड़े उत्साह में थे। इस बात से खुशी हुई कि विशेषांक अहिन्दी प्रान्त से निकलेगा।

'कबित सुभाउ सत्य बुध कहहीं, उपजहिं अनत अनत छवि लहहीं।'

22 मार्च, 1971 (दिल्ली)

इगोन फ्रिडेल की किताब में पढ़ा कि अतीत का इतिहास शायद ही सम्भव हो, वर्तमान का इतिहास तो बिलकुल असम्भव है। अतीत का इतिहास पुराण बन जाता है, वर्तमान का इतिहास केवल रिपोर्टिंग रहता है। इतिहास पुराण बनकर स्फटिक हो जाता है, जम जाता है, काव्य बन जाता है। तब उसके भीतर से विश्वात्मा की आवाज, परमेश्वर की ध्वनि सुनाई देती है। वर्तमान के इतिहास का वही मूल्य है, जो मूल्य अखबार में छपनेवाली खबरों का है। इतिहास की लगभग सभी घटनाएँ ऐसी होती हैं, जो लगभग घटी नहीं हैं। सारा इतिहास अनुमान है, अनुमित घटनाओं का अनुमान, अनुमित कारण–कार्य-सम्बन्धों का अनुमान। मनुष्य के पास जिन सत्य घटनाओं की स्मृति जीवित है, वह केवल कविता में है। कविता छोड़कर स्मृति को आदमी और कहीं जीवित नहीं रख सकता। और प्रत्येक कविता से ध्वनियाँ अनेक निकलती हैं। काव्य ही मनुष्य-जाति का वास्तविक इतिहास है। वैज्ञानिक इतिहास रचने की प्रक्रिया इसलिए चली है कि लोगों की कल्पना-शक्ति कमजोर हो गई है और उनकी छलाँग लेनेवाली सम्बुद्धि क्षीण है।

आज संसद गया था। परिचित चेहरे लगभग गायब हो गए हैं। अनवर सावरी का एक शे'र याद आया :

ये किस मुकाम पै अपनों ने ला के छोड़ दिया?
कदम-कदम पै नजर आ रहे हैं बेगाने।

23 मार्च, 1971 (दिल्ली)

साढ़े दस बजे भोर पंडित द्वारकाप्रसाद मिश्र से मिलने गया। सुझाव दिया कि अमुक को शिक्षा में भिजवाइए और अमुक का ध्यान रखिए। गवर्नरी के बारे में भी बात की। उन्होंने कहा, अनुकूल समय पर बात करेंगे।

नगेन्द्र आए। भाषा-गोष्ठी में ले गए। उनका भाषण अंग्रेजी में हुआ। प्रश्न अंग्रेजी में भी हुए और हिन्दी में भी। मैं दो-तीन वाक्य हिन्दी में बोला, बाकी अंग्रेजी

में। एक विदेशी साधक आए थे। वे परा, पश्यन्ती, मध्यमा और वैखरी की परिभाषा से बड़े प्रभावित हुए। मैंने श्री नलिनीकान्त गुप्त का मत उपस्थित किया था कि परा रिविलेशन है, पश्यन्ती इलूमिनेशन है, मध्यमा इनटुइशन है और वैखरी एक्सप्रेसन है।

24 मार्च, 1971 (दिल्ली)

मेरी 'उर्वशी' में पुरूरवा के भीतर दोनों प्रवृत्तियाँ हैं। वह ऊँची चीजों के लिए बेचैन है, वह निम्न सुखों के लिए भी बेकरार है। और उर्वशी जानती है कि पुरूरवा का उच्च रूप ही विजयी होगा। पुरूरवा में जो जीवधारी है, उस पर उर्वशी न्योछावर होती है। उसके भीतर जो रहस्य-चिन्तक है, उससे उर्वशी घबराती है। उर्वशी स्वर्ग नहीं चाहती, मिट्टी के सुखों का आलोड़न चाहती है। यह अनुभूति मुझे जीवन से ही प्राप्त हुई है। पुरूरवा के भीतर मैं अपना प्रतिबिम्ब प्रत्यक्ष देखता हूँ। किन्तु उर्वशी? वह आधी सत्य, आधी कल्पना है या हो सकता है कि सत्य की मात्रा तीन-चौथाई हो।

25 मार्च, 1971 (गोरखपुर)

शान्ता की लिखी पन्त जी की जीवनी पढ़ता रहा। पन्त जी को आध्यात्मिक अनुभूतियाँ शुरू से ही मिलती आई हैं। फिर भी वे निराला, रामविलास यहाँ तक कि बच्चन को भी जवाब देने में व्यस्त हैं। रात में लखनऊ एक्सप्रेस से गोरखपुर के लिए प्रस्थान। पुरी साथ चला।

पुरी को साथ लेकर चलने में भरोसा रहता है। बेचारा बेटे की तरह सेवा करता है। भगवान उसे सुखी रखें। अकेले चलने में अब भय लगने लगा है। कहीं हृदय या लकवे का आक्रमण हो गया, तो कोई यह कहने को तो रहे कि ये दिनकर जी हैं। अब तो काल को समीप ही समझना चाहिए।

नाभिनन्दामि मरणं नाभिनन्दामि जीवितम्,
कालमेव प्रतीक्षेऽहम् निर्देशं भृत्यको यथा॥

26 मार्च, 1971 (गोरखपुर)

दिनभर बच्चन की आत्मकथा पढ़ता आया। मेरा संघर्ष परिवार ढोने का संघर्ष रहा। बच्चन का संघर्ष व्यक्तिगत। मगर दोनों संघर्ष हैं। आत्मकथा में आदमी अपनी प्रशंसा को रोक नहीं सकता। यही इस विधा का दोष है।

लखनऊ से ही एन.ई. रेलवे वालों की अगवानी शुरू हो गई। गोरखपुर पहुँचकर एक सैलून में डेरा लिया। जीवन का यह नया अनुभव या मजा रहा।

रात में भोजन राम विनायक के घर पर। जयगोपाल के घर गया। उसने अपनी पत्नी को सुनाकर कहा, "मेरा बाप आया है।" मैंने कहा, "बाप न कहकर बड़ा भाई कहो।"

जयगोपाल निराला जी की कविताएँ सुनाता रहा। निराला जी शेक्सपियर और कालिदास के बड़े भक्त थे। रामविलास शर्मा ने एक दिन बताया था कि निराला जी गालिब के भी बड़े भारी प्रेमी थे। मेरा खयाल है कि जवानी में निराला जी रवीन्द्र बनना चाहते थे। बाद का वे गालिब बनने में लग गए। प्रमाण बेला। लेकिन बने वे केवल निराला।

27 मार्च, 1971 (गोरखपुर)

शाम को स्वर्गीय हनुमानप्रसाद जी पोद्दार के घर गया। वहाँ मौनी बाबा के दर्शन हुए। अब बोलने लगे हैं। कहा, "मुझसे और भाई जी से वादा था कि एक की चिता जहाँ रची जाए, दूसरा जीवनभर वहीं रहे। पंचों ने तय किया, तब चिता गीता-प्रेस के आहाते में ही रची जाए।" वहाँ से गुरु गोरखनाथ का स्थान देखने गया। बाबा गम्भीरनाथ की समाधि पर श्रद्धा से मस्तक झुक गया। ध्यान बाँधकर खड़ा रहा।

रात में कवि-सम्मेलन।

शिव सिंह सरोज से पन्द्रह साल के बाद भेंट।

स्थान में संघर्ष हो, तो क्षुद्रता भी जीतती है।
पर समय के युद्ध में वह हार जाती है।
जीत लें दिक् में जिना, पर अन्त में बापू, तुम्हारी
जीत होगी काल के चौड़े अखाड़े में।

इस पद को सुनाने के पहले आजकल मैं एक भूमिका देता हूँ। काल का अखाड़ा बड़ा, देश का अखाड़ा छोटा होता है। बड़े अखाड़े के पहलवान छोटे अखाड़े में लड़ें तो वे हार सकते हैं। गांधी और जिना की कुश्ती देश के अखाड़े में हुई थी। इसीलिए गांधी जी हार गए। अब वह कुश्ती काल के अखाड़े में बंगलादेश में चल रही है। इस बार जीत गांधी की होनी चाहिए।

गोरखपुर में भी यह पद मैंने सुनाया।

29 मार्च, 1971 (दिल्ली)

गाड़ी लेट हो गई। घर पहुँचा नौ बजे के लगभग। खूब थका हुआ। सभा में जाने का दंड अकेला भोगना है। शाम को भवानीप्रसाद मिश्र आए और बच्चू। उनके साथ सभा में गया और भवानी की नई पुस्तक 'बुनी हुई रस्सी' का विमोचन किया। जैनेन्द्र जी

अच्छा बोले। कहा, "मैं वाद में नहीं हूँ। गांधीवादी बना, तो मेरा स्व कहाँ जाएगा?" गंगा का आज ब्राडकास्ट सुना, 'व्यक्ति और समाज के जो कार्य इन्द्रियों से नहीं हो पाते, उनके लिए धर्म है। धर्म भगोड़ों के लिए नहीं है। वह भी संघर्ष के लिए हैं।'

गंगा का ब्राडकास्ट सुनकर धर्म और विज्ञान के संघर्ष पर दृष्टि गई। गैलीलियो ने कहा, सूर्य स्थिर है, पृथ्वी चलती है। धर्म ने कहा, पृथ्वी स्थिर है, सूर्य चलता है। न्यूटन ने कहा, सूर्य और पृथ्वी, दोनों चलते हैं। आइंस्टीन के सापेक्ष्यवाद की भाषा में यह कहने की गुंजाइश निकल आई है कि तीनों बातें सही हैं, तीनों गलत हैं। मुख्य प्रश्न यह है कि तुम कहाँ खड़े होकर बोल रहे हो। आइंस्टीन से धर्म सिद्ध नहीं होता, किन्तु उन्होंने विज्ञान के वातावरण को रहस्यमय बना दिया है, जो गुण धर्म का है।

30 मार्च, 1971 (दिल्ली)

नौकरी में खटपट शुरू हो गई है। चूहे मेरी शक्ति को कुतरने लगे हैं। छह साल निभ गए, यही बहुत है।

घर आया, तो गोविन्द व्यास बैठे थे। कॉलेज की इज्जत जा रही है, आप चलिए।

तीन बजे अमुक आ गईं। अप्रसन्नता की मूर्ति, डिप्लोमेटिक मुस्कान, शरीर सूखा हुआ, र और क के प्रति ईर्ष्या से पूर्ण, सु के भाव से भरी हुई।

सावन कॉलेज गया। वहाँ से चन्द्रगुप्त जी के घर। मोहन राकेश, बच्चन, जैनेन्द्र जी, मन्मथनाथ बाबू आदि से भेंट हुई।

संस एंड लवर्स की ये पंक्तियाँ याद आती हैं : You want to make me so spiritual and I don't want to be spiritual. नायक कहता है, I can only give friendship, it is all I am capaple of. एक पंक्ति और यहाँ लिखने योग्य हैं, Man does all sorts of things, but a woman broods.

31 मार्च, 1971 (दिल्ली)

कलाकार अपनी रचना में अपने व्यक्तित्व का विस्तार करता है। अपनी कृति द्वारा अपनी रक्षा भी करता है। किन्तु परशुराम की प्रतीक्षा लिखकर मैंने खतरे मोल लिए। उस कविता से मुझे यश तो मिला, किन्तु बड़े लोगों की नाराजगी भी मिली, जिसका फल अभी मिलनेवाला है।

1 अप्रैल, 1971 (दिल्ली)

आज नोटबुक में किसी लेखक की ये पंक्तियाँ देखीं—आनन्द महँगी, बहुत महँगी चीज

है। वह कभी-कभी ही आता है और जानबूझकर पीछा करने से तो वह मिलता ही नहीं। उर्वशी में लिखी अपनी पंक्तियाँ याद आईं :

यह अकाम आनन्द भाग उनका जो नहीं सुखों को
आमन्त्रण भेजते, न जग कर पथ जोहा करते हैं।

2 अप्रैल, 1971 (दिल्ली)

रामनाथ जी मेरे उन मित्रों में से हैं, जिनके बल पर मैं विपत्ति में जिन्दा रहा। यही श्रेय आलोक को भी है। किन्तु उसके सामने रामनाथ जी की बात मैं नहीं चला सकता, हाँ, रामनाथ जी से उसका कुशलक्षेम पूछ लेता हूँ। इन दो मित्रों से मैं कभी भी उऋण नहीं होऊँगा। दोनों भावुक हैं, दोनों वेगवान् हैं, दोनों में ऊँची मनुष्यता की झलक है।

3 अप्रैल, 1971 (दिल्ली)

कहते हैं, काम-कृत्य के आधिक्य से प्रेम की मृत्यु हो जाती है। मेरा तो अनुभव यह है कि प्रेम की मृत्यु काम की कमी से होती है। अमुक के प्रेम का विनाश क्यों हुआ?

4 अप्रैल, 1971 (दिल्ली)

अनेक कलाकारों के चारों ओर वासना से मिलती-जुलती सुगन्ध मधुमयी सुगन्ध की लहर उठती रहती है अथवा औरतें यह कल्पना कर लेती हैं कि इसके चारों ओर पाप की बढ़िया गन्ध है। नहीं तो माला पहनाते समय वे सट क्यों जाती हैं, नाश्ता कराते समय स्पर्श क्यों करती हैं और फोटो खिंचाते समय रसमय स्पर्श क्यों देती हैं? मगर जो भी हो, ये प्रेम की ही अभिव्यक्तियाँ हैं और इतना करके भी नारियाँ कलाकार के जीवन को थोड़ी देर के लिए सजीव बना देती हैं। काम का इतना ही रूप मनोज्ञ है। आगे बढ़ो इससे तो शरारत की बात है।

5 अप्रैल, 1971 (दिल्ली)

आनन्द ऊँचे पदों से कहीं श्रेष्ठ है। ऊँचे पद ही काफी होते, तो मन्त्री धन कमाना क्यों चाहते और जो धनी हैं, वे सत्ता में आना क्यों चाहते अथवा सत्ताधीशों को अपनी मुट्ठी में रखना क्यों चाहते, दान देकर नाम कमाना क्यों चाहते? लेकिन ऐसा व्यक्ति भी मिलना मुश्किल है, जिसे द्वन्द्वहीन आनन्द प्राप्त हो। फिर भी वह आनन्द लगभग पूर्ण है, जो 'रिजनेबुल' दरिद्रता से मिलता है।

7 अप्रैल, 1971 (ट्रेन में)

बम्बई के लिए प्रस्थान।

ट्रेन में काफी देर तक थीसिस पढ़ता रहा। फिर ऊबकर बच्चन की आत्मकथा पढ़ने लगा। बच्चन ने साफगोई का सबूत दिया है, मगर आत्मप्रशंसा भी बहुत की है। यानी यह दिखाना कि अपनी दृष्टि में मैं ऊँचा इंसान हूँ। मैं उससे सहमत हूँ, किन्तु यह सब अपने मुँह से नहीं कहना चाहिए। मगर जो भी आत्मकथा लिखेगा, उसे इस दोष से बचने में कठिनाई जरूर होगी।

8 अप्रैल, 1971 (गणेशपुरी)

बम्बई पहुँचा, तब स्टेशन पर सचदेव दम्पत्ति, प्रयाग नारायण और सक्सेना आए हुए थे। स्नान के पूर्व दुर्घटना हो जाती, मगर वह बच गई। साढ़े चार बजे गणेशपुरी के लिए मोटर से चला। सवा आठ बजे रात में वहाँ पहुँचा। बाबा मुक्तानन्द तब तक सो चुके थे। योगानन्द ने कुछ नाश्ता कराया। रहने के लिए जो कमरा मिला, वह टीले पर है। आते-आते तकलीफ होगी। यह पांडिचेरी और रमणाश्रम, दोनों से सुविधाजनक कम है। भजन यहाँ सारा दिन चलता है।

योगानन्द ने कहा, "कार्यक्रम यहाँ साढ़े चार बजे भोर से आरम्भ होता है। आप छह बजे आ जाया कीजिए। बाबा उस समय आ जाते हैं।" मैंने कहा, "मेरी आदत खराब हो गई है। दस बजे के पूर्व तैयार नहीं हो सकता। भरोसा यहाँ बाबा का है।"

9 अप्रैल, 1971 (गणेशपुरी)

उम्मीद नहीं थी कि छह बजे भोर में भी प्रार्थना में पहुँच सकूँगा। पेट खराब होने से साढ़े तीन बजे भोर में ही उठना पड़ा। फिर सो गया। साढ़े पाँच बजे स्वप्न में बाबा आए। मैं उनके पाँव पकड़कर रोने लगा। इतने में नींद खुल गई। स्नान करके प्रार्थना में चला गया। मन पर प्रभाव पड़ा, बाबा खुद जगा गए हैं। ध्यानगुफा में बाबा ने ध्यान करने को कहा, सो किया। ध्यान-मन्दिर में भी ध्यान किया।

10 अप्रैल, 1971 (गणेशपुरी)

कल किसी ने कहा था कि बंगलौर जाकर बाबा मुक्तानन्द श्री सत्य सांईं बाबा से मिले थे। उन्हें बाबा ने गोद में उठा लिया और कहा, "यह चमत्कार क्यों करते हो?" श्री सत्य सांईं बाबा ने कहा, "इसलिए कि लोग इससे उमड़कर आते हैं और तब मैं

धर्मोपदेश करता हूँ।'' इस पर मैंने वह कहानी कही, जो मथुरा में रजनीश जी से सुनी थी। आज बाबा के पास हम दो ही व्यक्ति बैठे थे, प्रताप यान्दे और मैं। मेरे मन में बात आई कि सत्य सांई बाबा वाला किस्सा, बिना पूछे, खुद बाबा के मुख से सुन लूँ, तो मार्ग-दर्शन मिले। सो बाबा ने खुद कहानी शुरू कर दी। मैं चकित रह गया। मैंने डॉ. भगवंतम् का किस्सा कहा। बाबा बोले, ''मुझे भी किसी ने एक घड़ी दिखाकर कहा था, यह परलोक से मँगवाकर मुझे दी है। मैंने पूछा, इस पर तो स्विट्ज़रलैंड लिखा है। वह क्या परलोक में है? एक को सोने की मूर्ति दी थी। पीछे वह पीतल की हो गई। मैंने कहा, परलोक के सुनार से तो बम्बई के ही सुनार अच्छे हैं।'' बाबा मुक्तानन्द ने कहा, ''ऐसे चमत्कारी मुझे बहुत मिले हैं। एक मुसलमान फकीर था। वह सादा कागज फाड़कर नोट पैदा करता था और वे नोट आठ घंटे तक सही नोट रहते थे, फिर सादा कागज बन जाते थे। वह मुझसे कहता था कि यह विद्या सीख लो। मैंने कहा, मैं जिस विद्या के पीछे लगा हूँ, वह नोटों से बड़ी है। वह फकीर बाबा नित्यानन्द से मिलने गया था। मगर बाबा तो पत्थर उठाकर उसे मारने दौड़े। फकीर बिचारा भागा-भागा मेरे पास आया, काँपता हुआ। देर में स्थिर हुआ।''

आज बाबा ने प्यार से मुझे अंकवार में भर लिया और मेरा कलेजा मलने लगे, यह कहते हुए कि अब पक गया है। प्रताप ने लक्ष्य किया कि यह कोई साधना जगाने की क्रिया थी।

शाम को बाबा ने मेरा फिर हृदय-स्पर्श किया और कहा कि ध्यान-गुफा में जाओ। ध्यान अच्छा जमा। कई साधकों को स्वतः क्रियाएँ हो रही थीं।

रात का जो भोजन खाया, वह अभी तक अपचय्य लगता है। देखें, पचता है या नहीं। मैं यहाँ खासतौर से ए.सी.सी. कमरे में ठहराया गया हूँ। तब भी यहाँ का जीवन तपस्या का है।

रात में खा-पीकर नौ बजे तक आश्रम में रह गया। महिम्न स्रोत का पाठ किया और कीर्तन में भाग लिया।

11 अप्रैल, 1971 (गणेशपुरी)

रात का भोजन दुष्पाच्य रहा। किसी प्रकार जल्दी-जल्दी तैयार हुआ। आश्रम पहुँचा, तब तक गीता-पाठ आरम्भ हो चुका था। बाबा विद्यमान थे। गीतापाठ के बाद मेरा काव्यपाठ हुआ, 'रश्मिरथी' में से विराट रूप का वर्णन और 'नील कुसुम' में से व्याल-विजय। बाबा खूब आनन्दित हुए। फिर ट्रस्टी ने मुझे माल्यअर्पण किया और बाबा के आदेश से वस्त्रालंकृत किया। उसके बाद मैं चाय पीने को प्रताप के यहाँ गया। वहाँ यह सुनने में आया कि मैजिस्ट्रेट कैफियत तलब कर रहा है कि आश्रम क्यों बनाया, इसे तोड़ क्यों न दिया जाए। यह सब किसी की प्रेरणा से हो रहा है।

यह भी सुना कि हवाचोर आलकाट के बारे में कहा जाता है कि वह यहाँ आठ बार आया था। असल में यहाँ वह एक बार भी नहीं आया। मैंने कहा, विश्व में बाबा की जितनी कीर्ति बढ़ेगी, भारत में निन्दा भी उतनी ही बढ़ेगी। इस देश ने स्वामी विवेकानन्द के साथ भी यही किया था।

दुबारा आश्रम गया। ध्यान गुफा में किया। आज ध्यान अधिक निर्विचार रहा। वह 40 मिनट तक चला। फिर ऊपर आकर नित्यानन्द महाराज की खड़ाऊ के पास बैठकर ध्यान किया। फिर बाबा के पास कीर्तन-मन्दिर में बैठा। मैं जो क्रिया करने लगा हूँ, उसे बाबा ने रोक दिया। बोले, "प्रकाश स्वयं आएगा और बहुत आएगा। ध्यान से कविता की धारा नया रूप लेगी। तुकाराम, ज्ञानेश्वर, एकनाथ, इनकी कविता वेद है। वह आयास से नहीं बनी है। स्वतः स्फूर्त है।" फिर बोले, "तीन से छह वर्षों के भीतर शक्तिपात होगा।"

आगे उन्होंने कहा, "मैं तो तरुतल निवास करने की सोचता था। गुरु ने तीन कमरे बनवाकर कहा, इसमें निवास करो। मैं उसी आज्ञा का पालन करने लगा। फिर उन्होंने कहा, और जमीन खरीदो। रुपए भी दिए। मैंने शंका उठाई। उन्होंने हृदय दिखाकर कहा, यहाँ से कहता हूँ। जो कहता हूँ, करते चलो।

"मैंने भीख कभी नहीं माँगी है। एक समय एक गुजराती भक्त रविवार को पाव रोटी दे जाता था। मैं वही रोटी सब्जी के साथ सात दिन तक खाता था।

"कहा जाता है कि जहाँ मोक्ष है, वहाँ मोक्ष नहीं है, जहाँ भोग है, वहाँ मोक्ष नहीं है। किन्तु यह मार्ग सिद्ध मार्ग है। कुंडलिनी-शक्ति से भोग और मोक्ष एक साथ हो सकते हैं। कुंडलिनी का एक नाम श्री सुन्दरी है। श्री सुन्दरी सेवातत्पराणां भोगश्च करस्थलैव। इस आश्रम पर चौदह लाख खर्च हो चुका है। यह स्थान बड़ा भारी केन्द्र बनने वाला है।"

प्रताप यांडे के घर पर जरा देर पहले मैंने यही बात कही थी। स्वामी मुक्तानन्द के द्वारा भगवान नित्यानन्द विश्व में वही करतब दिखाएँगे, जो करतब राम-कृष्ण ने विवेकानन्द के द्वारा दिखाया। विचित्र दृश्य है। अनेक विदेशी युवतियाँ और युवक यहाँ संन्यासी के समान, मजदूर के समान, रह रहे हैं।

पटना के एक सज्जन ने लिखा था : 'क्या मैं दिल्ली आऊँ?' बाबा ने उन्हें बुला लिया। वह 55-60 का था। बाबा ने एक शिष्य से कहा, "मैं क्या जानता था कि यह बढ़ा है? आश्रम को लोगों ने श्मशान समझ रखा है क्या?" यानी बाबा का योग जवानों के लिए है। बूढ़े जब तक सँभलेंगे, तब तक चले जाएँगे। कविता की तरह अध्यात्म के लिए भी बलवान् शरीर चाहिए।

चार बजे बाबा को बम्बई जाना था किसी यज्ञ की पूर्णाहुति के लिए। बाबा बन-ठनकर निकले। माथे पर टोपी, बदन में फतुही, रेशमी चादर, नई लुंगी, सब गैरिक रंग में। उनसे विदा लेकर मैं राजेन्द्र के भाई सत्येन्द्र यादव की प्रतीक्षा करने लगा।

वह जब आया, हम जल्दी में चल पड़े। दो मील जाने के बाद मुझे याद आया कि छड़ी आश्रम में भूल आया हूँ। छड़ी लेने को लौटना शुभ हुआ। हम बाबा नित्यानन्द की समाधि देखने गए और उस शिव मन्दिर में गए, जिसमें अदृश्य से जलबिन्दु टपकता है। एक बूँद मेरे हाथ पर भी गिरी। मैंने उसे सिर पर चढ़ा लिया। गरम जल का कुंड देखा। फिर वह स्थान देखा, जहाँ नित्यानन्द जी रहते थे और वह स्थान भी, जहाँ उन्होंने शरीर छोड़ा। गणेशपुरी में बाबा नित्यानन्द की जयजयकार है, वहाँ मुक्तानन्द जी की जय-जयकार नहीं है। दोनों दो तीर्थ हो गए हैं। मुक्तानन्द जी के एक गुरु भाई थे स्वामी दयानन्द शालिग्राम। बाबा नित्यानन्द के साथ उनके कई फोटो देखे। शालिग्राम जी और नित्यानन्द जी एक ही साल समाए, पहले शिष्य, तब गुरु।

फिर हम वज्रेश्वरी गए। मन्दिर में सीढ़ियाँ बहुत हैं, इसलिए ऊपर चढ़ने का साहस नहीं हुआ। मोटर से ही माँ को प्रणाम कर लिया। फिर हम उस छोटी-सी कोठरी में गए, जिसमें बाबा नित्यानन्द पहले-पहल आठ वर्षों तक रहे थे। सारा तीर्थ पूर्ण करके हम बम्बई चले और सात बजे शाम को घर पहुँच गए।

12 अप्रैल, 1971 (बम्बई)

बाबा मुक्तानन्द के एक भक्त हैं जलसेना के कैप्टन प्रताप। उनकी पोस्टिंग अभी बम्बई में है। उनका जवान बेटा गोआ में मोटर-दुर्घटना में चूर-चूर हो गया। प्रताप साहब खबर पाते ही गोआ दौड़े और घायल बेटे को लेकर भागे। स्वाभाविक है कि ऐसी हालत में आदमी किसी बड़े अस्पताल में जाएगा। लेकिन प्रताप जी बम्बई में नहीं रुके, सीधे आश्रम चले गए। बाबा बिगड़े, "इसे अस्पताल ले जाना था, तुम इसे यहाँ क्यों लाए?" प्रताप जी ने कहा, "जहाँ पहले लाना था, वहीं ले आया हूँ। अब जहाँ कहिएगा, वहीं ले जाऊँगा।" बाबा ने प्रताप के साथ बच्चे को बम्बई भेज दिया और वे खुद कमरे में बन्द हो गए। उस दिन वे कमरे से निकले नहीं। कहते रहे, सारे बदन में दर्द हो रहा है। जब मैं आश्रम में था, प्रताप सपत्नीक आश्रम में आए हुए थे। मैंने प्रताप जी से कहा भी, "आपकी श्रद्धा देखकर तो किसी की भी श्रद्धा जग सकती है। मौत के मुँह में पड़े हुए बेटे को आप अस्पताल न ले जाकर सीधे यहीं ले आए। आपकी श्रद्धा अचल है।" वे बोले, "मैंने वही किया, जो मुझे करना चाहिए था।" प्रताप साहब की याद करके उनकी श्रद्धा पर ईर्ष्या होती है।

13 अप्रैल, 1971 (बम्बई)

श्री सत्येन्द्र यादव से बहुत-सी बातें हुईं। श्री चतुर्भुज सहाय और बाबा शक्तानन्द गजलों के बड़े प्रेमी थे। एक बार भंडारे के अवसर पर लोग एक तवायफ को ले आए।

शक्तानन्द जी ने गाना सुना और श्री चतुर्भुज सहाय ने भी और माता जी ने भी। निर्लिप्त लोग।

शक्तानन्द बाबा तो देवी के उपासक थे। श्री चतुर्भुज सहाय सूफी-परम्परा के सन्त थे। सूफी-धर्म में संगीत भी साधना का मार्ग है।

14 अप्रैल, 1971 (बम्बई)

तीन बजे महाराष्ट्र-सरकार के सचिव मिस्टर अभयंकर के कमरे में गया। वहीं शिक्षा और भाषा विभागों के प्रतिनिधि आए हुए थे। मराठी की प्रगति हो रही है, मगर अफसरों के रुख से निराशा हुई। अफसरों ने कहा, जहाँ तक जनता का सम्बन्ध है, माध्यम मराठी होगी। बाकी सारे चिन्तन के काम अंग्रेजी में चलेंगे। यही हमारी नीति है।

16 अप्रैल, 1971 (ट्रेन में)

दिनभर ट्रेन में बीता। भगवान नित्यानन्द की जीवनी पढ़ता आया। बार-बार भक्ति उमड़ी। अपने स्वार्थ के लिए नित्यानन्द जी को गुहराता रहा। जीवनी खत्म करके बच्चन की आत्मकथा 'नीड़ का निर्माण' पढ़ने लगा।

मुझे लगता है, मैंने अगर आत्मकथा लिखी, तो वह भी आत्म-प्रशंसा से भरी होगी। आत्मकथा में यह रोग स्वाभाविक है। अवगुण दो-एक इसलिए दिखाए जाते हैं कि वर्णन पर शंका न रहे।

17 अप्रैल, 1971 (दिल्ली)

डॉक्टर नगेन्द्र ने फोन पर खबर दी कि अमुक सज्जन कह रहे थे कि तुम्हारे स्थान के लिए प्रधानमन्त्री का सचिवालय आदमी खोज रहा है। सुनते ही मैं चौंक गया। अचानक यह क्या सुन रहा हूँ? धीर तो मुझसे कहते थे, मेरे तीसरे टर्म के लिए प्रस्ताव बड़े जोर का गया है और मिनिस्टर मिरधा ने उसका समर्थन किया है। उस समय मैं एक मीटिंग चला रहा था। सहसा कुछ सोच नहीं सका। मगर भगवान से एक प्रार्थना कर बैठा, "माथे पर तीन अनाथ पोतियों का भार है। यहाँ से हटाने पर भी कुछ-न-कुछ करना होगा।" मगर घर आकर चिन्ता बहुत हुई। इन्दिरा जी के सभी भावों को तोला, पिछली मुलाकात की याद की। मन ने यही गवाही दी कि वे रुष्ट नहीं होंगी। मगर वे मुझे हटाकर कोई दूसरा प्रबन्ध कर सकती हैं। अब जो परिस्थिति सामने आए। माथे के बोझ को तो फेंक नहीं सकता। सारी जवानी संघर्ष में गई, बुढ़ापे में यह एक और विपद आ रही है। आज दोपहर को पानी खूब बरसा है।

19 अप्रैल, 1971 (दिल्ली)

आज बड़ौत कॉलेज दीक्षान्त-भाषण के लिए जाना था। गाड़ी लोग देर से ले आए। गाड़ी पुरानी और झरझर थी। रास्ते में उसने तकलीफ भी दी। बड़ौत देहात है, मगर दो-दो पोस्ट-ग्रेजुएट कॉलेज वहाँ हैं। प्रिंसिपल मेहरोत्रा के घर पर पहुँचा, तो वहाँ कुलपति श्री जगतनारायण कपूर पहुँच चुके थे। वे गणित के प्रोफेसर हैं। उम्र सैंतालिस। कहते हैं, तीन साल बाइस चांसेलरी करके फिर प्रोफेसरी करने जाऊँगा। दीक्षान्त-समारोह तीन घंटे चला। मैं कोई चालीस मिनट बोला। भाषण रिकॉर्ड किया गया और कुलपति ने कहा, "इसे मैं अनेक कॉलेजों में सुनवाऊँगा।"

23 अप्रैल, 1971 (पटना)

कल रात दिल्ली से चला था। आज शाम को पटना पहुँचा। सिद्धी बाबू के यहाँ पोते को देखकर बिन्दो बाबू के पास बैठा और देर तक बातें करता रहा।

बिन्दो बाबू की संगति में चर्चा धर्म और दर्शन की ही चलती है। दर्शन की कम, धर्म की ज्यादा। कहावत है कि दर्शन से चूल्हे नहीं जलते। कहावत यह भी होनी चाहिए कि दर्शन नहीं होता, तो चूल्हा जलता ही क्यों? जिन्दगी जीने के योग्य है, आग का पता लगाओ और सुख से जियो, यह ईजाद दर्शन की ही रही होगी।

संसार ने दार्शनिकों का आदर भी किया है, और उनसे भय भी माना है। सुकरात को इसलिए मरना पड़ा कि समाज उससे डर गया था।

मगर अब बुरे-से-बुरे या तेज-से-तेज दार्शनिकों को भी कोई मारना नहीं चाहता। इसलिए नहीं कि लोग अहिंसक हो गए हैं, बल्कि इसलिए कि मरे हुए को क्या मारना?

25 अप्रैल, 1971 (लक्खीसराय)

कल शाम गंगा बाबू और जयकिशोर बाबू के साथ लक्खीसराय पहुँचा। आज उत्सव में भाग लिया। 1941 ई. में सीतामढ़ी में किसी नाटकिया को मैंने प्रणामपत्र दिया था। वह उसे जुगाए हुए था। आज वह सर्टिफिकेट लेकर हाजिर हो गया और कहने लगा, "मेरे बेटे को अपने खर्च से पढ़ा दीजिए।" बड़ी मुश्किल से दस रुपए देकर जान छुड़ाई।

2 मई, 1971 (दिल्ली)

मद्रास से दिल्ली के लिए रवाना। रामनाथ जी को कलकत्ता जाना था। वे भी हवाई अड्डे तक साथ ही आए। मद्रास हाईकोर्ट के एक जज मिले, जो लुंगी और कुरते में

थे। उनकी सादगी पर श्रद्धा हुई। दिल्ली उतरा, तब श्री अरविन्द आश्रम के किरीट जोशी और उदार से भेंट हुई। वे भी जहाज से ही उतरे थे।

उदार ने कहा, "माँ भारत का खराब विजन देखती हैं। एक-दो साल में यह देश भयानक विपत्ति में पड़ सकता है। बंगलादेश को मान्यता नहीं देकर भारत ने गलती की है।"

5 मई, 1971 (दिल्ली)

चार बजे शाम को तीन प्रोफेसर मिलने आए—जबलपुर से प्रो. रामेश्वर शुक्ल अंचल, दिल्ली से डॉ. सावित्री सिन्हा और डॉ. विमल गुप्ता।

शाम को सात बजे टहलकर श्री डी.पी. मिश्र के यहाँ गया। वे बोले, "अब मैं जबलपुर में ज्यादा रहूँगा। बंगलोर से मध्यावधि चुनाव तक काम था। वह हो गया। अब तो वादे को पूरा करने का काम है। वह काम सरकार करेगी।

"पूर्वी बंगाल को मान्यता देने के पक्ष में मैं नहीं हूँ। अकेले तो मान्यता देनी ही नहीं चाहिए। मान्यता से कोई खास फर्क भी नहीं पड़ेगा। बाकी मदद दी जानी चाहिए। रूस भी मदद देने को तैयार है।"

"चीन लड़ाई के मूड़ में नहीं है। पाकिस्तान को लेकर वह युद्ध में नहीं पड़ेगा। अमेरिका ने चीन को दोस्ती का मुखौटा दिखाया है और चीन भी वही मुखौटा अमेरिका को दिखा रहा है। वियतनाम युद्ध का अमेरिका में विरोध बढ़ रहा है। निक्सन चीन के साथ दोस्ती का नाटक करके विरोध को डायवर्ट करना चाहता है। चीन का स्वार्थ यह है कि अमेरिका और चीन की दोस्ती से रूस कोई सबक ले।"

"दक्षिण-पूर्व एशिया पर अतीत में भारत का प्रभाव था। वहाँ के लोग कहते भी हैं, रेसियली वी आर चाइनीज, कल्चरली वी आर इंडियंस। चीन इस क्षेत्र को अपने प्रभाव में लेना चाहता है। इस लक्ष्य को हासिल करने के लिए चीन बहुत दिनों तक संघर्ष करेगा।"

"रूस वाले चीन से बात करते हैं, अमेरिका वाले बात करते हैं, भारत क्यों नहीं करे?"

"शुरू में ऐसा था कि अमेरिका तिब्बत की रक्षा करना चाहता था, भारत से वह सिर्फ पैसेज माँगता था और अड्डा भी। पंडितजी को यह बात पसन्द नहीं थी।"

"जब हैदराबाद पर पुलिस एक्शन का प्रस्ताव केबिनेट में पास हुआ, जवाहरलाल जी ने श्यामाप्रसाद मुखर्जी को घर पर बुलाया और कहा, अगर पाकिस्तान कलकत्ते पर बम बरसाने को आ गया, तो क्या होगा? श्यामा बाबू ने कहा, बंगाल को जोखिम में डालकर भी हम हैदराबाद पर कब्जा करेंगे।"

पंडिज जी सन् '42 के आन्दोलन के खिलाफ थे। मगर जब गांधी जी आगे बढ़

गए, पंडित जी को पीछे-पीछे जाना पड़ा। उस समय श्री डी.पी. मिश्र ने पंडित जी की दुविधा के विरुद्ध कई लेख लिखे थे।

एक बार श्री डी.पी. मिश्र ने सरदार पटेल से कहा था कि बनियों के फेरे में रहने में हम देश को सुखी कैसे बना सकेंगे? सरदार ने कहा, "इज्म मेरी समझ में नहीं आता, क्योंकि किताबें मैं नहीं पढ़ता हूँ। लेकिन अगर कोई काम करने से देश का भला होता हो, तो वह काम बताओ, मैं अवश्य करूँगा।"

पाकिस्तानी युद्ध के कारण हमारी चौथी पंचवर्षीय योजना पूरी नहीं हुई। युद्ध से बचना चाहिए, नहीं तो देश बनेगा नहीं।

अमेरिका भी नहीं चाहता कि भारत बढ़े, मगर इंग्लैंड की अपेक्षा अमेरिका का भाव बेहतर है। चीन तो निश्चय ही भारत को कमजोर रखना चाहता है। केवल रूस है, जो यह चाहता है कि भारत चीन के जोड़ का देश बने।

द्वितीय विश्वयुद्ध के बाद संसार में आदर्शवाद ने जोर पकड़ा था। कोलोनी छोड़ने में अनेक देशों ने बहुत भारी जिद नहीं की। लेकिन 1970 से आदर्शवाद कमजोर पड़ने लगा है। इंग्लैंड दक्षिण अफ्रीका की मदद कर रहा है, अमेरिका वियतनाम में अधिक निर्लज्ज है और पाकिस्तान ने सारी सभ्यता की आँखों के सामने बंगलादेश को तहस-नहस कर दिया।

7 मई, 1971 (दिल्ली)

मनोविज्ञान में बहुत-सी फालतू बातों पर भी विचार करते हैं। कहते हैं कि मर्द औरत से इसलिए जलता है कि वह अपने पेट से बच्चा पैदा नहीं कर सकता। और औरत मर्द से इसलिए जलती है कि उसके पास लिंग नहीं है, योनि है।

फैमिनिस्ट आन्दोलन वाली औरतें कहती हैं कि औरत-मर्द का भेद प्रकृति ने नहीं किया, वह मर्दों की रची हुई सभ्यता का चलाया हुआ है। औरतें इस सभ्यता को ढाह रही हैं। पोशाक अमेरिका में ऐसी चली है जिसे यूनिसेक्स्वल कहना चाहिए और धन्धे भी औरतें ऐसे करने लगी हैं, जो पुरुषों के हैं। इसका परिणाम यह हुआ कि पुरुष औरतों से विरक्त हो रहे हैं और नारियाँ समझती हैं कि कोई सन्तोष पुरानी सभ्यता में था, जो उन्हें स्वतन्त्रता प्राप्त करने के बाद नहीं मिलता है। मर्दों के बारे में कहा जाता है कि वे समलैंगिक हो रहे हैं, विवाह-बाह्य काम का भोग कर रहे हैं, विवाहिता के साथ नपुंसक हो रहे हैं। और ये ही दोष औरतों में भी उत्पन्न हुए होंगे।

अगर नर-नारी का भेद सभ्यता का किया हुआ है, जो इस सभ्यता को औरतें बर्दाश्त क्यों करती हैं? असली कारण यह है कि जीवविज्ञान की दृष्टि से औरतों को प्रकृति ने जिस तरह की बना दिया, वे वैसी ही रहेंगी। वे पुरुष को प्यार करने को बनी हैं, पुरुष के द्वारा प्यार किए जाने को बनी हैं। यह स्वभाव नहीं बदलेगा।

सामाजिक आचार बदल सकते हैं, मगर बायलाजिकल प्रवृत्ति नहीं बदलेगी। औरतें कहती हैं कि फ्रायड ने औरतों को सहानुभूति से नहीं देखा। इसलिए कि फ्रायड ने कहा था, एनटामी इज डिस्टिनी। शरीर-रचना में जो भेद है, उसी ने औरत को मर्द के अधीन बना दिया।

अत्याचार तो औरतों पर हुए हैं। नवीं सदी में जर्मनी में एक कानून था। अगर कोई व्यक्ति कमउम्र की लड़की की हत्या कर देता, तो उसे दो सौ रुपए जुर्माना होता था। अगर यही हत्यापूर्ण युवा स्त्री की की जाती, तो जुर्माना छह सौ रुपए होता था। कारण? कारण यह कि युवा स्त्री सद्यः उपयोग की वस्तु थी।

अमेरिका में कहा जाता है कि प्रभुत्व कायम रखने की कोशिश में औरतें पतियों को पागल बना देती हैं, माताएँ बेटों को आत्महत्या करने में विवश करती हैं। एक लेखिका ने लिखा है, "इसके मानी ये हुए कि अमेरिकी औरतें बारी-बारी से पति और पुत्र को खाती हैं।"

9 मई, 1971 (दिल्ली)

डोस्टावास्की के ब्रदर्स कारामाजोव में पिता कहता है कि औरत बदसूरत होती ही नहीं है। जब मैं सबरजिस्ट्रार था, मेरा एक दोस्त कैयूम था। वह डिपुटी मैजिस्ट्रेट था। वह भी कहा करता था, खूबसूरत और बदसूरत का भेद बुढ़ापा करता है। जवानी औरत-औरत में भेद नहीं करती।

सभ्यता जब आदिम अवस्था में थी, मर्द के सबसे प्रथम पालतू जीव का नाम नारी था।

यूरोप में मध्यकाल में आकर नारी के प्रति भाव बदला। दरबारों में और बड़े घरानों में नारियाँ देवी समझी जाने लगीं, प्रेम की देवी, ईश्वर की विभा का प्रतीक। नाइट लोग युद्ध में जाते समय अपनी प्रेमिकाओं का रूमाल साथ ले जाते थे। चुम्बन तो किसी-किसी को ही नसीब होता था। मगर यह व्यवहार नाइट अपनी पत्नी से नहीं करते थे, उस नारी से करते थे, जो उन पर मोहित होती थी या जिस पर वे खुद मोहित होते थे। राजपूताने में यह प्रथा नहीं थी। वहाँ प्रेम का चिह्न सामन्त अपनी ही पत्नी से माँगते थे। राणा चूड़ावत ने अपनी महारानी का मुंडमाल ही पहन लिया था।

अगर औद्योगिक सभ्यता नहीं आई होती, तो औरतों को घर के कामों से छुटकारा नहीं मिलता, न वे नारी-स्वाधीनता-आन्दोलन के लिए समय निकाल पातीं। छाती से दूध पिलाने की प्रथा इसलिए खत्म हो रही है कि औद्योगिक सभ्यता ने शिशुओं के लिए अलग से दूध तैयार कर दिया है।

पश्चिम से जो रिपोर्ट आती है, उससे मालूम होता है कि वहाँ विवाह-पूर्व अनुभूतियाँ अधिकांश को होती हैं और विवाहितों के भीतर भी व्यभिचार बहुत

प्रचलित है। बात कहाँ तक ठीक है, कहना मुश्किल है। पहले की सभ्यता में क्या था, यह जानना भी कठिन है। पहले तो समाज में KINSEY होते नहीं थे।

10 मई, 1971 (दिल्ली)

उल्लेखनीय बात यह कि शाम को मुक्ता-निवास गया, भजन-कीर्तन में भाग लिया, छोटा-सा भाषण भी दिया। शिवसागर मिलने आए। रमा जी ने जलेबी खिलाने को बुलाया।

दिनकर के दोष लिखता हूँ। वह भागती हुई नौकरी को दाँत से पकड़ रहा है। अपना पौरुष भूल गया है। श्री माँ और बाबा मुक्तानन्द की कृपा में विश्वास रखता हुआ भी अशान्त है, उद्विग्न है। वह यह समझकर भ्रान्त है कि परिवार मेरे ही जिलाए जिएगा। मूढ़, तू तो यन्त्र है। चालक कोई और है। जिन यह वेदन निर्मई, भला करेगा सोय। भगवान जो भी करेंगे, अच्छा होगा।

13 मई, 1971 (दिल्ली)

जम्बो जेट के इनआगरल फ्लाइट में जाने के लिए इन्दिरा जी ने मेरा नाम दिया है।

दफ्तर गया। इंग्लैंड जाने के लिए फारेन एक्सचैंज के लिए नोट भिजवाया। बच्चू आए। वे ऋषि को लिखेंगे। तीन बजे हैजे की सूई और चेचक का टीका लेने को अस्पताल गया। फुरसत तुरन्त मिल गई।

शाम को रमा जी को फोन किया। गाड़ी आई। सरकार पटेल रोड गया। मेरी चिन्ता देखकर शान्तिप्रसाद बोले, "अगर सरकार आपको घर दे दे, तो बाकी प्रबन्ध मैं कर दूँगा। आप मुझे भारतीय क्लासिक्स पढ़ाइए।" मैं चुप रहा, क्योंकि यह होनेवाला नहीं है। फिर भी बात अच्छी लगी, क्योंकि उसमें सदाशयता थी।

18 मई, 1971 (दिल्ली)

सुबह अखबार पढ़ रहा था कि बच्चन जी आए। घंटेभर बैठे। आज उनसे कह दिया कि दिल्ली शायद छूटेगी। उन्होंने प्रधानमन्त्री से खुद मिलने को कहा है। बोले तो यह भी कि कहो तो मैं बात करूँ। मैंने रोक दिया।

शिवसागर सपरिवार आए। दिनभर खराब गुजरा। मन्नू भंडारी का 'आपका बंटी' पढ़ता रहा।

24 मई, 1971 (लन्दन)

जम्बो जेट की इनागरल फ्लाइट में शामिल होने को घर से साढ़े सात बजे निकला। हवाई अड्डे पर इन्तजारी करते-करते बोर हो गया। जहाज सवा ग्यारह बजे उड़ा और सवा चार घंटे की नानस्टॉप फ्लाइट के बाद कुवैत पहुँचा। हम लोगों को उतरने नहीं दिया गया। जहाज में ही हम सड़ते रहे और मन उकता गया। मुखर्जी से पूछा कि फर्स्ट क्लास का निर्णय किसका था। चतुर आदमी समझ गया। बोला, बम्बई में शायद ड्रा किया गया था।

दिल्ली के लाउंज में परिचय हुआ। श्री पूरनमल बतरा से। कृषि-पंडित हैं। रोहतक रहते हैं। जहाज में भी आगे-पीछे सीट मिली। जहाज में दाहिनी पंक्ति में हरेकृष्ण का बेटा विनय था। राजस्थान के कलाकार लड़के नाचने वाले। एक लड़की भी। लड़की ने तो शराब नहीं पी, मगर लड़कों ने खूब पी, वे पीते ही रहे। नए लड़के, बाल घुँघराले, गलमुच्छ का शौक, कपड़े भी अजीब, खूबसूरत, मगर शराब के पीछे पागल।

रोम के हवाई अड्डे पर उतरे। कोई दो फर्लांग का स्टाल, चिकना, साफ, खूब घूमे। पाँवों की अकड़ दूर हुई। यहाँ चुम्बक से हर आदमी की तलाशी करते हैं। मेरी जेब में स्टील की एक डिबिया थी। उसका पता नहीं चला। डराना ज्यादा, परफेक्शन कम।

रोम से उड़े, तब नींद आ गई। घंटेभर सोया। जहाज लन्दन सवा नौ बजे रात में पहुँचा। सात बजे शाम को पहुँचना था। पासपोर्ट, कस्टम आदि में दो घंटे लग गए। बीच में मिजाज भी खराब हो गया, चक्कर आया, मुँह में पानी भरा। ये खराब लक्षण हैं।

दूतावास से दो अफसर आए थे, लेकिन सिर्फ इस भाव से कि कलंक नहीं लगे। सहायता करना ध्येय नहीं।

कस्टम से बाहर आते ही श्री कैलास बुधवार से भेंट हुई। उन्होंने पाँव छुआ। मेरी जान में जान आई। होटल जाने का विचार छोड़ दिया। बुधवार जी अपने घर ले आए। बेचारे के परिवार को जमीन पर सोना पड़ा। मैं साढ़े बारह बजे सो गया। नींद अच्छी आई।

25 मई, 1971 (लन्दन)

सुबह पाँच बजे नींद खुली। हरीतिकी खाकर फिर सो गया और पौने आठ बजे उठा। नाश्ता करके कैलास और उसकी पत्नी के साथ शहर घूमने गया। एक डिपार्टमेंटल स्टोर में घूमते-घूमते थक गया। औरतें माथे में केश लगवा रही थीं। एक जगह नमूने

के बाल भूरी भैंस के बाल लगते थे। क्या रुचि? प्रायः हर लड़का गलमुच्छ रखता है और बाल घने रखता है। 19वीं सदी इंग्लैंड में फिर वापस आ रही है। लड़कियाँ बहुत छोटे पैंट पहनती हैं, नाम है हाट पैंट।

घर आकर भोजान किया। सोकर उठा, तब हाई कमीशन की ओर चला। रास्ते में मिजाज खराब हो गया। मुँह में पानी भरने लगा। लेकिन चार मिनट में दौरा चला गया। न जाने, यह कौन रोग जन्म ले रहा है!

कमीशन में डॉ. कश्यप से भेंट हुई। वही विलिंगडन वाला। फिर से मिला। ऋषि माधवन के यहाँ ले गया। हिन्दी के बारे में बात हुई। फिर बी.बी.सी. गया। वहाँ एक इंटरव्यू रेकार्ड हुआ और एक कविता भी। ओंकार मिला। फिर हम कमीशन के स्वागत-समारोह में गए। इतने हिन्दुस्तानी! किसी में भी दिलचस्पी नहीं। किसी का नाम भी नहीं जानता था।

फिर ऋषि, रामेश्वर सिंह, मिश्र और बुधवार के साथ हम साउथ हॉल नामक मुहल्ले में गए। जिधर देखो, उधर ही सरदार या सरदारनी। पूरा मुहल्ला सरदारों का है। अंग्रेज मुहल्ले को छोड़कर चले गए हैं या जा रहे हैं। अंग्रेज मजाक करते हैं, "आजादी की माँग कब करोगे?" एक दुकान में दालमोठ और मिठाइयाँ। दो-तीन जलेबियाँ खाईं। फिर डोमीनियन सिनेमा हाउस में सभा हुई। यह हाउस किसी भारतीय का है। सीढ़ियों पर अँधेरा। बत्ती नहीं। भारतवर्ष की छाप। जहाँ रहेगा, गन्दगी साथ रखेगा।

श्री अशोक जी नाम के सिन्धी सज्जन ने मेरे स्वागत में भाषण दिया। मेरा भाषण इन्होंने विवेकानन्द पर पन्द्रह-सोलह साल पहले दिल्ली में सुना था। उसका उल्लेख किया। लन्दन में भी कवि हैं हिन्दी के। 'अमर प्रदीप' नामक अखबार निकलता है। लोग आतुर हैं कि हिन्दी इंग्लैंड में दिखाई पड़े। एक ने भाषण में कहा, "हाईकमीशन ने हिन्दी के मामले में हमारी कोई सहायता नहीं की है।"

सभी मित्र साढ़े दस बजे रात में घर छोड़ गए। खा-पीकर बारह बजे सोया।

26 मई, 1971 (लन्दन)

दस बजे तैयार हुआ। कैलास अपनी जीवनी सुनाने लगा, संघर्ष की कहानी।

इंग्लैंड की व्यवस्था अद्भुत है। व्यापारी को देर हो जाए, तब भी बैंक में अपने रुपए डाल सकता है। स्टाम्प जब चाहो, तब मशीन से मिलते हैं। दूध की बोतल कोई चुराता नहीं। पार्सल की रसीद नहीं दी जाती है। बहुत सभ्य लोग। कैलास कहते हैं, सात महीनों में किसी को हाथापाई करते नहीं देखा। वैयक्तिक स्वतन्त्रता पर पूरा ध्यान है। जनता सरकार की डिक्टेटरी नहीं स्वीकार कर सकती। घूसखोरी यहाँ भी है, वेश्यावृत्ति भी है, लेकिन लड़कियाँ आधी रात तक अकेली घूमती रहें, तो भी कोई

खतरा नहीं। वैयक्तिक स्वतन्त्रता के मद में कोई दूसरे की स्वतन्त्रता पर आक्रमण नहीं करता।

साढ़े ग्यारह बजे वीरेन्द्र राजेन्द्र ऋषि आए। उनकी गाड़ी से बुश हाउस गया। ओंकार ने इस विषय पर चर्चा रेकार्ड की कि अगर मेरी चलती, तो मैं क्या करता। फिर गोपाल भणोत चाय पिलाने को ले गए। तब हम हाई कमीशन गए और किदवई साहब से मिले, जो कौंसल हैं। इंडिया हाउस का भारतीय भोजन काफी लोकप्रिय है। अंग्रेज भी क्यू में खड़े थे। बड़ी भीड़ थी। मेरा खयाल है, अगर सर्व करने वाले दो के बदले आठ हों, तो भीड़ कम हो जाएगी। आखिर यह भारतीय भोजन को लोकप्रिय बनाने की बात है। खा-पीकर मैं घर चला आया।

लन्दन विश्वविद्यालय की इंडिया सोसायटी की मीटिंग एक बजे शाम को हुई। उपस्थिति अच्छी थी। मैं मॉडर्नाइजेशन एंड इंडिया पर अंग्रेजी में बोला। फिर प्रश्नोत्तर भी काफी हुआ। कुँवर भीमसिंह नामक नौजवान मिला, जो मोटर साइकिल पर विश्व-भ्रमण कर रहा है। अच्छा तेजस्वी नवयुवक है। किताब में से मैंने कविता भी पढ़ी।

सभा से उठकर हम घूमने निकले, हाइड पार्क के पास, टेम्स के किनारे, ट्राफलगर एस्क्वायर, वेस्टमिंस्टर ब्रिज आदि स्थानों पर। ऋषि के घर भी गया। सात-साढ़े सात बजे कैलास के घर पहुँचा।

कैलास ने मेरे लिए दो दिनों की छुट्टी ले रखी है। कल से ड्यूटी पर जाएगा। उसके परिवार के कुछ लोग जमीन पर सोते हैं, क्योंकि मैंने एक पूरी कोठरी दखल कर रखी है। मुझे बार-बार ग्लानि होती है।

इन्दिरा जी ने वहाँ दिल्ली में क्या आर्डर दिया है, पता नहीं। मन में यहाँ साहस ज्यादा जगा है। देखें, भगवान किधर ले जाते हैं!

27 मई, 1971 (लन्दन)

तैयार होने में बहुत देर हुई। ग्यारह बजे दिन में सुरजीत सिंह सचदेव आए। मैं दस पौंड चाहता था, उन्होंने बीस दिए।

यहाँ चैक भुनाने में टोकन का रिवाज नहीं है। चेक दो, रुपए लो। खरीद-फरोख्त आसान है। समय कुछ नहीं लगता है।

हर लड़का लम्बा बाल रखता है और गलमुच्छ भी। 18वीं सदी का फैशन वापस आ रहा है। मर्द की टाँग उघर जाए तो शर्म की बात है, लड़की हाट पैंट पहनती है, इसमें कोई शर्म नहीं।

कल टेलीविजन में सुना था और आज अखबार में पढ़ा कि भारत-पाक के बीच खटक गई है। सीमा पर तीस भारतीय और एक सौ बीस पाकिस्तानी मारे गए हैं।

कलकत्ते के दो पादरियों ने 'गार्जियन' में एक पत्र छपवाया है, जिसमें बंगलादेश में होनेवाले अत्याचार का लोमहर्षक वर्णन है। बंगलादेश पर किए गए हत्याचार से जनता सर्वत्र दुखी है। और संसार में सरकारें सर्वत्र चुप्पी साधे हुए हैं।

ढाई बजे वीर राजेन्द्र ऋषि आए। अपनी कार में घुमाने के लिए ले गए। वर्षा हो रही थी, इसलिए उतरना मुश्किल था। यहाँ एक पार्क में गांधीजी की प्रतिमा लगी है। पश्चिम के मूर्तिकार ने उनकी मांसपेशियाँ खूब दिखाई हैं। गांधी जी बूढ़े पहलवान की तरह लगते हैं। फिर भी कोई भाव है, जो केवल गांधी जी में ही हो सकता था। हाइड पार्क और टेम्स नदी के पास फिर गया। लन्दन टॉवर देखने गया, जहाँ बादशाहों के मुकुट रखे हैं। कोहनूर क्वीन मेरी के मुकुट में लगा है।

घूम-घामकर ऋषि के घर गए। वहाँ चाय पी। ऋषि ने अपना काम विस्तार से समझाया, यह भी कहता गया कि उसके पद्मश्री होने से कई लोग जल गए हैं। नगेन्द्र और सुनीतिकुमार से शायद इनकी बनती नहीं है।

फिर घर आया, सान्ध्य-पूजा की और फिर ऋषि के साथ निकल पड़ा। उन्हीं के घर खाया। वही फिर कैलास के यहाँ पहुँचा गए। कैलास के बच्चे मेरे कारण जमीन पर सोते हैं, इससे ग्लानि होती है। आज कैलाश के हाथ बी.बी.सी. ने तेरह पौंड भेजे हैं।

28 मई, 1971 (लन्दन)

राधेश्याम और उनकी सास दया शर्मा ग्यारह बजे आए। उन्हें और कैलास की पत्नी और बेटी को लेकर बाजार गया। बड़ी चीजें खरीदने का सुयोग ही नहीं था, बच्चों के लिए कई छोटी-छोटी चीजें खरीदीं। अगले साल पूनम का ब्याह हो सकता है, इस भाव से दो घड़ियाँ, एक कार्डीगन और दो कलमें भी खरीदीं। शापिंग करने में मुझे आनन्द मिलता है, मगर शापिंग बराबर छोटी चीजों की ही करता हूँ। इसके बिना विदेश-यात्रा मुझे फीकी लगती है। मगर औरतों के साथ लेकर शापिंग करने में समय बहुत लगता है। ग्यारह बजे का गया-गया चार बजे शाम को घर लौटा। थकावट से चूर हो गया। विनोद ने बड़ा आग्रह किया, इसलिए दो रोटियाँ खाकर लंच की विधि पूरी की।

जरा-सा लेट कर तुरन्त उठ गया। चार बजे ऋषि मोटर लेकर आ गए। फिर हम इंडिया हाउस गए। वहाँ हिन्दी प्रचार परिषद की सभा हुई। इसी सभा की ओर से धर्मेन्द्र गौतम ने दिल्ली केबुल भेजा था। सभा छोटी थी, मगर रेडियो और टेलीविजन का पक्का इन्तजाम था। मैंने राष्ट्रभाषा की महिमा पर भाषण दिया और कविताएँ भी पढ़ीं।

हाई कमीशन से उठकर हम डरनिंग हॉल गए। काफी दूर पर था। यहाँ हिन्दी प्रचार समिति का उद्घाटन मैंने किया। सभा तो तीन वर्षों से चल रही है, उद्घाटन

आज हुआ। भाषण के बाद काव्य-पाठ तो होना ही था। लोग पन्द्रह मिनट और रोकना चाहते थे, किन्तु मैं थकावट से चूर था। इसलिए सुरजीत सिंह के साथ चल पड़ा। चलने के पहले गोपाल भणोत ने बी.बी.सी. की ओर से एक लिफाफा दिया, जिसमें साढ़े छह पौंड था। इसे कल यहीं खर्च कर देना है।

सुरजीत का डेढ़ साल का बच्चा मुझसे तुरन्त हिल गया। उसके घर पर भोजन करके घर पौने बारह बजे पहुँचा। ओंकार और कीर्ति बैठे थे। कीर्ति को आज ही पहचाना है। नींद की गोली लेकर सो गया।

29 मई, 1971 (लन्दन)

सुबह उठकर सामान सैंतने लगा। पता चला कि ओवरकोट नहीं अटेगा। फिर नाश्ता करके कैलास के साथ बाजार गया और छोटी-छोटी दो-चार चीजें खरीदीं। घर लौटा, तब ऋषि इन्तजार कर रहे थे और सचदेव भी आ गए थे। उन्हें दस पौंड लौटा दिया। पन्द्रह क्यों नहीं लौटाया, इसका पछतावा रहा। कैलास ने कहा था कि कुछ पैसा रखिएगा और हवाई अड्डों पर टैक्स-फ्री चीजें खरीदिएगा। रास्ते में पता चला कि टैक्स-फ्री केवल शराब और सिगरेट बिकती है।

जहाज तक पहुँचाने को आए रमेश अरोड़ा, जो वीरेन्द्र सिन्धु के पति हैं, साहित्यिक और पत्रकार हैं, लन्दन पहले भी थे, अब भी यहीं हैं। वीरेन्द्र सिन्धु भी यहीं हैं। वे सरदार भगत सिंह की भतीजी हैं।

अरोड़ा ने बताया, "यहाँ अब अंग्रेजी बच्चे कॉलेजों में नहीं पढ़ना चाहते। हाथ की मेहनत वाली नौकरी में यहाँ पैसा अधिक मिलता है। कॉलेज से निकले नौजवान कम पैसा पाते हैं। यहाँ की यूनिवर्सिटियों में दस प्रतिशत अंग्रेज छात्र होंगे। बाकी विदेशी हैं। विवाह भी लोग कम उम्र में करने लगे हैं।"

मेरा टिकट इकानामी क्लास का था। एयर इंडिया के किसी अफसर ने उसे फर्स्ट क्लास का करवा दिया और मुझे वी.आई.पी. लौंज में बिठा दिया।

जहाज लन्दन से दो बजे उड़ा और एक घंटे के बाद पेरिस पहुँचा। पेरिस से उड़कर पैंतालीस मिनट में यह जिनेवा पहुँचा। वहाँ से उड़कर तेहरान। जहाज से तेहरान काफी लम्बा दिखाई पड़ा। बीस से तीस मील हो सकता है। तेहरान से सीधी उड़ान दिल्ली को। दिल्ली पहुँचे भारतीय समय के अनुसार सवा नौ बजे।

लौटती भी उड़ान में काफी तकलीफ रही और भगवान से मनाता रहा कि यह मेरी आखिरी विदेश-यात्रा हो।

30 मई, 1971 (दिल्ली)

लन्दन से दिल्ली वापस आ गया। नींद की गोली खाकर खूब सोया। शाम को एक देवी जी आ गईं। सुरसिका हैं। इंग्लैंड की औरतों के बारे में पूछकर पूछ बैठीं, " 'उर्वशी' से तो लगता है कि आप नारियों के भक्त हैं।" मैंने कहा, "सभी मर्द औरतों के भक्त होते हैं। मगर टाल्स्टाय ने गोर्की से कहा था कि औरतों के बारे में असली बात मैं तब बोलूँगा, जब मेरा एक पाँव काफिन में पड़ चुका हो। मैं दूसरा पाँव भी काफिन में रख लूँगा और सत्य बोलकर ढक्कन गिरा दूँगा।"

31 मई, 1971 (दिल्ली)

अपनी हालत पर सोचते-सोचते फिराक का एक शे'र याद आया :

"बहुत चले और बहुत मंजिलें भी पार हुईं।
थके कदम, मगर मकसूद पर नहीं आया।"

1 जून, 1971 (दिल्ली)

डॉक्टर मदनमोहन सिंह ने कहा, "आपको अपने स्वाभिमान के प्रति सजग रहना चाहिए।"

आदमी अपने स्वाभिमान के प्रति सजग है या नहीं, इसकी जाँच विपत्ति में होती है।

2 जून, 1971 (दिल्ली)

एक कहावत है कि यहूदी, नीग्रो और औरत जब सोना बन जाते हैं तभी समाज उन्हें चाँदी का मान देता है। मेरा खयाल है, औरत की उपेक्षा देहात में है, शहर में तो मर्द उसके पीछे भागते रहते हैं।

आदमी का घर वहाँ नहीं होता, जहाँ वह वास करता है, बल्कि वहाँ, जहाँ उसके प्रति समझदारी बरती जाती है।

3 जून, 1971 (दिल्ली)

श्री रामसहाय पांडेय के यहाँ श्री उमाशंकर दीक्षित के सम्मान में पार्टी थी। वहीं श्री महावीर अधिकारी से भेंट हुई। काफी देर तक उसे अपना सुख-दुख सुनाता रहा।

4 जून, 1971 (दिल्ली)

रतलाम से किसी ने गुमनाम तार भेजा है कि मत आइए, साहित्यिक काले झंडे दिखाएँगे। भोपाल फोन किया, तो वैरागी जी की पत्नी मिल गई। उसने कहा, यहाँ तो झगड़े की कोई बात नहीं है।

5 जून, 1971 (दिल्ली)

जो कुछ बनने की तुममें शक्ति है, वह तुम तभी बन सकते हो, अगर दिन-रात उसके लिए प्रयास करते रहो। मैं तो सबसे अधिक परिवार-पालक ही बनना चाहता था। मगर सार्वजनिक इमेज की रक्षा से परिवार की रक्षा नहीं हो सकती। भगवान ने मेरे भाग्य में जो कर्तव्य लिखा, उसके योग्य क्षेत्र नहीं दिया।

7 जून, 1971 (रतलाम)

रतलाम पहुँचा, तब स्टेशन पर स्वागत करने को पचास-साठ आदमी खड़े थे। बाहर निकला, तब दस-बारह व्यक्ति ऐसे भी खड़े मिले, जो शायद विरोध करने को आए थे। मगर उन्होंने भी पुष्पहार ही पहनाए, काला झंडा नहीं दिखाया।

8 जून, 1971 (रतलाम)

शबे-मालवा सुहानी होती है, इसका कल रात प्रत्यक्ष अनुभव हुआ। आज आचार्य विनय मोहन जी शर्मा से भेंट हुई। शिवमंगल सिंह सुमन, प्रभागचन्द्र शर्मा और वैरागी भी मिले। मालवी मेले का उद्‌घाटन किया। फिर उन युवकों की सभा में गया, जिनके नेता रात स्टेशन से बाहर मिले थे। शाम को नगरपालिका में अभिनन्दन हुआ और तब रोटरी ओर लायंस क्लब की सभा में भाषण।

9 जून, 1971 (दिल्ली)

आज रतलाम से दिल्ली लौटा, तब अध्येय का दिनकर-विशेषांक मिला। आवरण काफी आकर्षक उतरा है। वैसे भी अंक बुरा नहीं है। दादे प्रसाद ने अपने पत्र में यह लिखा है कि भारत में आपका वही स्थान है, जो फ्रांस में रूसो ओर वालतेयर का था। यह भी लिखा है कि हिन्दी के गणमान्य व्यक्तियों में से इस काम में छोटा-सा सहयोग केवल बच्चन जी से ही मिल सका। मैंने उन्हें उत्तर देते हुए लिखा कि निराला जी

पहले ही लिख गए हैं, 'यह हिन्दी का स्नेहोपहार'। रूसो और वालतेयर बहुत बड़े नाम हैं, लेकिन मैं दिनकर जरूर हूँ।

11 जून, 1971 (दिल्ली)

कन्हैयालाल सहल; व्यक्तित्व ओर कृतित्व की भूमिका लिखी।

तीन बजे दिन में गृहसचिव का फोन आया कि आपका एक्सटेंसन नहीं हुआ।

रात में खाने को गया राजबहादुर जी के यहाँ। उन्होंने पूछा, अब आपके लिए क्या बन्दोबस्त किया जाए? मैंने कहा, सरकार चाहेगी, तो समय आने पर कुछ हो ही जाएगा। अभी तो मैं कुछ दिन पटना रहूँगा।

12 जून, 1971 (दिल्ली)

रात नींद समय पर आई और ठीक आई। इससे अनुमान करता हूँ कि अन्तर्मन में क्षोभ नहीं है। फोन पर केदार से बात हुई। बोला, "जिन्दगी भर तो खटते ही रहे हैं। अब आइए और विश्राम कीजिए।"

द्वारकाप्रसाद जी मिश्र से मिलने गया। उनके मुख से निकला, "यह दुःखद कांड है।" मैंने कहा, "भगवान की इच्छा क्या है, इसका पता आगे चलकर चलेगा।"

13 जून, 1971 (दिल्ली)

भोर को बच्चन जी आए। बोले, "आज मुक्ति-दिवस है। जब अपने मन की नहीं होती, भगवान के मन की होती है, तब उसमें अधिक कल्याण है।" पन्त जी ने मुकदमा किया है, उससे बच्चन अब भी उत्तेजित हैं।

मिलने को आए अमरनाथ और दयानन्द तथा श्यामसुन्दर अपने पूरे परिवार के साथ। ये तीनों मेरे अत्यन्त हितैषी मित्र हैं।

15 जून, 1971 (दिल्ली)

दिन कैसे बीता, इसका पता नहीं। कुछ उदासी, कुछ इस सुख की कल्पना कि अब केदार के साथ पटने में रहूँगा। शाम को नगेन्द्र ने कहा, "श्री डी.पी. मिश्र चाहते हैं कि तुम जबलपुर की वाइस चांसेलरी कबूल कर लो।" मैंने बताया कि "यह बात मिश्र जी ने मुझसे भी कही थी। किन्तु मैंने उनसे कहा कि जबलपुर की हालत तो ठीक नहीं है। मुझे वहाँ ले जाने में आप मेरा क्या कल्याण सोचते हैं?" इस पर मिश्र जी ने कहा, "यही सोचकर तो आग्रह नहीं करता। मित्र को मुसीबत में कैसे डालूँ?"

18 जून, 1971 (दिल्ली)

शाम को गंगा के पास गया। वहाँ श्री रामेश्वर टांटिया से भेंट हो गई। टांटिया जी ने कहा, "दिनकर जी कार्य-निवृत्त होकर दिल्ली से जा रहे हैं। चलिए, आज उन्हें किसी रेस्तराँ में चाय पिलाई जाए।" मैंने कहा, "भाई, मैं तो गेलार्ड से नीचे किसी रेस्तराँ में नहीं जाऊँगा। गेलार्ड ले चलना हो, तो चलिए।" इस पर टांटिया जी ठिठक गए और मुझे चाय पिलाने का विचार ही उन्होंने छोड़ दिया। वे किसी सस्ते रेस्तराँ में ले जाना चाहते थे। टिप्पणी व्यर्थ है।

19 जून, 1971 (दिल्ली)

दिल्ली से विदाई की बेला में मेरे सबसे बड़े बन्धु अमरनाथ और दयानन्द साबित हो रहे हैं। उनकी मदद के बिना मेरा पुस्तकालय दिल्ली से पटना कैसे भेजा जा सकता था?

डॉक्टर सावित्री सिन्हा मिलने को आईं। शाम को मैं श्री कृष्णचन्द्र पन्त से मिलने को गया।

20 जून, 1971 (दिल्ली)

भोर में दयानन्द और अमरनाथ, दोनों भाई मिलने को आई। इनका मेरे प्रति वही भाव है, जो छोटे भाई का बड़े भाई के प्रति होता है।

शाम को शिवा जी की प्रतिमा के अनावरण-समारोह में गया। मूर्ति का अनावरण किया राष्ट्रपति गिरि ने। बोलने वाले थे चह्वाण, नाइक, मोहन धारिया, बसन्त राव ओक और मैं। मैंने कहा, "शिवा जी ने कोई मलिन कर्म नहीं किया। अफजल-वध भी मलिन कर्म नहीं था। यदि अफजल का वे वध नहीं करते, तो खुद मारे जाते।"

21 जून, 1971 (दिल्ली)

जो मिलता है, यही कहता है कि वाइस चांसेलरी कबूल कर लीजिए। केवल बच्चन इसके खिलाफ है और गोपालप्रसाद व्यास भी नहीं चाहते कि मैं अब किसी जिम्मेवारी में फंसूँ। केवल नगेन्द्र मेरी पारिवारिक स्थिति को देखते हुए चाहता है कि मैं किसी ओहदे पर रहूँ। वाइस चांसेलरी को वह बहुत त्याज्य नहीं समझता है।

22 जून, 1971 (दिल्ली)

शाम को राष्ट्रपति गिरि से मिलने गया। उन्होंने मेरे भाषणों की तारीफ की, मैंने उनके भाषणों की। फिर उन्होंने अपने भाषणों का एक संग्रह आटोग्राफ करके भेंट किया।

24 जून, 1971 (दिल्ली)

शाम को रूसी दूतावास गया और पुश्किन पर आयोजित सभा का उद्‌घाटन किया। एक रूसी अधिकारी ने मेरा परिचय देते हुए कहा, "दिनकर जी नेहरू लौरियेट हैं।" यानी मुझे सोवियत भूमि का नेहरू पुरस्कार मिल चुका है। बात गलत थी, मगर मैंने उसका खंडन नहीं किया।

पुश्किन रूस के सबसे बड़े कवि थे। वे रूस के राष्ट्रपति भी कहे जाते हैं। एक आलोचक ने लिखा है कि रूस के समस्त लोक-संगीत से रूस की जातीय विशेषता का जितना ज्ञान होता है, उस विशेषता का उससे अधिक ज्ञान पुश्किन के काव्य 'यूजिन-ओनेगिन' से प्राप्त होता है।

राष्ट्रकवि किसे कहना चाहिए? अपने देश में और कई अन्य देशों में भी यह प्रथा चल रही है कि जो भी कवि राष्ट्रीय कविताएँ लिखता हो, उसे राष्ट्रकवि कह देते हैं। किन्तु, यह काफी नहीं है। प्रत्येक जाति की आध्यात्मिक विशेषता होती है, कोई सांस्कृतिक वैशिष्ट्य होता है, संसार और जीवन को देखने की कोई दृष्टि होती है। जो कवि इस दृष्टि-बोध को अभिव्यक्ति दे सके, वही राष्ट्र का राष्ट्रकवि कहलाने योग्य है। भारतवर्ष में हम मैथिलीशरण जी, माखनलाल चतुर्वेदी जी और सुब्रमण्यम भारती को राष्ट्रकवि कहते हैं, किन्तु यह आंशिक ही सत्य है। हमारे असली राष्ट्रकवि वाल्मीकि हैं, कालिदास हैं, तुलसीदास हैं और रवीन्द्रनाथ ठाकुर हैं, क्योंकि भारतधर्म को इन्होंने सबसे अधिक अभिव्यक्ति दी है। जिस अर्थ में वाल्मीकि, कालिदास, तुलसीदास और टैगोर भारत के राष्ट्रकवि हैं, उसी अर्थ में पुश्किन रूस के राष्ट्रकवि हैं। पुश्किन की विशेषता यह भी है कि रूस में उनसे बड़ा कवि दूसरा कोई नहीं हुआ।

'यूजिन ओनेगिन' यदि हिन्दी में होता, तो लोग उसे महाकाव्य कहते। किन्तु रूसी के आलोचक ओनेगिन को महाकाव्य नहीं मानते हैं, क्योंकि उस काव्य के अन्त में न तो विवाह होता है, न मृत्यु होती है। ओनेगिन केवल रोमांस है। उसमें कोई पाँच हजार पंक्तियाँ हैं। इस रोमांस का ढाँचा सबसे पहले बायरन ने तैयार किया था। पुश्किन ने विषय और दृष्टि अपनी रखते हुए उस ढाँचे का उपयोग किया। लोग कहते हैं कि ओनेगिन की शैली पर डान ज्वान और चाइल्ड हैराल्ड, दोनों काव्यों का प्रभाव है। लेकिन दोनों में एक भेद भी है। बायरन का उद्‌देश्य यूरोप के लिए लिखना था। पुश्किन का ध्येय रूस के बारे में, रूस के लिए लिखना था। यह भेद बहुत बड़ा है। इसीलिए ओनेगिन समर्थ मौलिक कृति है।

पुश्किन सामान्य मानवता के कवि थे। उन्होंने पाप के दुर्दांत राक्षस या पुण्य के निष्कलंक देवता का चित्रण नहीं किया है। उनका विषय वह मनुष्य है, जिसमें पाप और पुण्य, दोनों होते हैं।

उन्नीसवीं सदी में रूस में बहुत ही उच्चकोटि में यथार्थवादी उपन्यास लिखे गए। इन उपन्यासों में जीवन की जो दृष्टि मिलती है, उसका आभास पुश्किन ने यूजिन ओनेगिन में दे दिया था।

पुश्किन उच्चकोटि के कवि होने के अलावा बड़े बहादुर आदमी भी थे। उन्होंने स्वतन्त्रता के संघर्ष में भाग लिया था और जार की उन पर कोप-दृष्टि पड़ी थी। वे पीटर्स वर्ग से निर्वासित भी कर दिए गए थे और बहुत-से काव्य उन्होंने निर्वासन में ही लिखे। सन् 1826 ई. में निकोलस प्रथम ने उनके निर्वासन का अन्त किया और उन्हें मॉस्को में वापस आने दिया। कहते हैं, उस समय जार और पुश्किन के बीच वैयक्तिक बातचीत भी हुई थी और इस बातचीत के दौरान निकोलस जार ने पुश्किन से कहा था कि पुश्किन की कविताओं का सेंसर जार खुद किया करेगा। 1831 में उन्होंने जार के दरबार में नौकरी कर ली और जार ने उन्हें जेंटलमेन आव् एम्परर्स बेड चेंबर बना दिया। लेकिन पुश्किन इससे सुखी नहीं हुए। दरबार में रहते हुए उन्हें दरबारियों की ईर्ष्या और द्वेष का शिकार बनना पड़ता था, उनकी मानसिक शान्ति में बाधा पड़ती थी। इसीलिए उन्होंने कई बार नौकरी से इस्तीफा देना चाहा, लेकिन इस्तीफा देने की इजाजत उन्हें नहीं मिली।

पुश्किन को विश्व-साहित्य का बड़ा ही विस्तृत ज्ञान था। शेक्सपियर से लेकर बायरन तक अंग्रजी के सभी कवियों को उन्होंने ध्यानपूर्वक पढ़ा था और बायरन के वे विशेष रूप से प्रशंसक थे। फ्रेंच साहित्य का भी उनको अद्भुत ज्ञान था। कहते हैं, बचपन में उन्होंने जब कविता लिखना आरम्भ किया, तो कविता वे फ्रेंच में लिखते थे।

उनके जीवनकाल में गोगोल ने उनकी बहुत प्रशंसा की थी और बाद में डोस्टावास्की ने कहा था कि पुश्किन सार्वभौम संवेदनीयता के कवि हैं। पुश्किन की सबसे बड़ी महिमा यह है कि उन्होंने रूसी भाषा को साहित्य की परिमार्जित भाषा बना दिया। वे रूसी साहित्य के पिता हैं और रूस के साहित्य-मन्दिर की नींव के पत्थर हैं।

पुश्किन के साहित्य में जिस समाज का चित्र है, उस समाज से रूस बहुत आगे निकल आया है। लेकिन, तब भी रूस में पुश्किन की कविता रूसी जनता को प्रिय है। ठीक उसी प्रकार, जैसे हम तुलसीदास की कल्पना के समाज से बहुत आगे बढ़ आने पर भी तुलसीदास को अपना सबसे बड़ा कवि मानते हैं और उनके प्रति श्रद्धा अर्पित करते हैं।

25 जून, 1971 (दिल्ली)

आज गंगा ने एक विचित्र बात कही। अगर पटना पहुँचते ही सरकार बुलावा भेजे, तो क्या सोचोगे? मैंने कहा, खुलकर बताओ कि बात क्या है? उसके मुँह से निकला, "आइ एम नाट मेड दैट वे।" उसके इस बर्ताव से मुझे दुःख हुआ।

26 जून, 1971 (दिल्ली)

रात में कवि-सम्मेलन का सभापतित्व करने को कमला नगर गया।

27 जून, 1971 (दिल्ली)

आजमगढ़ के एक बाल कवि भागवत मिश्र मिलने को आए। उम्र अभी पन्द्रह साल की है। उन्होंने मृत्युंजय नामक एक काव्य लिखा है, जिसमें सत्तरह सर्ग हैं।

शिवसागर ने आकर कहा, "ललित बाबू कहते हैं कि आप राज्यसभा में ले लिए जाएँगे, वाइस चांसेलरी में फँसना व्यर्थ है।"

28 जून, 1971 (दिल्ली)

दिनभर सामान पैक करता रहा। पुरी ने चूड़ान्त कर दिया। वह खुद सुई-धागा लेकर बोरे सीता रहा। आज वर्षा अच्छी हुई।

1 जुलाई, 1971 (दिल्ली)

सुखद आश्चर्य की तरह अचानक डॉ. शिवमंगल सिंह सुमन आ गए। कहने लगे, जबलपुर चलना चाहिए। यह भी कि जबलपुर बहुत खराब है। सुमन के साथ ही बच्चन जी के यहाँ गया। बच्चन जी पन्त जी के साथ मुकदमा लड़ने के जोश में हैं। वे इस पक्ष में हैं कि मैं अब पटने में बैठकर राम-नाम जपूँ। सुमन कहता है, अन्त तक रिटायर करना नहीं है। मुझे सुमन की बात अच्छी लगती है।

'आँका-बाँका' उपन्यास खत्म किया। उपन्यास है या नहीं, ठीक पता नहीं चलता, चीज लाजवाब है। प्रबोध सान्याल कवि हैं।

आंका बांका का एक पैरा नोट करने के लायक है। लेखक ने मजाक-मजाक में एक गूढ़ बात कह डाली है। मीनाक्षी बोली, "दुर्नीति और तथाकथित अश्लीलता ही साहित्य का प्राण है। ये दोनों ही जिस प्रतिभा के हाथों सुन्दर हुई हैं, उसे ही हम कहते हैं सत्साहित्य। राम की बहू राम के साथ गृहस्थी करने लगी, यह कहते ही कहानी

मिट्टी हो जाती है। पर महाकवि वाल्मीकि ने कहा, राम की बहू को रावण ले भागा, तब होगा साहित्य। द्रौपदी के साथ अर्जुन घर-बार करता तो ठीक होता। पर वेदव्यास बोले, न, एक औरत को पाँच आदमी मिलकर दखल करें, तब लिखा जाए महाभारत। हैमलेट की माँ देवर के साथ दुर्नीति में डूब गई। ऐसे शेक्सपियर को सबने आदर दिया। और आगे आजकल के समय में बढ़ चलिए। नाम न लूँगी। पर गौर कीजिए, यौन दुर्नीति की ढेर की ढेर अश्लीलता को जिन्होंने प्रश्रय दिया, उनकी ही सारे देश ने बड़ाई की।'' इशारा शायद शरद बाबू की ओर है।

4 जुलाई, 1971 (दिल्ली)

श्री भवानीप्रसाद मिश्र आए। बोले कि कई हिन्दी-प्रेमी मित्रों को दुख नहीं कि आप दिल्ली से जा रहे हैं। मैंने कहा कि सबसे बड़े हिन्दी-प्रेमी सेठ गोविन्ददास हैं। उन्होंने प्रधानमन्त्री के यहाँ अपनी बात कही है। भवानी ने दो-एक व्यक्तियों के नाम लिए। एक तो छद्मशीला नारी है। लेकिन दूसरा मित्र अगर दुखी नहीं है, तो मुझे समझना चाहिए कि आदमी पहचानना मुझे नहीं आता है। उसे तो मैं अपना प्रगाढ़ मित्र मानता हूँ। मगर अब इसका मूड सनकी हो गया है।

5 जुलाई, 1971 (दिल्ली)

पुरी जब मेरे पास रहने आया था, मैंने कहा था, ''सोच लीजिए, अचानक मैंने इस्तीफा दे दिया, तो आप कहाँ जाएँगे?'' वह अहंकार भगवान ने तोड़ दिया। नौकरी छूटने का दुःख क्यों होना चाहिए था?

10 जुलाई, 1971 (दिल्ली)

राजेश्वर मोदी नगर से आया। चेहरा अच्छा है। लगता है, खुश है। उसके कहने से सतीश मोदी को ट्रंक किया।

साहित्य और नीतिशास्त्र में सम्बन्ध है। इस सम्बन्ध पर दृष्टि जनता की भी रहती है और सरकार की भी। जब मैंने कुरुक्षेत्र में लिखा था, ''सावधान मनुष्य, यदि विज्ञान है तलवार,'' तब मेरे अन्तर्मन में विज्ञान के विषय में ऐसे ही किसी संशय की बात रही होगी। मगर उस समय लोग मुझ पर हँसे थे। अब अमेरिका में चर्चा जोर से चल रही है, विज्ञान को कानून के शिकंजे मे लाओ, विज्ञान को कॅस्टीच्युसनलाइज करो। परमाणु बम बनाने वाले वैज्ञानिक ने कहा था, आइ न्यू सिन व्हाइल मेकिंग ए-बॉम्ब। पाप का भान उसे बम बनाते समय नहीं, हिरोशिमा के कांड के बाद हुआ

होगा। लेकिन विज्ञान को कानून के शिकंजे में लाने की दलील तब और मजबूत हो जाती है, जब हम बायलाजी और जिनेटिक्स के बारे में सोचते हैं। जो भी विज्ञान जीवन के विज्ञान हैं, लाइफ साइंस हैं, उन्हें नैतिक होना ही चाहिए। यह सिद्ध हो चुका है कि विज्ञान स्वभाव से फासिज्म का विरोधी नहीं है। केवल वैज्ञानिकों के हाथ में विज्ञान को छोड़ देना खतरे से खाली नहीं है। आविष्कारों के परिणाम दूरगामी होते हैं और वैज्ञानिक केवल विशेषज्ञ होता है। वह अपने आविष्कारों की सभी सामाजिक, नैतिक और दार्शनिक व्याप्तियों को समझ नहीं पाता। उस पर तुर्रा यह है कि वैज्ञानिक भी ब्यूरोक्रेटाइज हो गए हैं। हर वैज्ञानिक एक पुरजे के पीछे लगा है। असली चीज क्या बन रही है, यह वह नहीं जानता। जानते वे हैं, जो संगठन का नियन्त्रण करते हैं। नाजियों ने चिकित्सा-विज्ञान का भी दुरुपयोग किया था। विज्ञान को नैतिक दृष्टि से तटस्थ मानने का समय नहीं रहा। आधुनिक आविष्कारों में हित की जितनी सम्भावना है, उतनी ही अहित की भी है।

दुनिया में राज टेक्नालॉजी का चल रहा है। संसार के भविष्य का कानून विज्ञान बना रहा है। ऐसी शक्ति को नियन्त्रण में रखने के लिए कुछ किया जाना चाहिए।

एटम बम की ईजाद केवल वैज्ञानिक क्रान्ति नहीं थी। वह राजनीतिक क्रान्ति भी थी।

जो दुनिया के भविष्य का निर्णय कर रहे हैं, वे राजनीतिक नहीं, वैज्ञानिक लोग हैं।

पहले भी धर्म और विज्ञान में चखमुख चली थी। उस समय वैज्ञानिकों ने कहा था, ईश्वरवादी लोग विज्ञान में दखल न दें, विज्ञान वाले ईश्वर के राज्य में दखल न देंगे। वैज्ञानिक ईश्वरवादी हो सकता है, ईश्वरवादी भी वैज्ञानिक हो सकता है। अब मुसीबत यह है कि विज्ञान (बायलाजी और जिनेटिक्स) ईश्वर के राज्य में दखल देने जा रहा है। मगर नैतिक दृष्टि से वह खुद बाँझ है।

हर रोज हर तरह से हम उन्नति ही कर रहे हैं, यह सिद्धान्त अब सही नहीं रहा। विज्ञान ने नई संस्कृति पैदा की थी। वही संस्कृति सांस्कृतिक संकट का कारण बन रही है।

आविष्कार जितने सूक्ष्म होते हैं, उनके परिणाम उतने ही दूरगामी और विशाल होते हैं। वैज्ञानिक इस भाव से भले काम करे कि वह निर्दोष है, मगर वह जीवित रहा, तो यह भी सम्भव है कि उसे अपने को पापी समझना पड़े।

11 जुलाई, 1971 (दिल्ली)

मिलने को आए सत्येन्द्र यादव। फिर राजेश्वर और भोला। मेरा भतीजा भोला भी आया।

सत्येन्द्र से देर तक बातें हुईं सन्तों के बारे में, अध्यात्म के विषय में। मनुष्य ईश्वर की इच्छा नहीं जानता। अतएव उसे कोई इच्छा इसलिए नहीं करनी चाहिए कि कहीं उसकी इच्छा भगवान की इच्छा से टकरा न जाए।

13 जुलाई, 1971 (दिल्ली से प्रस्थान)

कैलाश वाजपेयी मिलने आए। मुझे पं. द्वारकाप्रसाद मिश्र ने बुलाया यह कहने को कि आप रीवां के वाइस चांसेलर हो जाइए। रीवां के कुलपति की नियुक्ति के लिए जो कमेटी बनी है, उसका एक सदस्य मैं भी हूँ। मिश्रजी ने कहा, "मेंबरी छोड़कर आप खुद उम्मीदवार हो जाइए। इतना ही आपको करना है। बाकी बातें खुद ब खुद हो जाएँगी।" मैंने विनयपूर्वक इस आफर को भी अस्वीकृत कर दिया।

घर पर आए भवानीशंकर, रजनी पन्निकर, भवानीप्रसाद मिश्र और बाल कवि वैरागी।

शिवसागर के घर पर खाना खाकर पटना चला। स्टेशन पर आए प्रकाशवीर, रामकरण शर्मा, मंगलनाथ सिंह, रामनन्दन सिंह, लक्ष्मीनारायण लाल और अपने परिवार के लोग। नगेन्द्र घर पर ही आए, स्टेशन नहीं।

14 जुलाई, 1971 (पटना)

घर पहुँचा सात बजे शाम को। सुना, अरविन्द बीमार है। तब भी जन्मदिन मनाने का उत्साह उसका जग पड़ा। नई धोती पहनकर बाहर आ गया और पूजा में भाग लेता रहा। बिन्दो बाबू, मथुरा, सिद्धि बाबू और संयोग से जयकिशोर बाबू आ गए। और लोग सम्बन्धी ही थे।

इस प्रकार पटना का जीवन श्री सत्यनारायण-पूजन से आरम्भ हुआ।

17 जुलाई, 1971 (पटना)

दिनभर घर से निकला ही नहीं। टाल्स्टाय वाली किताब की खोज में पुस्तकों के समुद्र को मथता रहा, मगर वह किताब नहीं मिली। रामदास गौड़ होते, तो जरूर कहते कि इसमें प्रेत-बाधा की बात है। आखिर किताब गई कहाँ?

मिलने को आए फणीश्वनाथ रेणु, शिवचन्द्र शर्मा और सुभाष।

18 जुलाई, 1971 (पटना)

'ज़ोरबा, द ग्रीक' में यह फिलासफी पढ़ी :

Soul is flesh and the flesh is soul.

*   *   *

What poor, vain, absurd and defenceless creature are men to her; She is fat and voracious...just like the spider and she too must devour the males at dawn.

*   *   *

Sea, women, wine and hard work, that is what youth is.

20 जुलाई, 1971 (पटना)

You hold your life on the condition that to the best you shall struggle hard for it.

—Dickens

A man goes through earthquakes, epidemic, the horror of disease and all sorts of spiritual torments, but the most agonising tragedy he ever knows, always had been and always will be—the tragedy of the bedroom.

—Talstoy

श्याम जी ने आकर बहुत-सी किताबों की छंटाई में मदद की। मेरे घर के लिए एक फरनीचर मरम्मत में है। कल से परसों तक तैयार होगा।

21 जुलाई, 1971 (पटना)

गोर्की का लिखा टाल्स्टाय का संस्मरण पढ़ता रहा। टाल्स्टाय ने कहा था :

I am an old man, perhaps I am incapable to understand modern literature. People are writing peculiar sort of verses.

हम लोग भी नए साहित्य से प्रेम नहीं करते। यह और कुछ नहीं, उम्र के कारण हैं।

शाम को वचनदेव आए। उनके साथ केदार की दुकान पर गया। भगवान इस प्रयास को सफल बनाएँ।

आज वह फरनीचर ऊपर चढ़ गया, जो दो दिन से तैयार हो रहा था।

शाम को बिन्दो के यहाँ बैठा।

22 जुलाई, 1971 (पटना)

रचनात्मक प्रतिभा का मूल स्मृति में होता है। और मेरी स्मृति भागलपुर में कमजोर हो गई। इतनी फालतू चीजें याद रखनी पड़ीं कि असली चीजों के लिए जगह ही नहीं रही। अब तो स्मृति को जगाना असम्भव है।

श्याम जी आया, किताबों को उसने लेखकवार लगाने की कोशिश की। मगर लगी नहीं। नेपाली जी और द्विज जी की एक-एक किताब नहीं मिली, कहीं दब गई है।

23 जुलाई, 1971 (पटना)

Goethe was always ready to prove the unity of his personality by the union of practical work with intellectual activity.

*   *   *

ज्विग ने लिखा है, I claim the modest satisfaction of having annoyed Hitler, the most powerful man of modern times. यह थोड़ा-सा बदलने से मुझ पर भी लागू होता है।

24 जुलाई, 1971 (पटना)

गेटे ने शेलिंग को कहा था :

I have never uttered smallest complaint about all the hostility open or secret of which I have been the victim.

अफसोस कि मैं यह बात नहीं कर सकता। उग्र जी की गालियों से चिढ़कर मैंने उन पर एक कविता लिख दी थी, 'हे राम, तुम्हारा कुत्ता'।

राम, जो तुम्हारा यह श्वान है,
कोढ़ी है, अपाहिज है, बड़ा बेईमान है।
अयश में डालता है तुम को।
बनियों के सामने हिलाता सदा दुम को।
जूठी पत्तलें भी चाट लेता है।
राही जो मिलें तो, भौंकता है, काट लेता है।
पिल्ले लिये घूमता है राह में,
जला हुआ द्वेष में, उबाला हुआ डाह में।
तुलसी के पास चल सोता है।
श्वान भी ढकोसले में तेज बड़ा होता है।

प्रेम-पुचकार सुनता नहीं।
जूते खाए बिना किसी को भी गुनता नहीं।
राम, मेरी जूतियों में नाल दो।
इसके गले में या चमौटी एक डाल दो।

यह बड़ी कड़वी कविता है और यह बड़े ही कड़वे प्रहार के उत्तर में लिखी गई थी। उग्र जी बड़े ही विलक्षण लेखक थे और एक समय वे मुझे प्यार भी बहुत करते थे। उनकी गालियाँ अगर मैंने चुपचाप सह ली होतीं, तो बहुत अच्छा किया होता।

25 जुलाई, 1971 (पटना)

Besides the noble art of getting things done, there is a nobler art of leaving things undone.

यह चीन की फिलासफी है, लाओ त्से की फिलासफी है। लेकिन दिनकर की फिलासफी कुछ और है। बड़ा वह आदमी, जो जिन्दगी भर काम करता है।

26 जुलाई, 1971 (पटना)

आत्मकथा का एक बार आरम्भ दिल्ली में किया था, पसन्द नहीं आया। दूसरी बार भी आरम्भ दिल्ली में ही किया। वह भी पसन्द नहीं आया। यहाँ परसों फिर तीसरी बार आरम्भ किया है। पसन्द तो यह भी नहीं आ रहा है, लेकिन इस बार इसे आगे बढ़ाना ही है। सम्भव है, आगे चलकर वर्णन कवित्वपूर्ण और विचारपूर्ण हो उठे।

सुबह को मिलने आए आकाशवाणी के एस.डी. भिक्खु जी और मधुकर। देर तक बैठे। सबका विचार है कि अब मै साहित्य-सेवा छोड़कर और कुछ न करूँ। बरसात का पानी घर के सामने घुटने भर है। जब कदम कुआँ होकर निकला, वहाँ का हाल और बदतर देखा। भय लगा है कि पुनपुन चाहे, तो राजेन्द्र नगर को और डुबो सकती है।

29 जुलाई, 1971 (पटना)

सन् 1956 में राजभाषा-आयोग की बैठकों के समय डॉक्टर सुनीतिकुमार चटर्जी के मुँह से दो फिकरे सुने थे। आज वे मिल गए।

एक यह

nature and her law lay hid in night;
God said 'Let Newton be' and all was light,
But it did not last Devil crying Ho!
Let Einstein be and restore status quo.

दूसरा यह

How odd of God
To choose the JEWS?

1 अगस्त, 1971 (दिल्ली)

सुबह साढ़े सात बजे जागा। नाश्ता करते-करते दस बजे। तब आए पुरी और बच्चू। इसी बीच फोन पर श्री डी.पी. मिश्र से समय लिया और टैक्सी से उनके पास गया। पाकिस्तान के साथ युद्ध होगा, ऐसा वे समझते हैं। भारत के हित में यह है कि युद्ध नवम्बर में या उसके बाद हो। अगस्त-सितम्बर में पाकिस्तान चीन की मदद पा सकता है।

आज चरतराम जी से बात हुई। वे बोले, आपकी समस्या छोटी है। कोई-न-कोई प्रबन्ध हो जाएगा। भगवान की कृपा का सूर्य किधर से निकलेगा, यह आदमी नहीं जानता। चरतराम जी तेजस्वी, बुद्धिमान और स्वच्छ तो हैं ही, वे दूसरों की इज्जत बचाना भी जानते हैं।

3 अगस्त, 1971 (भोपाल)

भोपाल का जहाज पकड़ना था, अतएव साढ़े चार बजे उठा। जहाज सवा छह बजे उड़ा और नौ बजे भोपाल पहुँचा। डॉक्टर श्रीमाली और वेणीशंकर झा भी उसी जहाज से पहुँचे। पैनल की मीटिंग ग्यारह बजे। तीन नाम संस्तुत हुए, जोशी, नगेन्द्र और शम्भुनाथ शुक्ल के। ज्योंही रिपोर्ट गवर्नर के पास गई, उन्होंने शम्भुनाथ शुक्ल के नाम की घोषणा कर दी। ठीक भी है। जिसे सरकार का सहयोग मिलेगा, वही विश्वविद्यालय चला सकता है।

4 अगस्त, 1971 (भोपाल)

देर से तैयार हुआ। देवव्रत जोशी देर तक गप करते रहे। उन्होंने कई कविताएँ सुनाईं।

अच्छे कवि और चिन्तक हैं। देवव्रत ने कहा, इधर आप 'डेड पोयट' हो गए थे। मगर धर्मयुग में प्रकाशित कविताएँ (हारे को हरिनाम वाली) आपके जीवित होने के प्रमाण हैं। आप फिर से जिन्दा हो गए हैं। प्रशस्ति की भूमिका तो खट्टी थी, मगर इसीलिए मैंने उसे सच मान लिया।

आचार्य विनयमोहन शर्मा मिलने को आए बाल-बच्चों के समेत। फिर रेडियो से देवसरे जी आए। फिर आईं महिला कॉलेज से दो प्राध्यापिकाएँ। फिर लाइफ सोसायटी के लोग आए। कई सभाओं में जाना होगा।

चेतना सिनेमा देखने गया। मैनेजर सुरेश कुमार बंसल ने बताया कि पिता जी जब हमें पीटते थे, तब हम कहते थे, आज इन्होंने जरूर दिनकर की कविता पढ़ी है। सुनकर तबियत खुश हो गई। ए ग्रेट ट्रिव्यूट!

रात में भोजन दुष्यन्त कुमार के यहाँ किया।

उसने एक इंटरव्यू भी लिया।

5 अगस्त, 1971 (भोपाल)

नेपानगर कल नहीं, परसों जाना होगा। जमुनाप्रसाद मिश्र ने वैरागी से फोन पर कहा कि दिनकर जी पहले आ गए, तो तमाशा हो जाएगा और हमें उन्हीं को सँभालने में लग जाना पड़ेगा। इसलिए वे परसों ही आवें।

तीन बजे दिन में एक महिला कॉलेज में गया। तुलसी-जयन्ती थी। तुलसी पर संक्षिप्त भाषण दिया और जल्दी ही चला आया।

यहाँ एक 'लाइफ' नामक संस्था कायम हुई है। उसका निमन्त्रण अंग्रेजी में छपा देखा। उस संस्था की सभा शाम को हुई। मेरा भाषण संस्कृति और विज्ञान पर हुआ। पैंतालीस मिनट बोल गया। पीछे सिर में दर्द मालूम हुआ, शरीर सुन्न होने लगा, लगा, अब एक कदम चलना भी मुश्किल होगा। लेकिन उसी हालत में हिन्दी-भवन का पुस्तकालय देखने गया। घर आकर भोजन किया और नींद की गोली लेकर सो गया। शरीर को सभाओं से बचाना जरूरी है। कई लोग सभा से उठकर घर पर आ गए थे कि बातें करेंगे। उन्हें निराश होना पड़ा।

6 अगस्त, 1971 (भोपाल)

आज रक्षाबन्धन है। मुझे राखी बाँधी वैरागी ने और रात में उसके पुरोहित ने।

मिलने को आए चन्द्रप्रकाश वर्मा और प्रभुदयाल अग्निहोत्री। फिर आए नवोदित साहित्यकार परिषद् के पचास-साठ सदस्य। उनमें से लगभग तीस व्यक्तियों ने कविताएँ सुनाईं। मैंने भी कई कविताएँ सुनाईं।

राजेन्द्र अनुरागी ने कहा कि आगरे में डॉ. रामविलास शर्मा 'हारे को हरि नाम' की चर्चा कर रहे थे। उन्होंने कहा, "मैं कम्यूनिस्ट हूँ, लेकिन धर्मयुग में इन कविताओं को पढ़कर लगा कि मैं भी आस्तिक बन जाऊँगा।"

7 अगस्त, 1971 (नेपानगर)

सुबह देर से उठा। कई लोग मिलने आ गए। कइयों ने किताबें दीं। तैयार होकर स्टेशन आया। ट्रेन में मनचाही जगह मिल गई। इटारसी में एक कवयित्री मिलने आई, सावित्री शुक्ल निशा। उनके पति जयप्रकाश जी के परिचित हैं। खंडवा में ट्रेन में चढ़े कविवर भारत भूषण मेरठ के। खंडवा स्टेशन पर भी बहुत-से लोग मिलने आए। नेपानगर साढ़े छह बजे पहुँचा। रात में कवि-सम्मेलन की अध्यक्षता की।

मजाक की कविता जब गाकर पढ़ी जाती है, मजाक आधा रह जाता है।

9 अगस्त, 1971 (ट्रेन में)

पंजाब मेल से दिल्ली के लिए प्रस्थान।

रजनीश जी के अनुसार अवतरण प्रार्थना है, भक्ति है, आरोहण योग है, ध्यान है। जिसने सोचा, परमात्मा ऊपर है, उसने प्रार्थना सिखाई। जिसने समझा, परमात्मा नीचे है, रूट में है, उसने ध्यान सिखाया। रजनीश समझते हैं, प्रार्थना के दिन लदते जा रहे हैं, ध्यान की महिमा बढ़ती जा रही है। स्वामी मुक्तानन्द का जोर प्रार्थना और ध्यान, दोनों पर है। बल्कि वे सगुणोपासना पर अधिक जोर देते जा रहे हैं। मेरे लिए तो प्रार्थना छोड़कर केवल ध्यान पर निर्भर होना कठिन है। जो शक्ति भक्ति से द्रवित होकर नीचे नहीं उतरती, वह क्या ध्यान से पकड़ाई दे सकती है? साधक को भक्ति और ध्यान, दोनों चाहिए।

10 अगस्त, 1971 (दिल्ली)

बच्चू ने खबर दी कि विनोदानन्द जी केरल में मरे और महेश बाबू दिल्ली में मर गए। श्रीबाबू के बाद बिहार के सबसे मेधावी राजनीतिज्ञ विनोदानन्द झा थे। महेश बाबू मृदुभाषी और सहनशील मनुष्य थे।

11 अगस्त, 1971 (दिल्ली)

पं. द्वारकाप्रसाद मिश्र से मिलने गया। भारत रूस-सन्धि से वे बड़े खुश हैं। बोले, "इस सन्धि के पीछे मेरा भी कुछ हाथ था।"

देश धीरे-धीरे साम्यवाद की ओर पहुँच गया। रूस और भारत की मैत्री का और क्या परिणाम होगा? मगर रूस छोड़कर और गति भी क्या है? अमेरिका ने तो शायद साफ-साफ कह दिया है कि चीन के साथ झगड़े में हमसे कोई उम्मीद न रखें। मगर इन्दिरा जी दैवी शक्ति का यन्त्र हैं। वे साम्यवाद को भी भारत के अनुकूल बनाकर जाएँगी। व्यक्ति की स्वाधीनता बचाकर साम्यवाद लाना ही पुण्य है। भारत में जो प्रयोग चल रहा है, भगवान की देख-रेख में चल रहा है। जब कांग्रेस सड़ गई, भगवान ने इन्दिरा को निमित्त बनाकर उस कांग्रेस को तोड़ दिया। अब भगवान भारत के खरल में साम्यवाद को घोंटकर कोई नई चीज तैयार करेंगे, जिसे देखकर साम्यवादी और पूँजीवादी, दोनों ही प्रकार के देश अपना सुधार करेंगे।

शान्तिदेव ने लिखा था :

भूमिं छादयितुं सर्वां कुतः चर्म भविष्यति?
उपानच्चर्म मात्रेण छन्ना भवति मेदिनी।

मैंने मिश्र जी से कहा, सन्धि तो अच्छी है मगर यह क्यों कहा जा रहा है कि यह डेटरेंट है? डेटरेंट वह किसके लिए है? पाकिस्तान ने तो अपना मसला हल कर लिया है। भारत की समस्या बनी हुई है और युद्ध के बिना वह नहीं सुलझेगी। युद्ध की जरूरत भारत को है।

13 अगस्त, 1971 (दिल्ली)

खूब पानी बरस रहा है। बच्चन से मिलने गया साढ़े दस बजे। पन्त जी के प्रति अब भी कुपित है। बोला, पन्त जी को पहचानने में भूल हो गई, इसका बड़ा भारी पश्चात्ताप है। बच्चन ने पन्त जी की सेवा बड़ी निश्छलता से की थी। इसीलिए चोट उसे बहुत दुःख दे रही है।

14 अगस्त, 1971 (पटना)

रजनीश कहते हैं, शक्तिपात किया नहीं जाता है। शक्तिपात के बदले प्रसाद की कामना करनी चाहिए। विवेकानन्द ने शक्तिपात लिया था। मगर उसका अनुभव उन्होंने एक ही बार किया, फिर मरने के तीन दिन पूर्व।

मेरा खयाल है, शक्तिपात हो भी जाता है और किया भी जाता है। माँ आनन्दमयी को शक्तिपात स्वतः हुआ होगा। काशी की ज्ञानवती ने जो कथा कही, वह स्वयमेव शक्तिपात का उदाहरण है। किन्तु बाबा मुक्तानन्द के यहाँ शक्तिपात और गुरुकृपा एक ही तत्त्व के दो नाम हैं। गुरुकृपा के बिना शक्तिपात नहीं होता, नियम यही है।

साढ़े छह बजे पटना पहुँच गया।

15 अगस्त, 1971 (पटना)

कोई काम हुआ नहीं। एक बार पोते को प्राम में घुमाया और तब बिन्दो के यहाँ गया। अगर यही हाल रहा, तो नौकरी छूटने से हानि ही हुई है। काम डटकर करना चाहता हूँ। लेकिन लगता है, कविता का महल चारों ओर से बन्द है।

'बेयांड डिजायर' नामक उपन्यास की निम्नलिखित पंक्तियाँ लेने योग्य हैं :

लोग भय के कारण क्रूर हो जाते हैं।

जो व्यवसाय अपने सेवकों के योगक्षेम का प्रबन्ध न कर सके, उसे व्यवसाय कैसे कहा जाए? (प्रश्न है कि साहित्य व्यवसाय न बने, तो क्या बने?)

आदमी जब प्रेम में अति करने लगता है, तब उसे बराबर चोट पहुँचती है।

नारियों की रचना ही इसलिए हुई है कि वे पुरुषों का हृदय तोड़ें और यह काम उन्हें बहुत पसन्द भी है।

16 अगस्त, 1971 (पटना)

आज दिनभर वर्षा झिर-झिर होती रही। दामाद राजेश्वर आए। गाँव की बाढ़ का हाल उन्होंने सुनाया। दिल्ली फोन किया कि आदित्य चला आवे।

जो आदमी जल्दी में है, उसे कामेट की चाल भी धीमी मालूम होगी।

धन छिपाना उतना ही मुश्किल काम है, जितना गरीबी को छिपाकर रखना।

लेडी के लिए हिन्दी में महीयसी शब्द चलना चाहिए। महीयसी वह है, जो सामाजिक, पारिवारिक, नैतिक तथा स्त्रैण गुणों की प्रतिमा है।

17 अगस्त, 1971 (पटना)

सुबह उठा, तो देखा कि पुरोहित किरतू झा आ गए हैं। गाँव की बाढ़ का उन्होंने विशद् विवरण दिया। मैंने बीस से कम बाढ़ें नहीं देखी हैं, मगर ऐसी बाढ़ कभी नहीं आई थी। मेरे घर में कमर तक पानी हेल गया है। सारा गाँव बड़े संकट में है। सरकार रिलीफ का अच्छा काम कर रही है, मगर गाँव के लोग ठीक से ईमान नहीं बरतते। किरतू झा को सकुचाकर पचास रुपए देकर विदा किया। आज अनुभव हुआ कि मैंने दानशीलता की जो कीर्ति गाँव में बना ली है, वह अब बिगड़ेगी।

अगर नौकरी में होता, तो गाँव जाकर अभी हजार-दो हजार बाँट आता।

यारो, यारी छाड़िए, अब रहीम वे नाहिं।

18 अगस्त, 1971 (पटना)

'गुनाहों का देवता' पढ़ रहा हूँ। भारती ने इसे अपनी अपरिपक्व कृति कहा है। कहना चाहिए, यह अपरिपक्व मस्तिष्क वालों के लिए है।

गरीबी और कला के बारे में कहीं पढ़ा था, धन मनुष्य को दूषित बनाता है, भ्रष्ट करता है, किन्तु गरीबी तो आदमी को नीचे गिराती है। गरीबी मनुष्य की आत्मा को तोड़ देती है और उसकी इज्जत छीन लेती है और अन्त में उसे मार डालती है। उसने अनेक कलाकारों का नाश किया है।

20 अगस्त, 1971 (पटना)

मशहूर होने से गोपनीयता खत्म हो जाती है। मेरा हाथ थोड़ा काँपने लगा है, यह अफवाह सारे पटना में फैल गई है। लोगों को शायद यह सोचकर आश्चर्य होता है कि इतनी विपत्तियाँ झेलकर यह खड़ा कैसे है। अथवा सम्भव है, लोग सोचते हों कि हाय, अब दिनकर के भी हाथ काँपने लगे।

21 अगस्त, 1971 (पटना)

'गुनाहों का देवता' अच्छा उपन्यास है, विशेषतः उनके लिए जो यौवन के द्वार पर हैं, जो वासना को जानते नहीं, उसके प्रति कौतूहल रखते हैं। लेखक ने वासना के मौज-मजे इशारों से दिखाए हैं। मगर बंटी ने कपूर से कहा है, आदमी तभी तक बड़ा रहता है, जब तक निषेध करता चलता है। कपूर निषेध पालता तो जरूर है मगर यह भी पूछता है कि पम्मी, वासना से दुनिया इतनी घबराती क्यों है? काम का आनन्द भी मन से भोगने की चीज है। पम्मी कहती है, "बोलते क्यों हो, मन से अनुभव करो।"

22 अगस्त, 1971 (पटना)

भोर में रक्त लेने को डॉ. मिश्र आए। कई तरह की जाँच के लिए उन्होंने काफी रक्त निकाला।

तब आए प्रतापनारायण करण। ये गया के हैं। आसाम में रहते हैं। छह साल में पूरे असमिया हो गए हैं। हिन्दी छन्द अशुद्ध, असमिया के छन्द शुद्ध लिखते हैं। 'रश्मिरथी' का कुछ अनुवाद असमिया में किया है। गणेश गोगोई की पापरी का अनुवाद हिन्दी में किया है। राज्यपाल बरुआ की भी कई कविताओं के अनुवाद उन्होंने दिखाए।

23 अगस्त, 1971 (पटना)

स्टैंधल ने लिखा है, कोई कलाकार असफल प्रेम से भी जीवनी-शक्ति पाता है। बरट्रैंड रसल का विचार था कि वैज्ञानिक का काम तृप्त होना चाहिए और कलाकार का अतृप्त। तानसेन पर जो सिनेमा बना था, उसमें भी अकबर से कहलाया गया था कि तानसेन से तानी को अलग करना इसलिए जरूरी है कि तानसेन की कला व्याकुल होकर चीखे। स्टैंधल की उक्तियों पर आज दृष्टि गई। नीचे की तीन उक्तियाँ भी मार्मिक हैं :

(1) अमेरिका में प्रशंसनीय क्या है? सरकार का ढाँचा, समाज का ढाँचा नहीं।

(2) जब तक आदमी को छह हजार रुपए की वार्षिक आय न हो जाए, तब तक उसे रुपए को छोड़कर और किसी चीज की चिन्ता नहीं करनी चाहिए। लेकिन छह हजार की आय हो जाने पर उसे रुपए की चिन्ता बिलकुल छोड़ देनी चाहिए।

(3) प्रेम में रुपए की साझीदारी हो, तो प्रेम बढ़ सकता है। रुपए की लेन-देन हो, तो प्रेम नष्ट हो जाएगा।

24 अगस्त, 1971 (पटना)

चित्त को बाबा मुक्तानन्द के चरणों से बाँध दिया है। किन्तु जीवन में आई हुई नारियाँ मन में घूमती रहती हैं। एक तरह की नारी होती है, जो इन्द्रियों के उन्माद और शारीरिक आनन्द की उद्‌दामता में बहना चाहती है। मगर मर्द अगर खुशमिजाज और शरीफ हो और ऐसा हो कि वह थोड़ी-सी बात से ही प्रसन्न हो जाता हो, तो यह उद्‌दाम आनन्द वह नारियों को नहीं दे सकता। मगर जो धीरे-धीरे सुलगता है, वह बुझता भी देर से है।

जापानी कहावत ठीक है। चिड़ियाँ अगर तुम्हारे मन के आकाश होकर उड़ती हो, तो उड़ने दो। मगर उन्हें अपने पेड़ पर बैठने मत देना।

25 अगस्त, 1971 (पटना)

कविता के विषय में स्टैंधल की अच्छी राय नहीं थी। उसने लिखा है, कविता का आविष्कार बातों को याद रखने के लिए हुआ था। कविता यानी पद्य। फिर पद्य को याद लोग इसलिए रखने लगे कि वह आनन्द देता था। अब जो लोग नाटक में पद्य का प्रयोग करते हैं, वे बर्बर युग को वापस ला रहे हैं। लेकिन 'चिर कुमार सभा' में रवि बाबू ने पद्य खूब रखे हैं, मगर बर्बरता उसमें नहीं है।

26 अगस्त, 1971 (गया)

साढ़े चार बजे भोर में उठा। गया के लिए चला। गया पहुँचा दस बजे। खा-पीकर आराम। फिर विश्वविद्यालय गया। सभा में भीड़ बहुत थी। जगह कम, आदमी ज्यादा। सभा से निकलकर बोध गया मन्दिर गया। थाईलैंड वालों का मन्दिर देखा। बोध गया वाले मन्दिर में बुद्ध की प्रतिमा काले पत्थर की थी। उस पर बर्मा के नेविन ने सोने का आवरण लगा दिया। मूर्ति अभारतीय हो गई। बोधिवृक्ष को प्रणाम किया। फिर विष्णुपद गया। वहाँ से मथुरा की बहन राजा के यहाँ। इस विवाह में मथुरा ने जुआ खेला था, लेकिन मथुरा जीत गया।

आठ बजे लियो क्लब की सभा हुई और फिर भोजन करने के लिए हमें राजा के यहाँ जाना पड़ा।

सोया एक बजे रात में।

गया में विष्णुपद मन्दिर है। हिन्दुओं का यह बहुत बड़ा तीर्थ भी है। किन्तु गया की वायु में बुद्ध की तपस्या गूँजती है। बोधिवृक्ष के पास जाकर लगा, मैं बुद्ध के पास हूँ। बोधिवृक्ष को छूकर भासित हुआ, मैं बुद्ध का चीवर छू रहा हूँ। वातावरण अब तक बुद्ध से व्याप्त है।

27 अगस्त, 1971 (गया)

विश्वविद्यालय में बोलते समय मुँह से निकल गया कि ईंट-पत्थर मिलाकर मकान तैयार करने का काम गोपाल जी (कुलपति) कर देंगे। आप लोग बौद्धिक क्षेत्र में आगे बढ़िए। गोपाल जी को यह बात लग गई। उन्होंने कुछ थोड़ा जवाब भी दिया। हमने बुद्ध के नाम पर संस्था कायम की है, अन्तर्राष्ट्रीय संस्थान काम किया है, इत्यादि।

28 अगस्त, 1971 (पटना)

आचार्य रजनीश की गतिविधियों में गहरी दिलचस्पी हो गई है। वे साहित्यिक और चिन्तक बहुत उच्चकोटि के हैं। वक्ता तो वैसा अभी हिन्दी क्षेत्र में कोई है नहीं। 'जिन खोजा तिन पाइयाँ' से लगता है कि वे अध्यात्म के क्षेत्र में भी दूर तक पहुँचे हुए हैं। जैसी हिन्दी वे बोलते हैं, वैसी ही अगर वे अंग्रजी बोल सकें, तो वे सारे संसार में प्रसिद्ध हो जाएँगे। मैं चाहता हूँ कि एक बार वे यूरोप हो ही आवें। भारत तो मन से अब भी गुलाम है। यूरोप से जिसने प्रमाणपत्र नहीं लिया, वह सोना होकर भी यहाँ ताँबा ही समझा जाएगा।

30 अगस्त, 1971 (दिल्ली)

जो भूख लगाम को ढीला छोड़ देने के कारण भोथी हो जाती है, वह भूख लगाम कसने से तीव्र हो जाती है। 'उर्वशी' में दो पंक्तियाँ हैं :

सतत भोगरत नर क्या जाने तीव्र स्वाद जीवन का?
उसे जानता वह, जिसने कुछ दिन उपवास किया हो।

31 अगस्त, 1971 (पटना)

दिल्ली से जहाज द्वारा पटना लौटा। दिनभर थका-थका लेटा रहा। शाम को टहलकर एक नम्बर रोड गया। रात में बच्चन की 'प्रवास की डायरी' पढ़ी। गजब की रचना है। इंग्लैंड में बच्चन ने केवल थीसिस ही नहीं लिखी, डायरी भी लिखी थी और कितनी व्यापक, कितनी गम्भीर! हिन्दी में यह अनूठी पुस्तक आ गई।

कहीं पढ़ा था कि फ्रांस के प्रदेश पेरिस से हर विषय में चालीस साल पीछे रहते हैं। यही बात दिल्ली और पटना के विषय में कही जा सकती है। दिल्ली में नया ज्ञान बाहर से बहकर पहले पहुँचता है। छोटी प्रवृत्तियाँ परस्पर टकराकर टूट जाती हैं और तब जो बचता है, वह अच्छाई का अंश होता है।

पटने में तो अच्छे टाइपिस्ट भी नहीं मिलते।

1 सितम्बर, 1971 (पटना)

दिनभर बच्चन की प्रवास की डायरी पढ़ता रहा। बच्चन ने खराब चीजें कम लिखी हैं, अच्छी चीजें ज्यादा। मगर उसकी डायरी का जो प्रभाव मुझ पर पड़ा, वह आत्मकथा का भी नहीं पड़ा था। इंग्लैंड में उसने घोर तपस्या की थी। थीसिस उसी तप से पूरी हुई, कविताएँ उसी तप से जनमीं और यह डायरी उसी तप का परिणाम है। पन्त जी के बारे में एक जगह अच्छी राय नहीं है। महादेवी अच्छी दिखाई देती हैं।

शाम को पद्मा का जन्मदिन मनाने को सभी बच्चों को बुलाया और दो घंटे तक खूब आनन्द किया।

बच्चन को भेजने के लिए एक पत्र लिखा। नई पीढ़ी रचना कम, आलोचना ज्यादा करती है। किसी नवीनतावादी यूरोपियन का मत पढ़ा था—नई पीढ़ी के सामने जारी रखने के लिए कुछ भी नहीं है, उस हर चीज का निर्माण करना है। इतिहास की दृष्टि से यह सत्य नहीं है। जारी रखना और निर्माण करना, दोनों काम साथ-साथ चलते हैं। हर युग में, हर देश में।

2 सितम्बर, 1971 (पटना)

लिन यूतान की किताब फिर हाथ में ली। शिवेलरी यूरोप में औरतों के प्रति दिखाई जाती है, पूर्व में माता-पिता के प्रति, बूढ़ों के प्रति। यह परिवार की संस्था की देन थी। मगर मार्क्स ने परिवार को कोई महत्त्व नहीं दिया। शायद औद्योगिक सभ्यता ही परिवार के विरुद्ध है, बूढ़ों के विरुद्ध है। नारी ओर वृद्ध में से शिवेलरी किसके प्रति दिखाई जाए? उत्तर जरा भी कठिन नहीं है।

3 सितम्बर, 1971 (पटना)

पाँच बजे उठा, पौने छह की गाड़ी पकड़कर सिमरिया गया। गाड़ी मेरे घर के सामने ही रुकी। लाइन पर ही एक सैलून में नहाया-धोया और घरनाई पर चढ़कर अपने घर पहुँचा। परिवार के लोग शरणार्थी हो गए थे, अब वे लौटकर आ गए हैं। मैं बाढ़ के समय घर नहीं पहुँचा, इससे माँ को दुःख हुआ है। मगर बाढ़ अभी भी मौजूद है और पानी आज फिर बढ़ रहा है। ऐसी बाढ़ हमारी याद में कभी नहीं आई थी। माँ ने कहा, जब ग्यारह बजे रात में पानी कुएँ में गिरने लगा, तब ऐसा मालूम हुआ कि अब कोई नहीं बचेगा। बहुत बुरा समय इन लोगों ने देखा। दादा बेचारे घर से चलकर दो बार लाइन पर आए।

शाम को गाड़ी से चला और मोकामा में तूफान पकड़कर सवा दस बजे पटना पहुँचा। गाँव के चमार दल बाँधकर मिलने आए। मगर घर उन्हीं के नहीं गिरे हैं, नापितों के भी गिरे हैं। अन्य हरिजनों के भी गिरे हैं। गरीब लोग समझते हैं, दिनकर जी अब भी मदद दिलवा सकते हैं। मगर मैं तो शरीर से कमजोर हूँ और राज करनेवालों से गहराई की दोस्ती भी नहीं है। फिर भी जो होगा, करूँगा।

4 सितम्बर, 1971 (पटना)

कुछ थोड़ा-सा लिखने का काम हुआ, मगर ज्यादा नहीं। यह अच्छा नहीं लगता कि ताकत रहते मैं रिटायर हो गया, न कोई ऐसी जिम्मेवारी लेना चाहता हूँ, जिसका साहित्य से मेल नहीं हो। चीनी आदर्श उचित आदर्श था। जरूरत कम रखो और जवाबदेही मत खोजते फिरो। बनारसीदास जी चतुर्वेदी का भी आदर्श अच्छा है। "मैं पत्र लिखता हूँ और कोई काम नहीं करता। पत्र लिखना भी साहित्य-सेवा है।"

एक चीनी कहावत याद आती है :

"Having a son,
    I am content with life,
Without office,
    my body is light."

5 सितम्बर, 1971 (पटना)

चीनी आदर्श यह था। "बूढ़े शान्ति से हैं, सुरक्षित हैं, जवान उनका आदर करते हैं, उनकी सेवा करते हैं। घर में कोई क्वाँरी लड़की नहीं है। लड़कों का भी ब्याह हो चुका है।" बस, यही सुखी जीवन है।

जो भी कविता अच्छी होती है, वह रोमांटिक होती है या रोमांटिक के नजदीक। अगर समाजवाद, मार्क्सवाद और साम्यवाद ने अब तक साहित्य के भीतर किसी नए साहित्य को जन्म नहीं दिया है, तो प्रगतिवादियों को चाहिए कि वे अपने हृदय के भीतर झाँकें और गहराई से विचार करें।

6 सितम्बर, 1971 (पटना)

जयकिशोर बाबू आए। तीन घंटे बैठे। नीचे आज की संगति का सार है—

बुद्धि का यह स्वभाव है कि वह आदमी को अज्ञात की ओर जाने से रोकती है। धर्म और अध्यात्म मनुष्य को अज्ञात की ओर ले जाते हैं। इसीलिए बुद्धि उनका समर्थन नहीं करती। राज्य बुद्धि के मार्गदर्शन में चलता है, इसीलिए वह भी क्रान्तिकारी को राह नहीं देता। क्रान्तिकारी अज्ञात की ओर चलना चाहता है। जो बुद्धि को पूँजी मानकर चलते हैं, सोचने का काम करते हैं, संसार उनके लिए 'कामेडी' है। जो अनुभूति के मार्गदर्शन में चलते हैं, केवल सोचते ही नहीं, फील भी करते हैं, संसार उनके लिए ट्रेजडी है। वैज्ञानिक सुखी हैं, टेक्नीसियन और सुखी हैं। दुखी केवल कवि हैं, क्योंकि अस्तित्व के प्रति वह चेतन और संवेदनशील है।

सुखिया सब संसार है, खावै अरु सोवै,
दुखिया दास कबीर है, जागै अरु रोवै।

7 सितम्बर, 1971 (पटना)

राम ने हनुमान से पूछा, तुम्हारा मेरे साथ क्या सम्बन्ध है? हनुमान ने कहा, हनुमान तीन हैं, आप किस हनुमान से पूछ रहे हैं?

देहबुद्ध्या तु दासोऽहं जीवबुद्ध्या त्वदंशकः
आत्मबुद्ध्या त्वमेवाहं इति में निश्चिता मतिः।

8 सितम्बर, 1971 (पटना)

बहुत-से अप्रकाशित लेख बिखरे हुए थे। उन्हें खोज कर एक फाइल में नत्थी किया।

काफी समय लगा इसमें। सहायक की आवश्यकता लेखक को भी है, मगर भारत में वह केवल अफसर को सुलभ है।

ग की चिट्ठी आई, प्यार को रेखांकित किया है और अन्त में स्नेहाकांक्षिणी लिखा है। संकेत है कि मैं आपका प्यार चाहती हूँ। कृतज्ञ हुआ।

जयकिशोर जी से काफी देर तक बातें हुईं। उनका कहना है, बुद्धि नहीं, भाव चाहिए, अन्वेषण नहीं, अभिसार चाहिए, जिज्ञासा नहीं, पिपासा चाहिए। यह बर्सों और रसल के बीच का भेद है, जिसे जयकिशोर जी ने बहुत अच्छी तरह से रखा है।

रास आरम्भ होने के पूर्व ही गोपियाँ सभी मनोरथों से ऊपर उठ गई थीं। रास के समय प्रवाहित मौन का वातावरण था। वह निष्काम आनन्द अथवा अकाम सुख का प्रतीक है। 'उर्वशी' में मैंने निष्काम काम की क्लिष्ट कल्पना की है। किन्तु वह भागवत की इस कल्पना से मेल खाती है।

9 सितम्बर, 1971 (पटना)

दुनिया जिसे कीमती समझती है, उसे फालतू समझनेवाला आदमी उस चीज को कीमती समझेगा, जिसे दुनिया फालतू समझती है। कीमत यानी धन, दौलत, औरत, शोहरत। फालतू यानी कविता, गाना, अवकाश और अध्यात्म।

अवकाश न रहे, तो आदमी पढ़े कैसे, दूर की यात्राएँ कैसे करे, औरतों और मर्दों से दोस्ती कैसे जमाए और कविता कैसे करे, किताबें कैसे लिखे?

जयकिशोर जी से बातें करते हुए लगता है, जैसे हम भागवत पढ़ रहे हैं।

दोस्त वह है, जो हमारे खिलाफ झूठी अफवाह सुने, तो उसका विश्वास न करे।

10 सितम्बर, 1971 (पटना)

नया या पुराना, जो भी अमर साहित्य है, वह खून और पसीने से लिखा गया है।

साहित्य मेज पर खुला हुआ लैंडस्केप है। लैंडस्केप पृथ्वी पर फैली हुई किताब है।

कविता अच्छी तभी होती है, जब कवि गरीब हो या नाकामयाब हो। सफल आदमी प्रेम भी नहीं कर सकता और शायद कविता भी नहीं। इसीलिए सेठ और मिनिस्टर का प्रेम नकली होता है, उसमें बेचैनी नहीं होती, उबाल नहीं होता।

कहते हैं, शराब गम को भुलाती है। जीवन में थोड़ा शोक हो, तो वह शराब में बहाया जा सकता है। दुनिया की छाती में बड़ा शोक हो, तो उसका इलाज तलवार है। बंगलादेश की समस्या क्या प्रस्ताव और भाषण से सुलझेगी? सुलझाने का एकमात्र रास्ता तलवार है।

11 सितम्बर, 1971 (पटना)

निराला जी कहते थे, जो आदमी पहलवान नहीं है, वह कविता क्यों लिखता है? चोट उनकी पन्त जी पर होती थी। किन्तु यह बात कुछ सत्य भी है। जिनके पास जरूरत से फाजिल ऊर्जा है, उन्हीं के बीच से अच्छे कवि जन्म लेते हैं। फालतू ऊर्जा को अगर सेक्स में न बहाया जाए, तो रचना अधिक होगी। लहू में हारमोन जब घट जाता है, कविता स्टेल होने लगती है। कला रचना भी है और मनोविनोद भी। मनोविनोद वाला पक्ष ज्यादा महत्त्वपूर्ण है। कौन समाज अच्छा है? वह, जिसमें एक रवीन्द्रनाथ हैं और बाकी लोग अकवि? या वह, जिसमें रवीन्द्रनाथ तो कोई नहीं है, मगर अकवियों की संख्या भी न्यून है?

12 सितम्बर, 1971 (पटना)

दर्शन ज्ञान के साम्राज्य का बादशाह समझा जाता था, मगर अब बादशाहत का बुरा हाल है। सारे साम्राज्य में पहले विद्रोह खड़े हुए और अब उन्होंने स्वतन्त्र राज्य कायम कर लिए हैं। दर्शन का ध्येय ही खो गया है। पहले दार्शनिक थोड़ा वैज्ञानिक और थोड़ा कवि होता था। भारत में वह सन्त भी होता था। मगर विज्ञान अब स्वतन्त्र हो गया, कविता भी स्वायत्त हो गई। विचारों का वह बहिष्कार करती है। अब दार्शनिक सन्त बनेगा या कवि अथवा प्रोफेसर ही बना रहेगा? लम्बी-लम्बी बहसों की क्या जरूरत है? मोटे-मोटे ग्रन्थ व्यर्थ लिखे जाते हैं। पहले सूत्र लिखे जाते थे। अब सूक्तियाँ क्यों नहीं कही जाएँ? या फिर हजार शब्दों का छोटा-सा निबन्ध? रीढ़ तो इतने में ही आ जाएगी। फालतू बातें व्यवसाय के लिए लिखी जाती हैं। ए.ई. (जॉर्ज रसल) ने कहा था कि इनफ्लेशन आने पर रुपए का मान घट जाता है। वही हाल साहित्य का हुआ है। अगर मुद्रण-यन्त्र हटा दिया जाए और हस्तलिखित पुस्तकें ही पढ़ी जाएँ, तो बहुत-से लेखक सूत्र-शैली में लिखने लगेंगे।

13 सितम्बर, 1971 (ट्रेन में)

दिल्ली एक्सप्रेस से दिल्ली के लिए रवाना हुआ। साथ में रहे भूतपूर्व मन्त्री मुंगेरीलाल। अच्छे आदमी हैं। कानपुर में रामजी आया। रास्ते भर ऊँघता आया था। फिर रजनीश जी की किताब पढ़ने लगा 'सम्भावनाओं की आहट'। रजनीश बताते हैं कि भीतर जाने का एक ही मार्ग है, वह ध्यान का मार्ग है। जब मन मौन होता है, शान्त होता है, तब अक्रिया चलती है। केवल कर्त्तापन का लोप हो जाता है। जो आदमी यह मानता है कि मैं कर्त्ता नहीं हूँ, मैं कुछ कर नहीं रहा हूँ, सब कुछ हो रहा है, वह भगवान को समर्पित हो चुका है।

श्री अरविन्द, महर्षि रमण, माँ आनन्दमयी, सब ध्यान पर जोर देते हैं। बाबा मुक्तानन्द यह सिखलाते हैं कि ध्यान लगे कैसे?

14 सितम्बर, 1971 (दिल्ली)

दिल्ली पहुँचा साढ़े पाँच बजे भोर में।

धर्म केवल मंगल और रविवार को नहीं, हर रोज, हर समय बरता जाना चाहिए, केवल काशी और प्रयाग में नहीं, चमार और कसाई की दुकानों में भी।

कॉलेज का चैम्पियन हो या नहीं, खेलकूद का शौक हर लड़के को होना चाहिए। अजन्ता और एलोरा हो या नहीं, मगर कला की रुचि हर घर में दिखाई पड़नी चाहिए।

छड़ी मेरे लिए आवश्यक है अथवा वह टहलने की शैली भी हो सकती है। पाँवों का एक तीसरा छन्द।

कला के बड़ी होने की शर्त है, कलाकार बड़ा हो। पवित्र भी वही कला हो सकती है, जिसे पवित्र कलाकार ने सिरजा हो।

15 सितम्बर, 1971 (बम्बई)

नौ बजे भोर के जहाज से दिल्ली से उड़ा और ग्यारह बजे बम्बई पहुँचा। दिनभर कोई काम नहीं हुआ। कवि-सम्मेलन में डेढ़ बजे रात तक बैठना पड़ा। निर्भय हाथरसी ने बंगलादेश पर एक कविता सुनाई, जो अच्छी थी।

तारों का समूह आकाश का साहित्य है। पहाड़ और नदियाँ, ये धरती के साहित्य हैं। साहित्य साहित्य क्यों है? इसलिए कि उसमें रोचकता है, मोहिनी है। रोचकता और मोहिनी घटने पर साहित्य की साहित्यिकता घट जाती है, जैसे पन्त जी के आजकल की कविता में, यद्यपि महिमा-सम्पन्न वह अब भी लगती है।

सूखे हुए पेड़ में भी कविता है। रेगिस्तान भी कविता का अच्छा विषय हो सकता है। कैक्टस तो खैर अब ड्राइंगरूम में भी स्थान पाने लगा है।

16 सितम्बर, 1971 (बम्बई)

श्रेयांस जी के साथ उनके दफ्तर में गया। तीन बजे वीरेन्द्रकुमार जैन आए। उन्होंने एक संग्रह तैयार किया है, 'शून्य पुरुष और वस्तुएँ'। उसमें एक कविता है 'शलाका-पुरुष की आत्महत्या'। बहुत ही बढ़िया कविता है। स्थूल दृष्टि से वीरेन्द्र जर्जर हैं। अभावग्रस्त, बेपनाह। केवल बाबा मुक्तानन्द के प्रकाश के भरोसे चल रहे हैं। लेकिन भीतर कविता आकाश को छू रही है। आत्मा की बेचैनी, शरीर की उपेक्षा करके

आत्मा के अम्बर में बिहार। अपने अनेक समकालीनों से वे भिन्न और शायद ऊँचे भी हैं। मगर पुस्तक छपेगी या नहीं, यह भी वे बता नहीं सकते। उन पर बड़ी ममता उपजी। दिल्ली पहुँचकर लक्ष्मीचन्द्र जी से बात करूँगा।

17 सितम्बर, 1971 (बम्बई)

वीरेन्द्र! जो अभाव को नहीं जानता, असफलता को नहीं जानता, वह काव्य के शिखर पर नहीं पहुँचेगा। सफल आदमी प्रेम भी नहीं कर सकता। फिर भी औरतें सावधान नहीं होतीं। असल में तब वे प्रेम नहीं, कुछ और चाहती हैं।

रजनीश जी से मिलने गया साढ़े नौ बजे। ताओ के लिए वे तथाता शब्द ठीक समझते हैं। तथागत का आना तथाता का आना था। वे जानकर भी नहीं आए, आ गए। जाना भी उनका घटना नहीं था। बस, वे चले गए। कुछ भी करो मत, सब कुछ होता रहेगा। यही ताओ की अक्रिया है। कनफ्यूसियस लाओत्से से मिलने गए थे। कनफ्यूसियस ने पूछा, "क्या करें कि लोग नीतियुक्त रहें?" लाओत्से ने कहा, "फालतू बात। नीतियुक्त बनाया नहीं कि अनैतिकता फूट पड़ेगी।" लौटकर कनफ्यूसियस ने अपने शिष्यों से कहा, "लाओत्से के पास जाना नहीं। वह खतरनाक सिंह है, सबको खा जाएगा।"

शाम को पद्मा आई। फिर नरेन्द्र शर्मा आए। पन्त जी और बच्चन की मुकदमेबाजी पर बात हुई। फिर राजेन्द्र गुजराल और जोशी जी भी आए और सिनेमा दिखाने ले गए।

18 सितम्बर, 1971 (बम्बई)

जो मुझको बदनाम करे हैं, काश वे इतना सोच सकें,
मेरा परदा खोले हैं या अपना परदा खोले हैं?

—फिराक

कल फिराक की 'बज्मे-जिन्दगी' पढ़ रहा था। 'है ताज कि रुखसारे फिजा पर आँसू', यह रवीन्द्रनाथ की एक पंक्ति का अनुवाद है। 'कालेर कपोल तले एक बिन्दु जल, एइ ताजमहल'। एक जगह फिराक ने मामता शब्द लिखा है। उर्दू की संगति में पड़ने के कारण वे ममता से परिचित नहीं हैं। या हो सकता है कि बिरहमन और संस्कृत के समान मामता की उर्दू का मानक उच्चारण हो। एक पंक्ति और पढ़ी—'रूप ऐसा कि हसीन जैसे गुनाह।' यानी पाप की तरह खूबसूरत। यह सौन्दर्य की प्रशंसा है या निन्दा? पाप भी खूबसूरत होता है, इतना बर्दाश्त किया जा सकता है। लेकिन पाप ही खूबसूरत होता है, यह बहकी बात है।

राजेन्द्र गुजराल और प्रोड्यूसर पुरोहित आए। फिर विश्वविद्यालय गया। छात्र और प्राध्यापक जिज्ञासु श्रोता थे। पैंतालिस मिनट बोल गया। टाल्स्टाय, क्रोसे, रवीन्द्र और इकबाल का हवाला देकर कला पर बोला। श्रोताओं ने समझा, यह सन्तोष रहा।

पद्मा के घर खाने पर गया। नरेन्द्र शर्मा आए। लता मंगेसकर आईं। मुँह पर चेचक के हलके दाग हैं। सीधे-सादे वेश में गौरवमयी लगी। शीलवती और विनम्र हैं। नरेन्द्र जी ने कहा, "लता विश्वभर में अभी सुगम संगीत की सबसे बड़ी गायिका है।"

19 सितम्बर, 1971 (बम्बई)

राममनोहर त्रिपाठी मुझे गोरे गाँव ले जाना चाहते थे। सो आज वहाँ गया। लेकिन लगा, पूर्वाह्न का दुरुपयोग हो गया। दोपहर को मिलने आए पृथ्वी थिएटर के श्रीराम शास्त्री और निर्माता श्री रतनकुमार पुरोहित। पृथ्वीराज के बारे में उन्होंने कई कहानियाँ सुनाईं। इसी दौर में यह सूचना भी निकल पड़ी कि पृथ्वीराज बिहार के एक कवि को पाँच सौ रुपए प्रतिमास अब भी भेजते हैं। कब से भेजते रहे हैं, यह बात मैंने नहीं पूछा। रुपए पृथ्वीराज ने दो-एक बार बेनीपुरी को भी दिए थें, जो मैं जानता हूँ। शाम को पृथ्वीराज को देखने अस्पताल गया। आज उन्हें ज्वर नहीं था, प्रसन्न मुद्रा में बैठे थे। प्रसन्न तो बराबर रहते हैं। पिछले साल भर से उन्हें ज्वर आता रहा है। 103, 104 भी और उस हालत में भी वे काम करते रहते हैं, आउटडोर शूटिंग में भी जाते रहते हैं। उनकी बीवी परेशान हैं।

पद्मा साथ थी। उसका परिचय देते हुए मैंने पृथ्वीराज जी से कहा, "यह डोगरी की कवयित्री है और बहुत अच्छी कविताएँ लिखती है।" पृथ्वीराज जी ने डोकरी का एक पद सुनाया :

"टल्लू फटे सी लेना, अम्बर फटे कियाँ सीना?
खसम मरे जी लेना, यार मरे कियाँ जीना?"

फिर बोले, "वाह रे हिन्दू धर्म!"

20 सितम्बर, 1971 (बम्बई)

आज नवरात्र का पहला दिन है। पोथी साथ नहीं रहने से कवच का पाठ नहीं कर सका। पछतावा रहा। पद्मा दो बार आई। शाम को महावीर अधिकारी भी आए। वे अफ्रीका से लौटे हैं। मानवता की अगली प्रेरणा अफ्रीका से आ सकती है। चौमासे हुए खेत में फसल अच्छी होती है। अफ्रीका का तेज अभी उसके भीतर ही छिपा हुआ है।

कनफ्यूसियस कहते थे कि जो और कुछ न करके केवल प्रकृत जीवन जीता है, वह भी ऋषि-कोटि को पहुँच सकता है।

जो लाजिकल है, उससे डरो, उस पर शंका करो, वह गलत हो सकता है। जो रिजनेबुल है, उस पर शंका मत करो, वह सही होगा। केवल बुद्धि और तर्क से चलने वाला कठोर होगा। जो मानवीय कमजोरियों को दृष्टिगत रखकर चलेगा, वह दयालु होगा।

22 सितम्बर, 1971 (दिल्ली)

देर से तैयार हुआ। अमरनाथ की गाड़ी मँगवाकर अशोक से मिलने गया। वहाँ से अमरनाथ के यहाँ। उसी ने होटल ले जाकर खिलाया।

कल बम्बई में पद्मा ने कहा कि लता मंगेसकर ने एक फोश गीत गाने से इनकार कर दिया। साड़ी पतंग हो गई, चोली तंग हो गई, तबियत मलंग हो गई। लता ने लाजवाब काम किया। "अभी अगली शराफत के नमूने पाए जाते हैं।"

23 सितम्बर, 1971 (दिल्ली)

मेरा जन्मदिन। विदेश मन्त्रालय के सचिव औतारसिंह मिलने को आए। बिहार के आठ-दस आदमी। फिर बच्चू, अमरनाथ और दयानन्द। अमरनाथ जलेबियाँ ले आया था। बाँटी गईं। त्रिवेदी दम्पत्ति आए। भवानीशंकर जी ने बताया, मैक्समूलर ने लिखा है कि फीस शब्द पशु से निकला होगा। शिष्य गुरु को दक्षिणा में पशु देते थे। जर्मन में पशु को फीण्ड कहते हैं। वाकर नैगल ने लिखा है कि अंग्रेजी का साल्ट शब्द सरस से बना है। नमक को आर्य सरस कहते होंगे। राजस्थान में अब भी सबरस कहने का कहीं-कहीं रिवाज है। नेफ्यू नप्तार से आया होगा और आंटी अत्ता से। रतनलाल बंसल और श्यामसुन्दर गर्ग भी मिठाई और फूल लेकर आए। बाबा मुक्तानन्द के स्वागत में गया और भाषण दिया। बच्चन भी आ गया था। लौटती एलिजाबेथ ब्रूनर के घर गया। इन्होंने मेरे दो स्केच बनाए हैं।

24 सितम्बर, 1971 (दिल्ली)

शाम को बच्चन के पास गया। बच्चन ने कहा, "पन्त जी ने मुझे लिखा था कि अब तुम मुझे पत्र मत लिखो। उस आज्ञा का मैं पालन कर रहा हूँ।" बच्चन से मैंने पूछा कि तुम्हारी 'प्रवास की डायरी' में पन्त जी के बारे में जो कुछ है, वह आफ्टर थाट है या मूल प्रतिक्रिया? उसने कहा, "मैंने डायरी का सम्पादन भाषा की दृष्टि से किया है। विचार मेरे पहले वाले ही हैं। पन्त जी उपनिषदों का अनुवाद अच्छा कर सकते हैं।"

साढ़े पाँच बजे बाबा मुक्तानन्द की संगति में गया और कीर्तन में मैंने भी भाग लिया। फिर बीस मिनट का सामूहिक ध्यान। मेरा ध्यान बहुत दिनों के बाद आज फिर जमा। एक सज्जन ने पूछा, "रजनीश जी भक्ति नहीं सिखाते।" मैंने कहा, "उनकी यह नीति मुझे भी पसन्द नहीं है।"

25 सितम्बर, 1971 (दिल्ली)

विदेश-मन्त्रालय के सचिव श्री औतारसिंह आए। उन्हें लेकर बाबा मुक्तानन्द के पास गया। फिर हम दोनों को बाबा के शयनकक्ष में बिठा दिया गया।

वहाँ हमने ध्यान किया। ध्यान अच्छा जमा। बाबा ने स्पर्श से प्रेरणा दी थी।

मैं आज ही जानेवाला था, मगर सुमित्रा जी ने यात्रा स्थगित करवा दी। रामलीला वैले का आरम्भ हड़ताल के कारण रुक गया था। कल उसका आरम्भ होनेवाला है। सुमित्रा जी की आज्ञा है कि इस बार वैले का उद्घाटन मैं ही करूँ। अब मैं कल नहीं, परसों, प्लेन से जाऊँगा। कानपुर फोन करने पर पता चला कि रमा विद्यार्थी का देहान्त हो गया।

शान्ति, उसके पति और बच्चे को बाबा के पास ले गया। बच्चे को पोलियो है। बाबा ने कहा, "ग्यारह साल का होते-होते ठीक हो जाएगा।"

आज की संगति के अन्त में भी कीर्त्तन हुआ। आनन्द स्वामी करताल लेकर नाचने लगे। योगानन्द भी नाचने लगे, बहुत-से मर्द नाचने लगे, एक तरफ लड़कियाँ भी नाचने लगीं। इस दृश्य को देखकर मुझे अश्रुपात होने लगा।

26 सितम्बर, 1971 (दिल्ली)

नौ बजे भोर शान्तिप्रसाद जी और रमा जी को लेकर बाबा के यहाँ जाना था, गया साढ़े नौ बजे। समय पर तैयार होना मुश्किल। वहाँ औतारसिंह ध्यान कर रहे थे। हमने थोड़ा ध्यान किया। बाद में गुलजारीलाल नन्दा और स्वामी देवमूर्तिजी आ गए। योगानन्द के आग्रह के कारण कुछ भोजन भी किया। मोहिनी अम्माँ ने बहुत-सी अनुभूतियाँ सुनाईं। उनकी पहली गुरु ज्योर्तिमयी देवी हैं। कृष्णा शारदा ने काफी देर तक उर्वशी पर चर्चा की। वह शायद उर्वशी पर टीका लिखेगी। घर आया, तब राजेश्वर इन्तजार कर रहा था। शाम की संगति में भी गया। बच्चन जी भी आए थे। वे अब लुंगी में ही घर से निकल पड़ते हैं। बाबा ने उनसे बोलने को कहा। बच्चन जी पाँच मिनट बोले। यह भी कह गए कि "भगवान या आप रीझिए या रूठिए, एक ही बात है।" इसमें मुझे अश्रद्धा की थोड़ी गन्ध-सी लगी।

संगति से उठकर भारतीय कलाकेन्द्र के रामलीला वैले का उद्घाटन करने गया।

भारत में गर्व करने लायक चीजें क्या-क्या हैं? हमारी सांस्कृतिक विरासत, एयर इंडिया की सेवा, रामलीला वैले और अब भारत की क्रिकेट टीम भी।

27 सितम्बर, 1971 (दिल्ली-कानपुर)

श्री गुरुचरणाम्भोजं सत्यमेव विजानताम्
जगत् सत्यमसत्थं वा नेतिरेति मतिर्मम।

जो गुरु के चरण को सत्य समझता है, उसके लिए यह प्रश्न तुच्छ है कि जगत सत्य है या असत्य।

नौ बजे औतारसिंह आए। उनके साथ बाबा के यहाँ गया। वहाँ आन्ध्र के मुख्यमन्त्री श्री नरसिंहराव आए हुए थे। मैंने गले मिलकर कहा, "लगता है, मैं ही चीफ मिनिस्टर हो गया हूँ।" वे बोले, "आप ही चीफ मिनिस्टर हुए हैं।" बाबा की उपस्थिति में थोड़ा ध्यान किया। फिर घर आ गया और नियत समय पर हवाई अड्डे पर पहुँच गया। कानपुर में रमा विद्यार्थी की भस्मी के पास बैठा। दोनों लड़कियाँ उदास थीं शोक में।

रात में तूफान से पटने के लिए रवाना हुआ।

28 सितम्बर, 1971 (पटना)

पटना सात बजे पहुँचा। आज दुर्गा-पाठ की समाप्ति हुई। हवन के बाद आरती भी।

रामकृष्ण ने कहा था, पेड़ के नीचे खड़े होकर ताली बजाओ, तो चिड़ियाँ डाल छोड़कर उड़ जाएँगी।

वैसे ही कीर्तन में ताली बजाने से मन के कुविचार उड़ जाते हैं।

बाबा मुक्तानन्द कहते हैं कि हम न तो नरक-कीट हैं, न देवता, न मनुष्य। हम शुद्ध आत्मा हैं। इसका बार-बार निदिध्यासन करने से मनुष्य आत्मस्वरूप को पहचान जाता है।

मन को शान्त करो। सत्य को तुम जान जाओगे। ईश्वर को अपने भीतर ही खोजो। गुरुदेव सतत तुम्हारे साथ हैं।

30 सितम्बर, 1971 (पटना)

जब बाबा मुक्तानन्द विश्व-भ्रमण कर रहे थे, स्वामी रामदास (Dr. Richard Alpert) ने कहा था—"A lion is roaming the world, the lion of Ganeshpuri. ईसा ने कहा था, Let those hear that have ears to hear."

बच्चन के पास कान नहीं हैं, वह मेधाश्रवा है, बुद्धि से सुननेवाला। फिर भी गीता के दो अनुवाद उसने किए, यह अच्छा काम था।

कल पुराने कागजात खोजते समय कमला रत्नम् के तीनों लेखों की कतरनें मिल गईं जो उन्होंने 'उर्वशी' पर एम.पी. क्रोनिकल में लिखे थे। उर्वशी पर अंग्रेजी में कई लेख छपे थे, मगर कॉपियाँ मिल नहीं रही हैं।

तुलसी ने नारी-निन्दा लिखी है, इस पर तूफान खड़ा है। मगर नीत्शे को क्या कहना होगा?

Are you going to woman, do not forget your whip.

आनन्द सिनेमा देखा। अमिताभ राजेश खन्ना के जोड़ में अच्छा ठहरा है।

1 अक्तूबर, 1971 (पटना)

जंगल सींचने का अर्थ है पेड़ों को सींचना। पेड़ देखते हो या जंगल? गांधी सही। मार्क्स में संशोधन की आवश्यकता।

अमेरिका में किसी भक्त ने बाबा मुक्तानन्द से पूछा, "कैसे समझें कि सद्गुरु मिल गया?" बाबा ने कहा, "एक ही पहचान है। अपने अन्दर झाँककर देखो कि जिससे मिले हो, उससे मिलने के बाद तुम्हारे भीतर कुछ रूपान्तरण हुआ है या नहीं। यदि हुआ है, तो सद्गुरु तुम्हें प्राप्त हो गए हैं।"

गुरु के बिना चल नहीं सकता। वे अनिवार्य हैं। ईश्वर सबके भीतर हैं, यह ठीक है। किसी-किसी को खुद भी यह अनुभूति हो जाती है। किन्तु इस अनुभूति को स्थायी गुरु की कृपा बनाती है।

रात इतना पानी बरसा कि आज सड़कें डूबी हुई हैं। बाढ़ का दृश्य राजेन्द्र नगर में है। कहीं गया नहीं। मिलने को आए कुमार विमल।

2 अक्तूबर, 1971 (पटना)

गांधी-जयन्ती। गांधी और टाल्स्टाय के सपनों का समाज अब निर्मित नहीं किया जा सकता। सभ्यता ने मशीन के सामने घुटने टेक दिए हैं। गांधी और टाल्स्टाय गाँवों को बचाना चाहते थे। नई सभ्यता गाँवों का नगरीकरण चाहती है। नगरीकरण के सिवा और कोई उपाय नहीं। गांधी और टाल्स्टाय के मार्ग पर दुनिया नहीं चलेगी। फिर भी वे सभ्यता के लिए चेतावनी तो हैं ही। सभ्यता खैरियत से नहीं है। और जिधर को वह जा रही है, उधर विनाश का गर्त आनेवाला है।

गांधी और टाल्स्टाय का धर्म में अटल विश्वास था। दोनों प्रार्थना में भी विश्वास करते थे। At times I feel an urge to pray in the depths of woods, यह टाल्स्टाय का वचन है।

जयप्रकाश, कृपलानी, मोरार जी, जैनेन्द्र कुमार और दादा धर्माधिकारी जब नहीं रहेंगे, तब गांधीवादी विचारकों का अभाव हो जाएगा। मशीन के प्रेमी भी गांधी के मार्ग पर चल सकते थे, पर वे चले नहीं।

3 अक्तूबर, 1971 (पटना)

तैयार नहीं हुआ था, तभी फणीश्वरनाथ रेणु आ गए। तैयार हुआ, तब राजेश्वर और नवल बाबू आए। बारह बजे उन लोगों से फुरसत हुई। नौकरी छूटने से कई आराम छूट गए। फिर भी चलता है। शायद टाल्स्टाय ने कहा था, "भगवान को धन्यवाद है कि जिन चीजों की हमें जरूरत है, उनका पाना कठिन नहीं है और जिनका पाना कठिन है, वे जीवन के लिए अनिवार्य नहीं हैं।"

रेणु शाम को काफी हाउस ले गए। वहाँ जितेन्द्र प्रसाद सिंह भी आए थे। एक कवि आलोकधन्वा हैं, उनसे भी भेंट हुई। इन उदीयमान कवि का विचार है कि बिहार में दिनकर-दग्ध लोग काफी हैं। कुछ लोग ऐसे भी हैं, जो रेणु से दग्ध हैं। रेणु ने बताया, पटना के एक कवि महाराज ने यह कहा कि दिनकर चाहते क्या हैं? वे अपने को हारा हुआ क्यों मानते हैं? उन्हें तो सब कुछ मिला है।

काश! वे यह समझ पाते कि जो कुछ प्राप्त हुआ, वह तुच्छ था। जिसकी तलाश है, वह अमूल्य है।

6 अक्तूबर, 1971 (पटना)

कल से विनोबा जी का आचार्यकुल पढ़ रहा हूँ, जिसकी मूल शिक्षा यह है कि शिक्षा-विभाग उसी तरह स्वतन्त्र होना चाहिए, जैसे न्यायपालिका स्वतन्त्र है। जज को यह स्वतन्त्रता है कि वह सरकार के खिलाफ निर्णय ले सके। विनोबा जी चाहते हैं कि स्कूलों और कॉलेजों में भी इस बात की छूट हो कि शिक्षक राज्य की नीति की आलोचना सिखा सकें। जरूरत हो, तो बच्चों को राज्य के खिलाफ भी शिक्षा दे सकें। विनोबा जी के अनुसार पंतजलि का योगशास्त्र शिक्षाशास्त्र का भी ग्रन्थ है।

आज आलोकधन्वा कवि रेणु के साथ आए। अपनी एक कविता उन्होंने सुनाई 'जनता का आदमी'। 'मैं कत्ल नहीं कर सकता तो कविता भी नहीं कर सकता। शब्दों से मैं मनुष्य की नई त्वचा गढ़ रहा हूँ।' कविता प्रभावकारिणी है, मैंने उसे प्रबल कहा। गद्य में उन्होंने जो कुछ कहा, उसका भी मुझ पर प्रभाव पड़ा। चेग्वेवारा जिस आन्दोलन के दार्शनिक थे, उसके आलोकधन्वा कवि हैं। उस दिन मैंने कहा था, "यह नाम तो मेरी कविता का है।" वे बोले थे, "नाम किसी मित्र ने रख दिया। आपकी कविता मैंने बाद को पढ़ी।" नाम चाहे मित्र ने रखा हो, लेकिन मेरी कविता के पहले हिन्दी में यह नाम था नहीं।

8 अक्तूबर, 1971 (आगरा)

रात तूफान से पटना से आगरे के लिए चला था। आज आगरा पहुँच गया। कल कवि-सम्मेलन के लिए हाथरस जाना होगा।

टाल्स्टाय 1908 में ही मरने लगे थे। उस समय एक दिन उनकी आँखों में आँसू आ गए। श्रीमती टाल्स्टाय से उन्होंने कहा, "मैं इसलिए नहीं रो रहा हूँ कि मैं मरनेवाला हूँ। रोना यह सोचकर आता है कि मृत्यु भी कितनी खूबसूरत चीज है।"

फिर एक दिन उन्होंने कहा, "मरना आसान नहीं है। मरना बड़ा ही कठिन काम है। जिस शरीर में हम इतने दिन रहे, उसे छोड़ना आसान नहीं है।"

लेकिन मैं मरने को अभी स्वेच्छया तैयार नहीं हूँ। अनाथ पोतियों के ब्याह बाकी हैं। लेकिन भगवान की योजना क्या है, यह किसे मालूम?

9 अक्तूबर, 1971 (आगरा)

आगरे में कल्लो के घर में अतिथि हूँ। मिलने को आए डॉ. ब्रजेश्वर वर्मा। ग्वालियर में साहित्य-परिषद की एक शाखा का सभापतित्व करके लौटे हैं। इस विषय पर भाषण दिया है कि मैथिली, राजस्थानी आदि भाषाएँ अलग मान ली गईं, तो हिन्दी की क्षति होगी। मैंने कहा, उस विद्वान की इन्तजारी है, जो ग्रियर्सन का खंडन करके यह सिद्ध करे कि मैथिली और राजस्थानी हिन्दी है और बिहारी नाम की कोई भाषा नहीं है।

रवीन्द्रनाथ की तरह टाल्स्टाय ने भी कहा था, "मैं समझता हूँ, हम लोगों का लिखा साहित्य स्थायी नहीं होगा और मेरा लिखा तो बिलकुल ही नहीं। हम लोग परिमाण में बहुत ज्यादा लिखते हैं।"

11 अक्तूबर, 1971 (पटना)

आगरे से पटना के लिए चला दो बजे। रास्ते में एक यात्री के पास गीता की एक टीका थी। इसे जयदयाल गोयंदका ने तैयार किया है। प्रसंगों की व्याख्या में उन्होंने बहुत श्रम किया है। ग्रन्थ मुझे अपने ढंग का अलबेला लगा।

टाल्स्टाय ने जब यह कहा था कि हम लोगों की रचनाएँ बचेंगी नहीं, तब कारण यह दिया था कि हम लोग परिमाण में बहुत लिखते हैं, मगर सदियाँ जिन चीजों को सदियों तक पहुँचाती हैं, वे परिमाण में थोड़ी होती हैं। गोगल कहते थे कि पहला मसौदा कभी नहीं छपवाना चाहिए। उसे बारी-बारी से बासी करके आठ बार सुधारना चाहिए।

मगर 'कामायनी' तीन बार भी सुधारी गई होती, तो उसमें भाषा की शिथिलता नहीं रहती।

12 अक्तूबर, 1971 (पटना)

कल जब आगरा में कल्लो से विदा लेकर चला, न वह रोई, न मैं रोया।

याद आया कि हर बेटी की बिदाई के समय मैं फूट-फूटकर रोया था। बबुनी (सूर्यकला) जब रुखसत हो रही थी, मैं बड़का दा के दालान में छिपकर रोया था। विनता तो दोबारा गई, तब भी रोया था। तान्या को विदाई देते समय टाल्स्टाय फूट-फूटकर रोए थे। जवाहरलाल जी को बेटी की जुदाई सहनी नहीं पड़ी, नहीं तो वे भी रोए होते। मगर फीरोज के मरने के बाद मैंने उनकी आँखों में आँसू नहीं देखे थे। मैथिलीशरण और मैं साथ ही उनसे मिलने गए थे।

13 अक्तूबर, 1971 (पटना)

आज मुलाकातियों की भीड़ रही। बहुत ज्यादा तो नहीं थे, मगर सबने समय ज्यादा लिया। दिनभर किसी काम में जी नहीं लगा। शाम को सात बजे 'चतुरंग' की गोष्ठी में गया। मुझे अपनी परवर्ती रचनाएँ सुनानी थीं। मेरा भी कोई परवर्ती रूप है, इसका ज्ञान मुझे नहीं था। आज विशेषण पर सोचने से लगा कि वह ठीक हो सकता है। नील कुसुम से पूर्व वाला दिनकर और नील कुसुम से उत्तरवाला दिनकर, गरचे 'परशुराम की प्रतीक्षा' में जवान दिनकर पीछे से आकर कूद पड़ा है। परवर्ती महादेवी शायद नहीं है। मगर परवर्ती पन्त है, परवर्ती बच्चन है।

महान घटनाओं से प्रेरित रचनाओं का अपना महत्त्व है। वे आगे की सदियों में गवाही देती हैं कि यह सब कभी हुआ था। 'परशुराम की प्रतीक्षा' इस बात की गवाही देगी कि कभी देश को इतना भयानक क्रोध चढ़ा था।

14 अक्तूबर, 1971 (पटना)

आज मथुरा ने रजनीश जी की 'गहरे पानी पैठ' पुस्तक दी। इसमें रजनीश जी ने मन्दिर, नाम-जाप, तिलक, माला, कीर्तन आदि के बारे में अपने विचार प्रकट किए हैं। विज्ञान की खोजों के बारे में रजनीश जी को जो जानकारी है, उसका भी उपयोग ग्रन्थ में विलक्षण ढंग से किया गया है। अभी तक विज्ञान यह मानता है कि सबके मूल में विद्युत है, ऊर्जा है। ध्वनि उसी का एक रूप है। धर्म कहता है, मूल में ध्वनि है, विद्युत उसी का रूपान्तरण है। भिन्न-भिन्न ध्वनियों से विशेष सिद्धि।

15 अक्तूबर, 1971 (पटना)

रजनीश जी के विचार खूब ताजे और रोचक लगते हैं। उनका कहना है कि भारत के

गाँवों में हजारों वर्ष से जो निर्दोषता और पवित्रता थी, वह गाँव के कारण नहीं, उसमें स्थापित मन्दिर के कारण थी, जो आविष्ट थे। 'भारत पुनः कभी भारत नहीं हो सकता, जब तक उसका मन्दिर जीवन्त न हो जाए।'

यह भी लिखा है, "आचार्यकुल में किसी में त्रुटि होती थी, तो गुरु अपने को जिम्मेवार मानता था और तब वह प्रायश्चित या तपश्चर्या करता था। गांधी जी ने इसका रहस्य समझा नहीं। वे दूसरों को कोअर्स करने के लिए अपने को दंड देने लगे। असल में गुरु के आसपास पवित्रता का वर्तुल निर्मित होता था, जिसके भीतर पाप होता ही नहीं था। गांधी जी के आसपास वर्तुल नाम की चीज नहीं थी।"

16 अक्तूबर, 1971 (पटना)

जैनों का एक तीर्थ है समेत शिखर। चौबीस में से बाईस तीर्थंकर वहीं से कैवल्य-धाम हो गए। यह सचमुच विस्मय की बात है।

काबा में 365 मूर्तियाँ थीं और एक पत्थर था, जो मन्दिर का केन्द्र था। मूर्तियाँ तोड़ डाली गईं, लेकिन वह पत्थर हटाया नहीं गया। उसकी पूजा अब तक चलती है। रजनीश जी का विचार है कि यह पत्थर किसी अन्य ग्रह पर का है, जो शायद उल्का बनकर गिरा था।

मन्दिर और तीर्थ, इन्हीं के चारों ओर हमारी सभ्यता घूमती थी। मगर दोनों का अर्थ कहीं छिप गया है। हमें उसका फिर से आविष्कार करना है।

17 अक्तूबर, 1971 (पटना)

विचार था कि आज लिखना जमकर होगा, मगर रेणु का फोन आया 'ग्यारह बजे होटल चलिए'। सो बाल-बच्चों को लेकर होटल गया। वहाँ शान्ति नामक कवि से भेंट हुई। कलकत्ते के भूखी पीढ़ी के दो कवियों से भेंट हुई। उनमें से एक ने कहा, "जिज्ञासा यह है कि मैं कौन हूँ। उसी जिज्ञासा से मेरी कविता फूटती होगी।" मैंने कहा, "तब तो आप अध्यात्म की बात करते हैं। खुशी की बात है।"

रात में साम्प्रदायिकता विरोधी कवि-सम्मेलन का सभापतित्व किया। केवल दो ही शायर उर्दू के आए थे और श्रोताओं में भी मुसलमान दो-चार ही थे, वे भी नेता लोग। शायद मुसलमान समझ गए हैं कि आन्दोलन मुलम्माबाजी है। एकता का फैसला इस बात से होगा कि इन्दिरा-सरकार बंगलादेश का क्या करती है। खतरनाक बात।

नई कांग्रेसवालों को चाहिए कि वे मुस्लिम-सम्पर्क का काम जोर से शुरू करें। केवल जनसंघ का हौवा खड़ा करना छोटी राजनीति है।

18 अक्तूबर, 1971 (पटना)

सेमुअल ब्रेकेट, ज्यांपाल सार्त्र, फ्रांज काफका और अलबेयर कामू में से काम मुझे सबसे कम नापसन्द है।

इन सबकी रचनाओं में वैयक्तिक मुद्रा विक्षिप्तता की होती है यानी मनमानी वृत्तियाँ। कथानक पर तरजीह शब्दों के बैठने की अदा को दी जाती है। मगर शब्दों के साथ गहनता जरूर रहती है और इनकी रचनाओं का वातावरण एक तरह का मायाजाल होता है।

इलस्ट्रेटेड वीकली में माथुर साहब ने सही लिखा है कि पब्लिकमैन बनकर मैंने अपने कवि-रूप को गड़बड़ी में डाल दिया। लेकिन प्रोफेसरी में उर्वशी लिखी जाती क्या? काम के उतने रहस्यमय अनुभव मुझे दिल्ली के ही जीवन में तो मिले। प्रभु पहले जंगल, समुद्र या वाटिका में फेंक देते हैं और तब कहते हैं, अब इसकी कविता लिखो।

19 अक्तूबर, 1971 (पटना)

पाश्चात्य जगत के नवीन साहित्य को देखकर कभी-कभी लगता है कि यथार्थता के विरुद्ध प्रतिक्रिया उत्पन्न हो रही है। अच्छे लेखक स्वतन्त्रता और स्वतन्त्रता दुरुपयोग के बीच प्रयोग कर रहे हैं। भविष्य ही बताएगा कि वे फैशन-परस्त थे या सचमुच के कलाकार। यह गनीमत है कि साहित्य का स्वास्थ्य परिवर्तन और वैविध्य पर निर्भर करता है।

हेनरी जेम्स की एक उक्ति पढ़ी, 'फिक्शन के दरवाजे अनेक हैं।' अकविता के घर में भी दरवाजे ज्यादा ही दिखाई देते हैं।

हिन्दी में अभी कौन युग बीत रहा है? प्रतीक्षा-युग या चिन्ता-युग अथवा आलोचना-गुण? अगर आलोचना युग है, तब तो अच्छा नहीं है। अपने पुस्तकालय में छंटाई करते समय मैंने आलोचना की पुस्तकें ज्यादा छाँट फेंकी हैं।

22 अक्तूबर, 1971 (पटना)

श्रीनन्द चतुर्वेदी का बिन्दु आया। लगता है, साहित्यिक पत्रकारों में अभी नन्द चतुर्वेदी के जोड़ का कोई नहीं है। पत्र त्रैमासिक हो या मासिक, वह अपने सम्पादक के व्यक्तित्व का प्रतिबिम्ब होता है। वेणुगोपाल की दो कविताएँ इस पत्र में छपी हैं। शीर्षक है : 'आन्तरिक सुरक्षा के अन्तर्गत।' खुशी की बात है कि हिन्दी में वेणुगोपाल जैसे कवि मौजूद हैं। एक लेख है लक्ष्मीकान्त वर्मा का भारतीय बौद्धिक वर्ग पर। वर्मा

जी की कटु आलोचना जब-तब पढ़ने को मिली थी, लेकिन जितना अच्छा लेख उनका यह है, उतना अच्छा मैंने और कोई लेख उनका नहीं पढ़ा था। इस लेख में डॉ. राममनोहर लोहिया का व्यक्तित्व बड़ा ही दबंग मालूम होता है। जो कुछ लक्ष्मीकान्त ने लिखा है, वैसे विचार लोहिया साहब से मैंने भी सुने थे। वे खांटी हिन्दुस्तानी नेता थे। देश का दुर्भाग्य कि कम उम्र में चले गए।

24 अक्तूबर, 1971 (पटना)

आज के सर्चलाइट में किसी रूसी लेखक ने भगतसिंह पर एक लेख लिखा है। अप्रैल, 1929 में भगतसिंह और वटुकेश्वर दत्त ने एसेम्बली में बम फेंका था। उस समय 'प्रावदा' ने लिखा था, साम्यवादी लोग वैयक्तिक आतंकवाद में विश्वास नहीं करते। अतएव इस मामले में भारत के साम्यवादियों को गिरफ्तार नहीं किया जा सकता। भगतसिंह साम्यवादी नहीं थे, लेकिन बाद में हो गए थे, ऐसा उनके क्रान्तिकारी साथी कहते हैं। लेकिन लन्दन टाइम्स ने उसी समय लिखा था कि भगतसिंह कम्यूनिस्ट हैं।

यूनान के कवि जॉर्ज सिफरे मर गए, यह बात मुझे मालूम न थी। आज के अखबार में उन पर एक लेख आया है, उससे पता चला।

श्री परमानन्द पांडेय ने आकर मुझ पर विरचित एक कविता सुनाई। कहते हैं, कविता उन्होंने 1962 में लिखी थी।

25 अक्तूबर, 1971 (पटना)

आनन्द धन में नहीं है, कामिनी में नहीं है, कीर्ति में नहीं है। आनन्द है उस काम में लगना, उस व्यवसाय को पाना, जो हमें दिल से पसन्द हो, यानी साहित्यिक को साहित्य का काम मिले तो आनन्द है, संगीतज्ञ को संगीत का काम मिले तो आनन्द है। आज राजेन्द्र शर्मा कहते थे कि बनारसी दास का कहना है कि साहित्य को बैसाखी नहीं, टहलने की छड़ी बनाओ। मगर यह हो कैसे? जो अच्छा लिख सकते हैं, उनका सारा समय अवकाश में या लिखने में जाना चाहिए। जो कला अपने पुजारियों का पालन नहीं कर सकती, वह बचेगी कैसे?

26 अक्तूबर, 1971 (पटना)

आज बिहार राष्ट्रभाषा परिषद् के पुस्तकालय में तीन घंटे रहा। फाइलें उलटीं, मतवाला की, सरस्वती की, सुधा की, माधुरी की। मुख्य पृष्ठ पर छपनेवाले अनेक कवि विस्मरण की खोह में चले गए। आश्चर्य है, इन पत्रों में मेरी और बच्चन की

कविताएँ बहुत कम छपी हैं। जिनकी कविताएँ खूब छपती थीं, उन्हीं में से वे नमूने खोजे जा सकते हैं, जो छायावाद के खोखलेपन को प्रमाणित करते हैं। जैसे चाँद के मुखपृष्ठ पर ताबड़तोड़ छपनेवाली रामकुमार वर्मा की कविताएँ। मेरी कसौटी पर ये कविताएँ हैं ही नहीं। ठीक उसी प्रकार जैसे नए कवियों की कसौटी पर मेरी और बच्चन की कविताएँ, कविताएँ नहीं हैं। शायद परवर्त्ती बच्चन और परवर्त्ती दिनकर पर यह लागू नहीं हो। किन्तु मैं तो दोनों की परवर्त्ती कविताओं को कमजोर मानता हूँ।

29 अक्तूबर, 1971 (पटना)

कल राष्ट्रभाषा-परिषद् से आकर अपना पुस्तकालय उलटने लगा। हितैषी जी की दर्शना खा गई थी। वह आज मिल गई। रायकृष्ण दास का भावुक भी मिल गया। रायकृष्ण दास प्रसाद जी और मैथिलीशरण जी, दोनों के मित्र थे। वे दोनों के बीच की कड़ी थी। भावुक की कविताएँ भी उस बिन्दु पर हैं, जहाँ प्रसाद और मैथिलीशरण खींचकर मिलाए जा सकते हैं। भावुक पढ़ते-पढ़ते मिजाज इतना खुश हुआ कि रायकृष्ण दास पर एक लेख ही आरम्भ कर दिया।

शाम को परमानन्द पांडेय आए और सुमति-गोष्ठी में ले गए। आज सुमति जी की पुण्यतिथि थी। मेरा कुछ कर्तव्य भी था। अपनी 'हिमालय' नामक कविता का प्रथम पाठ मैंने जिस कवि-सम्मेलन में किया था, उसके सभापति पं. शिवप्रसाद पांडेय सुमति ही थे। वहाँ हरिमोहन झा और कई तरुण साहित्यिकों से भेंट हुई। पटना में भी प्रतिभाएँ हैं। मैं उनके सम्पर्क में आना चाहता हूँ।

28 अक्तूबर, 1971 (पटना)

कल से यशपाल जी का 'सिंहावलोकन' पढ़ रहा हूँ—सिंहावलोकन यानी सहस्त्र क्रान्ति की कहानी। कितनी अच्छी पुस्तक है, मगर मैंने अब तक पढ़ी नहीं थी, गरचे किताब मैंने 1961 ई. में ही खरीद ली थी। इस पुस्तक से यशपाल जी का जो रूप प्रकट होता है, वह प्रशंसनीय है, श्रद्धेय है। एक बार यशपाल जी मन्मथ बाबू के घर गए थे। उस रोज मन्मथ बाबू ने मुझे यह कहकर बुलाया था कि "आ जाइए। आज हिन्दी के सबसे बड़े लेखक और सबसे बड़े कवि एक साथ भोजन करेंगे।" मैं विवशता के कारण उस दिन उनके घर नहीं जा सका। मगर बातें उनकी याद हैं। मैं हिन्दी का सबसे बड़ा कवि हूँ या नहीं, यह अलग बात है। लेकिन यशपाल शायद हिन्दी लेखकों में, एकाध दृष्टि से, सबसे बड़े आदमी हैं। उसके समान तपे-तपाये मनुष्य का जो आदर हिन्दी में होना चाहिए था, वह शायद नहीं हुआ है। आज मैं भी अपने को थोड़ा दोषी अनुभव कर रहा हूँ।

29 अक्तूबर, 1971 (पटना)

दर्शना पढ़ते-पढ़ते हितैशी जी की याद ताजी हो गई। दोपहर को जो पढ़ना आरम्भ किया, तो शाम तक पढ़ता ही रहा। 'कल्लोलिनी' से यह बहुत आगे की चीज है। हितैषी जी ने फारसी भी पढ़ी थी और संस्कृत भी। दर्शना में वे अध्यात्म की गहराई में चले गए थे। दर्शना में ऐसी-ऐसी पंक्तियाँ हैं, जिन्हें पढ़कर आँखें बन्द करके कहीं उड़ने की तबीयत होने लगती है।

शून्यता शून्यता की अपना कर सप्त खमंडल नाच रहे हैं।

❑

न विचार विचार से आगे बढ़ा, मैं विचार-विहीनता को क्या करूँ?

❑

महाशून्य के गर्भ में ज्वालामुखी प्रलयों की उभारी, धरी किसने?

❑

अकुलानी रही उर की उर में, दुखी वेदना की नहीं बानी मिली।

❑

अपने को मिले जब से तब से हम दूसरों के लिए खो गए हैं।

जीवन ठीक रहा है। अपनी नींद सोना, अपनी नींद जागना। कुछ भी लिखने में जल्दी नहीं करना। प्रोग्राम पच्छिम जाने का हो, तो पूरब की ओर चल देना। यह जीवन मस्ती का है। मगर अनाथ पोतियों की चिन्ता बनी रहती है।

30 अक्तूबर, 1971 (पटना)

मुख्य काम यह कि भदंत आनन्द कौशल्यायन के साथ भोजन करने को वैद्यनाथ आयुर्वेद भवन गया। आनन्द जी ने पूछा, "पटने में जीवन कैसा चल रहा है?" मैंने कहा, "वैसे तो अच्छा ही चल रहा है, लेकिन स्वर्गीय बेटे की तीन बेटियाँ अभी क्वाँरी हैं। नौ लड़कियों का ब्याह कर चुका हूँ। तीन के और करने हैं, अगर काफी दिन बचा। एक आदमी के सिर पर बारह लड़कियाँ। न जाने, भगवान ने इतना बोझ क्यों डाला?" आनन्द जी मजाकिये हैं। बोले, "भगवान ने देखा, यह कवि उड़ता बहुत है। दो-चार पेपर वेट डाल दो।" मैंने कहा, "दो-चार तो ठीक था। मगर बारह पेपर वेट डालने की क्या जरूरत थी?"

31 अक्तूबर, 1971 (पटना)

सरदार पटेल की 69वीं जयन्ती का सभापतित्व करने को साहित्य सम्मेलन-भवन

गया। मुख्यमन्त्री श्री भोला पासवान शास्त्री भी आए हुए थे। प्रायः सभी वक्ता एक ही जाति के थे। अधिक श्रोता भी शायद उसी जाति के थे। सोचकर हँसी आती है कि स्वामी सहजानन्द और बाबू श्रीकृष्ण सिंह भूमिहार बनकर जी रहे हैं। अनुग्रह बाबू के नामलेवा राजपूत हैं और सरदार पटेल की जयन्ती बिहार में कुरमी बन्धु मानते हैं। बिहार गर्त्त में गिरता ही जा रहा है। कहाँ जाकर रुकेगा, इसका पता नहीं चलता।

सशस्त्र क्रान्ति की कहानी अभी खत्म नहीं हुई है, यशपाल और प्रकाशवती के जो रूप इस पुस्तक में उभरते हैं, वे भव्य हैं।

हितैषी जी की दर्शना आज फिर उलटी। अनेक पंक्तियाँ हैं, जो मन को मोह लेती हैं।

जितनी पुकार शान्ति-शान्ति की मचाई गई,
युद्ध-घन-उतना घनेरा बढ़ता गया।

❑

अति पुण्य की आय ही पाप न हो,
इसी से कर लेता हूँ पाप कभी-कभी।

❑

भव-भार है व्यर्थ ही ढोना यहाँ,
जब होना, न होना बराबर है।

❑

अणुता औ महानता छोर हैं दो,
इस विश्व की व्यापक व्यर्थता के।

❑

1 नवम्बर, 1971 (पटना)

'द स्टेट्स' का नया अंक आया है। इस अंक का नाम है 'जो हुकुम'। रेलवे बोर्ड के चेयरमैन गांगुली और रेलमन्त्री के बीच जो झगड़ा हुआ, यह अंक उसी पर है। देशभर में सहानुभूति गांगुली को मिली है। इस अंक में एक वाक्य बड़ा अच्छा है, "यदि तुमने कुत्ता पाल रखा है, तो उसके बदले खुद मत भूँको।"

विद्यापति-पर्व का समारम्भ। उद्घाटन उपराष्ट्रपति गोपालस्वरूप पाठक ने किया। सभी भाषण मैथिली में हुए। केवल उपराष्ट्रपति हिन्दी में बोले। गवर्नर हिन्दी मैं बोले या अंग्रेजी में, मैं नहीं जान सका, क्योंकि उपराष्ट्रपति के भाषण के बाद में चला आया। कोई रोकने को दौड़ा कि आपको भी बोलना है। मैं यह कहकर निकल गया कि तुम्हें पहले ही कहना था।

बेटी का विवाह अत्यन्त कठिन काम है। फिर भी कोई लड़की क्वाँरी नहीं रह

जाती, यह विधि का चमत्कार है। पूनम के ब्याह की चिन्ता मेरे भीतर चल रही है। सारा जीवन इसी चिन्ता में गया।

2 नवम्बर, 1971 (पटना)

कल हितैषी जी का संस्मरण शुरू किया था, आज वह पूरा हो गया। हितैषी जी की ऊँची गांधी टोपी, सफाचट चेहरा, शुभ्र खादी का कुरता, सभी याद आ गए। उनका सवैया पढ़ने का ढंग कानों में गूँजने लगा।

शाम को कवि-सम्मेलन का सभापतित्व करने विद्यापति-समारोह में गया। खास बात यह हुई कि गवर्नर बरुआ ने भी कविता पढ़ी। मैंने घोषित किया, "जिन्हें आप महामहिम कहते हैं, उन्हें आज मैं कविवर देवकान्त बरुआ कहकर अभिहित करता हूँ और उनसे अनुरोध करता हूँ कि वे अपनी कविता पढ़ने की कृपा करें।" उड़िया से कालिन्दी बाबू, बंगला से आशुतोष बाबू और उमाराय, असमिया से गर्वनर बरुआ, फिर मैथिली और हिन्दी के कवि। विद्यापति ने भारत के जितने भूभाग को प्रभावित किया था, उस सारे भूभाग का प्रतिनिधित्व आज हो गया।

3 नवम्बर, 1971 (पटना)

एजरा पौंड के निबन्ध देख रहा था। वे केवल वही बात बोलते थे, जो दूसरों को नहीं सूझती थी। इंग्लैंड का पतन तभी शुरू हुआ, जब लैंडर इंग्लैंड को छोड़कर टस्कनी चले गए। उस समय तक इंग्लैंड अपने प्रतिभाशाली पुत्रों को अपनी गोद में रख सकता था। उसके बाद और बुरा हुआ। शेली, कीट्स और बायरन यूरोप में रहने लगे। राबर्ट ब्राउनिंग को एजरा पौंड ने लैंडर से श्रेष्ठ कवि माना है। मगर उनका कहना है कि लैंडर से अधिक गम्भीर, अधिक पूर्ण साहित्यकार इंग्लैंड में पैदा नहीं हुआ। रेम्बू की बड़ाई पौंड ने यह कहकर की है कि उसके बिम्ब अत्यन्त स्वच्छ हैं, उन पर ऐसे शब्दों का बोझ नहीं है, जो काम न करते हों।

काव्य की भूमिका पौंड को पसन्द नहीं थी। उनका कहना था कि चालीस भूमिकाओं की बनिस्बत एक कविता कहीं श्रेष्ठ है।

4 नवम्बर, 1971 (पटना)

किताबें उलटते समय आज भी एजरा पौंड ने अटका लिया। लिखा है, लोग कविताई में सत्रह से तेईस वर्ष की उम्र तक रहते हैं। लेकिन उम्र बढ़ने के साथ भावना भी परिपक्व होती है। श्रेष्ठ कविताओं में से अधिकांश उनकी लिखी हैं, जिनकी उम्र तीस से ऊपर थी। कई कवियों ने परिपक्व काव्य पचास की उम्र में लिखा है।

हिन्दी-परिषद में पं. देवेन्द्रनाथ शर्मा ने जो भाषण दिया था, उसे पढ़ा। हिन्दी प्रान्तों में हिन्दी चल जाए, तो सर्वत्र चल जाएगी। नए आलोचकों की भाषा की भी आलोचना है।

5 नवम्बर, 1971 (पटना)

मिलने को आए श्री लक्ष्मीकान्त विद्याभूषण। चाणक्य पर इन्होंने चौदह सर्गों का काव्य लिखा है और समर्पित किया है 'महान् क्रान्तिकारी एवं राष्ट्रकवि डॉ. रामधारी सिंह दिनकर' को। परिचय नहीं, पत्र-व्यवहार नहीं, अनुमति नहीं। बस, ग्रन्थ समर्पित कर दिया। दो हजार रुपया चन्दे से जमा किए, एक हजार आठ सौ रुपए घर से लगाए। अभी तक एक कॉपी भी नहीं बिकी है। उनकी करुण-कथा सुनकर व्यथा हुई। छन्द बहुत शुद्ध लिखते हैं। कविता की पुस्तक छापना घर फूँक तमाशा देखना है।

पेबलो नरूदा को नोबुल पुरस्कार मिल गया। हिन्दी में नरूदा परिचित नाम है। यदि नरूदा आस्तिक होते, तो मैं उन्हें आत्मबन्धु मानता। नरूदा के प्रशंसक इलियट, एजरा पौंड, रिलके, काफ्का, सार्त्र, सभी के खिलाफ हैं। नरूदा स्टालिन के प्रशंसक थे। "पुरानी क्रेमलिन के तीन कमरों में एक आदमी रहता है, जिसका नाम जोसेफ स्टालिन है। उसके कमरे की बत्ती बहुत देर से बुझती है। संसार और उसका अपना देश उसे आराम लेने नहीं देते।"

6 नवम्बर, 1971 (पटना)

धर्म-कीर्ति के दो श्लोक जयकिशोर जी ने सुनाए। एक का आशय है कि मेरे विचार मेरे ही भीतर कैद रह गए, जैसे समुद्र का जल समुद्र में ही बूढ़ा हो जाए। बड़े-बड़े अध्ययनशील और विचारशील व्यक्ति भी मेरे विचारों तक नहीं पहुँच सके, उन्हें ग्रहण नहीं कर सके।

दूसरे श्लोक का आशय है, वाल्मीकि ने पत्थरों को पानी पर तैरा दिया, व्यास ने पार्थ के बाणों से पाताल-गंगा की धारा निकलवाई, लेकिन उनकी अत्युक्ति के लिए उन्हें कोई दोष नहीं देता। लेकिन मेरे प्रबन्ध को लोग दूषते हैं। हे प्रतिष्ठे, तुम्हें प्रणाम है।

बी.एन. कॉलेज के समाजशास्त्र-परिषद् के उत्सव में गया। भाषण देकर और कविता सुनाकर तुरन्त भागा।

7 नवम्बर, 1971 (पटना)

श्वेतजर ने लिखा है कि गेटे को आर्थिक चिन्ताएँ कभी भी झेलनी नहीं पड़ीं। आर्थिक अभाव होता, तो उसे दूर करने की अकल भी उन्हें नहीं थी। मेरे जानते यही बात भारतेन्दु और रवीन्द्र के बारे में भी कही जा सकती है। 'वर्दर' लिखने के बाद गेटे को आलोचकों और जनता से जो प्रेम और श्रद्धा मिली, वह फिर बाद की किसी भी पुस्तक से प्राप्त नहीं हुई। उनकी अच्छी-से-अच्छी कृतियाँ में लोग दूषण ही देखते रहे। उनके नाटक कभी खेले नहीं गए। लोगों ने खुलकर और छिपकर, दोनों ही तरीकों से उन पर वार किए। लेकिन प्रशंसक भी उनके कम नहीं थे। बीलेंड ने लिखा था, "भगवान ने जो सबसे महान, सबसे उत्तम और सबसे शानदार मनुष्य बनाया, वह गेटे हैं।" गेटे की जीवनी पढ़कर उन सभी लेखकों को आश्वस्त होना चाहिए, जिन पर मार इसलिए पड़ती है कि वे बहुत अच्छे हैं।

8 नवम्बर, 1971 (पटना)

आज अपनी पुरानी किताब 'मिट्टी की ओर' उलटने लगा, तो देखा कि मैंने छायावाद की मृत्यु को नहीं माना है। बच्चन, नरेन्द्र, शिवमंगल, नागार्जुन, अंचल और मैं, ये सब-के-सब छायावाद से जनमे हैं और हम लोगों के भीतर से वह धारा अब भी प्रवाहित हो रही हैं। किन्तु यह छायावाद का सुधरा हुआ रूप है, जो धूमिल नहीं है, जन-जीवन से दूर नहीं है, अनुभूति के बदले कल्पना पर आश्रित नहीं है। एक समय इलाचन्द्र जी ने 'छायावाद का विनाश' घोषित किया था, देवराज ने 'छायावाद का पतन' नामक पुस्तक लिखी थी, नवल किशोर गौड़ ने 'छायावाद की शव-परीक्षा' की थी। खुद पन्त जी ने भी कहा था कि छायावाद खत्म हो गया। अब पन्त जी छायावाद को जी!वित मानते हैं। किन्तु यह भी ठीक है कि नई कविता वाली धारा छायावाद से भिन्न है। एक बार दिल्ली में प्रभात जी के अभिनन्दन में मैंने कहा था कि प्रभात जी छायावादी धारा के कवि हैं। पीछे सुना, बच्चन ने इसका विरोध किया था और कहा था कि हम लोग प्रगतिवादी हैं। बच्चन जी प्रगतिवादी तो थे नहीं, अब शायद उन्हें यह भ्रम हो गया हो।

9 नवम्बर, 1971 (पटना)

दुर्भाग्य का दिन। मुफलिसी में आटा गीला। साढ़े चार बजे दो बच्चों को लेकर निकला कि बाजार जाऊँगा। दवाइयाँ और कुछ सामान खरीदने थे। पर्स में एक सौ सत्तर रुपए लेकर निकला। 12 नं. रोड से चला, 1 नम्बर रोड पहुँचकर पता चला, पर्स नहीं

है। भागा-भागा घर आया। पर्स वहाँ भी नहीं था। वह रिक्शे पर से रास्ते में कहीं गिर गया। उसी में दिल्ली जाने का ए.सी.सी. का टिकट भी था। मन में बड़े जोर का द्वन्द्व था कि इटावा और दिल्ली, दोनों जगह जाना कैसे पार लगेगा। किसे छोड़ूँ, कहाँ जाऊँ? सो टिकट ही खो गया। भगवान ने हुक्म दे दिया कि दिल्ली मत जाओ।

जयकिशोर जी आए। अभिनव गुप्त का एक श्लोक उन्होंने सुनाया, जिसका आशय है कि कवि और सहृदय, ये सरस्वती के तत्त्व हैं। संसार तो ग्राव है यानी पाषाण है। उसे इतना नर्म नहीं बनाया जा सकता कि वह आटे की तरह गूँधा जा सके। कवि उस पाषाण को थोड़ा आर्द्र कर देता है, यही उसकी उपलब्धि है।

जयकिशोर जी ने कहा, जयप्रकाश जी तटस्थ नहीं हैं। वे कहीं-न-कहीं सफल होना चाहते हैं। इसीलिए उन्होंने क्षेत्र-पर-क्षेत्र बदले हैं। अभी उनमें निराला आ गई है।

10 नवम्बर, 1971 (पटना)

जवानी में अपनी प्रशंसा सुनता था, तो ऐसी खुशी होती थी, जैसे किसी युवती के रीझने पर भी नहीं होती। लड़के का जब ब्याह होता है, माँ को ऐसा मालूम होता है कि कोई अजनबी औरत बेटे को छीनकर मुझसे अलग लिए जा रही है। मैंने बहुत चाहा था कि मेरी माँ को ऐसा भाव न सतावे। मगर माँ को ऐसे भाव सताने लगे। और इधर पत्नी को भी शिकायत रहने लगी कि मैं उसकी ओर खूब मुखातिब नहीं हूँ। स्त्री के प्रति मैं थोड़ा विमुख था भी। असल में कुसंस्कारों के कारण मुझे उस समय भी भूख महसूस नहीं हुई, जब मैं भूखा था। फिर यह भी था कि मेरा सारा ध्यान पूरे परिवार पर केन्द्रित था। अतएव, अपनी पत्नी की ओर मैं ध्यान ही नहीं दे सका। अब उसका फल भोग रहा हूँ।

11 नवम्बर, 1971 (पटना)

धर्म और अखबार जब तक खिलाफ हैं, समाजवाद को सफलता भारत में नहीं मिलेगी। लेकिन भारत में तो धर्म से अधिक शक्तिशाली अखबार ही हैं। इन्दिरा जी अखबारों को समाजवाद के अनुकूल बनाने की कोशिश करेंगी। प्रेस बिल का मंशा ही यह है। लेकिन धर्म का क्या होगा? खैरियत है कि शंकराचार्यों की देश में प्रतिष्ठा है, उनका प्रभाव नहीं है।

आज 'द पोयट स्पीक्स' नामक किताब पढ़ रहा था। एक कवि ने स्वीकार किया है कि "मैं नहीं मानता कि मैं केवल अपने लिए लिखता हूँ और जो लोग ऐसा दावा करते हैं, उनका मैं विश्वास नहीं करता।" अच्छी उक्ति है। उसने यह भी कहा है कि

"जब मैं नई कविताएँ पढ़ता हूँ, वे ज्यादातर मुझे नापसन्द आती हैं, मगर मैं इसका क्या करूँ कि मैं खुद नया कवि हूँ?"

12 नवम्बर, 1971 (पटना)

कोई आदमी कविता लिखने क्यों लगता है, यह जानना आसान नहीं है। मैं आत्मकथा लिखते समय यह नहीं समझा पा रहा हूँ कि जब मेरा ध्येय परिवार-पालन था, मैं कविता की ओर क्यों गया। कारण शायद यह था कि मैं कीर्तिमान होना चाहता था। कीर्ति क्या इतनी बड़ी चीज है? मैंने उसे कान की गुदगुदी कहा है। शायद और कोई गहरा कारण रहा होगा, जो पकड़ाई नहीं देता है। शायद यह बात कि भीतर से कुछ निकलना चाहता था और वह केवल कविता बनकर ही निकल सकता था।

नई कविता अत्यन्त गुह्य है, उनके लिए भी, जो सहानुभूति के साथ उसे समझाना चाहते हैं और उनके लिए भी, जो स्वयं नए ढंग के कवि हैं।

जिस वातावरण का कवि को पूरा ज्ञान रहता है, उसके बिम्ब उसी वातावरण से आते हैं।

कविता में बिलकुल टापिकल होना आत्मघाती होता है।

13 नवम्बर, 1971 (पटना)

आज सिन्हा साहब की स्मृति में वह कवि-सम्मेलन हुआ, जिसके कारण मेरा सारा प्रोग्राम उलट-पलट हो गया। कवि-सम्मेलन में दुर्घटना हुई। पूरा मंच चरमराकर धरती पर आ गया। मुझे चोट आ गई।

विचित्र बात है कि अपना पाप आदमी को छोटा लगता है, दूसरे का पाप बड़ा। कारण? कारण शायद यह है कि जिस परिस्थिति में हम पाप करते हैं, उस परिस्थिति का हमें पूरा ज्ञान रहता है। इसीलिए अपने-आपको हम क्षमा कर देते हैं। दूसरों को क्षमा हम इसलिए नहीं करते कि उनकी परिस्थितियों का हमें ज्ञान नहीं होता। पाप तो हर आदमी परिस्थिति से लाचार होकर ही करता है।

एक साहित्यिक ने कहा, "बच्चन जी ने अपने जीवन की खराब बातें क्यों लिखीं?" मैंने समझाया, "यह दिखाने को कि आदमी बड़ा लेखक हो या बड़ा नेता, वह सबसे पहले आदमी होता है। मगर आपका यह कहना ठीक है कि आदमी अपनी बुराई ही क्यों लिखे। और कहाँ तक लिखे? निश्चय ही, बच्चन के जीवन में केवल दो ही घटनाएँ नहीं हैं। फिर भी अपना परदाफाश करने का साहस तो उसने दिखाया है।"

14 नवम्बर, 1971 (पटना)

साहित्य और समाज में सम्बन्ध है, साहित्य और प्रचलित नैतिकता में सम्बन्ध है। समाज जिसे नहीं पसन्द करता, वह चीज नहीं लिखी जाती है। कवि लाख दावा करे कि वह किसी की परवाह नहीं करेगा, परवाह उसे करनी ही पड़ेगी। हर लेखक श्रोता चाहता है, पाठकों का बड़ा समुदाय चाहता है। जो यह कहता है कि श्रोता और पाठक उसे नहीं चाहिए, वह अनजान में झूठ बोलता है। कल्पना करो कि सभी आदमी मर गए। धरती पर एक ही मनुष्य जीवित है और वह प्रतिभाशाली है, तो क्या वह कविता लिखेगा? साहित्य का कारण कवि भी है और समाज भी। कविता की रचना दोनों मिलकर करते हैं।

15 नवम्बर, 1971 (ट्रेन में)

सुबह आठ बजे की गाड़ी से इटावे के लिए रवाना हुआ। मन में खुटक चलती रही, यह अच्छा कर रहा हूँ या बुरा। दिल्ली का समारोह कितना बड़ा है और विश्वनाथ सत्यनारायण जी कितने खुश होते? मन ने कहा, सो ठीक है, मगर उदयप्रताप तो वचन से मुक्त करने को तैयार नहीं हुआ। कानपुर में राम जी आया। उसने राय दी कि इटावे से दिल्ली चले जाइए। सत्यनारायण जी से मिल लेना काफी होगा।

रामरिख मनहर ने इस साल 'मंगलदीप' का अंक बहुत अच्छा निकाला है। धर्मवीर भारती ने 'प्रमथ्यू' पर अच्छी कविता लिखी है। काफ्का पर एक लेख है, जिससे काफ्का के व्यक्तित्व पर अच्छा प्रभाव पड़ता है। काफ्का ने कहा था, ''अकेला रहने से आदमी नौकरी छोड़ सकता है, शादी हो जाने पर नौकरी छोड़ना मुश्किल होता है। लिखना तो प्रार्थना है। लिखकर कमाई करना मेरी समझ में नहीं आता।''

मेरी टिप्पणी है, ऐसा कोई धनी आदमी कह सकता है या फिर काफ्का के समान कोई फक्कड़ आदमी, जो पारिवारिक बन्धन में पड़ा नहीं। साहित्य को इस योग्य होना ही चाहिए कि वह साहित्यकार का पालन कर सके।

16 नवम्बर, 1971 (करहल-समान)

करहल के डाकबंगले में सेनिटरी फिटिंग नहीं है। रात से कष्ट में हूँ। मगर लड़के सेवा में तत्पर हैं। कई शिक्षकों ने मिलकर तेल से मेरी मालिश की। सभा बारह बजे दिन में हुई। लड़के उमड़कर आए थे। नहीं आता, तो उन्हें भारी निराशा होती। कभी-कभी बड़ों की महफिल का तिरस्कार करके छुटभैयों के यहाँ जाना चाहिए।

शाम को राम जी करहल आ गया। लोग हम लोगों को लेकर समान नामक गाँव

में ले गए। कवि-सम्मेलन में भारी भीड़ थी। उदय ने कहा, "आपको देखने के लिए गाँव के लोग स्पेशल बसें करके आए हैं।" परिचितों में रंग जी, ब्रजेन्द्र अवस्थी, बूढ़े चातक जी, आदि लोग मिले। सम्मेलन बहुत सफल रहा। नहीं आता, तो बड़ा भारी अन्याय हो जाता। करहल और समान में जनता की अपार भीड़, उसका प्रेम और उत्साह देखकर दिल्ली न जा सकने का पश्चात्ताप भूल गया।

17 नवम्बर, 1971 (दिल्ली)

नौ-बीस पर सुबह समान से चला। साढ़े दस बजे इटावा पहुँचा। वेटिंग रूम में स्नान और भोजन किया। जितनी देर वेटिंग रूम में रहा, उदयप्रताप और भारतभूषण स्वर्गीय शिशुपाल सिंह 'शिशु' की कथा सुनाते रहे। उनका देहान्त साँप काटने से 1964 ई. में हुआ। उनसे मेरी मुलाकात कवि-सम्मेलनों में हुई थी। मैं उन्हें कवि-सम्मेलनी कवि समझता था। आज उनकी महिमा मालूम हुई। वे इस जनपद के बादशाह कवि थे। और उनके बाद नम्बर रंग जी का था। सगुण-निर्गुण के बारे में शिशु जी ने लिखा था :

खांड और खांड के खिलौनों में न भेद कुछ,
फिर भी खिलौना कुछ मन हर लेता है।

अलीगढ़ के कवि-सम्मेलन में शिशु जी ने एक कविता पढ़ी थी :

तुम कामधेनु का दूध पिलाओ नागों को,
पर जिम्मेदारी लो कि बढ़ेगा जहर नहीं।

मीरा पर शिशु जी का एक सवैया उदयप्रताप ने सुनाया, जिसकी आखिरी पंक्ति थी :

कौन-सा ममीरा, जानें, मीरा थी लगाए हुए,
नैन मूँद के भी घनश्याम देख लेती थी।

उदय अगर उनके जीवन और कृतित्व पर एक ग्रन्थ लिख दें, तो बहुत अच्छा हो। शिशु जी की किताबें उनके पुत्र छापने नहीं दे रहे हैं।

शिशु जी में दिमाग-ही-दिमाग था, बलवीर सिंह रंग में दिल-ही-दिल है। कल रात समान गाँव वाली सभा में मैंने कहा, "मैं हमेशा सभाओं में कहता रहा हूँ कि हमारे देश के आदमी शरीर से राक्षस और मन से देवता बनें। मगर ऐसा आदमी मैं एक भी देख नहीं सका।" मैंने यह भी कह दिया कि "उसको देखे बिना ही अब मैं जानेवाला हूँ।" सुना, जब मैं यह बात कह रहा था, रंग जी की आँखों से टपटप आँसू गिर रहे थे।

18 नवम्बर, 1971 (दिल्ली)

दस बजे भोर श्री विश्वनाथ सत्यनारायण के दर्शन के लिए साउथ एक्सटेंशन गया। साथ गए आंजनेय शर्मा और बच्चू। विश्वनाथ जी को मेरे जाने से हार्दिक हर्ष हुआ, यह बात उनकी आँखें बता रही थीं। बोले, I am the tallest man in the south, you are the tallest man in the north. इस उक्ति को डायरी में नोट करना आत्मश्लाघा है, लेकिन यह आशीर्वाद मुझे एक साहित्यकार ने दिया है, जो छिहत्तर वर्ष के हैं और दक्षिण के साहित्य-सम्राट हैं। उन्होंने अपने बेटे के द्वारा मुझे धोती और चादर से वस्त्रालंकृत करवाया। उन्होंने यह भी कहा कि मुझे आन्ध्र जनता मुकुट-मंडित करना चाहती थी, पाँव में सुवर्ण का कड़ा पहनाना चाहती थी, लेकिन मैंने मना कर दिया। अब आन्ध्र सरकार मुझे स्थान-कवि घोषित करके मेरा अभिनन्दन करना चाहती है। सो शीघ्र ही मैं हैदराबाद जा रहा हूँ। मेरे मत से विश्वनाथ जी ऋषि-कोटि के कवि हैं। उन्होंने यह भी कहा कि इस वर्ष का पुरस्कार यदि किसी और को मिलता, तो मुझे दुःख होता, लेकिन आपको मिल जाता, तो मुझे सुख होता। मैंने कहा, ''मुझे लगता है कि मैं ही पुरस्कृत हुआ हूँ।''

19 नवम्बर, 1971 (दिल्ली)

दिल्ली में एक भी राजनीतिज्ञ ऐसा नहीं है, जो इन्दिरा जी नहीं कहें, तो उन्हें हाँ पर ला सके। पहले चार-पाँच आदमी ऐसे हुआ करते थे, जो प्रधानमन्त्री को कह-सुनकर मना सकते थे। अब सभी लोग मानते हैं कि इन्दिरा जी का मत हर विषय में अपना होता है और कोई भी कह-सुनकर उन्हें डिगा नहीं सकता। मेरे लिए तो इन्दिरा जी की यह दृढ़ता महँगी पड़ी, लेकिन देश के लिए अच्छी रहेगी। यह देश के लिए अच्छा है कि उसने एक व्यक्ति के कहने में रहना सीख लिया है।

20 नवम्बर, 1971 (दिल्ली)

मनोज ने सी.जी. जुंग की एक किताब दी 'मेमोरीज़, ड्रीम्स एंड रेफ्लेक्शंस'। जुंग भारत आए थे। इलाहाबाद, बनारस और कलकत्ता विश्वविद्यालयों ने उन्हें डॉक्टरेट दिया था। कोणार्क की अश्लील मूर्तियाँ देखकर वे चौंके थे। उन्होंने लिखा है कि अफ्रीका में मुझे कोई नहीं मिला, जो अपनी संस्कृति को भाषा में व्यक्त कर सके। भारत आने पर भान हुआ कि मैं संस्कृति के देश में हूँ। भारत में पाप और पुण्य को एक ही समझा जाता है। उसमें स्वभाव का भेद नहीं है, केवल मात्रा का भेद है।

ईसाइयत कष्ट-सहन सिखाती है। बौद्ध धर्म देखना सिखाता है, करना सिखाता है।

21 नवम्बर, 1971 (दिल्ली)

विभा दीक्षित के घर गया। उसने किस्सा सुनाया कि प्रधानमन्त्री बाबा मुक्तानन्द से मिलना चाहती थीं। मगर वे गणेशपुरी जाने को तैयार नहीं थीं। वे जब गोआ से लौटीं, बम्बई के राजभवन में बाबा से उनकी मुलाकात हुई। पच्चीस मिनट तक दोनों अकेले थे।

22 नवम्बर, 1971 (दिल्ली से पटना तूफान ट्रेन में)

पौने नौ बजे तैयार हो गया। डॉक्टर राज आई। डॉक्टर तनेजा सपत्नीक आए। वे ही स्टेशन पहुँचा गए। रास्ते भर विश्वनाथ जी का 'सहस्रफण' उपन्यास पढ़ता आया। जितना पढ़ा, उसमें से कई मुहावरे नोट किए। वे हिन्दी के लिए नए मुहावरे होंगे:

(1) हींग बंधे कपड़े की बास कहाँ जाएगी?
(2) शास्त्री जी के हाथ में हड्डी नहीं थी। उन्होंने कभी किसी को ना नहीं कहा था।
(3) भुखमरी में दावत के सपने देखना।
(4) दोनों के बीच हरी दूब भी रखी जाती, तो फौरन जल जाती। (क्रोध की व्यंजना)
(5) पशु और बहू के आगमन की वेला की बड़ी महिमा है।
(6) आँखों की भाषा व्याकरण-दोष नहीं जानती।
(7) गाना खत्म होने पर भी थोड़ी देर सुर चलता रहता है।
(8) खेल में लगी मार केले के बराबर होती है।
(9) तुलसी की बगिया में गाँजे का पौधा उगेगा?
(10) कुत्ते को क्या मालूम कि नैवेद्य की वस्तु को छूना नहीं चाहिए?
(11) धूप को देखकर छाता पकड़ने की कला में वह निपुण था।

23 नवम्बर, 1971 (पटना)

प्रातःकाल पटना पहुँचा। घर आकर डाक देखी। एक अम्बार। स्टेनो के बिना जवाब देना कठिन। कितने ही पत्र खारिज कर दिए। तब भी बीस पत्रों के जवाब लिखने पड़े।

सहस्रफण में शृंगार का वर्णन क्लासिक काव्य के समान है। उपमा, उत्प्रेक्षा और रूपक एक-से-एक अद्वितीय हैं। मगर कुछ मुहावरे आज भी नोट करूँगा :

(1) जो बिल्ली के लिए खेल है, वही चूहे के लिए प्राण-संकट है।
(2) यहाँ कोई बेर का पेड़ नहीं, फिर हँसती क्यों है?
(3) खुद बालिश्त भर नहीं और गले में ढोलक बाँध रखी है।
(4) छोटे साँप को भी बड़ी लाठी से मारना चाहिए।
(5) बनियों का सारा खर्च ब्याह में होता है।
(6) बढ़ाने पर ब्रह्महत्या होती है, घटाने पर गोहत्या।
(7) नदी पार करके नाव जलाना।
(8) मुँह में उँगली देने पर भी काटना नहीं जानते।
(9) गरीब ने सिर मुँडाया और ओले बरसने लगे।
(10) गाय खेत में चरेगी, तो बछड़ा मेड़ पर क्यों चरेगा?
(11) किसी ने बैल बराबर कुत्ता पाल रखा था, लेकिन जरूरत पड़ने पर खुद ही भूँका करता था।

24 नवम्बर, 1971 (पटना)

सहस्रफण के अन्त तक पहुँच रहा हूँ। आधुनिकता के आगमन के पूर्व जो समाज था, विश्वनाथ जी उसके मनोहर कवि हैं। हरिजनों के मन्दिर-प्रवेश के वे विरोधी हैं, मोटर और बिजली उन्हें नहीं चाहिए, न वे सार्वभौम साक्षरता के लिए लालायित हैं। कुछ लोग शिक्षित हों, यह काफी है। उन्हीं से बाकी लोग शिक्षित हो जाएँगे। शैली की दृष्टि से सहस्रफण उपन्यास नहीं, काव्य है। भरत-नाट्यम के विश्वनाथ जी पंडित मालूम होते हैं। वे सिनेमा और हारमोनियम के भी विरोधी हैं।

25 नवम्बर, 1971 (पटना)

बचपन में मुझे साँप ने काटा था। जवानी में राँची में मुझ पर बिजली गिरी थी। आज प्रातःकाल पक्षाघात का आक्रमण हुआ। मगर वह केवल छुकर चला गया। यह बाबा मुक्तानन्द, श्री माँ, महर्षि रमण और श्री आनन्दमयी माँ का प्रताप माना जाएगा। मथुरा डॉक्टर ए.के.एन. सिंह को बुला लाया। वही दवा भी खरीद लाया। मैंने अपने रोग की सूचना बाबा मुक्तानन्द और श्री माँ को पत्र से भेजी। केदार नहीं था, इससे मन घबराता रहा। उदयपुर से देवराज जी आए थे, उनसे मिला। बिन्दो बाबू, राजेश्वर, वचनदेव, सभी घेरे रहे। मृत्यु ने स्पर्श करके छोड़ दिया है।

26 नवम्बर, 1971 (पटना)

आज डॉ. श्रीनिवास कर्डियालाजी के पूरे औजारों के साथ आए। जाँच उन्होंने पूरी

तरह की। बोले, सब ठीक है। उन्होंने केदार से कहा कि पक्षाघात नहीं था। मुझसे भी कहा, कोई वास्कूलर चीज थी। आप ठीक हैं।

डॉ. श्रीनिवास से पहले डॉक्टर सुरेश आए थे। उन्होंने भी देखा और कहा कि पैरेलेसिस नहीं था।

विश्वनाथ जी का सहस्रफण खत्म कर दिया। ज्यादा पात्रों को उन्होंने मार ही डाला। हरप्पा की मृत्यु शायद पुरानी सभ्यता की मृत्यु का प्रतीक है।

29 नवम्बर, 1971 (पटना)

कई बार सोचा कि क्या मैं मृत्यु के बहुत समीप हूँ? पूनम और रीता के ब्याह करने के बाद मरने में शान्ति होगी, सार्थकता होगी। पद्मा का ब्याह देखने की आशा तो दुराशा मात्र है।

इच्छा हुई, कोई गीत लिखकर छोड़ जाता, जो मेरी मृत्यु पर गाया जाता। अभी तो बाबा मुक्तानन्द वाला गीत ही ठीक है : 'पदरज दो अंजन दृग आंजूं अन्तर-तिमिर हरो हे'। रवीन्द्रनाथ का गीत ठीक था : 'सम्मुखे शान्ति-पारावार, भासाओ तरणी हे कर्णधार'।

28 नवम्बर, 1971 (पटना)

विश्वनाथ जी सत्यनारायण की किताब आई है 'चन्द्रगुप्त का स्वप्न'। बालशौरि रेड्डी ने अनुवाद किया है। धीरे-धीरे पढ़ रहा हूँ। भूमिका लिखनी होगी।

29 नवम्बर, 1971 (पटना)

कविता का एक बड़ा लक्षण यह है कि वह आत्मा की शान्ति को भंग करे। आत्मा के शान्ति-भंग में एक आनन्द है, जिसे सुसंस्कृत व्यक्ति ही जानता है, जिसके हृदय में विचारों के हल चल चुके हैं।

शायद प्रत्येक युग में यह रोना चाहता है कि हाँ, पचास वर्ष पूर्व अमुक कवि थे, अमुक लेखक थे, अब हम किसका नाम लें?

अगर थोड़े-से लोग पीढ़ी-दर-पीढ़ी किसी लेखक या कवि की प्रशंसा करते रहें, तब बाकी लोग भी उसे स्वीकार कर लेंगे। साहित्य भी जनता पर जबरदस्ती थोपा जाता है।

30 नवम्बर, 1971 (पटना)

मोटरों की ईजाद नहीं हुई होती, तो नगरों के उपान्त (सबब) नहीं बनते। तब नगर और घने हो जाते और रेल-स्टेशन के पास आबादी और घनी हो जाती।

भविष्य को जानने की कोशिश जोरों से चल रही है। वाशिंगटन में वर्ल्ड फ्यूचर सोसायटी बनी है। अगर भविष्य पूर्वनिश्चित है, तो उसका जानना, न जानना बराबर है। मगर वह पूर्वनिश्चित हो नहीं सकता। टेक्नालॉजी ने इतनी ताकतें पैदा कर दी हैं कि आगामी समाज वह हो नहीं सकता, जो आज दिखाई देता है। लोग केमिकल ब्लिस में रहेंगे और समाज-सुधार के आन्दोलन व्यर्थ हो जाएँगे। तलाक की प्रथा भारत में भी बढ़ेगी। यूरोप में यूथ (अंग्रेजी यूथ नहीं) विवाह होगा। बिकल्प? विकल्प है हरि-कीर्त्तन।

टेलीविजन मौज-मजे के लिए निकाली थी। राजनीति वालों को जब उसकी शक्ति का पता चला, तो उनके आन्दोलन का ढाँचा बदल गया। अमेरिका में अगर चुन-चुनकर फोटोजेनिक चेहरे वालों को टिकट देने लगें, तो इसमें कोई आश्चर्य नहीं मानना चाहिए।

1 दिसम्बर, 1971 (पटना)

जय श्री माँ, जय बाबा मुक्तानन्द, जय श्री आनन्दमयी माँ। सब क्षमा करो, सब रक्षा करो। आज बाबा भूतनाथ की निन्दा मुँह से निकल गई। दामाद वैद्यनाथ बैठे थे। ध्यान नहीं रहा। सच्चे मन से दुखी हूँ। बाबा भूतनाथ से क्षमा माँगता हूँ। शिवसागर आए थे, उन्हीं के सामने यह बात हो गई।

सुबह को मथुरा और जयकिशोर जी आए। फिर पूर्णेन्दु आया। चर्चा आधुनिकता की चली। कल राज्यपाल बरुआ ने कहा है कि आधुनिकता का सर्वश्रेष्ठ उदाहरण रूस देश है। जयकिशोर जी सोचते हैं कि जो कट्टरता का विरोधी नहीं है, वह आधुनिक नहीं है। कट्टरता मध्य युग की निशानी थी। लेकिन ईश्वर का बहिष्कार करनेवाले लोग माओ के विचार के उद्धरण के बिना एक पाँव न रखें, यह क्या आधुनिकता है? अप्रतिबद्धता आधुनिकता की पहली शर्त है। न्याय कुसुमांजलि के लेखक उदयनाचार्य ने लिखा है कि शास्त्रार्थ में मैंने देखा है कि बौद्ध पंडितों का हृदय ज्ञान के प्लावन से धुला हुआ है। ऐसे हृदय में भगवान को प्रकट होना चाहिए। किन्तु वे ईश्वर का खंडन करते हैं। किन्तु इस क्रम में ईश्वर-सम्बन्धी विचार उन्हें बहुत करना पड़ता है। अतएव हे देव, उनका उद्धार करना।

2 दिसम्बर, 1971 (पटना)

हे नेदिष्ठ, तुमको प्रणाम है। हे दविष्ठ, तुमको प्रणाम है। हे क्षोदिष्ठ, तुमको प्रणाम है। हे महिष्ठ, तुमको प्रणाम है। हे वर्षिष्ठ, तुमको प्रणाम है। हे जविष्ठ, तुमको प्रणाम है।

कल सुबह जो दुर्वचन मुख से निकला, उसका परिताप आज सारा दिन चलता रहा। मरने के करीब आ गया हूँ किन्तु वाणी का संयम अब भी अधूरा है। क्यों ऐसी बात बोलना, जिसके लिए अपने आपको इतना अधिक दंड देना पड़े?

गोकुल उपाध्याय का श्लोक जयकिशोर जी ने फिर सुनाया। तर्क के ढेले हम जितने ही फेंकते हैं, बन्दर उतना ही ऊपर भागा जाता है। वह स्वयं दिखाई नहीं देता, मगर हम लोगों को वह देखता रहता है। गोकुलनाथ कहते हैं, मैंने उस बन्दर को झोंझ में छिपा हुआ देख लिया है।

गोकुलनाथ की धोती आकाश में निरवलम्ब सूखती थी, यह प्रवाद है।

3 दिसम्बर, 1971 (पटना)

आज 'बुक्स दैट चैंज्ड द वर्ल्ड' देख रहा था। आइंस्टीन वाला खंड देखकर विस्मित हुआ। आइंस्टीन ने विज्ञान और दर्शन की दूरी मिटा दी है। अथवा यह कि उन्होंने विज्ञान को रहस्यवादी बना दिया है। स्पेस सीधा नहीं, टेढ़ा है। दो बिन्दुओं के बीच जो सबसे कम दूरी है, वह सरल रेखा नहीं है। ब्रह्मांड ससीम है, पर साथ ही अनन्त भी। समानान्तर रेखाएँ चलकर आपस में मिल जाती हैं। जो चीज गति में होती है, उसका आकार घटता है, मगर भार बढ़ता है। हम तीन आयामों में नहीं जीते, चार आयामों में जीते हैं। लम्बाई, चौड़ाई और घनत्व के साथ चौथा आयाम काल है। आणविक युग के प्रवर्तक आइंस्टीन थे। युद्ध के समय उन्होंने ही प्रेसिडेंट रूजवेल्ट को पत्र लिखा था कि यूरेनियम से बम तैयार हो सकता है। उसी के आधार पर मनहट्टन रिसर्च इंस्टीच्यूट ने बम का अनुसंधान किया। अपने आखिरी दिनों में आइंस्टीन यूनीफायड फील्ड थियरी पर काम कर रहे थे। प्रकृति के नियमों पर चकित होने के भाव को वे विज्ञान की प्रेरणा मानते थे। यही भाव धर्म की भी प्रेरणा है। वे यह दिखाना चाहते थे कि जिस नियम से अणु चालित है, वही नियम सारे ब्रह्मांड को चला रहा है। यथा पिंडे तथा ब्रह्मांडे।

4 दिसम्बर, 1971 (पटना)

इटली में एक कवि थे अलेसान्द्रो। उन्होंने स्पेन के बारे में एक सूक्ति कही थी। ऐसा हाथी, जिसकी आत्मा मुर्गी की है; बादलों से फूटनेवाला ऐसा वज्र, जो चकाचौंध तो

पैदा करता है, किन्तु मारता नहीं; एक ऐसा दैत्य, जिसके हाथ-पाँव रस्सियों से बँधे हैं।

भारत में कुछ बड़े लोग हैं (उनमें कुछ लेखक और कवि भी हैं), जो अपने देश से घृणा करते हैं, अपने ही राष्ट्र में जो अपने को अजनबी या निर्वासित समझते हैं और जो सहानुभूति के लिए देश से बाहर की ओर देखते हैं। मगर अपने लिए सुख उन्होंने अर्जित कर लिया है। दिल्ली में एक रक्षामन्त्री थे जो कहते थे, यह देश मेरी भाषा नहीं समझता है।

हिन्दी में एक धारणा यह भी बन रही है कि निष्प्राणता ही कला का प्राण है। जब तक कला नीरस और बेजान नहीं हो, वह उत्तम मानी ही नहीं जा सकती।

बंगलादेश को लेकर भारत और पाकिस्तान के बीच लड़ाई ठन गई।

5 दिसम्बर, 1971 (पटना)

जब मनुष्य चिन्तन के जरिए अपने अस्तित्व को समझना चाहता है, तब वह दार्शनिक हो उठता है। जो जीवन हम रोज जी रहे हैं, वह जीव-विज्ञान की दृष्टि से क्या है, इतिहास की दृष्टि से क्या है, अध्यात्म की दृष्टि से क्या है? क्या यह सम्भव है कि हम अपनी ऊँचाई एक फुट बढ़ा सकें? विचार के द्वारा, कर्म के द्वारा, प्रेम और भक्ति के द्वारा, जनन-विज्ञान के द्वारा अथवा मात्र कानून के बल से?

साम्यवादी देशों और प्रजातन्त्र के मनुष्यों में समानता यह है कि टेक्नालॉजी के उपयोग से दोनों सुख भोग रहे हैं। फिर भी विचार की स्वतन्त्रता को लेकर दोनों में भेद है। मनुष्य चिन्तन की स्वाधीनता के कारण ही मनुष्य है। नहीं तो खिसककर वह जीव-कोटि में चला जाता है। टेक्नालॉजी का बढ़ता हुआ ज्ञान हमें जीवित छोड़ेगा या सभ्यता को ले डूबेगा?

जयकिशोर जी सुबह को आए थे, शाम को नहीं आए। आज तुर्गनेव का उपन्यास 'रूडीन' पढ़ना आरम्भ किया।

6 दिसम्बर, 1971 (पटना)

आज का सबसे बड़ा समाचार यह है कि भारत सरकार ने बंगलादेश को मान्यता दे दी है। यह सभ्यता के लिए भी बड़ा समाचार है और आगामी इतिहास के लिए भी। भारत और पाकिस्तान के बीच जो युद्ध चल रहा है, वह कब तक चलेगा, पता नहीं चलता। सुरक्षा-परिषद् में भारत की जान रूस बचा रहा है। चीन महाशक्ति की भूमिका अदा कर रहा है।

कंजरवेटिव और लिबरल नवीनतावाचक शब्द नहीं हैं। परम्परा और परिवर्तन,

व्यवस्था और विद्रोह तथा सातत्य और नव्यता का संघर्ष प्रत्येक युग में, प्रत्येक समाज में चलता है।

लुई फिशर का एक वाक्य याद आता है, 'राजनीति पर जब लहू के धब्बे पड़ जाते हैं, तब उसे युद्ध कहा जाता है।'

बंगलादेश में दोबारा गांधी और जिन्ना लड़ रहे हैं। इन्दिरा गांधी जी का प्रतीक है। इतिहास ऐसी राह भी पकड़ सकता है कि आगे चलकर हिन्दू-मुस्लिम वैमनस्य समाप्त हो जाए।

7 दिसम्बर, 1971 (पटना)

मथुरा ने रजनीश जी की नई किताब लाकर दी 'दी विजडम् आव् फाली'। गजब की पुस्तक है। कोई दो सौ मजाक होंगे, सभी मुल्ला नसरुद्दीन को लेकर। मुल्ला का बेटा मुर्गी लिए आ रहा था। मुल्ला ने पूछा, "कहाँ मिली बेटे?" बेटा बोला, "चुराकर लाया हूँ।" मुल्ला ने अपने साथी से कहा, "देखा? मेरा बेटा चोरी भले कर ले, झूठ नहीं बोलेगा।"

एक बार मुल्ला डॉक्टर के यहाँ गया। डॉक्टर के यहाँ बड़ी भीड़ थी। क्यू में खड़ा-खड़ा मुल्ला ऊब गया। फिर वह अचानक बोल उठा, "अब मैं स्वाभाविक मृत्यु मरने को यहाँ से जा रहा हूँ।" अच्छी किताब है। मात्र साहित्यिक के रूप में भी रजनीश प्रशंसनीय हैं।

जैसोर पर आज भारतीय सेना का कब्जा हो गया। सुरक्षा-परिषद् में रूस की वीटो से भारत की जान बची। जब तक बंगलादेश स्वाधीन नहीं हो जाता, सीजफायर से भारत का नुकसान होगा।

लड़कों में जोश कुछ ज्यादा उभरा है। संसद में इन्दिरा जी को सदस्यों ने जोन आफ आर्क, चंडी और भवानी कहा है। झाँसी की रानी की याद किसी को नहीं आई। मगर यह भी सच है कि इतिहास में इन्दिरा जी का स्थान लक्ष्मीबाई से ऊपर बनता जा रहा है।

8 दिसम्बर, 1971 (पटना)

कोई काम करना नहीं, केवल आराम करना। नियमित रूप से देखने केवल मथुरा बाबू आते हैं। अखबार और रेडियो से जो समाचार आते हैं, उनसे लगता है कि सेना बहुत अच्छा काम कर रही है। 1962 में जब चीन ने चढ़ाई की, मैं तब भी बीमार था। इस बार की पाकिस्तानी लड़ाई के वक्त भी बीमार हूँ। 1962 में क्रोध बहुत चढ़ा था, चीन पर नहीं, भारत सरकार पर, भारत के निर्वीर्य दर्शन पर। इस बार की लड़ाई को मैं

शान्त मन से देख रहा हूँ। युद्ध की कविता डरे हुए आदमी का हाहाकार है। अँधेरे में मुसाफिर को जब भय लगता है, तब वह जोर से गाने लगता है। यही हाल युद्ध से डरे हुए कवि का भी है और युद्ध से डरी हुई जनता उसे उत्साह से सुनती है। इस बार भारत में भय नहीं है, क्योंकि उसकी सेना ताकतवर साबित हो रही है। युद्ध की कविता इस बार मैं नहीं लिखूँगा। बंगलादेश का जन्म हो जाए, तो उसे आशीर्वाद देने को कुछ लिख दूँगा।

रक्तचाप आज फिर 180-90 हो गया है।

9 दिसम्बर, 1971 (पटना)

इलाहाबाद से प्रो. गोवर्धन राय शर्मा और तारा बाबू आए। दिन में डॉ. ए.के.एन. सिंह देखने को आए। वे अभी भी घर से बाहर जाने की अनुमति नहीं दे रहे हैं। आज बीमारी को पन्द्रह दिन हो गए। शायद इकतीस दिन ही बिस्तर पर रखेंगे।

राष्ट्रसंघ में जो मतदान हुआ, उसमें युगोस्लाविया, ईजिप्ट, सिलोन और नेपाल ने भी भारत के पक्ष में मत नहीं दिया। केवल भारत ही आइसोलेटेड नहीं है, रूस का भी वही हाल है। क्यूबा ने भारत के पक्ष में मत दिया, इससे कास्ट्रो पर श्रद्धा हुई। अमेरिका के राष्ट्रपति ने एक कहानी कही है कि वे याहिया खाँ को रास्ते पर ला रहे थे, लेकिन भारत बीच में ही लड़ाई ठान बैठा। मेरा खयाल है, निक्सन साहब मन में ऐसा सोच रहे होंगे। याहिया ने बात नहीं मानी होगी। अगर वह मान लेता, तो इन्दिरा जी कभी भी युद्ध नहीं ठानतीं।

थोड़ी-सी झूठ आकाशवाणी भी बोलती होगी। मगर रेडियो पाकिस्तान तो भयानक है। आज भोर उसने ब्राडकास्ट किया कि पटना सेक्रेटेरियट और बिहटा के हवाई अड्डे पर पाकिस्तान ने बम बरसाए हैं। और यहाँ पटने में पाकिस्तान का जहाज दिखाई भी नहीं पड़ा है।

10 दिसम्बर, 1971 (पटना)

पाकिस्तान के साथ लड़ाई चल रही है। इस बार की लड़ाई में जन-कोलाहल बहुत कम है। रेडियो पर भी गरजने वाले कवि दिखाई नहीं देते। देश शायद परिपक्व हुआ है। या वही बात कि भारतीय फौज आगे बढ़ रही है, अतएव लोगों में घबराहट नहीं है। 1962 और 1965 में मुझे अपने ऊपर शंका हुई थी कि मैं शायद युद्ध का कवि हूँ। जब तक सर्वनाश क्षितिज पर दिखाई नहीं देता, वेदना और विपत्ति नहीं उमड़ती, तब तक मैं जोश में नहीं आता। इस बार मेरा मौन मुझे तो नहीं खलता, मगर दिल्ली से पुरी ने फोन किया है कि यहाँ लोग यह पूछते हैं कि दिनकर जी चुप क्यों हैं। युद्ध

घातक खेल है। कितना विनाश, कितनी बरबादी, कितना विषाद, कितना रोना-काँदना! युद्ध की असली कविता सिपाही बन्दूक से लिखता है और कवि आँसू से। युद्ध की और सारी कविताएँ व्यर्थ हैं।

11 दिसम्बर, 1971 (पटना)

जिस रूसी विदुषी ने मुझ पर रूसी में थीसिस लिखी है, उसका नाम स्वेतलाना है। 1963 की जनवरी में उसने मुझे दो अच्छी किताबें भेंट की थीं, एक टाल्स्टाय पर संस्मरण, दूसरी तुर्गनिव-कृत रूडीन उपन्यास। रूडीन आज खत्म हुआ। पवित्र उपन्यास है। एक तरह के आदमी होते हैं, जिनमें चिन्तन की शक्ति होती है, ज्ञान होता है, वर्चस्विता होती है। वे चाहें तो धनी हो जाएँ; चाहें, तो प्रेम में सफल हो जाएँ; चाहें, तो कीर्ति प्राप्त कर लें; चाहें, तो निर्माता बन जाएँ। मगर अन्त तक वे कुछ भी नहीं बन पाते हैं। रूडीन वही आदमी है। नटालिया उस पर मोहित हो गई, मगर वह उसे लेकर भाग नहीं सका। नदी की उसने जो योजना बनाई, वह विफल हो गई। आखिर को वह स्कूल में पढ़ाने लगा। मगर वहाँ से भी उसे भागना पड़ा। ऐसा हुआ कि वह कलम से भी लिखकर कोई काम नहीं कर सका। वह शब्दों का प्रयोग करता था, नए मुहावरे गढ़ता था। लेझनेब रूडीन के सन्तोष के लिए कहता है, "भाई, शब्द भी कर्म ही होते हैं।" रूडीन कहता है, "लेकिन मेरा विनाश तो शब्दों ने ही किया है।" लेझनेब कहता है, "कभी लड़ते-लड़के थक जाओ, तो मेरे घोंसले में आ जाना। विचारों के कारण भी आदमी अपाहिज हो जाता है। मगर आश्रय तो ऐसे अपाहिज को भी चाहिए।"

रूडीन फ्रांस में क्रान्ति में मारा जाता है।

12 दिसम्बर, 1971 (पटना)

तुर्गनिव के रूडीन नामक उपन्यास से कुछ चुनी हुई पंक्तियाँ :

यही बात आधुनिक साहित्य के विषय में कही जा सकती है। और लोग तो काम करते हैं। यह केवल कराहता और गुड़गुड़ाता रहता है।

❑

अगर मेरे पास पैसा होता, तो मैं एकदम यूक्रेनिया का बेफिक्र कवि बन जाता।

❑

जुपिटर, तुम दोषी हो, क्योंकि तुमने क्रोध किया है।

❑

सन्देहवाद की सबसे बड़ी सिफत यह है कि वह निरर्थक और नपुंसक होता है।

❑

हर चीज को नकारने की प्रवृत्ति बाँझ होती है। उससे किसी भी चीज का जन्म नहीं होता।

❑

प्रेम तो आदि से अन्त तक रहस्य है।

❑

प्रेम में पड़ी हुई औरत मर्द के पूरे व्यक्तित्व पर कब्जा चाहती है।

❑

रूस का काम हममें से किसी के भी बिना चल सकता है, मगर हमारा काम रूस के बिना नहीं चल सकता।

❑

हमने अभी जो गलती की है, उसके ज्ञान से अधिक दुखदाई बात और कोई नहीं हो सकती।

❑

सम्मेलनों में कूटनीतिज्ञ जिन शब्दों और मुहावरों का प्रयोग करते हैं, उनका अभ्यास वे पहले से ही किए होते हैं।

13 दिसम्बर, 1971 (पटना)

रक्तचाप आज 170/84 पाया गया। तबीयत अब घिरी-घिरी और तंग लगती है। जी करता है, बाहर निकलूँ, घुमूँ और लोगों को युद्ध की कविताएँ सुनाऊँ। लेकिन शक्ति पूरी महसूस नहीं होती। आज बाबा मुक्तानन्द का आशीर्वाद आया। मनोबल में स्पष्ट वृद्धि हुई। योगानन्द जी ने लिखा है, "आप पर शक्ति गिरी है। आपको कुछ नहीं होगा।" बहुत बड़ा आश्वासन है।

कविता न तो युद्ध को बदल सकती है, न युद्ध कविता को बदल सकता है। युद्ध के बारे में होने पर भी कविता कविता ही रहती है। इसलिए युद्ध की कविता क्यों?

जब युद्ध आरम्भ हो जाए, तब तीन विकल्प रह जाते हैं। युद्ध के साथ हो जाओ, युद्ध का विरोध करो, या युद्ध से उदासीन हो जाओ, जैसे येट्स प्रथम विश्वयुद्ध से उदासीन हो गए थे। वैयक्तिक सिद्धान्त के कारण कोई युद्ध का विरोध करे, तो मैं उसका आदर करूँगा, साथ नहीं दूँगा। उदासीन होना तो मेरे लिए असम्भव है। किन्तु युद्ध के बारे में मेरे विश्वास तब परीक्षित होते, जब मैं खतरे के रेंज में रहकर युद्ध का समर्थन करता। वह नहीं होने से सच्ची परीक्षा हो नहीं पाई। केवल वैचारिक समर्थन आधा युद्ध भी नहीं है। मगर जब-जब युद्ध हुए हैं, मेरे युद्ध-विषयक विचारों की पुष्टि हुई है।

14 दिसम्बर, 1971 (पटना)

आज डाबरवालों के आयुर्वेद विकास में श्री रंजन सूरिदेव का एक लेख लोलिम्बराज वैद्य के जीवन पर पढ़ा। लोलिम्बराज का एक श्लोक कई बार खोजा था। आज वह मिल गया।

येषां न चेतो ललनासु लग्नं
मग्नं न साहित्य-सुधा-समुद्रे
ज्ञास्यन्ति ते किम् मम हा प्रयासान्
अन्धाःयथा वारवधू विलासान्।

अखबारों में छपा है कि अमेरिका अपना सातवाँ बेड़ा बंगाल की खाड़ी में ला रहा है। उद्देश्य यह कि जिस भेंड को पाकिस्तान जिबह कर रहा है, उसे भारत से छीनकर फिर पाकिस्तान के छुरे के नीचे डाल दो।

सुरक्षा-परिषद् में स्वर्णसिंह ने कहा कि मातृदेश का कोई टुकड़ा मातृदेश से अलग होना चाहे, तो इसका उसे अधिकार है। भुट्टो ने जवाब दिया, "बंगाल मातृदेश है। पाकिस्तान बच्चा है; वह अलग होना नहीं चाहता।" पटने में टिप्पणी हुई, जब तक बच्चा माँ की छाती से दूध पी रहा है, तब तक तो बातें ठीक हैं। लेकिन जब दूध के बदले वह रक्त चूसना शुरू करे या बलात्कार करना आरम्भ कर दे, तब तो पड़ोसियों का यह कर्तव्य हो जाता है कि वे बच्चे को डाँटें।

25 दिसम्बर, 1971 (पटना)

कल सुरक्षा-परिषद् की बैठक में रूस के प्रतिनिधि ने बंगलादेश के बारे में कहा, "पहले तो 1970 के चुनाव में बंगालियों ने हाथ से वोट दिया। पीछे उन्होंने पैरों से वोट दिया, जब वे देश छोड़कर भारत भाग गए।"

भुट्टो ने आखिर यह स्वीकार कर लिया कि पाकिस्तान ने आरम्भ से ही भयानक गलतियाँ की हैं, ट्रेजिक गलतियाँ की हैं। यह भी कि असन्तोष पूर्वी पाकिस्तान में ही नहीं, पश्चिमी पाकिस्तान में भी है।

आज संसद में इस बात को लेकर बावेला मचा है कि अमेरिका का अणुचालित जहाज बंगाल की खाड़ी की ओर आ रहा है। अमेरिका को मित्र समझने वाले इस देश में बहुत-से लोग थे। मगर इस समय अमेरिका का सब करा-कराया मिट्टी में मिल रहा है। पूर्वी बंगाल में जो अत्याचार हुए हैं, वे अमानुषिक हैं। झुंड की झुंड औरतों को बंकरों में ले जाकर उनके ऊपर अत्याचार किया गया है। नोआखाली की घटना याद आती है। 'औ मचकर रहता कुरुक्षेत्र, जब चीर उतारे जाते हैं।' सो कुरुक्षेत्र मच गया।

भारत पूर्वी पाकिस्तान में लगभग विजयी हो चुका। पश्चिमी मोर्चे पर घमासान लड़ाई हो रही है। दिल्ली में उन्नीस नवम्बर को वीररस कवि-सम्मेलन हो रहा है। मेरे पास तार भी आया है और फोन भी। लोग मुझे बहुत मिस करेंगे। मैं भी इस सम्मेलन को मिस करूँगा। बीमारी के कारण अपराधी अनुभव करता हूँ। सीढ़ी से उतरकर आज भी आजमया है। ताकत है नहीं।

16 दिसम्बर, 1971 (पटना)

आज शाम चार-एकतीस पर बंगलादेश स्वाधीन हो गया।

प्रथम विश्वयुद्ध के समय एक फ्रांसीसी लेखक ने कहा था, "युद्ध से पहले हालत क्या थी? हम जीवन को नजदीक से देखते थे, मृत्यु को दूर समझते थे और परलोक को उससे भी दूर। मगर अब क्या है? जीवन को हम दूर समझते हैं, मृत्यु को समीप और परलोक को उससे भी समीप। हिन्दुस्तान और पाकिस्तान के सैनिकों को आज यही दिखाई देता होगा।

आज का दिन स्वर्णाक्षरों में लिखने योग्य है। जो बात मैं आज तक सोच रहा था, वह सही हो गई। इन्दिरा जी को दैवी शक्ति ने अपना यन्त्र बना लिया है। वही शक्ति उनके भीतर से काम कर रही है। आज बंगलादेश में पाकिस्तानी सैनिकों ने हथियार डाल दिए। यह भारत की पहली निर्णायक जीत है। इन्दिरा जी ने विदेशमन्त्री को राष्ट्रसंघ में यह कहने को अधिकृत किया है कि कल शाम से भारत जंगबन्दी के लिए तैयार है। इस विजय का श्रेय तीन को है, इन्दिरा जी को, सेना को और रूस को।

भागलपुर की थीसिस की मौखिक परीक्षा घर पर ही ली। आज प्रकाशवीर जी का भी फोन आया कि दिल्ली में वीररस कवि सम्मेलन हो और आप न आएँ, यह कैसा लगेगा? उनका तार भी आज आया है। एक तार कल भी आया था। मगर बीमारी के कारण जाना कैसे हो?

17 दिसम्बर, 1971 (पटना)

सारे अखबार खुशी की सुर्खियों से भरे हुए हैं। इसमें कोई सन्देह नहीं कि अपने एक हजार साल के इतिहास में भारत ने यह पहली लड़ाई जीती है, जिसका राष्ट्रीय महत्त्व है। संसद में भारी प्रसन्नता व्यक्त की गई है। मैं एक बार पहले ही कह चुका हूँ कि इन्दिरा जी को भगवान ने अपना यन्त्र बना लिया है। वे माध्यम होंगी और देश में बड़े-बड़े काम करेंगी। आज यह बात संसद में भी किसी सदस्य ने कही है।

पटना रेडियो से मधुकर जी सन्देश रेकार्ड कराने आए। उसमें भी मैंने कहा, "इन्दिरा दैवी शक्ति का यन्त्र है।" मैंने यह भी कहा कि बहुत दिन पूर्व एक पद में

मैंने कहा था कि देश के संघर्ष में गांधी जी हार गए, काल के संघर्ष में वे जीतेंगे।

बंगलादेश में जो अखाड़ा खुला, वह काल का अखाड़ा था। गांधी की उस अखाड़े में जीत हुई है। मुझे भरोसा नहीं था कि मेरे जीवनकाल में मेरी यह भविष्यवाणी सत्य होगी। मगर परमात्मा को धन्यवाद कि मेरे जीते जी वह भविष्यवाणी सत्य हो गई।

आज शाम को रेडियो से यह समाचार भी आ गया कि याहिया ने पश्चिमी मोर्चे पर भी सीजफायर की बात मान ली।

18 दिसम्बर, 1971 (पटना)

ढाका में लड़ाई हुई ही नहीं। आज जनरल अरोरा का वक्तव्य आया है, "ढाका में एक ही लड़ाई हुई यानी पाकिस्तानी फौज ने आत्मसमर्पण किया।" जनरल ने यह बात भी कही है कि लोग इसे सीजफायर क्यों कहते हैं, यह तो सरेंडर है। कल मैंने जो ब्राडकास्ट किया, उसका स्वागत कई मित्रों ने किया है। बुद्धिजीवी इस खबर से चौंके हैं कि यह लड़ाई असल में गांधी और जिन्ना के बीच थी। गांधी जी इस बार जीत गए। पुण्य की विजय ऐसे ही देर से होती है। जो पद कल रेडियो पर सुनाया, उसकी रचना 1955 या '56 में हुई थी। लेकिन 1965 में भी मैंने एक छोटी-सी कविता लिखी थी जिसमें एक भविष्यवाणी थी, 'इतिहास जानता है कि क्या हो रहा है।' मगर भविष्यवाणी उस समय पूरी नहीं हुई, अब आकर पूरी हुई है। आज रेडियो ने खबर दी कि याहिया खाँ इस्तीफा देने का निश्चय कर चुका है। बी.बी.सी. ने खबर दी है कि सीजफायर का पाकिस्तान ने उल्लंघन किया है। भारत का मत है, यह मामूली बात है।

इन्दिरा जी को राष्ट्रपति ने आज भारतरत्न प्रदान किया। प्रत्येक प्रधानमन्त्री और राष्ट्रपति को भारतरत्न मानना ही चाहिए। फिर भी यही अच्छी बात हुई। जवाहरलाल जी जब रूस की यात्रा से लौटे थे, राजेन्द्र बाबू ने डिनर पर ही उन्हें भारतरत्न बना दिया था।

19 दिसम्बर, 1971 (पटना)

सोलहवाली कविता आज पूरी हुई। ध्यान केन्द्रित करते ही मस्तक के भीतर झनझनाहट शुरू हुई। दो बार खाट पर जाकर लेट गया। 'उर्वशी' लिखने के समय यही कैफियत होती थी। कविता के लिए ध्यानस्थ होते ही मन्द बेहोशी आ जाती थी, तब मधु चाटकर लेट जाता था। शरीर तो कमजोर होता जा रहा है। मगर लोग हैं जो पूछते हैं, "कोई महाकाव्य लिख रहे हैं या नहीं?"

पाकिस्तान में बड़ी गड़बड़ी मची हुई है। बंगलादेश में बंकरों से तीन हजार

औरतों का उद्धार किया गया है। अधिकांश गर्भवती हो गई हैं। यह नृशंसता पहले किसी सेना ने बरती थी या नहीं, नहीं जानता। केवल इस अपराध का दंड देने के लिए भी युद्ध जायज था।

इंग्लैंड के गार्जियन ने लिखा है कि अब पाकिस्तान को इस भ्रम में नहीं रहना चाहिए कि सामरिक दृष्टि से वह भारत के जोड़ का देश है।

याहिया खाँ ने अपनी प्रजा से लड़ाई का असली हाल छिपा रखा था। अब जो सच्चाई प्रकट हुई है, तब पाकिस्तानी देशभक्त रो रहे हैं, सिर पीट रहे हैं। प्रार्थना कर रहे हैं कि कम-से-कम पश्चिमी पाकिस्तान बच जाए।

20 दिसम्बर, 1971 (पटना)

आज अखबारों में जो चर्चा आई है, उससे मालूम होता है कि सातवें बेड़े का अमेरिका ने पहले बहाना यह लिया था कि अमेरिकी लोग ढाका में हैं। उन्हें बैंकाक ले जाना है। जब यह कहा गया है कि चार सौ पचास अमेरिकी लोग भारतीय सेना की मदद से ढाका छोड़ चुके हैं, तब अब जो साठ-सत्तर बच गए हैं, वे उसी तरह क्यों नहीं जा सकते, तब अमेरिका ने यह बहाना लिया कि असल में बेड़े का उद्देश्य बिहारी मुसलमानों को बचाना था। मगर अमेरिका इस सवाल का क्या जवाब देगा कि जब बंगाली मुसलमानों पर उतनी भयानक विपत्ति टूटी थी, तब आपकी यह कर्तव्य-बुद्धि कहाँ थी?

आज जुल्फिकार अली भुट्टो पाकिस्तान के राष्ट्रपति और मार्शल-ला-एडमिनिस्ट्रेटर बना दिए गए। उन्हें चार्ज देकर याहिया खाँ कहाँ चले गए, इसका कोई समाचार नहीं है।

अगर पाप का दंड समूह को भी भोगना पड़ता है, तो पाकिस्तान का भविष्य सचमुच ही खराब है। जनाब भुट्टो स्थिति को सँभाल सकते हैं या नहीं, यह देखने की बात है।

21 दिसम्बर, 1971 (पटना)

आज अखबारों में खबर आ गई कि प्रान्तों में चुनाव होंगे, बिहार और उत्तर प्रदेश में भी होंगे। सभी हवाएँ इन्दिरा जी के अनुकूल हैं, फिर चुनाव क्यों नहीं हो? दुविधा में केवल मुसलमान पड़ेंगे। लेकिन वोट वे आखिर देंगे किसे? सी.पी.आई. रूस है, जनसंघ हिन्दू है। मुसलमानों को सही रास्ता पकड़ना चाहिए। सही रास्ता यही है कि ये कांग्रेस को वोट दें।

मथुरा से सुना कि रात भुट्टो रेडियो पर कोई घंटे भर बोलते रहे। भाषण

मौखिक, असम्बद्ध, युद्ध की धमकी, बदला लेने का जोश। यह कसम भी उन्होंने खाई है कि हम प्रजातन्त्र का निर्माण करेंगे, आप जैसे चाहेंगे, हम वैसे ही चलेंगे। पाकिस्तान एक है और वह एक ही रहेगा। बंगलादेश वालों से उन्होंने अनुरोध किया है 'फारगेट एंड फारगिव'। निर्लज्जता इससे आगे नहीं जा सकती।

फेडरेशन की भी बात है। मगर यह बात काफी देर के बाद आई है। बंगलादेश अब इसके लिए तैयार नहीं होगा।

श्रीमाँ का आशीर्वाद पटने की सभा में पढ़ा गया है कि श्री अरविन्द पाकिस्तान को फाल्सहूड कहते थे।

बलराज मधोक ने कल पटने में कहा, "विजय का श्रेय मुक्तिवाहिनी को है, भारतीय सेना को है, जगजीवनराम को है। वह इन्दिरा को क्यों दिया जाए?" मगर मैं जानता हूँ कि मई, 1971 में जगजीवन बाबू क्या सोचते थे।

22 दिसम्बर, 1971 (पटना)

अखबार में एक अफवाही समाचार छपा है कि मुजीब को याहिया ने पीकिंग भेज दिया है।

जर्मनी के अखबारों ने लिखा है कि भुट्टो का राष्ट्रपति होना अच्छा नहीं हुआ है। उनमें धीरज नहीं है। वे भारत के साथ समझौता-वार्ता के लिए गलत आदमी हैं। मथुरा का खयाल है, भुट्टो शायद पद पर टिकेंगे भी नहीं।

भारत आर्थिक कठिनाई में पड़ेगा, इसके लक्षण स्पष्ट हैं। चौथी योजना अधूरी इसलिए रह गई कि 1965 में पाकिस्तान से युद्ध हुआ। आज फिर वही स्थिति है। उस पर विदेशी सहायता बन्द और बंगलादेश को सँभालने का अलग भार।

चीन और अमेरिका भी मिलकर भारत को कष्ट देंगे। इसकी आशंका कम है कि पाकिस्तान अभी तुरन्त लड़ाई छेड़ेगा। पाकिस्तान अभी नैतिक और आर्थिक कठिनाइयों में खुद फँसा रहेगा।

भुट्टो अब लूज फेडरेशन की बात करते हैं। पहले की होती, तो युद्ध ही नहीं होता।

23 दिसम्बर, 1971 (पटना)

बंगलादेश में बंकरों से तीन हजार औरतें निकाली गईं। इस संवाद से मैं बहुत पीड़ित हूँ। सभ्यता के प्रति इतना भी शील पाकिस्तान की सेना नहीं निभा सकी।

युद्ध और काम में कोई सम्बन्ध है, यह मैंने द्वितीय विश्वयुद्ध में देखा था। सीतामढ़ी में एक विदेशी औरत थी, जिसे एक भारतीय विदेश से ले आए थे।

सीतामढ़ी में जो भी विदेशी सेनाधिकारी आता था, उस औरत को खाने पर जरूर बुलाता था। विदेशी सिपाही शहरों में घुसते ही 'लाल बीबी' की खोज में लग जाते थे।

सुना है, पानीपत की लड़ाई में मराठे भी अपनी रक्षिताओं को मोर्चे पर ले गए थे। मगर वे रक्षिताएँ थीं, लूटी हुई औरतें नहीं।

आज इंडो-ईरान पत्रिका में पढ़ा कि डेरियस के पास सबसे ज्यादा बहादुर लोगों की एक फौज थी, जिसका नाम इमारटल यानी अमर सेना था और जिसकी संख्या बराबर दस हजार रहती थी। उस सेना का कोई वीर मरता था, तभी उसकी जगह पर चुना हुआ वीर लिया जाता था। यह फौज जब कूच करती थी, तब वीर अपनी बीवियों, नौकरों और रखैलों को भी साथ ले चलते थे।

'द वार पोयट्स' नामक संग्रह में एक कविता है :

Each soldier, as he passes
looks at their breasts.

ये सिपाही बर्मा में थे।

युद्ध के लिए काम स्वाभाविक है। मगर संस्कृति तो प्रकृति से भिन्न गुण है। अफसरों ने बंगाल में इस अन्याय को क्यों नहीं रोका? खुद अफसरों ने ही यह रास्ता खोला होगा।

खबर आ गई कि बिहार में भी चुनाव होगा।

24 दिसम्बर, 1971 (पटना)

श्री भुट्टो अपनी समाजवादी तसवीर पेश करना चाहते हैं। एक हुक्म से उन्होंने पाकिस्तान के बहत्तर राजाओं के विशेषाधिकार खत्म कर दिए हैं। दूसरे हुक्म से उन्होंने पाकिस्तान के बाईस सबसे धनी परिवारों पर रोक लगा दी है कि वे बाहर न जाएँ। अखबारों में चर्चा है कि भारत के युद्ध-कैदी भी पाकिस्तान में मारे गए हैं। यह भी कि भुट्टो अपने युद्ध-बन्दियों को छुड़ाने के लिए उत्सुक नहीं है। खबर है कि पाकिस्तान के एक लाख तीस हजार सिपाही और अफसर पकड़े गए हैं।

'द वार पोयट्स' में एक कविता है नहाते हुए सिपाहियों पर। वे सब नंगे नहा रहे हैं। इसके मनोवैज्ञानिक कारण क्या हैं, यह बताते हुए कवि ने लिखा है :

Forgets the hatred of war. its.
Terriple pressure it begets.
He plays with death and animality.
Who now a days is conscious of our sinss?
Forgets the fright and shame of naked ness.
As if evil itself were beautiful.

शाम को कार से डॉ. छेदी चौधरी के यहाँ गया और आँख जँचवाई। रीता का जन्मदिन मिठाई बाँटकर मनाया।

25 दिसम्बर, 1971 (पटना)

ऊथां के बाद राष्ट्रसंघ के नए सेक्रेटरी जनरल हुए हैं डॉक्टर कुर्ट वालधेम। वे ऑस्ट्रिया के हैं, यानी तटस्थ देश के। फिनलैंड के मैक्स जैकोब्सन ने यह बताया है कि आदर्श महासचिव को कैसा होना चाहिए। ''महासचिव को ऐसा होना चाहिए, जिसकी न कोई जाति हो, न धर्म, जिसकी किसी भी विचारधारा के साथ कोई लगाव नहीं हो, जिसमें किसी प्रकार की राजनीतिक प्रतिबद्धता नहीं हो। संक्षेप में, उसे ऐसा मनुष्य होना चाहिए, जो अगर खड़ा हो जाए, तो किसी भी तरफ उसकी कोई छाया नहीं पड़े।''

परसों रात कविता-जैसी कोई चीज आनन-फानन निकल पड़ी, जो युद्ध पर व्यंग्य है।

युद्ध की कविता

युद्ध की कविता कैसी होनी चाहिए?
तो सुनो, हम बतलाते हैं।
हम अकसर औरतों की सभाओं में जाते हैं
और कहते हैं,
माताओ, दुनिया बदल गई है।
छाती और पीठ में
अब कोई भेद नहीं है।
न अब यही फर्क रहा
कि कौन घर पर है
और कौन लाम पर है।
नापाम उसे भी जला देगा,
जो दुकान पर बैठा है,
जो खेती के काम पर है।
पुराना आल्हा जल गया है।
वीरता का रूप बदल गया है।
इसलिए भगवान अगर दया दिखाए
और बच्चा तुम्हारे पेट में आए,

तो खुद अर्जुन बन जाओ
और अभिमन्यु को यह सिखलाओ
कि कुरुक्षेत्र का जमाना बीत गया।
द्वापर को भूलकर
वह कलियुग की आवाज बने।
धनुष और बाण
अब किसी काम के नहीं हैं।
जवान होकर वह हवावाज बने।
जिन नगरों के नाम
उसने स्कूल में पढ़े हैं,
वे अगर ज़द में आ जाएँ,
तो उन्हें गोलों से पाटे।
चील की तरह आकाश में चक्कर काटे।
और जान पर बन आए,
तो पैराशूट लेकर कूद पड़े।
धरती और आकाश के बीच
ठहरना सीखे।
अधर में अटका हुआ
ध्यान करना सीखे।
पुरानी पट्टी को पोंछ कर
वीरता का यह मार्ग तुम उसे
शुरू में ही दिखा सकती हो।
और यह सबक लड़कों को ही क्यों?
लड़कियों को भी सिखा सकती हो।

लड़ाई के लिए अब बाहुबल की आवश्यकता कम, बुद्धिबल की आवश्यकता अधिक है। पहले लोग मार्शियल रेश की बात करते थे। अब वह सिद्धान्त ही निःसार हो गया।

पाकिस्तानी मरें, तो हिन्दुस्तानी खुश और हिन्दुस्तानी मरें, तो पाकिस्तानी खुश। वह समय कब आएगा, जब किसी के भी मरने से कोई खुश नहीं होगा?

26 दिसम्बर, 1971 (पटना)

फ्रांस के विख्यात लेखक और चिन्तक आन्द्रे मालरो ने प्रेसिडेंट निक्सन को एक खुली चिट्ठी लिखी है। उससे मालूम होता है कि फ्रांस के डेढ़ सौ आदमी मालरो के नेतृत्व

में बंगलादेश की ओर से लड़ने को तैयार थे। पत्र में लिखा है कि आपकी स्वतन्त्रता की प्रतिमा बंगाल की तबाहियों के चित्र टेलीविजन पर देखती हुई क्या सोचती होगी? टीप का बन्द यह है कि जो बातें मैं बोल रहा हूँ, वे आपके मुख से आनी चाहिए थीं।

दिल्ली के 'थाट' में भुट्टो के बारे में एक पंक्ति है : "भारत से घृणा करना उसकी आवश्यकता है। भारत से प्रेम करना उसका स्वभाव है।" यह भी लिखा है कि जिन्ना के बाद भुट्टो पाकिस्तान का सबसे पढ़ा-लिखा राजनीतिज्ञ है।

जब मनुष्य ने बोलना सीखा होगा, वह बहुत बड़ी क्रान्ति रही होगी। बोलना यानी भाषा का आविष्कार। फिर जब उसने लिखना सीखा होगा, तब वह भी क्रान्ति रही होगी। पश्चिम वाले मानते हैं कि लिखने का आविष्कार सुमेरिया में 3000 ई.पू. में हुआ था। तब छापे की मशीन 17वीं सदी में आई। यह भी बड़ी क्रान्ति थी। अब टेलीफोन, रेडियो, टेलिग्राम, टेलीविजन आ गए हैं। मगर वे सरकार के कब्जे में हैं। अगर कोई ऐसा तरीका निकल आए कि जो चाहे, उसी के पास ट्रांसमीटर हो जाए तो साहित्य में यह भी एक महाक्रानित का कारण बन जाए।

आज युद्ध पर एक और कविता निकल आई।

वह समय चला गया,
जब एक सिपाही
अपने आप में
पूरा युद्ध होता था।
निहत्थों को वीर नहीं मारते थे।
शत्रु अगर निरस्त्र हो,
तो उसे वे शस्त्र देते थे
और कहते थे, अब लड़ो।
तुम मुझे मार डालो
या मेरे हाथों मरो।

27 दिसम्बर, 1971 (पटना)

नारी-स्वाधीनता का आन्दोलन जब आरम्भ हुआ था, तब मर्द आन्दोलन करने वाली नारियों को सेक्सलेस कहते थे। जब आन्दोलन आगे बढ़ा, दफ्तर के शेर घर में चूहे बन गए। औरतों ने जब झगड़ा शुरू किया, मर्द लड़े नहीं, मैदान छोड़कर भाग गए, यानी समलैंगिक हो गए या ऐसी औरतों के पास जाने लगे, जो उनकी मर्दानगी का आदर करती हों।

नारी-आन्दोलन के आरम्भ में कहा जाता था कि औरतों को क्षेत्र और अधिकार

नहीं हैं। क्षेत्र और अधिकार मिल जाएँ, तो वे मर्दों की बराबरी कर सकती हैं। मगर वे मर्दों से श्रेष्ठ क्यों नहीं रहें, बराबरी पर क्यों उतरें?

कहते हैं, अमेरिका में जब मर्द लाम पर थे, औरतों को जरूरत से ज्यादा क्षेत्र और जवाबदेही थी। मर्द जब लाम पर से लौटे, उन्होंने बहुत-से कर्तव्य हथिया लिए। औरतें इससे नाखुश हुई थीं।

सेकेंड सेक्स की लेखिका मानती है कि शरीर-रचना की दृष्टि से नारी पुरुष से हीन है। मगर तब भी वह (यानी सिमोन द बुआ) औरतों को मर्दों के विरुद्ध उकसाती है।

और अब अमेरिका की एक लेखिका ने लिखा है, औरतों ने अपने कार्य का क्षेत्र बदल दिया है, लेकिन अब वे जिस समस्या से परेशान हैं, वह अनिर्वचनीय है, उसका नाम नहीं है। जब मर्द घर से बाहर काम करते थे और औरतें घर में काम करती थीं, तब औरतों को जो सन्तोष मिलता था, वह अब नहीं मिलता।

28 दिसम्बर, 1971 (पटना)

पच्चीस नवम्बर के बाद आज पहले-पहल घर से निकला।

वाइस चांसेलरी के समय कभी-कभी डायरी लिखता था, घटनाओं की नहीं, विचारों की, अपने ही विचारों की नहीं, पसन्द आए विचारों की भी। एक विचार उस समय के नोट में मिला है :

"यूरोप गिरने वाला है। वह पतन की ओर जाएगा। भारत इस पतनशीलता की विरासत लेने को क्यों बेकरार है? उसका कर्तव्य एकमात्र यह है कि वह यूरोप की अच्छी बातों का समन्वय भारतीय संस्कृति की अच्छी बातों के साथ करे। यूरोप में कविता के स्वर गड़बड़ी में पड़ गए हैं। इस स्वर की नकल करके जो भारतीय कवि स्वीडन में सम्मान की कुर्सी हथियाने को बेचैन है, वह गलत काम कर रहा है। स्वीडन पहुँचना हो, तो भारतीय कवि भारतीय बनकर पहुँचे, भारतीय परम्परा का नया वारिस बनकर पहुँचे।"

29 दिसम्बर, 1971 (पटना)

दस बजे राज्यपाल से मिलने को राजभवन गया। चार व्यक्ति तो हमीं लोग थे। वहाँ और भी लोग आ गए। उसी भीड़ में बरुआ साहब ने मुझसे कहा, अब आप प्रोफेसर आवू पोयट्री का पद स्वीकार करके यहाँ पटने में रहिए।यहाँ भी जीवन की लहलहाहट चाहिए। यह एक तरह से सार्वजनिक घोषणा थी। मुझे ठीक पता नहीं चला कि यह घोषणा परिपक्व थी या अपरिपक्व।

बरुआ साहब ने कहा, मोहम्मद गजनी और तैमूर लंग, दोनों ने कवियों को प्रश्रय दिया था। यहाँ बिहार में मैं भी चाहता हूँ कि अपनी बिरादरी यानी कवियों की मदद करूँ। मैंने चाहा था कि पाँच लाख का कोष इसके लिए अलग किया जाए। नीचे जाकर वह घटकर डेढ़ लाख हो गया। मगर मिनिस्ट्री के निकल जाने से अब सब कुछ मुझे ही करना है। मैं इस रकम को अब दस लाख कर दूँगा। फिर उन्होंने मोहित लाल मजुमदार की एक कविता नादिरशाह पर पढ़कर सुनाई। बरुआ साहब साहित्य के छात्र थे, लेकिन विद्वान वे इतिहास के मालूम होते हैं।

शाम को जयकिशोर जी और आर्यावर्त के सम्पादक जयकान्त जी आए। फिर आए प्रोफेसर श्री नर्मदेश्वर प्रसाद।

जस्टिस उटवालिया खुद बीमार हैं, मगर मुझे देखने को, जरा देर के लिए, वे भी मेरे घर पधारें।

30 दिसम्बर, 1971 (पटना)

भुट्टो ने सुरक्षा-परिषद् में कुछ और बकवास की थी। सभापति ने स्वर्णसिंह को डिसटिंगुइस्ड कहा था। भुट्टो को यह बात बुरी लगी। उसने कहा, डिसटिंगुइस्ड के क्या मानी? वे भारत के विदेशमन्त्री हैं। मैं चाहता, तो संयुक्त भारत का प्रधानमन्त्री बन सकता था। हाइजैकिंग के बारे में उसने कहा, यह कांड खुद भारत के जासूसों का किया हुआ था। मगर सच बात यह है कि लाहौर में भुट्टों ने हाइजेकरों को शाबाशी दी थी।

राजाजी ने कहा है कि पाकिस्तान जो इस भ्रम में है कि अमेरिका उसकी ओर से खुलकर युद्ध करेगा, वह आशा कभी भी पूर्ण नहीं होगी। राजा जी ने यह भी कहा है कि सभी विजय प्रभु की कृपा से होती है। भगवान इन्दिरा जी पर दया की दृष्टि किए रहें।

पश्चिम की तुलना में हमारा देश कैसा है? पश्चिम के पास दर्शन है, पर जीव-दर्शन नहीं है। जो है, सैद्धान्तिक है। वहाँ दर्शन के आचार्य हैं, दार्शनिक नहीं।

हमारे पास जीवन-दर्शन है, अहिंसा का दर्शन, प्रेम का दर्शन। जरूरत के समय यह दर्शन काम आता है। पाकिस्तान के युद्ध में यह दर्शन काम आया। बंगलादेश को स्वाधीन करके युद्ध हमने रोक दिया। युद्ध के कैदियों के साथ हमारा बर्ताव मानवोचित बर्ताव है। इस देश में यह जोश नहीं है कि पाकिस्तान को खत्म कर दे।

31 दिसम्बर, 1971 (पटना)

आज वर्ष का आखिरी दिन है। 1 जनवरी, 1971 को मैं ओंगोल (आन्ध्र) में था। उस

दिन शुक्रवार था। मैंने लिखा था, यह साल अच्छा बीतना चाहिए। मगर कैसा बीता? वर्ष की सबसे बड़ी उपलब्धि यह कि बाबा मुक्तानन्द मिले और इसी वर्ष के भीतर उससे तीन बार भेंट हुई। घाटा यह रहा कि 13 जून को दिल्ली में मेरी नौकरी समाप्त हो गई। यह नौकरी नहीं, छोटी-सी बादशाहत थी। कई मजे मन्त्रियों वाले और चिन्ता उतनी भी नहीं, जितनी मन्त्री को होती है। साहित्य इस साल कुछ नहीं लिखा, यह दूसरा घाटा रहा। लेकिन देश में घूमकर भाषण बहुत दिए। लेखक के लिए फालतू काम।

नए साल को आशंका से न देखकर आशा से ही देखना उचित है।

मन में राज्यसभा का लोभ अभी भी बना हुआ है। लेकिन जीवन में आकस्मिक कुछ भी नहीं होता। सब ईश्वर की इच्छा से होता है। ईश्वर आँख तरेरकर कह रहा है, जो कुछ हुआ, बहुत हुआ। अब सब ओर से ध्यान मोड़कर मेरा नाम ले और साहित्य लिख।

बाष्कली ने बध्व से पूछा, ब्रह्म की शिक्षा दीजिए। बध्व मौन रहा, पहली बार भी, दूसरी बार भी, तीसरी बार भी। तब बोला--उपशान्तोऽयमात्मा।

वर्ष की एक उपलब्धि यह भी है कि शान्ति की साधना कुछ तेजी से चली है।

श्री माँ और बाबा मुक्तानन्द को नमस्कार करके वर्ष की डायरी समाप्त करता हूँ।

1 जनवरी, 1972 (पटना)

गांधी संग्रहालय का उद्घाटन-समारोह था। चार बजे आरम्भ होनेवाला था, सवा पाँच बजे आरम्भ हुआ। राज्यपाल बरुआ ने उद्घाटन किया, मैंने सभापतित्व।

मैंने कहा गांधी जी के साथ बहुत-से आदर्श आए थे और वे उन्हीं के साथ चले भी गए। वे गांधी जी के साथ फिर वापस आएँगे। लेकिन अब गांधी जी भारत के धरातल पर नहीं लौटेंगे। राष्ट्रनेता वाला उनका रूप राष्ट्र में रह गया। वे अब विश्वनेता के रूप में वापस आएँगे और होगा यह कि उनके जिस रूप का विरोध हुआ था, उनका वही रूप प्रधान होगा। यानी वे विज्ञान के विरुद्ध चुनौती थे। वही चुनौती सत्य होनेवाली है। टेकनालॉजी ने विनाश की जो सम्भावनाएँ खड़ी कर दी हैं, उससे त्रस्त मनुष्य एकोलाजी की शरण खोज रहा है। गांधी जी विज्ञान के विरुद्ध नहीं थे। वे चाहते थे कि विज्ञान को उतना ही बढ़ना चाहिए, जहाँ तक मनुष्य की नैतिकता उसे सँभाल सकती है। पहले लोग यह मानते थे कि ज्ञान की खोज पर कैद नहीं लगाई जानी चाहिए। अब चिन्तक सोचने लगे हैं कि विज्ञान को भी कानून के अधीन होना चाहिए। यह प्रकारान्तर से वही बात है, जिसे गांधी जी कहना चाहते थे।

गांधी जी देश के अखाड़े से निकलकर काल के अखाड़े में चले गए हैं और काल

के अखाड़े में उनकी जीत हो रही है। अभी-अभी बंगलादेश में जो अखाड़ा खुला था, वह काल का ही अखाड़ा था। उसमें असली कुश्ती गांधी और जिन्ना के बीच हुई है और इस कुश्ती में गांधी जीत गए हैं, जिन्ना हार गए हैं।

2 जनवरी, 1972 (पटना)

किर्केगार्ड को जिस लड़की से प्रेम हुआ था, उसका नाम ओस्लेन था। वह लड़की फुदकती चिड़िया की तरह हल्की और विचारों की तरह निर्भीक थी। मगर किर्केगार्ड और ओस्लेन की शादी नहीं हुई, शायद लड़की इतनी खुशमिजाज थी कि किर्केगार्ड ने उसे अपनी उदासी के योग्य नहीं समझा।

किर्केगार्ड से बड़ा दिमाग डेनमार्क ने दूसरा पैदा नहीं किया।

किर्केगार्ड भवभूति की तरह जीवनकाल में मिली अपनी प्रशंसा से सन्तुष्ट नहीं थे। उन्होंने लिखा है : "लोग मरने के बाद मेरी इतनी प्रशंसा करेंगे कि लगेगा, मैं जीवनकाल में भी इतना ही प्रशंसित था।"

"आदमी तो मैं कभी हुआ ही नहीं, बच्चा और जवान होना तो दूर की बात है।"

किर्केगार्ड दुनियावी कामों के लायक नहीं थे। खैरियत यह थी कि वे आर्थिक दुश्चिंताओं से मुक्त थे। वे कहते थे, मैं 'जानूस' हूँ। मेरा एक चेहरा हँसता है, दूसरा रोता है। शोक मेरा किला है, जिसमें मैं सुरक्षित हूँ।

1840 ई. में उन्होंने भविष्यवाणी की थी, "सारा यूरोप दिवालियेपन से टकराने को दौड़ रहा है।" निश्चय ही, उनका तात्पर्य धन के दिवालियेपन से नहीं, नैतिकता के दिवालियेपन से था।

मरने के पहले उन्होंने लिखा था, "यही वह सड़क है, जिस पर से सबको चलना पड़ता है। यह आहों का पुल है, जो हमें अनन्त की ओर ले जाता है।"

एक जगह उन्होंने यह भी लिखा है कि आदमी अन्धकार में भटक रहा है। तब भी वह ईश्वर की पोशाक का छोर छू लेता है। इसीलिए आदमी निराशा में नहीं मरेगा।

3 जनवरी, 1972 (पटना)

किर्केगार्ड की एक उक्ति और है। "ईश्वर चिन्तन नहीं करता, निर्माण करता है। ईश्वर जीता नहीं, वह सनातन है।"

चिन्तन को किर्केगार्ड शंका से देखते थे। "शुद्धचिन्तन मायाजाल है।" (शुद्ध का अर्थ केवल यहाँ लेना चाहिए यानी चिन्तन के साथ जहाँ कर्म न हो)। जो आदमी सत्य को प्रयोग में नहीं लाता, केवल उसके चिन्तन में लगा रहता है, वह एक न एक दिन गद्दार हो जाएगा, जैसे जूडास ने ईसा के साथ गद्दारी की थी।"

इससे मिलती-जुलती एक उक्ति जूलियन बेंदा की भी है। ''चिन्ताकों ने गजदन्ती मीनार में रहने को अपना सर्वस्व मान लिया और गजदन्ती मीनार में रहकर उन्होंने उन लोगों के साथ गद्दारी की, जिन्हें रास्ता दिखाना उनका काम था।''

आदमी सोचने से नहीं बनता। वह नैतिक संघर्ष से बनता है, कर्म के तनाव से बनता है।

''जीने का अर्थ ही नैतिकता के साथ जीना है।''

किर्केगार्ड के जर्नल में जो मंच है, उस पर अन्धकार और दुविधा नृत्य करते हैं, असुरक्षा और भय अभिनय करते हैं।

जब सोने लगा, हिन्दुस्तान समाचार से पुरुषोत्तम ने फोन किया कि भुट्टो ने घोषणा कर दी है कि वे शेख मुजीबुर्रहमान को बिना शर्त रिहा कर देंगे। मैंने अपनी प्रसन्नता का एक छोटा-सा बयान उसे टेलीफोन पर ही लिखा दिया।

दुःख की बात है कि डॉक्टर अभय की आज मृत्यु हो गई। मेरे बड़े प्यारे थे। डॉक्टर तो चतुर वे थे ही।

4 जनवरी, 1972 (पटना)

पुराना नोट बुक उलटते हुए किर्केगार्ड की दो उक्तियाँ और मिलीं।

''मुझसे जो भी सवाल पूछना हो, जरूर पूछो; उत्तर दूँगा, लेकिन कारण नहीं बताऊँगा।''

''प्रत्येक पीढ़ी में दो-तीन व्यक्ति ऐसे होते हैं जिनका इसलिए बलिदान चढ़ाया जाता है कि बाकी लोग बलिदान होने से बचें। अपनी पीढ़ी के इन्हीं दो-तीन व्यक्तियों में से मैं भी एक हूँ।''

लोग मेरी उर्वशी पर लारेंस के प्रभाव की चर्चा करते हैं। मगर फ्लाउबेयर का प्रभाव क्यों नहीं मानते? मैंने फ्लाउबेयर को भी बड़े प्रेम से पढ़ा था।

फ्लाउबेयर ने लिखा है कि सत्य, वास्तविकता और ऐन्द्रियता, ये समानार्थी शब्द हैं। एक ही गोस्पल है, जिसका अध्ययन किया जाना चाहिए। वह गोस्पल पंचेन्द्रियों का है।

आदमी जो खाता है, वही बन जाता है। मनुष्य को देवताओं का प्रेमी बनाने के बदले मनुष्यों का प्रेमी बनाओ, उसे परलोक का उम्मीदवार न बनाकर लोक का छात्र बनाओ, ईसाई बनाने के बदले मनुष्य बनाओ, पूरा मनुष्य बनाओ।

5 जनवरी, 1972 (पटना)

आज शाम को कल्याणी इलाहाबाद से आई है। दिनभर पुराने नोट उलटता रहा। कहाँ क्या है, जो डायरी के रूप जा सकता है, इसकी खोज कर रहा हूँ। बैठे से बेगारी भली।

अनेक कविताएँ अधूरी ही रह गईं। उनका क्या हो? अनेक कविताएँ संग्रहों में न खप सकीं, उनका क्या होगा? डायरी के रूप में उनमें से कुछ का उद्धार हो सकता है क्या?

अमेरिका में औद्योगिक सभ्यता अब पीछे छूट रही है। वहाँ 2000 ई. तक टेक्नोट्रेनिक सभ्यता आ जाएगी, यानी वह सभ्यता टेक्नोलॉजिकल होगी और एलेक्ट्रोनिकल। मनुष्य मनुष्य के बीच की दूरी और घटेगी। बायोमेडिकल इंजीनियरिंग का विकास होगा और आदमी के काम कम्प्यूटर करने लगेंगे। मशीनें उत्पादन करेंगी, आदमी बेकार होंगे। काम उन्हें मिलेगा, जो प्रतिभा सम्पन्न हैं। बाकी लोगों के लिए काम रहेगा ही नहीं। मन्त्रालय रोजगार के लिए नहीं होंगे। आदमी अपना अवकाश कैसे काटे, इसके प्रबन्ध के लिए मन्त्रालय बनेंगे।

2000 ई. में अमेरिका में औसत आयु एक सौ बीस साल हो जाएगी, जिसके मानी हुए कि दो सौ साल तक जीने वाले लोग काफी होंगे। शिशु-मृत्यु पर तो रोक लग ही गई, अब कोशिश चल रही है कि आदमी बुढ़ापे को दूर रखकर जवान रह सके।

मुझे लगता है, गांधी जी की चेतावनी निष्फल नहीं जाएगी और विज्ञान की अति से मनुष्य को निराश होना पड़ेगा। या सम्भव है, विज्ञान के दोष विज्ञान ही दूर कर दे।

6 जनवरी, 1972 (पटना)

सर इकबाल पर आक्षेप था कि वे विचारक हैं, दार्शनिक हैं, कवि नहीं हैं अथवा कम हैं। कविता के विषय में नवयुग की जो धारणा है, उससे इकबाल परिचित थे। इसलिए एक-दो बार उन्होंने कह दिया था, हाँ मैं कवि नहीं हूँ। मुझे कोई सन्देश देना है और जो कुछ मुझे कहना है, उसके लिए मैंने कविता का माध्यम चुना है। वह मुझे अच्छा लगता है। श्री अरविन्द ने कहा है, विचार से ज्ञान नहीं होता। विचार तो जड़ और अति-चेतन के बीच सेतु का काम करता है। लतिका घोष नामक किसी लेखिका ने स्पष्टता से कहा है, जिस कविता में विचार की प्रमुखता रहती है, उसे कविता नहीं मानना मूर्खता की बात है। विचार की प्रमुखता ब्राउनिंग में थी, टेनिसन में थी, बर्ड्सवर्थ में थी, 18वीं सदी के कवियों में थी। (वह तुलसीदास और रवीन्द्र में भी है।) पद्य में विचार को सिमटी हुई अभिव्यक्ति प्राप्त होती है, सीधी चोट करने की शक्ति मिलती है। पोप ने पद्य में जो बात कही है, वह बात उसी लुभावनी अदा से गद्य में नहीं कही जा सकती थी।

इलाहाबाद में एक दिन पन्त जी ने कहा था, "मेरी हाल की कविताओं में विचार बहुत आए हैं। मैं इसे दोष नहीं मानता।

7 जनवरी, 1972 (पटना)

श्री अरविन्द ने कई बार कहा था कि पाकिस्तान नहीं रहेगा। आश्रम के खेल के मैदान में खंडित भारत का नक्शा था। श्री माँ ने एक दिन किसी आवेश में आकर या कोई 'विजन' देखकर खल्ली उठाई और उस नक्शे को संयुक्त भारत का नक्शा बना दिया। पाकिस्तानी युद्ध के बाद भी उनका वक्तव्य आया है, 'पाकिस्तान इज ए फाल्सहूड'। अगर मुजीब बंगलादेश के राष्ट्रपति हुए या पूरे पाकिस्तान ने उन्हें अपना नेता मान लिया, तो क्या पता, भारतीय उपमहाद्वीप एक हो जाए। पाकिस्तान की मारक शक्ति अभी भी मौजूद है। फिर एक लाख सैनिकों के आत्मसमर्पण का कारण क्या था?

कलिकाल में स्वर्णयुग आएगा। लोहे सुवर्ण की रेखाओं से भर जाएँगे। योग मनुष्य को पुनः प्राप्त होगा। सम्प्रदाय खत्म होंगे, बहसें बन्द होंगी। ज्ञान, प्रेम और भ्रातृत्व की भावना से आहत नास्तिकता पृथ्वी पर से गायब हो जाएगी। श्री अरविन्द भविष्य के मसीहा हैं।

10 जनवरी, 1972 (पटना)

आज मुजीब दिल्ली आए और आज ही दिल्ली से ढाका पहुँच गए। दिल्ली की सभा में इन्दिरा जी और मुजीब, दोनों ने एक-दूसरे की जय के नारे लगाए।

बातें जो परदे के पीछे घटी हैं, वे धीरे-धीरे प्रकट हो रही हैं। मुजीब जिस कमरे में कैद थे, उसके बगलवाले कमरे में उनके लिए कब्र खोदी गई थी और मुजीब मन से मृत्यु का वरण करने को तैयार हो गए थे। पाकिस्तान की गड़बड़ स्थिति का लाभ उठाकर जेलर ने मुजीब को दो दिन अपने घर छिपा लिया। जहाँ मारना होता है, भगवान कारण पैदा कर देते हैं। जहाँ बचाना होता है, भगवान वहाँ भी रक्षक तैयार कर देते हैं।

भारतीय नौसेना के कैप्टन मुल्ला ने जिस निर्भीकता से मृत्यु का वरण किया, वह उज्ज्वल काव्य का विषय है।

बंगलादेश में मुक्तिवाहिनी के दो जवान एक नारी के घर में छिपे हुए थे। इतने में वहाँ पाँच पाकिस्तानी सिपाही आ गए। उस नारी ने पाँचों को अपने ऊपर लिया और मौका निकाला कि मुक्तिवाहिनी के जवान पिछले रास्ते से भाग जाएँ। उस औरत को एक बच्चा था। पाकिस्तानी दरिन्दों ने उसे पटक कर मार डाला।

पाकिस्तान अपने पाप से गिरा है। भगवान सच है। उनके दरबार में देर है, अन्धेर नहीं। अगर पाकिस्तान इतने पाप करके भी बच जाता, तो मुझे ईश्वरीय न्याय में शंका हो जाती। तब भी अभी सात तारीख तक मुझे सन्देह था कि क्या पता, मुजीब बंगाल न पहुँच पाएँ। अखबार में यह भी छपा है कि मुजीब जब लन्दन की राह पर थे, तब भी एक जहाज पाकिस्तान से उन्हें मारने को उड़ा था।

ईरान के शाह एक दिन के लिए पाकिस्तान क्या करने को आए थे? मातम-पुरसी के लिए या यह कहने को कि ईरान के साथ फेडरेशन बना लो?

11 जनवरी, 1972 (पटना)

भुट्टो ने चाहा था कि मुजीब रिहा होकर ईरान या टर्की जाएँ, लेकिन मुजीब इसके लिए तैयार नहीं हुए। तब शायद भुट्टो ने ईरान के शाह को बुलाया कि अगर वे कहेंगे, तो मुजीब लिहाज में पड़कर उनकी यह सलाह मान लेंगे कि पाकिस्तान से सम्पर्क का कोई-न-कोई सूत्र कायम रखना चाहिए। भुट्टो ने मुजीब से कहा भी कि शाह ईरान आपसे कुछ कहना चाहते हैं। मुजीब ने जवाब दिया, उन्हें जो कुछ कहना हो, ढाका आकर कहें। मुजीब एक साथ विनम्र भी हैं और कठोर भी। उनके भीतर गांधी भी हैं और सुभाष भी। क्या पता, सुहरावर्दी भी हों।

मुजीब ने कहा है कि बंगलादेश में दस लाख नहीं, तीस लाख आदमी मारे गये हैं और औरतों की इज्जत उनके मर्दों के सामने लूटी गयी है।

12 जनवरी, 1972 (पटना)

गतवर्ष नवम्बर महीने में जब श्री विश्वनाथ सत्यनारायण रेडियो पर मोहन सिंह सेंगर को इंटरव्यू दे रहे थे, तब उन्होंने कहा, "तेलुगू में छन्द की रचना सरल नहीं, कठिन कार्य है।" मैं तेलुगू नहीं जानता, लेकिन स्वयं विश्वनाथ जी की कविता से अनुमान लगाता हूँ कि यह बात ठीक होगी। संस्कृत के आचार्य-कवियों के पद कितनी कठिनाई से, कितने आयास से रचित मालूम होते हैं। अवश्य ही, अपना श्रोता वे सर्वसाधारण को नहीं, विशेषज्ञ को मानते थे। वे अपने समकालीन ज्ञान में पूर्णरूप से निष्णात रहे होंगे और शब्दों के सुप्रयोग की कला तथा भाषा को मोड़ने तथा नचाने की शैली उन्होंने अभ्यासपूर्वक सीखी होगी। फिर भी वे मोहते क्यों हैं? वे सूक्ष्मता से मोहते हैं, भाषा की बारीकी से सहृदयों का हृदय जीतते हैं। उनके कहने का ढंग सरल नहीं है, इसलिए उसका प्रभाव भी सरल नहीं है।

13 जनवरी, 1972 (पटना)

बिन्दो बाबू से सुन रखा था कि पटना में एक सूफी फकीर हैं बाबा काबुली शाह। उनके दर्शनों की बड़ी इच्छा थी। कल पता चला कि आजकल वे फतुहा के पास कच्ची दरगाह में ठहरे हुए हैं। आज हम चार व्यक्ति बिन्दो बाबू, राजेश्वर, नवल बाबू और मैं बाबा के दर्शन के लिए गए। वे मस्जिद में ठहरे हुए थे। उनकी बात हम बखूबी

समझ लेते हैं। हमारी बात समझने के लिए उन्हें एक आदमी की मदद लेनी पड़ती है। मेरा परिचय पाकर पहली बात वे यह बोले, "दुनिया माँगने आया है, या अल्लाह?" मैं कहना चाहता था, मुझे दोनों ही चाहिए। मगर दुभाषिया बोल उठा, "दुनिया बहुत पा चुका है। अब अल्लाह चाहिए।" बाबा का भी यही विचार निकला। "बहुत कर लिया, अब अल्लाह की तरफ जा।" उन्होंने मेरी उम्र पूछी। यह जानकर वे कुछ निराश हुए कि मैं चौंसठ वर्ष का हो चुका हूँ।

बाबा कई बार बोले, "सब तो पा लिया, अब अल्लाह की तरफ जा।" यह भी पूछा कि गुरु किया है या नहीं। बिन्दो बाबू ने कहा, गुरुमुख हो चुका है। बाबा बोले, वही तो, मैं गुरु की खुशबू पा रहा हूँ। गुरु के बिना आगे जाना मुश्किल काम है।

मैंने कहलवाया, आजकल मैं पोती के विवाह को लेकर फिक्र में हूँ। बाबा ने बात को इस तरह टाल दिया मानो वह कोई समस्या नहीं हो।

बाबा ने कहा, राजेन्द्र शाह से तुम्हारी मुलाकात हुई थी, उनसे बात हुई थी। इससे मैं विशेष रूप से चकित हुआ। यह बात कैसे आ गई? राजेन्द्र प्रसाद मुंगेर में वकील थे। वे कम्बलशाह के शिष्य थे, शराब बहुत पीते थे। एक दिन अदालत में बहस करते-करते वे मस्ती में आ गए और सब कुछ छोड़कर मुजफ्फरपुर चले गए। वे कम्बलशाह की गद्‌दी पर बैठे और दाता राजेन्द्र शाह के नाम से विख्यात हो गए। उन्होंने जब फकीरी ली थी, मैं मुजफ्फरपुर में प्रोफेसर था। किशोर के साथ राजेन्द्रशाह के दर्शन को गया था और थोड़ी देर उनके दरबार में बैठा भी था। उन्होंने बार-बार आने को कहा था, मगर मुझसे यह पार नहीं लगा। उसी मुलाकात का जिक्र आज बाबा काबुलीशाह ने किया। बीस वर्षों बाद आज एहसास हुआ कि मुजफ्फरपुर में एक खजाने के पास तक मैं पहुँच गया था, मगर कुछ ले नहीं सका। त्रुटियाँ भी कितनी बारीक होती हैं।

जब बाबा ने सुना, मैं शायर हूँ, उन्होंने दुभाषिये से पूछा, "अमीर को ही सुनाता है या गरीब को भी (शायद यह कहा था कि गरीब को ही सुनाता है यह अमीर को भी)?"

बाबा ने अपना इत्र निकाल कर मुझे दिया। मैंने उँगली से इत्र लेकर माथे में लगा लिया।

बाबा ने यह भी कहा, मैं यहाँ से जानेवाला था, सिर्फ तुम्हारे लिए ठहरा हुआ था। तुमसे फिर भेंट होगी और बातचीत होगी।

14 जनवरी, 1972 (पटना)

आज कल्याणी रात की ट्रेन से आगरा गई।

कल बाबा काबुलीशाह के दर्शन से जो पुलक जगा, वह आज तक कायम है। कल रात ध्यान भी अद्‌भुत जमा।

होरेस ने कहा था, क्या हमारी कविताएँ खराब हैं, जो पुरानी होने पर ही पसन्द की जाती हैं? पुराणमित्थेव न साधु सर्वं।

वालतेयर की उक्ति है कि अगर तुम कोई अच्छी किताब चाहते हो, तो सोच लो कि वह उपयोगी और नवीन है या नहीं अथवा यह कि वह पूरा आनन्द देती है या नहीं।

तुम्हारी शैली पर आक्रमण हो, तो उत्तर मत दो, शैली खुद उत्तर देगी।

लिखने में दो बातें याद रखने लायक हैं। या तो मनुष्य को सिखाओ या उसे मोहित करो।

जब तक कविता तुम्हें प्रशंसा करने को लाचार न कर दे अथवा आनन्द से न भर दे, तब तक वह सुन्दर कहलाने के योग्य नहीं है। यही बात सुन्दर नारी और महान सन्त पर भी लागू होती है।

साहित्य से जाति का गौरव बढ़ता है अथवा वह पतन की ओर जाती है, इस बात को वालतेयर ने विचारणीय माना है।

15 जनवरी, 1972 (पटना)

नए साहित्यकार भाषा के संकट पर विचार कर रहे हैं। रेणु कहता था, बंगाल में एक वैष्णव गुरु का डाकुओं ने वध कर दिया। जो शिष्य यह समाचार देने को मठ में पहुँचा, उसके सामने भाषा का संकट आ गया। वह कैसे कहे कि गुरुजी को डाकुओं ने काट दिया? बोला, ''डाकुओं ने गुरु महाराज को अमनिया कर दिया।''

भाषा का संकट कोई नई घटना नहीं है। वालतेयर को भाषा की असमर्थता दिखाई पड़ी थी। पूर्ण भाषा कोई नहीं है यानी ऐसी भाषा कहीं है ही नहीं, जो हर विचार के लिए, हर भावना के लिए, एक अलग शब्द रखती हो। चेतना की हर सनसनाहट एक नया शब्द माँगती है, लेकिन हर सनसनाहट के लिए अलग शब्द किसी भी भाषा में नहीं है। यनी सनसनाहट की ठीक-ठीक मात्रा का अभिव्यंजक शब्द कहीं नहीं है। प्रेम और घृणा, केवल दो शब्द हमारे पास हैं, जिनसे हम हजारों तरह की प्रीति और घृणा को अभिव्यंजित करते हैं। भाषाएँ उसी तरह अपूर्ण हैं, जैसे मनुष्य खुद है।

16 जनवरी, 1972 (पटना)

आयुर्वेद भवन में नेत्रदान यज्ञ था। गवर्नर उद्घाटन करने आए थे। वहीं उनसे भेंट हो गई। उन्होंने आठ बजे रात में बुला लिया। शाम को मेडिकल कॉलेज के छात्रों का 'जय जवान नाइट' उत्सव था। उसे उद्घाटित करके मैं गवर्नर के यहाँ गया। वहाँ से नौ बजे रात में फुरसत मिली।

18 जनवरी, 1972 (पटना)

टेनिसन ने कहा था, समीक्षक भयानक जन्तु-कीट है। यह भय की उक्ति है। कहते हैं, टेनिसन समीक्षकों को राजी रखने के लिए उनके मतों को स्वीकार कर लेते थे। मगर डिकेंस समीक्षकों से बहुत चिढ़ता था और बदले में गाली निकालता था। मगर अब समीक्षाएँ इतनी अधिक लिखी जाती हैं कि उनकी महिमा ही खत्म हो गई है। अच्छी समीक्षाएँ बुरी को काट देती हैं और बुरी अच्छी को। परिणाम शून्य हो जाता है। किताबें अब समीक्षा के कारण नहीं, चर्चा के कारण बिकती हैं। मगर चर्चा जगाने में समीक्षाओं का हाथ जरूर है। मैथ्यू आर्नाल्ड ने कहा था, जीवित आलोचक जीवित कवि पर सही निर्णय दे, यह असम्भव बात है। कवि के जीवनकाल में उसकी राय पर्सनल होगी और उसमें 'पैसन' भी होगा। इसीलिए संस्कृत आचार्य ने कहा था, *जीवितकवेराशयो न वर्णनीयः*।

19 जनवरी, 1972 (ट्रेन में)

ग्यारह अप से दिल्ली जा रहा हूँ। पच्चीस नवम्बर को बीमार न पड़ा होता, तो दिल्ली की दो-एक यात्राएँ और हो गई होतीं।

सिंगापुर के प्रधानमन्त्री ने स्पैन में एक बढ़िया लेख लिखा है। उसका आधार लेकर चिन्तन और नोट करता चल रहा हूँ। आधुनिकीकरण की पहचान है समाज का सुदृढ़ संगठन, प्रशासन का सुदृढ़ और प्रभावकारी होना, राजनीतिक स्थायित्व, उचित सफाई, स्वच्छ जल, बिजली की लगातार सप्लाई, जनसंख्या पर नियन्त्रण, शिक्षा के स्तर का ऊँचा होना तथा ट्रेनिंग और एक्सपटाइज। जिस जाति ने एलोरा बनाया, अजन्ता बनाई, महावलीपुरम् बनाया और ताजमहल बनाया, उसके समाज में आधुनिकता के ये गुण रहे होंगे।

एशिया महाद्वीप में ये गुण आजकल जापान में सबसे अधिक दिखाई देते हैं। मगर जापानी कितने बुद्धिमान हैं? यूरोप से उन्होंने टेकनालॉजी ली, पोशाक भी ली, लेकिन मन और स्वभाव, रिवाज और तहजीब उन्होंने अपनी ही रखी। पिछले साल जब जापान में विमान-दुर्घटना हुई, मन्त्री और सबसे बड़े अधिकारी ने इस्तीफा दे दिया और मृतकों के परिवारों के सामने उन्होंने घुटने टेक कर माफी माँगी। और यह काम उन्होंने पार्लमेंट के दबाव में आकर नहीं किया। अखबारों में चर्चा छिड़ने के पहले ही वे अपने पदों से अलग हो गए। यह है जापानी चरित्र और जापानी सभ्यता।

द्वितीय विश्वयुद्ध के बाद जापान जब अमेरिका के कब्जे में था, जापानियों ने सोचा, पश्चिम के लोग बली और लम्बे शायद इसलिए हैं कि वे प्रोटीन अधिक खाते हैं। फिर जापानियों ने मांस अधिक खाना शुरू किया और कहते हैं, अब उनकी सन्तानें लम्बी होने लगी हैं।

एशिया कृषि-प्रधान महादेश है, जैसा यूरोप पन्द्रहवीं-सोलहवीं सदी में था। अमेरिका अब टेक्नोट्रेनिक युग में प्रवेश कर रहा है।

एशिया यूरोप की टेकनालॉजी अपना कर यूरोप बन सकता है या नहीं? बाधक हैं एशिया के मूल्य, एशिया की संस्कृति। उदाहरण के लिए चीन और भारत में मूल्य अवकाश पर आधारित हैं। भारत में जो सफल एक्जेक्युटिव होता है, वह भी यह ख्वाब देखता है कि कार्य-निवृत्त होने पर यानी अवकाश प्राप्त करने पर वह चिन्तन, ध्यान, धारणा और शान्ति का जीवन बिता सकेगा। जीवन की हलचल, उद्दामता, कोलाहल, बेचैनी और अशान्ति एशिया वालों को पसन्द नहीं है। वे जीवन का शान्त रूप चाहते हैं, जिसमें थोड़ी प्राप्ति होने पर भी सन्तोष रहे। मगर यूरोप की आफियत, सुविधा और सुखभोग को एशिया वाले भी लालच से देखते हैं।

पुराने मूल्य पर नए मूल्य की कलम लगाए बिना एशिया वालों का कल्याण नहीं है।

ऊँचे विज्ञान और ऊँची टेकनालॉजी का शीघ्रता से ज्ञान प्राप्त करना, ऊँची कारीगरी सीखना, प्रबन्ध की योग्यता तेजी से बढ़ाना तथा व्यापार के अच्छे से अच्छे गुर सीखना, ये काम रिलैक्स्ट कल्चर से मेल नहीं खाते हैं। आलस्य और अवकाश-प्रियता आधुनिकता के विरुद्ध हैं।

यूरोप दो सौ वर्षों से घोर परिश्रम कर रहा है। इसी परिश्रम का फल है कि अब वह अवकाशवाली सभ्यता में प्रवेश करनेवाला है। कठिन परिश्रम, मितव्ययिता और साहस, इन्हीं तीन गुणों के कारण यूरोप में समृद्धि आई और अब अवकाश का अवसर आनेवाला है। लेकिन अब यूरोप के युवक और यूनियनवादी मजदूर इन्हीं तीनों गुणों के विरुद्ध जा रहे हैं। फिर यूरोप की समृद्धि और विकास टिकेगा क्या? एशिया के नौजवानों को यह नहीं सोचना चाहिए कि कठोर श्रम, मितव्ययिता और साहस नई टेकनालॉजी के कारण फालतू हो गए हैं, अतएव उनके बिना ही हम औद्योगिक युग में पहुँच जाएँगे। यूरोप के युवक समृद्धि से उकताकर दायित्व को छोड़ रहे हैं, लेकिन हमारे पास समृद्धि अभी नहीं है।

धनी देश पिछड़े देशों की बड़ी सहायता कर रहे हैं, फिर भी पिछड़े देश पिछड़े ही हुए हैं। दो पीढ़ियों की कुर्बानी के बिना कोई भी देश आगे नहीं बढ़ेगा। पिछड़े देशों के प्रशिक्षित नवयुवक अपने देशों से भागकर सम्पन्न देशों में चले जाते हैं। इससे उन्हें तो मौज-मजे की जिन्दगी मिल जाती है, लेकिन उनके अपने देश की उन्नति नहीं होती। खास जिम्मेदारी तो प्रशिक्षित नवयुवकों पर ही है। वे यदि अति सुख के लोभ में पड़ गए, तो जनता का भाग्य कौन सुधारेगा?

आधुनिक बनें या न बनें, यह सवाल नहीं है। सवाल यह है कि द्वन्द्व में पड़ने पर हम पक्षपात किसके साथ करेंगे, आधुनिकता के साथ या परम्परा और संस्कृति के साथ? एक रास्ता यह है कि आधुनिक हम वहीं तक बनें, जहाँ तक वह हमारी

संस्कृति के अनुकूल हो। दूसरा रास्ता यह है कि हम आधुनिकता को पूरे मन से अपनाएँ और इस क्रम में परम्परा का जो अंश बच पाए, हम उसे ही पर्याप्त समझें।

अपनी संस्कृति का सार इसलिए बचाना है कि आधुनिक बनते-बनते हम यूरोप और अमेरिका की डुप्लीकेट कॉपी बनकर न रह जाएँ। दुनिया एक हो, यह नारा बहुत सही है, लेकिन भिन्न-भिन्न देशों की परम्पराएँ अगर जड़ से उखाड़कर फेंक दी गईं, तो दुनिया एक तो हो जाएगी, लेकिन रंग उसका भूरा हो जायगा, चितकबरा नहीं रहेगा और रस तो उसमें रहेगा ही नहीं। क्या होटलों का जीवन एकरस नहीं है? फिर भी होटल में ही सारी दुनिया एक समान दिखाई देती है। भारतीय होटलों में जीवन का वही रूप है, जो रूप हमें अमेरिका और यूरोप के होटलों में दिखाई पड़ता है।

विज्ञान, टेकनालॉजी, कम्प्यूटर, आटोमेशन और साइबरनेटिक्स, ये तो बाहर से हम ले लेंगे, लेकिन संगीत, नृत्य, खान-पान और रस्म-रिवाज हम अपना ही रखेंगे। दुनिया एक हो, इसके लिए यह जरूरी नहीं है कि हम बाहर की उच्छृंखलता को, कामुकता को, नग्न आचरण को, बूढ़ों के अनादर और उपेक्षा को, दो महीने तक चलनेवाली शादियों को भी अपना लें।

जापान ने औद्योगिक सभ्यता को पूरा-का-पूरा अपना लिया है, लेकिन साथ ही उसने अपनी परम्परा की रीढ़ को टूटने नहीं दिया, अपनी संस्कृति के सार की रक्षा कर ली और अपनी जीवन-दृष्टि को कायम रखा है। अंग्रेजी का सदुपयोग करके जापान ने अपना औद्योगिक उद्धार कर लिया और साथ ही अपनी भाषा की क्षमता का भी विकास कर लिया। अपनी भाषा की उन्नति करना और उन्नत देशों की भाषाएँ सीखना, इन दोनों के बीच कोई विरोध नहीं है।

21 जनवरी, 1972 (दिल्ली)

अमरनाथ और दयानन्द आए, आदित्य आया, सचदेव सपत्नीक आए। मैं मिलने को गया श्री डी.पी. मिश्र से। टिकटार्थियों की भयानक भीड़। मुलाकात अच्छी हुई।

लड़ाई के दिनों में श्री ब्रजेश मिश्र ने अपने भाई को पत्र लिखा था कि बातें यहाँ उतनी खराब नहीं हैं, जितनी तुम भारत में बैठे-बैठे सोच रहे होगे। अकसाइ चीन हम चीन को दे दें, तो चीन बाकी जगहों पर हमारी बात मान लेगा। कश्मीर हमारे लिए इसलिए उपयोगी है कि उसका एक छुरा पाकिस्तान की ओर जाता है, दूसरा चीन की ओर।

सादिक का झुकाव रूस की ओर अधिक था, भारत की ओर कम। कासिम का रुझान हिन्दुस्तान की ओर है। यह एक तरक्की की बात है। सादिक कश्मीरी भाषा के हामी नहीं थे, उसकी जगह पर उर्दू चलाना चाहते थे। कासिम कश्मीरी के पक्षपाती हो सकते हैं।

कश्मीर में कश्मीरी भाषा का विकास, प्रसार और स्वीकृति होनी चाहिए। कश्मीरी भाषा उठ खड़ी हो, तो कश्मीर से पाकिस्तान का लगाव कम हो सकता है।

बंगलादेश हमेशा भारत के साथ रहेगा, यह सोचना बेकार है। प्रजातन्त्र में ऐसी पार्टी भी आ सकती है, जिसकी भारत से न पटे। भारत का लाभ यह है कि पाकिस्तान के दो टुकड़े हो गए और भारत-विरोधी भावना वहाँ कमजोर हो गई। अखबार वाले जो भी अंदाज लगाएँ, मगर भारत के साथ पाकिस्तान का यह आखिरी युद्ध था। युद्धान्त कविता में भी मैंने यह बात कही थी।

कानफेडरेसी की बात जहाँ-तहाँ से उठ रही है, यह शुभ है। लेकिन उससे पहले मुजीब और भुट्टो में मेल हो जाना चाहिए। पहले पाकिस्तान के मुसलमान कानफेडरेसी का विचार मान लें, भारत के मुसलमान तब मानेंगे।

22 जनवरी, 1972 (दिल्ली)

तैयार हुआ, तब पुरी आए, पद्मा आई। रमा जी के साथ लंच के लिए मोहन लाल जालान की पार्टी में गया। लंच में देर थी, इसलिए मनोज को लेकर निकल गया और ख्वाजा निजामुद्दीन औलिया तथा अमीर खुसरों की समाधियों पर गया। सन् 1952 से अब तक दिल्ली में था, मगर इन समाधियों के दर्शन मैंने नहीं कहीं किए थे। अब बाबा काबुलीशाह के निर्देश से आज समाधियों पर गया। दोनों समाधियाँ जाग्रत हैं, दोनों के वातावरण में प्रेरणा है। समय कम था, इसलिए ध्यान अधिक नहीं कर सका, लेकिन जितनी देर किया, अच्छा लगा।

रात में अमरनाथ के यहाँ खाने पर गया। श्री वीरेन्द्र राजेन्द्र ऋषि भी आए हुए थे। ये लन्दन में थे, जब मैं वहाँ गया था। रूसी-हिन्दी-कोष इन्होंने बनाया है। रूसी साहित्य का हिन्दी में इतिहास भी लिखा है। जिप्सी-कोष भी उन्होंने तैयार किया है, जो लन्दन में छप रहा है। बताते थे कि संसारभर में एक करोड़ बीस लाख जिप्सी हैं। वे भारत से गए हुए हैं, विशेषतः राजस्थान और पंजाब से और अपने को राजपूत कहते हैं। इनकी भाषा में भारतीय शब्द भरे हैं। वे मुख्यतः रूस, चेकोस्लोवाकिया, हंगरी और यूगोस्लाविया में पाए जाते हैं। वे इच्छुक हैं कि राष्ट्रसंघ उनके व्यक्तित्व को मान्यता प्रदान करे। एक बार डॉक्टर रघुवीर ने भी मुझसे कहा था कि जिप्सी भारतीय हैं और भारत के साथ उनका सम्बन्ध जुड़ना चाहिए।

23 जनवरी, 1972 (दिल्ली)

शक्तिनगर से लौटते समय विलिंगडन अस्पताल गया और बच्चन से भेंट की। मन बढ़ाने को कहा तो जरूर कि तुम्हारा चेहरा रेस्टफुल लगता है, मगर उसके चेहरे पर

थकान थी। बच्चन के चेहरे पर थकान आज मैंने पहले-पहल देखी। बोला, दीक्षित जी कहते थे, कैबिनेट का फैसला है कि राज्यसभा में एक टर्म से अधिक नामिनेशन किसी को भी नहीं दिया जाए। अब हम बम्बई बसने की तैयारी कर रहे हैं। अमित ने दो हजार रुपए भाड़े पर फ्लैट लिया है। वह समुद्र से समीप पड़ता है। वहीं रहेंगे। समुद्रतट की जलवायु मुझे रास आती है।

हम लोगों में यह बात भी हुई कि हममें जहाँ तक शक्ति थी, हमने काम किया। यही सन्तोष है कि कभी आराम नहीं किया, कहीं भी कोताही नहीं की। मरना तो ध्रुव है। उसके लिए हमें तैयार रहना चाहिए।

24 जनवरी, 1972 (दिल्ली)

आलोक से बात हुई थी कि आज मिलेंगे, मगर दो बार उसका आदमी आकर कह गया कि अभी वे नहीं हैं। जानता हूँ, क्यों घबराया हुआ है। भगवान उसका कल्याण करें, उसे कामयाबी दें। उसे देखता हूँ, तो हृदय फटता है। भगवान तेजस्वी पुरुषों पर विपत्ति भेजते हैं अथवा भारी विपत्ति वे तेजस्वी लोगों पर ही भेजते हैं।

रेडियोवालों के यहाँ चाय थी। वहाँ बारह बजे गया। कई मित्रों से भेंट हुई।

रात में लालकिले में कवि-सम्मेलन का उद्घाटन किया। सभापति थे सोहनलाल द्विवेदी। निर्भय हाथरसी ने एक जोरदार कविता सुनाई :

यह काली-पीली आँधी है।
यह इन्दिरा नेहरू गांधी है।

वैरागी ने भी एक जोरदार कविता सुनाई, जिसका भाव था दो दिन और लड़कर पिंडी और लाहौर भी क्यों नहीं ले गया।

"लगे हाथ निपटा ही देते पिंडी और लाहौर को।"

25 जनवरी, 1972 (दिल्ली)

दिनभरा घर पर ही रहा। शाम को रेडियो की ओर से सर्वभाषा कवि-सम्मेलन था, उसमें गया। गोपालदास ने कान में भनक दिया कि भाषण छोटा ही होना चाहिए। अतएव अध्यक्षीय भाषण मैंने दो मिनट का दिया। जो असली बात कहनी थी, वह भी नहीं कही। कश्मीरी और तेलुगू की कविताएँ अच्छी थीं।

सुमन ने कहा, बच्चन की निचली आँत का ऑपरेशन हुआ है। बच्चन ने यह बात मुझसे छिपा ली। मुझसे कहा कि ऑपरेशन फिश्चुला का हुआ है। सुमन बच्चन के अधिक करीब है।

26 जनवरी, 1972 (दिल्ली)

पैरेड में नहीं गया। सारा तमाशा अमरनाथ के घर पर टेलीविजन पर देखा। वहीं सुमन, माचवे, जैनेन्द्र, माया, बच्चू सभी आए। सवा तीन बजे जब अपने घर आया, तब थकावट से चूर था। श्री अरविन्द आश्रम के छोटे नारायण इन्तजार कर रहे थे। साढ़े चार बजे रमा जी के यहाँ गया। श्री विष्णुकान्त शास्त्री ने बंगलादेश की कविताओं का अनुवाद किया है। मूल और अनुवाद, दोनों उन्होंने सुनाए। बहुत अच्छे थे। सुमन, गिरिजा कुमार और अरमानाथ अवस्थी ने भी कविताएँ सुनाईं। समारोह बहुत अच्छा रहा। अभी लौटा हूँ, तब थकान से चूर हूँ। श्री माँ पटना सकुशन पहुँचा दें। यात्रा पर निकलकर गलती की है।

27 जनवरी, 1972 (दिल्ली)

कल सुमन ने बताया था कि बच्चन कह रहा था कि मृत्यु क्या पाएगी। सारा सत् तो मैंने निचोड़ लिया है। अब तो मिट्टी खोखली रह गई है। वही ले जाएगी।

शाम को आलोक ने फोन पर बताया कि मॉरिशस के प्रधानमन्त्री रामगुलाम आपको व्यग्रता से खोज रहे हैं और शाम की पार्टी में उन्होंने जरूर आने को कहा है। सो आलोक के साथ ही उस पार्टी में गया। अनेक लोगों से भेंट हुई। अधिक लोगों को अब तक यह मालूम नहीं है कि मैं दिल्ली छोड़ चुका हूँ। थका हुआ तो था ही, और थक गया। मैं श्री बजराज मधोक के साथ निकल गया। वे ही अपनी गाड़ी से घर पहुँचा गए। साढ़े आठ बजे रात में कानपुर के लिए प्रस्थान किया।

28 जनवरी, 1972 (कानपुर)

सुबह कानपुर पहुँचा। सन्तोष के घर पहुँचकर चाय पीकर सो गया और दस बजे उठा। पहले नाश्ता किया, तब पूजा और ध्यान।

रामाश्रय दीक्षित मिलने को आए, फिर आयी मनोरमा मधु और तब रमा जी की दोनों पुत्रियाँ। कॉलेज के प्रोफेसर भी आए। मैंने गोष्ठी में जाना स्वीकार नहीं किया। शरीर में शक्ति नहीं पा रहा हूँ।

29 जनवरी, 1972 (कानपुर)

घर में काफी विश्राम किया, लेकिन थकान बनी रही। सुबह मालिश भी करवाई, लेकिन ज्यादा फर्क नहीं पड़ा।

दो बजे मनोरमा मधु आई और फिर श्रीलेखा और मधुलेखा। सब साथ ही दीक्षा-समारोह में गए।

दीक्षा-समारोह में थका हुआ पहुँचा। भाषण पैंतीस मिनट तक बैठे-बैठे दिया। लेकिन भाषण के बाद जड़ता टूट गई, जरा फुरेरी महसूस हुई। आधुनिकता पर बोलता तो फिरता हूँ, मगर कोई ग्रहण करता है या नहीं, यह नहीं जानता।

30 जनवरी, 1972 (कानपुर)

गणेश शंकर जी की पोतियों के घर गया। शाम को गांधी जी की स्मृति में सभा थी। लोग उसमें घसीट ले गए, लेकिन वहाँ से तुरन्त भागा और मनोरमा मधु के यहाँ बैठा चाय पीता रहा। तब तक साहित्य-मंडल वाले आए और सवैया पाठ में ले गए। सीढ़ियाँ बड़ी-बड़ी थीं। देखकर मन डर गया। लोग मुझे कुर्सी पर ढोकर ऊपर ले चले। मगर चार सीढ़ियों तक जाकर लगा, ये लोग मुझे बीच में ही गिरा देंगे। अतएव कुर्सी से उतरकर ज्यों-त्यों पैदल ही ऊपर चढ़ा। एक दर्जन कवियों ने कविताएँ सुनाईं। सवैये अधिक सुनाए गए।

सनेही जी दो वर्षों से मृत्यु से जूझ रहे हैं। इस स्थिति पर एक मार्मिक सवैया हरिनन्दन हर्ष ने सुनाया :

छिड़ा दैव के दम्भ में और कवित्व के
ओज में अद्‌भुत युद्ध-सा है।
पराभूत-सा हो भवितव्यता का
कुमंतव्य हुआ अवरुद्ध-सा है।
हुए स्वस्थ यों पूज्य सनेही, मनो
कढ़ा अग्नि से कंचन शुद्ध-सा है।
कला मृत्यु की फीकी पड़ी हुई है,
महाकाल का स्यंदन रुद्ध-सा है।

कुमुदेश वाजपेयी के दो सवैयों की भी अन्तिम पंक्तियाँ मार्मिक प्रतीत हुईं :

रूठने वालों को रूठने दो,
अरे, भाग्यविधाता न रूठने पाए।

❑

और तपा के विपत्तियों ने तन को,
मन को खरा सोना बना दिया।

तरल और प्रभात, दोनों अच्छे सवैये लिखते हैं। प्रभात के सवैये में भी मार्मिक पंक्ति थी, मगर नोट नहीं कर सका।

दिल्ली में साहित्य का रस है। पटना, वाराणसी और इलाहाबाद में वह सूख गया

है। लेकिन कानपुर में सवैये के कवि साहित्य के रस को कायम रखे हुए हैं। मेरा मन जितना कानपुर में बहलता है, उतना किसी और शहर में नहीं।

1 फरवरी, 1972 (पटना)

रात विनीता का पत्र पढ़कर हृदय विदीर्ण हो गया। आदमी बेटी का विवाह बहुत सोच-समझ कर करता है। मगर वह सुखी होगी या नहीं, यह ईश्वर के अधीन है। चाहे जितना भी संभलकर खेलो, विवाह जुआ है। क्या करूँ, कुछ समझ में नहीं आता।

3 फरवरी, 1972 (पटना)

1962 में चीन ने आक्रमण न किया होता, तो भारत की सामरिक शक्ति का विकास नहीं होता, न हमें वह जीत हासिल होती, जो हुई है।

1966 में अगर बिहार में सूखा और अकाल नहीं पड़ा होता, तो गेहूँ में हम आत्म-निभर नहीं हो सकते थे। कमी अभी भी है। चावल में हम अभी भी आत्मनिर्भर नहीं हैं।

बेकारी और महँगाई का कहीं-न-कहीं सम्बन्ध कृषि से है। अंग्रेज जब गए, हमारे यहाँ एक करोड़ एकड़ की सिंचाई होती थी। अब दावा किया जा रहा है कि सिंचाई छह करोड़ एकड़ की हो रही है। दावा सच हो, तब भी वह काफी नहीं है।

सन् 1948 ई. में श्री एम.एन. राय ने एक लेख लिखा था कि अगले बीस वर्षों में संसार में औद्योगिक माल इतने तैयार होंगे कि उनके लिए बाजार नहीं मिलेगा और अधिकांश देशों में खेत से उपजने वाली चीजों का अभाव अनुभव होगा। श्री राय ने सलाह दी थी कि भारतवर्ष को चाहिए कि पहले वह कृषि की उन्नति करे, पीछे उद्योग की। लेकिन उस समय एम.एन. राय के इस दूरदर्शी परामर्श पर किसी ने भी ध्यान नहीं दिया।

मथुरा अकसर कहता है कि कबीर और एम.एन. राय को इस देश ने अब तक नहीं समझा है। मैं इस उक्ति को ठीक समझता हूँ।

4 फरवरी, 1972 (पटना)

इंडोएशियन कलचर में एक लेख आया है, 'ईस्टर्न वैलूज फार वैस्ट'। लेखक हैं कोई ईसाई विद्वान, जो जन्म से भारतीय हैं। पृथ्वी स्पेशशिप है, जो शून्य में घूम रहा है। संसार अब घबराने लगा है कि इस जहाज में बैठे लोग जिस प्रकार वातावरण को

दूषित कर रहे हैं, उसका क्या परिणाम होगा। धरती को सँभालने के लिए नैतिक संस्कृति की आवश्यकता आन पड़ी है। जिन गुणों से धरती पोल्यूशन से बचाई जा सकती है, वे गुण एशिया में, विशेषतः भारतीय चिन्तन में अधिक हैं। अतएव जरूरत इस बात की है कि पश्चिम और पूर्व के बीच इस विषय को लेकर बातचीत आरम्भ हो।

पश्चिम की नैतिकता यह सिखाती है कि व्यक्ति से व्यक्ति का सम्बन्ध क्या होना चाहिए। वह यह भी सिखाती है कि व्यक्ति से समाज का सम्बन्ध क्या होना चाहिए किन्तु वह यह नहीं सिखाती कि व्यक्ति का भूमि के साथ क्या सम्बन्ध होना चाहिए, पेड़-पौधों, नदियों और पहाड़ों, पक्षियों और जीव-जन्तुओं के साथ क्या सम्बन्ध होना चाहिए। इस तीसरे सम्बन्ध पर विचार करना एकोलाजिकल कांसेंस का काम है। और यह कांसेंस पश्चिम में है नहीं। सामी संस्कृति की शिक्षा है कि आदम से भगवान ने कहा था कि जीव-जन्तुओं सहित पृथ्वी पर अपना आधिपत्य स्थापित करो, क्योंकि पेड़-पौधों, जीव-जन्तुओं और धरती का और कोई उपयोग नहीं है, सिवा इसके कि वे मनुष्य के काम में आएँ। सामी सभ्यता के अनुसार आदमी की रचना धूल से हुई थी, मगर वह पृथ्वी से अलग माना गया, स्वतन्त्र माना गया। इसीलिए आदम की सन्तान बुलडोजर और डायनामाइट लेकर पृथ्वी और पहाड़ को तोड़ने लगी। पृथ्वी के इसी विदारण और संहार का नाम प्रगति हो गया।

मनुष्य और भौतिक जगत, पेड़, पौधे, पहाड़ और जीव-जन्तु एक हैं, यह धारणा उपनिषदों में अवतरित हुई थी। डारविन ने जब यह कहा कि आदमी उद्भिज और जानवर से बढ़कर आदमी हुआ है, तब वह भी यही कह रहा था कि आदमी का प्रकृति से सम्बन्ध है। मगर पश्चिम के चिन्तक बुद्धिपूर्वक इसे स्वीकार करते हुए भी भावना और अनुभूति से इसे स्वीकार नहीं कर सके। अगर स्वीकार करते, तो प्रकृति का विनाश नहीं होता, न संसार के सामने 'एकालॉजी' की समस्या उठती।

किन्तु हिन्दू धर्म के पास आरम्भ से ही एकालॉजिकल कांसेंस रहा है। हिन्दू धर्म के सभी ग्रन्थ यह कहते रहे हैं कि आदमी के भीतर जो आत्मा है, वही आत्मा चींटी में भी है, हाथी में भी है, नदी में भी है, पेड़-पौधे और पहाड़ में भी है। इसीलिए भारतीय सभ्यता का विकास प्रकृति के विनाश को रोक कर हुआ। यह कैद लगा दी गई कि एक पेड़ काटने वाले को दस नए पेड़ लगाने चाहिए। यह अहिंसा है, और अहिंसा की भावना सारे भारतीय संस्कार में व्याप्त रही है। अलबर्ट श्वैतजर जिसको 'रेवरेंस फार लाइफ' कहते हैं, वह अहिंसा ही है और यह ज्ञान उन्होंने अवश्य ही भारत से लिया होगा। मनु ने कहा था, सभी पेड़ और पौधे सजीव हैं, उन्हें सुख और दुःख की अनुभूति होती है। यह नवीन ज्ञान है, किन्तु मनु उसका अनुभव कर चुके थे।

विज्ञान के एक पंडित ने कहा है कि हमारी सारी विपत्तियों की जड़ प्रायः धार्मिक है। अतएव उनका समाधान भी धार्मिक होना चाहिए, भले ही हम उसे धर्म न कहकर

कुछ और कहें। समय आ गया है, जब एकालॉजी की दृष्टि से एक नए धर्मशास्त्र की रचना की जाए।

इस उद्देश्य की सिद्धि के लिए हमें शिक्षा की पद्धति बदलनी चाहिए। विशेषज्ञ की जगह पर सर्वज्ञ उत्पन्न करने की कोशिश करनी चाहिए। छात्रों के भीतर हमें 'एकालॉजिक क्राइसिस' की अनुभूति जगानी चाहिए, जिससे उनके भीतर क्रोध जगे और वे यह सोचकर बेचैन हों कि जो धरती और आकाश उन्हें विरासत में मिलने जा रहा है, इस्टैब्लिशमेंट ने उसे दूषित कर दिया है।

हिन्दू धर्म, बौद्ध धर्म, ताओ धर्म, शिन्तो धर्म, ये सभी धर्म पवित्रता के भाव जगाते हैं, मगर यह पवित्रता केवल आध्यात्मिक नहीं, बौद्धिक, नैतिक और सौन्दर्य बोधात्मक होनी चाहिए।

विकास की योजना बनाते समय केवल यही देखना काफी नहीं है कि रोजगार कितने लोगों को मिलेगा, बल्कि यह भी सोचना जरूरी है कि एकालॉजिकल समस्याएँ कितनी बढ़ेंगी।

5 फरवरी, 1972 (पटना)

यूरोप में कहीं सभा हुई थी। उसमें सभी देशों के विद्वान आए हुए थे। सबने संस्कृति की परिभाषा दी और सबने उसे काट दिया। तब एक फ्रांसीसी विद्वान बोला, 'संस्कृति राजनीति नहीं है।' इस नकारात्मक परिभाषा को सबने मान लिया। राजनीतिक के लोग दूसरे से अपना मत मनवाना चाहते हैं। संस्कृति का आदमी अपना मत कह देना काफी समझता है। लोग उसे इसलिए मान लेते हैं कि वह सुसंस्कृत मनुष्य के मुख की बात है।

भारतीय संस्कृति में नारियों के लिए सतीत्व और नरों के लिए वीरता सबसे बड़े गुण माने गए हैं। इसी मूल-धारणा का परिणाम हुआ कि विधवा-विवाह विवर्जित कर दिया गया।

कल्हण ने राजतरंगिणी में लिखा है कि नारियों के हृदय में दया की भावना नहीं होती, इसीलिए विधाता ने उसे दो गोल-गोल स्तनों से छिपा दिया है।

जयदेव की स्त्री का नाम पद्मावती था। जयदेव ने अपने को पद्मावती-चरण-चारण-चक्रवर्ती कहा है।

शिवाजी के एक सरादार राजे नेताजी पालकर औरंगजेब के द्वारा मुसलमान बनवा दिए गए थे। शिवाजी ने उन्हें फिर से ब्राह्मण बना लिया।

शान्त, वात्सल्य और भक्ति, इनकी गिनती रसों में नहीं थी। उन्हें आचार्य नहीं, इतर कोटि के लोग मानते थे। भक्ति का रस में समावेश तेरहवीं सदी में बोपदेव ने किया।

संस्कृति साहित्य में वीरता ही वीरता का आख्यान है। अहिंसा भिक्षुओं और साधुओं का धर्म समझी जाती थी। इसीलिए काव्य और नाटक के नायक राजा चुने जाते थे। वैष्णव साधुओं में तुलसीदास ने मारपीट की निन्दा की है।

भागेहु भल, ओर्‌यो भलो,
भलो न घाल्यो घाव।

6 फरवरी, 1972 (पटना)

जिन बातों के उल्लेख को नैतिकता के आचार्य और संयमी लोग नापासन्द करते हैं, वे ही बातें उपन्यास-लेखकों की पूँजी बन गई हैं, उनका आकर्षण भी बन गई हैं।

आइ.ए. रिचर्ड्स ने कविता को अर्ध-सत्य माना था, क्योंकि कविता की तुलना वे विज्ञान से कर रहे थे। असल में मानना यह चाहिए कि कविता का सत्य विज्ञान के सत्य से भिन्न होता है। कैसे? इस प्रकार कि विज्ञान यह बतलाता है कि चित्र कितना लम्बा और चौड़ा है। सौन्दर्य-बोध यह बतलाएगा कि चित्र सुन्दर है या नहीं।

यूरोप और अमेरिका के विचित्र कवियों (जैसे, एजरापौंड, हर्बर्ट रीड) के मानस-पिता बादलेयर, रेम्बू, मेलार्मे थे। मगर उन कवियों का जन्म कहाँ से हुआ, जो कविता में शब्दों का कम, ब्रैकेटों का अधिक प्रयोग करते हैं? अथवा जो एक ही शब्द को बीस बार लिख डालते हैं।

जो लोग ईश्वर को मानने से इनकार करते हैं, उन्हें यह हक कहाँ से मिल जाता है कि वे यह पूछें कि दुनिया दैवी योजना के अनुसार चल रही है या नहीं?

जयप्रकाश जी को देखने गया। भोजन से अरुचि है और दम फूलता है। बाकी ठीक ही दीखे।

10 फरवरी, 1972 (पटना)

मार्च, '71 के अन्त में भुट्टो ने कहा था, "भगवान को धन्यवाद कि पाकिस्तान की एकता ऐन मौके पर बचा ली गई।" उसने सोचा था, दस लाख आदमियों को गोली से उड़ा देना, एकता बचाने की राह है।

मनुष्य वस्त्र क्यों पहनता है, इस पर बालतेयर ने लिखा था, "यह शील कहीं उस इच्छा को प्रदीप्त करने का साधन तो नहीं है, जो चीजों को उधारने में आनन्द पाती है?"

गुनर मिरदल ने लिखा है कि पिछड़े देशों में सामाजिक समता लाए बिना इन देशों का आर्थिक विकास तेजी से नहीं होगा।

दुकान में दर्जी काम करता हो और सड़क पर से लोग चिल्ला रहे हों कि छेद बड़ा हो गया या रूई बाहर झाँक रही है, यही हाल लेखक और आलोचक का है।

सीतारामझा की एक अश्वधाटी :

माईक संग लड़ाई करैछ आर भाईक संग रगड़ा।
बाईक नाच में जाईछ बाँधि सिर बाईस हाथ पगड़ा॥

12 फरवरी, 1972 (पटना)

अमेरिका में साम्यवाद के विरोध की चिन्ता है। पाकिस्तान के सिर पर एक ही भूत है, वह भारत है। किन्तु भारत अपने को ही लेकर बेहाल है। परम्परा की जड़ उखड़ रही है, यह चिन्ता केवल भारत के बुद्धिजीवियों में है। चीन में ऐसी चिन्ता व्यक्त नहीं की जाती। वहाँ आइडेंटिटी क्राइसिस नहीं है। यह क्राइसिस भारत को जोर से पकड़े हुए है।

चीन और जापान, एशिया में ये ही दो देश हैं, जहाँ आधुनिकता का प्रसार अपनी भाषाओं के जरिए हुआ। एशिया के अन्य सभी देशों में आधुनिकता बिदेशी भाषा द्वारा आई है।

आज टाइम्स ऑफ इंडिया में एक बाक्स न्यूज आया है। 'द प्रोफाइल ऑफ ए डाइंग नेशन'। पाकिस्तान के किसी-किसी मनीषी को लगने लगा है कि पाकिस्तान जा रहा है। निक्सन का भी एक बयान है, ''हम प्रो-इंडिया होंगे, प्रो-बंगलादेश होंगे, प्रो-पाकिस्तान होंगे।''

16 फरवरी, 1972 (मद्रास)

सुबह तैयार होकर साढ़े नौ बजे कलकत्ते में घर से निकल गया। जहाज दस पैंतालिस पर खुला और सवा बजे मद्रास पहुँचा। रामनाथ जी और शान्तिप्रसाद जी ने भोजन नहीं किया था। वे हम लोगों की राह देख रहे थे। भोजन करके मैं कोनीमारा होटल आया। रामरिख मनहर के साथ एक ही कमरे में ठहरा हूँ। रामनाथ जी के यहाँ शाम को कामराज, भक्तवत्सलम्, सुब्रह्मण्यम् और टी.टी. कृष्णमाचारी से भेंट हुई। सुब्रह्मण्यम् के साहस की प्रशंसा करता हूँ, गरचे उन्होंने मुझी से कहा कि आपको यहाँ देखकर मुझे आश्चर्य नहीं हुआ। शाम को शुभलक्ष्मी का गाना सुना। साढ़े ग्यारह बजे रात में होटल आया। रामनाथ जी पोद्दार घंटे भर मेरे कमरे में बैठे। इन्दिरा जी जिस प्रकार देश को सँभाल रही हैं, उसकी चर्चा हुई। शाम को गंगा के साथ भवानी के घर गया था।

17 फरवरी, 1972 (मद्रास)

रात रामरिख ने मेरा बदन दबाया था, पाँव भी मले थे। आज सुबह उसने फिर सेवा की। तभी चलने-फिरने लायक हुआ। आज सीताराम केसरी और रामशेखर भी रामनाथ जी के यहाँ पधारे। रामनाथ जी इधर बहुत दुर्बल हो गए हैं। देखकर दया आती है। मगर बैठे वे कभी नहीं रहते, हर वक्त चलते रहते हैं। शाम को कोरथ की विधि में लोग मुझे भी ले गए। बारात का दरवाजा लगना उत्साहयुक्त था। विवाह बहुत ही मनोज्ञ वातावरण में हुआ। शोभना नाम की एक लड़की बिहार की है। बिरजू महाराज के साथ आई है। कल ये लोग नाचेंगे।

18 फरवरी, 1972 (मद्रास)

दक्षिण भारत हिन्दी प्रचार सभा में गया। छोटी-सी सभा हुई। भाषण दिया और कविता पढ़ी। आज रामनाथ जी के यहाँ बड़ा स्वागत-समारोह था। राष्ट्रपति आए। राज्यपाल के.के. शाह ने यह उलाहना दिया कि मैंने अपने आने की सूचना उन्हें क्यों नहीं दी। रात में बिरजू महाराज का नाच हुआ। अन्त में रामनाथ जी मुझे घसीटकर मंच पर ले गए और मुझे कविता पढ़नी पड़ी। याद आया कि श्रेयांस जी के बेटे के विवाह में कवि-सम्मेलन हुआ था, मगर मैंने बारात में शामिल रहने पर भी कवि-सम्मेलन में भाग नहीं लिया था। वह दिनकर मर गया, अब दूसरा दिनकर जी रहा है, जिसमें अहंकार नहीं है। दोनों में से कौन दिनकर श्रेष्ठ है?

19 फरवरी, 1972 (मद्रास)

रामरिख मनहर रोज मेरे पाँव मल देते हैं। थकान थोड़ी कम हो जाती है। भगवान उन्हें सुखी रखें। आज बारात विदा हो गई। पांडिचेरी जाने को हाथ-पाँव हमने बहुत मारे। मगर गाड़ी नहीं मिली। श्री माँ की इच्छा।

आज रामनाथ जी ने एक कहानी सुनाई। एक सेठ अपने मुनीम से बहुत खुश था और हर हालत में उसे रखना चाहता था। मगर मुनीम चाहता था कि सेठ उसे बाहर निकाल दे। मुनीम सेठ की अवज्ञा करने लगा। मगर सेठ सब सहता रहा। आखिर एक दिन मुनीम ने सेठ के मुँह पर थूक दिया। सेठ ने कहा, अहा, मुनीम की थूक कितनी शीतल है। इस पर मुनीम बोला, तो जा, उस मुनीम को रख ले, जिसकी थूक गर्म हो। यह कहकर मुनीम नौकरी छोड़कर चला गया।

इसी आशय का दूसरा किस्सा मनहर ने सुनाया। एक गाँव में एक आदमी रहता था। जब भी किसी की बेटी विदा होती और रोती तभी वह आदमी भी रोने लगता।

एक आदमी की बेटी का ब्याह था। उसने सोचा, विदाई के समय अगर यह आदमी रोने लगा, तो बारात वालों को गलतफहमी हो सकती है। अतएव बेटी के बाप ने उस आदमी को एक रुपया दिया और कहा कि विदाई के समय तुम घर से बाहर मत निकलना। आदमी खुशी-खुशी अपने घर चला गया। मगर जब विदाई की वेला आई और रोने की आवाज उसके कान में पड़ी, तब वह भागा-भागा सेठ के पास आया और बोला, ''सेठजी, यह अपना रुपया वापस लो, मैं तो रोऊँगा।''

27 फरवरी, 1972 (पटना)

कई दिनों से डायरी नहीं लिखी। परसों किसी तरह श्रीनिवास जी के पास पहुँच गया। वे पसोपेस में पड़ गए। उन्होंने कहा, मई से पहले लड़के से बात वे नहीं करेंगे।

मद्रास में रामनाथ जी के यहाँ धूम-धड़ाका बहुत था, नेता और पैगम्बर बहुत आए थे। खुद राष्ट्रपति की सवारी आ गई थी। मगर मेरे दिमाग पर स्थाई चित्र केवल कृष्णमाचारी का बैठा है। टी.टी. कृष्णमाचारी का रोबदाब वाला रूप दिल्ली में खूब देखा था, जब वे मन्त्री थे। लेकिन रामनाथ जी की पोती के ब्याह में जब वे आए, संन्यासी प्रतीत हुए। उन्होंने कहा भी कि ''मेरी कुटी तांब्रम में है। आओगे, तब कॉफी भी अपने हाथ से बनाकर पिलाऊँगा।'' मैंने पूछा, ''सो क्यों? कोई आदमी नहीं रखा है क्या?'' वे बोले, ''हाँ, एक नौकर रखा था, लेकिन देखा कि उस पर खर्च हर महीने सौ रुपए हो जाते हैं। इसलिए उसे हटा दिया।''

कृष्णमाचारी चाहें, तो अब भी ठाट-बाट से रह सकते हैं, किन्तु उन्होंने जानबूझकर मितव्ययी मनीषी अथवा फकीर का जीवन स्वीकार कर लिया है। यह फिर इस बात का प्रमाण है कि दक्षिण में भारतीय संस्कार अधिक जीवन्त है।

18 मार्च, 1972 (पटना)

राजभवन नौ बजे पहुँचा राज्यपाल जी अभी तैयार नहीं हुए थे, इसलिए मक्खी मारता एक कमरे में बैठा रहा। इतने में बुद्धदेव सिंह, रामदुलारी सिंह, हरिनाथ मिश्र और गोपाल जी आए। उनसे थोड़ी देर बातचीत करता रहा। राज्यपाल जी साढ़े दस बजे आए और मुझे अपने ऑफिस में ले गए। हिन्दी ग्रन्थ अकादमी के चेयरमैनशिप का जो आफर मेरे पास आया था, उसे मैंने राज्यपाल जी को लौटा दिया और कहा कि आप मुझ पर बहुत कृपालु रहे हैं। अब इतनी कृपा और कीजिए कि मुझे ग्रन्थ अकादमी में मत डालिए, मैं पन्दह दिनों से मानसिक कष्ट भोग रहा हूँ। आत्मा कहती है कि मुझसे गलती हो गई है। मैं इस पद को एकदम स्वीकार नहीं करना चाहता। आपको हाथ जोड़ता हूँ कि मुझे मुक्त कर दीजिए।

घंटेभर मैं यही कहता रहा कि इस पद पर मैं नहीं आऊँगा और घंटेभर वे यही दुहराते रहे कि अब आपको बिहार में ही रहना चाहिए, राज्यसभा में प्रवेश अनिश्चित है। इसी बातचीत में काफी समय निकल गया। तब तक हरिनाथ जी आकर बैठ गए और मैं राज्यपाल जी से आज्ञा लेकर राजभवन से लौट आया।

आज दिखलाने पर रक्तचाप 184.94 निकला। अकादमी के चलते जिस मानसिक द्वन्द्व से गुजर रहा हूँ, उसी का यह परिणाम है।

23 मार्च, 1972 (दिल्ली)

दिल्ली एक्सप्रेस से ए.सी.सी. में पटना से दिल्ली के लिए प्रस्थान किया। रास्तेभर श्री रामकृष्ण लीलामृत पढ़ता रहा या सोता रहा। श्री बालेश्वर प्रसाद दिल्ली के लेफ्टिनेंट गवर्नर बहाल हुए हैं। वे भी इसी ट्रेन से दिल्ली जा रहे थे। इलाहाबाद के बाद वे मेरे कूपे में आए और कानपुर तक बात करते रहे। उन्होंने अपने कलक्टरी-काल के कई संस्मरण सुनाए। एक बार एक ग्रामीण दम्पत्ति ने हाथ दिखाकर उनकी गाड़ी रोक ली। उन्हें बालेश्वर बाबू ने उनके घर पहुँचा दिया। एक बार एक कांस्टेबुल उनकी गाड़ी को थाने में ले गया। दरोगा को हजारीबाग जाना था। बालेश्वर बाबू उसे लिए-लिए डी.आई.जी. अब्बास की कोठी में चले गए।

कानपुर में रामजी आया। वह मेरी व्यथा समझ गया और बोला कि आपको यह पद स्वीकार नहीं करना चाहिए, बाबूजी ने आपको गलत राय दी। बस, इन बीस दिनों में केवल रामजी ही मिला, जो मेरे दर्द को समझ सका और गलती को गलती कह सका।

मधु अपने बाल-बच्चों के साथ आई। फोटोग्राफर को भी साथ ले आई थी। फोटोग्राफर ने कई फोटो लिए।

25 मार्च, 1972 (दिल्ली)

राजभाषा-सम्मेलन 31, 1 और 2 को है। ज्योंही मैंने फोन पर कहा कि मैं दो अप्रैल तक ठहर जाऊँगा, गंगा बहुत खुश हो गया। अब मैं दो तक रुकूँगा।

दोपहर को अमरनाथ ने गाड़ी भेजी। उसकी दुकान पर गया। बच्चू भी आए। हम लोगों ने लंच प्रेसिडेंट होटल में लिया।

शाम को श्री सत्य सांई बाबा का आगमन गोल्फ लिंक में हुआ। गंगा, बच्चू, सच्चिदा, ऊषा आदि के साथ मैं गोल्फ लिंक गया। अपार भीड़। पचास हजार आदमी। पूरी सुव्यवस्था। हरिकीर्तन। मगर हम लोग सड़क पर ही खड़े रहे। आगे बढाने का रास्ता ही नहीं था। बाबा आए, भीड़ में घूमे। दूर से उनके दर्शन करता

रहा। चेहरा तो दिखाई नहीं पड़ा, केवल ढाँचा देखता रहा। मैंने कहा, "गंगा, यह ईश्वर के ऐश्वर्य का दृश्य है। व्यवस्था आपसे आप चल रही है। राजनीतिक सभा होने से स्टाम्पीड हो जाती।"

26 मार्च, 1972 (दिल्ली)

सुबह मैं आलोक के पास गया। उसकी मुद्रा अच्छी थी। बोला भी कि आठ-दस दिनों में मैं कठिनाई में से निकल जाऊँगा।

शाम को विश्व पुस्तक मेला में गया। मुख्य हाल में ठहरा नहीं गया। बड़ी भीड़। बड़ी गर्मी। बाहर के स्टालों पर घूमता रहा।

मेले में मन्मथ बाबू से भेंट हुई। वे देश की स्थिति पर बोलने लगे। कुछ वाममार्गी भी पैसे जमा करने में लग गए हैं। देश के भीतर भय समा गया है। कोई भी अपनी बात बोलने को तैयार नहीं है। यह देश के लिए अच्छा भी है और बुरा भी हो सकता है।

आलोक ने आज कहा था, पाँच साल में देश से गरीबी दूर की जा सकती है।

मेले से निकलकर गंगा के पास गया। वह बंगलादेश की पार्टी में जा रहा था। मुझे भी साथ ले गया। वहाँ अवधेश्वर ने पूछा, "आपने एकेडमी ज्वाइन कर ली?" लगा, जैसे किसी ने सूई चुभो दी। मुमकिन है, उसने सद्भाव से ही पूछा हो, लेकिन मुझे व्यंग्य की झलक दिखाई पड़ी।

पार्टी अशोक होटल में थी। होटल पहुँचा, तो बाहर ही जयप्रकाश जी से भेंट हो गई। केवल प्रणामपाती ही कर सका।

30 मार्च, 1972 (दिल्ली)

5-2-68 को मैं पटना से दिल्ली आ रहा था। उसी यात्रा में ट्रेन में कर्नल दिलीपसिंह नामक सज्जन से भेंट हुई। उन्होंने श्री सत्य सांईं बाबा के सारे में बहुत-सी बातें बताईं और यह कहा कि बाबा के बारे में अधिक जानकारी आपको डॉक्टर भगवंतम् से मिल सकती है, जो रक्षा मन्त्रालय के वैज्ञानिक सलाहकार हैं। डॉक्टर भगवंतम् से मैं 8 फरवरी, 1968 को और फिर 16 फरवरी को मिला था। उन्हीं दिनों डॉक्टर गोकाक को मैंने लिखा था कि मुझे श्री सत्य सांईं बाबा से मिला दीजिए। उन्होंने उत्तर दिया था कि आप बंगलौर तक आ जाइए, मैं आपको बाबा के यहाँ ले चलूँगा। लेकिन '68 से आज तक इसका सुयोग नहीं बन सका।

संयोग ऐसा कि 25 मार्च से बाबा दिल्ली आए हुए हैं और गोल्फलिंक में ठहरे हुए हैं। 25 की रात गंगा के साथ मैं उनके दर्शनों के लिए गोल्फलिंक गया भी था।

मगर भीड़ देखकर तबीयत घबरा गई। सारा पंडाल भरा हुआ, लोग नाली में खड़े, लोग सड़क पर खड़े। भीतर घुसा कैसे जाए? बाबा पंडाल में आए, उन्हें दूर से देखा भी। मगर यह कोई देखना हुआ? 25 से ही मन में यह बात चल रही थी कि इतने दिनों से बाबा से मिलना चाहता था। अभी संयोग से वे भी दिल्ली में हैं, मैं भी दिल्ली में हूँ। लेकिन मुलाकात नहीं हो पा रही है।

आज दोपहर का भोजन करने को लाला चरतराम जी के घर गया। खा-पीकरा जब चलने लगा, गवर्नर धर्मवीर जी ने कहा, "दिनकर जी, यहीं आराम कीजिए। श्री सत्य साईं बाबा शायद यहाँ आनेवाले हैं।" मैं धर्मवीर जी के कमरे में सो गया। शाम को उठा, तब तक कोई दो सौ आदमी चरतराम जी के घर पर जमा हो गए थे।

श्री सत्य साईं बाबा सात बजे शाम को आए और सोफे पर आकर बैठ गए। इधर-उधर देखते हुए उनकी आँखें मुझ पर पड़ीं और उन्होंने बाईं ओर अपने हृदय पर उँगली रखकर मुझे आँखों से संकेत किया। मैंने लक्ष्य किया, बाबा पूछ रहे हैं, तुम्हें हार्ट की बीमारी है क्या? मैंने कहा, "हाँ, बाबा, कुछ गड़बड़ी तो है।" वे बोले, "बहुत नेगलेक्ट किया है।" मैंने कहा, "किया होगा।" फिर बोले, "अब तो बहुत केयरफुल हो।" मैंने कहा, "हाँ, बहुत केयरफुल हूँ।" फिर उन्होंने मुट्ठी बाँधी और अदृश्य से विभूति निकालकर मेरे हाथ पर रख दी। उन्होंने कहा, "इसे खा जाओ।" मैं पूरी विभूति खा गया।

बाबा ने एक और बच्ची को विभूति दी जिसे शायद मिरगी आती है। फिर वे उठ गए और भीड़ में दो मिनट घूमकर वापस चले गए। मैंने शोभा, सच्चिदा, ऊषा, छाया, सन्ध्या आदि को भी बुला लिया था।

बाबा जिस घर में ठहरे हुए हैं, उस घर के पास दस-बीस हजार आदमी खड़े रहते हैं। वे रह-रहकर छज्जे पर आते हैं और लोगों को दर्शन देकर फिर भीतर चले जाते हैं। अभी उस दिन कमानी हाल में बाबा का भाषण हुआ था। उसमें गंगाशरण और जयप्रकाश नारायण गए हुए थे। मैं नहीं जा सका था। बाबा ने तेलुगू में भाषण दिया और डॉक्टर भगवंतम् ने अंग्रेजी में उसका अनुवाद किया। श्री सत्य साईं बाबा ने कहा, चमत्कार अध्यात्म नहीं है। वह अध्यात्म के मार्ग पर यों ही प्रकट होता रहता है। मगर आप पूछ सकते हैं कि चमत्कार मैं क्यों दिखाता हूँ। चमत्कार मेरे विजिटिंग कार्ड हैं। गंगा ने यह किस्सा मुझे सुनाया। श्री सत्य साईं बाबा चमत्कार दिखाकर भी जनता को चमत्कार से सावधान करते हैं। उनकी यह बात मुझे बहुत अच्छी लगी।

गंगा से यह भी मालूम हुआ कि मद्रास में बाबा ने कहा था कि मोक्ष की कल्पना ठीक नहीं है। सृष्टिकर्त्ता ने नदी की रचना इसलिए की है कि वह हमेशा बहती रहे। अगर नदी का प्रत्येक बिन्दु सूखता चला जाए, तो अन्त में पूरी नदी ही सूख जाएगी।

यहाँ रजनीश जी का एक तर्क याद आता है। अगर हर पागल होश में आ जाए, तो आखिर पागलखाने का क्या होगा?

लोग अपने रोगियों को लेकर गोल्फलिंक जाते हैं। यह भी अफवाह उड़ी है कि पोलियो से बीमार दो लड़कियाँ बाबा के पास पहुँचकर अच्छी हो गईं। उन्हें लोग ढोकर बाबा के पास ले गए थे। उधर से लड़कियाँ लँगड़ाती हुई खुद चली आईं।

सब रोगी अच्छे नहीं होते, यह भी सुना है। ईसा भी सबको चंगा नहीं करते थे। फिर भी कोई-कोई अच्छा हो जाता था। महर्षि रमण के सामने किसी अंग्रेज ने यह सवाल रखा था। महर्षि ने पूछा, "क्या ईसा जानते थे कि वे रोगी को चंगा कर रहे हैं? और क्या वे हर रोगी को चंगा कर सकते थे?"

एक औरत रक्तस्राव से पीड़ित थी। भीड़ में घुसकर उसने ईसा का वस्त्र छू लिया और वह उसी समय चंगी हो गई। ईसा ने उससे कहा, "खबरदार, यह बात किसी से मत कहना, तुम्हें तुम्हारे विश्वास ने चंगा किया है।"

श्री सत्य सांईं बाबा की पूजा का दिन गुरुवार है। मैं जब डॉक्टर भगवंतम् से पहली बार मिला, उस दिन गुरुवार था, जब दूसरी बार मिला, तब भी गुरुवार था और आज भी गुरुवार है, जब बाबा के पास क्षणभर बैठने का सुयोग प्राप्त हुआ।

1 अप्रैल, 1972 (दिल्ली)

राजभाषा सम्मेलन में नौ बजे गया। आज पूर्वाह्न में मेरा भी भाषण हुआ। सभापति थे महाराष्ट्र के सिलेम जी जो पांडिचेरी में उपराज्यपाल थे।

अपराह्न सत्र में भी राजभाषा सम्मेलन में गया। असम के प्रतिनिधि ने बताया कि नागालैंड, अरुणाचल, मेघालय और मिजोरम, इन राज्यों की राजभाषा अंग्रेजी होगी। हिन्दी-हितैषी दूरदर्शी नेता इस खतरे को रोक सकते थे।

2 अप्रैल, 1972 (दिल्ली)

सुबह मैं स्नान करते समय नल की टोंटी से टकराकर माथा फूट गया। पूजापाठ और नाश्ता करके डॉक्टर के यहाँ गया।

कुछ बाल कपचकर पट्टी साट दी गई, मगर तीन बजे तक वह उखड़ गई।

पराशर और उमा मिलने आए। दोनों प्राणी सांईं बाबा का दर्शन करके आए थे। बड़े प्रफुल्लित थे।

7 अप्रैल, 1972 (पटना)

रेडियो के नेशनल ब्राडकास्ट के लिए श्री अरविन्द पर एक वार्ता लिखी। इस काम में सारा दिन लग गया।

शाम को स्वामी आनन्द मैत्रेय से भेंट हुई। मथुरा आज ही दीर्घ प्रवास के बाद आया है। चेहरा काला पड़ गया है।

फिजिक्स के एक बच्चे प्रोफेसर से भेंट हुई। आँखें पनीली, चेहरा आत्मसमर्पण के भाव से दीपित, अध्यात्म के माध्यम जैसा। कहने लगा, सत्य सांई बाबा से उसकी बातचीत होती है, मगर बाबा का चेहरा उसे दिखाई नहीं देता है।

11 अप्रैल, 1972 (दिल्ली)

संघ लोक सेवा आयोग में एडीशनल ड्राफ्ट्समैन की बहाली थी। मैं भाषा सलाहकार के रूप में गया। कानून के सलाहकार जस्टिस वांचू थे। साक्षात्कार एक बजे तक चला। आलोक बम्बई गया हुआ है। मगर उसकी गाड़ी कमीशन में आ गई। घर जाकर—खाकर लेटा ही था कि भोला आ गया। फिर पटना के जस्टिस गिरिजा नन्दन की लड़की अपने पति के के साथ आ गई। उसने कविता की एक पुस्तक निकाली है कवितांजलि। बहुत महीन आवाज में बोलती है।

15 अप्रैल, 1972 (राँची)

मेरे मर्ज का इलाज यात्रा है। राँची ठीक-ठीक पहुँच गया और मिजाज भी हल्का हो गया। राँची में एच.ई.सी. के रूसी हॉस्टल में ठहरा हूँ। प्रायः सभी कवि आ गए। माया, वैरायी, सोम ठाकुर, सन्तोषानन्द, भवानीप्रसाद मिश्र, गोपाल प्रसाद व्यास, काका हाथरसी, रामावतार शशी, नजीर। दिनभर लोगों का तांता लगा रहा। शाम को टहलने निकला। बहुत काफी टहला, दो मील के लगभग। अनजाइना का दर्द महसूस नहीं हुआ।

रात में डिनर ए.ई.सी. के गेस्टहाउस में। बहुत अच्छा। कवि सम्मेलन एक घंटा हो चुका, तब मुख्यमन्त्री श्री केदार पांडेय आए ओर मेरे पार्श्व में बैठे। वे किसी मूड में थे, कहने लगे, अब आप पटने में ही रहिए।

कवि-सम्मेलन अच्छा हुआ सिवाय इसके कि गोपाल प्रसाद व्यास की साली वाली कविताएँ फूहड़ लगीं। फादर कामिल बुल्के मिलने आए और अपना नया ग्रन्थ सुसमाचार दे गए।

18 अप्रैल, 1972 (दिल्ली)

आज इन्दु ने एक छोटी-सी किताब पढ़ने को दी। नाम है 'आर्ट आव् लिविंग'। उसमें से कितने ही वाक्य नोट कर लेने योग्य हैं।

कोई भी जीवधारी अपने को बदल नहीं सकता। केवल आदमी अपने आपको बदल सकता है। इसीलिए वह अपने भाग्य का निर्माता कहा जाता है।

आगम भी सर्वथा त्याज्य नहीं है। पूजाभवन में जो बाहरी प्रतीक रखे जाते हैं। उनसे उपासना का वातावरण तैयार होता है।

मैं जो हूँ, वही होने का अधिकार स्वतन्त्रता है। यह गलती करने का अधिकार है, असफल होने का अधिकार है और फिर से प्रयास करने का अधिकार है।

जीवन की गति को तेज करना ही सब कुछ नहीं है। कभी-कभी ठहरना भी चाहिए, फूल सूँघने के लिए, बच्चों से खेलने के लिए, गाय की पीठ थपथपाने के लिए।

ठहर जाओ और मन को शान्त कर लो। खिड़की पर जाओ और आकाश के सितारों को देखो।

निरुद्देश्य घूमने के लिए जो समय निकाल सकता है, वह ज्ञानी मनुष्य है।

जिसे क्रोध आता है, उसका कुछ-न-कुछ नुकसान जरूर हो जाता है।

हम में से हर एक यदि शान्ति की कला का अभ्यास करे, तो घर, परिवार दफ्तर और कारखाना, सर्वत्र शान्ति हो सकती है।

मधुमक्खी न काटे और हम मधु निकाल लें, इसे 'टैक्ट' कहते हैं।

टहलना पूरे मनुष्य का व्यायाम है। सृष्टि के प्रति भय के भाव में भरकर घूमो, आश्चर्य और विनम्रता के भाव में भरकर घूमो। अकेले घूमना ज्यादा अच्छा है, मगर साथी की जरूरत ही आन पड़े, तो ऐसे व्यक्ति को चुनो, जो मौन की महिमा को समझता हो।

समानानुभूति (एम्पेथी) के जरिए आदमी सभी आदमियों का दुख-दर्द समझ सकता है, उनसे तदाकार हो सकता है।

जब मैं ऊँची बातें बोलता हूँ, सबसे सुन्दर बात बोलता हूँ, तब असल में मैं ईश्वर को भाषा में रखता हूँ।

मृत्यु बूढ़ी और रहमदिल धाई है। किसी-न-किसी दिन वह हमें गोद में हलराकर सुला लेगी। अतएव जब तक हम जीवित हैं, हमें एक-दूसरे की सहायता करनी चाहिए।

अपनी अवस्था सुधारने का मनुष्य के भीतर दुर्दान्त संकल्प है। यही संकल्प उसकी प्रगति है। गैलीलियो ने लोहे की पाइप से आकाश को रात में देखा था, आज भीमाकार लेंस से हम करोड़ों प्रकाश-वर्ष तक देखते हैं। राइट बन्धु धरती से सौ फीट ऊपर उड़े थे और केवल दस सेकेंड तक। आज हम सारे विश्व का चक्कर लगाते हैं।

सन्त वह पापी है, जो बराबर पाप से निकलने का प्रयास कर रहा है।

जीवन का सबसे बड़ा उपयोग उसे किसी ऐसे काम में लगाना है, जो जिन्दगी के बाद तक ठहर सके।

गम्भीर चिन्तन, ऊँची से ऊँची भावनाओं की अनुभूति और सत्कर्म सम्पादन, यह सफल जीवन का लक्षण है।

हर आदमी के भीतर कोई बात है, जिसे सुनने से हमारा भला हो सकता है, हम कुछ सीख सकते हैं। अतएव उसे बोलने दो।

अपनी अभिलाषाओं को सुनो, उच्च आकांक्षाओं को सुनो। तुम्हारे भीतर जो तुमसे भी श्रेष्ठ मनुष्य है, उसकी आवाज को सुनो।

आइंस्टीन ने भी कहा था कि कल्पना ज्ञान से अधिक शक्तिशालिनी है। कौतूहल और असन्तोष, इन दो से कल्पना विस्तार पाती है। अबोध शिशु बने बिना कल्पना नहीं जगती, न अछूते विचारों के क्षेत्र में आदमी का प्रवेश होता है। कल्पना काम न करे, तो विचार कहाँ तक जाएगा? अज्ञात के अन्धकार में आदमी कल्पना के चिराग के सहारे यात्रा करता है। भगवान ने हमारे भीतर जो नेमतें भर रखी हैं, कल्पना उन्हें आन्दोलित करती है।

एमर्सन ने कहा है, आदमी जब-तब अपने को भूल जाता है और तभी वह अमरत्व की भूमि पर होता है।

नेपोलियन भी मानता था कि दुनिया में दो ही ताकतें हैं, एक तलवार की, दूसरी आत्मा की। लेकिन जीत अन्त में आत्मा की ही होती है।

बलशालिनी शक्तियाँ हमारी सहायता तभी करती हैं, जब हम अनन्त से एकाकर होते हैं। अलेक्सिस केरल ने कहा था, जब हम प्रार्थना करते हैं, हम अपने आपको उस महाशक्ति से जोड़ लेते हैं, जो अव्यय हैं, जो सृष्टि का ताना-बाना रचती है।

जीवन की अवधि इतनी थोड़ी है कि हमें उसे घृणा, प्रतिशोध, परदोष-दर्शन, असहिष्णुता और बरबादी में बरबाद नहीं करना चाहिए। दोषों को नहीं, गुणों की खोज करो, नकारने के बदले सकारने की राह ढूँढ़ो, यह प्रगति का रास्ता है।

महान कार्य किसी एक के किए नहीं होता। हम अगर इस चिन्ता में न पड़ें कि श्रेय किसको मिलता है, तो हम चमत्कार उत्पन्न कर सकते हैं।

सादगी आत्मा का तीर है।

स्मृति हमारे मानसिक बैंक का खाता है। अच्छी स्मृतिवाला आदमी मन से करोड़पति है। स्मृति हमें शताब्दियों से जोड़नेवाला तार है। स्मृति ही वह एक मात्र स्वर्ग है, जिससे आदम को निकाला नहीं जा सकता। स्मृति एक प्रकार का अमरत्व हैं। जिन्हें हम याद करते हैं, उनकी मृत्यु नहीं हुई है।

लोरी के शब्द बच्चे को सुला देते हैं। घृणा और क्रोध के शब्द भीड़ से हिंसा करवाते हैं। प्रोत्साहन के शब्द चिनगारी को फूँककर कामयाबी की लपट बना देते हैं। लिंकन की माँ ने मरते समय लिंकन से कहा था, 'बी समथिंग एबी।'

एमर्सन ने कहा था, "दूसरों को नकारने के जोश में अपने को बरबाद मत करो। जो बुरा है, उसके खिलाफ मत भूको। जो अच्छा है, उसके सौन्दर्य का बखान करो।"

किसी का बहुत विश्वास करने पर तुम छले जा सकते हो, लेकिन काफी विश्वास किए बिना भी आदमी को तकलीफ में रहना पड़ता है।

जिस चीज, जिस समस्या, जिस आदमी से तुम्हें बहुत प्रेम हो, वह अपना भेद तुमसे छिपा नहीं सकेगा।

जब हम प्रेम करते हैं, भगवान हमारे माध्यम से काम करते होते हैं।

21 अप्रैल, 1972 (दिल्ली)

डारविन ने पता लगाया कि आदमी देवता नहीं, पशु है। विज्ञान इस निष्कर्ष पर पहुँचा कि पशु यन्त्र है। यानी आदमी भी यन्त्र है। पश्चिम का विज्ञान सफल हुआ, तो आदमी यन्त्र बन जाएगा। पूरब का अध्यात्म सफल हुआ, तो आदमी अन्ततः देवता बन जाएगा, परमात्मा बन जाएगा। चीन में आदमी को यन्त्र समझते हैं। एक टूटा, अनेक पैदा हो गए। जंगल काटा, फिर जंगल बन गया। इसी भाव से हिटलर ने आदमी मारे थे। इसी भाव से सभी डिक्टेटर मारते हैं। और कृष्ण ने भी कहा था कि आत्मा अमर है, फिर युद्ध में मारने में क्या दोष है? विज्ञान और अध्यात्म, दोनों आदमी के अहंकार को तोड़ते हैं। मगर एक फर्क है, अध्यात्म जब अहंकार को तोड़ता है, आदमी ऊपर उठ जाता है। रजनीश जी ने बात को बहुत अच्छी तरह रखा है।

जो आदमी चाहता है, मुझे सम्मान मिले, उसे अपमान अवश्य मिलता है।

जो मौत से भागना चाहता है, वह चौबीस घंटे मृत्यु की चिन्ता में पड़ा रहता है। जो कहता है, मृत्यु के लिए मैं तैयार हूँ, मौत उसे आती ही नहीं। उसकी मृत्यु, मृत्यु नहीं, जीवन है।

22 अप्रैल, 1972 (दिल्ली)

पूजा पर बैठने जा रहा था कि राज आ गई। दो मिनट बात करके पूजा पर बैठा। नाश्ता कर चुकने पर त्रिवेदी दम्पत्ति आए। थोड़ी देर बैठकर चले गए।

शाम को डॉ. शिवमंगल सिंह सुमन आए। फिर राज आई। आदित्य और इन्दु भी आए। हम लोग दो गाड़ियों में कवि-सम्मेलन के लिए चले। रास्ता भूल जाने से बड़ी दिक्कत हुई। फिर भी कवि-सम्मेलन में हम पहुँच गए। शाम से ही रक्तचाप अनुभव करता रहा। कविता पढ़कर मंच से उतरकर धर्मवीर जी और बालेश्वर बाबू के साथ नीचे बैठा। भोजन भी मिल में ही किया। कोई साढ़े बारह बजे रात में घर लौटा।

23 अप्रैल, 1972 (दिल्ली)

शाम को बिहार एसोसियेशन के कुँवरसिंह जयन्ती-समारोह में गया और उसका उद्घाटन किया। रात में पटने के लिए प्रस्थान। पहुँचाने आए सच्चिदा, इन्दु और विमल।

1 मई, 1972 (पटना)

श्री प्रफुल्लचन्द्र ओझा मुक्त अपने सुपुत्र श्री आनन्दवर्धन के साथ आए। उनसे काफी देर तक साहित्यालाप करता रहा। जब वे चले गए, श्री नरसिहैया के एक लेख पर दृष्टि पड़ी, जिसे उन्होंने भारतीय बुद्धिजीवियों पर लिखा है।

नरसिहैया ने यह बात बड़ी सफाई से कही है कि मनीषी जब सरकार से सटने लगता है, तब जनता उस पर सन्देह करने लगती है और जब वह सरकार का अंग बन जाता है, तब जनता उस पर विश्वास करना छोड़ देती है।

मेरे जीवन से इस उक्ति का समर्थन भी होता है और खंडन भी। समर्थन इस प्रकार होता है कि जब मेरे बारे में यह अफवाह उड़ने लगी कि मैं मन्त्री बननेवाला हूँ, तब जनता की आँखों से मैं गिरने लगा। और खंडन इस प्रकार होता है कि मैं जब अंग्रेजों की नौकरी में था, मैं जनता का लाड़ला था। यहाँ तक कि जब मेरा तबादला युद्ध-प्रचार-विभाग में हुआ, तब भी जनता के प्रेम में कोई कमी नहीं आई।

असली स्थिति शायद यह है कि जनता चाहती है कि मनीषी ऐसा हो कि वह राजा और प्रजा, दोनों को डाँट सके। जब तक मनीषी इस धर्म का पालन करता है, तब तक जनता उसके साथ रहती है।

स्वराज्य के पूर्व तक मनीषियों का इस देश में बड़ा सम्मान था, क्योंकि मनीषी शासकों के खिलाफ आवाज उठाते थे। मगर अब मनीषियों का आदर बहुत कम हो गया है। जो मनीषी लेखक और कवि हैं, वे कला की सेवा तो करते हैं, लेकिन समय के जलते प्रश्नों पर अपना विचार व्यक्त नहीं करते। स्पष्ट ही, यह सुरक्षा की राह है और जो सुरक्षा खोजता है, जनता उसकी खोज नहीं करती। हम लोग सुरक्षा की खोज में ही मारे गए हैं।

मनु ने ब्राह्मण की जो कल्पना की थी, वह इसी मनीषी की कल्पना थी। ब्राह्मण संचय न करे। ब्राह्मण किसी एक आदमी के दान पर न जिए (नहीं तो वह आदमी उसका मालिक हो जाएगा)। ब्राह्मण सम्मान से उस प्रकार भागे, जैसे आदमी साँप को देखकर भागता है। चूँकि ब्राह्मण को न धन का लोभ था, न प्रतिष्ठा का, इसलिए समाज उसका आदर करता था और राजा भी उससे डरता था।

आज तो स्थिति यह है कि जिस समाज में हम जीते हैं, उसका प्रोप्राइटर

राजनीतिज्ञ है, मैनेजर अफसर हैं और मनीषी मजदूर हैं। कुछ मनीषी अध्यापक और प्राध्यापक हैं, कुछ लेखक, कवि और पत्रकार हैं। मगर वे हमेशा चौकन्ने और सतर्क रहते हैं कि कहीं कोई ऐसी बात मुँह या कलम से न निकल जाए, जिससे सरकार या विश्वविद्यालय के अधिकारी नाराज हों। जिस समाज के मनीषी असुरक्षा से इतने शंकित और भयभीत हों, उस समाज का नेता राजनीतिज्ञ ही रहेगा, मनीषी नहीं बन पाएगा।

सरस्वती और लक्ष्मी में वैर है, यही सिद्धान्त ठीक था। हमने इस बैर को बुझाने की कोशिश की, यही हमसे बड़ी भारी भूल हो गई।

सफलता की चाह मनीषी के गौरव को क्षीण करती है। 'प्रोफाइल इन करेज' में केनेडी ने जिन लोगों का चरित्र-चित्रण किया है, उनमें से कोई भी सांसारिक दृष्टि से सफल मनुष्य नहीं था। जो ध्येय हमें सत्य दिखाई देता है, उसका पक्ष हमें लेना चाहिए, भले ही जनता उस ध्येय के खिलाफ हो, भले ही राजा उससे नाराज हो। हम लोगों का प्रभाव समाज पर इसलिए नहीं रहा कि हम सत्य बोलने की कीमत चुकाने में आनाकानी करने लगे।

12 मई, 1972

श्री अमियराय चौधरी कलकत्ते में रहते हैं। वे अब दादा जी के नाम से प्रसिद्ध हो रहे हैं। चमत्कारी पुरुष हैं। गन्धों का खेल खूब दिखाते हैं। मैं पहले ही दिन प्रभावित हो गया और उनकी प्रशंसा में एक वक्तव्य दे डाला, जो इंडियन नेशन में छपा। एक वक्तव्य जयप्रकाश जी ने भी दे दिया। मथुरा ने इन दोनों वक्तव्यों के खिलाफ एक तीसरा वक्तव्य तैयार किया है। अब मुझे भासित होता है कि जयप्रकाश जी और मैं शायद गलत थे या सम्भव है मथुरा ही गलत है। फिर भी मथुरा से मैंने कहा कि तुम अपना वक्तव्य जरूर छपवा दो। क्या जानें, किसका मत ठीक है।

6 मई, 1972 को मैं मुख्यमन्त्री श्री केदार पांडेय से मिला था। उस दिन बात हुई थी कि मेरा उपयोग प्रोफेसर के रूप में किया जाएगा। उसके दो दिन बाद यानी 8 मई, 1972 को बिहार ग्रन्थ अकादमी के चेयरमैनशिप का आफर सरकार ने दोबारा भेजा। वह तब से आज तक मेरे पास पड़ा हुआ था। आज सन्ध्या समय मैं सुधांशु जी से मिलने गया और उनसे मैंने पूछा कि आप अपना पोस्ट किस तरह बचाइएगा। उन्होंने कहा, 1974 की फरवरी तक मेरी अवधि है। तब तक तो पोस्ट रहेगा ही। इससे मैंने समझा कि सुधांशु जी पोस्ट पर रहना चाहते हैं और इसका कोई रास्ता उन्होंने खोज लिया है। अतएव आज मैंने आफर को अस्वीकृत करते हुए सरकार को एक संक्षिप्त-सा पत्र लिख दिया।

17 मई, 1972 (दिल्ली)

15 मई से दिल्ली आया हुआ हूँ और लाला श्री वंशीधर के पास ठहरा हुआ हूँ।

डॉक्टर कैलास वाजपेयी मिलने को आए। वे सांस्कृतिक केन्द्र के संचालक होकर ब्रिटिश गायना जा रहे हैं। पत्नी को साथ ले जाएँ या यहीं छोड़ जाएँ, इस दुविधा से वे परेशान दिखाई पड़े।

वे जब आते हैं, कोई नई बात सुना जाते हैं। आज वे एक नई किताब, 'दि कमिंग क्राइसिस इन वेस्टर्न सोसियोलाजी' की बात करने लगे। उस पुस्तक में शायद यह विचार उछाला गया है कि जो लोग समाज के उत्पादन में योगदान नहीं देते, उनका बोझ समाज नहीं उठाएगा। यानी बूढ़े लोग, कार्य-निवृत्त लोग और कवि, इन्हें समाज खत्म करके हल्का हो जाएगा। ऐसी बात सोचना भी कैसी राक्षसी बुद्धि का लक्षण है?

कैलास ने यह भी कहा कि दिल्ली की किसी गोष्ठी में डॉक्टर नामवरसिंह 'हारे को हरिनाम' की प्रशंसा कर रहे थे।

वहाँ भोपाल में भी अनुरागी ने कहा था कि आगरे में डॉक्टर रामविलास शर्मा कह रहे थे कि ये कविताएँ प्रभावशालिनी हैं।

ये दोनों आलोचक कम्यूनिस्ट हैं। इससे यह आभास मिलता है कि भारत के साम्यवादी चिन्तकों के अन्तर्मन में भी कहीं-न-कहीं भारत की आध्यात्मिक परम्परा की थोड़ी गन्ध है। मेरी आशा को बल मिलता है कि भारत में आकर साम्यवाद भी अनाध्यात्मिक नहीं रहेगा।

24 मई, 1972 (पटना)

21 मई, 1972 के अखबार में खबर छपी कि हिन्दी के प्रसिद्ध कवि, घनाक्षरी, मनहरण और सवैये के अद्‌भुत कलाकार तथा कानपुर के बेताज के बादशाह पंडित गयाप्रसाद शुक्ल सनेही का 20 मई को कानपुर के अस्पताल में स्वर्गवास हो गया। आज 'आर्यावर्त' के दफ्तर को मैंने फोन किया कि कोई सनेही जी की मृत्यु के बारे में थोड़ी जानकारी दे। जिस पत्रकार ने फोन उठाया, उसने शायद मुझे डाँटने के लिए कहा कि "साहित्यिकों के लिए सनेही जी की मृत्यु हुई है, अखबार वालों के लिए नहीं।" यानी सनेही कौन थे, कब मरे, इसकी जानकारी अखबार वाले क्यों रखें? शायद बहुत दिन जीवित रहने पर भी आदमी मृतकतुल्य हो जाता है और तब जब वह सचमुच मरता है, लोग उसकी मृत्यु की नोटिस नहीं लेते। लेकिन मेरी मान्यता है कि सनेही जी के मरने से बहुत बड़ा साहित्यकार हमारे बीच से उठ गया है। आज की डायरी में मैं उन्हें अपनी श्रद्धांजलि अर्पित कर रहा हूँ।

जिस समाज में हम लोग जीते हैं, उनके प्रोप्राइटर राजनीतिज्ञ और मैनेजर अफसर हैं। मनीषी उस समाज का महज मजदूर है। और अगर वह लेखक है, तो ऐसा अभागा मजदूर है कि अपने पेशे से उसकी रोजी नहीं चलती, उसे कोई और काम भी करना पड़ता है।

सनेही जी भी 1920 ई. के पूर्व तक मुदर्रिस थे। असहयोग आन्दोलन के समय उन्होंने मुदर्रिसी छोड़ दी थी। उसके बाद से उनकी रोजी कैसे चलती रही, इस बारे में हमें निश्चित ज्ञान नहीं है, यद्यपि वे अभी-अभी स्वर्ग सिधारे हैं। उन्होंने अपना सारा जीवन साहित्य-सेवा में लगाया और यह कोई छोटा जीवन नहीं था। उनका जन्म अगस्त, 1883 ई. में हुआ था और सन् 1972 ई. के मई मास में उन्होंने शरीर छोड़ा है यानी उन्होंने नवासी वर्ष की आयु पाई, जो किसी भी भारतीय के लिए लम्बी आयु मानी जाएगी। आरम्भ के उन्नीस वर्ष को हम छोड़ भी दें, तो रेकार्ड यह बनता है कि साहित्य-सेवा का कार्य उन्होंने सत्तर वर्ष तक किया। इस दृष्टि से भी सनेही जी भारतीय साहित्यकारों के बीच विलक्षण दीखते हैं। क्योंकि साहित्यिकों को सत्तर वर्ष की आयु भी मुश्किल से मिलती है।

किन्तु इतनी लम्बी आयु पाकर भी पुस्तकें वे अधिक नहीं बना सके। पं. शम्भुरत्न त्रिपाठी ने उनकी नौ पुस्तकों का उल्लेख किया है, जिनमें से मैंने केवल तीन किताबें—प्रेमपच्चीसी, कृषक-क्रन्दन और त्रिशूल-तरंग—ही पढ़ी हैं। किताबें तैयार करने की अपेक्षा कवि तैयार करने की ओर उनका अधिक ध्यान था। किताबें तो उनके शिष्यों ने जबरदस्ती तैयार कर दीं। सनेही जी अपने पद्यों की मंजूषा बनाने को जरा भी उत्सुक नहीं थे।

वे उस समय जनमे थे, जब रीति की परम्परा पूरे जोर पर थी। कविता ब्रजभाषा से निकलकर खड़ी बोली में आ रही थी, मगर जो कवि खड़ीबोली की ओर प्रवृत्त होते थे, उन्हें भी अपनी खड़ी बोली की कविता पसन्द नहीं आती थी। सनेही जी को भी इस दौर से गुजरना पड़ा था। काफी दिनों तक अपनी काव्य-साधना वे ब्रजभाषा में ही तैयार करते रहे और जब उस वाटिका से वे निकले, घनाक्षरी और सवैये का सम्बल उन्होंने अपने साथ ले लिया। इन दो छन्दों का प्रयोग खड़ीबोली में उन्होंने इस सफाई और सरसता के साथ किया कि सभी साहित्य-प्रेमी उनकी ओर आकृष्ट हो गए और साहित्य में उनका नाम अमर हो गया। मेरा पक्का विचार है कि जो सवैये या कवित्त उन्होंने खड़ीबोली में लिखे, उन्हीं पर उनकी कीर्ति ठहरी रहेगी।

करने चले तंग पतंग जला कर,
मिट्टी में मिट्टी मिला चुका हूँ।
तम-तोम का काम तमाम किया,
दुनिया को प्रकाश में ला चुका हूँ।

नहीं चाह सनेही सनेह की और,
सनेह में जी मैं जला चुका हूँ।
बुझने का मुझे कुछ दुःख नहीं,
पथ सैकड़ों को दिखला चुका हूँ।

हिन्दीवालों ने इस छन्द को यों ही सिर पर नहीं उठा रखा है। इस छन्द में रस है, विदग्धता है और है वह सफाई और सीधी चोट करने की शक्ति, जो केवल आचार्यों में होती है, महाकवियों में होती है।

सनेही जी ने अपनी राष्ट्रीय कविताएँ त्रिशूल नाम से लिखी थीं। कहते हैं, इसका कारण यह था कि सनेही सरकारी नौकरी में थे और सरकार की दृष्टि से बचने को ही राष्ट्रीय कविताएँ वे त्रिशूल नाम से लिखते थे। कोई दस साल तक यह छद्म नाम उनका सहायक भी हुआ, क्योंकि दस वर्ष तक कोई यह जान ही नहीं सका कि सनेही और त्रिशूल एक ही व्यक्ति के दो नाम हैं। यह भी था कि त्रिशूल नाम से वे मुख्यतः उर्दू छन्द ही लिखते थे। उस समय लोगों का ख्याल था कि सनेही जी की उर्दू रचनाएँ ब्रजनारायण चकबस्त की रचनाओं के टक्कर की होती हैं। उनकी उर्दू की कविताएँ कलामे-त्रिशूल के नाम से निकली थीं।

सनेही जी ने कुछ साप्ताहिक पत्रों के लिए जो मोटो लिखे थे, वे भी हिन्दी में बहुत प्रसिद्ध हैं।

जो भरा नहीं है भावों से,
बहती जिसमें रस धार नहीं,
वह हृदय नहीं है, पत्थर है,
जिसमें स्वदेश का प्यार नहीं।

यह मोटो 'स्वदेश' के मुख पृष्ठ पर छपा करता था।

और 'वर्तमान' में छपनेवाला यह मोटो भी सनेही जी का ही रचा हुआ था :

शानदार था भूत, भविष्यत् भी महान है,
अगर सँभालें उस आप, जो वर्तमान है।

स्वर्गीय शिशुपाल सिंह जी शिशु ने लिखा था कि प्रताप में छपने वाला यह भारत-विदित मोटो भी सनेही जी का ही रचा हुआ था।

अन्धकार है वहाँ, जहाँ आदित्य नहीं है।
है वह मुर्दा देश, जहाँ साहित्य नहीं है।

लेकिन यह पद शायद देवीप्रसाद जी पूर्ण का रचा हुआ है।

जब हम लोगों ने साहित्य की दुनिया में आँख खोली थी, सनेही जी की वह कविता हिन्दी में बहुत प्रसिद्ध थी, जिसका आरम्भ इन पंक्तियों से होता है :

तू है गगन विस्तीर्ण, तो मैं एक तारा क्षुद्र हूँ।
तू है महासागर अगम, मैं एक धारा क्षुद्र हूँ।

तू है महानद-तुल्य, तो मैं एक बूँद समान हूँ।
तू है मनोहर गीत, तो मैं एक उसकी तान हूँ।

सनेही जी ने सन् 1928 ई. में सुकवि नामक मासिक पत्र निकाला था, जो 1951 तक बराबर निकलता रहा। उसमें कविता के विषय में निबन्ध होते थे और स्फुट कविताएँ होती थीं। किन्तु सुकवि की सबसे बड़ी विशेषता यह थी कि उसमें समस्या-पूर्ति के सौ-पचास छन्द जरूर छपते थे। सन् 1929 या '30 ई. में सुकवि में मेरी भी एक समस्यापूर्ति छपी थी।

कवि तैयार करने के सनेही जी के साधन तीन थे। जो कवि उनके सम्पर्क में थे, उनकी कविताओं का वे संशोधन करते थे। जो कवि दूर थे, सनेही जी उनका भी मार्गदर्शन करते थे यानी उनकी कविताओं को सुधार-सँवार कर उन्हें सुकवि में छापा करते थे। तीसरा उपाय यह था कि कानपुर में कवि-गोष्ठियाँ वे बराबर करते रहते थे और युवकों को प्रोत्साहन देकर उन्हें काव्य के मार्ग पर आगे बढ़ाते थे। यही कारण हुआ कि सनेही जी का ध्यान अपने काव्य-संग्रहों की संख्या बढ़ाने की ओर नहीं गया। उनके जितने शिष्य हुए, वे ही उनकी रचनाओं के प्रतीक थे। संग्रहों के भीतर से नहीं जी कर सनेही जी ने अपने शिष्यों के भीतर से जीने का रास्ता पसन्द किया। कविता का जो वातावरण उन्होंने कानपुर में तैयार किया, वह अब तक कायम है, उन्होंने जो परम्परा बनाई थी, वह चल रही है।

अभी इसी वर्ष तीस जनवरी को मैं कानपुर में था। वहाँ सवैया लिखनेवाले (यानी सनेहीजी की परम्परा के) कवि अनेक हैं। उनमें से सब-के-सब अच्छी कविता करते हैं। किन्तु कुछ लोग विनम्रता के कारण अपने को कवि कहना नहीं चाहते। उस दिन सवैया-मंडल वाले मुझे अपने बीच ले गए और कोई दो घंटे तक कवित्त और सवैये मुझे सुनाते रहे। सनेही जी तो उस गोष्ठी में नहीं थे, किन्तु लगता था कि गोष्ठी में वे विद्यमान हैं और उन्हीं की कृतियाँ हम सुन रहे हैं।

सनेही जी इधर कई वर्षों से बीमार चल रहे थे। सरकार ने उनके लिए सारी व्यवस्था अस्पताल में कर दी थी और वे कई वर्षों से अस्पताल में ही थे। मृत्यु के साथ उन्होंने घनघोर संघर्ष किया। ऐसा कई बार हुआ कि वे जाने-जाने को हो गए, लेकिन मृत्यु को दबाकर वे फिर ऊपर आ गए। सनेही जी की इसी जिजीविषा पर श्री हरिनन्दन जी हर्ष ने उस दिन एक मार्मिक सवैया सुनाया था, जो इस प्रकार है :

छिड़ा दैव के दम्भ में और कवित्व
के ओज में अद्भुत युद्ध-सा है।
पराभूत-सा हो भवितव्यता का
कुमन्तव्य हुआ अवरुद्ध-सा है।
हुए स्वस्थ यों पूज्य सनेही मनो
कढ़ा अग्नि से कंचन शुद्ध-सा है।

कला मृत्यु की फीकी पड़ी हुई है।
महाकाल का स्यन्दन रुद्ध-सा है।

उस दिन कुमुदेश वाजपेयी, हृदयेश, तरल और प्रभात ने भी बड़े अच्छे सवैये सुनाए थे।

सन् 1962 ई. में जब मैं भवानी प्रसाद मिश्र के अभिनन्दन के सिलसिले में कानपुर गया था, ठीक उसी दिन कानपुर के साहित्यकार सनेही जी का जन्मदिवस मना रहे थे। उस समारोह में मैं भी गया था और सनेही जी को मैंने अपना भक्तिपूर्ण अभिनन्दन अर्पित किया था।

1969 ई. में मैं जब कानपुर गया था, तब 8 दिसम्बर को अस्पताल जाकर सनेही जी के मैंने दर्शन किए थे। मैंने पूछा, ''अब कैसे हैं?'' वे बोले, ''क्या बताऊँ? सरकार ने सारा बन्दोबस्त कर दिया है। बस, पड़ा हुआ हूँ।''

साहित्य की चर्चा छेड़ने पर उन्होंने कहा, ''मैथिलीशरण और रामनरेश त्रिपाठी कवि नहीं थे, केवल पद्यकार थे। छन्दों के भीतर शब्दों को बिठाकर पद्य तैयार कर लेते थे। और कुछ नहीं।''

मुझे बड़ा ही विस्मय हुआ कि जिस कवि को हम मैथिलीशरण जी और रामनरेश जी का समानधर्मा समझते हैं, वह उन दोनों को कवि मानने से ही इनकार कर रहा है।

जब तक सनेही जी जीवित थे, हमें यह सोचकर सुख होता था कि उन दीपकों में से एक अभी जल रहा है, जिन्हें रोशनी लगभग भारतेन्दु-युग में मिली थी। लेकिन अब वह दीपक भी बुझ गया।

दागे फिराके-सोहबते-शब की जली हुई
एक शम्मा रह गई थी, सो वो भी खामोश है।

सनेही जी ने मनीषी-धर्म का पालन किया क्योंकि वे सरकारी नौकरी में नहीं थे, न किसी के आश्रित या अधीन थे। स्थायी आय के बिना उनके जीवन का निर्वाह कैसे हुआ, यह सोचकर आश्चर्य होता है। आजादी की लड़ाई के समय उन्होंने डटकर राष्ट्रीय कविताएँ लिखीं। सारा जीवन उन्होंने साहित्य-सेवा में लगा दिया और उसके लिए किसी शुल्क की माँग नहीं की। उन्होंने बुझते हुए दीपक के लिए नहीं, शायद अपने ही लिए लिखा था :

परवा न हवा की करे कुछ भी, भिड़ें
आके जो कीट-पतंग जलाये।
जगती का अँधेरा मिटाकर आँखों में
आँखों की पुतली हो के समाये।
निज ज्योति से दे नव ज्योति जहान को,
अन्त में ज्योति में ज्योति मिलाये।

जलना हो जिसे, वो जले मुझ-सा,
बुझना हो जिसे, मुझसा बुझ जाए।

सनेही जी के समान जलना और उनकी तरह बुझना आसान नहीं है। ऐसा जलना और ऐसा बुझना किसी तपस्वी को ही नसीब होता है। हम मनीषियों ने तपस्या का जीवन छोड़ दिया, इसीलिए समाज हमारे हाथ से निकलकर राजनीतिज्ञों के हाथ में चला गया है।

25 मई, 1972 (पटना)

मूल्य कई भागों में बाँटे जा सकते हैं। कुछ मूल्य शारीरिक हैं, कुछ प्राणिक हैं, कुछ मानसिक हैं और कुछ आध्यात्मिक हैं। लेकिन भारत की मान्यता है कि जब तक आरम्भ के तीन मूल्य अन्तिम मूल्य के साधन नहीं बनते, तब तक मानव जीवन सार्थक नहीं होता, न वह पूर्ण होता है।

बड़े जोर की चर्चा है कि मूल्य विघटित हो रहे हैं और नए मूल्य जन्म ले रहे हैं। उस नए मूल्य की तलाश है, जिसे सम्पूर्ण मानव-समाज ग्रहण करे।

मूल्य विघटित हो रहे हैं, यह तो दिखाई पड़ता है, मगर जन्म लेनेवाले नए मूल्यों का पता नहीं चलता।

यूटोपिया एच.जी. वेल्स ने लिखा, अल्डूस हक्स्ले ने लिखा और एक यूटोपिया जॉर्ज आरवेल ने लिखा। लेकिन समस्या सुलझाने की बजाय उलझती जाती है।

वैज्ञानिक सभ्यता का अध्यात्मीकरण ही एकमात्र उपाय है। किन्तु, वह क्या आन्दोलन चलाने से होगा? दुनिया जब काफी ठोंकरें खा चुकेगी, तब वह अध्यात्म की ओर मुड़ेगी।

जो पूरा मनुष्य था, उसने आर्थिक मनुष्य से हार मान ली है। आर्थिक मनुष्य से ऊपर वह अभी भी उठ सकता है, यदि वह अति सुख का लोभ छोड़ दे।

1 जून, 1972 (पटना)

26 मई को सीतामढ़ी और मुजफ्फरपुर की ओर गया था। कल रात वापस हुआ हूँ। आज से उन्तीस वर्ष पूर्व मैं सीतामढ़ी में सब रजिस्ट्रार था। उन दिनों की खट्टी-मिट्ठी स्मृतियाँ मन में उग-उग कर घुमड़ने लगीं। सरयू शरण नहीं हैं, वे अब देहात में रहते हैं। सबसे दुःख यह सोचकर हुआ कि पं. जगदीश मिश्र मैथिल और बाबा नरसिंहदास गुजर चुके हैं।

जगदीश जी थे तो मिडिल स्कूल के हेडमास्टर, किन्तु संस्कृत के नाटक और काव्य का उन्हें बहुत अच्छा ज्ञान था। सीतामढ़ी में रहते समय मैंने जगदीश जी के

साथ बैठकर रघुवंश और कुमारसम्भव पढ़ा था। मिथिला में चूड़ादही बहुत अच्छा भोजन समझा जाता है। एक दिन कालिदास का कोई श्लोक पढ़कर मैंने कहा था, "जगदीश जी, कालिदास जब टोस्ट और अंडे के साथ चाय पीकर सिगरेट की कश खींचते होंगे, तभी ऐसा श्लोक उन्हें सूझता होगा।" जगदीश ने कहा, "ऊँहूँ, चूड़ादही खाने के बाद।"

मेरी अधिकांश कविताएँ उन्हें कंठ थीं, किन्तु द्वन्द्व-गीत का उन्होंने संस्कृत में अनुवाद भी किया था। छन्दों के बारे में उनके कान सधे हुए थे। कोई भी श्लोक सुनते ही वे बता देते थे कि यह अमुक छन्द में है।

बाबा नरसिंहदास कबीर-पन्थी साधु थे। थे तो वे राजनीतिक कार्यकर्ता, लेकिन सीधी-सादी भाषा में जनता के स्तर की कविताएँ अच्छी लिखते थे। उनके कलाम में नजीर अकबराबादी का रंग था।

कहीं-कहीं खुद रहे हैं आलू,
हुए हैं चीनी के मील चालू,
कहीं-कहीं कट रहा है काड़ा,
ये आया जाड़ा, वो आया जाड़ा।

ओबैदा साहब से भेंट नहीं हुई मगर, वे अभी हैं, यह जानकर सन्तोष हुआ। उन्होंने सीतामढ़ी में मुझे बांगे-दरा, बाले-जिब्रील और जरबे-कलीम, इकबाल की ये तीन पुस्तकें पढ़ाई थीं।

एक रात आचार्य जयकिशोर नारायण सिंह के गाँव वाले घर (पकरी) में गुजारी। उसका गाँववाला घर मध्य युग के किले के समान लगता है, मगर जयकिशोर जी के सुख-भोग का काल समाप्त हो गया-सा लगता है। नहीं तो पकरी को छोड़कर वे सीतामढ़ी में क्यों रहते?

पकरी से लौटकर सीतामढ़ी आया, तब यह पता चला कि महान अभिनेता पृथ्वीराज कपूर का देहान्त हो गया। पिछली बार जब मैं उनसे मिला था, वे बम्बई के अस्पताल में थे। इस बीच बेटा उन्हें अमेरिका ले गया था। अभी जनवरी में राजकपूर से मेरी मुलाकात मद्रास में हुई थी। तब उन्होंने बताया था कि पापा आगे से अच्छे हैं। लेकिन वही बात सच निकली। कुसल-कुसल के पूछते, जग में रहा न कोई।

सीतामढ़ी में महावीर हिसारिया और मंजुल जी से भेंट हुई। लक्ष्मीनारायण बूढ़ा तो हो चला है, मगर तेजी पहले वाली ही है। उसे मैं साहित्यिक छोड़कर गया था। लेकिन अब वह ज्योतिषी हो गया है।

लोग मुझे सब-रजिस्ट्रार के उस मकान में ले जाने लगे, जिसमें उन्तीस वर्ष पूर्व रहा हुआ था। अनुभव हुआ, मानो आत्मा उस शरीर में घुसने जा रही है, जिसे वह छोड़ चुकी है।

मुजफ्फरपुर में पवनधारी के नए मकान में ठहरा। कविवर राजेन्द्र प्रसाद सिंह के यहाँ पंकज सिंह तथा आइना के सम्पादक कन्हैया जी से भेंट हुई।

5 जून, 1972 (पटना)

सुख और दुःख भोगता हुआ मनुष्य किस रूप में जीता है, इसकी एक कल्पना भारत में इस प्रकार की गई थी। एक विकराल कुआँ है, जिसकी पेंदी में साँप बैठा हुआ है और जगत पर बाघ। कुएँ की दीवार से एक पेड़ निकल आया है। उसकी डाल पकड़कर एक आदमी लटका हुआ है। वह साँप के भय से नीचे नहीं उतर सकता, न बाघ के भय से कुएँ से बाहर निकल सकता है। पास की ही डाल में एक मधु का छत्ता लटक रहा है। दो संगीन खतरों के बीच झूलता हुआ आदमी कभी-कभी इस छत्ते से मधु चाट लेता है। उसी मधु के सहारे वह जीता है।

जब से दिल्ली से आया हूँ, मैं इसी प्रकार जी रहा हूँ। मेरा मधुकोष अरविन्द और पद्मा हैं, तूली और ऋत्विक हैं।

12 जून, 1972 (पटना)

श्री शिवचन्द्र शर्मा अस्पताल में हैं। बाईस मई को मैंने इन्दिरा जी को पत्र लिखा था कि शर्मा जी के इलाज के लिए आप कृपा करके प्रधानमन्त्री कोष से एक हजार रुपए भेज दें। आज प्रधानमन्त्री के सचिवालय से पाँच सौ रुपए का ड्राफ्ट मेरे नाम से आया। मैंने ड्राफ्ट को अपने खाते में जमा कर दिया और पाँच सौ रुपए नकद मैं अस्पताल जाकर शिवचन्द्र जी को दे आया।

जब ब्रजशंकर जी भयानक रूप से बीमार थे, तब भी इन्दिरा जी ने मेरे अनुरोध पर उन्हें दो हजार रुपए भेज दिए थे।

एक बार जब बाबू शिवपूजन सहाय जोर से बीमार पड़े थे, तब मैंने राष्ट्रपति राजेन्द्र प्रसाद को पत्र लिखा था कि शिवजी के इलाज के लिए दो हजार रुपयों की सख्त जरूरत है। राजेन्द्र बाबू ने उस समय अपने कोष से सिर्फ दो सौ रुपए भेजे थे, लेकिन मेरा पत्र उन्होंने पंडित जवाहरलाल नेहरू को भेज दिया था। पंडित जी ने अविलम्ब दो हजार रुपए का ड्राफ्ट श्री ब्रजशंकर वर्मा के नाम से भिजवा दिया था, जो उस समय बिहार प्रादेशिक हिन्दी साहित्य सम्मेलन के सभापति थे। उन्हीं रुपयों से उस बार शिवजी का इलाज हो सका था।

शिवचन्द्र जी को कुछ सहायता देने के लिए एक पत्र मैंने अपने यहाँ के राज्यपाल जी को भी लिखा था। किन्तु इस प्रार्थना का अभी तक कोई परिणाम नहीं निकला है।

26 जून, 1972 (कलकत्ता)

रामजी की कन्या की ओर से फलदान चढ़ाने को कलकत्ता आया हुआ हूँ। कचरापाड़ा जाना होगा। आज श्री अमियराय चौधरी (दादाजी) के पास दो बार गया और तोलता रहा कि यह आदमी क्या है। आँखें देखने से साफ प्रतीत होता है कि यह आदमी मिस्टिक है। खासकर योगियों और साधकों की आँखें छिप नहीं सकतीं। यह आदमी जादूगर और ट्रिकबाज नहीं है, जैसा मथुरा ने लिखा है। मथुरा की आँखें क्रोध के कारण दादाजी के गुण-पक्ष को नहीं देख सकीं।

शरीर से गन्ध निकलना केमिस्ट्री का चमत्कार हो सकता है, ऐसा पटना में सोहनी साहब ने कहा था। लेकिन जब तक दादाजी पटना में थे, मेरे कमरे में उनकी अंग-गन्ध कैसे पहुँचती थी? यह तो केमिस्ट्री नहीं कर सकती। पूजा में पानी से खीर बनती है, सन्देश का पिंड बन जाता है, यह तो अपनी आँखों से मैं देख चुका हूँ। परमा बाबू का लड़का जब मरने लगा, उसने हरिकीर्तन किया, उसकी छाती से चन्दन की गन्ध निकल रही थी।

दादाजी का ऋण-पक्ष यह है कि वे प्रचार बहुत चाहते हैं। वचनदेव कहता था, यह एषणा रजनीश जी में भी बहुत है। कीर्ति वह कमजोरी है, जो सभी कमजोरियों के खत्म होने पर भी जीवित रहती है।

उदार दृष्टि से देखने पर मैं दादाजी को सन्त ही मानूँगा, यद्यपि यह पता नहीं चलता कि वे किस श्रेणी के हैं, किस कोटि के हैं। मेरा खयाल है, मैंने उनकी प्रशंसा करके कोई गलती नहीं की है। जब खूबसूरत औरत की तारीफ करना सही काम है, तब चमत्कारी मर्द की तारीफ गलत क्यों होगी?

28 जून, 1972 (कलकत्ता)

रात रामजी के साथ फलदान चढ़ाने को कचरापाड़ा गया। वहाँ सभा भी हुई और मेरा अभिनन्दन भी हुआ। वापस होते-होते रात के ग्यारह बज गए। थक भी गया।

रामनाथ जी के साथ बैठने की भूख बहुत बढ़ गई थी। इन तीन दिनों में वह काफी तृप्त हुई है। यह बात लोगों को सुनने में कैसी लगेगी कि मैं जितने धनियों को जानता हूँ, उनमें रामनाथ गोयनका सबसे विलक्षण आदमी हैं? उनके साथ बैठने से मुझे अपना खोया हुआ बड़प्पन वापस मिल जाता है, मेरे भीतर ऊँची जिन्दगी जीने की चाह प्रबल हो उठती है।

रामनाथ जी अंग्रेजी के एक पद को अकसर दुहराया करते हैं। उसका आशय है कि जिन्दगी अब गीत की नदी की तरह बह रही हो, तब हँसना बहुत ही आसान होता है। मगर असली मर्द वह है, जो तब भी हँस सकता है, जब उसका किया हुआ हर काम गलत हो गया हो।

रामनाथ जी यह पद केवल पढ़ते ही नहीं हैं, वे उसे अक्षरशः जी रहे हैं। भगवान के रिकार्ड में उनका नाम खूबसूरत हरफों में लिखा जा रहा होगा।

आज दादाजी के साथ श्री अनिमेष दास गुप्त के घर गया। श्रीमती दास गुप्त ने बड़े प्रेम से भोजन कराया, मछली, मुर्गे और भात। दिन में खाकर विश्राम भी उन्हीं के घर में किया।

8 जून, 1972 (वाराणसी)

दिल्ली की साहित्य अकादमी ने श्री अरविन्द पर वाराणसी में एक सेमिनार आयोजित किया है। उसी में भाग लेने को आज मैं पटने से वाराणसी आया हुआ हूँ। मुगलसराय स्टेशन पर कोई लिवाने को नहीं आया था, अतएव अपनी ही अकल से टैक्सी करके वाराणसी पहुँचा। जब मैं भोजन कर रहा था, तभी महादेवी जी भी इलाहाबाद से टैक्सी से आ गईं। पन्त जी तो आज आए नहीं। शायद कल आएँगे। महादेवी जी समझती हैं, वे शायद नहीं आएँगे।

शाम को गोष्ठी नागरी प्रचारिणी सभा के हाल में हुई। गोष्ठी क्या, भरी-पूरी सभा ही थी। महादेवी जी ने जो उद्‌घाटन-भाषण दिया, वह था तो उनके अनुरूप ही, किन्तु, अरविन्द से उसका कोई सरोकार नहीं था। महादेवी जी ने अपने भाषण में कहा भी कि मैं अरविन्द की भक्त नहीं हूँ। उन्हें कहना चाहिए था, मैंने अरविन्द को पढ़ा भी नहीं है।

रात में घर पर जब हम लोग श्री रायकृष्णदास जी को घेरकर बैठे, विद्या की चर्चा आप-से-आप निकल पड़ी। रायसाहब ने बताया कि मुगलों की सेना जब राजधानी से विजय के लिए निकलती थी, तब उसके आगे-आगे गंगाजल का घट चलता था। यह प्रथा औरंगजेब के समय में भी कायम थी। राय साहब ने यह भी बताया कि यात्रा चाहे किसी भी दिशा की हो, लेकिन सेना नगर के पूरब दरवाजे से निकलती थी। उसका पहला पड़ाव भी पूर्व दिशा में ही पड़ता था। इस पड़ाव का नाम शाहदरा हुआ करता था। इसीलिए दिल्ली, लाहौर और आगरा, इन तीनों राजधानियों का शाहदरा नगर के पूरब की ओर है। पड़ाव पर ठहरकर सेना अपनी वांछित दिशा की ओर प्रस्थान करती थी।

गोष्ठी में पं. रेवाप्रसाद द्विवेदी नामक विद्वान से भेंट हुई। इन्होंने संस्कृत पाठों पर बड़ी गहराई से काम किया है, लेकिन जमे हुए विद्वान इनकी राय को मानने को तैयार नहीं हैं। ''कामार्त्ता हि प्रकृति-कृपणः चेतनाचेतनेसु'' के विषय में द्विवेदी जी का कहना है कि प्रकृति-कृपणः के स्थान पपर प्रणय-कृपणः होना चाहिए। प्रणय का अर्थ यहाँ याचना होगा और प्रसंग भी यहाँ याचना का ही चल रहा है। किन्तु, मल्लिनाथ ने चूँकि प्रणय के बदले प्रकृति लिख दिया, इसलिए सभी विद्वान प्रकृति को ही मानते हैं।

9 जून, 1972 (वाराणसी)

आज दिनभर निबन्ध-वाचन चलता रहा। यह दिखाई पड़ा कि किसी भी भाषा पर श्री अरविन्द का कोई प्रभाव नहीं पड़ा है। केवल नरेन्द्र शर्मा के निबन्ध में यह था कि श्री अरविन्द का प्रभाव पं. सुमित्रानन्दन पन्त और दिनकर पर है। नरेन्द्र जी खुद नहीं आए थे। उनका निबन्ध श्री भारत भूषण अग्रवाल ने पढ़ा।

पन्तजी वाराणसी आए नहीं और हजारीप्रसाद जी भी अपराह्न में आने से चूक गए। अतएव सेमिनार का आखिरी सत्र मेरे सभापतित्व में हुआ। प्रोफेसर गुरुवचनसिंह तालिब ने यह प्रश्न उठाया कि सावित्री भारतीय भाषा में नहीं लिखी गई, इसीलिए भारतीय भाषाओं पर उसका प्रभाव नहीं पड़ा। यह मेरे मत का समर्थन था। अतएव मैंने अपने भाषण में उनकी व्याप्तियों का विश्लेषण किया।

कल जब महादेवी जी पुस्तक-प्रदर्शनी का उद्घाटन करने गईं, उन्होंने सारे अरविन्द साहित्य को अंग्रेजी में देखकर कहा, "अरे भाई, इसको शीघ्र ही हिन्दी में करो।" मैंने कहा, "देवीजी, भगवान की भाषा अंग्रेजी हो गई है। प्रार्थना यदि अंग्रेजी में की जाए, तो वह जल्दी सुनी जाती है।"

श्री अरविन्द ने सावित्री की रचना अंग्रेजी में की, इसका मैं कोई दूरगामी प्रभाव देखता हूँ।

शाम को लायन क्लब की सभा में गया। वहाँ से महादेवी जी और मैं श्री विश्वनाथ जी के मन्दिर में गए और दर्शन करके घर लौटे।

आज सेमिनार के बाद ना. प्र. सभा के आहाते में मैथिली के वृद्ध कवि पं. सीताराम झा से भेंट हो गई। अहोभाग्य, जब मैं सीतामढ़ी में सबरजिस्ट्रार था, मेरे स्वर्गीय मित्र पं. जगदीश झा मैथिल सीताराम जी की कविताएँ मुझे खूब सुनाया करते थे। अब खांटी मैथिली सीताराम जी ही लिखते हैं। पहले कुमार गंगानन्द सिंह ने भी अगिलही उपन्यास में खांटी मैथिली का प्रयोग किया था। सीताराम जी ने अपनी कई पुस्तकें मुझे उपहार में दीं। उनमें से काव्य-षट-रस पुस्तक मुझे विशेष रूप से पसन्द आई। इसमें एक पद है, जो मुझ पर हू-ब-हू घटता है।

जे नहिं बुझथि फूस ओ साँच,
नै हित-अनहित, नै छौ-पाँच।
छन में खुसी, छनहिं में क्रुद्ध,
से कहबै छथि भितरक शुद्ध।

10 जुलाई, 1972 (वाराणसी)

मैं जरा देर से जगा। बेड टी लेने को नीचे उतरा, तब महादेवी जी इलाहाबाद जाने को तैयार थीं। मैंने कहा, अब मैं तैयार होने को ऊपर जाता हूँ। बिदा लेने को जैसे ही मैंने महादेवी जी के चरण छुए, उनकी आँखें डबडबा गईं। उनकी इस भावुकता को देखकर आँसू मेरी आँखों में भी आ गए, लेकिन मैं उन्हें छिपाकर सीधे ऊपर चला गया।

अपर इंडिया एक्सप्रेस से पटना के लिए प्रस्थान किया।

12 अगस्त से 21 अगस्त, 1972 (दिल्ली)

12 अगस्त को स्वतन्त्रता के रजत-जयन्ती-समारोह के उपलक्ष्य में आकाशवाणी ने एक हिन्दी कवि-सम्मेलन का आयोजन किया। सभापति की हैसियत से मैंने गद्य में दो-चार शब्द कहे, फिर काव्य-पाठ आरम्भ हुआ। प्रायः सभी कवियों की कविताओं में असन्तोष के भाव थे। बंगलादेश में मिली विजय का उल्लेख केवल मैंने किया था और प्रधानमन्त्री की प्रशंसा में दो-तीन पंक्तियाँ कहीं थीं, लेकिन उन पर श्रोताओं ने तालियाँ नहीं बजाई। सबसे अधिक तालियाँ भारत भूषण और सर्वेश्वर दयाल सक्सेना की कविताओं पर बजीं, क्योंकि उन कविताओं में स्वतन्त्रता और प्रचलित समाज-व्यवस्था पर आक्रोश था।

13 अगस्त को दिल्ली प्रादेशिक हिन्दी साहित्य सम्मेलन का राजभाषा-सम्मेलन विषयक समारोह हुआ। श्री भागवत झा आजाद का भाषण खूब जोशीला था। अपने अध्यक्षीय भाषण में मैंने चार सुझाव दिए। हिन्दी शिक्षण योजना राष्ट्रपति के स्तर से लागू की जाए। सन् 1968 वाले राजभाषा विधेयक में संशोधन किया जाए। हिन्दी में सुयोग्य प्रारूपकार तैयार करने के लिए ट्रेनिंग स्कूल खोले जाएँ तथा ज्ञानवान शिक्षक हिन्दी ग्रन्थ अकादमियों को सफल बनाने के लिए घोर परिश्रम करना स्वीकार करें।

14 अगस्त को तुलसी-जयन्ती मनाई गई। जगजीवन बाबू ने कहा, तुलसी दासजी ब्राह्मणवाद के समर्थन नहीं थे। राम को ब्राह्मण वशिष्ठ ने विद्या पढ़ाई थी। लेकिन उसे अयथेष्ट मानकर दशरथ ने राम और लक्ष्मण को विश्वामित्र के हवाले कर दिया।

15 अगस्त की रात में लालकिले में कवि-सम्मेलन हुआ। जनता की अपार भीड़ थी। मैंने रजत-रश्मि में से पाँच-सात पद सुनाकर छुट्टी ले ली।

16 अगस्त से लेकर 21 अगस्त तक विज्ञान भवन में साहित्य अकादमी की ओर से श्री अरविन्द पर राष्ट्रीय सेमिनार हुआ। निबन्ध एक से एक सुन्दर पढ़े गए। हैदराबाद के प्रोफेसर खुंदमीर ने बड़ा सुन्दर निबन्ध पढ़ा। दोष उसमें यह था कि

उन्होंने नीत्से और इकबाल के सुपरमैन के साथ श्री अरविन्द के सुपरमैन की तुलना की थी। मैंने जरा जोर से टोका कि यह तुलना गलत है। इकबाल का सुपरमैन नीत्से के सुपरमैन की कल्पना का अनुकरण है, किन्तु श्री अरविन्द का सुपरमैन नीत्से के सुपरमैन से बिलकुल भिन्न है। नीत्से के सुपरमैन का मूर्तिमान रूप हिटलर था, लेकिन श्री अरविन्द का सुपरमैन वह होगा, जो मन के स्तर से ऊपर उठकर अतिमन के स्तर पर पहुँच गया होगा। यह ध्यान देने की बात है कि सुपरमैन शब्द तो श्री अरविन्द से पहले प्रयोग में आ चुका था, किन्तु उस समय सुपर माइंड शब्द प्रचलन में नहीं था। श्री अरविन्द के साथ इकबाल और नीत्से एक पंक्ति में बिठाए नहीं जा सकते।

इस दिल्ली-यात्रा में पं. हजारीप्रसाद जी द्विवेदी के भाषण दो बार सुने। किसी भाषण में उन्होंने एक सूक्ति कही थी। यानी पेट्रियट उस आदमी का नाम है, जो पेट के लिए रायट करे अर्थात् उपद्रव मचाए।

12 सितम्बर, 1972 (वाराणसी)

कल शाम पटना से काशी आया हूँ। रायकृष्णदासजी का मिजाज कुछ ठीक नहीं चल रहा है। आज भोर वे बोले, "तुम्हारे आने से वायु का कोप कम हो गया और रात में नींद मुझे अच्छी आई।"

शाम को भारत कला भवन में मैथिलीशरण गुप्त और उनका युग नामक विषय पर सेमिनार हुआ, जिसमें मैंने भाषण दिया। रात में जब हम लोग रायकृष्ण दास जी के पास बैठे, श्री ज्योतिभूषण जी ने कहा, "गुप्त जी पर आपने आज जैसा उत्तम भाषण दिया, वैसा भाषण मैंने पहले नहीं सुना था। अफसोस कि यह भाषण रेकार्ड नहीं किया गया।" मैंने कहा, "भाषण में मैंने ऐसी कोई बात नहीं कही, जिसे मैंने लिखा नहीं है। मैं मैथिलीशरण के कवि रूप का भक्त हूँ।"

14 सितम्बर, 1972 (इलाहाबाद)

आज अ.भा. हिन्दी साहित्य सम्मेलन के तत्त्वावधान में हिन्दी-दिवस मनाया गया। मैंने उद्घाटन किया और मॉरिशस के हाई कमिश्नर श्री रवीन्द्र धरभरन ने सभापतित्व। भाषण में मैंने मुख्यतः वे ही चार सुझाव दिए, जो दिल्ली में दिए थे।

इलाहाबाद कल ही आया हूँ और रामावतार के पास ठहरा हुआ हूँ। आज दिन के भोजन के लिए पन्त जी के घर गया। शान्ता जी ने एक बच्ची गोद ली है। पन्त जी और शान्ता उसी बेबी को सँभालने में व्यस्त रहते हैं।

पन्त जी ने कहा, आपकी डायरी को लेकर चर्चा है। पद्मकान्त जी मालवीय मेरे

पास आए थे और कह रहे थे कि जब वे दिल्ली में आपसे मिले थे, उन्होंने आपको अहंकारी पाया था और आपके पास उन्होंने दो छन्द भी भेजे थे। मैंने कहा, "हाँ, छन्द उन्होंने भेजे थे, मगर मेरे किस व्यवहार से उन्हें मेरे अहंकार का आभास मिला, यह मुझे याद नहीं है।"

15 सितम्बर, 1972 (इलाहाबाद)

आज ओंकार शरद कहता था कि काशी में गुप्त जी पर आपने जो भाषण दिया, लोग उसकी भूरि-भूरि प्रशंसा कर रहे थे। लेकिन महादेवी जी नाराज थीं कि डायरी में आपने दद्दा के बारे में द्वेष की बातें क्यों लिख दीं। आज जब महादेवी जी के यहाँ भोजन करने गया, उन्होंने भी यह बात छेड़ दी और कहा कि दद्दा तो तुम्हें बहुत प्यार करते थे। मैंने कहा, प्यार के बीच-बीच वे कटु बातें भी मुझसे कहते रहते थे। इसीलिए उनका वह रूप भी मैंने डायरी में दर्ज कर दिया। मगर इससे उनके बड़प्पन में कमी क्या होती है?

डॉक्टर लक्ष्मीसागर वार्ष्णेय आए और अपनी कार से मुझे विश्वविद्यालय ले गए। वहाँ मैंने पहले भाषण दिया, फिर कविताएँ भी पढ़ीं। फिर वार्ष्णेय जी ही मुझे घर छोड़ गए। इतनी देर की संगति का मुझ पर प्रभाव पड़ा। वार्ष्णेय जी केवल कविता कहानी के ही विद्वान नहीं हैं। वे साहित्येतर विषय भी पढ़े हुए हैं। अच्छे चिन्तक और शीलवान पुरुष हैं।

22 सितम्बर, 1972 (सिमरिया)

कल मेरा जन्मदिन है। यह जन्मदिन मैं अपने गाँव में बिताना चाहता था, इसलिए आज सिमरिया आ गया। साथ में मेरा पोता अरविन्द भी आया है। देहात को देखकर वह खूब कौतुकी और प्रसन्न है। मेरा उद्देश्य भी यही है कि अरविन्द केवल शहरु न बने, देहात का संस्कार भी वह ले।

23 सितम्बर, 1972 (बरौनी)

श्री लक्ष्मीनारायण शर्मा मुकुर की तैयारी थी कि मेरा आज का जन्मदिन मेरे देहात में मनाया जाए। आज बरौनी के स्कूल में एक सभा हुई, जिसका सभापतित्व करने को श्री आरसी प्रसाद सिंह अपने गाँव एरौत से आए थे। सभा अच्छी हुई। मुकुर जी 'राका' नाम की एक पत्रिका निकालते हैं। आज 'राका' का दिनकर अंक मुझे भेंट किया गया। हमारे गाँव में और उसके आसपास काफी कवि और लेखक उत्पन्न हो

गए हैं। मुकुर ने एक कविता पढ़ी, जिसमें उसने सिमरिया का उल्लेख पोरबन्दर और बिस्पी के साथ किया।

25 सितम्बर, 1972 (मुजफ्फरपुर)

कल सिमरिया से पटना आया। आते ही घर में जयकिशोर जी का तार मिला। सो वर की खोज में आज मुजफ्फरपुर आ गया। लड़का देखने को सीतामढ़ी जाना था, मगर उत्साह खंडित हो गया। न जानें, पूनम का वर कहाँ है कि उसके पास मैं पहुँच नहीं पा रहा हूँ। एक वर्ष लड़का खोजते-खोजते बीत गया। हे प्रभो, अब मेरे बुढ़ापे पर दया करो। शीघ्र उस लड़के के पास ले चलो, जिसका वरण करना है।

पवनधारी के नए मकान में ठहरा हूँ। कल यहाँ अखंड रामधुन का यह पूरा हुआ है।

26 सितम्बर, 1972 (मुजफ्फरपुर)

भोजन दिग्विजय बाबू के यहाँ किया। खाकर लेटा ही था कि बेनीपुरी की बेटी प्रभा आ गई। फिर डॉक्टर श्यामनन्दन किशोर और सुरेन्द्र दीक्षित आए। वे मुझे बिहार विश्वविद्यालय के हिन्दी-विभाग में ले गए, जहाँ मैं बीस वर्ष पूर्व प्रोफेसर और विभागाध्यक्ष था। मेरा प्रेम तो उमड़ा ही, विभाग के शिक्षकों और छात्रों का भी प्रेम उमड़ पड़ा। मैं देर तक भाषण करता रहा और बहुत-सी कविताएँ भी मैंने रस लेकर सुनाईं। सभा के अध्यक्ष मेरे पुराने सहकर्मी डॉ. रामस्वार्थ चौधरी थे।

सभा से उठाकर किशोर मुझे दाता राजेन्द्र शाह की समाधि पर ले गए। वहाँ से वे मुझे अपने घर ले गए। उनकी बच्ची हिन्दी और अंग्रेजी, दोनों ही भाषाओं में कविताएँ लिखने लगी है। प्रतिभा ने अगर ठीक राह पकड़ी, तो वह अच्छी कवयित्री बन जाएगी।

रात का भोजन प्रभा के घर पर किया। वहीं बेनीपुरी के दो बेटों, देवेन्द्र और महेन्द्र से भेंट हुई। बेनीपुरी के दामाद तो कॉलेज से ही साथ थे। महन्थ जी उदार आशय के व्यक्ति हैं।

20 नवम्बर, 1972 (कानपुर)

कल से कानपुर में हूँ। दैनिक जागरण अपना रजत-जयन्ती-समारोह मना रहा है। आज जो सभा हुई, वह बहुत अच्छी थी। पं. बनारसीदास जी चतुर्वेदी से भेंट हुई। बोले, जब मैंने पटना में यह घोषणा की थी कि दिनकर जी यदि अफ्रीका में जनमे

होते, तो उनसे मिलने को मैं अफ्रीका भी जाता, तब तीन साहित्यिक मुझसे बहुत नाराज हुए थे। उन तीनों सज्जनों के उन्होंने नाम भी बताए। सभा में श्री कृष्णचन्द्र पन्त और उपमन्त्री श्री धर्मवीर भी आए हुए थे। एक ऐसे भूतपूर्व मन्त्री भी आए थे, जो राजनीति से शायद विरक्त होकर अब साहित्य में आना चाहते हैं। अपने भाषण में उन्होंने उस डंडे को खूब घुमाया जो इस सदी की तीसी में घुमाया जाता था। उन्होंने यह भी कहा कि उर्वशी नहीं लिखी जानी चाहिए।

मकई के खेत से कौओं को भगाने के लिए साहित्यकार कभी-कभी टिन भी पीटते हैं। मैं भी बहुत पीट चुका हूँ। मगर उर्वशी नहीं लिखी जाए, तो साहित्य साहित्य रह जाएगा क्या? मैंने कहा, उर्वशी लिखकर मैंने पवित्र कार्य किया है। इसे वह समझेगा, जिसने उर्वशी काव्य को समझा है।

राजेन्द्र अवस्थी ने अपने भाषण में कहा था कि जब मैं साहित्य लिखता होता हूँ, तब मुझे निःसंगता की अनुभूति होती है। इस बारीकी को राजनीतिज्ञ महोदय ने समझा नहीं। उन्होंने अवस्थी पर भी डंडा घुमाया।

प्रसंगवश मैंने यह भी कह दिया कि इस्टैब्लिशमेंट के खिलाफ लिखा गया साहित्य अधिकारियों के द्वेष का निशाना बन जाता है। मेरी 'परशुराम की प्रतीक्षा' नामक पुस्तक आगरा विश्वविद्यालय में उत्साह के साथ पढ़ाई जा रही थी, किन्तु चूँकि उसमें कांग्रेस की कुछ आलोचना थी, इसलिए यूनिवर्सिटी वालों ने उसे कोर्स से निकाल दिया। इतने में श्रोताओं के बीच से प्रो. बालमुकुन्द गुप्त खड़े हो गए और बोले कि वह पुस्तक केन्द्रीय सरकार के आदेश से हटाई गई थी। मैंने कहा, तब तो कुछ कहना ही बेकार है। सरकार मात्र साहित्यकार की स्वाधीनता को अबन्ध नहीं रहने देती है। साहित्यकार का पहला कर्तव्य यह है कि वह अपने विचार-स्वातन्त्र्य की रक्षा करे।

सभा में श्रीचन्द्रभानु गुप्त भी आए हुए थे। अपने भाषण में उन्होंने कहा कि इन्दिरा जी के नाम पर विश्वविद्यालय कायम किए जा रहे हैं, यह गलत बात है। भोजन के समय मैंने गुप्त जी से कहा, देश में रविशंकर विश्वविद्यालय भी है, अवधेश प्रताप विश्वविद्यालय भी है और अनेक मन्त्रियों ने अपने नाम पर कॉलेज भी खुलवा दिए हैं।

रात में ग्यारह अप ट्रेन में चढ़कर दिल्ली के लिए प्रस्थान किया। दुर्गा के भाई का ब्याह है। बारात उसी ट्रेन से जा रही थी। मैं भी बारात में शामिल हो गया। दुर्गा के घर के छोटे-छोटे कई बच्चे मेरे कूपे में आकर जम गए। मैं उन्हें देर तक भूतों की कहानियाँ सुनाता रहा।

21 नवम्बर, 1972 (दिल्ली)

दिल्ली भोर में पहुँचा। बारात वाले चाहते थे कि मैं भी उनके साथ मैडन होटल में

ठहरूँ, लेकिन मैंने श्री रामनिवास जाजू की गाड़ी मँगवा रखी थी। ठहरने के लिए मैं उन्हीं के घर चला गया। जाजू जी से मेरी दोस्ती उस समय शुरू हुई, जब मैं दिल्ली छोड़ रहा था। श्री रामनिवास जाजू अत्यन्त कार्यकुशल व्यक्ति हैं और साहित्यिकों के प्रति उनकी अहैतुकी प्रीति है। बुढ़ापे में भगवान ने यह बहुत भरोसे का आदमी मेरे जीवन में भेजा है। जाजू कविताएँ भी अच्छी लिखते हैं।

कई बार नई दिल्ली गया। शाम को जब बारात दरवाजे लगी, सब लोग सबसे मिलते रहे, किन्तु मैं आचार्य किशोरीदास जी वाजपेयी को लेकर बैठ गया। वे मुझे समझाते रहे कि वाल्मीकि ने जो रामायण लिखी थी, उसका नाम पौलस्त्यवध था। उसमें सीता-परित्याग और शम्बूकवध की कथाएँ थीं ही नहीं। मैंने कहा, यही मत चक्रवर्ती राजगोपालचारी ने अपनी रामायण के उपसंहार में व्यक्त किया है। राजा जी का कहना है कि नारी-जाति पर जो अत्यायार हुए, उन्हीं ही करुणा सीता-वनवास के रूप में रामायण में जुड़ गई है। असल में भगवान राम ने सीता का परित्याग नहीं किया था।

मेरा ख्याल है, रामायण में यह दूषण कालिदास के पूर्व ही समा गया होगा, क्योंकि सीता-वनवास की कथा उन्होंने रघुवंश में लिखी है।

वाजपेयी जी का विचार है कि लव और कुश भी काल्पित नाम हैं। वाल्मीकि की रामायण का गान कुशीलव करते थे। उसी नाम को किसी ने लव और कुश में बाँट दिया।

वाजपेयी जी ने जबलपुर विश्वविद्यालय में 'काव्य और काव्यशास्त्र' विषय पर जो रीडरशिप भाषण दिया है, उसमें इन सारी बातों की ओर संकेत है। वह भाषण सभी काव्यशास्त्रियों को पढ़ना चाहिए।

22 नवम्बर, 1972 (दिल्ली)

पंडारा रोड गया। वहीं भोजन किया। फिर रमा जी से मिलने गया। बच्चन अब यहाँ है नहीं। कहाँ, किससे मिलने जाऊँ? अमरनाथ सिंगापुर गए हुए हैं।

इनसुलीन खरीदने में काफी परेशानी हुई। सुमित्रा जी की पुत्रवधू को दो यमज पुत्र हुए हैं। एक तो घर आ गया है, दूसरा अभी अस्पताल में ही है।

डॉक्टर नगेन्द्र कल रात खाने पर जाजू जी के यहाँ आए हुए थे। वहीं उनसे भेंट हुई। सावित्री जी के स्वर्गवास की चर्चा हमने बड़े दुःख के साथ की।

जाजू परिवार बड़ा ही शीलवान और अतिथि-सेवी परिवार है। अगर मेरा कार्यक्षेत्र नई दिल्ली में सीमित नहीं होता, तो मैं हर ट्रिप में जाजू के ही पास ठहरता।

रात में बारह बजे डाउन एक्सप्रेस से पटना के लिए प्रस्थान किया।

23 नवम्बर, 1972 (पटना)

आज दिल्ली से लौटा, तब स्काला मैंगजीन मिली। इस अंक में इस विषय पर एक नोट है कि कोई साहित्यकार लिखता क्यों है।

गेटे ने कहा था, "लेखन का धन्धा करते हुए मैंने कभी भी अपने आपसे यह नहीं पूछा है कि जनता चाहती क्या है और किस प्रकार मैं जनता की सहायता कर सकता हूँ। बल्कि मैं तो बराबर अपने आपको पहले से अच्छा बनाता रहा हूँ, अपने व्यक्तित्व की सघनता बढ़ाता रहा हूँ। जिसे मैं शिव और सत्य मानता हूँ, उसी बात को सुन्दरता से लिखता हूँ।"

एक लेखक का मत यह है कि मैं जीने के लिए लिखता हूँ। जब मैं लिखता रहता हूँ, तब मुझे एहसास होता है कि मैं जीवित हूँ।

एक अन्य लेखक कहता है कि मेरे लिखने का उद्देश्य यह होता है कि मैं अपने भीतर के सत्य को पकड़ना चाहता हूँ।

एक लेखक यह सोचता है कि लेखक की प्रेरणा यह है कि वह कुछ सम्प्रेषित करना चाहता है, कोई बात कहना चाहता है, जो उस युग में किसी और आदमी को सूझ नहीं रही है अथवा अगर सूझी है, तो वह उसे कह नहीं पाया है या अगर कह चुका है, तो उस शैली में नहीं, जिसमें उसे कोई खास लेखक कहना चाहता है। लेकिन एक ही शैली और एक ही युग में अगर वह बात कह दी गई है, तब भी लेखक को अपनी भाषा में उसे दुहराना चाहिए। क्योंकि एक सत्य का आख्यान एक ही व्यक्ति करे, यह काफी नहीं है।

मेरी लुई ने कहा है, "आप मुझ पर तरस भले ही खाएँ, किन्तु लिखते वक्त मुझे दूसरों की चिन्ता जरूर होती है, पाठकों का ख्याल जरूर आता है।"

एक दूसरे लेखक ने लिखा है, "मैं अपने पाठकों की शान्ति भंग करना चाहता हूँ, मैं उससे कहना चाहता हूँ कि तुम सन्तुष्ट मत रहो, सोचो, चिन्ता करो, दिमाग पर जोर दो।"

किन्तु, यह पाठक कौन है? क्या लेखक उसे जानता है? गुंटर ग्रास कहते हैं, "मैं यह मानकर चलता हूँ कि मैं पाठक को नहीं जानता। कम-से-कम यह तो फिजूल बात है ही कि कोई अपने पाठक की कल्पना करके लिखे।" लगभग यही बात सिजफ्रिड लेंज ने भी कही है। "पाठक निराकार जीव है। वह नेबुला है। इस निराकार जन्तु पर आँख गड़ाकर लिखना सम्भव नहीं है। हर समय अपने पाठक का ध्यान करके लिखने से लेखक की स्वतन्त्रता मारी जाती है। मैं तो उसी बात को लिखता हूँ, जिसकी मुझे अनुभूति होती है।"

एक अन्य लेखक का मत है कि अधिकांश चीजें मैं इसलिए लिखता हूँ कि उनके लिखने में मुझे आनन्द आता है। शब्द मुझे आनन्द देते हैं, भाषा के घुमाने-फिराने में

मुझे आनन्द मिलता है। कभी-कभी तो मुझे शब्दों के साथ महज खेलने में आनन्द आता है।

नई पुस्तक की रचना नए आनन्द का भोग है, नए सत्य का अनुसन्धान है।

24 नवम्बर, 1972 (पटना)

आज कैबेंडिश होस्टल के उत्सव में जाना पड़ा। भूतपूर्व प्रिंसिपल कामता बाबू से वर्षों के बाद भेंट हुई। जब मैं बोलने लगा, मेरे मुँह से दो वाक्य तो निकले, लेकिन लगा, अब तीसरा वाक्य नहीं निकलेगा। तब मैंने पानी मँगवाया और पानी पीकर बोलने लगा और कोई पैंतीस मिनट बोल गया। सभा से लौटकर विभा के घर पर बैठा, फिर डॉक्टर रवीन्द्र के घर पर जाकर रक्तचाप की जाँच करवाई। रक्तचाप 210/110 निकला। निदान दवा खाकर घर आकर लेट गया। ब्रजभूषण और मणिभूषण फिर दो घंटे बाद डॉ. रवीन्द्र को ले आए। पता चला कि रक्तचाप उतरकर 180/90 पर आ गया है। रवीन्द्र से मैंने कहा, कल भोर मुझे अंडाल जाना है। नहीं जाने से वहाँ की जनता को निराशा होगी। रवीन्द्र ने कहा, अभी तो कामपोज खाकर सो जाइए, कल भोर में आकर फिर देखूँगा।

25 नवम्बर, 1972 (पटना)

सात बजे भोर में रवीन्द्र, ब्रजभूषण और मणि आ गए। रक्तचाप उतरकर 170/90 पर आ गया था। मैंने कहा, अब कोई बात नहीं है। अभी भी अंडाल की गाड़ी पकड़ी जा सकती है। किन्तु, रवीन्द्र और ब्रजभूषण जाने देने को तैयार नहीं हुए। निदान, नलिनी को तार भेज दिया। शाम तक लेटा ही रहा। शाम को रक्तचाप ठीक हो गया, लेकिन दिनभर पछताता रहा कि अंडाल वाले निराश हो गए होंगे और नलिनी पर आफत आ गई होगी।

मैं जब बीमार पड़ता हूँ, ब्रजभूषण बड़ी तत्परता से सेवा करता है और डॉ. रवीन्द्र तो दौड़े हुए चले जाते हैं। भगवान इस लड़के का कल्याण करें।

29 नवम्बर, 1972 (पटना)

श्री अरविन्द का विवाह अप्रैल, 1901 ई. में हुआ था, जब श्री अरविन्द की उम्र अठाईस वर्ष की थी और उनकी दुलहिन मृणालिनी देवी केवल चौदह वर्ष की थीं। श्री अरविन्द के विवाह के समय सर जगदीशचन्द्र बोस सपत्नीक उपस्थित थे। लड़की जब जीनियस से ब्याह करती है, तब उसे गृहस्थी का सामान्य सुख बहुत कम मिलता है।

पति की कीर्ति से तो आलोकित वह अवश्य होती है, किन्तु जीवन भर उसे तप करना पड़ता है, लगभग निःसंग रहना पड़ता है। परमहंस रामकृष्ण ने भी एक छोटी बच्ची से ब्याह किया था।

एक बार किसी ने श्री अरविन्द से पूछा था कि जब स्त्री की सन्त को आवश्यकता ही नहीं होती, तो फिर वे विवाह क्यों करते हैं। श्री अरविन्द ने कहा, इसलिए कि तब तक उन्हें इसका ज्ञान नहीं रहता कि जीवन में उन्हें क्या करना है। यह प्रिविजन बुद्ध को नहीं था, कनफ्यूसियस को नहीं था, मुझे भी नहीं था।

28 नवम्बर, 1972 (पटना)

श्री अरविन्द ने ऐसी कई कविताओं का अनुवाद किया है, जो अनूदित होते-होते अपने मूल से दूर चली गई हैं। इसे श्री अरविन्द दोष मानते थे और कहते थे कि इस बात में तुम लोगों को मेरा अनुकरण नहीं करना चाहिए।

29 नवम्बर, 1972 (पटना)

श्री अरविन्द मानते थे कि कवि मनीषी नहीं होता है, लॉजिकल थिंकर नहीं होता है। उसका ज्ञान विचारों में नहीं, आत्मा में बसता है। कवि वह वीर है, जो समर में गरजता है, वह माता है, जो अपने बेटे के लिए रोती है, वह वृक्ष है, जो तूफान से काँपता है, वह पुष्प है, जो सूर्य के प्रकाश में हँसता है। इन सारी स्थितियों को कवि अक्ल से नहीं समझता, आत्मा से अनुभव करता है। इसीलिए बुद्धि से लिखी गई कविताएँ उन कविताओं से हीन होती हैं, जो सीधे आत्मा से निकलती हैं।

30 नवम्बर, 1972 (पटना)

परशुराम अवतार थे, किन्तु, तभी तक, जब तक राम से उनकी भेंट नहीं हुई थी। जब वे राम से मिले, परशुराम की अवतारवाली शक्ति उन्हें छोड़कर राम में समा गई।

4 दिसम्बर, 1972 (पटना)

सुबह को इंडियन नेशन देखने में चूक हो गई। शाम को टाइम्स आव् इंडिया आया, तब यह समाचार पढ़कर हृदय बैठ गया कि कल दिल्ली में मोहन राकेश का देहान्त हो गया। हिन्दी में नई पीढ़ी के वे चोटी के लेखक माने जाते थे। बड़ी बात यह थी कि उनकी कीर्ति देश-व्यापिनी हो गई थी। मोहन राकेश, रांगनेकर और बादल

सरकार, ये अखिल भारतीय नाम थे। संगीत नाटक अकादमी के नाटक पुरस्कार को लेकर एक साल जजों में मतभेद हो गया था। तब सभी पुस्तकें मेरे पास भेजी गईं। मैंने 'आषाढ़ का एक दिन' को सर्वश्रेष्ठ ठहराया और इसी पुस्तक पर उस साल पुरस्कार दिया भी गया। उस समय अकादमी की सेक्रेटरी निर्मला जोशी थीं। पुरस्कार-समारोह में मैं मौजूद था और राकेश के बारे में कुछ बोला भी था। मंच से नीचे उतरने पर राकेश को मैंने बधाई दी। वह हँसते हुए बोला, "बधाई आपको मिलनी चाहिए।" उसे शायद किस्सा मालूम था।

राकेश कितना हंसमुख, कितना मस्त नौजवान था। किसे पता था कि वह इतनी जल्दी चला जाएगा? सारिका के संसादन को उसने साहित्य की साधना में बाधक माना था और इसलिए इतनी अच्छी नौकरी उसने छोड़ दी थी। इधर उसने नेहरू फेलोशिप प्राप्त किया था। मगर उसका काम अधूरा रह गया। आषाढ़ का एक दिन, लहरों के राजहंस और आधे अधूरे, ये तीन नाटक हिन्दी के गौरव-ग्रन्थ हैं। राकेश कुछ दिन और जीता, तो और भी नाटक हिन्दी को दे जाता। प्रसाद जी और लक्ष्मीनारायण मिश्र से कितना आगे बढ़कर उसने अपना खम्भा गाड़ा था। अब मुझे हिन्दी के नाटकों में से श्री लक्ष्मीनारायण लाल से आशा है।

भगवान राकेश की आत्मा को शान्ति दें।

5 दिसम्बर, 1972 (पटना)

अगस्त का अमेरिकन रिव्यू आज पहुँचा। एक वैज्ञानिक का मत है कि आदमी अगर पृथ्वी की सीमाओं से बाहर नहीं निकला, तो ये सीमाएँ उसे मार डालेंगी। पोल्यूशन और जनसंख्या-वृद्धि से उत्पन्न विपत्तियों से मनुष्य तभी बच सकता है, जब वह अन्य ग्रहों पर अपना आवास बना सके।

लारेन ईसले नामक एक लेखक ने इसके विरुद्ध कोई निबन्ध लिखा है। उसका कहना है कि पृथ्वी मनुष्य का विनाश नहीं करेगी। लगता है, आदमी ही धरती को जीने योग्य नहीं रहने देगा। आदमी की ताकत जिस दिशा की ओर लगनी चाहिए, उस दिशा की ओर वह लग नहीं रही है। अपरिमित धनराशि का व्यय करके और अथक परिश्रम के बाद वह सूर्यमंडल के स्पेस में थोड़ी दूर तक जा सका है। किन्तु, मनुष्य-मनुष्य के बीच जी दूरी है, उसे वह जरा भी कम नहीं कर सका है।

टेकनालॉजी का जितना ही विकास होता है, मनुष्य की अपने वातावरण को दूषित करने की शक्ति उतनी ही बढ़ती जाती है और साथ-साथ जनसंख्या भी बढ़ी जा रही है। इन दोनों संकटों से निकलने का मार्ग यह है कि आदमी उस पहली दुनिया में लौट जाए, जिससे निकलकर वह वर्तमान जगत में पहुँचा है। यह दूसरी दुनिया आदमी के दिमाग से निकली है। यह दुनिया आदमी को जितना भी आगे ले जाए,

आदमी प्रकृति से बाहर नहीं निकल सकता। सूर्यमुखी फूलों के जिस वन को लूटकर और तहस-नहस करके उसने अपना विकास किया है, उस वन में उसे फिर से वापस जाना होगा अन्यथा उसका जीना मुश्किल हो जाएगा। अगर नई दुनिया का आदमी पुरानी दुनिया में वापस पहुँच जाए, तो दोनों संसारों के योग से एक तीसरा संसार उत्पन्न हो जाएगा। तभी प्राचीन जगत के उन चिन्तकों का सपना सच होगा, जो मनुष्य नहीं, उसकी आत्मा के स्रष्टा थे और जो बराबर यह कहते आए थे कि मनुष्य को अपने आपका अतिक्रमण करना चाहिए। चीनी, भारतीय, यूनानी और यहूदी मसीहाओं की कहानी उस मनुष्य की कहानी है, जो औजारों से नहीं, आन्तरित शक्ति से विकास पाता है। औजार तो मन से ही निकले हैं। मन पर आदमी का अधिकार हो जाय, तो वह औजारों पर भी काबू पा सकता है। आदमी अपना जादूगर आप बन सकता है। उसे केवल अपने घर की राह पकड़ने की जरूरत है।

भाषा यह पश्चिम की है। किन्तु भाव यहाँ मुझे गांधी और श्री अरविन्द के भासित होते हैं। मनुष्य अगर मन पर विजय पा ले, कामनाओं को अपने अधीन कर ले, तो इतने से ही वह विज्ञान का स्वामी हो जाएगा, उसका दास नहीं रहेगा।

7 सितम्बर, 1972 (पटना)

अमेरिकन रिव्यू में एक और लेख है, जिसमें विज्ञान से उत्पन्न अभिशापों पर विचार किया गया है।

आज से कुछ दशक पूर्व तक टेकनालॉजी से होनेवाले सामाजिक परिवर्तनों की गति बहुत तेज नहीं थी और उसका असर भी थोड़े ही लोगों पर पड़ता था। इससे सहूलियत यह थी कि आदमी बदली हुई परिस्थितियों के साथ अपना मेल आसानी से बिठा सकता था। अब इन परिवर्तनों की गति बहुत तेज हो गई है और वह ज्यादा लोगों पर असर डाल रही है। इससे कठिनाई यह पैदा हो गई कि आदमी बदली हुई परिस्थितियों से मेल बिठाने में असमर्थ हो रहा है। परिवर्तन की गति अब इतनी तेज है कि बाप के तजुर्बे बेटे के किसी काम के नहीं हैं।

बालमृत्यु के आँकड़े बहुत घट गए हैं, मगर ऐसे लोगों की संख्या बहुत नहीं बढ़ी है जो पैंतालीस की उम्र को पार कर सकें। टेकनालॉजी के फैलाव से समृद्ध होनेवाले देशों में हृदय की बीमारी बढ़ती पर है, सेरेब्रल स्ट्रोक बढ़ती पर है, तरह तरह के कैंसर, आर्थराइटिस, ब्रोंकाइटिस और मानसिक रोग बढ़ती पर हैं। ये सारे रोग अब सभ्यता के रोग समझे जाते हैं।

औसतन वैज्ञानिकों और डॉक्टरों की आयु कम होने लगी है, गरचे डॉक्टरी सहायता उन्हें अधिक उपलब्ध है।

एक महादेश से तुरन्त उड़कर दूसरे महादेश में पहुँचने वाले यात्री क्लान्ति का

अनुभव करते हैं। नई जलवायु को अनुकूल बनाने में उन्हें कुछ समय लग जाता है।

मनुष्य का प्राणिक (बायोलॉजिकल) विकास इतना धीमा है कि वह तकनीकी और सामाजिक परिवर्तनों के साथ अपना मेल नहीं बिठा पाता।

आदमी भीड़ से भरे शहर में, रासायनिक धूम और तम्बाकू के धुएँ से दूषित वातावरण में, टेलीफोन, टाइपराइटर और लाउडस्पीकर के शोर में जी रहा है। उसकी स्नायुओं पर इस सब का क्या असर पड़ता होगा?

कठोर शारीरिक व्यायाम भी अब हमारे दैनिक जीवन का अंग नहीं रहा। मिट्टी के स्पर्श से दूर हो जाने के कारण मनुष्य का शरीर वह पोषण अब नहीं पा सकता, जो केवल मिट्टी के स्पर्श से प्राप्त होता है।

आदमी ऐसी भयानक भीड़ में रहने लगा है कि मन-ही-मन उसे अपनी दुनिया अलग बसा लेनी पड़ती है, अन्य मनुष्यों के साथ सम्बन्ध जोड़ने की कला वह भूल जाता है और भरी भीड़ में उसे अकेलेपन का अहसास होता है।

मनुष्य अब उसी दुनिया में रहने की आदत डाल रहा है, जिसके धूमिल आकाश कुरुप हैं, नदियों की धाराएँ दूषित हैं, घर और आँगन अपरिचित हैं, जहाँ न फूलों की गन्ध है, न पक्षियों का संगीत, न वह सिहरन और थरथराहट है, जो प्रकृति के सम्पर्क से प्राप्त होती है।

जीवन का स्तर ऊँचा करके मनुष्य ने स्वास्थ्य में भारी उन्नति की थी, किन्तु लगता है, इस उन्नति से वह अब अवनति की ओर जानेवाला है। उन्नत देशों में अब अति समृद्धि के कारण ही नए रोग समस्या बनकर उभर रहे हैं। जीवन का स्तर अगर और ऊपर उठा, तो उससे स्वास्थ्य में उन्नति नहीं होगी, शायद नए ढंग के रोग उत्पन्न होंगे।

सभ्यता किसी-न-किसी प्रकार के संकट से घिरती जा रही है, इसका अनुभव अनेक लोग करने लगे हैं। मगर किसी को भी यह मालूम नहीं है कि इस संकट का कारण क्या है और उससे बचने का क्या उपाय है।

कारण मैं भी नहीं बता सकता, लेकिन उपाय मुझे मालूम है। गांधी को पढ़ो और स्वेच्छया अमीरी का त्याग करो।

9 दिसम्बर, 1972 (साहेबगंज)

प्रिंसिपल शिव बालक राय की इच्छा थी कि उनके रिटायर होने के पूर्व मैं साहेबगंज कॉलेज एक बार और जरूर जाऊँ। सो आज साहेबगंज पहुँच गया। यहाँ पहले भी एक बार आ चुका था। उस समय द्विज जी और मैं साथ आए थे। साहेबगंज आते ही द्विज जी की याद हरी हो गई। कैसे ओजस्वी वक्ता थे। कविताएँ किस मस्ती से सुनाते थे। उनकी पंक्तियाँ कानों में गूँज गईं।

अयि, अमर शान्ति की जननि जलन,
अक्षय तेरा शृंगार रहे।
जीवन-धन-स्मृति-सा अमिट निरन्तर,
तेरा-मेरा प्यार रहे।

शिव बालक जी शुद्ध वैष्णव हैं। श्रीराम के भक्त हैं। उनका घर भी रामनाम अंकित है। रामनाम अंकित गृह, सोभा बरनि न जाए।

10 दिसम्बर, 1972 (साहेबगंज)

कल ट्रेन में कूपे बदलने की नौबत आई। मेरी घड़ी पहले कूपे में ही छूट गई। यह बात मुझे भागलपुर जाकर याद पड़ी। 'गई बहोरि गरीब निबाजू' का जाप करने लगा। दो-तीन स्टेशनों के बाद पहले कूपे वाले सज्जन ने दरवाजा खोला और घड़ी मिल गई।

आज रविवार था। अलोना भोजन अच्छा मिला।

कॉलेज में मैंने कई भाषण दिए। भोर में महर्षि रमण पर भाषण दिया। महर्षि की कृपा से वह भाषण मुझे भी अच्छा लगा।

कॉलेज के सेक्रेटरी श्री सत्यनारायण शर्मा से भेंट हुई। बड़े जी तेजस्वी और विनम्र युवक हैं। जब मैं वाइस चांसेलर था मैंने इन्हें सन्देश भेजा था कि जरा देर के लिए मुझसे मिल जाइए। किन्तु वे मिलने को नहीं आए थे। आज उनसे मिलकर बहुत खुशी हुई।

रात की गाड़ी से पटना के लिए प्रस्थान किया।

14 दिसम्बर, 1972 (पटना)

कल मुझे इलाहाबाद जाना है। आज पटना में श्री अरविन्द शतवार्षिकी-समारोह था। पांडिचेरी आश्रम से चार-पाँच साधक आए हुए थे। छोटे नारायण जी ने सभा का उद्घाटन किया और श्री अरविन्द की राष्ट्रीय सेवा को विषय बनाकर मैं भी थोड़ी देर बोला। श्री अरविन्द के पाँच स्वप्न थे : 1. भारत की स्वतन्त्रता, 2. एशिया का जागरण, 3. भारत के द्वारा विश्व में आध्यात्मिकता का प्रचार, 4. विश्वभर के मनुष्यों की एकता और पाँचवाँ अतिमानसी ज्योति का अवतरण।

15 दिसम्बर, 1972 (इलाहाबाद)

दिल्ली एक्सप्रेस से इलाहाबाद पहुँचा। स्टेशन पर कोई लिवाने को नहीं आया था। स्कूटर से रामावतार के घर पहुँचा। वहाँ पहुँच जाने पर पीठ पर ही प्रीति आई। श्री

अरविन्द समारोह इसी ने आयोजित किया है और उसी का उद्घाटन करने को मैं इलाहाबाद आया हूँ। फिर तुरन्त ही प्रोफेसर गोवर्धनराय शर्मा आए। ये दोनों मेरा स्वागत करने को स्टेशन गए हुए थे, लेकिन मेरे गलत गेट से निकलने के कारण इन लोगों से स्टेशन पर भेंट नहीं हो सकी।

शाम को पन्त जी से मिलने को उनके घर गया। गोद ली हुई बेबी के कारण घर में चहल-पहल काफी हो गई है।

फिर पन्त जी को साथ लेकर महादेवी जी के घर गया। महादेवी जी ने एक उजला कुत्ता पाल रखा है। उसका नाम है उज्ज्वल। मैंने कहा, कोष में जितने अच्छे नाम थे, उन्हें महादेवी जी ने अपने पालतू जानवरों पर खर्च कर दिया। पन्त जी बोले, ''आदमियों के लिए अच्छे नाम, अब बचे ही नहीं होंगे।''

महादेवी जी ने बताया कि उनके सिर और गरदन में दर्द का ज्वार आता है और कान उनके फटने लगते हैं। मैंने कहा, जब ऐसी हालत हो, ठीक उसी समय रक्तचाप की जाँच करवा लीजिए। रक्तचाप आने पर कानों में गर्मी मुझे भी महसूस होती है।

16 दिसम्बर, 1972 (इलाहाबाद)

दोपहर का भोजन पन्त जी के घर पर किया और वहीं विश्राम भी किया। भोजन के समय ही पहाड़ी घिंडियाल भी आ गए। उन्होंने कहा, हिन्दी में श्रेष्ठ गद्य अभी भी तैयार नहीं हुआ है। प्रेमचन्द ने जो नेतृत्व दिया, वह ओजस्वी गद्य का नेतृत्व नहीं था। मैंने कहा, ''लेकिन अमृतराय जो गद्य लिख रहे हैं, वह मुझे काफी प्राणवान मालूम होता है।'' पहाड़ी जी ने कहा, ''वही तो। जब उपभाषाओं के मुहावरे हिन्दी में खपेंगे, तभी श्रेष्ठ गद्य हमें नसीब होगा।''

तीन बजे के लगभग शान्ता के साथ पन्त जी और मैं विश्वविद्यालय के दर्शन-विभाग में गए। सभा में खूब भीड़ थी। मुझे दर्शन-परिषद् का उद्घाटन करना था, सो श्री अरविन्द के जीवन-पक्ष पर बोलकर मैंने परिषद् का उद्घाटन किया। फिर लड़कों ने कविता सुनाने का आग्रह किया। मैंने अपनी व्याल-विजय नामक कविता कुछ थोड़ी व्याख्या के साथ सुनाई। अन्त में पन्त जी ने भी दो-चार शब्द कहे।

विश्वविद्यालय से हम लोग चाय पीकर हिन्दुस्तानी एकेडमी गए। यहाँ श्री अरविन्द का शताब्दी-समारोह था। इसी समारोह के लिए मैं मुख्य रूप से आया हुआ था। इस समारोह की अध्यक्षा श्रीमती महादेवी वर्मा थीं। मुझे मुख्य अतिथि के रूप में उद्घाटन भाषण देना था। श्री अरविन्द पर ही बोलकर मैं विश्वविद्यालय से आया था। अतएव यहाँ श्री अरविन्द के दर्शन-पक्ष पर बोला।

समारोह के बाद यहाँ भी चाय की व्यवस्था थी। मैं चाय पीकर उत्तर प्रदेशीय हिन्दी साहित्य सम्मेलन के अधिवेशन में चला गया। जब मैं वहाँ पहुँचा, वहाँ धन्यवाद

ज्ञापन का कार्य चल रहा था। फिर सभा के समापन के लिए राष्ट्रगान हुआ। उसके बाद डॉक्टर हरवंशलाल ने घोषणा कर दी कि अब दिनकर जी कुछ बोलने की कृपा करें। मैंने उससे कहा, "यह आपने क्या किया? राष्ट्रगान के बाद सभा समाप्त हो जानी चाहिए।" लेकिन उन्होंने माना नहीं। मुझे दो-चार बातें बोलनी ही पड़ीं।

सभा में पं. हजारीप्रसाद द्विवेदी, प्रो. शेरसिंह, पं. इलाचन्द्र जोशी, श्री अमृतलाल नागर, डॉ. जगदीश गुप्त, आदि मित्रों से भेंट हो गई, जो अतिरिक्त लाभ रहा। जगदीश ने कहा, हरवंशलाल जी के लाख कहने पर भी राष्ट्रगान के बाद आपको नहीं बोलना था।

हिन्दुस्तानी एकेडमी वाली सभा के बाद जस्टिस शुक्ल मुझे और डॉ. जगदीश गुप्त को अपने घर ले गए। वहाँ चायपान के साथ कुछ थोड़ा काव्य-पाठ भी हुआ। डॉ. जगदीश गुप्त ने हिमालय पर कई छोटी-छोटी कविताएँ सुनाईं, जो काफी अच्छी थीं।

17 दिसम्बर, 1972 (इटावा)

इलाहाबाद से कालका मेल से चला और इटावा तीन बजे दिन में पहुँचा। श्री प्रेमशंकर गुप्त, प्रो. उदयप्रताप तथा झुंड के झुंड नौजवान स्टेशन पर उपस्थित थे। ठहराने के लिए लोग मुझे किसी पुराने रईस के घर ले गए, जो उलाव के राजाजी (श्री चन्द्रचूड़देव) के सम्बन्धी निकले। घरवालों से मिलकर बड़ा आनन्द आया। कवि-सम्मेलन में बहुत-से कवियों से भेंट हुई। बालकवि वैरागी ने कहा कि अपनी डायरी में आपने मेरी जो प्रशंसा लिखी, उससे मेरे मित्रों को बहुत खुशी हुई है। बधाई के कई सौ पत्र मुझे मिले हैं और धन्यवाद भेजने में पोस्टेज का खर्च भी काफी पड़ा है। कवि लगभग दो दर्जन आए हुए थे। मेरी आदत यह है कि कवियों का पहला राउंड काव्यपाठ सुनकर मैं अपनी कविता सुनाता हूँ और तब सभा से उठ जाता हूँ। इस व्रत का पालन करते-करते आज रात के दो बज गए। नींद की गोली खाकर सोना पड़ा।

18 दिसम्बर, 1972 (दिल्ली)

बड़ा ही दुर्भाग्यपूर्ण दिन। जब स्टेशन जाने को तैयार हुआ, एक देवीजी (नाम शायद पुष्पा शर्मा है) आ गईं। इन्होंने हिन्दी साहित्य में धर्म का स्वरूप, इस विषय पर पी-एच.डी. की है और मेरी पुस्तक 'संस्कृति के चार अध्याय' ध्यान से पढ़ी है। वे हठ करने लगीं कि आज आप मत जाइए। मैंने कहा, आज तो जाने दो, फिर कभी आते-जाते तुम्हारे घर ठहर जाऊँगा। लेकिन दिल्ली पहुँचकर पछता रहा हूँ कि उस देवी की बात मान लेता, तो एक विपद से बच जाता। विपद यह हुई कि नई दिल्ली

स्टेशन पर उतरते समय मेरा बटुआ और ओवरकोट, दोनों ट्रेन में ही छूट गए। ओवरकोट लेकर मैं इटावे में ट्रेन में चढ़ा था या नहीं, यह बात भी याद नहीं है। स्टेशन में बहुत-से लोग गाड़ी में मुझे चढ़ाने आए थे। क्या पता, ओवरकोट मेरे हाथ में नहीं, किसी और के हाथ में रहा हो। पुल पर से लौटकर ट्रेन में काफी तलाश की, मगर चीजें नहीं मिलीं। फिर स्टेशन में जाकर मैंने रपट लिखवाई और तब निराश होकर मैं घर चला आया। पूजा के समय भगवान रामचन्द्र से बड़ी प्रार्थना की कि बटुआ मुझे लाकर दे दीजिए। फिर सोचने लगा कि बटुए की खोज किस तरह की जा सकती है। रेल के डिब्बे में हम तीन आदमी थे। एक कोई सिक्ख नौजवान था, जिसने मुझे पहचाना नहीं होगा। लेकिन जो व्यक्ति मेरे बर्थ पर था, वह मुझे पहचान गया था, ऐसा मेरा अनुमान हुआ। मगर मैंने उसका नाम नहीं पूछा था। उसके मुख से निकली हुई केवल एक बात मुझे याद पड़ी। "ट्रेन तो मेरी छूट गई। अब कल भोर की गाड़ी से मुझे बड़ौदा जाना होगा।" अतः प्रेरणा हुई कि कल भोर बड़ौदा वाली ट्रेन में जाकर मुझे उस नौजवान से मुलाकात करनी चाहिए।

सुमित्रा जी ने मुझे उदास देखकर कहा, "आप फिक्र क्यों करते हैं? आप अपने ही घर में हैं।" मगर अपने घर में भी रुपए खोकर लौटने पर शर्म तो होती ही है, पश्चात्ताप तो होता ही है। सो उसी मनोदशा से जूझता हुआ मैं कामपोज खाकर सो गया।

19 दिसम्बर, 1972 (दिल्ली)

प्रार्थनाएँ सुनी जाती हैं और चमत्कार अब भी होते हैं। इन्दर सिंह ड्राइवर को लेकर मैं नई दिल्ली स्टेशन आठ बजे भोर से पेशतर पहुँच गया और जिस प्लेटफार्म पर बड़ौदावाली ट्रेन आनेवाली थी, उस पर हर यात्री का चेहरा पहचानते हुए घूमने लगा। लेकिन लाख कोशिश करने पर भी उस नौजवान का चेहरा याद नहीं आया, जिसके साथ कल मैं इटावे से आया था। तब मैं इस विश्वास के साथ भीड़ में घूमने लगा कि अगर आदमी सच्चा होगा, तो वही मुझे पहचान लेगा। और यही बात सच हो गई। वह नौजवान मुझे मिल गया और उसी ने कहा, "अरे, कल आपका पर्स छूट गया। उसे मैं अपने घर गुड़गाँव विलेज में छोड़ आया हूँ। बड़ौदा से लौटकर दिल्ली में कहीं से आपका पता लेकर उसे मैं पार्सल से आपको भेजने वाला था।" मेरी जान में जान आई। उस लड़के को आशीर्वाद देते हुए मैंने कहा, "जुग-जुग जियो प्यारे। मगर अब तुम अपने घर के नाम मुझे एक पत्र दे दो। मैं तुम्हारे घर जाकर बटुआ अभी ले आऊँगा।" उस युवक ने अपने पिता श्री देवकराम जनगिरा के नाम से पत्र लिख दिया। मैं पत्र लेकर गुड़गाँव दौड़ा और बड़ी खोज-ढूँढ़ के बाद श्री देवकराम जी से मिल सका। उन्होंने हवेली के भीतर जाकर पर्स लाकर मेरे हाथ में धर दिया। इस

धर्मात्मा परिवार के किसी बच्चे ने भी पर्स को खोलकर देखने की कोशिश नहीं की थी। उसके भीतर एक हजार अस्सी रुपए ज्यों-के-त्यों मौजूद थे। इस परिवार के प्रति मैं श्रद्धा से नतमस्तक हो गया। जिस युवक को ट्रेन में मेरा बटुआ मिला था, उसका नाम श्री नन्दकिशोर जनगिरा है। यह अभी सिक्कम के किसी प्रशिक्षण विद्यालय में प्रिंसिपल हैं। अपने चरित्र और परिश्रम के बल से वह ऊँचा उठा है। भगवान उसे और भी ऊँचा उठाए, वह प्रार्थना हृदय से निकलती है।

शाम को शिवसागर के साथ इंडियन मेडिकल इंस्टीट्यूट गया और राजेश्वर को देखा। रोग का पता चल गया है। वह थायरड में है।

20 दिसम्बर, 1972 (दिल्ली)

आज शाम को केन्द्रीय हिन्दी समिति की बैठक प्रधानमन्त्री की अध्यक्षता में संसद भवन में हुई। एजेंडा भारी था और किसी भी सदस्य ने उसे पढ़ा नहीं था, अतएव बैठक में सामान्य चर्चाएँ हो चलीं। प्रधानमन्त्री कोई डेढ़ घंटे तक सभा में बैठीं।

सभा से उठकर गंगा और मैं श्री श्रेयांस प्रसाद जी जैन के घर गए। श्रेयांस जी की एक पोती का आज फलदान चढ़ा है। भगवान अब ऐसी कृपा करें कि मैं भी शीघ्र ही अपनी पोती का फलदान चढ़ा दूँ।

21 दिसम्बर, 1972 (दिल्ली)

गंगा ब्रिज के कारण मेरे गाँव में पानी के निकास और यातायात में जो रुकावट आ गई है, उस मसले को लेकर रेलमन्त्री श्री टी.ए. पाई से उनके दफ्तर में मिला। उन्होंने चाहा कि मेरी बात बोर्ड के चेयरमैन की मौजूदगी में हों, तो काम जल्दी आगे बढ़े, मगर बालिगा मिले नहीं। अतएव मन्त्री जी को ही बातें समझा-बुझाकर मैं घर आ गया और घर से एक पत्र उन्हें भेज दिया।

अमरनाथ चाहते हैं कि 'दिनकर के गीत' का एक सजिल्द संस्करण भी निकले और उसके लिए मैं एक भूमिका भी लिख दूँ।

कल साहित्य अकादमी के आहाते में गया था। ऊपर चढ़कर दफ्तर नहीं जा सका। नीचे ही भारत भूषण और क्षेमचन्द्र सुमन, इन दो मित्रों से भेंट हो गई। भारत भूषण ने कहा, यहाँ अफवाह है कि आप फिर दिल्ली लाए जानेवाले हैं। मैंने कहा, मुझे कुछ भी, मालूम नहीं है। मगर रोजी का प्रबन्ध हो, तो दिल्ली आना अच्छा ही होगा। ऐसे भी, दिल्ली के घाट का नाम निगमबोध घाट है, पटना में घाट का नाम बाँस घाट है। कवित्व और अध्यात्म तो निगमबोध में ही है।

आज रात को भोजन भूतपूर्व गवर्नर श्री धर्मवीर जी के घर में हुआ। पार्टी थी।

कई लोग आए हुए थे। वहीं भूतपूर्व गवर्नर विष्णु सहाय भी मिले। उनकी मिसेज से देर तक गप होती रही।

22 दिसम्बर, 1972 (दिल्ली)

चरतराम जी के निश्छल, हार्दिक प्रेम का स्वाद खूब पा रहा हूँ। सुमित्रा जी से उऋण होना मुश्किल है। जीवन में जब अवसाद छाता है, तब भी भगवान कृपा की नई-नई किरणें भेजते ही रहते हैं। जी में आता है कि अमुक को रश्मिरथी की दो लाइनें लिखकर डाक से भेज दूँ।

पर तुमने जब पत्थर का किया कलेजा,
असली माता के पास भाग्य ले भेजा।

कल श्री उमाशंकर जोशी से फोन पर देर तक बात हुई थी। आज उनसे मिलने को संसद-भवन गया। वे कल पी.ई.एन. के जलसे की सदारत के लिए चंडीगढ़ जाएँगे।

शाम को सब सामान समेटकर पंडारा रोड गया। वहीं शिवसागर के यहाँ कुछ खाया और फिर कमल और इन्दुभूषण मुझे स्टेशन छोड़ने आए। ए.सी.सी. में मेरा बर्थ ऊपर का था। स्टेशन मास्टर ने कोई सुयोग देखकर मुझे नीचे का बर्थ दिलवा दिया।

29 दिसम्बर, 1972 (पटना)

पूनम के लिए वर खोजने का काम जारी है। आज इसी उद्देश्य से मोटर से शिवकुंड गया और आज ही लौट आया। प्रो. परमेश्वर प्रसाद शर्मा नहीं मिले, न उनका पुत्र विश्वमोहन घर पर मिला।

पटना पहुँचकर इंडियन नेशन में राजा जी पर सम्पादकीय पढ़ा। इतनी अच्छी श्रद्धांजलि किसी भी अखबार के सम्पादकीय में नहीं आई है। चक्रवर्ती राजा गोपालाचारी का शरीरान्त पच्चीस दिसम्बर की शाम को हुआ। इनके देहान्त के साथ आधुनिक राजनीतिक का अपने ढंग का सबसे बड़ा आदमी चला गया। इंडियन नेशन के सम्पादक श्री दीनानाथ झा ने लिखा है, "वे एक साथ ज्ञानी भी थे और निर्भीक भी, उनके समान कल्पनाशील कोई नहीं था, न उनके समान कोई व्यवहार-कुशल था। वे एक साथ प्रशासक भी थे और सन्त भी, कट्टर भी थे और उदार भी।"

अमेरिका के राष्ट्रपति निक्सन ने कहा है, "पीपुल आव् गुड विल एवरीह्वेयर विल मिस हिज जेंटिल विजडम।"

राजा जी का अन्तर्मन पूर्ण रूप से निर्मल और निर्दोष था। मद्रास में सुनी हुई एक कहानी याद आती है। राजा जी के यहाँ एक दाई काम करती थी। एक दिन राजा

जी को भोजन कराते समय उसने कहा, "अगर अमुक व्यक्ति को आप टेलीफोन पर कुछ कह दें, तो मेरे बेटे की तरक्की हो जाए।" राजा जी उस समय कुछ नहीं बोले। शाम को उन्होंने दाई का महीनेभर का वेतन उसके हाथ में रख दिया और कहा कि "कल से तुम मेरे घर में काम नहीं करोगी।"

शिक्षा यह निकलती है कि जो व्यक्ति पूर्ण रूप से निर्भीक होकर बोलना और जीना चाहेगा, उसे छोटी-छोटी बातों में भी सतर्क रहना होगा। खुद शीशे के मकान में रहकर हम दूसरों पर ढेले नहीं फेंक सकते।

गवर्नर जनरल का पद छोड़ने के बाद राजा जी हिन्दी के उग्रतम विरोधी हो गए थे। फिर भी वे कहते थे कि मैं कांसिसटेंट हूँ। भारत के प्रत्येक निवासी को चाहिए कि वह हिन्दी सीखे। लेकिन हिन्दी कानून के बल से नहीं चलाई जानी चाहिए।

अनेक अप्रिय और बदनाम बातों का खुला समर्थन उन्होंने वीरता से किया था। सारी वर्किंग कमेटी क्रिप्स के प्रस्तावों के खिलाफ थी, लेकिन राजा जी उन प्रस्तावों के पक्ष में थे। कांग्रेस युद्ध का विरोधी बन गई थी, लेकिन राजा जी मित्र राष्ट्रों के साथ थे। और जब लीगी मुसलमानों ने पाकिस्तान बनाने के लिए आन्दोलन आरम्भ किया, सबसे पहले राजा जी ने ही देश को यह सलाह दी थी कि मुसलमानों की माँग स्वीकार कर ली जाए। इन तीनों बातों को लेकर उन दिनों देशभर में राजा जी की बहुत निन्दा हुई थी। लेकिन राजा जी टस से मस नहीं हुए। मेरा ख्याल है, इतिहास अब इस नतीजे पर आ गया है कि इन बातों में राजा जी गलत ही थे, यह बात जोर से नहीं कही जा सकती।

विरोधों की कुछ भी परवाह किए बिना अपने विचार का प्रचार करते जाना, यह राजा जी का विशिष्ट गुण था। इस प्रसंग में एक कहानी मैंने स्वर्गीय अभिनेता पृथ्वीराज कपूर से सुनी थी। जिन दिनों देश में राजा जी की भयानक निन्दा चल रही थी, राजा जी एक दिन बम्बई की एक सभा में बोलने को गए। वे जैसे ही खड़े हुए, किसी लड़के ने कोलतार का एक गोला फेंका, जो सीधे राजा जी के चेहरे पर जा पड़ा। सभा में खलबली मच गई, लेकिन राजा जी जरा भी विचलित नहीं हुए। उलटे, उनके मुख से निकला, "ब्रेभो, ह्वाट ए मार्कमैनशिप।" और तब सभा में उन्होंने अपना पूरा भाषण बड़े धैर्य के साथ दिया। कायर कहलाकर भी अपने विश्वास पर कायम रहना, यह अद्‌भुत वीरता है।

स्वर्गीय श्रीप्रकाश जी राजा जी के भारी प्रशंसक थे। उन्होंने ही सन् 1952 ई. में राजा जी को मद्रास का मुख्यमन्त्री होने को बाध्य किया था। उस समय मद्रास असेम्बली में कम्युनिस्टों का काफी जोर था। राजा जी जब मुख्यमन्त्री हुए, उन्होंने पहले ही दिन कम्युनिस्टों को सम्बोधित करते हुए कहा, "मेरे नटखट बच्चों, तुम मेरे दुश्मन नम्बर एक हो और मैं तुम्हारा दुश्मन नम्बर एक हूँ। ए से जेड तक तुम्हारे प्रति मेरी यही नीति है।"

जब पंडित जी का देहान्त हुआ, श्रीप्रकाश जी ने मुझसे कहा था कि अगर राजा जी को आज भी देश का प्रधानमन्त्री बना दिया जाए। तो वे देश का कालिब बदल सकते हैं।

सन् 1956 ई. में जब राजभाषा आयोग मद्रास गया था, तब उसके समक्ष गवाही देने को राजाजी भी आए थे। उसी यात्रा में पं. बालकृष्ण शर्मा नवीन के साथ मैं राजाजी से मिलने को उनके घर पर गया था। उस समय उनके सामने वाल्मीकि रामायण की पोथी खुली थी। मैंने पूछा, ''क्या पढ़ रहे हैं श्रीमान्?'' राजा जी ने कहा, ''क्यों, मैं रामायण पढ़ रहा हूँ। और कोई किताब मैं क्यों पढ़ूँ?''

उस समय राज्यों के पुनः संगठन का भी आन्दोलन चल रहा था। राजा जी ने कहा, जब दिल्ली आओ, प्रधानमन्त्री से कहो कि भाषावार प्रान्त बनाने की नीति छोड़ दें।

मैंने निवेदन किया, ''हमारे कहने से वे यह काम नहीं छोड़ेंगे। ऐसा कीजिए कि आप हमें एक पत्र दे दीजिए। उसका सहारा लेकर हम पंडितजी से बात कर सकते हैं।''

राजा जी ने कहा, ''पत्राचार से यह मसला नहीं सुलझेगा। पहला प्रश्न, दूसरा प्रश्न, तीसरा और चौथा प्रश्न। मैं पत्र कहाँ तक लिखूँगा? और दिल्ली जाकर समझाने का सुयोग मुझे है नहीं।''

मैंने कहा, ''तो फिर हमीं पंडित जी से जाकर कह देते हैं कि राजा जी ने आपको याद किया है। मेरा खयाल है, वे तुरन्त आपसे मिलने को मद्रास आ जाएँगे।''

इस पर राजा जी हाहाकार कर उठे, ''अरे, नहीं, नहीं, यह काम तुम मत करना। मेरी बात कौन सुनता है? एंड नाउ यू हैव गाट द हेविएष्ट यसमैन इन डेलही।''

चोट पं. गोविन्द वल्लभ पन्त पर थी, यह समझकर हर लोग खूब हँसे। इस पर राजा जी ने भी हँसते हुए कहा, ''नाउ डोंट कैरी दिस जोक टू डेलही।''

राजा जी का दिमाग हर वक्त ताजा रहता था और मजाक उनके बड़े ही तीखे और सटीक होते थे।

मेरा खयाल है, राजाजी के समान तेजस्वी, बुद्धिमान, कर्मठ और निर्भीक पुरुष कभी-कभी ही जन्म लेते हैं।

राजाजी की कीर्ति तो दिगंतव्यापिनी रही, किन्तु एक बार उन्होंने कहीं लिखा था कि याद मैं इसलिए किया जाऊँगा कि तमिल भाषा की मैंने थोड़ी बहुत सेवा की है।

25 दिसम्बर की शाम को राजा जी की मृत्यु की घोषणा करते हुए डॉक्टर ने मद्रास में जो विज्ञप्ति निकाली, वह विज्ञप्ति नहीं, लिरिक थी।

''कमजोर, सादे और अत्यन्त पराक्रमशील, समर्थ पुरुष, हमारे प्यारे सन्त, द्रष्टा, प्राचीन ज्ञान के ऋषि, सत्य के अन्वेषी, वैयक्तिक स्वतन्त्रता के प्रेमी, हमारे परम प्रिय नेता राजा जी ने इस ग्रह पर अपनी महान यात्रा पूरी कर दी।''

यही विज्ञप्ति राजाजी के प्रति सबसे बड़ी श्रद्धांजलि है।

29 दिसम्बर, 1972 (पटना)

अखिल भारतीय विद्यार्थी परिषद् का बीसवाँ अधिवेशन स्टेडियम में आरम्भ हुआ। मैंने स्वागताध्यक्ष की हैसियत से भाषण दिया और डॉक्टर दुक्खन राम ने सभा का उद्घाटन किया। दिल्ली में पं. अटल बिहारी वाजपेयी से भेंट हुई थी, तब उन्होंने कहा था कि विद्यार्थी परिषद् से जनसंघ का कोई सम्बन्ध नहीं है। लेकिन आज की सभा में मुझे कई ऐसे लोग दिखाई पड़े, जो जनसंघ के समर्थक हैं। लेकिन विद्यार्थी-परिषद् का उत्साह और अनुशासन देखकर चित्त प्रसन्न हो गया। इस अधिवेशन में देश के कोने-कोने से विद्यार्थी आए हुए थे। तीन तो अरुणाचल से आए हुए थे, जिन्होंने मेरे साथ फोटो खिंचवाया। लोग चाहे जिस विचार या धर्म के हों, अगर वे देश के कोने-कोने से आकर एक मंच पर एकत्र होते हैं, तो वह मंच तीर्थ बन जाता है। भारत जिस दौर से गुजर रहा है, उसमें ऐसे सारे मंच एकता के तीर्थ हैं, चाहे वे मंच साहित्य के हों अथवा राजनीति के।

31 दिसम्बर, 1972 (पटना)

आज वर्ष का अन्तिम दिन है। अब तक भी पूनम का वर नहीं मिला। हे बहत्तर, जाते समय तिहत्तर के कानों में कह देना कि वह पूनम के होनेवाले वर तक मुझे पहुँचा दे।

मन को शान्त करने की शक्ति सबसे बड़ी शक्ति है। बड़ी कविता का जन्म तब होता है, जब मन का यन्त्र निश्चेष्ट होकर पड़ जाता है। सुना है, बड़े-बड़े आविष्कार भी मन की इसी निश्चल दशा में हुए हैं। सोचने की शक्ति बहुत बड़ा वरदान है, किन्तु न सोचने की शक्ति उससे भी बड़ा वरदान है। मन को स्वच्छ रखने का भी तरीका यही है कि मन को सोचने से रोक लिया जाए। योग कुछ करने का नाम नहीं है, वह केवल होने का नाम है यानी केवल बींग, बिकमिंग नहीं। मन के शान्त होने पर ही बींग की स्थिति आती है, वह भूमि आती है, जो किसी की नहीं है। श्री अरविन्दः शरणं मम।

परिशिष्ट

भूमिका

अपने समकालीनों की चर्चा करना बहुत ही नाजुक काम है, मगर यह चर्चा लेखक के लिए सुखद भी होती है। स्वर्गीय डॉक्टर काशीप्रसाद जायसवाल को अपना समकालीन मानने में कुछ संकोच होता है, मगर बात तो सच है कि कुछ दिनों के लिए वे हमारे भी समकालीन थे। इसी प्रकार डॉक्टर राजेन्द्र प्रसाद और राहुल सांकृत्यायन तथा टंडन जी भी हमारे समकालीन थे।

मित्रों और समकालीन महापुरुषों ने मेरे हृदय पर जो छाप डाली, मैंने उसी का विवरण लिखा है। अधिकांश संस्मरणों में अन्तरंगता की झलक मिलेगी, मगर कुछ में थोड़ी विवेचना भी आ गयी है।

अगर पाठकों को ये संस्मरण पसन्द आए, तो समझूँगा कि मेरा प्रयास सार्थक है।

—रामधारी सिंह दिनकर

नई दिल्ली
जुलाई, सन् 1969 ई.

(संस्मरण और श्रद्धांजलियाँ)

निवेदन

अपने यौवन-काल में पंडित जवाहरलाल नेहरू युवक-हृदय-सम्राट कहे जाते थे। बाद को चलकर हम उन्हें जनता का हृदय-सम्राट कहने लगे। किन्तु उनका असली स्वरूप उनके स्वर्गारोहण के बाद प्रकट हुआ। जब विनोबाजी उन्हें अपनी श्रद्धांजलि अर्पित करने लगे, उन्होंने जवाहरलालजी को 'लोकदेव' के नाम से अभिहित किया। यही कारण हुआ कि इस छोटी-सी पुस्तक का नाम मैंने 'लोकदेव नेहरू' रखना पसन्द किया। पंडितजी, सचमुच ही, भारतीय जनता के देवता थे।

जैसे परमहंस रामकृष्णदेव की कथा चलाए बिना स्वामी विवेकानन्द का प्रसंग पूरा नहीं हो पाता, वैसे ही गांधीजी की कथा चलाए बिना जवाहरलालजी का प्रसंग अधूरा छूट जाता है। इसीलिए एक लम्बे विवरण में मैंने यह समझाने की कोशिश की है कि इन दो महापुरुषों के पारस्परिक सम्बन्ध कैसे थे और गांधीजी के दर्पण में जवाहरलालजी का रूप कैसा दिखाई देता है।

गांधीजी और जवाहरलालजी के प्रसंग में स्तालिन की चर्चा, वैसे बिलकुल बेतुकी-सी लगती है। मगर पंडितजी के जीवन-काल में छिपे-छिपे यह कानाफूसी भी चलती थी कि पंडितजी के भीतर तानाशाही की भी थोड़ी-बहुत प्रवृत्ति है। इस शंका की परीक्षा करने के लिए ही मैंने एक दिन, कौतुकवश, स्तालिन का आइना जवाहरलालजी के सामने कर दिया।

सब मिलाकर यह पुस्तक पंडितजी के प्रति मेरी विनम्र श्रद्धांजलि है।

पटना,

—रामधारीसिंह दिनकर

24-5-1965

(लोकदेव नेहरू)

द्वितीय संस्करण की भूमिका

'लोकदेव नेहरू' के इस द्वितीय संस्करण में संशोधन कम, परिवर्द्धन अधिक किया गया है। प्रथम संस्करण में जिस अध्याय का नाम 'स्तालिन और जवाहरलाल' था, द्वितीय संस्करण में उसका नाम 'क्या वे तानाशाह थे?' कर दिया गया है। परिवर्द्धन के सबसे प्रमुख अंग दो नए अध्याय हैं, जो क्रमशः 'पंडित जी का जीवन-दर्शन' तथा 'पंडित जी और भारतीय एकता' के नाम से पुस्तक के अन्त में जोड़े गए हैं। मेरा खयाल है, यह पुस्तक अब पहले की अपेक्षा अधिक उपयोगी और पठनीय हो गई है।

1 नवम्बर, 1967 ई. —रामधारी सिंह 'दिनकर'

(लोकदेव नेहरू)

भूमिका

दैनिकी के लिए अंग्रेजी में दो शब्द हैं, डायरी और जर्नल। डायरी वह चीज है, जो रोज लिखी जाती है और जिसमें घोर रूप से वैयक्तिक बातें भी लिखी जा सकती हैं। बहुत-से महापुरुषों की डायरियाँ प्रकाशित हुई हैं, जिनमें से लज्जा या कलंक की बातें काटकर निकाल दी गई हैं। मगर जर्नल के लिए यह जरूरी नहीं है कि वह रोज लिखा जाए। वैयक्तिक बातें जर्नल में भी लिखी जा सकती हैं। लेकिन मैंने जो जर्नल देखे हैं, उनमें वैयक्तिक बातें बहुत वैयक्तिक नहीं हैं। उनमें विचार हैं, भावनाएँ हैं और कहीं-कहीं टिप्पणियाँ या संक्षिप्त लेख भी हैं।

मैं जो डायरी प्रकाशित कर रहा हूँ, वह डायरी और जर्नल, दोनों का मिश्रण है।

जब से मैं दिल्ली रहने लगा था, तब से अगर मैंने नियमित रूप से अथवा मुख्य घटनाओं की भी डायरी लिखी होती, तो वह साहित्य और इतिहास की दृष्टि से काम की चीज हो जाती। किन्तु विधिवत् डायरी लिखना मैंने सन् 1961 से आरम्भ किया। फिर 1964 और 1965 में वाइस चांसलरी में फँस जाने के कारण डायरी लिखने का काम प्रायः अवरुद्ध ही हो गया। बुरा यह हुआ कि जो डायरियाँ मैंने लिखी थीं, उनमें से भी दो-एक कॉपियाँ खो गईं।

गर्मी तो दिल्ली में भी खूब तेज पड़ती हैं, लेकिन पटने की गर्मी की अपनी अहमियत है। दिल्ली के अखबारों में भी मौत की खबरें उन्हीं की छपती हैं, जो पटने या बिहार में लू की चपेट से मरते हैं।

पिछले साल गर्मी काटने के लिए ही मैंने डायरी की जिल्दों को उलटना- पलटना शुरू किया था। तभी मन में यह भाव आया कि अपनी डायरी की एक जिल्द प्रकाशित कर दूँ, तो वह कोई गलत काम नहीं होगा। यह भाव मन में आते ही मैंने लाल कलम से डायरी में निशान लगाना शुरू किया। यह पैरा यहाँ रहेगा, यह पैरा छोड़ दो, यहाँ वह कविता डाल दो, जिसका जिक्र है, इत्यादि।

मगर इस तरह से सम्पादित डायरी की कोई सिलसिलेवार नकल कर दे, तभी तो वह टंकण को दी जा सकती है। यह काम बड़ा ही कठिन हो गया। आज के ग्रैजुएट लड़के नकल का भी काम नहीं कर सकते। ऐसे में मेरे परम मित्र पंडित प्रफुल्लचन्द्र ओझा मुक्त के सुपुत्र श्री आनन्दवर्धन ओझा मेरे काम आए। नकल करना, नकल की

हुई चीजों को शुद्ध करना और उनका सिलसिला बिठाना, यह सारा काम आनन्दवर्धन ने ही किया। अतएव औपचारिकता का संकोच छोड़कर मैं उन्हें धन्यवाद और धन्यवाद से भी अधिक आशीर्वाद देता हूँ।

मगर जो डायरियाँ खो जाने से बच रही हैं, उनका सार क्या केवल उतना ही है, जितना इस जिल्द में जा रहा है?

मैं न गांधी हूँ, न रवीन्द्र, जिनका उठना-बैठना, बोलना-चालना, सब कुछ महत्त्व रखता हो। बहुत-सी चीजें तो इसी दृष्टि से छाँट दी गईं। कुछ ऐसी बातों को भी पुस्तक में जाने से मैंने रोक लिया है, जिन्हें प्रकाशित करने के साहस का मुझमें अभाव है। ऐसी जो थोड़ी-सी बातें धर्मयुग में छप गईं, उनको लेकर ही चेंचें-पेंपें मच गई। लेकिन उन अंशों को तो मैंने ज्यादातर रोक ही लिया है, जो मेरी पारिवारिक विपत्ति से सम्बन्धित हैं और जिनका सम्बन्ध मेरे रोने-काँदने और सिर पीटने से है।

जितना प्रकाशित करने का औचित्य मुझे जान पड़ा, उतना तो इस पुस्तक में जा रहा है। अगर मैं ठीक से मर नहीं सका (यानी मरने के बाद कुछ-कुछ जीवित रह गया) तो कोई-न-कोई कौतुकी प्रेमी मेरे कागजों के ढेर में घुसकर मेरे उस रूप को भी प्रकट कर सकता है, जिसे मैंने कम महत्त्व का समझा है। वैसे चाहता मैं यह हूँ कि 'मरे अगर कवि, तो उसको पूरा ही मरना चाहिए।'

लेकिन इसका शुबहा जरा वाजिबी-ही-वाजिबी है। निराला जी के कागज-पत्र कौन देखने गया? आचार्य शिवपूजन सहाय को एक-एक चिट-पुरजा तक जुगाने का शौक था। लेकिन उनकी बोरियों की तलाशी लेने की जहमत कौन उठाता है? और परम पूज्य पंडित बनारसीदास जी चतुर्वेदी के पास आने और जानेवाले पत्रों का जो विशाल अम्बार है, वह डायरी और जर्नल से कुछ अधिक ही महत्त्वपूर्ण है। लेकिन उसका उद्धार कौन करेगा?

डायरी हो या आत्मकथा, आदमी अपने सही रूप को उस तरह आँक नहीं सकता जिस तरह उसे कोई तटस्थ व्यक्ति आँक सकता है। जीवन में हम बहुत-से गलत काम करते हैं, लेकिन इसका ध्यान हमें बराबर रहता है कि वे गलतियाँ हमारे लेखों में न आ जाएँ। हम हर समय कोई-न-कोई मुखौटा लगाकर चलते हैं। लेकन मुखौटा बहुत पुराना पड़ जाए, तो उसमें छेद हो ही जाते हैं। और तब मुखौटे के होने पर भी आदमी का रूप पारखियों से छिपा नहीं रहता। मगर मेरे लिए इसमें शरमाने की क्या बात है? आप और हम, दोनों एक ही नाव में हैं।

—रामधारी सिंह दिनकर

पटना-16

24-2-73

(दिनकर की डायरी)